ADMINISTRATIVO

TEORIA E PRÁTICA

OAB

1ª e 2ª FASES

MATHEUS CARVALHO

ADMINISTRATIVO

TEORIA E PRÁTICA

OAB

1ª e 2ª FASES

20ª EDIÇÃO

revista, ampliada e atualizada

EDITORA JusPODIVM

www.editorajuspodivm.com.br

EDITORA *Jus*PODIVM
www.editorajuspodivm.com.br

Rua Canuto Saraiva, 131 – Mooca – CEP: 03113-010 – São Paulo – São Paulo
Tel: (11) 3582.5757
• Contato: https://www.editorajuspodivm.com.br/central-de-relacionamento

Copyright: Edições *Jus*PODIVM

Diagramação: Equipe *Jus*PODIVM

Capa: Ana Caquetti

C331a Carvalho, Matheus
Administrativo - Teoria e Prática - OAB 1ª e 2ª Fases / Matheus Carvalho – 20. ed., rev., atual. e ampl. – São Paulo: Editora JusPodivm, 2024.
736 p.

ISBN: 978-85-442-5478-3.

1. Direito Administrativo. I. Carvalho, Matheus. II. Título.

CDD 341.3

BIBLIOTECÁRIA RESPONSÁVEL
Ana Carolina Ribeiro Mois – CRB7 – RJ 007348/0

20.ª ed., *2.ª tir.:* mai./2025; *3.ª tir.:* jul./2025.

Sumário

CAPÍTULO 1

PRINCÍPIOS

É fundamental o estudo dos princípios de Direito Administrativo, porque eles trazem a lógica do sistema. Assim como todos os outros ramos do direito, o direito administrativo é lógico e a lógica deste sistema se encontra no estudo de seus princípios. Em suma, os princípios são a forma de raciocinar direito administrativo.

O estudo destes princípios é o estudo do chamado REGIME JURÍDICO ADMINISTRATIVO.

1.1. PRINCÍPIOS BÁSICOS

1.1.1. Princípio da Supremacia do Interesse Público Sobre o Privado

O interesse público é supremo sobre o interesse particular. A administração goza de supremacia decorrente deste princípio, razão pela qual vige a presunção de legalidade dos atos praticados pela Administração, a possibilidade de desapropriação de bens privados, entre outras prerrogativas.

1.1.2. Princípio da Indisponibilidade do Interesse Público

O limite deste princípio é a indisponibilidade do interesse público que estabelece que o administrador não pode deixar de atuar quando o interesse público assim o exigir. O administrador não é titular do interesse público, portanto não tem poder de disposição sobre ele.

Nesse sentido, inclusive, não se admite a aplicação do princípio da insignificância quando se tratar de crimes contra a Administração Pública, por estarmos diante de bem jurídico indisponível. Com efeito, assim dispõe a Súmula 599 do STJ, vejamos:

> **Súmula 599-STJ: O princípio da insignificância é inaplicável aos crimes contra a Administração Pública.**

Esses dois princípios embasam o sistema administrativo que se resume nas prerrogativas que o Estado goza x limitações a que o Estado se submete. A administração só pode atuar dentro do limite do interesse público, não obstante goze de vantagens amparadas no próprio interesse coletivo.

Por exemplo, o contrato administrativo possui cláusulas exorbitantes (prerrogativas), mas deve ser realizado mediante licitação e se submeter a prazo determinado de duração (limitações).

Nesse sentido, pode-se definir que o Regime jurídico administrativo é a lógica que se baseia na ideia de limitações e prerrogativas em face do interesse público.

Desses dois princípios acima referidos decorrem todos os demais. De acordo com a doutrina mais moderna, todos os princípios de direito administrativo são constitucionais, sendo alguns implícitos e outros explícitos, mas todos decorrentes da Constituição Federal.

1.2. PRINCÍPIOS EXPRESSOS NA CONSTITUIÇÃO FEDERAL

No artigo 37 da Constituição Federal, estão expressos cinco princípios. Ei-los:

L	**egalidade**
I	**mpessoalidade**
M	**oralidade**
P	**ublicidade**
E	**ficiência**

1.2.1. Princípio da Legalidade

O administrador só pode atuar conforme determina a lei. Fala-se, em princípio, da subordinação à lei. Não havendo previsão legal, está proibida a atuação do ente público.

Tal princípio decorre da indisponibilidade do interesse público. Afinal, a lógica é que o administrador não pode atuar de forma a dispor do interesse público e, portanto, sua atuação fica dependendo da autorização do titular do interesse público (que é o povo), responsável pela elaboração das leis, por meio de seus representantes legitimamente escolhidos.

Logo, a atuação administrativa se limita à vontade legal = vontade do povo.

Este princípio difere do princípio da legalidade na esfera privada, na qual vige a autonomia privada. No que tange à atuação do direito privado, aos particulares, tudo que não está proibido está juridicamente permitido. É o chamado princípio da **não contradição à lei.**

1.2.2. Princípio da Impessoalidade

Significa não discriminação. Reflete uma atuação que não discrimina as pessoas, seja para benefício ou para prejuízo. Ao Estado é irrelevante conhecer quem será atingido pelo ato, pois sua atuação é impessoal. Não haverá mudança de comportamento em razão da pessoa a ser beneficiada ou prejudicada pelo ato administrativo.

Maria Sylvia Di Pietro, seguida por outros doutrinadores modernos, acrescenta à doutrina tradicional uma nova perspectiva do princípio da impessoalidade. Para a referida autora, a impessoalidade deve ser enxergada também sob a ótica do agente.

Nesse sentido, quando o agente atua, não é a pessoa do agente quem pratica o ato, mas o Estado - órgão que ele representa. Corresponde, portanto, à já conhecida teoria do órgão (ou teoria da imputação), utilizada pelo direito brasileiro.

Fiquemos, então, com estes dois aspectos do princípio da impessoalidade - a prova pode tratar esse tema sob ambos os enfoques.

1.2.3. Princípio da Moralidade: honestidade, boa-fé de conduta, atuação não corrupta

Costuma-se chamar essa moralidade de "Moralidade Jurídica". Quer dizer, moralidade no trato com a coisa pública. Não se confunde com a "moral social".

Portanto, a aplicação da penalidade de demissão de um servidor público que é encontrado fazendo "sexo" na repartição não decorre do princípio da moralidade (no sentido de moralidade jurídica trazido pela norma), mas sim da moralidade pública (moral social).

Em suma, pode-se definir que a moralidade diz respeito à lealdade de conduta do agente no exercício da função pública.

1.2.4. Princípio da Publicidade

Significa a proibição de edição de atos secretos, consubstanciando a ideia de que a Administração deve atuar de forma transparente, dando à sociedade conhecimento dos atos por ela praticados.

O princípio não é absoluto, porquanto a própria Constituição Federal ressalva que devem ser resguardados a segurança nacional e o relevante interesse coletivo, o que poderá, de forma fundamentada, excepcionalizar o princípio da publicidade. Da mesma forma, se admite a edição de atos sigilosos quando a publicidade puder causar prejuízos à intimidade, honra e vida privada.

Ademais, a publicidade sempre foi vista pelos estudiosos da matéria como forma de controle da administração pelos cidadãos. A sociedade só poderá controlar os atos administrativos se estes forem devidamente publicizados.

Hoje se fala também em publicidade como requisito de eficácia dos atos administrativos.

Portanto, no momento em que o gestor público assina determinado ato na repartição proibindo, por exemplo, que se estacione em determinada via, tal ato, quando de sua assinatura, é perfeito e válido, mas sua eficácia depende de sua publicação, para que se torne de conhecimento dos particulares sujeitos à referida norma.

Atenção! A eficácia dos atos depende da sua publicidade, mas não a sua validade: a publicidade é imprescindível diante da necessidade de a população ter conhecimento dos atos.

1.2.5. Princípio da Eficiência

Este princípio se tornou expresso com o advento da EC 19/98. Eficiência é produzir bem, com qualidade e com menos gastos.

Inicialmente, quando da alteração constitucional, a doutrina tratava deste princípio como sendo muito fluido, configurando um verdadeiro desabafo do constituinte derivado.

O entendimento mais moderno é o de que a própria CF concretiza este princípio, sendo ele uma norma de aplicabilidade imediata, ou seja, uma norma de eficácia plena.

Por exemplo, a Emenda Constitucional 19/98 alterou o art. 41, criando a avaliação periódica de desempenho dos seus servidores, mesmo depois da aquisição da estabilidade, como clara concretização do princípio da eficiência.

1.2.6. Artigo 5º, LV, CF: Princípios do Contraditório e da Ampla Defesa

Resumidamente, é o direito de saber o que acontece no processo, bem como o direito de se manifestar na relação processual.

Quando se fala em ampla defesa, a doutrina processual analisa a presença de três aspectos:

A) defesa prévia;

B) defesa técnica;

C) direito ao duplo grau.

Esses aspectos foram importados para o direito administrativo? No direito administrativo, a ampla defesa abarca todos os aspectos acima elencados?

A) O direito à defesa prévia é indiscutivelmente aplicado no âmbito administrativo. É o direito de se manifestar antes de uma decisão administrativa. Abrange esse princípio o direito à ampla produção probatória, não havendo restrição à utilização de qualquer prova, desde que obtida licitamente, mesmo que se trate de prova emprestada (Súmula 591 do STJ).

O entendimento mais correto é o de que a Súmula do STJ sobrevive. Entende-se que, se a parte constituir advogado e este não puder participar de alguma fase do processo, esse procedimento será nulo por violar a ampla defesa. Mas, se não constituir advogado, o particular pode postular, defendendo interesse próprio sem a presença de advogado (Súmula Vinculante 5 STF).

B) Existe direito ao duplo grau na esfera administrativa? A Súmula Vinculante 21 estabelece que *"É inconstitucional a exigência de depósito ou arrolamento prévios de dinheiro ou bens para admissibilidade de recurso administrativo."*. Analisando-se este dispositivo, interpreta-se que tal exigência seria inconstitucional por restringir o direito ao duplo grau.

Desta forma, STF deixou claro, ao editar a referida súmula, que entende ser inerente à ampla defesa no âmbito administrativo o direito ao duplo grau.

1.3. PRINCÍPIOS IMPLÍCITOS

A doutrina é muito rica na adoção de princípios implícitos no direito administrativo. A intenção neste momento é de tratar somente daqueles mais correntes em provas de concursos e exames de ordem.

1) **Princípio da Continuidade:** traduz a ideia da prestação ininterrupta da atividade administrativa. Neste sentido, pode-se determinar que a atividade do Estado é contínua, não se podendo parar a prestação dos serviços. Tal princípio está expresso na Lei 8987/95 e implícito no texto constitucional.

Deste princípio, decorrem alguns questionamentos. Vejamos:

O servidor público tem direito de greve?

Inicialmente, cumpre ressaltar que os militares não têm direito de greve nem de sindicalização, por expressa vedação constitucional (Art. 142, § 3°, IV da Carta Magna).

Por sua vez, quando se trata de servidor público em sentido estrito, sim, há o direito de greve. Com efeito, nos moldes do art. 37, VII da Constituição Federal, o servidor público civil tem direito de greve que será exercido nos termos de lei específica.

Acerca deste dispositivo, o Supremo Tribunal Federal já se posicionou, no sentido de se tratar de norma constitucional de eficácia limitada, ou seja, não obstante o servidor tenha direito de greve, o exercício do direito fica limitado à edição de lei específica.

Ainda acerca do tema, no entanto, o Supremo Tribunal Federal determinou, ao julgar Mandado de Injunção referente à matéria, que, enquanto não houver lei específica a regulamentar a greve dos servidores públicos, será utilizada a lei geral de greve (Lei 7.783/89) para o exercício deste direito. Tal entendimento visa a garantir que a omissão legislativa não cause prejuízos a direito constitucional.

O Superior Tribunal de Justiça decidiu que, se o servidor exercer o direito de greve de forma legal, embora não tenha direito à remuneração pelos dias parados, não deve sofrer o corte da remuneração durante o exercício deste direito, desde que a greve seja legal. Nestes casos, o servidor, ao terminar a greve, ficará sujeito à compensação pelos dias parados, sob pena de ressarcimento ao erário.

SERVIDORES PÚBLICOS. GREVE. LEGITIMIDADE. PAGAMENTO. DIAS PARADOS.

É cediço que a lei de greve do serviço público ainda não foi regulamentada, mas, após o julgamento no STF do mandado de injunção 708-DF, DJe 30/10/2008, determinou-se a aplicação das Leis ns. 7.701/1988 e 7.783/1989 enquanto persistir essa omissão quanto à existência de lei específica, nos termos previstos no art. 37, VII, da CF/1988. Este Superior Tribunal, consequentemente, passou a ter competência para apreciar os processos relativos à declaração sobre a paralisação do trabalho decorrente de greve de servidores públicos civis, bem como às respectivas medidas acautelatórias, quando as greves forem nacionais ou abrangerem mais de uma unidade da Federação. Também no citado mandado de injunção, o STF, ao interpretar o art. 7º da Lei n. 7.783/1989, entendeu que com a deflagração da greve ocorre a suspensão do contrato de trabalho. Assim, não devem ser pagos os salários dos dias de paralisação, a não ser que a greve tenha sido provocada por atraso no pagamento ou por outras situações excepcionais as quais possam justificar essa suspensão do contrato de trabalho. Anotou-se que, reiteradas vezes, em casos análogos, o STF tem decidido no mesmo sentido. Na hipótese dos autos, os servidores em greve pertencentes à carreira da Previdência, da Saúde e do Trabalho buscam a criação de carreira exclusiva para o Ministério do Trabalho, disciplinada pela Lei n. 11.357/2006. Consta que os servidores somente deflagraram a greve após ter sido frustrado o cumprimento do termo de acordo firmado, em 25/3/2008, entre as entidades sindicais representativas da classe e o Governo Federal, este representado por secretários. Para não ser considerada ilegal a greve, antes de deflagrarem o movimento, expediram a comunicação e a devida notificação extrajudicial ao Ministro de Estado do Planejamento, Orçamento e Gestão. Neste Superior Tribunal, em relação a essa greve, foi interposta medida cautelar preparatória a dissídio coletivo sobre a paralisação do trabalho decorrente de greve e petição que cuida de dissídio coletivo, ambas ajuizadas pela Confederação dos Trabalhadores no Serviço Público Federal (CONDSEF) e pela Confederação Nacional dos Trabalhadores em Seguridade Social da Central Única dos Trabalhadores (CNTSS/CUT) e outra petição (ação declaratória) ajuizada pela União. O Min. Relator considerou legal a greve, fazendo uma análise do ordenamento jurídico, da interdependência dos Poderes, do direito de greve e do princípio da dignidade humana. Assim, afirmou que, embora o termo de acordo firmado não configure acordo ou convenção coletiva de trabalho, não tenha força vinculante, nem seja ato jurídico perfeito em razão dos princípios da separação dos Poderes e da reserva legal (arts. 2º, 61, § 1º, II, **a** e **c**, e 165 da CF/1988), constitui causa legal de exclusão da alegada natureza abusiva da

> greve, nos termos do inciso I do parágrafo único do art. 14 da Lei n. 7.783/1989. Quanto ao pagamento dos vencimentos durante o período de paralisação, o Min. Relator ressalvou ponto de vista quanto à natureza da disciplina legal e constitucional do servidor público, a exigir um mínimo de regramento para a criação de um fundo destinado a fazer frente à não percepção de vencimentos durante a suspensão do vínculo funcional, o que, pela sua excepcionalidade, poderia justificar a não suspensão do pagamento. Entretanto, assevera que não há como ignorar a jurisprudência do STF e a natureza particular de necessidade da formação desse fundo devido à suspensão do vínculo funcional no período de greve. Diante desses argumentos, entre outros, a Seção declarou a legalidade da paralisação do trabalho, determinando que a União se abstenha de promover qualquer ato que possa acarretar prejuízo administrativo funcional e financeiro aos grevistas, mas que haja regular compensação dos dias paralisados sob pena de reposição ao erário dos vencimentos pagos, nos termos do art. 46 da Lei n. 8.112/1990. Precedentes citados do STF: AI 799.041-MG, DJe 31/5/2010; RE 456.530-SC, DJe 31/5/2010; RE 480.989-RS, DJe 11/5/2010; RE 538.923-PA, DJe 16/3/2010, e MI 3.085-DF, DJe 1º/9/2010. **MC 16.774-DF, Pet 7.920-DF, e Pet 7.884-DF, Rel. Min. Hamilton Carvalhido, julgados em 22/9/2010 (ver Informativo nº 440).**

Em nova decisão, o Supremo Tribunal Federal, em 2016, na análise do Recurso Extraordinário nº 693.456, decidiu, apreciando o tema da repercussão geral, por unanimidade, na parte conhecida, fixar tese nos seguintes termos: ***"A administração pública deve proceder ao desconto dos dias de paralisação decorrentes do exercício do direito de greve pelos servidores públicos, em virtude da suspensão do vínculo funcional que dela decorre, permitida a compensação em caso de acordo. O desconto será, contudo, incabível se ficar demonstrado que a greve foi provocada por conduta ilícita do Poder Público".***

Nota-se que, em comprovada a ilicitude do Poder Público como ensejadora do movimento paredista – como pode ocorrer, por exemplo, nas hipóteses em que o ente estatal descumpre acordos firmados com a categoria – o corte da remuneração não será admitido.

É possível interromper a prestação de um serviço público em virtude do inadimplemento por parte do usuário?

A Lei 8.987/95, em seu art. 6, § 3º, diz que é possível a interrupção nos seguintes termos:

> *§ 3º Não se caracteriza como descontinuidade do serviço a sua interrupção em* ***situação de emergência*** *ou após* ***prévio aviso****, quando:*
>
> *I – motivada por* ***razões de ordem técnica*** *ou de* ***segurança das instalações****; e,*
>
> *II – por* ***inadimplemento do usuário****, considerado o interesse da coletividade.*

Acerca da interrupção por motivos de ordem técnica, não há discussão doutrinária. No que tange ao inadimplemento, a interrupção também é constitucional, bastando que o usuário seja previamente avisado, nos moldes exigidos pela legislação. Esse é o entendimento majoritário da doutrina e jurisprudência.

De qualquer forma, será ilegal a paralisação por inadimplemento se ensejar a interrupção de um serviço essencial à coletividade. Da mesma forma, a lei estabelece que a interrupção não pode ocorrer em dias de sexta-feira, sábado, domingo e nem em dias de feriados ou véspera de feriados.

A exceção de contrato não cumprido pode ser aplicada em contratos com a administração?

Exceptio non adimpleti contractus é o direito de suspender a execução do contrato em face do inadimplemento da outra parte. De acordo com a Lei 14.133/21 o particular tem direito de invocar a exceção do contrato não cumprido, desde que a administração seja inadimplente por mais de 2 meses ou se suspender a execução do contrato com a suspensão dos pagamentos por 3 meses consecutivos ou 90 dias úteis. → Exceção diferida. Para tanto, não precisa de autorização judicial.

1.4. PRINCÍPIO DA AUTOTUTELA

Poder que a administração tem de rever seus próprios atos: anulá-los ou revogá-los. Acerca do tema, o Supremo Tribunal Federal já editou a Súmula 473 que se transcreve abaixo:

> *SÚMULA Nº 473 A ADMINISTRAÇÃO PODE ANULAR SEUS PRÓPRIOS ATOS, QUANDO EIVADOS DE VÍCIOS QUE OS TORNAM ILEGAIS, PORQUE DELES NÃO SE ORIGINAM DIREITOS; OU REVOGÁ-LOS, POR MOTIVO DE CONVENIÊNCIA OU OPORTUNIDADE, RESPEITADOS OS DIREITOS ADQUIRIDOS, E RESSALVADA, EM TODOS OS CASOS, A APRECIAÇÃO JUDICIAL.*

Pode-se perceber que a autotutela deve ser exercida pela Administração Pública em relação aos seus atos, independentemente de provocação do particular interessado. Ademais, em caso de ilegalidade do ato administrativo, os efeitos desse ato nulo que gerem direitos são mantidos aos terceiros, se estavam de boa-fé.

1.5. SÚMULAS DE JURISPRUDÊNCIA

1.5.1. Súmulas Vinculantes

SÚMULA VINCULANTE N. 3 NOS PROCESSOS PERANTE O TRIBUNAL DE CONTAS DA UNIÃO, ASSEGURAM-SE O CONTRADITÓRIO E A AMPLA DEFESA QUANDO DA DECISÃO PUDER RESULTAR ANULAÇÃO OU REVOGAÇÃO DE ATO ADMINISTRATIVO QUE BENEFICIE O INTERESSADO, EXCETUADA A APRECIAÇÃO DA LEGALIDADE DO ATO DE CONCESSÃO INICIAL DE APOSENTADORIA, REFORMA E PENSÃO.

SÚMULA VINCULANTE N. 5 A FALTA DE DEFESA TÉCNICA POR ADVOGADO NO PROCESSO ADMINISTRATIVO DISCIPLINAR NÃO OFENDE A CONSTITUIÇÃO.

SÚMULA VINCULANTE N. 14 É DIREITO DO DEFENSOR, NO INTERESSE DO REPRESENTADO, TER ACESSO AMPLO AOS ELEMENTOS DE PROVA QUE, JÁ DOCUMENTADOS EM PROCEDIMENTO INVESTIGATÓRIO REALIZADO POR ÓRGÃO COM COMPETÊNCIA DE POLÍCIA JUDICIÁRIA, DIGAM RESPEITO AO EXERCÍCIO DO DIREITO DE DEFESA.

SÚMULA VINCULANTE N. 21 É INCONSTITUCIONAL A EXIGÊNCIA DE DEPÓSITO OU ARROLAMENTO PRÉVIOS DE DINHEIRO OU BENS PARA ADMISSIBILIDADE DE RECURSO ADMINISTRATIVO.

1.5.2. Supremo Tribunal Federal

SÚMULA N. 20 É NECESSÁRIO PROCESSO ADMINISTRATIVO COM AMPLA DEFESA, PARA DEMISSÃO DE FUNCIONÁRIO ADMITIDO POR CONCURSO.

SÚMULA N. 346 – A ADMINISTRAÇÃO PÚBLICA PODE DECLARAR A NULIDADE DOS SEUS PRÓPRIOS ATOS.

SÚMULA N. 473 – A ADMINISTRAÇÃO PODE ANULAR SEUS PRÓPRIOS ATOS, QUANDO EIVADOS DE VÍCIOS QUE OS TORNAM ILEGAIS, PORQUE DELES NÃO SE ORIGINAM DIREITOS; OU REVOGÁ-LOS, POR MOTIVO DE CONVENIÊNCIA OU OPORTUNIDADE, RESPEITADOS OS DIREITOS ADQUIRIDOS, E RESSALVADA, EM TODOS OS CASOS, A APRECIAÇÃO JUDICIAL.

1.5.3. Superior Tribunal de Justiça

SÚMULA N. 312 – NO PROCESSO ADMINISTRATIVO PARA IMPOSIÇÃO DE MULTA DE TRÂNSITO, SÃO NECESSÁRIAS AS NOTIFICAÇÕES DA AUTUAÇÃO E DA APLICAÇÃO DA PENA DECORRENTE DA INFRAÇÃO.

SÚMULA N. 591 – É PERMITIDA A "PROVA EMPRESTADA" NO PROCESSO ADMINISTRATIVO DISCIPLINAR, DESDE QUE DEVIDAMENTE AUTORIZADA PELO JUÍZO COMPETENTE E RESPEITADOS O CONTRADITÓRIO E A AMPLA DEFESA.

Súmula 611 – DESDE QUE DEVIDAMENTE MOTIVADA E COM AMPARO EM INVESTIGAÇÃO OU SINDICÂNCIA, É PERMITIDA A INSTAURAÇÃO DE PROCESSO ADMINISTRATIVO DISCIPLINAR COM BASE EM DENÚNCIA ANÔNIMA, EM FACE DO PODER-DEVER DE AUTOTUTELA IMPOSTO À ADMINISTRAÇÃO. (SÚMULA 611, PRIMEIRA SEÇÃO, JULGADO EM 09/05/2018, DJE 14/05/2018)

CAPÍTULO 2

PODERES ADMINISTRATIVOS

Inicialmente, cumpre ressaltar que, ao se tratar de prerrogativas concedidas à Administração Pública, pode-se definir que todo poder corresponde a um dever. A administração não só pode como deve atuar em nome do interesse público, sob pena de omissão ilícita.

Neste sentido, a doutrina costuma estipular que os poderes da Administração são Poderes-deveres instrumentais → não são poderes em si mesmos; são somente o instrumento pelo qual o Estado busca o interesse público. Só existem enquanto instrumento na busca do interesse público.

Se o exercício destes poderes ultrapassar o limite da instrumentalidade, sendo praticado além dos limites do estritamente necessário à busca do interesse público, ocorrerá abuso de poder.

Abuso de poder se divide em:

- **excesso de poder**: aparece toda vez que o administrador ultrapassa os limites de sua competência. É um vício que atinge a competência. O administrador público extrapola o limite da competência estabelecido na lei.
- **desvio de poder**: ocorre quando o agente atua nos limites da competência legalmente definida, mas visando a uma finalidade diversa daquela que estava prevista inicialmente.

2.1. DISCRICIONARIEDADE E VINCULAÇÃO

A fim de entender acerca dos Poderes da Administração Pública, é indispensável definir os conceitos de Poder Discricionário e Poder Vinculado. É a lei quem determina se a atuação administrativa será vinculada ou discricionária.

- **Poder Vinculado:** a lei cria um ato administrativo estabelecendo todos os elementos do ato de forma objetiva. O administrador está limitado a essas regras, porquanto a lei não dá margem de escolha na atuação.
- **Poder Discricionário:** situações nas quais a lei dá margem de opção ao administrador. Nestes casos, o texto legal confere poder de escolha do agente, dentro dos limites postos em lei, na busca pelo interesse público.

Este poder de escolha é o mérito administrativo → nos limites da lei, o administrador deve definir a melhor situação do caso concreto. Desde que restrito aos limites estipulados legalmente, a atuação será lícita. Dessa forma, o administrador deverá buscar a solução mais oportuna e conveniente ao interesse público.

Ex.: administrador pode alienar bem imóvel adquirido por meio de decisão judicial através de concorrência ou leilão. Cabe ao administrador, no caso concreto, se valer de um ou outro instrumento.

Em alguns momentos, a lei não é tão clara no que tange à existência de discricionariedade, haja vista se valer de conceitos jurídicos vagos (ou indeterminados) a fim de dar margem de escolha ao administrador. Mesmo nesses casos, o administrador deverá efetivar uma escolha, ao definir a melhor forma de atuação em cada caso concreto.

Ex.: administração pode dissolver passeata se houver tumulto. O que é tumulto? A conceituação deste termo é feita com base no juízo de conveniência e oportunidade do agente público.

A margem de escolha é poder conferido ao administrador, aplicador da lei; é poder administrativo e não jurisdicional. Nesse sentido, o Poder Judiciário não pode substituir a decisão do administrador, não pode fazer análise de oportunidade e conveniência, não pode analisar o mérito de um ato administrativo.

> **Importante** ressaltar que o judiciário apenas pode analisar os atos administrativos no que tange aos aspectos da legalidade. Ainda que o ato administrativo seja discricionário, ele fica sujeito a controle jurisdicional no que diz respeito à sua adequação com a lei – nunca na análise meritória.

Todo ato pode ser analisado no âmbito legal e do interesse público, entretanto, o juiz fica adstrito à análise da legalidade.

> **Importante** observar, ainda, que o juiz pode analisar os limites do mérito administrativo, uma vez que são impostos pela lei. De fato, a análise dos limites do mérito não é mérito, mas sim legalidade. Por exemplo, quando se trata de conceitos jurídicos vagos. Há uma zona de incerteza na qual o administrador decide dentro do interesse público. Ocorre que a interpretação destes conceitos deve ser feita dentro dos limites da razoabilidade.

2.2. PODERES ADMINISTRATIVOS

- **Poder Normativo:** é o poder de editar normas gerais, atos administrativos gerais e abstratos. Não é poder de edição de lei, não é poder legislativo, mas sim poder de editar ato administrativo limitado pela lei.

O poder normativo se apresenta por meio de atos expedidos com o intuito de facilitar o entendimento da lei; seus atos são sempre inferiores à lei, facilitam a execução da lei.

Há diversos atos normativos, mas trataremos especialmente, neste capítulo, do Regulamento.

REGULAMENTO: "Regulamento" e "Decreto" são referências ao mesmo ato. Regulamento é o ato; Decreto é a forma deste ato.

Os regulamentos são atos privativos do chefe do Poder Executivo (presidente, governador e prefeito). A doutrina comparada diferencia os regulamentos em duas espécies:

A) **Regulamentos executivos:** aquele editado para a fiel execução da lei, minudenciando os aspectos legais.

B) **Regulamentos autônomos:** atuam substituindo a lei. São substitutos da lei e não facilitadores da lei.

A Constituição Federal, em seu art. 84, inciso VI, estabelece a competência do Presidente da República para extinção de cargo público vago e para tratar da organização administrativa, desde que não implique em aumento de despesas e não crie órgãos:

> Art. 84. Compete privativamente ao Presidente da República:
>
> VI – dispor, mediante decreto, sobre: (Redação dada pela Emenda Constitucional nº 32, de 2001)

A) organização e funcionamento da administração federal, quando não implicar aumento de despesa nem criação ou extinção de órgãos públicos;

B) extinção de funções ou cargos públicos, quando vagos;

A doutrina majoritária vem-se posicionando no sentido de que, com a inserção desta norma, existem, no Brasil, regulamentos autônomos constitucionalmente admitidos. São exceções à regra geral de que o chefe do Poder Executivo edita decretos para fiel execução da lei.

Importa ressalvar posicionamento doutrinário contrário que, por sua vez, entende serem decretos executivos que regulamentam diretamente texto constitucional, não criando direito ou obrigação a ninguém, não inovando o ordenamento. Este entendimento não prevalece em provas objetivas. Mas, sim, o primeiro.

- **Poder Hierárquico:** poder que a Administração tem de se estruturar internamente.

Poder de estruturação INTERNA. Não existe hierarquia externa, entre pessoas jurídicas diferentes. A hierarquia só se manifesta dentro de uma mesma PJ.

> **Importante** ressaltar, portanto, a ausência de hierarquia entre União, Estados e Municípios, ou entre os entes da administração direta e os entes da administração indireta.

O poder hierárquico fundamenta a possibilidade de delegação e avocação de competências estampada no artigo 12 da lei 9784/99, senão vejamos.

> Art. 12. Um órgão administrativo e seu titular poderão, se não houver impedimento legal, delegar parte da sua competência a outros órgãos ou titulares, ainda que estes não lhe sejam hierarquicamente subordinados, quando for conveniente, em razão de circunstâncias de índole técnica, social, econômica, jurídica ou territorial.

Importante relembrar sempre a vedação legal para delegação de competência e, consequentemente, de avocação de competência para edição de atos de caráter normativo – a decisão de recursos administrativos, as matérias de competência exclusiva do órgão ou autoridade.

- **Poder Disciplinar:** poder de aplicar sanções, penalidades. Entretanto, não é qualquer sanção.

Em verdade, pode-se dizer que se trata de poder de aplicar sanção decorrente de um vínculo especial entre a administração pública e o sujeito que está sendo penalizado.

Ex.: estacionar em local proibido. A multa aplicada neste caso é penalidade, porém, não se trata de manifestação do poder disciplinar. Não há vínculo especial entre a administração e o particular infrator. Esta multa decorre do poder geral da administração.

Tradicionalmente se diz que o poder disciplinar decorre do poder hierárquico.

A doutrina mais moderna acrescenta que também pode decorrer de contratos, sempre, porém, em situação de um vínculo especial.

Logo, o poder disciplinar do Estado é o poder de aplicação de sanções por parte do poder público, sendo que estas sanções decorrem de vinculação especial entre o sancionado e o Estado – notadamente, a relação hierárquica e a relação contratual.

- **Poder de Polícia:** decorre da supremacia geral da administração pública. Ressalte-se, a princípio, que se trata de poder de polícia de caráter administrativo, uma vez que o poder de polícia judiciária não interessa ao direito administrativo. A polícia judiciária é o poder de repressão a ilícitos penais, estudada pelo direito processual penal.

Conceito de Polícia Administrativa: poder que a administração tem de restringir o exercício de liberdades individuais e de restringir o uso, gozo e disposição da propriedade privada, sempre na busca do interesse público à supremacia do interesse público sobre o privado aplicado no caso concreto.

Em suma, trata-se da restrição do exercício de garantias privadas na busca do interesse coletivo, adequação do exercício da liberdade e da propriedade ao bem comum.

Ex.: Placas com nome de rua no muro da propriedade privada.

Ex.: Gabarito de prédios, estabelecendo que uma construção não pode ultrapassar "x" andares.

Ex.: Autorização para o porte de armas.

Ex.: Semáforo de trânsito.

Esse poder pode ser repressivo ou preventivo e pode se manifestar por atos discricionários ou vinculados.

> **Obs.:** Hely Lopes Meirelles: uma das características do poder de polícia é a discricionariedade.

De fato, a doutrina tradicional entende que a discricionariedade é a regra do poder de polícia. A maioria das bancas de concursos adota a ideia da discricionariedade como característica do poder de polícia.

Logo, não se pode dizer que o poder de polícia é sempre discricionário, porque ele também pode-se manifestar por atos vinculados, como, por exemplo, licenças para construção. Todavia, pode-se dizer, para fins de provas objetivas, que a discricionariedade é característica geral do poder de polícia.

No que tange à possibilidade de delegação, o Supremo Tribunal Federal, ao julgar a ADIn 1717, declarou que os conselhos reguladores de profissão têm natureza de autarquia, uma vez que o exercício do poder de polícia é indelegável a particulares.

Radar de controle de velocidade: poder de polícia. Discute-se acerca da possibilidade de contratação de uma empresa que colocaria o radar e expediria as multas. A doutrina entende que é possível a delegação destas atividades de mera execução do poder de polícia. São os chamados aspectos materiais do poder de polícia que podem ser delegados aos particulares. Em suma, delega-se apenas a execução, mas não o poder de polícia em si.

Dentro deste contexto, considerando que o poder de polícia é parcialmente delegável, alguns autores nacionais dividem a atividade em quatro ciclos:

1° - ordem de polícia (ou restrição de polícia);

2° - consentimento de polícia;

3° - fiscalização de polícia; e

4° - sanção de polícia.

Desta forma, a **ordem de polícia** decorre do atributo da imperatividade, impondo restrições aos particulares, dentro dos limites da lei, independentemente de sua concordância, como ocorre, por exemplo, nos casos em que se veda a aquisição de armas de fogo, se proíbe o estacionamento de veículos em determinada avenida, entre outros.

O **consentimento de polícia** está presente nas hipóteses em que a lei autoriza o exercício de determinada atividade condicionada à aceitabilidade estatal. Pode se manifestar por meio de autorizações e licenças, *v.g.*

O terceiro ciclo (**fiscalização de polícia**) decorre da possibilidade conferida ao ente estatal de controlar as atividades submetidas ao poder de polícia, com o intuito de verificar seu cumprimento, podendo, para tanto, se valer de inspeções, análise de documentos, entre outras formas.

Por fim, a atividade de polícia administrativa pode ensejar a aplicação de penalidades (**sanções de polícia**), notadamente, nas situações em que se verifica o descumprimento das normas impostas pelo poder público, justificando a culminação de sanções, como multas e embargos de obras, por exemplo.

Considerando a divisão da atividade de polícia administrativa em 4 momentos diversos, portanto, os 2° e 3° ciclos seriam delegáveis, pois estariam ligados ao poder de gestão do Estado, enquanto que os 1° e 4° ciclos seriam indelegáveis por retratarem atividade de império, típicas das Pessoas Jurídicas de Direito Público.

Ademais, a jurisprudência do Supremo Tribunal Federal vem admitindo a delegação do poder de polícia (todos os seus aspectos) a empresas estatais que atuam na prestação de serviços públicos em regime não concorrencial. Essa decisão é muito relevante e deve ser cobrada nas provas.

2.3. SÚMULAS DE JURISPRUDÊNCIA

2.3.1. Supremo Tribunal Federal

SÚMULA N. 419. OS MUNICÍPIOS TÊM COMPETÊNCIA PARA REGULAR O HORÁRIO DO COMÉRCIO LOCAL, DESDE QUE NÃO INFRINJAM LEIS ESTADUAIS OU FEDERAIS VÁLIDAS.

SÚMULA N. 645. É COMPETENTE O MUNICÍPIO PARA FIXAR O HORÁRIO DE FUNCIONAMENTO DE ESTABELECIMENTO COMERCIAL.

CAPÍTULO 3

ORGANIZAÇÃO ADMINISTRATIVA

3.1. INTRODUÇÃO

O estudo da organização administrativa é o conhecimento acerca das pessoas que fazem parte do Estado, da estrutura da administração pública.

Isso porque, alguns serviços são prestados diretamente pelos entes federativos, sem que seja transferida a execução a outrem, mas, em determinadas situações, as pessoas políticas transferem a prestação dos serviços a outros entes.

A prestação direta – feita pelos próprios entes políticos da administração – é designada prestação centralizada do serviço. Por sua vez, estas entidades se denominam entes da **administração direta** ou **administração centralizada.**

Considerando a necessidade de especialização dos serviços, o Estado cria pessoas especializadas e transfere a elas a prestação dos serviços. Esta transferência na prestação do serviço a outras pessoas jurídicas denomina-se **descentralização**. Isso é feito porque a transferência à pessoa especializada na prestação de determinado serviço garante uma maior eficiência na prestação da atividade administrativa.

A descentralização pode ocorrer de duas formas:

A) para a própria administração (pessoas criadas para esse fim): entes da administração indireta ou descentralizada.

B) para particulares: mediante contratos administrativos de concessão e permissão.

São entes da administração indireta (ou administração descentralizada):

1) Autarquias, inclusive as associações públicas;

2) Fundações públicas;

3) Empresas públicas;

4) Sociedade de economia mista.

3.2. ADMINISTRAÇÃO DIRETA

Mesmo quando o Estado não descentraliza a prestação do serviço, ele deve prestar este serviço de forma eficiente e, para tanto, se especializa internamente. A distribuição interna se dá por meio da divisão de competência entre os órgãos de uma mesma pessoa jurídica e recebe, na doutrina, o nome de **desconcentração.**

Ex. O serviço de Saúde é prestado por meio do Ministério da Saúde, hierarquicamente superior ao SUS, que controla os postos de saúde e assim por diante.

A desconcentração de serviços decorre do poder hierárquico (uma vez que se trata de distribuição interna), diferentemente da descentralização, haja vista o fato de que, entre pessoas jurídicas diversas, não há hierarquia.

Ressalte-se que o órgão público não tem personalidade jurídica. Em verdade, é parte integrante de uma pessoa jurídica. Todavia, determinados órgãos gozam de capacidade processual ativa (órgãos independentes e autônomos).

> **Obs.:** alguns órgãos têm CNPJ próprio apenas para organização interna, inclusive para fins tributários.

Classificação dos órgãos:

I. Quanto à hierarquia:

a) independentes: não estão hierarquicamente subordinados a ninguém. São o topo da hierarquia daquele poder. São aqueles que representam o poder.

Ex.: Presidência da República, Governadoria (âmbito estadual).

b) autônomos: são subordinados imediatamente aos órgãos independentes. Têm autonomia administrativa e financeira, têm orçamento próprio para gerir o exercício da sua atividade.

Ex.: Ministério da Fazenda, Secretaria de Segurança Pública.

c) superiores: não têm autonomia, não têm independência, mas ainda conservam o poder de decisão.

Ex.: Secretaria da Receita Federal do Brasil, Polícias.

d) subalternos: órgãos de mera execução.

> **Obs.:** MP, embora não seja um poder, para fins de organização hierárquica é um poder. Logo, um órgão independente. Hoje, a Lei 8.112 coloca o MP como poder separado, independente.

II. Quanto à atuação funcional:

a) Singular: aquele que atua por um único agente. Ex. Presidência da República.

b) colegiado: atua por um colegiado de agentes. Ex. Assembleia Legislativa.

III. Quanto à estrutura:

a) órgãos simples: estrutura formada por um único órgão. Ex. Presidência da República.

b) órgãos compostos: mais de um órgão compondo a estrutura de um órgão. Ex. Congresso Nacional – que é formado pelo Senado Federal e pela Câmara dos Deputados.

IV. Quanto ao âmbito de atuação:

a) central: atua em toda a extensão da PJ da qual ele é parte.

Ex.: Secretaria de Segurança Pública.

Ex.: TJMG: órgão central – órgão do estado que exerce competência em todo o estado de MG.

b) local: apenas atua em determinado ponto da PJ.

Ex.: Delegacia do Bairro de Santo Antônio – competência na região daquele bairro.

Ex.: TRT da 3ª Região: órgão local – órgão da união que não exerce competência em toda a União.

3.3. ADMINISTRAÇÃO INDIRETA

São entes da Administração Indireta:

a) Autarquias, inclusive as associações públicas;

b) Fundações públicas;

c) Empresas públicas;

d) Sociedades de economia mista.

Há regras que valem para todos os entes da administração indireta:

I. Devem gozar de **personalidade jurídica**: ou seja, não se confundem com os entes da administração direta que os criou. Cada um desses entes é uma pessoa jurídica titular de direitos e obrigações.

Assim, em caso de eventual processo judicial, a ação deverá ser proposta contra a Pessoa Jurídica da administração indireta e não em face do ente federativo.

II. A **criação** de qualquer ente da administração indireta depende de **lei específica**.

Importante! A lei CRIA as autarquias e a lei AUTORIZA A CRIAÇÃO dos demais entes da administração indireta, sendo necessária autorização legal para criação das subsidiárias das empresas estatais, conforme expressamente disposto na Constituição Federal, *in verbis*:

Art. 37: *XIX – somente por lei específica poderá ser criada autarquia e autorizada a instituição de empresa pública, de sociedade de economia mista e de fundação, cabendo à lei complementar, neste último caso, definir as áreas de sua atuação; (Redação dada pela Emenda Constitucional nº 19, de 1998).*

XX – depende de autorização legislativa, em cada caso, a criação de subsidiárias das entidades mencionadas no inciso anterior, assim como a participação de qualquer delas em empresa privada.

III. **Finalidade**: os entes têm finalidade especificada na própria lei responsável pela sua criação.

Quando a lei específica cria determinado ente, estabelece a sua finalidade. Ou seja, o ente já é criado com sua finalidade especificada pela lei, sempre orientada na busca pelo interesse público.

IV. **Controle**: os entes da administração indireta são submetidos a controle pela administração direta da pessoa política à qual são vinculados.

Este controle pode ser denominado "controle finalístico" (porque não é ilimitado e diz respeito à finalidade da entidade). Também pode ser designado como vinculação, tutela administrativa ou supervisão ministerial.

Conforme leciona José dos Santos Carvalho Filho, a forma pela qual os órgãos governamentais exercem o controle pode variar conforme a lei de organização administrativa federal, estadual, distrital ou municipal.

A União adotou a sistemática da supervisão ministerial, de acordo com a qual, conforme dispõe o art. 19 do DL 200/67, *"todo e qualquer órgão da Administração Federal, direta ou indireta, está sujeito à supervisão do Ministro de Estado competente, excetuados unicamente os órgãos mencionados no art. 32, que estão submetidos à supervisão direta do Presidente da República".*

Pode-se dizer que o controle é hierárquico ou que se trata de subordinação? Não, não há hierarquia porque o poder hierárquico só se manifesta internamente. Dessa forma, a doutrina trata deste controle como tutela administrativa.

Nesse sentido, imagine a seguinte situação hipotética.

Particular requer um benefício perante um agente do INSS. O pedido é negado. É interposto recurso para o dirigente do INSS → **recurso hierárquico próprio**, uma vez que se trata de recurso interposto no âmbito da mesma entidade.

Se nesta decisão houver ilegalidade ou abuso de poder, será apresentado recurso para o Ministério supervisor (administração direta) apesar de não decorrer da hierarquia, a lei chama de recurso hierárquico. Por esta razão denomina-se **recurso hierárquico impróprio**. Aqui há controle restrito dentro do controle de finalidade.

3.3.1. Autarquias

As autarquias são criadas por lei como Pessoas Jurídicas de Direito Público. Isso significa que esses entes têm o mesmo regime aplicável à Fazenda Pública. Portanto, o mesmo regime aplicável ao Estado se estende às entidades autárquicas.

Neste caso, tudo que foi e ainda será estudado quanto aos entes da administração direta se aplica às autarquias. Administrativamente, o regime jurídico é o mesmo aplicável aos entes políticos (embora não tenha a autarquia poder político), uma vez que exercem atividades típicas de Estado.

Não se trata de delegação de serviço. As autarquias são o Estado exercendo atividade típica do Estado e, para tanto, precisam ter certas prerrogativas públicas.

Ter regime de estado significa ter certos privilégios. Confira:

- Privilégios processuais: prazo em dobro para todas as manifestações processuais (art. 183. CPC).

Obs.: A súmula 620 do STF estabelece que não gozam do direito ao reexame necessário, mas o próprio texto do CPC afasta a aplicação desta súmula. Portanto, **também têm a garantia do duplo grau obrigatório.**

- Seus créditos são cobrados por execução fiscal.
- Débitos judiciais são pagos por meio da ordem cronológica dos precatórios, conforme estabelecido no art. 100 da CF. Cada ente da administração indireta terá sua própria fila.
- Privilégios fiscais: São beneficiadas pela imunidade recíproca, de acordo com o § 2° do art. 150 da CF:

> § 2° - A vedação do inciso VI, "a", é extensiva às autarquias e às fundações instituídas e mantidas pelo poder público e à empresa pública prestadora de serviço postal, no que se refere ao patrimônio, à renda e aos serviços vinculados a suas finalidades essenciais ou às delas decorrentes.

- Responsabilidade civil: Se submetem à responsabilidade civil objetiva, estampada no artigo 37 § 6° da Constituição Federal:

> § 6° - As pessoas jurídicas de direito público e as de direito privado prestadoras de serviços públicos responderão pelos danos que seus agentes, nessa qualidade, causarem a terceiros, assegurado o direito de regresso contra o responsável nos casos de dolo ou culpa.

- Licitações e contratos: Os contratos firmados pelas autarquias são administrativos e dependem de prévia licitação.
- Nomeação de servidores: Servidores estatutários e aprovados mediante concurso.

Obs.: Diante da concessão da medida cautelar proferida na ADI 2135, o STF suspendeu a eficácia do art. 39, *caput*, da CF, com a redação dada pela EC 19/98, o que rendeu ensejo ao retorno da redação anterior, na qual havia sido instituído o regime jurídico único para os servidores da administração direta, das autarquias e fundações públicas.

Ressalte-se novamente que todas as regras aplicáveis à administração direta são também aplicáveis às entidades autárquicas.

Algumas autarquias se diferenciam das autarquias comuns, em virtude de seu regime diferenciado. São as chamadas autarquias em regime especial. Vejamos:

Autarquias em regime especial:

a) Universidades públicas:

As universidades públicas têm uma forma peculiar de escolha dos seus dirigentes. É importante lembrar que a escolha de dirigentes dos entes da administração indireta é uma das formas de maior exercício de controle, sendo a regra que esta escolha seja feita pelo ente ao qual a autarquia está vinculada.

No caso das universidades públicas, a escolha do dirigente é feita por indicação de seus próprios membros, o que lhes dá mais autonomia.

Ademais, essas universidades gozam de autonomia pedagógica, não só escolhem seus dirigentes, como também têm poder de escolha quanto à pedagogia a ser adotada no exercício da atividade educacional.

b) Agência reguladora:

Trata-se da autarquia criada em regime especial para fiscalizar, regular, normatizar a prestação de serviços públicos por particulares, evitando, assim, a busca desenfreada pelo lucro dentro do serviço público.

O que esta autarquia tem de especial?

- Tem poder normativo, deve editar atos (Resoluções) que obriguem os prestadores de serviços, a fim de adequar a prestação do serviço ao interesse público.

Deve-se atentar para o alcance do poder normativo. Não é poder legislativo; o poder normativo é poder de criar obrigações dentro dos limites da lei.

Quanto à amplitude, importa saber quem se submete à força normativa das agências reguladoras. O poder normativo destas entidades só obriga o prestador do serviço. Agências reguladoras não podem editar atos que obriguem particulares que não têm relação com a prestação do serviço; só a lei pode obrigar a atuação do particular usuário do serviço.

- Nomeação diferenciada dos dirigentes: são nomeados pelo Presidente da República com aprovação prévia pelo Senado Federal (art. 52, CF), para cumprir um mandato certo de 5 anos.

Cumprir mandato certo significa que o dirigente não será exonerado *ad nutum*. Isso faz com que a agência tenha mais liberdade de atuação e esteja menos dependente da administração direta.

De acordo com a Lei 9.986/00, art. 9º – Norma Geral das Agências Reguladoras – os dirigentes somente perderão seus cargos mediante:

- Renúncia;
- Processo Administrativo Disciplinar ou Condenação judicial transitada em julgado;
- Prática de alguma dessas infrações previstas na lei:

I – receber, a qualquer título e sob qualquer pretexto, honorários, percentagens ou custas;

II – exercer qualquer outra atividade profissional, ressalvado o exercício do magistério, havendo compatibilidade de horários;

III – participar de sociedade simples ou empresária ou de empresa de qualquer espécie, na forma de controlador, diretor, administrador, gerente, membro de conselho de administração ou conselho fiscal, preposto ou mandatário;

IV – emitir parecer sobre matéria de sua especialização, ainda que em tese, ou atuar como consultor de qualquer tipo de empresa; (Incluído pela Lei nº 13.848, de 2019)

V – exercer atividade sindical;

VI – exercer atividade político-partidária;

VII – estar em situação de conflito de interesse.

O dirigente, ao deixar a agência reguladora, deve cumprir um período de quarentena. Durante este período precisa respeitar a proibição de exercer atividade na iniciativa privada dentro do setor ao qual estava vinculado.

O prazo de quarentena normalmente é de 6 (seis) meses, conforme previsão na lei 9986/00, podendo variar, se houver disposição diversa na lei específica que criou a autarquia.

Obs. 1: As agências Reguladoras não se confundem com as **Agências Executivas**.

Agência Executiva é autarquia comum que está ineficiente e, em virtude desta ineficiência, celebra contrato de gestão com o Ministério supervisor. Ao celebrar o contrato de gestão, a autarquia comum ganha status de agência executiva adquirindo vantagens especiais (concessão de mais independência e mais orçamento para execução de suas atividades institucionais), no entanto, em troca, terá que cumprir um plano estratégico de reestruturação definido no próprio contrato de gestão. Ou seja, ficará obediente ao contrato de gestão para que volte a ser eficiente. Acabando o contrato de gestão, volta a ser autarquia comum. Trata-se, portanto, de qualificação contratual e temporária.

Neste sentido, dispõe os art. 51 e 52 da lei 9.649/98, que tratam da criação destas entidades.

Críticas: o contrato de gestão é um benefício a uma autarquia que é ineficiente. Ademais, por meio de contrato serão estabelecidos benefícios que deveriam ser estipulados por meio de lei.

Obs. 2: Conselhos profissionais: surgiram com natureza de autarquia. Contudo, a lei 9.649/98 reconheceu essas entidades como PJ de direito privado, dizendo se tratarem de particulares que prestam serviço público por delegação.

Os conselhos de classe exercem poder de polícia. Essa matéria foi objeto da ADI 1717 no STF, que decidiu não ser possível conceder poder de polícia a particulares.

Assim, os conselhos de classe voltaram a ter natureza de autarquia. Atualmente têm, na doutrina, a denominação de **Autarquias Corporativas ou Autarquias de Controle.**

3.3.2. Fundações Públicas

A Fundação é regulamentada pelo Código Civil Brasileiro como uma pessoa jurídica formada pela destinação de um patrimônio. As Fundações privadas são matéria de estudo do direito civil e são fiscalizadas pelo Ministério Público Estadual.

Quando a Fundação é formada pela destinação de um patrimônio público, então estamos diante de uma fundação pública. Várias são as situações nas quais o Poder Público destina parcela de seu patrimônio à criação de uma pessoa jurídica para defesa do índio (FUNAI), proteção à saúde (FUNASA) etc.

Quanto ao seu regime jurídico, há divergência na doutrina. Celso Antônio Bandeira de Melo entende que as fundações públicas só podem ser de direito público, nos termos da CF. Por outro lado, José dos Santos Carvalho Filho diz que só podem ser de direito privado. Finalmente, adotando o entendimento majoritário, Maria Sylvia di Pietro leciona que pode ser um ou outro.

Ou seja, as fundações públicas podem ser de direito público ou privado, o que vai definir esse ponto é a lei específica que autoriza a sua criação.

Se for criada sob o regime de direito público, terá natureza jurídica de autarquia e recebe o nome de **autarquia fundacional**. Portanto, tudo que foi estipulado às autarquias no tópico anterior se aplica às fundações públicas de direito público. Essas fundações podem, por exemplo, celebrar contrato de gestão e se tornarem agência executiva, gozam de imunidade tributária e assim por diante.

O texto constitucional diz que a sua criação é autorizada por lei. No entanto, a doutrina e as provas objetivas vêm considerando que são criadas por lei e por serem verdadeiras autarquias, e gozarem do regime autárquico, inclusive no que tange à sua forma de criação.

As fundações públicas de direito privado são nominadas **Fundações Governamentais**, recebendo o mesmo regime das empresas estatais. Este regime será tratado no tópico que segue.

> **Atenção!** A FGV equivocadamente chama de fundações governamentais quaisquer fundações públicas e não somente as fundações públicas de direito privado. Desta forma, para fins de prova da OAB, fundações governamentais são as fundações públicas como um todo, podendo, de acordo com a lei de instituição, serem criadas com regime de direito público ou de direito privado.

3.3.3. Empresas estatais

Englobam as empresas públicas e as sociedades de economia mista.

São pessoas jurídicas de direito privado as empresas estatais criadas sob a forma de direito privado. Existe uma única nomenclatura que abarca as duas espécies porque o regime jurídico é o mesmo. Há apenas três diferenças pontuais.

Diferenças entre as Empresas públicas e as Sociedades de economia mista, inclusive apontadas pela Lei 13.303/16 que trata do Estatuto das empresas estatais:

A) Capital:

Empresa pública: capital 100% público. Capital integralmente público. Ressalte-se que podem participar do capital de uma empresa pública os entes da administração indireta.

Sociedade de Economia Mista: capital misto, parte público e parte privado, devendo a maioria do capital votante estar nas mãos do poder público.

B) Forma societária:

Empresa pública: pode ter qualquer forma societária.

Sociedade de Economia Mista: tem forma definida em lei: sociedade anônima. As SEM necessariamente deverão ser constituídas pela forma de S/A.

C) Deslocamento de competência:

Empresa pública Federal: competência da justiça federal. O art. 109, inciso I, da CF determina que na competência da JF estão incluídos todos os entes, exceto a Sociedade de Economia Mista.

Sociedade de Economia Mista Federal: competência da justiça comum.

Ex. de Empresa pública: Empresa de Correios e Telégrafos, CEF, Casa da Moeda, BNDS.

Ex. de Sociedade de economia mista: Banco do Brasil, gráficas oficiais do estado.

Características comuns das Empresas Estatais (EP e SEM):

São pessoas de direito privado da administração pública, mas seguem regime misto: não podem gozar de prerrogativas de estado, submetendo-se, entretanto às limitações do Estado que configuram princípios administrativos.

Quando o Estado cria empresas estatais, não lhes pode conceder benefícios fiscais além daqueles igualmente concedidos aos particulares. Portanto, por serem de direito privado, não gozam das vantagens que o Estado possui.

CR/88. Art. 173. § 2º – As empresas públicas e as sociedades de economia mista não poderão gozar de privilégios fiscais não extensivos às do setor privado.

Entretanto, se forem prestadoras de serviço público, aplica-se o art. 150, § 3º da CR/88, que admite privilégios tributários às SEM e EP, desde que o valor do tributo não esteja embutido no valor do serviço:

> § 3º – As vedações do inciso VI, "a", e do parágrafo anterior não se aplicam ao patrimônio, à renda e aos serviços, relacionados com exploração de atividades econômicas regidas pelas normas aplicáveis a empreendimentos privados, ou em que haja contraprestação ou pagamento de preços ou tarifas pelo usuário, nem exonera o promitente comprador da obrigação de pagar imposto relativamente ao bem imóvel.

Por outro lado, apesar de serem de direito privado, submetem-se às limitações públicas, razão pela qual se depreende serem de regime híbrido ou misto: regime que mescla normas de direito público com regras de direito privado.

As empresas estatais se submetem à licitação, a concurso e às regras de indisponibilidade como um todo.

Podem ser criadas com duas finalidades:

a) **prestação de serviço público** → aproxima-se mais do regime público;

b) **exploração de atividade econômica** → aproxima-se mais do regime privado.

Há diferenciação de regime de acordo com a atividade que a empresa estatal exerce.

Ressalte-se que Empresas públicas e sociedades de economia mista não estão sujeitas à falência, apesar da discussão acerca da possibilidade de falência das exploradoras de atividade econômica, o que não deve ser considerado para fins de provas objetivas e discursivas de OAB, conforme determina a Lei 11.101/05, em seu art. 2º:

> Art. 2º Esta Lei não se aplica a:
>
> I – empresa pública e sociedade de economia mista;

Atenção! Tudo que foi ensinado até aqui não se aplica à **Empresa Brasileira de Correios e Telégrafos**, porquanto goza de regime de Fazenda Pública, como impenhorabilidade de bens, regime de precatórios etc. Exceção trazida pela jurisprudência do STF por prestar serviços públicos indelegáveis e exclusivos de Estado (serviço postal e correio aéreo nacional).

3.3.3.1. Estrutura das Empresas Estatais

Em 30 de junho de 2016, foi publicada a Lei 13.303/16, que dispõe sobre o estatuto das empresas públicas e sociedades de economia mista e suas subsidiárias, mantendo as regras anteriormente aplicáveis a essas entidades, no que tange à formação societária, organização do capital e finalidades precípuas e criando novas disposições detalhadas. A referida lei foi regulamentada pelo Decreto 8.945/16.

Com efeito, as empresas públicas, conforme art. 3º, são criadas com capital 100% do Estado, admitindo-se a participação societária de qualquer entidade da Administração Pública Direta ou Indireta, mas vedando a participação de particulares e, por seu turno, as sociedades de economia mista, previstas no art. 4º da referida lei, devem ser criadas também sob o regime de direito privado, permitindo-se a participação societária de particulares desde que o controle acionário se mantenha nas mãos das entidades integrantes do Estado.

Seguindo o art. 173 da Constituição Federal, o art. 2º, § 1º, determina que a lei que autorizar a criação da empresa estatal deverá indicar, de forma clara, a existência de relevante interesse coletivo ou o imperativo da segurança nacional.

Todavia, a lei minudencia a forma de estruturação dessas entidades, assim como as regras de licitações e contratos a elas aplicadas.

3.3.3.1.1. Requisitos de transparência

Consoante disposição legal, as empresas públicas e as sociedades de economia mista deverão observar, no mínimo, os seguintes requisitos de transparência:

a) elaboração de carta anual, subscrita pelos membros do Conselho de Administração, com a explicitação dos compromissos de consecução de objetivos de políticas públicas pela empresa pública, pela sociedade de economia mista e por suas subsidiárias, em atendimento ao interesse coletivo ou ao imperativo de segurança nacional que justificou a autorização para suas respectivas criações, com definição clara dos recursos a serem empregados para esse fim, bem como dos impactos econômico-financeiros da consecução desses objetivos, mensuráveis por meio de indicadores objetivos e sua ampla divulgação anual;

b) adequação de seu estatuto social à autorização legislativa de sua criação;

c) divulgação tempestiva e atualizada de informações relevantes, em especial as relativas a atividades desenvolvidas, estrutura de controle, fatores de risco, dados econômico-financeiros, comentários dos administradores sobre o desempenho, políticas e práticas de governança corporativa e descrição da composição e da remuneração da administração, assim como a divulgação de política de divulgação de informações, em conformidade com a legislação em vigor e com as melhores práticas;

d) elaboração de política de distribuição de dividendos, à luz do interesse público que justificou a criação da empresa pública ou da sociedade de economia mista;

e) divulgação, em nota explicativa, às demonstrações financeiras, dos dados operacionais e financeiros das atividades relacionadas à consecução dos fins de interesse coletivo ou de segurança nacional;

f) elaboração e divulgação da política de transações com partes relacionadas, em conformidade com os requisitos de competitividade, conformidade, transparência, equidade e comutatividade, que deverá ser revista, no mínimo, anualmente e aprovada pelo Conselho de Administração;

g) divulgação anual de relatório integrado ou de sustentabilidade.

Ademais, a lei exige a criação de estrutura que viabilize o **controle interno** da entidade, inclusive com auditoria interna realizada pelo **Comitê de Auditoria Estatutário**, que será formado por, no mínimo, 3 e, no máximo, 5 membros, em sua maioria independentes, sendo que ao menos um desses membros deve ter experiência em assuntos de contabilidade societária.

Esse Comitê ficará responsável por opinar sobre a contratação e destituição de auditor independente, supervisionar as atividades dos auditores independentes e as atividades desenvolvidas nas áreas de controle interno, de auditoria interna e de elaboração das demonstrações financeiras da empresa pública ou da sociedade de economia mista, além de monitorar a qualidade e a integridade dos mecanismos de controle interno, entre outras atividades.

Ressalte-se, ainda, que o art. 12 da lei permite que as **controvérsias entre os acionistas poderão ser solucionadas por meio de arbitragem**, desde que haja previsão no estatuto social.

3.3.3.1.2. Conselho de Administração e Conselho Fiscal

A empresa estatal deverá organizar seu Conselho de Administração, que ficará responsável pela gestão da entidade e que deverá ser composto por, no mínimo, 7 e, no máximo, 11 membros.

Por seu turno, a diretoria deve ser composta por, ao menos, 3 membros.

Os membros do Conselho de Administração deverão demonstrar **experiência profissional, formação acadêmica compatível** e **não se enquadrar nas hipóteses de inelegibilidade**. Além disso, o diploma legal dispõe ser vedada a indicação para o referido Conselho ou Diretoria:

I – de representante do órgão regulador ao qual a empresa pública ou a sociedade de economia mista está sujeita, de Ministro de Estado, de Secretário de Estado, de Secretário Municipal, de titular de cargo, sem vínculo permanente com o serviço público, de natureza especial ou de direção e assessoramento superior na administração pública, de dirigente estatutário de partido político e de titular de mandato no Poder Legislativo de qualquer ente da federação, ainda que licenciados do cargo;

II – de pessoa que atuou, nos últimos 36 (trinta e seis) meses, como participante de estrutura decisória de partido político ou em trabalho vinculado a organização, estruturação e realização de campanha eleitoral;

III – de pessoa que exerça cargo em organização sindical;

IV – de pessoa que tenha firmado contrato ou parceria, como fornecedor ou comprador, demandante ou ofertante, de bens ou serviços de qualquer natureza, com a pessoa político-administrativa controladora da empresa pública ou da sociedade de economia mista ou com a própria empresa ou sociedade em período inferior a 3 (três) anos antes da data de nomeação;

V – de pessoa que tenha ou possa ter qualquer forma de conflito de interesse com a pessoa político-administrativa controladora da empresa pública ou da sociedade de economia mista ou com a própria empresa ou sociedade.

O Conselho de Administração ficará responsável pela gestão da empresa, devendo discutir, aprovar e monitorar decisões envolvendo práticas de governança corporativa, relacionamento com partes interessadas, política de gestão de pessoas e código de conduta dos agentes, assim como implementar e supervisionar os sistemas de gestão de riscos e de controle interno estabelecidos para a prevenção e mitigação dos principais riscos a que está exposta a empresa pública ou a sociedade de economia mista, inclusive os riscos relacionados à integridade das informações contábeis e financeiras e os relacionados à ocorrência de corrupção e fraude.

Da mesma forma, deverá estabelecer política de porta-vozes visando eliminar risco de contradição entre informações de diversas áreas e as dos executivos da empresa pública ou da sociedade de economia mista e avaliar os diretores da empresa pública ou da sociedade de economia mista, nos termos do controle interno, podendo contar com apoio metodológico e procedimental do comitê estatutário.

Ressalte-se, ainda, que o **Conselho deve ser composto, no mínimo, por 25% de membros independentes**, garantindo-se o mínimo de 1 membro nessa condição.

Esse **conselheiro independente** não terá qualquer vínculo com a empresa estatal, ressalvada a participação societária, e não poderá exercer função de direção nas entidades da Administração Direta, sendo, ainda, vedada a atuação dele como fornecedor ou comprador de bens e serviços da empresa.

O **Conselho Fiscal**, por sua vez, será composto por pessoas naturais, residentes no País, com formação acadêmica compatível com o exercício da função e que tenham exercido, por prazo mínimo de 3 (três) anos, cargo de direção ou assessoramento na administração pública ou cargo de conselheiro fiscal ou administrador em empresa.

3.4. ENTIDADES DO TERCEIRO SETOR (PARAESTATAIS)

Inicialmente, cumpre salientar que as entidades que fazem parte do terceiro setor (entes paraestatais) não integram a estrutura administrativa como entes da administração direta ou indireta.

Em verdade, são particulares em colaboração, sem fins lucrativos, que atuam ao lado do Estado na prestação de serviços públicos não exclusivos. Por atuarem na prestação de serviços, estas entidades recebem incentivos do Poder Público. São quatro as espécies de entes do terceiro setor tratados no direito brasileiro, a saber.

3.4.1. Serviço Social Autônomo

São as entidades criadas por autorização legal para realização de atividade de fomento e capacitação de determinadas categorias profissionais, seja a indústria ou o comércio. É o chamado sistema "s" e abarca entidades como o SESI, SESC, SENAI etc.

Gozam de parafiscalidade, que é a transferência do poder de cobrar tributos, chamada capacidade tributária. Ressalte-se que a competência tributária – competência para criar tributos, é intransferível. Estas entidades cobram contribuições de seus associados que têm natureza de tributos.

Por receberem verba pública, através da cobrança de tributos, os entes do serviço social autônomo ficam sujeitos a controle pelo Tribunal de Contas e devem respeitar os princípios inerentes à licitação pública para suas contratações. A contratação de seus empregados não depende de concurso público.

3.4.2. Organizações Sociais (OS)

São particulares sem fins lucrativos, criados pela lei 9.637/98, para prestação de serviços públicos não exclusivos de estado, tais como ensino, pesquisa científica, desenvolvimento tecnológico, proteção e preservação do meio ambiente, entre outros.

O vínculo com o Poder Público é efetivado mediante a celebração do **contrato de gestão**. Por meio deste contrato, a entidade se qualifica como organização social e poderá gozar de todos os privilégios referentes a esta qualificação como a dotação orçamentária, cessão de bens públicos e cessão de servidores públicos. Vejamos.

> Art. 12. Às organizações sociais poderão ser destinados recursos orçamentários e bens públicos necessários ao cumprimento do contrato de gestão.
>
> § 1º São assegurados às organizações sociais os créditos previstos no orçamento e as respectivas liberações financeiras, de acordo com o cronograma de desembolso previsto no contrato de gestão.
>
> § 2º Poderá ser adicionada aos créditos orçamentários destinados ao custeio do contrato de gestão parcela de recursos para compensar desligamento de servidor cedido, desde que haja justificativa expressa da necessidade pela organização social.
>
> § 3º Os bens de que trata este artigo serão destinados às organizações sociais, dispensada licitação, mediante permissão de uso, consoante cláusula expressa do contrato de gestão.
>
> Art. 13. Os bens móveis públicos permitidos para uso poderão ser permutados por outros de igual ou maior valor, condicionado a que os novos bens integrem o patrimônio da União.
>
> Parágrafo único. A permuta de que trata este artigo dependerá de prévia avaliação do bem e de expressa autorização do Poder Público.
>
> Art. 14. É facultado ao Poder Executivo a cessão especial de servidor para as organizações sociais, com ônus para a origem.
>
> § 1º Não será incorporada aos vencimentos ou à remuneração de origem do servidor cedido qualquer vantagem pecuniária que vier a ser paga pela organização social.
>
> § 2º Não será permitido o pagamento de vantagem pecuniária permanente por organização social a servidor cedido com recursos provenientes do contrato de gestão, ressalvada a hipótese de adicional relativo ao exercício de função temporária de direção e assessoria.
>
> § 3º O servidor cedido que não atua diretamente na unidade que exerce a atividade publicizada perceberá as vantagens do cargo a que fizer jus no órgão de origem quando for ocupante de primeiro ou segundo escalão na organização social. (Redação dada pela Medida Provisória nº 850, de 2018).

São entidades que, apesar de previstas em lei, sofrem muitas críticas doutrinárias, em face dos benefícios a elas concedidos e, principalmente, em razão da dispensa de licitação.

3.4.3. Organização da Sociedade Civil de Interesse Público (OSCIP)

Também particulares sem fins lucrativos, criadas para prestação de serviços públicos não exclusivos, as OSCIP's foram previstas na lei 9.790/99 e seguem uma sistemática muito similar à das Organizações Sociais.

O vínculo entre estas entidades e o Poder Público é obtido por meio da celebração de **termo de parceria**. O termo permite a destinação de valores públicos às instituições privadas, mas não estipulam a designação de rubrica orçamentária, ou cessão de servidores e bens públicos. Ademais, não há dispensa de licitação expressa em lei.

Para celebração do termo de parceria, devem-se respeitar os seguintes requisitos legais:

> Art. 2º Não são passíveis de qualificação como Organizações da Sociedade Civil de Interesse Público, ainda que se dediquem de qualquer forma às atividades descritas no art. 3º desta Lei:
>
> *I - as sociedades comerciais;*
>
> *II - os sindicatos, as associações de classe ou de representação de categoria profissional;*
>
> *III - as instituições religiosas ou voltadas para a disseminação de credos, cultos, práticas e visões devocionais e confessionais;*
>
> *IV - as organizações partidárias e assemelhadas, inclusive suas fundações;*
>
> *V - as entidades de benefício mútuo destinadas a proporcionar bens ou serviços a um círculo restrito de associados ou sócios;*
>
> *VI - as entidades e empresas que comercializam planos de saúde e assemelhados;*
>
> *VII - as instituições hospitalares privadas não gratuitas e suas mantenedoras;*
>
> *VIII - as escolas privadas dedicadas ao ensino formal não gratuito e suas mantenedoras;*
>
> ***IX - as organizações sociais;***
>
> ***X - as cooperativas;***
>
> ***XI - as fundações públicas;***

XII - as fundações, sociedades civis ou associações de direito privado criadas por órgão público ou por fundações públicas;

XIII - as organizações creditícias que tenham quaisquer tipos de vinculação com o sistema financeiro nacional a que se refere o art. 192 da Constituição Federal.

3.4.4. Entidades de Apoio

São entidades que atuam ao lado de hospitais e Universidades Públicas, auxiliando no exercício da atividade destas entidades, por meio da realização de programas de pesquisa e extensão. O vínculo com o Poder Público decorre da assinatura de **convênio**, que lhe garante a destinação de valores públicos e cessão de bens.

Podem ser constituídas como fundações, associações e cooperativas, sempre sem finalidade lucrativa, atuando ao lado do órgão público.

Em virtude dos benefícios, estas entidades também devem prestar contas perante o Tribunal de Contas e se submetem a procedimento simplificado para celebração de seus contratos.

3.4.5. Organização da Sociedade Civil (OSC)

Em 1º de agosto de 2014, foi publicada a lei 13.019/14 que regulamenta duas novas espécies de parcerias que podem ser firmadas entre o poder público e entidades privadas sem fins lucrativos, quais sejam, o termo de colaboração e o termo de fomento, definindo regras específicas para as entidades que pretendam assumir este vínculo com o Estado. Tais entidades receberam a designação de Organizações da Sociedade Civil, devendo ser, necessariamente, uma pessoa jurídica de direito privado sem fins lucrativos que não distribui, entre os seus sócios ou associados, conselheiros, diretores, empregados ou doadores, eventuais resultados, sobras, excedentes operacionais, brutos ou líquidos, dividendos, bonificações, participações ou parcelas do seu patrimônio, auferidos mediante o exercício de suas atividades, e que os aplica integralmente na consecução do respectivo objeto social, de forma imediata ou por meio da constituição de fundo patrimonial ou fundo de reserva.

A celebração dos termos de colaboração ou de fomento será precedida de procedimento simplificado de escolha, denominado pelo diploma legal de chamamento público, como forma de garantia da impessoalidade e isonomia.

3.4.6. Do termo de colaboração, do termo de fomento e do acordo de cooperação

O **termo de colaboração** deve ser adotado pela administração pública em caso de transferências voluntárias de recursos para consecução **de planos de trabalho propostos pela administração pública**, em regime de mútua cooperação com organizações da sociedade civil, selecionadas por meio de chamamento público, enquanto que o **termo de fomento** é celebrado para consecução de **planos de trabalho propostos pelas organizações da sociedade civil**, também selecionadas por meio de chamamento público.

Sendo assim, pode-se verificar que, em ambos os casos, a atuação da OSC se dará na execução de atividades de interesse social, diferindo as espécies de parcerias com base na iniciativa para apresentação de planos de trabalho: caso o Estado sugira o trabalho a ser executado, celebrará termo de colaboração, devendo ser utilizado o termo de fomento quando a proposta de atuação for realizada pela entidade privada.

O **acordo de cooperação** é celebrado quando não há a transferência de recursos públicos para a entidade.

Nas três situações expostas, o plano de trabalho deverá conter o diagnóstico da realidade que será objeto das atividades da parceria, devendo ser demonstrado o nexo entre essa realidade e as atividades ou metas a serem atingidas, assim como a descrição pormenorizada de metas quantitativas e mensuráveis a serem atingidas e de atividades a serem executadas, devendo estar claro, preciso e detalhado o que se pretende realizar ou obter, bem como quais serão os meios utilizados para tanto e o prazo para a execução das atividades e o cumprimento das metas.

A lei dispõe, ainda que o plano de trabalho deverá definir os indicadores, qualitativos e quantitativos, a serem utilizados para a aferição do cumprimento das metas, contendo todos os elementos que demonstrem a compatibilidade dos custos com os preços praticados no mercado ou com outras parcerias da mesma natureza, devendo existir elementos indicativos da mensuração desses custos, tais como: cotações, tabelas de preços de associações profissionais, publicações especializadas ou quaisquer outras fontes de informação disponíveis ao público.

3.4.7. Procedimento de manifestação de interesse social

Haja vista a possibilidade de se firmar termos de fomento com entidades privadas que proponham planos de trabalho para execução de atividades de interesse público, a lei instituiu o Procedimento de Manifestação de Interesse Social como instrumento por meio do qual as organizações da sociedade civil, movimentos sociais e cidadãos poderão apresentar propostas ao poder público para que este avalie a possibilidade de realização de um chamamento público objetivando a celebração de parceria.

Nestes casos, qualquer cidadão poderá apresentar proposta, desde que seja feita com a identificação do subscritor da proposta, a indicação do interesse público envolvido e o diagnóstico da realidade que se quer modificar, aprimorar ou desenvolver e, quando possível, indicação da viabilidade, dos custos, dos benefícios e dos prazos de execução da ação pretendida.

Apresentada a proposta por qualquer particular, a administração pública deverá torná-la pública no *site* oficial do órgão, realizando-se, se entender pertinente uma audiência pública para discussão do tema com a sociedade.

3.4.8. Chamamento Público

O chamamento público é um procedimento seletivo simplificado, regulamentado pela Lei 13.019/14, com a intenção de garantir a impessoalidade do ente público na escolha da entidade privada que celebrará os termos de colaboração ou de fomento. Com efeito, busca, por meio do certame, evitar o favorecimento de particulares em razão de interesses políticos, familiares ou pessoais, em detrimento da finalidade pública.

O procedimento seguirá etapas a seguir postas:

- Publicação do edital no *site* do órgão interessado;
- Classificação das propostas pela comissão de seleção;
- Habilitação da entidade;
- Encerramento.

3.4.9. Dispensa e inexigibilidade do certame

A princípio, a realização do chamamento público é requisito indispensável para a celebração de termos de colaboração ou de termos de fomento pelo poder público com entidades privadas sem finalidade lucrativa. No entanto, em algumas situações, a lei prevê a possibilidade de se firmar o certame diretamente, por meio de dispensa ou inexigibilidade da seleção.

A **inexigibilidade** decorre de situação lógica na qual se demonstre a **inviabilidade de competição**, não havendo definição taxativa de suas hipóteses, uma vez que deve ser analisada a possibilidade ou não de se fazer a seleção em cada caso específico.

Por seu turno, a **dispensa** ocorre em casos nos quais a competição é viável e, portanto, exigível a realização do certame. Nestes casos, a lei define um **rol exaustivo** de hipóteses de dispensa que não pode ser ampliado por meio de atos concretos.

É dispensável o chamamento público:

1 - no caso de **urgência decorrente de paralisação ou iminência de paralisação de atividades de relevante interesse público** realizadas no âmbito

de parceria já celebrada, limitada a vigência da nova parceria ao prazo de 180 dias.

2 - nos casos de **guerra ou grave perturbação da ordem pública** ou ameaça à paz social.

3 - quando se tratar da realização de programa **de proteção a pessoas ameaçadas** ou em situação que possa comprometer a sua segurança.

4 - no caso de atividades voltadas ou vinculadas a serviços de educação, saúde e assistência social, desde que executadas por organizações da sociedade civil previamente credenciadas pelo órgão gestor da respectiva política.

Em casos de dispensa ou inexigibilidade, deverá ser instaurado um processo administrativo no qual o ente público apresente uma justificativa dos motivos que ensejaram a celebração direta do termo, sendo que o extrato da justificativa deve ser publicado, pelo menos, 5 (cinco) dias antes da formalização da parceria, no *site* oficial da administração pública e, eventualmente, a critério do administrador público no Diário Oficial.

A lei regulamenta que é possível a impugnação à justificativa de dispensa ou inexigibilidade, desde que apresentada antes da celebração da parceria, cujo teor deve ser analisado pelo administrador público responsável, que terá competência para revogar ou anular o ato, determinando a abertura de chamamento público.

3.4.10. Prestação de Contas

Conforme explicitado anteriormente, haja vista o recebimento de verbas públicas por meio da celebração do termo de colaboração ou do termo de fomento, a Organização da Sociedade Civil deverá prestar contas à Administração dos valores percebidos e dos gastos efetivados, sem prejuízo do controle efetivado pelo Tribunal de Contas nos moldes da Constituição Federal, sendo que esta prestação de contas deve conter elementos que permitam ao gestor da parceria avaliar o andamento ou concluir que o seu objeto foi executado conforme pactuado, com a descrição pormenorizada das atividades realizadas e a comprovação do alcance das metas e dos resultados esperados, até o período de que trata a prestação de contas.

Neste sentido, será feita a análise dos documentos previstos no plano de trabalho, além dos seguintes relatórios:

1 - **Relatório de Execução do Objeto**: elaborado pela organização da sociedade civil, assinado pelo seu representante legal, contendo as atividades desenvolvidas para o cumprimento do objeto e o comparativo de metas

propostas com os resultados alcançados, a partir do cronograma acordado, anexando-se documentos de comprovação da realização das ações, tais como listas de presença, fotos e vídeos, se for o caso;

2 - **Relatório de Execução Financeira:** assinado pelo seu representante legal e o contador responsável, com a descrição das despesas e receitas efetivamente realizadas.

A legislação determina que a organização da sociedade civil está obrigada a prestar as contas finais da boa e regular aplicação dos recursos recebidos no prazo de até 90 (noventa) dias a partir do término da vigência da parceria, prorrogáveis por mais 30 (trinta) dias, mediante justificativa, conforme estabelecido no respectivo instrumento. Verifica-se que a lei não define o prazo específico de prestação de contas, somente estipulando o prazo máximo que poderá ser estabelecido no termo de colaboração ou de fomento, que tomará como base a complexidade do objeto da parceria e integra a etapa de análise técnica da proposição e celebração do instrumento. Admite-se, ainda, que o instrumento de parceria estabeleça prestações de contas parciais, periódicas ou exigíveis, após a conclusão de etapas vinculadas às metas do objeto.

Constatada irregularidade ou omissão na prestação de contas, será concedido prazo de até 45(quarenta e cinco) dias prorrogável por igual período, para a organização da sociedade civil sanar a irregularidade ou cumprir a obrigação.

Transcorrido o prazo para saneamento da irregularidade ou da omissão, não havendo o saneamento, a autoridade administrativa competente, sob pena de responsabilidade solidária, deve adotar as providências para apuração dos fatos, identificação dos responsáveis, quantificação do dano e obtenção do ressarcimento, nos termos da legislação vigente.

A administração pública terá como objetivo apreciar a prestação final de contas apresentada, no prazo de 90 (noventa) a 150 (cento e cinquenta) dias, contado da data de seu recebimento, conforme estabelecido no instrumento da parceria. Entretanto, cumpre salientar que o transcurso do prazo sem que as contas tenham sido apreciadas não significa impossibilidade de apreciação em data posterior ou vedação a que se adotem medidas saneadoras, punitivas ou destinadas a ressarcir danos que possam ter sido causados aos cofres públicos.

3.4.11. Responsabilização da organização da sociedade civil e aplicação de penalidades

A lei estabelece que, pela execução da parceria em desacordo com o plano de trabalho e com as normas desta Lei e da legislação específica, a administração poderá, garantida a prévia defesa, aplicar à organização da sociedade civil parceira as seguintes sanções:

a) **advertência**: sempre, por escrito, configurando penalidade menos intensa, em razão do cometimento de infração mais leve.

b) **suspensão temporária da participação em chamamento público** e impedimento de celebrar termos de fomento, termos de colaboração e contratos com órgãos e entidades da esfera de governo da administração pública sancionadora, por prazo não superior a 2 (dois) anos.

c) **declaração de inidoneidade** para participar em chamamento público ou celebrar termos de fomento, termos de colaboração e contratos com órgãos e entidades de todas as esferas de governo, enquanto perdurarem os motivos determinantes da punição ou até que seja promovida a reabilitação perante a própria autoridade que aplicou a penalidade, que será concedida sempre que a organização da sociedade civil ressarcir a administração pelos prejuízos resultantes, e após decorrido o prazo de 2(dois) anos. Nestes casos, somente terá competência para aplicação da pena o Ministro de Estado ou do Secretário Estadual ou Municipal, conforme o caso, facultada a defesa do interessado no respectivo processo, no prazo de 10 (dez) dias da abertura de vista, podendo a reabilitação ser requerida após 2 (dois) anos de sua aplicação.

Em respeito aos princípios do devido processo legal e do contraditório e ampla defesa, estampados nos art. 5º, LIV e LV, da Constituição da República, sempre deverá ser dado ao sancionado a possibilidade de manifestação acerca da sanção a ser aplicada. Ademais, as penas não serão aplicadas de forma sucessiva, ou seja, a aplicação da punição mais grave não depende da demonstração de que a entidade já sofreu a sanção mais leve, sendo somente exigido a observância do princípio da razoabilidade na definição da penalidade pelo ente estatal.

Outrossim, a lei define que o responsável por parecer técnico que conclua indevidamente pela capacidade operacional e técnica de organização da sociedade civil para execução de determinada parceria responderá administrativa, penal e civilmente, caso tenha agido com dolo ou culpa, pela restituição aos cofres públicos dos valores repassados, sem prejuízo da responsabilidade do administrador público, do gestor, da organização da sociedade civil e de seus dirigentes.

3.5. SÚMULAS DE JURISPRUDÊNCIA

3.5.1. Supremo Tribunal Federal

SÚMULA N. 8. DIRETOR DE SOCIEDADE DE ECONOMIA MISTA PODE SER DESTITUÍDO NO CURSO DO MANDATO.

SÚMULA N. 25-A NOMEAÇÃO A TERMO NÃO IMPEDE A LIVRE DEMISSÃO PELO PRESIDENTE DA REPÚBLICA, DE OCUPANTE DE CARGO DIRIGENTE DE AUTARQUIA.

SÚMULA N. 33. A LEI 1741, DE 22/11/1952, É APLICÁVEL ÀS AUTARQUIAS FEDERAIS.

SÚMULA N. 47. REITOR DE UNIVERSIDADE NÃO É LIVREMENTE DEMISSÍVEL PELO PRESIDENTE DA REPÚBLICA DURANTE O PRAZO DE SUA INVESTIDURA.

SÚMULA N. 75. SENDO VENDEDORA UMA AUTARQUIA, A SUA IMUNIDADE FISCAL NÃO COMPREENDE O IMPOSTO DE TRANSMISSÃO "INTER VIVOS", QUE É ENCARGO DO COMPRADOR.

SÚMULA N. 76. AS SOCIEDADES DE ECONOMIA MISTA NÃO ESTÃO PROTEGIDAS PELA IMUNIDADE FISCAL DO ART. 31, V, "A", CONSTITUIÇÃO FEDERAL.

SÚMULA N. 236. EM AÇÃO DE ACIDENTE DO TRABALHO, A AUTARQUIA SEGURADORA NÃO TEM ISENÇÃO DE CUSTAS.

SÚMULA N. 238. EM CASO DE ACIDENTE DO TRABALHO, A MULTA PELO RETARDAMENTO DA LIQUIDAÇÃO É EXIGÍVEL DO SEGURADOR SUB-ROGADO, AINDA QUE AUTARQUIA.

SÚMULA N. 240. O DEPÓSITO PARA RECORRER, EM AÇÃO DE ACIDENTE DO TRABALHO, É EXIGÍVEL DO SEGURADOR SUB-ROGADO, AINDA QUE AUTARQUIA.

SÚMULA N. 336 A IMUNIDADE DA AUTARQUIA FINANCIADORA, QUANTO AO CONTRATO DE FINANCIAMENTO, NÃO SE ESTENDE À COMPRA E VENDA ENTRE PARTICULARES, EMBORA CONSTANTES OS DOIS ATOS DE UM SÓ INSTRUMENTO.

SÚMULA N. 371 FERROVIÁRIO, QUE FOI ADMITIDO COMO SERVIDOR AUTÁRQUICO, NÃO TEM DIREITO A DUPLA APOSENTADORIA.

SÚMULA N. 508 COMPETE À JUSTIÇA ESTADUAL, EM AMBAS AS INSTÂNCIAS, PROCESSAR E JULGAR AS CAUSAS EM QUE FOR PARTE O BANCO DO BRASIL S.A.

SÚMULA N. 511 COMPETE À JUSTIÇA FEDERAL, EM AMBAS AS INSTÂNCIAS, PROCESSAR E JULGAR AS CAUSAS ENTRE AUTARQUIAS FEDERAIS E ENTIDADES PÚBLICAS LOCAIS, INCLUSIVE MANDADOS DE SEGURANÇA, RESSALVADA A AÇÃO FISCAL, NOS TERMOS DA CONSTITUIÇÃO FEDERAL DE 1967, ART. 119, § 3º.

SÚMULA N. 517 AS SOCIEDADES DE ECONOMIA MISTA SÓ TÊM FORO NA JUSTIÇA FEDERAL, QUANDO A UNIÃO INTERVÉM COMO ASSISTENTE OU OPOENTE.

SÚMULA N. 556 É COMPETENTE A JUSTIÇA COMUM PARA JULGAR AS CAUSAS EM QUE É PARTE SOCIEDADE DE ECONOMIA MISTA.

SÚMULA N. 583 PROMITENTE COMPRADOR DE IMÓVEL RESIDENCIAL TRANSCRITO EM NOME DE AUTARQUIA É CONTRIBUINTE DO IMPOSTO PREDIAL TERRITORIAL URBANO.

SÚMULA N. 644 AO TITULAR DO CARGO DE PROCURADOR DE AUTARQUIA NÃO SE EXIGE A APRESENTAÇÃO DE INSTRUMENTO DE MANDATO PARA REPRESENTÁ-LA EM JUÍZO.

3.5.2. Superior Tribunal de Justiça

SÚMULA 11. A PRESENÇA DA UNIÃO OU DE QUALQUER DE SEUS ENTES, NA AÇÃO DE USUCAPIÃO ESPECIAL, NÃO AFASTA A COMPETÊNCIA DO FORO DA SITUAÇÃO DO IMÓVEL.

SÚMULA 15. COMPETE À JUSTIÇA ESTADUAL PROCESSAR E JULGAR OS LITÍGIOS DECORRENTES DE ACIDENTE DO TRABALHO.

SÚMULA 19. A FIXAÇÃO DO HORÁRIO BANCÁRIO, PARA ATENDIMENTO AO PÚBLICO, É DA COMPETÊNCIA DA UNIÃO.

SÚMULA 38. COMPETE À JUSTIÇA ESTADUAL COMUM, NA VIGÊNCIA DA CONSTITUIÇÃO DE 1988, O PROCESSO POR CONTRAVENÇÃO PENAL, AINDA QUE PRATICADA EM DETRIMENTO DE BENS, SERVIÇOS OU INTERESSE DA UNIÃO OU DE SUAS ENTIDADES.

SÚMULA 42. COMPETE À JUSTIÇA COMUM ESTADUAL PROCESSAR E JULGAR AS CAUSAS CÍVEIS EM QUE É PARTE SOCIEDADE DE ECONOMIA MISTA E OS CRIMES PRATICADOS EM SEU DETRIMENTO.

SÚMULA 85 NAS RELAÇÕES JURÍDICAS DE TRATO SUCESSIVO EM QUE A FAZENDA PÚBLICA FIGURE COMO DEVEDORA, QUANDO NÃO TIVER SIDO NEGADO O PRÓPRIO DIREITO RECLAMADO, A PRESCRIÇÃO ATINGE APENAS AS PRESTAÇÕES VENCIDAS ANTES DO QUINQUÊNIO ANTERIOR À PROPOSITURA DA AÇÃO.

SÚMULA 150. COMPETE À JUSTIÇA FEDERAL DECIDIR SOBRE A EXISTÊNCIA DE INTERESSE JURÍDICO QUE JUSTIFIQUE A PRESENÇA, NO PROCESSO, DA UNIÃO, SUAS AUTARQUIAS OU EMPRESAS PÚBLICAS.

CAPÍTULO 4

RESPONSABILIDADE CIVIL DO ESTADO

4.1. HISTÓRICO: EVOLUÇÃO DA RESPONSABILIDADE CIVIL DO ESTADO

Antes de analisarmos a responsabilidade do Estado nos dias atuais, mister se faz uma breve análise da evolução do tema ao longo da história. Trata-se de tema cobrado em provas de concursos e exame de ordem.

Teoria da Irresponsabilidade do Estado – A primeira fase era da irresponsabilidade. O Estado não respondia por seus atos, era sujeito irresponsável. O monarca ditava as leis, logo o Estado não errava. Caracterização divina do chefe do estado.

No Brasil não tivemos fase da irresponsabilidade.

Estado Responsável – Previsão Legal – O primeiro caso de reconhecimento da responsabilidade estatal se deu na França, naqueles casos em que havia previsão legal específica. Ou seja, eram situações muito restritas. Foi a criação do estado de direito, Estado que cria o direito e se submete ao direito que ele mesmo cria.

Teoria da Responsabilidade Subjetiva – Houve uma evolução e começou-se a admitir a responsabilidade do estado sem a necessidade de expressão dicção legal. Responsabilidade do estado sempre que se comprovava a culpa ou dolo do agente. Foi o surgimento da responsabilidade subjetiva. É chamada de responsabilidade civilista.

Teoria da Culpa do Serviço ou *faute du service* – Evoluindo mais um pouco, chega-se à responsabilidade subjetiva baseada na culpa do serviço. Ainda é usada no Brasil em alguns casos. Não é preciso comprovar dolo e culpa do agente, basta comprovar a má prestação do serviço, seja porque foi prestado de forma ineficiente ou atrasado. Não se baseia na culpa do agente, mas do serviço como um todo, tanto que se chama de culpa anônima.

Teoria da Responsabilidade Objetiva – Chega-se à responsabilidade objetiva do Estado, aquela que independe de comprovação de dolo ou culpa. São os seguintes os elementos da responsabilidade objetiva:

- Conduta (lícita ou ilícita);
- Dano;
- Nexo de causalidade.

A responsabilidade do estado no Brasil é objetiva desde a Constituição de 1946, sendo que a CF/88 não inovou o ordenamento jurídico.

4.2. RESPONSABILIDADE CIVIL. PREVISÃO LEGAL

A CF regulamenta a responsabilidade civil no art. 37, § 6º.

> § 6º – As pessoas jurídicas de direito público e as de direito privado prestadoras de serviços públicos responderão pelos danos que seus agentes, nessa qualidade, causarem a terceiros, assegurado o direito de regresso contra o responsável nos casos de dolo ou culpa.

No mesmo sentido o artigo 43 do Código Civil. Vejamos.

> Art. 43. As pessoas jurídicas de direito público interno são civilmente responsáveis por atos dos seus agentes que nessa qualidade causem danos a terceiros, ressalvado direito regressivo contra os causadores do dano, se houver, por parte destes, culpa ou dolo.

Ressalte-se que a responsabilidade do Estado, estampada no texto constitucional, é objetiva, mas a responsabilização do agente é subjetiva, decorrendo de comprovação de dolo ou de culpa.[1]

4.3. AGENTES DA RESPONSABILIDADE CIVIL

Não é apenas o Estado que responde com base no disposto na CF. As pessoas jurídicas de direito público da administração direta e indireta respondem de forma objetiva, assim como os particulares prestadores de serviço público por delegação e as empresas estatais prestadoras de serviços públicos. Nestes casos em que o particular prestador do serviço ou entidade da administração indireta causa o dano por conduta de seus agentes, a responsabilidade da concessionária (ou entidade da administração indireta) é objetiva e o Estado tem responsabilidade subsidiária por esta atuação.

Frise-se que a responsabilidade civil do Estado não abarca as empresas estatais que exploram atividade econômica. A responsabilidade, neste caso, será regulamentada pelo direito privado.

Ex.: ônibus – transporte público: passageiro sofre acidente dentro do ônibus e morre. A responsabilidade será objetiva. A responsabilidade do Estado é objetiva, porém subsidiária à da empresa prestadora do serviço.

Obs.: O Supremo Tribunal Federal já decidiu que, ainda que o dano seja causado a terceiro, não usuário do serviço público,

1. Em votação unânime, a Suprema Corte deu provimento ao RE 1027633, correspondente ao tema 940 de repercussão geral em que foi proferida a seguinte tese: "A teor do disposto no artigo 37, parágrafo 6º, da Constituição Federal, a ação por danos causados por agente público deve ser ajuizada contra o Estado ou a pessoa jurídica de direito privado, prestadora de serviço público, sendo parte ilegítima o autor do ato, assegurado o direito de regresso contra o responsável nos casos de dolo ou culpa".

a responsabilidade também será objetiva, porquanto a própria CF não diferencia os danos causados a terceiros em virtude de serem ou não usuários do serviço.

4.4. ELEMENTOS DA RESPONSABILIDADE

Para que haja responsabilidade objetiva, nos moldes do texto constitucional, basta que se comprovem três elementos, quais sejam: a **conduta** de um agente público, o **dano** causado a terceiro (usuário ou não do serviço) e o **nexo de causalidade**. Nota-se que não há necessidade de comprovação do requisito subjetivo, ou seja, o dolo ou a culpa do agente público causador do dano.

Ainda que a atuação do estado seja lícita, irá gerar a responsabilidade objetiva do estado. Isso porque a doutrina costuma apontar que a responsabilidade decorrente de atos ilícitos dos agentes públicos decorre do princípio da legalidade.

Por sua vez, a responsabilidade civil decorrente de atos lícitos se fundamenta no princípio da isonomia. Afinal, não seria justo que uma única pessoa – ou grupo de pessoas – saia prejudicada para garantir o benefício de todos. Neste diapasão, entende-se que a responsabilidade por atos lícitos é possível, desde que a conduta cause um dano anormal e específico. Com efeito, a lesão ensejadora de responsabilização do Estado por atos lícitos tem que ser diferenciada, haja vista os danos corriqueiros, decorrentes da vida em sociedade não podem resultar na responsabilização do Poder Público.

Obviamente, se a responsabilização do Estado depende da comprovação do dano, conduta e nexo, diante da ausência de qualquer um desses elementos, estará excluída a responsabilidade.

A doutrina aponta como excludentes da responsabilidade do Estado as situações de caso fortuito, força maior e culpa exclusiva da vítima. Nestes casos, ficaria excluída a responsabilização do ente público em virtude da exclusão do nexo de causalidade entre a conduta estatal e o dano.

Teoria do Risco Administrativo – Admite a exclusão da responsabilidade em determinadas situações. (teoria adotada no Brasil)

Para se excluir a responsabilidade objetiva, deverá estar ausente pelo menos um dos seus elementos. Culpa exclusiva da vítima, caso fortuito e força maior são causas de exclusão do nexo de causalidade.

Teoria do Risco integral: não admite nenhuma das excludentes.

No direito brasileiro, a teoria do risco integral é utilizada em situações excepcionais e não há consenso doutrinário sobre sua real aplicação em todas as hipóteses. A princípio, a doutrina firmou o entendimento de que a teoria do risco integral é utilizada em algumas situações, a saber:

- Dano decorrente de atividade nuclear exercida pelo estado.
- Dano decorrente de avaria ou estrago ambiental.
- Crimes ocorridos a bordo de aeronaves que estejam sobrevoando o espaço aéreo brasileiro e danos decorrentes de ataques terroristas.
- Acidente de trânsito. Decorre do seguro obrigatório: DPVAT.

4.5. RESPONSABILIDADE POR OMISSÃO DO ESTADO

A maioria da doutrina entende que a conduta omissiva não está abarcada pelo art. 37, § 6º, CF. Logo, a falta de atuação do Estado não geraria responsabilidade objetiva, respondendo, nestes casos, com base na responsabilidade subjetiva.

Ressalte-se que a Responsabilidade subjetiva aplicável neste caso, não é a teoria civilista, mas sim a da responsabilização decorrente da culpa anônima. Relembre-se que tal teoria entende que a má prestação do serviço ou a prestação ineficiente geraria a responsabilidade subjetiva do estado. Não precisa comprovar a culpa do agente, basta a comprovação da má prestação de serviço.

A administração pública, ao ser alertada da necessidade de prestação de certo serviço, havendo a reiteração do problema, isso comprovará a má prestação do serviço.

Ex.: segurança pública. Situação de uma pessoa que é assaltada em frente a uma delegacia, ou em uma rua onde os assaltos se tornaram frequentes.

A responsabilidade por omissão e Teoria do Risco Criado (Risco Suscitado): esta teoria estabelece que toda vez que o Estado cria uma situação de risco e, em virtude desse risco criado pelo ente público, decorre um dano a um particular, o Estado responde objetivamente por ele, ainda que não se demonstre conduta direta de um agente público.

Ex.: preso que mata outro. O estado cria risco ao construir um presídio e, por isso, deve ter um cuidado diferenciado em relação a ele.

Ex.: presídio. Preso foge e assalta a casa ao lado. Responsabilidade objetiva em razão do risco diferenciado causado à vizinhança.

A doutrina mais moderna diz que toda vez que o Estado tem alguém sob custodia, tem um risco diferenciado quanto à pessoa. Isso inclui presos que fogem e causam danos logo após a fuga, porque, neste caso, há a extensão da custódia. O risco criado gera responsabilidade objetiva do estado, pelos danos causados ao custodiado e pelo custodiado.

Nestas situações, a doutrina especializada entende que o Estado responderá ainda que haja uma situação de caso fortuito, bastando a comprovação de que este fortuito só foi possível em virtude da custódia do ente estatal, designado, fortuito interno. Logo, se, por exemplo, uma rebelião de presos causa a morte de um refém, o estado é responsável, não podendo alegar que se trata de caso fortuito. Em sentido contrário, se um preso é atingido por um raio dentro do presídio, a princípio, não haveria responsabilização do Estado, haja vista o dano decorrer de um fortuito externo, ou seja, totalmente alheio e independente da situação de custódia.

Assim, a responsabilização, nestes casos, dependerá somente da comprovação de que a custódia é uma condição sem a qual o dano não teria ocorrido, mesmo que situações supervenientes tenham contribuído para o dano. Trata-se da chamada teoria da *conditio sine qua non*, a responsabilizar o Estado em casos de custódia.

Nesse sentido, o Supremo Tribunal Federal começou a firmar entendimento no sentido de que o poder público tem o dever de indenizar ex-presidiário em razão da má prestação do serviço penitenciário que o manteve em condições indignas. Configura-se situação de indenização por danos morais razão da culpa do serviço.

Se o estado quiser se voltar contra o agente, mediante ação de regresso, haverá discussão de dolo e culpa, mesmo no caso do risco integral, porque a responsabilidade do agente será sempre subjetiva.

4.6. DANOS QUE GERAM A RESPONSABILIDADE

Os danos que geram responsabilidade do estado são os danos jurídicos, ou seja, o dano a um bem tutelado pelo direito, ainda que exclusivamente moral.

Frise-se que, nos casos de danos decorrentes de atos lícitos, a responsabilização do ente estatal depende da comprovação de que estes danos são anormais e específicos. Danos normais decorrem do chamado risco social, que todos se submetem para viver em sociedade. As restrições normais não geram responsabilidade do Estado. Se o dano é genérico, todo mundo tem que suportar.

Inclusive o mesmo ato pode ensejar um dano anormal a alguns e não a outros. Como exemplo, o da ferrovia desativada que causou um dano anormal a uma fábrica que deverá ter um gasto muito alto para escoar sua produção na via ferroviária. O fato de esta fábrica ter direito à indenização não significa que um morador da região possa ser indenizado, porque simpatizava com a ferrovia e não gosta de andar de ônibus.

Esta situação em que o mesmo ato gera o dever de indenizar determinadas pessoas, mas não enseja a reparação em relação a outras é o que a doutrina denominou Teoria do Duplo Efeito: o mesmo ato administrativo pode vir a causar um dano específico/anormal para determinada pessoa e para outra não causar dano passível de indenização. Ou seja, é o mesmo ato causando efeitos diversos em pessoas diversas.

4.7. PRAZO PRESCRICIONAL

A prescrição para reparação civil contra o estado é de 5 anos, conforme o Decreto 20.910/32 e art. 1º-C da lei 9.494/97. Esse decreto veio criar um benefício ao Estado, porquanto o Código Civil de 1916 estabelecia o prazo de 10 anos.

Em 2002 foi editado o novo CC, que estabeleceu que o prazo da reparação civil prescreve em 3 anos. Portanto, com a nova regra, o Estado ficou prejudicado em face do particular.

Parte da doutrina e da jurisprudência, então passou a defender que o prazo para propositura de ação de reparação civil contra o Estado seria de 3 anos, haja vista ser mais benéfico.

No entanto, foi pacificado na jurisprudência do Superior Tribunal de Justiça o contrário. **Com efeito, o entendimento a ser adotado atualmente é de que se mantém o prazo de 5 anos, uma vez que o Código Civil é lei geral e não poderia alterar lei especial.**

4.8. AÇÃO DE REGRESSO CONTRA O AGENTE PÚBLICO

Primeiramente, cumpre salientar que, para que a responsabilidade civil do Estado se configure, o agente público deve estar atuando nesta qualidade, ou então, deve-se aproveitar da condição de agente para praticar o ato danoso.

O próprio exame de ordem, na prova de 2010.3, trouxe uma questão na qual não haveria responsabilização do Estado, porque o dano foi causado por um agente público que não agia nesta qualidade. Vejamos:

> "Um policial militar, de nome Norberto, no dia de folga, quando estava na frente da sua casa, de bermuda e sem camisa, discute com um transeunte e acaba desferindo tiros de uma arma antiga, que seu avô lhe dera. Com base no relatado acima, é correto afirmar que o Estado:
>
> A) será responsabilizado, pois Norberto é agente público pertencente a seus quadros.
>
> B) será responsabilizado, com base na teoria do risco integral.
>
> C) somente será responsabilizado de forma subsidiária, ou seja, caso Norberto não tenha condições financeiras.
>
> D) não será responsabilizado, pois Norberto, apesar de ser agente público, não atuou nessa qualidade; sua conduta não pode, pois, ser imputada ao Ente Público."

Na referida questão, foi considerada correta a assertiva "D" que isentava a responsabilidade do Estado, uma vez que o agente público não agiu nesta qualidade.

Se, na questão ora transcrita, Norberto tivesse se valido da condição de agente para praticar o ato danoso, o Estado seria responsável objetivamente por seu ato, haja vista a ocorrência de dano a particular.

Em verdade, ainda que Norberto não fosse efetivamente agente público, mas atuasse de forma a ter aparência de agente, o Estado responderia por seus atos. Isso porque a teoria do "funcionário de fato" protege o cidadão dos atos praticados por aqueles que ostentem a aparência de agente público, determinando a responsabilidade objetiva do Estado pelos atos destes agentes "putativos". É corolário do princípio da segurança jurídica.

Ademais, considerando que a responsabilidade do agente público é subjetiva (diferente da responsabilidade do Estado), para propor ação de regresso, é necessário que o Estado comprove que agiu com dolo ou culpa.

Vítima cobra do Estado → Estado cobra do agente

Resp. objetiva *Resp. subjetiva*

Questiona-se: a vítima pode deixar de cobrar do Estado e cobrar diretamente do agente? Segundo o STF, não. Quando a CF, em seu art. 37, § 6º, estabeleceu a responsabilidade estatal, garantiu um direito ao particular lesado, mas também concedeu ao particular a garantia de só ser cobrado pelo Estado. É o que se convencionou chamar de **teoria da dupla garantia** – garantia à vítima e também ao agente:

> Art. 37. § 6º – *As pessoas jurídicas de direito público e as de direito privado prestadoras de serviços públicos responderão pelos danos que seus agentes, nessa qualidade, causarem a terceiros, assegurado o direito de regresso contra o responsável nos casos de dolo ou culpa.*

Ademais, não seria possível a vítima cobrar do agente causador do dano, com base no princípio da impessoalidade, uma vez que não há qualquer relação entre o agente público e o particular prejudicado. Quando o agente causou o prejuízo, não o fez na condição de particular; fê-lo em nome do Estado.

Denunciação à lide:

Com efeito, a denunciação à lide consiste em uma forma de intervenção de terceiro, prevista no Direito Processual Civil, *"quando o autor ou réu de uma ação judicial, nesse caso a de indenização, chame um terceiro, denominado denunciado, para o processo"*, como conceituou Fernanda Marinela[2]. É cediço que nas relações civis, a denunciação à lide enseja maior eficiência e economia processual, haja vista o fato de que se faz desnecessária a propositura de nova ação para cobrar do terceiro, que, *in casu*, seria denunciado a participar do processo originário.

Dispõe o mencionado art. 125 do Código de Processo Civil:

> Art. 125. É admissível a denunciação da lide, promovida por qualquer das partes:
>
> I – ao alienante imediato, no processo relativo à coisa cujo domínio foi transferido ao denunciante, a fim de que possa exercer os direitos que da evicção lhe resultam;

2. MARINELA, Fernanda. *Direito Administrativo*. 6. ed. Niterói: Impetus. 2012.

II – àquele que estiver obrigado, por lei ou pelo contrato, a indenizar, em ação regressiva, o prejuízo de quem for vencido no processo.

O Estado deve, com base neste artigo, denunciar da lide o agente? O entendimento majoritário, apontado pela doutrina, é de que não é possível essa intervenção. Isso porque a denunciação à lide geraria uma ampliação subjetiva do mérito da ação, acarretando ao autor-vítima manifesto prejuízo à celeridade na prestação jurisdicional.

4.9. RESPONSABILIDADE POR OBRA PÚBLICA

A) **Responsabilidade decorrente da má execução da obra:** é necessário saber quem estava executando a obra.

Sendo o Estado o executor da obra, a responsabilidade objetiva é indiscutível, uma vez que a conduta do agente público está ensejando um dano ao particular, em perfeita subsunção do dispositivo constitucional.

Porém, se a obra má executada foi realizada por um empreiteiro, de acordo com a corrente majoritária, ser-lhe-á atribuída responsabilidade subjetiva (importante saber que não se trata de prestação de serviço público pelo empreiteiro).

Conforme leciona José dos Santos Carvalho Filho, a ação deve ser movida somente contra o empreiteiro, sem participação do Estado no processo. A responsabilidade do ente público é subsidiária, se configurando apenas no caso de o executor-empreiteiro não reparar os prejuízos por ele causados.

Noutro sentido, Diogo de Figueiredo entende que a responsabilidade do Estado e do empreiteiro é objetiva e solidária, tornando o Estado garantidor. Esta posição, com todo o respeito a quem a defende, está em desacordo com a Constituição Federal, uma vez que a doutrina não pode criar hipótese de responsabilidade objetiva.

B) **Responsabilidade pelo simples fato da obra:** neste caso a obra causa o dano sem que tenha havido culpa de alguém; o dano não decorre de sua má execução. Ou seja, pelo simples fato de a obra existir, poderá vir a causar um dano ao particular. Nestes casos é irrelevante saber quem está executando a obra. Ocorrendo o prejuízo, ter-se-á a responsabilidade objetiva do Estado. É o caso da construção de um viaduto que deixou determinada casa abaixo do nível da rua. O dano decorre do viaduto em si e não de sua má execução.

Afirmar que a responsabilidade por obra é objetiva está correto, com base nessa "responsabilidade pelo simples fato da obra".

4.10. RESPONSABILIDADE POR ATOS LEGISLATIVOS

O conceito de Lei parte de dois sentidos:

- deve emanar do Poder Legislativo e ser sancionada pelo Poder Executivo – lei em sentido formal.
- deve ser geral, abstrata e impessoal – lei em sentido material.

Algumas leis ostentam a qualidade de lei em sentido formal, porém não o são em sentido material, configurando, em verdade, verdadeiros atos administrativos. São as chamadas **leis de efeitos concretos**. De tais leis decorre a responsabilidade civil do ente que a emanou, assegurado ao lesado o direito à reparação do dano, nos mesmos moldes da responsabilidade civil do Estado por atos administrativos.

Entretanto, regra geral, em se tratando de atos legislativos (sentidos material e formal), inexiste responsabilidade civil do Estado. Sendo a lei veículo de regras gerais, normalmente não causará dano específico a ninguém; o prejuízo eventualmente causado será geral à coletividade – segue a regra geral de responsabilidade dos atos administrativos.

Parte da doutrina entende que excepcionalmente é possível a responsabilidade por atos legislativos, se, cumulativamente, diretamente da lei decorrer dano específico a alguém e o ato normativo for declarado inconstitucional. Exigem o dano específico porque, do contrário, qualquer lei inconstitucional geraria a responsabilidade do Estado.

4.11. RESPONSABILIDADE POR ATOS JURISDICIONAIS

Os atos jurisdicionais, caracterizadores da função típica exercida pelo Poder Judiciário, via de regra, não acarretam a responsabilidade objetiva do Estado. De fato, a regra geral é a irresponsabilidade do Estado por atos jurisdicionais.

Às partes, no processo, é assegurado o direito de recorrer contra decisões que julguem contrárias ao Direito – além do direito de ação.

No entanto, há uma exceção expressa no texto constitucional:

> Art. 5º. *LXXV – o Estado indenizará o condenado por **erro judiciário**, assim como o que ficar preso além do tempo fixado na sentença;*

Obs.: A prisão além do tempo da sentença não é ato jurisdicional; é ato administrativo. Logo, a única hipótese de responsabilidade do Estado por erro jurisdicional seria nos casos de prisão por erro judiciário.

RESSALVA PARA PROVAS SUBJETIVAS:

Responsabilidade por omissão do Estado: a responsabilidade do Estado, em se tratando de conduta omissiva, dependerá dos elementos caracterizadores da culpa.

Responsabilidade objetiva por culpa do serviço – o STF vem encampando a ideia de que a responsabilidade do Estado por omissão é objetiva. Na prática, essa doutrina não muda o que a doutrina anterior dizia. Isso porque a responsabilidade seria objetiva, mas é necessário comprovar a **omissão específica.**

Essa omissão específica é o que se chamava de "culpa do serviço". Como não falam em culpa, falando apenas em omissão específica, diz-se que a responsabilidade é objetiva.

4.12. SÚMULAS DE JURISPRUDÊNCIA

4.12.1. Súmulas Vinculantes

SÚMULA VINCULANTE N. 11– SÓ É LÍCITO O USO DE ALGEMAS EM CASOS DE RESISTÊNCIA E DE FUNDADO RECEIO DE FUGA OU DE PERIGO À INTEGRIDADE FÍSICA PRÓPRIA OU ALHEIA, POR PARTE DO PRESO OU DE TERCEIROS, JUSTIFICADA A EXCEPCIONALIDADE POR ESCRITO, SOB PENA DE RESPONSABILIDADE DISCIPLINAR, CIVIL E PENAL DO AGENTE OU DA AUTORIDADE E DE NULIDADE DA PRISÃO OU DO ATO PROCESSUAL A QUE SE REFERE, SEM PREJUÍZO DA RESPONSABILIDADE CIVIL DO ESTADO.

CAPÍTULO 5

INTERVENÇÃO DO ESTADO NA PROPRIEDADE

A intervenção na propriedade é decorrência da supremacia estatal que permite ao ente público restringir o exercício do direito de propriedade, para adequá-lo aos interesses da coletividade. Há duas formas de intervenção do Estado na propriedade privada:

A) Intervenção Supressiva → o Estado transfere para si a propriedade de terceiro, suprimindo o direito de propriedade anteriormente existente.

B) Intervenção Restritiva → o Estado impõe restrições e condicionamentos ao uso da propriedade pelo terceiro, sem, contudo, lhe retirar o direito de propriedade.

Modalidades de intervenções restritivas:

- Servidão administrativa;
- Requisição;
- Ocupação temporária;
- Limitações administrativas; e
- Tombamento.

A princípio, a única intervenção supressiva no direito brasileiro é a desapropriação, uma vez que retira o direito de propriedade do particular em prol do interesse coletivo.

Por ser a intervenção mais corrente em provas de concurso, é por onde se inicia o estudo das intervenções.

5.1. DESAPROPRIAÇÃO – INTERVENÇÃO SUPRESSIVA NA PROPRIEDADE

Inicialmente, cumpre observar que a desapropriação é forma originária de aquisição da propriedade. Por esta razão, o bem chega ao acervo do Estado livre de quaisquer ônus. Qualquer direito real que recaia sobre o bem fica sub-rogado no valor da indenização.

Portanto, a expressão "transferência" de propriedade não é correta para tratar da desapropriação, embora venha sendo considerada certa nas provas objetivas de concurso. Isso porque, não há uma efetiva "transferência", mas sim a retirada da propriedade original e o surgimento de um novo direito de propriedade, novo, sem qualquer ônus real.

Dispõe o art. 5º, XXIV, da Constituição Federal:

> *XXIV – a lei estabelecerá o procedimento para desapropriação por* ***necessidade*** *ou* ***utilidade pública****, ou por* ***interesse social****, mediante justa e prévia indenização em dinheiro,* ***ressalvados os casos previstos nesta Constituição****;*

Com base neste dispositivo, depreende-se que a desapropriação por parte do Estado depende da comprovação de dois requisitos cumulativos, quais sejam, a utilidade/necessidade pública do bem ou o interesse social, bem como o pagamento, por parte do expropriante, de prévia e justa indenização em dinheiro.

A doutrina costuma dividir da seguinte forma:

- Utilidade ou necessidade pública: quando o Estado utilizará o bem, seja para uma obra pública ou para a prestação de um determinado serviço → Decreto-lei 3.365/41.
- Interesse social: para garantir a função social da propriedade → Lei 4.132/62.

O final do dispositivo constitucional estabelece *"ressalvadas as exceções trazidas pela própria Constituição"*. Esta ressalva significa que algumas desapropriações não serão efetivadas com pagamento de indenização prévia, justa e em dinheiro. Entretanto, deixa claro também que estas situações excepcionais somente serão aceitas se previstas no corpo da própria Constituição Federal, ou seja, a legislação infraconstitucional pode regulamentar, mas não criar espécies de desapropriação que excetuem o disposto no artigo 5, XXIV da Carta Magna.

O próprio texto constitucional estabelece, em seu bojo, três hipóteses de desapropriações especiais. São formas de desapropriação especial:

I – Desapropriação urbana (art. 182, CF);

II – Desapropriação rural (art. 184, CF);

III – Desapropriação confisco (art. 243, CF).

Atenção! Desapropriação de bens públicos: é possível desapropriação entre entes da administração pública, desde que se dê do ente mais abrangente sobre o ente menos abrangente, nos termos do DL 3.365. Ou seja, a União pode desapropriar bens dos estados, Distrito Federal e municípios; e os estados podem desapropriar bens do município. Este é o entendimento que deve prevalecer em provas objetivas.

Obs.: A doutrina vem se posicionando contrariamente a esta norma. Isso porque as situações de intervenções de um ente no outro estão expressamente previstas no texto constitucional. A lei ou um Decreto não pode estabelecer outras hipóteses de intervenção entre entes federados. Neste ponto, o Decreto 3365/41 não teria sido recepcionado pela CF/88.

Para fins de prova, aplica-se o decreto, no sentido de que se admite a desapropriação de bens públicos, nos moldes determinados pelo diploma.

I. Desapropriação Especial Urbana:

Constituição Federal:

Art. 182. A política de desenvolvimento urbano, executada pelo Poder Público municipal, conforme diretrizes gerais fixadas em lei, tem por objetivo ordenar o pleno desenvolvimento das funções sociais da cidade e garantir o bem-estar de seus habitantes.

§ 1º - O plano diretor, aprovado pela Câmara Municipal, obrigatório para cidades com mais de vinte mil habitantes, é o instrumento básico da política de desenvolvimento e de expansão urbana.

§ 2º - A propriedade urbana cumpre sua função social quando atende às exigências fundamentais de ordenação da cidade expressas no plano diretor.

§ 3º - As desapropriações de imóveis urbanos serão feitas com prévia e justa indenização em dinheiro.

§ 4º - É facultado ao Poder Público municipal, mediante lei específica para área incluída no plano diretor, exigir, nos termos da lei federal, do proprietário do solo urbano não edificado, subutilizado ou não utilizado, que promova seu adequado aproveitamento, sob pena, sucessivamente, de:

I - parcelamento ou edificação compulsórios;

II - imposto sobre a propriedade predial e territorial urbana progressivo no tempo;

III - desapropriação com pagamento mediante títulos da dívida pública de emissão previamente aprovada pelo Senado Federal, com prazo de resgate de até dez anos, em parcelas anuais, iguais e sucessivas, assegurados o valor real da indenização e os juros legais.

Esta desapropriação é regulamentada pelo Estatuto da Cidade, Lei 10.257/01 que minudencia as regras estampadas alhures. Vejamos.

Se a propriedade não estiver cumprindo a **função social** prevista no plano diretor da cidade, algumas restrições serão instituídas pelo poder público municipal. As medidas estabelecidas em lei (art. 5º e seguintes) são sucessivas e gradativas, ou seja, a ordem posta na lei deve ser obedecida:

1ª medida: o proprietário deve ser notificado para que faça o parcelamento, a edificação ou a utilização compulsória do terreno. Notificado, o proprietário terá 1 (um) ano para apresentar o projeto, e da apresentação do projeto terá 2 (dois) anos para começar as obras com vistas a conferir função social à propriedade (§ 4º do art. 5º).

2ª medida: IPTU progressivo no tempo. Esta medida busca coagir o sujeito a dar função social à propriedade. Trata-se de coação e sanção impostas em razão da inércia em face da notificação.

Nesta situação, o IPTU se configura como tributo de caráter extrafiscal, ou seja, sem interesse eminentemente arrecadatório. A alíquota será progressiva por 5 (cinco) anos e está limitada a 15%, não podendo, em nenhuma hipótese, ultrapassar este percentual. Ademais, de um ano para o outro, o máximo que se pode acrescentar na alíquota é 100% do valor anterior, ou seja, é possível a duplicação anual da alíquota, não mais do que isso.

A maioria dos doutrinadores entende que esses 5 (cinco) anos são para aumentar, não havendo restrição quanto ao tempo em que a alíquota máxima será aplicada. A CF proíbe que continue progredindo por mais que 5 (cinco) anos, mas não que se mantenha na alíquota máxima, mesmo após escoado este prazo. Ocorre que permitir uma alíquota tão alta por mais de 5 (cinco) anos seria confiscatório. O argumento mais interessante seria o de que, passados 5 (cinco) anos, o Estado estaria compelido a partir para a próxima medida, que se tratará a seguir.

3ª medida: desapropriação do bem com pagamento da indenização em Títulos da Dívida Pública, resgatáveis em até 10 anos → desapropriação sanção.

Dispõe o Estatuto da Cidade:

> *Art. 8º Decorridos cinco anos de cobrança do IPTU progressivo sem que o proprietário tenha cumprido a obrigação de parcelamento, edificação ou utilização, o Município poderá proceder à* ***desapropriação do imóvel****, com pagamento em títulos da dívida pública.*
>
> *§ 1º Os* ***títulos da dívida pública*** *terão prévia aprovação pelo Senado Federal e serão resgatados no prazo de até dez anos, em prestações anuais, iguais e sucessivas, assegurados o valor real da indenização e os juros legais de seis por cento ao ano.*
>
> *§ 2º O valor real da indenização:*
>
> *I – refletirá o valor da base de cálculo do IPTU, descontado o montante incorporado em função de obras realizadas pelo Poder Público na área onde o mesmo se localiza após a notificação de que trata o § 2º do art. 5º desta Lei;*
>
> *II – não computará expectativas de ganhos, lucros cessantes e juros compensatórios.*
>
> *§ 3º Os títulos de que trata este artigo não terão poder liberatório para pagamento de tributos.*
>
> *§ 4º O Município procederá ao adequado aproveitamento do imóvel no prazo máximo de cinco anos, contado a partir da sua incorporação ao patrimônio público.*

§ 5º O aproveitamento do imóvel poderá ser efetivado diretamente pelo Poder Público ou por meio de alienação ou concessão a terceiros, observando-se, nesses casos, o devido procedimento licitatório.

§ 6º Ficam mantidas para o adquirente de imóvel nos termos do § 5º as mesmas obrigações de parcelamento, edificação ou utilização previstas no art. 5º desta Lei.

II. Desapropriação Especial Rural:

Estabelece a Constituição Federal:

> Art. 184. Compete à União desapropriar por interesse social, para fins de reforma agrária, o imóvel rural que não esteja cumprindo sua função social, mediante prévia e justa indenização em títulos da dívida agrária, com cláusula de preservação do valor real, resgatáveis no prazo de até vinte anos, a partir do segundo ano de sua emissão, e cuja utilização será definida em lei.
>
> § 1º - As benfeitorias úteis e necessárias serão indenizadas em dinheiro.
>
> § 2º - O decreto que declarar o imóvel como de interesse social, para fins de reforma agrária, autoriza a União a propor a ação de desapropriação.
>
> § 3º - Cabe à lei complementar estabelecer procedimento contraditório especial, de rito sumário, para o processo judicial de desapropriação.
>
> § 4º - O orçamento fixará anualmente o volume total de títulos da dívida agrária, assim como o montante de recursos para atender ao programa de reforma agrária no exercício.
>
> § 5º - São isentas de impostos federais, estaduais e municipais as operações de transferência de imóveis desapropriados para fins de reforma agrária.

Desapropria-se terreno rural, para fins de reforma agrária, que não esteja cumprindo a sua função social.

O conceito de **função social da propriedade rural** está disposto no art. 186 da CF, do qual se extraem os requisitos necessários ao seu cumprimento:

> Art. 186. A FUNÇÃO SOCIAL é cumprida quando a propriedade rural atende, simultaneamente, segundo critérios e graus de exigência estabelecidos em lei, aos seguintes requisitos:
>
> I - aproveitamento racional e adequado;
>
> II - utilização adequada dos recursos naturais disponíveis e preservação do meio ambiente;
>
> III - observância das disposições que regulam as relações de trabalho;
>
> IV - exploração que favoreça o bem-estar dos proprietários e dos trabalhadores.

Nota-se, portanto, que a produtividade do terreno não é o único requisito a ser observado para análise da função social da propriedade rural. Ou seja, é possível a situação de um terreno rural ser produtivo, mas ser descumpridor de sua função social, em virtude do descumprimento de algum dos outros requisitos postos na Constituição Federal.

Importante observar, todavia, que a própria CF excepciona os imóveis que NÃO poderão sofrer a desapropriação para fins de reforma agrária (art. 185) e inclui os terrenos produtivos juntamente com a pequena e média propriedade rural – desde que o proprietário não possua outra.

A desapropriação, quando feita desta situação, é paga em títulos da dívida agrária, resgatáveis em até 20 anos a partir do segundo ano da sua emissão.

Importante! As benfeitorias úteis e necessárias serão pagas em dinheiro.

III – Desapropriação Confisco – Expropriação:

Dispõe o art. 243 da Constituição Federal:

"As propriedades rurais e urbanas de qualquer região do País onde forem localizadas culturas ilegais de plantas psicotrópicas ou a exploração de trabalho escravo na forma da lei serão expropriadas e destinadas à reforma agrária e a programas de habitação popular, sem qualquer indenização ao proprietário e sem prejuízo de outras sanções previstas em lei, observado, no que couber, o disposto no art. 5º. (Redação dada pela Emenda Constitucional nº 81, de 2014)

Parágrafo único. Todo e qualquer bem de valor econômico apreendido em decorrência do tráfico ilícito de entorpecentes e drogas afins e da exploração de trabalho escravo será confiscado e reverterá a fundo especial com destinação específica, na forma da lei." (Redação dada pela Emenda Constitucional nº 81, de 2014)

Esta desapropriação **NÃO É INDENIZÁVEL.** Por isso, parte da doutrina designa esta retirada da propriedade do particular de expropriação, diferenciando das desapropriações propriamente ditas que seriam sempre para mediante indenização.

A norma constitucional estabelece que serão expropriados os bens móveis utilizados para o tráfico de drogas e os bens imóveis utilizados para plantação de psicotrópicos, assim como aqueles utilizados para exploração de trabalho escravo, na forma da lei, determinando o seu destino (utilização para fins de reforma agrária ou programas de habitação popular), ou seja, vedando totalmente a incorporação destes bens ao patrimônio público.

Ressalte-se ainda que, caso haja a plantação de psicotrópicos, toda a propriedade será desapropriada, ainda que a plantação se restrinja a uma parcela da mesma.

Por fim, cumpre ressaltar que o Supremo Tribunal Federal firmou repercussão geral, no sentido de que a comprovação de que o proprietário não agiu com culpa impede a realização da expropriação. Dessa forma, imagine-se que houve uma invasão de parte da terra e que terceiros plantaram plantas psicotrópicas, de forma ilícita, sem o conhecimento do proprietário. Nesse caso, não será admitida a desapropriação confisco.

De fato, a Suprema Corte asseverou que "A expropriação prevista no art. 243 da CF pode ser afastada, desde que o proprietário comprove que não incorreu em culpa, ainda que 'in vigilando' ou 'in elegendo'. Com essa orientação, o Plenário negou provimento a recurso extraordinário em que se discutia a natureza jurídica da responsabilidade do proprietário de terras nas quais localizada cultura ilegal de plantas psicotrópicas".

5.1.1. Procedimento da Desapropriação

A) **Competência para desapropriar:** divide-se em três – competência legislativa, declaratória e executória.

Competência para legislar: a produção normativa acerca da matéria é privativa da União Federal (art. 22, inciso II, CRFB). Lei complementar poderá autorizar os estados a legislar sobre questões específicas.

Competência declaratória: competência concorrente para declarar a utilidade ou necessidade pública e o interesse social de todos os entes federativos, de acordo com o interesse. Somente os entes políticos e não as entidades da administração indireta têm competência para declaração de utilidade pública ou de interesse social.

Exceções:

NAS DESAPROPRIAÇÕES COMUNS:	NAS DESAPROPRIAÇÕES ESPECIAIS:
DNIT (Departamento Nacional de Infraestrutura de Transportes – autarquia federal): pode promover declaração de utilidade pública visando à implantação do Sistema Nacional de Viação;	**Desapropriação urbana: a competência, neste caso, se restringe ao Município, não sendo possível que qualquer ente federativo declare o interesse social;**
ANEEL (Agência Nacional de Energia Elétrica – autarquia em regime especial da União): para fins de instalação de empresas concessionárias e permissionárias do serviço energia elétrica.	**Desapropriação rural e confisco: no mesmo sentido, somente à União compete efetivar estas espécies expropriatórias.**

Competência para executar: qualquer pessoa que integre a Administração Direta ou que atue por delegação. A atribuição para promover a desapropriação será de quem a declarou ou daquele a quem a competência executória foi delegada.

Nestes termos, o art. 3º do DL 3365/41 atribui legitimidade de promover a desapropriação até mesmo a entidades privadas concessionárias de serviços públicos e a Lei 14.133/21 estabelece que, nos contratos para a execução de obra pública, o próprio acordo pode atribuir ao contratado a responsabilidade por executar as desapropriações.

Ex. A União declara o interesse social de um terreno para fins de reforma agrária e a execução da desapropriação é feita pelo INCRA (Instituto Nacional da Colonização e Reforma Agrária) – autarquia federal.

5.1.2. Fases do Procedimento

A) Fase Declaratória:

Por meio da Declaração de Utilidade Pública, o Poder Público manifesta o seu interesse na futura desapropriação.

A declaração pode ser feita de duas formas, por meio de Decreto (Decreto expropriatório) ou por lei de efeitos concretos. Ou seja, pode ser feita tanto por ato do Poder Legislativo como pelo chefe do Poder Executivo dos entes federados.

Quando o Estado declara a utilidade ou interesse público, o bem continua nas mãos do particular, entretanto o Poder Público poderá ingressar no bem para fazer avaliações, medições, ficando sujeito à força expropriatória do Estado.

Com a Declaração Expropriatória, ocorrerá também a fixação do estado do bem. Isso significa que o Poder Público fixa o estado em que o bem se encontra no momento da declaração e, por isso, qualquer melhoria ou construção realizada no bem após a declaração não será abarcada pela indenização. A lei ressalva as benfeitorias necessárias e úteis; estas últimas, somente se forem autorizadas pelo Estado. Não serão indenizáveis as benfeitorias voluptuárias feitas após a declaração, bem como as benfeitorias úteis não autorizadas.

Nesse sentido, a doutrina e jurisprudência vêm reiterando que construções feitas após a declaração de interesse público não serão indenizadas pelo ente expropriante. Veja-se o que dispõe a Súmula da jurisprudência dominante do STF:

> Súmula 23: *VERIFICADOS OS PRESSUPOSTOS LEGAIS PARA O LICENCIAMENTO DA OBRA, NÃO O IMPEDE A DECLARAÇÃO DE UTILIDADE PÚBLICA PARA DESAPROPRIAÇÃO DO IMÓVEL, MAS O VALOR DA OBRA NÃO SE INCLUIRÁ NA INDENIZAÇÃO, QUANDO A DESAPROPRIAÇÃO FOR EFETIVADA.*

Ressalte-se, entretanto, que o cidadão não pode ficar, por prazo indeterminado, sujeito à força expropriatória do Estado, pelo que a legislação prevê um prazo de Caducidade do ato declaratório. Ultrapassado o referido prazo, ocorre a perda dos efeitos do ato declaratório em razão do decurso do tempo sem que seja efetivada a desapropriação. A caducidade é contada a partir da data da expedição de decreto (art. 10 do DL 3.365/41). Tal prazo varia de acordo com a natureza da declaração expropriatória:

- desapropriação por necessidade ou utilidade pública: prazo de **5 anos**.

- desapropriação por interesse social (incluídas neste prazo as desapropriações urbana e rural, que também ocorrem por interesse social): **2 anos**.

Decorrido este prazo, a desapropriação não poderá ser executada. No entanto, o Estado poderá realizar nova declaração, em havendo utilidade pública ou interesse social, decorrido o prazo de 1 ano (prazo de carência).

B) Fase executória:

Declarado o interesse na desapropriação, o Estado deverá adotar as providências necessárias à sua efetivação, com a transferência do bem após pagamento do valor justo. Em suma, executar é pagar o valor da indenização para entrar no bem.

A execução pode ser feita na via administrativa, mediante acordo entre o Poder Público e o proprietário quanto ao valor da indenização. Ou seja, havendo aceitação pelo particular do valor ofertado pelo Estado a título de indenização, a desapropriação é efetivada administrativamente.

Caso o particular não se manifeste em 15 dias, presume-se a recusa.

Não havendo acordo, a execução pode se dar por meio de arbitragem ou mediação, nos termos do art. 10-B do Decreto Lei 3365/41. Não sendo possível o acordo e não havendo a aceitação das partes em relação às formas privadas de solução da controvérsia, será executada a desapropriação na via judicial.

A execução, na via judicial, se dá por meio da **Ação de Desapropriação**, que será proposta pelo Poder Público, sempre que não houver acordo em relação ao *quantum* indenizatório, ou se o ente expropriante não souber quem ostenta a qualidade de proprietário do bem (quando se fará a citação por edital).

A ação segue rito especial no qual a matéria de contestação é restrita. No mérito, apenas pode-se discutir o valor indenizatório (art. 20 do DL 3.365). Vícios processuais também poderão ser analisados como matéria de defesa. Dessa forma, não se admite nenhuma outra matéria de defesa, no bojo da ação de desapropriação, além das estipuladas em lei, seja a alegação de nulidade ou vício formal do ato de desapropriação.

Ocorrendo vício de legalidade no ato de desapropriação, o judiciário poderá analisar, porém não no bojo da Ação de Desapropriação, mas sim em uma ação autônoma. Em outros termos, qualquer discussão de mérito que não diga respeito ao valor da indenização será realizada por meio de **ação direta**.

Como na Ação de Desapropriação, a matéria discutida se restringe ao valor da indenização. Se o resultado da ação for favorável ao particular, ter-lhe-á sido estipulado um valor indenizatório superior àquele ofertado pelo Estado.

Em virtude dessa situação, a lei permite que o ente expropriante tenha a posse provisória do bem antes de finalizada a Ação de Desapropriação. Para tanto, o Estado precisa alegar a urgência da imissão e, posteriormente, deve depositar o valor que julgar justo. De fato, são requisitos para a imissão provisória na posse:

- Declaração de urgência por parte do expropriante.
- Depósito do valor incontroverso da indenização, em juízo.

Ressalte-se que, declarada a urgência, o Estado terá o prazo de 120 dias para requerer ao juízo a imissão provisória, fazendo o depósito do valor incontroverso em juízo, sob pena de decair a declaração de urgência. Esta declaração de urgência, se perdido o prazo, não pode ser renovada, por sua própria natureza.

O proprietário do bem tem direito de levantar parte do valor depositado pelo Estado, equivalente a até 80% do depósito (arts. 33 e 34 do Decreto-lei). O valor restante garantirá o juízo e poderá ser levantado somente com a sentença.

> **Obs. 1:** O Superior Tribunal de Justiça já decidiu no sentido de que a sentença pode estabelecer indenização em valor inferior ao depósito prévio realizado pelo Estado.

> **Obs. 2:** Caso o expropriado levante a integralidade do depósito (ao invés de levantar somente 80%), presume-se que o valor depositado foi aceito e o juiz homologará o acordo, por sentença.

Sentença: estabelecerá a indenização devida ao expropriado. O valor acrescido na sentença, em relação ao anteriormente depositado, decorre de decisão judicial e, como tal, será pago por meio de precatório (art. 100, CF).

Sobre o valor incidirá: correção monetária, juros compensatórios, juros moratórios e honorários advocatícios.

Ex. Ação de Desapropriação → Estado deposita R$ 100.000,00. Particular pode levantar R$ 80.000,00. A sentença entende que justo seria o valor de R$ 200.000,00. → Com a prolação da sentença o particular, que já havia levantado R$ 80.000,00, pode levantar o R$ 20.000,00 restantes. → Os R$ 100.000,00 acrescidos serão pagos por meio de precatório, por se tratar de decisão judicial.

- **CORREÇÃO MONETÁRIA:** atualização da moeda. A correção incidirá sobre o valor que não foi levantado pelo particular, a partir do trânsito em julgado da sentença, sendo que o Art. 100, § 12º da CRFB, determina que na correção seja utilizado o índice oficial de remuneração básica utilizado para a caderneta de poupança. Ocorre que o Supremo Tribunal Federal, em 2013, declarou a inconstitucionalidade deste dispositivo, uma vez que a taxa não corresponde à real desatualização da moeda. Sendo assim, atualmente, a jurisprudência determina que a correção seja feita com base em índices oficiais de inflação do período.

(no exemplo, incidirá correção monetária, nos índices estipulados, sobre R$ 100.000,00)

- **JUROS COMPENSATÓRIOS:** compensam o fato de o particular ter perdido o bem antes de receber a indenização. Os juros compensatórios começam a incidir a partir do momento em que o particular perde a posse do bem, *in casu*, a partir da data de imissão provisória na posse efetivada pelo ente estatal. O percentual de juros é de 6% ao ano, conforme entendimento do Supremo Tribunal Federal. Isso, porque, a Súmula 618 do Supremo Tribunal Federal dispõe que "Na desapropriação, direta ou indireta, a taxa dos juros compensatórios é de 12% (doze por cento) ao ano". Todavia o STF em decisão proferida em 2018 na ADI 2332, determinou a inaplicabilidade dessa súmula.

Assim, a partir de 2018, os juros compensatórios serão de 6% ao ano.

(No exemplo, quando da imissão na posse, o particular perdeu o bem levantando somente R$ 80.000,00 e, posteriormente, o juiz determinou que seria justo o pagamento de R$ 200.000,00 a título de indenização. Dessa forma, os juros compensatórios incidirão sobre R$ 120.000,00, desde a imissão provisória na posse).

Cabe ainda ressaltar que não haverá pagamento de juros compensatórios nos casos em que, quando o poder público invadiu o bem do particular, o grau de utilização da terra era igual a zero, ou seja, quando se tratava de terra não utilizada pelo proprietário.

- **JUROS DE MORA:** são devidos pela demora no pagamento por parte do Estado. Começam a incidir a partir de 1° de janeiro do ano seguinte àquele em que o precatório deveria ter sido pago, não incidindo durante o prazo constitucional para pagamento de precatórios. Este é o entendimento estampado na Súmula vinculante n° 17 do Supremo Tribunal Federal e no art. 15-B do Decreto-lei 3.365/41. Os juros de mora incidem no percentual de 6% ao ano, de acordo com a jurisprudência e incidem sobre aquele valor que o proprietário do bem não levanta automaticamente, com a decisão final do processo.

(No exemplo, R$ 100.000,00)

- **HONORÁRIOS:** incidirão sobre o valor fixado na sentença menos o valor depositado, que é efetivamente, o valor da sucumbência.

Súmula 617/STF: a base de cálculo dos honorários de advogado em desapropriação é a diferença entre a oferta e a indenização, corrigidas ambas monetariamente.

O valor dos honorários pode variar entre 0,5% e 5% do valor da sucumbência.

Frise-se que não há limita de valor estipulado como teto de horários na ação de desapropriação. Isso porque a eficácia do § 1° do art. 27, que estabelecia o valor de R$ 151.000,00 como teto para pagamento de honorários, foi suspensa por meio de liminar em ADIn).

5.1.3. Desapropriação indireta

A desapropriação indireta ocorre quando o Estado invade o bem sem respeitar os critérios de desapropriação. Configura verdadeiro esbulho ao direito de propriedade do particular perpetrado pelo ente público.

Nesses casos, dada a destinação pública ao bem, o proprietário não pode mais reverter a situação, buscando o bem para si, restando pleitear o pagamento de justa indenização através da **Ação de Indenização por Desapropriação Indireta**. Nesses casos, o proprietário requer ao juízo que reconheça a desapropriação e defina um valor indenizatório justo.

É comum acontecer quando o Estado disfarça a desapropriação sob a alegação de estar incidindo intervenções restritivas no bem. Isso porque, se a intervenção restritiva impede o uso do bem pelo particular, ela configura verdadeira desapropriação.

Ex.: desapropriação disfarçada de tombamento ou de servidão administrativa.

A indenização fixada pelo juiz será paga por meio de precatório. Os juros compensatórios vão começar a correr a partir do esbulho e incidirá sobre todo o valor do bem, haja vista o não pagamento de qualquer indenização prévia.

Prazo de prescrição: a súmula 119/STJ fixava o prazo de 20 anos. Ocorre que esta súmula é contemporânea ao Código Civil de 1916, quando era de 20 anos o prazo de usucapião extraordinária. Hoje não se aplica esta súmula, em sua literalidade, mas o raciocínio aplicado a ela continua vigendo. Logo, é de 10 anos o prazo de prescrição da ação de desapropriação indireta, uma vez que este é o prazo para usucapião ordinária do Código Civil atual. Este é o entendimento mais recente do Superior Tribunal de Justiça.

5.1.4. Direito de extensão

Existe a possibilidade de a desapropriação recair sobre parte de um bem. Ocorre que, nos casos em que o Estado desapropria um bem deixando apenas uma área remanescente inaproveitável isoladamente, surge ao proprietário o direito de extensão. Nessas situações o poder público deverá desapropriar o bem inteiro e indenizará tudo.

Há entendimento doutrinário de que, em se tratando de imóveis rurais, é considerado inaproveitável qualquer terreno menor que um "módulo fiscal".

Esse requerimento não precisará ser feito pelo particular por meio de ação ordinária, podendo ser discutido no bojo da ação de desapropriação.

5.1.5. Desapropriação por zona

Efetiva-se em razão da realização de uma obra:

Decreto-lei 3.365: *Art. 4º A desapropriação poderá abranger a área contígua necessária ao desenvolvimento da obra a que se destina, e as zonas que se valorizarem extraordinariamente, em consequência da realização do serviço. Em qualquer caso, a declaração de utilidade pública deverá compreendê-las, mencionando-se quais as indispensáveis à continuação da obra e as que se destinam à revenda.*

Ou seja, a desapropriação ocorre em terreno além do necessário para a realização da obra, sendo que a lei exige que o decreto expressamente disponha sobre sua razão, discriminando, inclusive, que parcela da desapropriação é feita para a obra e qual a parcela do terreno em que a desapropriação ocorre por zona.

Pode acontecer:

a) para posterior extensão da obra.

b) se o Estado entender que haverá uma supervalorização dos terrenos vizinhos.

Críticas: a segunda hipótese (letra b) nada mais é que especulação imobiliária. O CF criou o tributo Contribuição de Melhoria justamente para abarcar esses casos, de onde se depreende que o ordenamento jurídico não autoriza a indenização do Estado por outros meios além daquele estabelecido. Dessa forma, o decreto lei 3365/41 não teria sido recepcionado, neste ponto, pela Constituição Federal de 1988 e a desapropriação por zona, somente será possível, a partir dele, nos casos de necessidade de posterior extensão da obra.

Para fins de prova objetiva, o Supremo Tribunal Federal admite a desapropriação por zona, nas duas modalidades trazidas pela legislação.

5.1.6. Tredestinação e Retrocessão

Desapropriado um bem com determinado fim, esse ato de desapropriação é um ato administrativo como outro qualquer. Todo ato tem uma finalidade genérica (interesse público) e uma finalidade específica. A finalidade específica é o fim para o qual houve a desapropriação.

Por exemplo: desapropriação para construção de uma escola tem como finalidade genérica o interesse público e, como finalidade específica, a construção da escola.

Alterada a destinação do bem, ocorre o desvio de finalidade que, no ato de desapropriação, recebe o nome de **tredestinação**. Entretanto, se houver uma mudança de destinação específica, somente, mantendo-se a finalidade genérica, a tredestinação será lícita. No exemplo, anterior, ao invés de construir uma escola, o Poder Público, justificadamente, resolve efetivar a construção de um hospital no terreno construído.

Tredestinação ilícita ou adestinação: ocorre quando o Estado não dá destino algum ao bem, gerando o direito à retrocessão ao proprietário. A discussão doutrinária ao vigente é acerca da natureza da retrocessão. Isso porque parte da doutrina entende que o proprietário tem direito a reaver o bem, mesmo que alienado a terceiros (dando, ao instituto, caráter de direito real), enquanto o remanescente entende que a situação se resolveria em perdas e danos (direito pessoal).

Há ainda posicionamento como o da eminente Maria Sylvia di Pietro que defende se tratar de direito real ou pessoal (natureza mista da retrocessão), dependendo da preferência do particular em reaver o bem ou em requerer perdas e danos.

Apesar de a doutrina majoritária se posicionar no sentido de se tratar de direito real, em prova objetiva, deve-se seguir a letra da lei, isso porque, o Código Civil inseriu o direito de retrocessão no capítulo que trata dos direitos pessoais, conforme abaixo transcrito:

> Art. 519. Se a coisa expropriada para fins de necessidade ou utilidade pública, ou por interesse social, não tiver o destino para que se desapropriou, ou não for utilizada em obras ou serviços públicos, caberá ao expropriado direito de preferência, pelo preço atual da coisa.

Dessa forma, prevalece, para provas objetivas de exame de ordem, a natureza pessoal do direito de retrocessão.

5.2. INTERVENÇÕES RESTRITIVAS NA PROPRIEDADE

5.2.1. Limitação administrativa

Restrição de caráter geral, esta imposição não atinge um bem especificamente; atinge todos os proprietários que estiverem na situação descrita na norma.

José dos Santos Carvalho Filho leciona que *limitações administrativas são determinações de caráter geral, através das quais o Poder Público impõe a proprietários indeterminados obrigações positivas, negativas ou permissivas, para o fim de condicionar as propriedades ao atendimento da função social.*

Por ter caráter normativo e geral, as limitações administrativas, a princípio, não geram danos específicos; logo, não geram dever de indenização do proprietário do bem. Porém, nada obsta que, excepcionalmente, uma determinada pessoa seja indenizada caso sofra prejuízo diferenciado em relação aos demais atingidos.

Também, em virtude de seu caráter de generalidade, normalmente, a limitação administrativa produz efeitos *ex nunc*, não retroagindo para atingir pessoas e propriedades que respeitavam a situação anterior.

Em 2001, com a edição do Estatuto da Cidade (Lei 10.257/2001), criou-se o Direito de Preempção, que, nada mais é, senão uma espécie de limitação administrativa. Estipula a norma legal que determinadas áreas do município podem ser atingidas pelo direito de preferência (preempção). Nesta situação, todos os proprietários de bens localizados nesta área, ao alienarem seus terrenos, deverão oferecer primeiramente ao Poder Público.

Obs.: deve-se ter cuidado para não confundir com o direito de preempção do direito civil, que é contratual. Lá se estabelece o direito de preferência por meio de contrato. No âmbito administrativo, a preempção é estabelecida por ato administrativo geral, unilateral do ente público, que será beneficiado pela restrição.

Caso o direito de preempção não seja respeitado, aquela alienação será nula e o Poder Público, nos termos da lei, poderá adquirir o bem pelo valor da transação ou pelo valor venal do bem, o que for mais baixo.

O poder público terá o prazo de 30 dias para dizer se tem ou não interesse no bem, nos termos da proposta formulada pelo particular. Após este prazo, o particular poderá vendê-lo, nos mesmos termos da proposta apresentada ao Estado, a qualquer pessoa interessada. Caso queira alterar a proposta, primeiramente, deverá fazer uma nova proposta ao Poder Público, sob pena de violar o direito de preempção.

5.2.2. Servidão administrativa

Assim como a servidão do direito civil, a servidão administrativa ostenta a qualidade de direito real (de natureza pública). A servidão pública recairá sempre sobre bens imóveis determinados e, necessariamente, deve ser registrada, no Cartório de Registro de Imóveis, para que produza efeitos *erga omnes*.

Assim como no direito civil, há um prédio serviente. Sendo que, na servidão administrativa, o interesse público é dominante. Em suma, é a utilização de um bem privado para a prestação de um determinado serviço público.

Imóvel serviente → Serviço público dominante

Se houver a possibilidade de dano, exige-se indenização prévia. Não se paga pela servidão (não é locação de bens); paga-se pelo dano causado ao bem imóvel serviente.

A servidão tem caráter perpétuo (permanente). Isso porque a servidão não decorre de uma situação temporária ou provisória, mas sim de uma necessidade administrativa por prazo indeterminado.

Atenção! Ser permanente não significa dizer que não possa ser desfeita a qualquer tempo. Com efeito, extingue-se a servidão não havendo mais interesse público, pelo desaparecimento do bem ou pela aquisição do bem pelo Poder Público (quando ocorre a consolidação da propriedade nas mãos do Estado).

Ressalte-se que a servidão é intervenção restritiva, não podendo impedir a utilização do bem pelo particular, situação na qual ocorre uma servidão que disfarça a desapropriação, ou seja, uma desapropriação indireta. Se a restrição impede o uso do bem pelo particular, ocorrerá uma intervenção supressiva (desapropriação) e não restritiva.

A servidão NÃO é ato administrativo autoexecutável, só podendo ser instituída mediante acordo formal, decisão judicial ou por meio de lei.

Importante! De acordo com o direito civil, a propriedade tem caráter absoluto e exclusivo.

O caráter absoluto se apresenta no fato de que o proprietário de um bem utiliza este bem como melhor lhe aprouver. Já o caráter exclusivo encontra repouso na ideia de que o bem é utilizado pelo seu proprietário, exclusivamente, sem a intervenção de terceiros.

A doutrina costuma dizer que as intervenções restritivas vão atingir ou o caráter absoluto ou exclusivo do bem:

- Limitação administrativa: atinge o caráter absoluto da propriedade. Restringe a forma como o particular utiliza o bem, sem, contudo, dividir sua utilização com terceiros.
- Servidão afeta o caráter exclusivo da propriedade: o particular utilizará o bem concomitantemente ao Estado, quebrando a exclusividade na utilização, mantendo-se, entretanto, o caráter absoluto, porque o particular continua dando a utilização ao bem que considera devida.

A servidão administrativa tem previsão legal no Decreto-lei 3.365/41 que dispõe, *in litteris:*

> Art. 40. O expropriante poderá constituir servidões, mediante indenização na forma desta lei.

5.2.3. Tombamento

Intervenção do Estado na propriedade como forma de proteção do patrimônio histórico, artístico e cultural. O tombamento é instrumento de proteção ao meio ambiente, no que tange à conservação dos aspectos da história, arte e cultura de um povo.

Todos os entes federativos podem tombar e o mesmo bem pode sofrer mais de um tombamento, simultaneamente.

- Bem de interesse local: município
- Bem de interesse regional: estado
- Bem de interesse nacional: União

Pode recair sobre bens móveis ou imóveis, desde que sejam bens corpóreos. Para bens incorpóreos, o instituto de proteção não é o tombamento, mas sim o registro que estabelece uma proteção diferenciada destes bens imateriais.

Atenção! Em direito administrativo, a questão é controversa, porque alguns doutrinadores consideram tudo como tombamento. O CESPE já considerou como correta questão que abrangia bens imateriais dentre aqueles que podem ser tombados.

O tombamento, para produção de efeitos, depende de registro no livro do Tombo. Se recair sobre bem imóvel, sofrerá duplo registro, pois além do registro no livro do Tombo, deverá ser procedido o registro na matrícula do bem, no cartório de registro de imóveis.

O tombamento é intervenção permanente, não tendo caráter temporário. A figura do **Tombamento provisório,** existente no ordenamento jurídico brasileiro, nada mais é senão uma medida assecuratória (medida cautelar administrativa) para garantir o resultado prático do processo de tombamento. Com efeito, no bojo do processo de tombamento, se a administração entender que o proprietário pode alterar ou destruir o bem antes do tombamento definitivo, pode determinar o tombamento provisório para assegurar o resultado prático do processo.

O tombamento de um bem gera algumas obrigações de fazer, de não fazer e de tolerar que devem ser suportadas pelo proprietário do bem tombado. Obrigações decorrentes do tombamento:

A) Fazer:

- Preferência: caso o particular queira alienar o bem tombado, deverá, primeiramente, oferecer, em preferência, ao Poder Público. Esse direito de preferência foi extinto pelo art. 1.072, I, do Código de Processo Civil, que revoga expressamente o art. 22 do Decreto-lei 25/37. **Desse modo, não há mais direito de preferência para alienações extrajudiciais de bens tombados.**

O bem público tombado é inalienável, porque ostenta a qualidade de bem de uso especial (visando à proteção do meio ambiente histórico, artístico e cultural).

- Conservação: conservar o bem da forma como se encontra é dever do particular. É responsabilidade dele a realização de todas as benfeitorias necessárias à conservação deste bem. Se não tiver condições financeiras de realizar a conservação, deverá informar ao poder público. Neste caso, passa a ser dever de informar a necessidade de conservação.

B) Não fazer:

- não é possível tirar o bem do país, salvo, por curto período de tempo e com autorização do Poder Público.
- não pode modificar (proceder alterações no bem) e nem destruir o bem tombado. Qualquer reforma depende de autorização do Estado.

C) Tolerar:

- o proprietário do bem tem que tolerar a fiscalização pelo Poder Público.

Como regra, o tombamento restringe o caráter absoluto da propriedade, não deixa que se faça com o bem o que o proprictário bcm entender, devendo adequar sua utilização às normas de manutenção do interesse público.

O tombamento pode ser desfeito, desaparecendo o bem ou por razões de interesse público superveniente.

A doutrina já pacificou o entendimento de que o tombamento pode ser total ou parcial. De fato, é possível que o tombamento recaia sobre parte do bem, como, por exemplo, o tombamento da fachada de determinado casarão.

O tombamento gera, automaticamente, uma servidão administrativa aos vizinhos do bem tombado (forma de servidão instituída por lei). Isso porque, o vizinho não pode impedir a visualização e nem o acesso ao bem tombado. Neste caso, por decorrer da lei, sendo a lei geral, o registro da servidão é dispensável.

Apesar de se entender que não se trata de servidão, mas de verdadeira limitação administrativa, de caráter geral, em provas objetivas de concurso, deve ser considerada como servidão instituída mediante lei.

5.2.4. Requisição Administrativa

Dispõe o texto constitucional, *in litteris:*

> Art. 5º, CF: *XXV – no caso de **iminente perigo público**, a autoridade competente poderá usar de propriedade particular, assegurada ao proprietário indenização ulterior, se houver dano;*

O entendimento da doutrina e jurisprudência acerca da requisição administrativa vem tendo um caráter amplo, admitindo-se, inclusive a requisição de serviços, além de bens móveis e imóveis.

Bens consumíveis podem ser requisitados ou isso seria uma desapropriação?

É cediço que bens consumíveis são aqueles que perdem sua utilidade após o primeiro uso. Portanto, a princípio, poderia parecer que a requisição configuraria uma verdadeira desapropriação, ante a impossibilidade de devolução do bem ao proprietário. Ocorre que, se o bem for fungível – ou seja, puder ser substituído por outro da mesma qualidade – pode ser requisitado. Se infungível, então será o caso de desapropriação.

Ex. 1: vestuário particular é infungível, pois as roupas de seu guarda-roupa estão personalizadas e não podem ser substituídas – desapropriação.

Ex. 2: Vestuário requisitado no comercio é fungível – requisição.

5.2.5. Ocupação Temporária

Esta modalidade nasceu com o decreto lei 3.365/41, que dizia que o Estado poderia temporariamente utilizar bens privados vizinhos às obras públicas como meio de apoio, para alocação do maquinário e assentamento dos funcionários da obra.

Hoje, além dessa hipótese, entende-se que toda vez que o Estado precisar de um bem de forma temporária para utilização no interesse coletivo, será hipótese de ocupação temporária. Na situação, não há iminente perigo, senão configuraria requisição.

Ex.: escola particular utilizada no dia da eleição, ocupação temporária de bens da contratada, em contratos de concessão de serviços públicos para manter a continuidade do serviço.

Se houver dano, ocorrerá indenização.

Obs.: Alguns doutrinadores estabelecem o gênero ocupação provisória para falar de requisição e ocupação temporária. Nesse sentido, ocupação provisória seria gênero, dividido em duas espécies: requisição administrativa (situações em que há perigo iminente) e ocupação temporária (sem a ocorrência da situação de perigo).

5.3. SÚMULAS DE JURISPRUDÊNCIA

5.3.1. Súmulas Vinculantes

SÚMULA VINCULANTE N. 17. DURANTE O PERÍODO PREVISTO NO PARÁGRAFO 1º DO ARTIGO 100 DA CONSTITUIÇÃO, NÃO INCIDEM JUROS DE MORA SOBRE OS PRECATÓRIOS QUE NELE SEJAM PAGOS.

5.3.2. Supremo Tribunal Federal

SÚMULA N. 23. VERIFICADOS OS PRESSUPOSTOS LEGAIS PARA O LICENCIAMENTO DA OBRA, NÃO O IMPEDE A DECLARAÇÃO DE UTILIDADE PÚBLICA PARA DESAPROPRIAÇÃO DO IMÓVEL, MAS O VALOR DA OBRA NÃO SE INCLUIRÁ NA INDENIZAÇÃO, QUANDO A DESAPROPRIAÇÃO FOR EFETIVADA.

SÚMULA N. 157. É NECESSÁRIA PRÉVIA AUTORIZAÇÃO DO PRESIDENTE DA REPÚBLICA PARA DESAPROPRIAÇÃO, PELOS ESTADOS, DE EMPRESA DE ENERGIA ELÉTRICA.

SÚMULA N. 164. NO PROCESSO DE DESAPROPRIAÇÃO, SÃO DEVIDOS JUROS COMPENSATÓRIOS DESDE A ANTECIPADA IMISSÃO DE POSSE, ORDENADA PELO JUIZ, POR MOTIVO DE URGÊNCIA.

SÚMULA N. 218. É COMPETENTE O JUÍZO DA FAZENDA NACIONAL DA CAPITAL DO ESTADO, E NÃO O DA SITUAÇÃO DA COISA, PARA A DESAPROPRIAÇÃO PROMOVIDA POR EMPRESA DE ENERGIA ELÉTRICA, SE A UNIÃO FEDERAL INTERVÉM COMO ASSISTENTE.

SÚMULA N. 345. NA CHAMADA DESAPROPRIAÇÃO INDIRETA, OS JUROS COMPENSATÓRIOS SÃO DEVIDOS A PARTIR DA PERÍCIA, DESDE QUE TENHA ATRIBUÍDO VALOR ATUAL AO IMÓVEL.

SÚMULA N. 378. NA INDENIZAÇÃO POR DESAPROPRIAÇÃO, INCLUEM-SE HONORÁRIOS DO ADVOGADO DO EXPROPRIADO.

SÚMULA N. 416. PELA DEMORA NO PAGAMENTO DO PREÇO DA DESAPROPRIAÇÃO NÃO CABE INDENIZAÇÃO COMPLEMENTAR ALÉM DOS JUROS.

SÚMULA N. 476. DESAPROPRIADAS AS AÇÕES DE UMA SOCIEDADE, O PODER DESAPROPRIANTE, IMITIDO NA POSSE, PODE EXERCER, DESDE LOGO, TODOS OS DIREITOS INERENTES AOS RESPECTIVOS TÍTULOS.

SÚMULA N. 561. EM DESAPROPRIAÇÃO, É DEVIDA A CORREÇÃO MONETÁRIA ATÉ A DATA DO EFETIVO PAGAMENTO DA INDENIZAÇÃO, DEVENDO PROCEDER-SE À ATUALIZAÇÃO DO CÁLCULO, AINDA QUE POR MAIS DE UMA VEZ.

SÚMULA N. 617. A BASE DE CÁLCULO DOS HONORÁRIOS DE ADVOGADO EM DESAPROPRIAÇÃO É A DIFERENÇA ENTRE A OFERTA E A INDENIZAÇÃO, CORRIGIDAS AMBAS MONETARIAMENTE.

SÚMULA N. 652. NÃO CONTRARIA A CONSTITUIÇÃO O ART. 15, § 1º, DO DECRETO-LEI 3365/1941 (LEI DA DESAPROPRIAÇÃO POR UTILIDADE PÚBLICA).

5.3.3. Superior Tribunal de Justiça

SÚMULA 12 – EM DESAPROPRIAÇÃO, SÃO CUMULÁVEIS JUROS COMPENSATÓRIOS E MORATÓRIOS.

SÚMULA 56. NA DESAPROPRIAÇÃO PARA INSTITUIR SERVIDÃO ADMINISTRATIVA, SÃO DEVIDOS OS JUROS COMPENSATÓRIOS PELA LIMITAÇÃO DE USO DA PROPRIEDADE.

SÚMULA 67. NA DESAPROPRIAÇÃO, CABE A ATUALIZAÇÃO MONETÁRIA, AINDA QUE POR MAIS DE UMA VEZ, INDEPENDENTE DO DECURSO DE PRAZO SUPERIOR A UM ANO ENTRE O CÁLCULO E O EFETIVO PAGAMENTO DA INDENIZAÇÃO.

SÚMULA 69. NA DESAPROPRIAÇÃO DIRETA, OS JUROS COMPENSATÓRIOS SÃO DEVIDOS DESDE A ANTECIPADA IMISSÃO NA POSSE E, NA DESAPROPRIAÇÃO INDIRETA, A PARTIR DA EFETIVA OCUPAÇÃO DO IMÓVEL.

SÚMULA 70. OS JUROS MORATÓRIOS, NA DESAPROPRIAÇÃO DIRETA OU INDIRETA, CONTAM-SE DESDE O TRÂNSITO EM JULGADO DA SENTENÇA.

SÚMULA 102. A INCIDÊNCIA DOS JUROS MORATÓRIOS SOBRE OS COMPENSATÓRIOS, NAS AÇÕES EXPROPRIATÓRIAS, NÃO CONSTITUI ANATOCISMO VEDADO EM LEI.

SÚMULA 113. OS JUROS COMPENSATÓRIOS, NA DESAPROPRIAÇÃO DIRETA, INCIDEM A PARTIR DA IMISSÃO NA POSSE, CALCULADOS SOBRE O VALOR DA INDENIZAÇÃO, CORRIGIDO MONETARIAMENTE.

SÚMULA 114. OS JUROS COMPENSATÓRIOS, NA DESAPROPRIAÇÃO INDIRETA, INCIDEM A PARTIR DA OCUPAÇÃO, CALCULADOS SOBRE O VALOR DA INDENIZAÇÃO, CORRIGIDO MONETARIAMENTE.

SÚMULA 119. A AÇÃO DE DESAPROPRIAÇÃO INDIRETA PRESCREVE EM VINTE ANOS.

SÚMULA 131. NAS AÇÕES DE DESAPROPRIAÇÃO, INCLUEM-SE NO CÁLCULO DA VERBA ADVOCATÍCIA AS PARCELAS RELATIVAS AOS JUROS COMPENSATÓRIOS E MORATÓRIOS, DEVIDAMENTE CORRIGIDAS.

SÚMULA 141. OS HONORÁRIOS DE ADVOGADO EM DESAPROPRIAÇÃO DIRETA SÃO CALCULADOS SOBRE A DIFERENÇA ENTRE A INDENIZAÇÃO E A OFERTA, CORRIGIDAS MONETARIAMENTE.

CAPÍTULO 6

LICITAÇÕES À LUZ DAS LEIS 8.666/93 E 10.520/02

Inicialmente, cumpre estabelecer que compete à União legislar sobre normas gerais de licitações e contratos administrativos. Com efeito, dispõe o art. 22 da Constituição Federal:

> Art. 22. Compete privativamente à União legislar sobre:
>
> XXVII – normas gerais de licitação e contratação, em todas as modalidades, para as administrações públicas diretas, autárquicas e fundacionais da União, Estados, Distrito Federal e Municípios, obedecido o disposto no art. 37, XXI, e para as empresas públicas e sociedades de economia mista, nos termos do art. 173, § 1°, III; (Redação dada pela Emenda Constitucional nº 19, de 1998)

No âmbito federal, existem, atualmente, duas leis gerais de licitações: Leis 8.666/93 e 10.520/02 (lei do pregão).

Conceito: A licitação é um procedimento administrativo prévio a todos os contratos da administração. A princípio, toda vez que a administração precisar contratar, ela irá licitar. As exceções ficam a cargo das hipóteses de dispensa e inexigibilidade, que serão tratadas em tópico específico.

Finalidades: as licitações têm como finalidade a busca pela proposta mais vantajosa ao poder público, bem como garantir a isonomia das contratações públicas. Dessa forma, qualquer pessoa que tenha interesse e cumpra os requisitos de lei, pode contratar com o poder público, desde que seja vencedor do certame.

Cumpre ressaltar que a Lei 12.349/10 acrescentou uma terceira finalidade à licitação: a busca pelo desenvolvimento nacional. Vejamos a leitura do artigo 3° da Lei 8.666/93 após a alteração mencionada:

> Art. 3° A licitação destina-se a garantir a observância do princípio constitucional da isonomia, a seleção da proposta mais vantajosa para a administração e a promoção do desenvolvimento nacional sustentável e será processada e julgada em estrita conformidade com os princípios básicos da legalidade, da impessoalidade, da moralidade, da igualdade, da publicidade, da probidade administrativa, da vinculação ao instrumento convocatório, do julgamento objetivo e dos que lhes são correlatos. (Redação dada pela Lei n. 12.349, de 2010)

6.1. PRINCÍPIOS

Princípio da Vinculação ao Instrumento Convocatório: como regra, o instrumento convocatório é o edital, não obstante o convite não tenha edital.

Esse instrumento define todas as regras da licitação, estipulando todas as normas que deverão ser observadas pelos licitantes e pela própria administração pública.

O eminente jurista Helly Lopes Meirelles já dispunha que: "O edital é a lei da licitação".

Tal assertiva é verdadeira, mas deve ser interpretada com muita cautela. Isso porque o edital não é lei efetivamente. Em verdade, o edital é ato administrativo, submisso à lei, devendo estar formulado de acordo com as disposições legais.

Conforme exposto, o edital vincula os licitantes e a própria Administração Pública. Estabelece todas as normas, inclusive o critério de julgamento para a escolha do vencedor. A administração não pode escolher com quem quer contratar; deve decidir de acordo com o estabelecido no edital. O licitante não pode ser surpreendido ao longo do edital. Inclusive, a regra do **julgamento objetivo** também é tratada como princípio pela lei de licitações.

Princípio do Sigilo das Propostas: Não é contraditório ao princípio da publicidade. A licitação é pública, mas as propostas são sigilosas até a data da abertura de todas as propostas apresentadas, em conjunto. Até esta data, um licitante não pode saber da proposta do outro, como forma de garantia da isonomia.

Princípio do Procedimento Legal: A licitação se desenrola por meio de um procedimento definido em lei, que varia de acordo com cada modalidade licitatória. Ressalte-se que a lei veda expressamente que sejam combinadas as modalidades existentes, ou seja, não é possível mesclar os procedimentos na licitação.

Ademais, todos os princípios relacionados ao direito administrativo se aplicam ao procedimento licitatório, tais como os princípios da impessoalidade, moralidade, eficiência, publicidade, legalidade, contraditório e ampla defesa. Estes princípios já foram estudados mais atentamente no capítulo referente a eles.

6.2. TIPOS DE LICITAÇÃO

Quatro critérios podem ser estabelecidos no edital como forma de escolha do vencedor. São os chamados tipos de licitação (cuidado para não confundir com modalidade licitatória):

A) menor preço,

B) melhor técnica,

C) técnica e preço,

D) maior lance.

Ex.: Licitação para comprar carro 1.0 com ar condicionado.

Modalidade: tomada de preço. Critério: menor preço.

1° - Fiesta 1.0, com ar condicionado, 30 mil.

2° - Corsa 1.0, sem ar condicionado, 23 mil → desclassificado.

3° - Pálio 1.0, com ar condicionado, vidro elétrico, direção hidráulica, 30 mil → não pode ser escolhido por ser mais vantajoso, porque os critérios que definem o que é mais vantajoso devem estar especificados no edital.

Neste caso, houve empate na licitação. Isso porque, os critérios objetivos definidos no edital não foram suficientes para fazer a escolha do vencedor. Em tais casos, a lei estabelece a regra de desempate.

Critérios sucessivos de desempate da licitação:

Art. 3°. Lei 8.666/93:

§ 2° Em igualdade de condições, como ***critério de desempate****, será assegurada preferência, sucessivamente, aos bens e serviços:*

I - (Revogado pela Lei n° 12.349, de 2010)

II - produzidos no País;

III - produzidos ou prestados por empresas brasileiras.

IV - produzidos ou prestados por empresas que invistam em pesquisa e no desenvolvimento de tecnologia no País.

V - produzidos ou prestados por empresas que comprovem cumprimento de reserva de cargos prevista em lei para pessoa com deficiência ou para reabilitado da Previdência Social e que atendam às regras de acessibilidade previstas na legislação.

Deve-se atentar para as alterações ocorridas nesta norma pela Medida Provisória n. 495, de 19 de julho de 2010, já convertida em lei (Lei 12.349/10). Além disso, também é importante salientar que os critérios são sucessivos e não alternativos. Ou seja, a Administração Pública deve analisar os critérios na ordem que foram estipulados na lei, não podendo escolher quais pretende utilizar.

Se nenhum dos critérios de desempate alcançar o propósito de desempatar a licitação, deve ser feito sorteio (art. 45, § 2°).

Atenção! Se a prova especificar que uma das empresas empatadas é microempresa ou empresa de pequeno porte, deve-se atentar para a LC 123/06. A microempresa e empresa de pequeno porte têm direito de preferência no desempate. Isso significa que, antes de analisar os critérios de desempate, a microempresa poderá reduzir o valor de sua proposta e vencer a licitação.

Se a proposta destas empresas (Microempresas e Empresas de Pequeno Porte) for até 10% maior que a proposta vencedora, será considerado empate. No pregão, este benefício será de 5% somente.

6.3. QUEM DEVE LICITAR

O texto legal estabelece expressamente a obrigatoriedade de licitação para todas as entidades que recebam dinheiro público. De fato, estipula que devem licitar:

a) Os entes da Administração direta;

b) Os entes da Administração indireta;

c) Os Fundos especiais;

d) Demais entes mantidos ou subvencionados pelo dinheiro público.

Empresas estatais: quanto às Empresas Públicas e Sociedades de Economia Mista exploradoras de atividade econômica, o art. 173, § 1°, inciso III, da CF diz que é possível a criação de uma lei específica para reger a licitação dessas empresas. O regime específico foi criado com a edição da Lei 13.303/16, que trata do Estatuto das Empresas Estatais, inclusive com procedimento licitatório específico para essas entidades.

Obs.: Há decisão do TCU que entende que, de fato, as empresas estatais precisam licitar, mas deve haver exceção. Quando a empresa estatal exploradora de atividade econômica licita para contratações referentes à sua **atividade fim**, está sendo impedida de concorrer com igualdade no mercado. Nestes casos, o TCU entende que não precisam licitar por motivo de inexigibilidade, uma vez que não há interesse público na licitação.

Convênios não dependem de prévia licitação porque os interesses dos conveniados são convergentes; diferentemente dos contratos, onde as vontades são divergentes, haja vista o particular contratar com o Poder Público na busca pelo lucro.

6.4. INTERVALO MÍNIMO

É o prazo mínimo definido em lei e que deve ser respeitado pela administração pública, entre a publicação do edital e a data da abertura dos envelopes.

Necessariamente, esse prazo mínimo deve ser observado pelo ente público, sob pena de se considerar a licitação fraudulenta. Este prazo é presumido, pela lei, como suficiente para que todos os interessados apresentem a documentação necessária e a proposta dentro dos limites estipulados no edital.

Os prazos de intervalo mínimo estão definidos em lei e serão apresentados na medida em que for estudada cada uma das modalidades de licitação.

6.5. COMISSÃO

A comissão existe porque a autoridade máxima do órgão não realiza o procedimento licitatório, apesar de ser responsável pela elaboração do edital e exposição de motivos da contratação. Logo, normalmente quem procede à licitação é uma comissão designada por essa autoridade, responsável pela realização dos trâmites do procedimento.

É composta por, no mínimo, 3 (três) membros, sendo que, pelo menos 2 (dois) deles, deverão ser servidores efetivos do órgão.

A comissão pode ser especial ou permanente. Isso porque, em algumas situações, é designada uma comissão específica para cada procedimento licitatório, que recebe a denominação de comissão especial. Entretanto, a maioria dos órgãos públicos possui uma comissão permanente, que será responsável por todas as licitações daquele órgão no período de um ano.

Depois de um ano, a comissão deve ser alterada, ainda que com a modificação de um único membro. Com efeito, a lei proíbe expressamente a recondução de todos os membros da comissão após o decurso de um ano.

Ressalte-se que todos os membros da comissão respondem solidariamente pelos atos da comissão, salvo se, com vistas a se eximir da responsabilidade, o membro da comissão deixar consignado, expressamente, em ata que foi voto vencido em determinada atuação.

6.6. MODALIDADES LICITATÓRIAS

- *Concorrência*
- *Tomada de preço* – definidas em razão do valor do contrato.
- *Convite*
- *Concurso*

- *Leilão* – definidas em razão do objeto a ser contratado.
- *Pregão* (Lei 10.520)

Analisemos cada uma destas modalidades separadamente.

6.6.1. Concorrência

Modalidade muito garantidora da competição, sem limite de ingresso, com o procedimento amplo, abarcando todas as fases – desde a análise de documentação, até a escolha das propostas. Qualquer pessoa pode participar da concorrência.

Em virtude de seu caráter mais amplo, a concorrência é obrigatória para contratações de valores mais altos, conforme estipulado pela lei.

- Contratos de OBRAS E SERVIÇOS DE ENGENHARIA acima de **R$ 3.300.000,00**
- Contratos de COMPRAS DE BENS E AQUISIÇÃO DE SERVIÇOS acima de **R$ 1.430.000,00**

Exceções: existem determinados contratos em que a **concorrência é obrigatória** independentemente do valor da avença. Nestes casos, é o objeto do contrato que faz com que a concorrência seja obrigatória e, portanto, é considerada uma exceção à regra de valor.

A) **Alienação ou aquisição de imóveis:** Quando a administração pública adquire ou aliena imóveis, estas contratações dependem de prévia licitação, sempre na modalidade concorrência, não sendo relevante, nestes casos, o valor do contrato.

> **Atenção!** Se o imóvel a ser alienado tiver sido adquirido por dação em pagamento ou decisão judicial, pode-se celebrar este contrato de alienação mediante licitação na modalidade concorrência OU leilão. Logo, nestes casos específicos, a modalidade concorrência não será obrigatória.

B) **Contrato de concessão de serviço público:** na concessão de serviço público, regulamentada pela Lei 8987/95, a administração pública contrata determinada empresa que será responsável pela prestação de um determinado serviço público e será remunerada pelo usuário do serviço. A concessão pode ser precedida de obra ou não e será analisada em capítulo específico. Só pode ser realizada mediante concorrência.

C) **Concessão de direito real de uso:** quando o Estado permite que o particular utilize um bem público de forma privativa, como titular de direito real deste bem. Também depende de licitação na modalidade concorrência, independentemente do valor do bem.

D) **Contratos de obra celebrados por meio de empreitada integral**: não interessa o valor da obra; haverá concorrência mesmo que a obra não atinja um milhão e quinhentos mil reais. É quando a administração contrata uma empresa e ela deve entregar a obra pronta para usar. A obra fica integralmente a cargo da empresa contratada, devendo ser entregue ao poder público pronta para o uso.

E) **Licitações internacionais**: Estas licitações, nas quais se admite a participação de empresas estrangeiras que não tenham sede no país, só podem ser realizadas mediante concorrência.

Exceção da exceção:

1ª: se o órgão que vai realizar licitação internacional tiver cadastro internacional de licitantes, poderá optar por fazer licitação na modalidade Tomada de Preço, desde que dentro dos limites desta modalidade.

2ª: se o bem ou serviço a ser contratado não tiver fornecedor no país, o órgão poderá fazer licitação internacional na modalidade convite (ou tomada de preço), desde que respeitados os limites de valor.

Intervalo mínimo da concorrência:

- técnica ou técnica e preço e contratos de empreitada integral: **45 dias**
- nos demais casos: **30 dias**

6.6.2. Tomada de preço

Participam da competição apenas os licitantes que forem cadastrados no órgão ou aqueles que se cadastrarem até 3 (três) dias antes da data marcada para a abertura dos envelopes contendo as propostas dos licitantes.

Ressalte-se que o cadastro funciona como uma habilitação prévia feita pelas empresas, no órgão público. No momento da realização do cadastro, a empresa deverá apresentar toda a documentação necessária à sua habilitação. O cadastro tem duração de 1 (um) ano, quando então deverá ser renovada a apresentação dos documentos.

Em virtude da restrição da competição, somente admitindo o ingresso de licitantes cadastrados, a tomada de preços respeita um limite máximo de valor, acima do qual não poderá ser realizada. Vejamos.

- Contratos de OBRAS E SERVIÇOS DE ENGENHARIA até **R$ 3.300.000,00**
- Contratos de COMPRAS DE BENS OU AQUISIÇÃO DE SERVIÇOS até **R$ 1.430.000,00**

Ressalte-se que, nestas situações, em que é possível a tomada de preços, também será possível a realização de concorrência, apesar de não obrigatória.

Intervalo mínimo da tomada de preços:

- técnica ou técnica e preço: **30 dias**
- demais casos: **15 dias**

6.6.3. Convite

O convite é a modalidade mais restrita de todas as previstas na lei de licitações. Participarão do certame apenas os convidados, cadastrados ou não, sendo no mínimo 3 (três) convidados, salvo comprovada restrição de mercado, quando então pode se realizar o convite com apenas 2 (dois) convidados. Este é o entendimento expresso do artigo 22, § 7° da lei 8.666/93, abaixo transcrito, *in litteris:*

> Art. 22. § 7° Quando, por limitações do mercado ou manifesto desinteresse dos convidados, for impossível a obtenção do número mínimo de licitantes exigidos no § 3° deste artigo, essas circunstâncias deverão ser devidamente justificadas no processo, sob pena de repetição do convite.

Se não foi convidado, ainda assim o interessado poderá participar da licitação desde que comprove que, cumulativamente, está regularmente cadastrado no órgão e que apresentou manifestação de interesse em participar da competição, até 24 horas antes da data marcada para a abertura dos envelopes.

Os convidados, conforme explicitado, não precisam ser cadastrados. Entretanto, enquanto, no órgão, houver cadastrados que ainda não foram convidados, a cada novo Convite realizado para o mesmo objeto, exige-se que haja um convidado a mais em relação ao anterior, até que a administração pública contemple todos os cadastrados com o convite. Vejamos.

> Art. 22. § 6° Na hipótese do § 3° deste artigo, existindo na praça mais de 3 (três) possíveis interessados, a cada novo convite, realizado para objeto idêntico ou assemelhado, é obrigatório o convite a, no mínimo, mais um interessado, enquanto existirem cadastrados não convidados nas últimas licitações. (Redação dada pela Lei n. 8.883, de 1994)

Na modalidade convite, não há edital. O instrumento convocatório é simplificado e denomina-se carta-convite.

A carta-convite não é publicada em Diário Oficial, porém, ainda assim, há publicidade (toda atuação do Estado deve respeitar a publicidade). Nestes casos, a publicidade é feita de forma diferente da publicação. Estipula a lei que a administração deverá enviar a carta-convite aos convidados e afixar no átrio da repartição, em local visível ao público. Respeitadas estas regras, está devidamente publicizada a licitação.

Em virtude de tantas restrições, o convite somente pode ser utilizado para contratações de valores mais baixos, quais sejam:

- Contratos de OBRAS E SERVIÇOS DE ENGENHARIA até **R$ 330.000,00**
- Contratos de COMPRAS DE BENS E AQUISIÇÃO DE SERVIÇOS até **R$ 176.000,00**

Intervalo mínimo: 5 dias **ÚTEIS** do recebimento da carta-convite pelos convidados ou da afixação, o que acontecer por último. Neste caso, o último ato de publicidade é que iniciará a contagem do prazo de intervalo mínimo.

Comissão de licitação: a princípio, deve ser obedecida a regra geral definida na lei para designação de comissões.

Exceção: se o órgão comprovar escassez de pessoal, é possível que se dispense a comissão e realize o procedimento licitatório com um único servidor efetivo do órgão.

6.6.4. Concurso

Não se pode confundir o concurso – procedimento licitatório – com o concurso público para provimento de cargos públicos. Concurso é modalidade licitatória que serve para escolha de trabalho de técnico, artístico e científico por parte da administração pública.

Ex.: concurso para escolha do melhor projeto arquitetônico para revitalização do centro de uma cidade, ou concurso de monografias de determinada área do conhecimento de interesse do órgão público.

O licitante vencedor da licitação recebe um **prêmio ou remuneração** pelo trabalho adquirido pelo ente estatal.

Como esta modalidade licitatória tem o seu procedimento definido em regulamento próprio, não é relevante para fins de concurso a sua procedimentalização. Além do conceito, as provas objetivas ainda podem exigir duas regras atinentes ao concurso:

Intervalo mínimo: **45 dias** contados da publicação do edital.

A comissão é diferenciada e denominada comissão especial de concurso. Neste caso, a comissão também é composta por três membros que não precisam, necessariamente, serem servidores públicos. A lei determina que sejam pessoas idôneas e que tenham conhecimento na área do trabalho que será apresentado.

O artigo 22§ 4° merece transcrição, por trazer o conceito legal da licitação na modalidade concurso e ser bastante repetido em provas objetivas de concurso. Vejamos.

> § 4° Concurso é a modalidade de licitação entre quaisquer interessados para escolha de trabalho técnico, científico ou artístico, mediante a instituição de prêmios ou remuneração aos vencedores, conforme critérios constantes de edital publicado na imprensa oficial com antecedência mínima de 45 (quarenta e cinco) dias.

6.6.5. Leilão

Esta modalidade licitatória serve para **alienação de bens** pelo poder público.

A) O leilão pode ser feito para alienar bens imóveis que tenham sido adquiridos por decisão judicial ou dação em pagamento (todos os outros deverão ser alienados mediante concorrência, obrigatoriamente).

B) Também, é modalidade licitatória para alienação de bens móveis inservíveis, apreendidos e penhorados.

C) Bens inservíveis: são os bens que não têm mais serventia pública, são bens desafetados, que não estão sendo destinados à utilização pública.

D) Bens apreendidos: adquiridos, pelo poder público, em decorrência de atos ilícitos.

E) Bens penhorados: o legislador se equivocou ao falar em "penhora" quando queria se referir ao penhor. É importante atentar para o fato de que o leilão administrativo não se confunde com o leilão judicial. Em verdade, quando se trata de licitação na modalidade leilão, utiliza-se para alienar bens empenhados pelo particular ao ente público.

Intervalo mínimo: **15 dias,** contados da publicação do edital.

Não há comissão licitante nesta modalidade licitatória. O leilão é realizado pelo **leiloeiro**, que pode ser o leiloeiro oficial ou um servidor designado pela administração pública para cumprir a função de leiloeiro.

O leilão será sempre do tipo MAIOR LANCE, sendo que a administração somente pode alienar o bem para lance vencedor que seja igual ou superior ao valor da avaliação.

6.6.6. Pregão

O pregão nasceu de agências reguladoras (Lei 9.472 – ANP e Lei 9.478 – ANATEL), assim como a Consulta. Em 2000, foi editada Medida Provisória que ampliou o pregão à União. Em 2002, foi editada a Lei 10.520 (lei especial da licitação), que ampliou o leilão para todos os entes da Administração (de qualquer esfera de governo).

> **Obs.:** A **Consulta** continua a ser regulamentada pelas leis das agências reguladoras, porém é pouco utilizada pelo fato de não estar regulamentada na lei geral de licitações e porque não tem o seu procedimento estabelecido. Ou seja, hoje a única modalidade licitatória exclusiva das agências reguladoras é a Consulta, uma vez que o pregão foi estendido a todos os entes da administração pública, com a edição da Lei 10.520/02.

O pregão é modalidade licitatória definida para **aquisição de bens** - por esta razão a doutrina chama de "leilão reverso" - **e serviços comuns**. Ressalte-se que serviços e bens comuns são aqueles que podem ser designados no edital com expressão usual de mercado, conforme disposição legal expressa.

Hoje, quaisquer bens e serviços vêm sendo considerados comuns pela doutrina, não sendo possível a realização de pregão para obras públicas.

Não há limite de valor estipulado para a realização de pregão.

Intervalo mínimo do pregão: **8 dias** ÚTEIS, contados da publicação do edital.

Também no pregão (assim como no leilão), não há designação de comissão licitante, uma vez que o responsável pela realização do pregão é o **pregoeiro**, que será um servidor efetivo designado a esta função. Na Lei 10.520/02, há a comissão de apoio ao pregoeiro que não é comissão licitante e serve apenas para auxiliar o pregoeiro na realização do certame. Apenas o pregoeiro responde pela licitação, inclusive é responsável pelos atos da comissão de apoio.

A licitação na modalidade pregão será sempre do tipo MENOR PREÇO.

6.7. LICITAÇÃO PARA REGISTRO DE PREÇOS

Em algumas situações, o poder público não licita com a finalidade imediata de contratação, mas tão somente para registrar os preços, para o caso de eventual contratação posterior. Acontece quando a administração entende que um bem é adquirido com muita frequência.

Essa licitação não obriga a administração a contratar com o vencedor, uma vez que sequer sabe se haverá dotação orçamentária para celebração do contrato. O vencedor não tem a garantia de que, se o Estado for contratar, irá contratar com ele. O registro de preço não vincula a Administração Pública ao vencedor.

Finalizada a licitação, os preços são registrados no sistema de cadastros do ente, tendo este registro validade de 1 (um) ano.

6.8. PROCEDIMENTOS

6.8.1. Concorrência

1) Fase interna - fase pré-procedimental:

Nesta fase a administração pública está, internamente, se organizando para licitar.

Primeiramente, deverá fazer a exposição de motivos da contratação e definir a dotação orçamentária para a futura contratação. Depois disso, deve designar a comissão licitante. O fato de ter comissão permanente não desvincula a administração de informar qual será a comissão. Ainda nesta fase, o Poder Público elabora a minuta do edital de licitação.

2) Fase externa:

Dispõe a lei 8.666/93:

> Art. 43. A licitação será processada e julgada com observância dos seguintes procedimentos:
>
> I – abertura dos envelopes contendo a documentação relativa à habilitação dos concorrentes, e sua apreciação;
>
> II – devolução dos envelopes fechados aos concorrentes inabilitados, contendo as respectivas propostas, desde que não tenha havido recurso ou após sua denegação;
>
> III – abertura dos envelopes contendo as propostas dos concorrentes habilitados, desde que transcorrido o prazo sem interposição de recurso, ou tenha havido desistência expressa, ou após o julgamento dos recursos interpostos;
>
> IV – verificação da conformidade de cada proposta com os requisitos do edital e, conforme o caso, com os preços correntes no mercado ou fixados por órgão oficial competente, ou ainda com os constantes do sistema de registro de preços, os quais deverão ser devidamente registrados na ata de julgamento, promovendo-se a desclassificação das propostas desconformes ou incompatíveis;
>
> V – julgamento e classificação das propostas de acordo com os critérios de avaliação constantes do edital;
>
> VI – deliberação da autoridade competente quanto à homologação e adjudicação do objeto da licitação.

Edital → Habilitação → Classificação → Homologação → Adjudicação

A) PUBLICAÇÃO do edital de licitação

A publicação é feita em diário oficial e em jornal de grande circulação. A lei diz que a administração não pode lucrar com a venda do edital, assim como não pode exigir sua compra. Em verdade, o ente estatal pode, unicamente, cobrar o valor da reprodução do edital.

Com a publicação, marca-se uma data para serem abertos os envelopes e começa a correr um prazo para a impugnação administrativa do edital.

Conforme a lei, qualquer cidadão pode impugnar o edital até o 5º dia útil anterior à data marcada para abertura dos envelopes. Oferecida a impugnação, cabe à administração decidi-la no prazo de 3 dias úteis. (art. 41, § 1º)

O potencial licitante também poderá apresentar Impugnação, porém seu prazo é até o 2º dia útil anterior à data da abertura dos envelopes. (art. 41, § 2º)

É cediço que, em virtude do poder de autotutela, a administração pode alterar de ofício o edital ou mesmo anulá-lo:

> Súmula 473/STF: A ADMINISTRAÇÃO PODE ANULAR SEUS PRÓPRIOS ATOS, QUANDO EIVADOS DE VÍCIOS QUE OS TORNAM ILEGAIS, PORQUE DELES NÃO SE ORIGINAM DIREITOS; OU REVOGÁ-LOS, POR MOTIVO DE CONVENIÊNCIA OU OPORTUNIDADE, RESPEITADOS OS DIREITOS ADQUIRIDOS, E RESSALVADA, EM TODOS OS CASOS, A APRECIAÇÃO JUDICIAL.

Havendo alteração no edital, deverá ser publicado novamente nos mesmos moldes da publicação inicial e será reaberto o intervalo mínimo. Entretanto, se a modificação do edital não alterar o conteúdo das propostas, será desnecessária a abertura do intervalo mínimo.

Atenção! Não há exceção à exigência de nova publicação, ou seja, esta deverá ser feita em qualquer hipótese, ainda que a alteração seja meramente material. A exceção dispensa somente a reabertura do prazo de intervalo mínimo.

B) HABILITAÇÃO

Fase de análise da documentação dos licitantes, a fim de verificar se têm idoneidade para contratar com o poder público. É importante frisar que o edital não pode estabelecer critérios não previstos em lei, evitando, assim, restringir a licitação de forma desarrazoada.

Os critérios estão postos na lei e são cinco:

> Art. 27. Para a habilitação nas licitações, exigir-se-á dos interessados, exclusivamente, documentação relativa a:
>
> I – habilitação jurídica;
>
> II – qualificação técnica;
>
> III – qualificação econômico-financeira;
>
> IV – regularidade fiscal e trabalhista;
>
> V – cumprimento do disposto no inciso XXXIII do art. 7º da Constituição Federal. (Incluído pela Lei n. 9.854, de 1999).

Obs.: Microempresas e empresas de pequeno porte: a LC 123/06 estabelece que essas empresas poderão participar da licitação ainda que não tenham regularidade fiscal ou trabalhista. Ao final da licitação, se forem declaradas vencedoras, terão o prazo de 5 (dias) dias úteis, prorrogáveis por igual período, para fazerem o saneamento do débito (quitar o débito ou de alguma forma tornar o débito inexigível).

O prazo para **Recurso** da decisão na fase de habilitação é de 5 (cinco) dias úteis e este recurso terá efeito suspensivo.

ATENÇÃO AO EXEMPLO:

Empresa A foi inabilitada porque não comprovou qualificação técnica.

Empresa B foi habilitada.

Empresa C foi inabilitada por irregularidade fiscal junto ao INSS.

Por meio de recurso tempestivo e válido, C comprova que já estava regular com o INSS desde a data da habilitação. Nesta situaçao, C deverá ser habilitado? Não, porque ele não conseguiu trazer todos os documentos no prazo estipulado pelo edital.

- O prazo para recurso não é para juntar documento obrigatório e este prazo para juntada de documentação não poderia ser dilatado para beneficiar um licitante. Se não juntou documento dentro do prazo, não adianta juntar depois, porque o recurso é meio de discussão acerca do acerto da decisão e não prazo para juntada de documentação do licitante.

A lei disse que pode trazer documentos acessórios, desde que requeridos pela comissão, após a abertura dos envelopes.

Todavia, na hipótese de todos os licitantes serem inabilitados, a administração poderá conceder o prazo de 8 dias úteis para que se adéquem ao edital (art. 48, § 3º). A doutrina entende que é um poder-dever da administração.

C) JULGAMENTO e CLASSIFICAÇÃO

Na fase de classificação, serão aplicados os critérios do edital. Afinal, os critérios de julgamento devem estar objetivamente estipulados, no instrumento convocatório, sob pena de nulidade do certame:

> *Art. 48. Serão* ***desclassificadas:***
>
> I – as propostas que não atendam às exigências do ato convocatório da licitação;
>
> II – propostas com valor global superior ao limite estabelecido ou com preços manifestamente inexequíveis, assim considerados aqueles que não venham a ter demonstrada sua viabilidade através de documentação que comprove que os custos dos insumos são coerentes com os de mercado e que os coeficientes de produtividade são compatíveis com a execução do objeto do contrato, condições estas necessariamente especificadas no ato convocatório da licitação. (Redação dada pela Lei n. 8.883, de 1994)

Após a classificação, haverá prazo para interposição de **Recurso** de 5 (cinco) dias úteis, com efeito suspensivo.

Mais uma vez, a lei estipula que se forem todos os licitantes desclassificados, a administração poderá conceder o prazo de 8 dias úteis para que se adéquem ao edital (art. 48, § 3°).

Embora o critério possa ser baseado em preço, a lei estipula a possibilidade de a administração preferir produtos manufaturados ou serviços nacionais, ainda que mais caros que outro – a preferência pode chegar a 25%:

> Art. 3°, § 5° Nos processos de licitação, poderá ser estabelecida margem de preferência para: (Redação dada pela Lei n° 13.146, de 2015)
>
> I – produtos manufaturados e para serviços nacionais que atendam a normas técnicas brasileiras; e (Incluído pela Lei n° 13.146, de 2015)
>
> II – bens e serviços produzidos ou prestados por empresas que comprovem cumprimento de reserva de cargos prevista em lei para pessoa com deficiência ou para reabilitado da Previdência Social e que atendam às regras de acessibilidade previstas na legislação. (Incluído pela Lei n° 13.146, de 2015)

Ressalte-se que, com o intuito de salvaguardar essa alteração (que claramente viola as finalidades tradicionais da licitação de busca pela melhor proposta e isonomia), foi acrescentada uma nova finalidade à licitação, qual seja a busca pelo desenvolvimento nacional (art. 3°, *caput*), senão vejamos:

> *Art. 3° A licitação destina-se a garantir a observância do princípio constitucional da isonomia, a seleção da proposta mais vantajosa para a administração e a promoção do desenvolvimento nacional sustentável e será processada e julgada em estrita conformidade com os princípios básicos da legalidade, da impessoalidade, da moralidade, da igualdade, da publicidade, da probidade administrativa, da vinculação ao instrumento convocatório, do julgamento objetivo e dos que lhes são correlatos. (Redação dada pela Lei n° 12.349, de 2010)*

Se esses produtos manufaturados decorrerem de inovação tecnológica, podem vir a ter uma preferência adicional, desde que respeitado o limite total de preferências, de 25%.

D) HOMOLOGAÇÃO

Classificadas as propostas, termina o trabalho da comissão, que encaminhará o processo à autoridade do órgão para homologação.

Embora se chame fase de homologação, se houver alguma irregularidade, não será homologada a licitação. A própria lei estabelece possibilidade de anulação, por motivo de vício de ilegalidade durante o procedimento ou também de revogação, desde que amparada por motivos de interesse público superveniente, devidamente justificados.

A homologação é a regra. Tanto é assim que, se a administração não homologar o procedimento licitatório por qualquer dos motivos legais, deverá oferecer o prazo de 5 (cinco) dias úteis para interposição de recurso pelo licitante interessado. Neste caso, a lei não confere efeito suspensivo à demanda recursal.

Ocorrendo a homologação, passa-se para a última fase.

E) ADJUDICAÇÃO

Saliente-se, a princípio, que adjudicar não é contratar, mas tão somente declarar oficialmente o vencedor da licitação.

Após a adjudicação, a administração NÃO é obrigada a celebrar o contrato administrativo. Embora não seja obrigada a contratar, caso necessite realizar a contratação, só poder fazê-lo com o vencedor da licitação. É por isso que se diz que a adjudicação tem força vinculante – princípio da adjudicação compulsória.

Já o licitante vencedor é obrigado contratar desde que tenha sido convocado a celebrar o contrato, no prazo de 60 dias da abertura dos envelopes de propostas. O licitante fica vinculado à proposta apresentada pelo prazo de 60 dias, contados da apresentação da proposta e, após esse prazo, a lei presume que ele pode não ter condições de contratar, nos moldes da proposta apresentada, anteriormente:

> Art. 64. A Administração convocará regularmente o interessado para assinar o termo de contrato, aceitar ou retirar o instrumento equivalente, dentro do prazo e condições estabelecidos, sob pena de decair o direito à contratação, sem prejuízo das sanções previstas no art. 81 desta Lei.
>
> § 1º O prazo de convocação poderá ser prorrogado uma vez, por igual período, quando solicitado pela parte durante o seu transcurso e desde que ocorra motivo justificado aceito pela Administração.
>
> § 2º É facultado à Administração, quando o convocado não assinar o termo de contrato ou não aceitar ou retirar o instrumento equivalente no prazo e condições estabelecidos, convocar os licitantes remanescentes, na ordem de classificação, para fazê-lo em igual prazo e nas mesmas condições propostas pelo primeiro classificado, inclusive quanto aos preços atualizados de conformidade com o ato convocatório, ou revogar a licitação independentemente da cominação prevista no art. 81 desta Lei.
>
> § 3º Decorridos 60 (sessenta) dias da data da entrega das propostas, sem convocação para a contratação, ficam os licitantes liberados dos compromissos assumidos.

Conforme disposição legal transcrita, se o vencedor não puder contratar, o Estado só poderá celebrar o contrato, nos termos da proposta vencedora, chamando os demais licitantes na ordem de classificação.

6.8.2. Procedimentos diferenciados

Tomada de Preço: o procedimento é o mesmo estudado para a concorrência, porém NÃO HÁ FASE DE HABILITAÇÃO, uma vez que os licitantes já estão previamente cadastrados. O cadastro serve como uma habilitação prévia.

Convite: também segue um procedimento similar ao da concorrência, contudo, não há publicação de edital (a publicidade da carta-convite é diferenciada) e nem fase de habilitação. A outra diferença diz respeito a prazos. Os prazos para **recursos** são de 2 dias úteis (e não de 5 dias como nas outras modalidades). Se forem todos desclassificados, pode-se abrir o prazo de 3 dias úteis (ao invés de 8 dias úteis) para que se adéquem ao edital.

Pregão: esta modalidade licitatória se diferencia do procedimento da concorrência, principalmente, em virtude da inversão de fases. Isso porque, no pregão, primeiramente são classificadas as propostas, deixando a fase de habilitação por último. Também, é feita a adjudicação antes da homologação do certame. Vejamos:

Edital → Classificação → Habilitação Adjudicação → Homologação

Lances verbais: a princípio, passam para os lances verbais a melhor proposta (menor preço) e todas as outras propostas que não ultrapassarem 10% do valor da primeira. Independentemente disso, deve passar para os lances verbais a melhor proposta mais 2(duas), para completar 3(três) licitantes, no mínimo.

> Art. 4º da Lei 10.520/02:
>
> VIII – no curso da sessão, o autor da oferta de valor mais baixo e os das ofertas com preços até 10% (dez por cento) superiores àquela poderão fazer novos lances verbais e sucessivos, até a proclamação do vencedor;
>
> IX – não havendo pelo menos 3 (três) ofertas nas condições definidas no inciso anterior, poderão os autores das melhores propostas, até o máximo de 3 (três), oferecer novos lances verbais e sucessivos, quaisquer que sejam os preços oferecidos;

O próprio pregoeiro irá adjudicar e o procedimento segue para homologação da autoridade superior, ao final.

O prazo para recurso na modalidade é imediato e ocorre após a declaração do vencedor, ou seja, somente ao final da licitação. Se o licitante recorrer, a lei concede o prazo de 3 (três) dias para elaboração e apresentação das razões do recurso.

Pregão eletrônico: cada estado deverá ter o seu decreto específico se quiser utilizar esta forma de licitação. No âmbito federal, foi expedido o Decreto 10.024/2019, que regulamenta o pregão eletrônico realizado pela União. O procedimento é o mesmo do pregão presencial, porque o decreto tão somente regulamentará a lei. O decreto não traz novidades; o decreto minudencia o texto da lei para facilitar o pregão que será feito na rede.

6.9. DISPENSA E INEXIGIBILIDADE DA LICITAÇÃO

São situações que a administração pode contratar sem licitação – contratação direta.

As hipóteses estão previstas na Lei 8.666/93 em três artigos: arts. 17 e 24 (dispensa) e 25 (inexigibilidade). Tais dispositivos são muito comuns em provas objetivas de concursos e de exame de ordem e merecem leitura cuidadosa.

Deve haver um processo de justificação embasando fundamentalmente a dispensa e a inexigibilidade e, depois disso, é enviado para ratificação pela autoridade do órgão. Ressalvado o fato de serem hipóteses de contratação direta, dispensa e inexigibilidade não são expressões sinônimas e ocorrem em situações diversas. Vejamos.

Inexigibilidade: art. 25	Dispensa: arts. 17 e 24
Sempre que a **competição for impossível**, a licitação será inexigível. As hipóteses dispostas na lei não são taxativas, mas meramente exemplificativas. Mesmo que a circunstância não esteja disposta expressamente no texto legal, a licitação será inexigível quando for inviável a realização de competição entre interessados. A doutrina costuma apontar pressupostos da licitação e estabelece que a ausência de qualquer dos pressupostos torna o procedimento licitatório inexigível: **A) Pressuposto lógico:** pluralidade de bens e de fornecedores do bem ou do serviço. **B) Pressuposto jurídico:** interesse público. A licitação não é um fim em si mesmo; é um meio para atingir o interesse público. Se a licitação for de encontro ao interesse público, não será exigível licitar. **C) Pressuposto fático:** desnecessidade de contratação específica. Nos casos em que há necessidade de contratação específica, a licitação será inexigível. Ex.: o Estado precisa contratar o melhor tributarista do Brasil para defendê-lo em uma demanda que envolve milhões de reais. Não posso fazer isso para qualquer causa. **É VEDADA inexigibilidade de licitação para serviços de divulgação e serviços de publicidade.**	Nas situações de dispensa, é plenamente possível competir, mas a **lei** diz que é dispensada a licitação. Somente a lei pode trazer as hipóteses de dispensa, não podendo haver definição de novas hipóteses por atos administrativos específicos ou decretos. As hipóteses da lei 8666/93 são taxativas/exaustivas. **Art. 17:** estabelece um rol de licitação dispensada. **Art. 24:** estabelece um rol de licitação dispensável.

Licitação dispensável – art. 24:

Incisos I e II: em razão do valor – "*para obras e serviços de engenharia de valor até 10% (dez por cento) do limite previsto na alínea "a"* (convite), *do inciso I do artigo anterior, desde que não se refiram a parcelas de uma mesma obra ou serviço ou ainda para obras e serviços da mesma natureza e no mesmo local que possam ser realizadas conjunta e concomitantemente; (Redação dada pela Lei n. 9.648, de 1998).*"

Obras e serviços de engenharia → R$ 33.000,00

Bens → R$ 17.600,00

Parágrafo único estabelece exceções (situações de dispensa em dobro): alguns entes têm dispensa no percentual de até 20% do valor do convite: Empresas Públicas, Sociedade de Economia Mista, Agências Executivas e Consórcios Públicos.

OBS. Todavia, no caso das empresas estatais (empresas públicas ou sociedades de economia mista), os valores a serem utilizados estão definidos na lei 13.303/16, em seu art. 29, que estabelece que essas entidades terão dispensa para obras de até R$ 100.000,00 e aquisição de bens e serviços de até R$ 50.000,00.

Inciso IV: urgência, desde que não seja causada pelo Estado – "*nos casos de emergência ou de calamidade pública, quando caracterizada urgência de atendimento de situação que possa ocasionar prejuízo ou comprometer a segurança de pessoas, obras, serviços, equipamentos e outros bens, públicos ou particulares, e somente para os bens necessários ao atendimento da situação emergencial ou calamitosa e para as parcelas de obras e serviços que possam ser concluídas no prazo máximo de 180 (cento e oitenta) dias consecutivos e ininterruptos, contados da ocorrência da emergência ou calamidade, vedada a prorrogação dos respectivos contratos;*"

Na prática, ainda que a urgência tenha sido gerada pelo Estado, será responsabilizado o causador da urgência e a administração deverá contratar.

Exigem-se urgências efetivas e que o contrato não ultrapasse o prazo de 180 dias – neste caso, improrrogáveis.

Inciso V: licitação deserta – "*quando não acudirem interessados à licitação anterior e esta, justificadamente, não puder ser repetida sem prejuízo para a Administração, mantidas, neste caso, todas as condições preestabelecidas;*"

É diferente de licitação fracassada.

Licitação fracassa: aparecem os licitantes, mas são todos **inabilitados** ou são todos **desclassificados** → normalmente gera necessidade de uma nova licitação.

Exceção – hipótese de licitação fracassada que gera dispensa:

Inciso VII do art. 24: *"quando as propostas apresentadas consignarem preços manifestamente superiores aos praticados no mercado nacional, ou forem incompatíveis com os fixados pelos órgãos oficiais competentes, casos em que, observado o parágrafo único do art. 48 desta Lei e, persistindo a situação, será admitida a adjudicação direta dos bens ou serviços, por valor não superior ao constante do registro de preços, ou dos serviços;"*

Além destas hipóteses mais comuns em prova de concurso, deve-se fazer uma leitura acurada dos dispositivos relativos à dispensa e inexigibilidade, abaixo transcritos:

> Art. 24. É dispensável a licitação:
>
> I - para obras e serviços de engenharia de valor até 10% (dez por cento) do limite previsto na alínea "a", do inciso I do artigo anterior, desde que não se refiram a parcelas de uma mesma obra ou serviço ou ainda para obras e serviços da mesma natureza e no mesmo local que possam ser realizadas conjunta e concomitantemente; (Redação dada pela Lei n. 9.648, de 1998)
>
> II - para outros serviços e compras de valor até 10% (dez por cento) do limite previsto na alínea "a", do inciso II do artigo anterior e para alienações, nos casos previstos nesta Lei, desde que não se refiram a parcelas de um mesmo serviço, compra ou alienação de maior vulto que possa ser realizada de uma só vez; (Redação dada pela Lei n. 9.648, de 1998)
>
> III - nos casos de guerra ou grave perturbação da ordem;
>
> IV - nos casos de emergência ou de calamidade pública, quando caracterizada urgência de atendimento de situação que possa ocasionar prejuízo ou comprometer a segurança de pessoas, obras, serviços, equipamentos e outros bens, públicos ou particulares, e somente para os bens necessários ao atendimento da situação emergencial ou calamitosa e para as parcelas de obras e serviços que possam ser concluídas no prazo máximo de 180 (cento e oitenta) dias consecutivos e ininterruptos, contados da ocorrência da emergência ou calamidade, vedada a prorrogação dos respectivos contratos;
>
> V - quando não acudirem interessados à licitação anterior e esta, justificadamente, não puder ser repetida sem prejuízo para a Administração, mantidas, neste caso, todas as condições preestabelecidas;
>
> VI - quando a União tiver que intervir no domínio econômico para regular preços ou normalizar o abastecimento;
>
> VII - quando as propostas apresentadas consignarem preços manifestamente superiores aos praticados no mercado nacional, ou forem incompatíveis com os fixados pelos órgãos oficiais competentes, casos em que, observado o parágrafo único do art. 48 desta Lei e, persistindo a situação, será admitida a adjudicação direta dos bens ou serviços, por valor não superior ao constante do registro de preços, ou dos serviços; (Vide § 3º do art. 48)

VIII - para a aquisição, por pessoa jurídica de direito público interno, de bens produzidos ou serviços prestados por órgão ou entidade que integre a Administração Pública e que tenha sido criado para esse fim específico em data anterior à vigência desta Lei, desde que o preço contratado seja compatível com o praticado no mercado; (Redação dada pela Lei n. 8.883, de 1994)

IX - quando houver possibilidade de comprometimento da segurança nacional, nos casos estabelecidos em decreto do Presidente da República, ouvido o Conselho de Defesa Nacional; (Regulamento)

X - para a compra ou locação de imóvel destinado ao atendimento das finalidades precípuas da administração, cujas necessidades de instalação e localização condicionem a sua escolha, desde que o preço seja compatível com o valor de mercado, segundo avaliação prévia;(Redação dada pela Lei n. 8.883, de 1994)

XI - na contratação de remanescente de obra, serviço ou fornecimento, em consequência de rescisão contratual, desde que atendida a ordem de classificação da licitação anterior e aceitas as mesmas condições oferecidas pelo licitante vencedor, inclusive quanto ao preço, devidamente corrigido;

XII - nas compras de hortifrutigranjeiros, pão e outros gêneros perecíveis, no tempo necessário para a realização dos processos licitatórios correspondentes, realizadas diretamente com base no preço do dia; (Redação dada pela Lei n. 8.883, de 1994)

XIII - na contratação de instituição brasileira incumbida regimental ou estatutariamente da pesquisa, do ensino ou do desenvolvimento institucional, ou de instituição dedicada à recuperação social do preso, desde que a contratada detenha inquestionável reputação ético-profissional e não tenha fins lucrativos; (Redação dada pela Lei n. 8.883, de 1994)

XIV - para a aquisição de bens ou serviços nos termos de acordo internacional específico aprovado pelo Congresso Nacional, quando as condições ofertadas forem manifestamente vantajosas para o Poder Público; (Redação dada pela Lei n. 8.883, de 1994)

XV - para a aquisição ou restauração de obras de arte e objetos históricos, de autenticidade certificada, desde que compatíveis ou inerentes às finalidades do órgão ou entidade.

XVI - para a impressão dos diários oficiais, de formulários padronizados de uso da administração, e de edições técnicas oficiais, bem como para prestação de serviços de informática a pessoa jurídica de direito público interno, por órgãos ou entidades que integrem a Administração Pública, criados para esse fim específico; (Incluído pela Lei n. 8.883, de 1994)

XVII - para a aquisição de componentes ou peças de origem nacional ou estrangeira, necessários à manutenção de equipamentos durante o período de garantia técnica, junto ao fornecedor original desses equipamentos, quando tal condição de exclusividade for indispensável para a vigência da garantia; (Incluído pela Lei n. 8.883, de 1994)

XVIII - nas compras ou contratações de serviços para o abastecimento de navios, embarcações, unidades aéreas ou tropas e seus meios de deslocamento quando em estada eventual de curta duração em portos, aeroportos ou localidades diferentes de suas sedes, por motivo de movimentação operacional ou de adestramento, quando a exiguidade dos prazos legais puder comprometer a normalidade e os propósitos das operações e desde que seu valor não exceda ao limite previsto na alínea "a" do inciso II do art. 23 desta Lei: (Incluído pela Lei n. 8.883, de 1994)

XIX - para as compras de material de uso pelas Forças Armadas, com exceção de materiais de uso pessoal e administrativo, quando houver necessidade de manter a padronização requerida pela estrutura de apoio logístico dos meios navais, aéreos e terrestres, mediante parecer de comissão instituída por decreto; (Incluído pela Lei n. 8.883, de 1994)

XX - na contratação de associação de portadores de deficiência física, sem fins lucrativos e de comprovada idoneidade, por órgãos ou entidades da Administração Pública, para a prestação de serviços ou fornecimento de mão-de-obra, desde que o preço contratado seja compatível com o praticado no mercado. (Incluído pela Lei n. 8.883, de 1994)

XXI – para a aquisição ou contratação de produto para pesquisa e desenvolvimento, limitada, no caso de obras e serviços de engenharia, a 20% (vinte por cento) do valor de que trata a alínea "b" do inciso I do **caput** do art. 23;

XXII – na contratação de fornecimento ou suprimento de energia elétrica e gás natural com concessionário, permissionário ou autorizado, segundo as normas da legislação específica; (Incluído pela Lei n. 9.648, de 1998)

XXIII – *na contratação realizada por empresa pública ou sociedade de economia mista com suas subsidiárias e controladas, para a aquisição ou alienação de bens, prestação ou obtenção de serviços, desde que o preço contratado seja compatível com o praticado no mercado. (Incluído pela Lei n. 9.648, de 1998)*

XXIV – *para a celebração de contratos de prestação de serviços com as organizações sociais, qualificadas no âmbito das respectivas esferas de governo, para atividades contempladas no contrato de gestão. (Incluído pela Lei n. 9.648, de 1998)*

XXV – *na contratação realizada por Instituição Científica e Tecnológica – ICT ou por agência de fomento para a transferência de tecnologia e para o licenciamento de direito de uso ou de exploração de criação protegida. (Incluído pela Lei n. 10.973, de 2004)*

XXVI – na celebração de contrato de programa com ente da Federação ou com entidade de sua administração indireta, para a prestação de serviços públicos de forma associada nos termos do autorizado em contrato de consórcio público ou em convênio de cooperação. (Incluído pela Lei n. 11.107, de 2005)

XXVII – *na contratação da coleta, processamento e comercialização de resíduos sólidos urbanos recicláveis ou reutilizáveis, em áreas com sistema de coleta seletiva de lixo, efetuados por associações ou cooperativas formadas exclusiva-*

mente por pessoas físicas de baixa renda reconhecidas pelo poder público como catadores de materiais recicláveis, com o uso de equipamentos compatíveis com as normas técnicas, ambientais e de saúde pública. (Redação dada pela Lei n. 11.445, de 2007).

XXVIII – *para o fornecimento de bens e serviços, produzidos ou prestados no País, que envolvam, cumulativamente, alta complexidade tecnológica e defesa nacional, mediante parecer de comissão especialmente designada pela autoridade máxima do órgão. (Incluído pela Lei n. 11.484, de 2007).*

XXIX – *na aquisição de bens e contratação de serviços para atender aos contingentes militares das Forças Singulares brasileiras empregadas em operações de paz no exterior, necessariamente justificadas quanto ao preço e à escolha do fornecedor ou executante e ratificadas pelo Comandante da Força. (Incluído pela Lei n. 11.783, de 2008).*

XXX – *na contratação de instituição ou organização, pública ou privada, com ou sem fins lucrativos, para a prestação de serviços de assistência técnica e extensão rural no âmbito do Programa Nacional de Assistência Técnica e Extensão Rural na Agricultura Familiar e na Reforma Agrária, instituído por lei federal. (Incluído pela Lei nº 12.188, de 2010)*

XXXI – nas contratações visando ao cumprimento do disposto nos arts. 3º, 4º, 5º e 20 da Lei nº 10.973, de 2 de dezembro de 2004, observados os princípios gerais de contratação dela constantes. *(Incluído pela Lei n. 12.349, de 2010)*

XXXII - na contratação em que houver transferência de tecnologia de produtos estratégicos para o Sistema Único de Saúde - SUS, no âmbito da Lei n. 8.080, de 19 de setembro de 1990, conforme elencados em ato da direção nacional do SUS, inclusive por ocasião da aquisição destes produtos durante as etapas de absorção tecnológica. *(Incluído pela Lei n. 12.715, de 2012)*

XXXIII - na contratação de entidades privadas sem fins lucrativos, para a implementação de cisternas ou outras tecnologias sociais de acesso à água para consumo humano e produção de alimentos, para beneficiar as famílias rurais de baixa renda atingidas pela seca ou falta regular de água. *(Incluído pela Lei n. 12.873, de 2013).*

XXXIV - para a aquisição por pessoa jurídica de direito público interno de insumos estratégicos para a saúde produzidos ou distribuídos por fundação que, regimental ou estatutariamente, tenha por finalidade apoiar órgão da administração pública direta, sua autarquia ou fundação em projetos de ensino, pesquisa, extensão, desenvolvimento institucional, científico e tecnológico e estímulo à inovação, inclusive na gestão administrativa e financeira necessária à execução desses projetos, ou em parcerias que envolvam transferência de tecnologia de produtos estratégicos para o Sistema Único de Saúde – SUS, nos termos do inciso XXXII deste artigo, e que tenha sido criada para esse fim específico em data anterior à vigência desta Lei, desde que o preço contratado seja compatível com o praticado no mercado.

XXXV - para a construção, a ampliação, a reforma e o aprimoramento de estabelecimentos penais, desde que configurada situação de grave e iminente risco à segurança pública.

§ 1º Os percentuais referidos nos incisos I e II do caput deste artigo serão 20% (vinte por cento) para compras, obras e serviços contratados por consórcios públicos, sociedade de economia mista, empresa pública e por autarquia ou fundação qualificadas, na forma da lei, como Agências Executivas. (Incluído pela Lei n. 12.715, de 2012)

§ 2º O limite temporal de criação do órgão ou entidade que integre a administração pública estabelecido no inciso VIII do caput deste artigo não se aplica aos órgãos ou entidades que produzem produtos estratégicos para o SUS, no âmbito da Lei n. 8.080, de 19 de setembro de 1990, conforme elencados em ato da direção nacional do SUS. (Incluído pela Lei n. 12.715, de 2012)

§ 3º A hipótese de dispensa prevista no inciso XXI do **caput**, quando aplicada a obras e serviços de engenharia, seguirá procedimentos especiais instituídos em regulamentação específica. (Incluído pela Lei nº 13.243, de 2016)

§ 4º Não se aplica a vedação prevista no inciso I do **caput** do art. 9º à hipótese prevista no inciso XXI do caput. (Incluído pela Lei nº 13.243, de 2016)

Art. 25. É inexigível a licitação quando houver inviabilidade de competição, em especial:

I - para aquisição de materiais, equipamentos, ou gêneros que só possam ser fornecidos por produtor, empresa ou representante comercial exclusivo, vedada a preferência de marca, devendo a comprovação de exclusividade ser feita através de atestado fornecido pelo órgão de registro do comércio do local em que se realizaria a licitação ou a obra ou o serviço, pelo Sindicato, Federação ou Confederação Patronal, ou, ainda, pelas entidades equivalentes;

II - para a contratação de serviços técnicos enumerados no art. 13 desta Lei, de natureza singular, com profissionais ou empresas de notória especialização, vedada a inexigibilidade para serviços de publicidade e divulgação;

III - para contratação de profissional de qualquer setor artístico, diretamente ou através de empresário exclusivo, desde que consagrado pela crítica especializada ou pela opinião pública.

§ 1º Considera-se de notória especialização o profissional ou empresa cujo conceito no campo de sua especialidade, decorrente de desempenho anterior, estudos, experiências, publicações, organização, aparelhamento, equipe técnica, ou de outros requisitos relacionados com suas atividades, permita inferir que o seu trabalho é essencial e indiscutivelmente o mais adequado à plena satisfação do objeto do contrato.

§ 2º Na hipótese deste artigo e em qualquer dos casos de dispensa, se comprovado superfaturamento, respondem solidariamente pelo dano causado à Fazenda Pública o fornecedor ou o prestador de serviços e o agente público responsável, sem prejuízo de outras sanções legais cabíveis.

CAPÍTULO 7

LICITAÇÃO NOS TERMOS DA LEI 14.133/2021

7.1. CONCEITO

A Administração Pública possui a tarefa árdua e complexa de manter o equilíbrio social e gerir a máquina pública, composta por seus órgãos e agentes. Por essa razão, não poderia a lei deixar a critério do administrador a escolha das pessoas a serem contratadas, porque essa liberdade daria margem a escolhas impróprias e escusas, desvirtuadas do interesse coletivo. De fato, os gestores buscariam contratar com base em critérios pessoais, atendendo a interesses privados.

A exigência de um procedimento licitatório busca contornar esses riscos, por ser um procedimento que antecede o próprio contrato, por meio do qual várias pessoas podem concorrer em igualdade de condições e a Administração Pública pode escolher a proposta mais vantajosa, além de atuar na busca do Desenvolvimento Nacional e evitar a contratação do poder público com valores superfaturados e com sobrepreço. Dessa forma, a licitação é um procedimento administrativo prévio às contratações públicas, realizado em uma série concatenada de atos, legalmente distribuídos, culminando com a celebração do contrato.

O art. 37, XXI, da CRFB determina que os contratos administrativos sejam precedidos de licitação pública, bem como o art. 175 da Carta Magna, ao tratar das outorgas de Concessões e Permissões, também faz referência à obrigatoriedade de licitar, imposta ao ente estatal.

Em regra, todas as vezes que a Administração Pública precisar celebrar contratos, ela o fará mediante prévia licitação. As exceções ficam a cargo das hipóteses de contratação direta, que serão tratadas em tópico específico.

7.2. COMPETÊNCIA PARA LEGISLAR

O artigo 22, XXVII, da Constituição Federal firma a competência privativa da União para legislar sobre normas gerais de licitações e contratos administrativos, em todas as modalidades para a Administração Direta e Indireta de qualquer dos poderes da União, Estados, Distrito Federal e Municípios. Vejamos.

> Art. 22. Compete privativamente à União legislar sobre:
>
> (...)

> XXVII – normas gerais de licitação e contratação, em todas as modalidades, para as administrações públicas diretas, autárquicas e fundacionais da União, Estados, Distrito Federal e Municípios, obedecido o disposto no art. 37, XXI, e para as empresas públicas e sociedades de economia mista, nos termos do art. 173, § 1°, III; (Redação dada pela Emenda Constitucional n. 19, de 1998)

Sendo assim, as normas da União, quando forem gerais, terão aplicação para todos os entes federativos, sendo que estes poderão expedir normas específicas para regulamentação de seus procedimentos licitatórios, desde que observadas as normas genéricas trazidas na legislação federal.

7.3. FINALIDADES DO PROCEDIMENTO LICITATÓRIO

A Licitação tem como **finalidade** viabilizar a melhor contratação possível para o poder público, sempre buscando a proposta mais vantajosa ao Estado, evitar contratações com sobrepreço ou com preços manifestamente inexequíveis e superfaturamento na execução dos contratos, buscar incentivar inovações e o desenvolvimento nacional sustentável, bem como permitir que qualquer pessoa tenha condições isonômicas de participar das contratações públicas, desde que preencha os requisitos legais, consoante disposição do art. 11 da lei 14.133/21.

Nesse sentido, a licitação busca a satisfação do interesse da coletividade ao garantir **contratos mais vantajosos à Administração**, inclusive se buscando evitar a contratação superfaturada e com sobrepreço, bem como garante a **isonomia das contratações** públicas. Além disso, se utiliza o procedimento licitatório como mecanismo de garantia do **desenvolvimento nacional sustentável**. Dessa forma, qualquer pessoa que tenha interesse e cumpra os requisitos da lei pode contratar com o poder público desde que, por óbvio, se sagre vencedor do certame. Portanto, a licitação tem um duplo objetivo: proporcionar ao poder público o negócio mais vantajoso e assegurar ao administrado a oportunidade de concorrer, em igualdade de condições, com os demais interessados.

Assim, os quatro objetivos traçados na lei devem ser lidos de forma conjunta pelo poder público, com o intuito de firmar contratos válidos e que atendam ao interesse público.

7.4. PRINCÍPIOS NORTEADORES DA LICITAÇÃO

Neste capítulo, no entanto, será feita uma análise específica dos princípios aplicáveis de forma direta às licitações públicas, ressaltando os princípios previstos no art. 5° da lei 14.133/21, que merecem maior atenção.

7.4.1. Princípio da Vinculação ao Edital

A elaboração do edital pela Administração pública é livre e discricionária, na busca por satisfazer os interesses da coletividade; todavia, após a sua publicação, a Administração fica vinculada àquilo que foi publicado. Com efeito, a discricionariedade administrativa se encerra com a elaboração do edital e, uma vez publicado, seu cumprimento é imperativo.

Sendo assim, pode-se dizer que o instrumento convocatório estabelece normas que obrigam os licitantes, bem como a própria Administração Pública, inclusive no que tange ao critério de escolha do vencedor a ser utilizado nas licitações.

7.4.2. Princípio do Julgamento Objetivo

Esse princípio é de suma importância e também deve ser observado. O edital deve estabelecer, de forma precisa e clara, qual critério será usado para seleção da proposta vencedora. Além disso, o ato convocatório tem de conter critérios objetivos de julgamento que não se subsumem às escolhas dos julgadores. Portanto, o administrador não deve se valer de critérios que não estejam previamente delimitados no edital para definição do vencedor do certame.

O art. 33 da lei 14.133/21 define, como critérios possíveis a serem estipulados no edital, os de menor preço, maior desconto, maior lance, melhor técnica ou conteúdo artístico, os critérios conjugados de técnica e preço e o maior retorno econômico, não se admitindo a utilização de outros ou mesmo a não utilização de critérios objetivos, deixando a cargo do administrador público a escolha do vencedor do certame. Com efeito, não pode ser utilizado, para fins de escolha do vencedor, nenhum outro fator de análise que não aqueles expressamente definidos no instrumento convocatório.

7.4.3. Princípio do Sigilo das Propostas

Este princípio está explicitado no art. 13 da lei 14.133/21 e não contradiz o princípio da publicidade, que deve ser observado na realização de licitações públicas.

De fato, a licitação é pública e os atos praticados no bojo do procedimento licitatório não podem, em regra, ser sigilosos ou secretos, contudo, as propostas apresentadas pelos licitantes são sigilosas até a data da abertura dos envelopes, a ser feita em conjunto por todos os concorrentes, em sessão pública.

Até este momento, previamente determinado pelo edital, um licitante não pode saber da proposta do outro, pois a violação do sigilo da proposta representa Improbidade Administrativa e crime definido na própria Lei de Licitações. Situação diversa configuraria privilégio de alguns licitantes em detrimento de outros, em ofensa clara ao princípio da isonomia.

7.4.4. Princípio da competitividade

Trata-se de princípio que fundamenta a existência do procedimento licitatório e traduz a sua essência. A licitação nada mais é senão um processo por meio do qual todos poderão participar em igualdade de condições, para a escolha da proposta que esteja em consonância com os interesses da coletividade.

A frustração do caráter competitivo é ato ilícito e costuma ocorrer em prol de benefícios pessoais, maculando a gestão dos interesses públicos.

7.4.5. Princípio da Economicidade

A eficácia impõe a adoção da solução mais eficiente e conveniente para a gestão dos recursos públicos. A atividade administrativa gera custos e, como os recursos públicos são escassos, é necessário que sua utilização produza os melhores resultados econômicos possíveis à Administração Pública, tanto quantitativa quanto qualitativamente. O agente público tem o dever de gerenciar os recursos públicos, onerando o menos possível a Administração.

7.4.6. Princípio da Isonomia

Com base nesse princípio, é indispensável que seja garantido um tratamento igualitário entre os licitantes no bojo do procedimento licitatório, não se admitindo qualquer espécie de tratamento diferenciado que vise a beneficiar ou prejudicar algum dos participantes do certame.

Ressalte-se que a isonomia, em seu aspecto material, significa tratar igualmente os iguais e oferecer tratamento desigual aos desiguais na medida de suas desigualdades. Nesse sentido, o princípio visa a igualar juridicamente aqueles que são desiguais faticamente, formando o que se convencionou chamar de **isonomia material.**

Com base nessa ideia, está em conformidade com esse princípio o tratamento diferenciado dispensado a microempresas e empresas de pequeno porte pela Lei Complementar 123/06, bem como a possibilidade de criação de preferências para aquisição de produtos manufaturados ou serviços nacionais que obedeçam à normas técnicas brasileiras, nos moldes da própria lei 14.133/21, conforme disposto em seu art. 26.

Ressalte-se que a isonomia é, inclusive, finalidade da realização do procedimento licitatório e deve orientar todos os seus termos.

7.5. PRINCÍPIO DA SEGREGAÇÃO DE FUNÇÕES

A segregação de função é um princípio adotado há bastante tempo no âmbito dos órgãos de controle interno da Administração Pública e a separação das competências e atividades de cada servidor ao longo de um procedimento administrativo e de suas fases.

No âmbito de procedimentos licitatórios, deve-se observar que cada etapa desse procedimento deve ser desempenhada por um agente público diverso. Assim, um servidor ficará responsável pela autorização, outro deverá fazer a aprovação, um terceiro agente será competente para execução, o controle e a contabilização, por sua vez, são atividades a serem atribuídas por outros agentes.

Ilustra esse entendimento o fato de que a autoridade responsável pelo órgão que efetivará a contratação e analisará recursos não pode atuar como pregoeiro ou agente de contratos no mesmo processo.

7.6. TIPOS DE LICITAÇÃO

A priori, cumpre salientar que a expressão **Tipos de licitação** não pode ser confundida com a expressão Modalidades de licitação porque esta se relaciona com a estrutura procedimental da licitação, enquanto os *Tipos de licitação* se vinculam ao critério de julgamento da licitação. Dessa forma, são modalidades de licitação a concorrência, o concurso, o pregão, entre outros a serem estudados em tópico específico deste capítulo. Por sua vez, os tipos são divididos em licitação "menor preço", "maior desconto", "melhor técnica ou conteúdo artístico", "técnica e preço", "maior retorno econômico" e "maior lance", consoante se analisará doravante.

Sendo assim, quatro critérios podem ser estabelecidos, no edital, como forma de escolha do vencedor do certame. São os chamados tipos de licitação e estão definidos nos artigos 33 e seguintes da lei 14.133/21. São tipos de licitação, a saber:

A – MENOR PREÇO – A Administração é orientada a selecionar a proposta de preço mais baixo entre os competidores.

Este tipo é utilizado quando o produto pretendido pela Administração não tiver nenhuma característica especial, ou quando as características especiais são definidas como requisitos mínimos para contratação.

B – MAIOR DESCONTO – Nesses casos, o julgamento terá como referência o preço global fixado no edital de licitação, e o referido desconto deverá ser estendido aos eventuais termos aditivos.

Utilize-se como exemplo a compra de passagens aéreas, em que a empresa de turismo que oferecer o maior desconto incidente sobre o valor da passagem operado pela companhia aérea será a vencedora do certame.

C – MELHOR TÉCNICA OU CONTEÚDO ARTÍSTICO – Trata-se de licitação que tem por critério de escolha a qualidade do produto a ser adquirido ou do serviço a ser prestado. Assim, será levada em consideração somente a proposta técnica ou artística oferecida, sendo que o valor da contratação é previamente estipulado pelo poder público. Em razão do previsto no artigo 35, parágrafo único, da Lei 14.133/2021, este tipo poderá ser utilizado para a contratação de projetos e trabalhos de natureza técnica, científica ou artística.

D – TÉCNICA E PREÇO – Nas licitações deste tipo, a escolha do vencedor será adequada, quando a variação de qualidade da prestação refletir na satisfação das necessidades do Estado. Sendo assim, será feita uma análise de preço bem como de qualidade do bem ou serviço a ser prestado pelo vencedor.

E – MAIOR LANCE – A licitação do tipo maior lance se verifica para alienação pela Administração Pública de bens e direitos, e é apropriada para o leilão, modalidade licitatória que utiliza sempre como critério de escolha do vencedor o **maior lance**, igual ou superior ao valor da avaliação feita pelo ente público.

F – MAIOR RETORNO ECONÔMICO – deve ser utilizado exclusivamente para a celebração de contrato de eficiência, considerará a maior economia para a Administração, e a remuneração deverá ser fixada em percentual que incidirá de forma proporcional à economia efetivamente obtida na execução do contrato.

7.7. DESEMPATE NA LICITAÇÃO

A lei estabelece **critérios sucessivos de desempate, na licitação,** nas situações em que os critérios de escolha previamente definidos no edital não são suficientes para a seleção de uma única proposta vencedora.

Os critérios de desempate, no procedimento licitatório, estão definidos em lei, na ordem em que devem ser observados, somente sendo analisado o segundo critério caso o primeiro não seja suficiente a desempatar a licitação e assim sucessivamente. Logo, trata-se de critérios sucessivos e não alternativos, vejamos.

1. Disputa final, com apresentação de novas propostas após a classificação.
2. Avaliação de desempenho contratual prévio dos licitantes, analisando o cumprimento de cláusulas e atendimento das necessidades da contratante em ajustes anteriores.
3. Desenvolvimento de equidade entre gêneros no ambiente de trabalho.
4. Desenvolvimento de programa de integridade, conforme determinado pelos órgãos de controle. Ressalte-se que o programa de integridade é programa específico de "compliance" com foco no respeito às regras gerais da Administração Pública, com intuito de evitar a prática de atos ilícitos regulados pela Lei 12.846/13.

Caso nenhum desses critérios seja idôneo a desempatar a licitação, a lei determina que o desempate se dará com base em **critérios de preferência**, a seguir expostos:

1. empresas estabelecidas no território do órgão ou entidade da Administração Pública estadual licitante ou no Estado em que se localiza o órgão ou entidade da Administração Pública municipal licitante.
2. empresas brasileiras.
3. empresas que invistam em pesquisa e no desenvolvimento de tecnologia no País.
4. empresas que comprovem a prática de mitigação, por meio da utilização de tecnologia que reduza a produção de gases poluentes, nos termos da Lei nº 12.187/09.

Além disso, também é importante salientar, mais uma vez, que os critérios são sucessivos e não alternativos. Ou seja, a Administração Pública deve analisar os critérios na ordem em que foram estipulados na lei, não podendo escolher quais pretende utilizar.

Após a definição do vencedor, a Administração pode efetuar negociação com ele para fins de redução dos valores da contratação.

> **ATENÇÃO!** Nas hipóteses de uma das empresas empatadas ser Microempresa ou Empresa de Pequeno Porte, deve-se atentar para a LC 123/06. A microempresa e empresa de pequeno porte têm direito de preferência no desempate.

Com efeito, com o advento da LC 123/06 surgiu esse tratamento diferenciado e favorável às ME e EPP. Isto significa que, antes de analisar os critérios de desempate, a ME ou EPP poderá reduzir o valor de sua proposta e vencer a licitação. Nesse sentido, a Lei Complementar 123/06, em seu art. 45, I, estabelece que *"a microempresa ou empresa de pequeno porte mais bem classificada poderá apresentar proposta de preço inferior àquela considerada vencedora do certame, situação em que será adjudicado em seu favor o objeto licitado"*.

Ademais, em igualdade de condições, caso a microempresa apresente uma proposta até 10% superior à proposta vencedora, a lei considera ter havido empate na licitação. O art. 44, § 1°, da LC 123/06 dispõe: *"Entende-se por empate aquelas situações em que as propostas apresentadas pelas microempresas e empresas de pequeno porte sejam iguais ou até 10% (dez por cento) superiores à proposta mais bem classificada"*. Dessa forma, caso a proposta apresentada pela EPP ou ME seja superior à proposta vencedora, mas não a exceder em 10%, se considerará empatada a licitação, nos moldes da lei.

No entanto, nas licitações de modalidade pregão, o benefício da Microempresa ou Empresa de Pequeno Porte não chega a 10%, se limitando a 5%, ou seja, as propostas superiores à vencedora, desde que não ultrapassem 5% desta, serão consideradas como empate no certame. Sendo assim, dispõe o art. 44, § 2°, da LC 123/06, que *"Na modalidade de pregão, o intervalo percentual estabelecido no § 1° deste artigo será de até 5% (cinco por cento) superior ao melhor preço"*.

7.8. INTERVALO MÍNIMO

É o prazo mínimo definido em lei que deve ser respeitado **entre a publicação do instrumento convocatório e a data da abertura dos envelopes** de documentação e de propostas. Ou melhor, o intervalo obrigatório a ser observado pelo ente público entre a publicação do instrumento convocatório e o início do certame.

Sendo assim, vejamos os prazos de intervalo mínimo.

Objeto	PRAZO DE INTERVALO MÍNIMO
Aquisição de bens	8 dias úteis – licitação tipo menor preço ou maior desconto.
	15 dias úteis – outros casos
Serviços e obras	10 dias úteis – licitação tipo menor preço ou maior desconto para obras e serviços comuns.
	25 dias úteis – licitação tipo menor preço ou maior desconto para obras e serviços especiais.
	60 dias úteis – contratos sob regime de contratação integrada
	35 dias úteis - contratos sob regime de contratação semi- integrada e outras hipóteses não abrangidas anteriormente
Alienação de bens	15 dias úteis – quando se tratar de maior lance
Contratações especiais	35 dias úteis – nos casos de licitações do tipo melhor técnica ou conteúdo artístico ou técnica e preço

7.9. AGENTES DA LICITAÇÃO

A necessidade de agentes de contrato existe porque a autoridade máxima do órgão não realiza o procedimento licitatório, apesar de ser responsável pela elaboração do edital e exposição de motivos da contratação. Logo, normalmente, quem procede à licitação é um servidor público especialmente designado por essa autoridade, responsável pela realização dos trâmites do procedimento.

A legislação anterior previa a necessidade de uma comissão de licitação que, no regramento atual não é necessária, em regra, sendo suficiente a designação do agente de contratação.

O ato de designação é um ato jurídico que pode ser formalizado por decreto, portaria, resolução ou ato da diretoria conforme a natureza da entidade, sempre realizado pela autoridade competente do órgão ou entidade licitante.

Em regra, o referido agente designado, nos moldes definidos no art. 7º da lei 14.133/21, deve ser, preferencialmente, servidor efetivo dos quadros permanentes da Administração Pública, ter atribuições relacionadas a licitações e contratos ou, pelo menos, possuir formação compatível ou qualificação atestada por certificação profissional emitida por escola de governo criada e mantida pelo poder público, além de não ser cônjuge ou companheiro de licitantes ou contratados habituais da Administração nem ter com eles vínculo de parentesco, colateral ou por afinidade, até o terceiro grau, ou de natureza técnica, comercial, econômica, financeira, trabalhista e civil.

Dessa forma, o texto legal visa a evitar o nepotismo no âmbito da Administração Pública, uma vez que tais servidores não seriam suficientemente imparciais para exercerem as funções necessárias ao andamento do certame licitatório.

A função do agente de contratação é analisar os pedidos de inscrições em registros cadastrais bem como sua alteração ou cancelamento, habilitação para participação no certame, além da análise e julgamento das propostas da licitação, em observância aos critérios de julgamento previamente estipulados no instrumento convocatório. Deve-se ainda relembrar o respeito ao princípio da segregação das funções, impedindo que o mesmo agente atue em atividades diversas, de modo a reduzir a possibilidade de ocultação de erros e de ocorrência de fraudes na respectiva contratação.

Ficará a cargo do agente de contratação, portanto, a condução de todo o procedimento licitatório. Ele será auxiliado por equipe de apoio e responderá individualmente pelos atos que praticar, salvo quando induzido a erro pela atuação da equipe.

Em se tratando de licitação na modalidade pregão, o agente de contratação será designado pregoeiro.

Os atos praticados pela Comissão poderão ser fiscalizados por qualquer cidadão e também pela autoridade que a nomeou ou pelos órgãos de controle interno e externo. Ressalte-se que, o controle interno é um poder-dever da Administração Pública, não se tratando de mera faculdade do órgão controlador.

ATENÇÃO!

COMISSÃO DE LICITAÇÃO

Em licitação que envolva bens ou serviços especiais, o agente de contratação poderá ser substituído por comissão de contratação formada de, no mínimo, 3 (três) membros, que responderão solidariamente por todos os atos praticados pela comissão, ressalvado o membro que expressar posição individual divergente fundamentada e registrada em ata lavrada na reunião em que houver sido tomada a decisão.

Por fim, em se tratando de certames licitatórios que envolvam bens ou serviços especiais cujo objeto não seja rotineiramente contratado pela Administração, poderá ser contratado, por prazo determinado, serviço de empresa ou de profissional especializado para assessorar os agentes públicos responsáveis pela condução da licitação.

7.10. MODALIDADES LICITATÓRIAS

A lei prevê 5 modalidades licitatórias abaixo listadas. Vejamos:

- Pregão
- Concorrência
- Concurso
- Leilão
- Diálogo competitivo

A lei expressamente veda a criação de novas modalidades licitatórias e a combinação das modalidades existentes.

7.10.1. Concorrência

Esta é a modalidade de licitação a contratação de bens e serviços especiais e de obras e serviços comuns e especiais de engenharia e é considerada uma modalidade genérica em que podem participar quaisquer interessados.

Em razão da natureza do objeto, a concorrência se faz obrigatória na celebração de determinados contratos, diante da importância conferida a essas avenças. Nesses casos, a lei limita a modalidade licitatória à concorrência ou ao diálogo competitivo. Vejamos.

a) **Contrato de concessão de serviço público**: no que tange às concessões, a concorrência é modalidade obrigatória. Na concessão de serviço público, regulamentada pela Lei 8.987/95, a administração pública contrata determinada empresa que será responsável pela prestação de um determinado serviço público e será remunerada pelo usuário do serviço. Nesses casos, o art. 2º, II, da Lei 8.987/95 exige a utilização da modalidade concorrência ou diálogo competitivo independentemente do valor do contrato a ser celebrado. O contrato de concessão pode ser precedido de obra ou não e será analisado em capítulo específico.

b) **Parcerias Público-privadas:** a Lei 11.079/2004 regulamenta duas espécies de concessão, denominadas de parcerias público-privadas. Nesse diploma legal, há a previsão da celebração de contratos de concessão patrocinada ou de concessão administrativa. Em ambos os casos, o art. 10 do referido diploma legal define a exigência de licitação na modalidade concorrência ou diálogo competitivo.

7.10.2. Concurso

O concurso demonstra o interesse da Administração Pública em selecionar trabalhos técnicos, científicos ou artísticos com certas capacidades personalíssimas para incentivar o desenvolvimento cultural. Nesta modalidade, há instituição de prêmios ou remuneração aos vencedores, nos moldes definidos pelo art. 30 da Lei 14.133/21.

Não se deve confundir o concurso regulamentado na Lei de Licitações – procedimento licitatório para aquisição de trabalhos – com o concurso público para provimento de cargos públicos regido pela Lei 8.112/90. O concurso público visa provimento de cargos públicos ou de empregos na estrutura da Administração Direta e Indireta e o sujeito selecionado se torna agente público, estabelecendo vínculo de trabalho com o ente público. Por sua vez, a licitação visa, mediante procedimento regularmente instituído por lei, a escolha de trabalho técnico, artístico ou científico, mediante o pagamento de prêmio ao vencedor, não havendo qualquer preenchimento de cargos ou contratação de empregado.

Pode-se citar como exemplo, um concurso para escolha do melhor projeto arquitetônico para revitalização do centro de uma cidade, ou concurso de monografias em determinada área do conhecimento de interesse do órgão público. Em ambos os casos, a Administração Pública escolherá um trabalho a ser premiado conforme estipulado no edital.

A licitação na modalidade concurso observará as regras e condições previstas em edital, que indicará a qualificação exigida dos participantes, as diretrizes e formas de apresentação do trabalho e as condições de realização e o prêmio ou remuneração a ser concedida ao vencedor.

Nos concursos destinados à elaboração de projeto, o vencedor deverá ceder à Administração Pública todos os direitos patrimoniais relativos ao projeto e autorizar sua execução conforme juízo de conveniência e oportunidade das autoridades competentes.

7.10.3. Leilão

Esta modalidade licitatória serve para **alienação de bens** pelo poder público àquele que ofertar o maior preço, seja ele igual ou superior ao valor da avaliação. Nesse sentido, o art. 6º, XL da lei 14.133/21 dispõe que o leilão é *"modalidade de licitação para alienação de bens imóveis ou de bens móveis inservíveis ou legalmente apreendidos a quem oferecer o maior lance"*.

a. O leilão pode ser feito para alienar **bens imóveis;**

b. Também, é modalidade licitatória para alienação de **bens móveis** inservíveis e apreendidos.

O leilão é realizado pelo **leiloeiro**, que pode ser o leiloeiro oficial ou um servidor designado pela Administração Pública para cumprir a função de leiloeiro.

Nesses casos, o intervalor mínimo a ser respeitado é de 15 dias úteis, nos termos da lei.

7.10.4. Pregão

O pregão é modalidade licitatória definida para **aquisição de bens e serviços comuns**, cujos padrões mínimos de qualidade serão previamente estipulados no instrumento convocatório. Ressalte-se que, conforme disposto no art. 29 da lei

14.133/21, serviços e bens comuns são aqueles que podem ser designados no edital com expressão usual de mercado. O que se busca no pregão é sempre a melhor contratação pelo menor preço.

Atualmente, portanto, quaisquer bens e serviços vêm sendo considerados comuns pela doutrina, não havendo limitação de valor para realização do pregão. De fato, não há limite de valor estipulado em lei para a realização de pregão.

Também no pregão (assim como no leilão), não há designação de comissão licitante, uma vez que o responsável pela realização do pregão é o **pregoeiro**, que será um servidor designado para esta função. De fato, o art. 8º, p. 5 o da lei 14.133/21 dispõe que o agente de contratações no caso de pregão recebe o nome de pregoeiro. A lei ainda prevê a designação de **equipe de apoio**, que não se trata de comissão licitante e serve apenas para auxiliar o pregoeiro na realização do certame. Apenas o pregoeiro responde pela licitação, inclusive é responsável pelos atos praticados pela equipe de apoio, salvo se foi, por ela, induzida em erro.

Conforme já explicitado previamente, a licitação, na modalidade pregão, será sempre do tipo MENOR PREÇO ou MAIOR DESCONTO.

7.10.5. Diálogo competitivo

Trata-se de modalidade de licitação criada com a edição da Lei 14.133/2021, utilizada para contratação de obras, serviços e compras em que a Administração Pública realiza diálogos com licitantes previamente selecionados mediante critérios objetivos, com o intuito de desenvolver uma ou mais alternativas capazes de atender às suas necessidades, devendo os licitantes apresentar proposta final após o encerramento dos diálogos.

É uma modalidade que tem fundamento nos procedimentos licitatórios da União Europeia. Sua previsão tem base na Diretiva 2014/24/UE, do Parlamento Europeu e do Conselho, de 26 de fevereiro de 2014 e já foi transportado para diversos outros países com sucesso em sua utilização.

Nesses casos, a Administração Pública reconhece a importância de contratação de um determinado objeto, mas não sabe a melhor forma de suprir essa necessidade da forma mais adequada, dada a sua complexidade, e, para tanto, precisa de auxílio dos particulares. Assim, essa modalidade permite que seja implementado um diálogo entre o ente estatal e seus fornecedores para encontrarem a melhor solução para atender às necessidades do poder público. Isso ocorre porque, muitas vezes, os produtos ou serviços disponíveis no mercado não atendem à necessidade da Administração e precisam ser adaptados caso a caso.

Então, suponha que o ente público precisa resolver um problema de abastecimento de água em um pequeno município do interior em que não há fornecimento de água encanada pela concessionária. Cabe, nesse caso, a realização do diálogo como forma de definir qual a forma mais idônea a garantir o referido abastecimento. Nesse caso, juntamente com o particular, se decidirá se será feita a construção de cisterna, poço artesiano, desvio do curso de algum rio da região etc.

Cabe ressaltar que, conforme se analisará em tópico seguinte, no qual se analisará os procedimentos das licitações, após os diálogos e a definição da melhor solução para atender à demanda do Estado, todos participarão de procedimento com critérios objetivos para executar o serviço, sem novos diálogos. Com isso, se permite a negociação somente na fase inicial de definição do objeto e não no procedimento de contratação propriamente dito.

7.11. LICITAÇÃO PARA REGISTRO DE PREÇOS

Em algumas situações, o poder público não licita com a finalidade imediata de contratação, mas tão somente para registrar os preços, para o caso de eventual contratação posterior. Acontece, por exemplo, quando a Administração entende que um bem ou serviço é adquirido com muita frequência e, por isso, tem interesse em deixar um registro, no órgão, com o eventual fornecedor deste bem ou serviço. O instituto está previsto no art. 82 da lei 14.133/21.

Essa licitação não obriga a Administração a contratar com o vencedor, uma vez que sequer sabe se haverá dotação orçamentária para celebração do contrato. O vencedor não tem a garantia de que se o Estado for contratar, irá contratar com ele. O registro de preço não vincula a Administração Pública ao vencedor de nenhuma forma.

Com efeito, nesse procedimento licitatório, devem os licitantes apresentar o valor unitário dos produtos, uma vez que não há quantitativo exato a ser adquirido pelo Estado. A Administração Pública, no entanto, deve informar a quantidade máxima que poderá adquirir por meio da ata decorrente do certame. Dessa forma, realizada uma licitação para registrar preços para aquisição de vinte automóveis, é possível que o poder público, ao final do procedimento, adquira um único automóvel, ou, até mesmo, nenhum, mas, se houver necessidade, poderá, com lastro no procedimento realizado, adquirir até vinte automóveis, nunca mais do que isso.

Finalizada a licitação, os preços são registrados no sistema de cadastros do ente, formalizando o que se denomina ata de registro de preços. Esta ata, decorrente do registro, terá validade de 1 (um) ano, prorrogável uma vez por igual período, devendo ser realizado um novo procedimento licitatório, após este período, ainda que a Administração Pública não tenha adquirido todo o quantitativo que poderia, nos moldes do procedimento licitatório realizado.

Durante esse ano (período de vigência da ata), a proposta selecionada fica à disposição da Administração Pública, que poderá adquirir o bem selecionado quantas vezes ela precisar, desde que não ultrapasse o quantitativo licitado, realizando quantas contratações forem necessárias e convenientes, sem a necessidade de novo procedimento licitatório.

Nesse sentido, o art. 83 da Lei 14.133/2021 dispõe que *"A existência de preços registrados implicará compromisso de fornecimento nas condições estabelecidas, mas não obrigará a Administração a contratar, facultada a realização de licitação específica para a aquisição pretendida, desde que devidamente motivada"*.

Sendo assim, nessa espécie de procedimento, basta a realização de um procedimento licitatório para que os bens fiquem à disposição do Poder Público que poderá adquiri-los, no decorrer do ano, conforme suas necessidades e disponibilidades orçamentárias. Com isso, evita-se uma série de licitações realizadas sucessivamente para aquisição de objetos similares, ensejando uma maior eficiência nas contratações públicas.

Importa ressaltar que a lei permite a utilização de registro de preços tanto para a contratação de bens e serviços, inclusive os de engenharia, e também para a contratação de obras públicas, sendo garantida uma revisão periódica dos preços registrados, como forma de mantê-los viáveis ao vencedor da licitação.

ATENÇÃO!

Para que seja possível a execução de obras por meio de registro de preço:

1 – deve haver projeto padronizado sem complexidade técnica e operacional;

2 – deve haver necessidade permanente do órgão.

Cabe ainda ressaltar que o art. 86 da Lei 14.133/2021, com o intuito de facilitar a participação de mais de um órgão ou entidade na licitação para fins de registro – o que otimiza a licitação realizada – determina que o órgão gerenciador realize procedimento público de intenção de registro de preços para, nos termos de regulamento, possibilitar, pelo prazo mínimo de 8 (oito) dias úteis, a participação de outros órgãos ou entidades na respectiva ata e determinar a estimativa total de quantidades da contratação.

Caso o preço selecionado esteja acima daquele praticado no mercado, o procedimento foi fraudulento e qualquer cidadão é parte legítima para impugnação da ata de registro de preços, na via administrativa ou judicial.

Por fim, a lei trata da possibilidade de adesão à ata de registro de preços (ou efeito carona das licitações) que será analisado em tópico posterior desse capítulo.

7.12. PROCEDIMENTOS LICITATÓRIOS

O estudo do procedimento licitatório é de suma relevância para que o leitor entenda como funciona a máquina administrativa direcionada à contratação pública de forma a garantir a isonomia. Será analisado, a princípio, o procedimento licitatório da concorrência e pregão, por se tratarem do procedimento comum regulamentado pela legislação.

Conforme explicitado anteriormente, a Lei 14.133/21 estabeleceu procedimento licitatório idêntico para essas duas modalidades.

Em tópico posterior, será feita a distinção do procedimento desta modalidade para os demais procedimentos de certames licitatórios.

7.12.1. Procedimento comum (concorrência e pregão)

1. *Fase preparatória*

Nesta fase, a Administração Pública está, internamente, se organizando para licitar, com a abertura do processo administrativo respectivo e com a realização dos atos preparatórios que justifiquem a realização do certame. O texto legal, em seu art. 18, define requisitos a serem observados para início do procedimento.

Primeiramente, deverá ser formulada a **exposição de motivos** da contratação, justificando a necessidade da celebração do contrato e sua importância às atividades do ente estatal e à persecução do interesse público.

Também o ente estatal deve apresentar a **definição do objeto** para o atendimento da necessidade, por meio de termo de referência, anteprojeto, projeto básico ou projeto executivo, conforme o caso, inclusive com a definição das **condições de execução e pagamento**, das garantias exigidas e ofertadas e das condições de recebimento.

Ademais, a lei estabelece a necessidade de **declaração de adequação orçamentária** para a celebração do contrato que advirá do certame, inclusive em consonância com o disposto na Lei Complementar 101/00 (Lei de Responsabilidade Fiscal).

Ressalte-se que a jurisprudência do Superior Tribunal de Justiça vem se formando no sentido de que a lei não exige a real disponibilidade financeira antes do início da licitação, mas tão somente a previsão de recursos orçamentários.

Dessa forma, o poder público deve ter um **orçamento**, definindo o valor máximo que está disposto a pagar pela aquisição do bem ou serviço ou pela execução da obra a ser contratada. Nesse sentido, o art. 18, IV, da lei 14.133/21 dispõe que a Administração Pública deve definir, no edital, o critério de aceitabilidade das propostas e deve prever "o orçamento estimado, com as composições dos preços utilizados para sua formação".

Em casos de despesas de caráter continuado, ou seja, hipóteses em que os gastos com o contrato a ser celebrado devam ultrapassar um exercício financeiro, deve haver contemplação do produto ou serviço nas metas estipuladas na lei do Plano Plurianual, conforme disposto no art. 165 da Constituição Federal, assim como também dispõe o art. 105 da lei 14.133/21.

Deverá, nessa fase, o ente público elaborar o edital de licitação, assim como a minuta de contrato, quando necessária, que constará obrigatoriamente como anexo do edital de licitação.

O ato inicial do procedimento deve ainda conter a informação acerca da modalidade de licitação, o critério de julgamento, o modo de disputa e a adequação e eficiência da forma de combinação desses parâmetros, para os fins de seleção da proposta apta a gerar o resultado de contratação mais vantajoso para a Administração Pública, considerado todo o ciclo de vida do objeto, bem como a motivação circunstanciada das condições do edital, tais como justificativa de exigências de qualificação técnica, mediante indicação das parcelas de maior relevância técnica ou valor significativo do objeto, e de qualificação econômico-financeira, justificativa dos critérios de pontuação e julgamento das propostas técnicas, nas licitações com julgamento por melhor técnica ou técnica e preço, e justificativa das regras pertinentes à participação de empresas em consórcio.

2. *Fase externa*

Inicia-se essa fase mostrando aos interessados como participarão da disputa, através da publicação do edital. Dispõe a lei 14.133/21:

O processo de licitação observará as seguintes fases, em sequência:

I – preparatória;

II – de divulgação do edital de licitação;

III – de apresentação de propostas e lances, quando for o caso;

IV – de julgamento;

V – de habilitação;

VI – recursal;

VII – de homologação.

Verifique-se que o procedimento licitatório geral se desenvolve com a fase externa tendo início com a divulgação do edital. Posteriormente, serão abertos os envelopes de propostas e será feita a seleção da proposta vencedora. Somente após o julgamento das propostas, o poder público irá proceder à habilitação do licitante vencedor.

Todavia, mediante justificativa do ente estatal, as fases podem ser invertidas por determinação do edital, quando, então, serão habilitados os licitantes e, somente depois, será feita a classificação das propostas.

Ademais, as licitações serão realizadas preferencialmente sob a forma eletrônica, admitida a utilização da forma presencial, desde que motivada, devendo a sessão pública ser registrada em ata e gravada mediante utilização de recursos tecnológicos de áudio e vídeo e, em casos de licitação por meio eletrônico, o ente público pode exigir que os atos dos licitantes também sejam praticados nesse formato.

2.1. *Divulgação do edital de licitação*

A divulgação do edital é feita obrigatoriamente no **sítio eletrônico oficial** do Portal Nacional de Contratações Públicas (PNCP) e facultativamente no **sítio eletrô-**

nico oficial do órgão ou entidade responsável pelo certame, sendo que a lei determina que o inteiro teor do instrumento convocatório esteja disponível no mesmo local a quaisquer interessados. Ainda é facultada ao ente público a divulgação direta a interessados devidamente cadastrados para esse fim.

Ademais, a Lei 14.133/21 determina ser obrigatória a publicação do aviso de licitação no Diário Oficial e em jornal de grande circulação.

Com a publicação, a Administração Pública marca uma data para que sejam abertos os envelopes de propostas e documentação dos licitantes, respeitado o prazo de intervalo mínimo exigido para cada modalidade de licitação. Nesse mesmo momento, se inicia a contagem do prazo para a impugnação administrativa do edital.

Conforme a lei, qualquer cidadão pode impugnar o edital por irregularidade na aplicação desta Lei ou para solicitar esclarecimento sobre os seus termos, devendo protocolar o pedido até 3 (três) dias úteis antes da data de abertura das propostas.

O poder público deverá responder à impugnação ou ao pedido de esclarecimento com a divulgação em sítio eletrônico oficial também no prazo de 3 (três) dias úteis. Se nenhum interessado impugnar dentro do prazo estabelecido, precluirá o direito de fazê-lo na via administrativa, o que não impede de fazê-lo judicialmente, por meio da propositura da ação judicial cabível, dependendo do caso concreto.

As impugnações ao edital não são consideradas recursos, na Lei de Licitações e não gozam de efeito suspensivo, sendo assim, o procedimento licitatório segue o seu curso, mesmo antes de ser proferido qualquer julgamento pela Administração Pública. Dessa forma, a impugnação realizada pelo potencial licitante não impedirá sua participação no procedimento licitatório com a abertura dos seus envelopes de documentação e propostas.

2.2. Apresentação de propostas e lances

Nesse momento, o poder público irá receber as propostas apresentadas pelos licitantes. A lei permite que o edital do certame preveja modo de disputa fechado ou aberto. Assim, caso opte pelo modo de disputa aberto, os licitantes deverão apresentar suas propostas por meio de lances sucessivos e, caso se determine a utilização do sistema fechado, as propostas serão entregues em envelope lacrado e permanecerão em sigilo até a data marcada para a abertura de todas em conjunto.

Ressalte-se que o sistema pode ser fechado e aberto, quando, então, se apresentarão as propostas fechadas e, posteriormente, serão selecionadas aquelas que seguirão na apresentação dos lances sucessivos.

Não será permitida a utilização do modo de disputa aberto, quando se tratar de licitação cujo critério de julgamento seja técnica e preço, assim como não se pode utilizar o modo fechado para licitações do tipo menor preço e maior desconto.

ATENÇÃO:

Modos de disputa:

- aberto - licitantes apresentarão suas propostas por meio de lances públicos e sucessivos, crescentes ou decrescentes;
- fechado - propostas permanecerão em sigilo até a data e hora designadas para sua divulgação;
- fechado e aberto em conjunto – licitantes apresentarão propostas fechadas e seguirão para lances posteriores.

O poder público pode exigir, no momento da apresentação da proposta, que seja efetivada uma **garantia de proposta**, como requisito de pré-habilitação, limitada a 1% (um por cento) do valor estimado para a contratação.

Essa garantia poderá ser prestada pelo licitante em dinheiro, títulos da dívida pública, seguro garantia ou fiança bancária a seu critério e será devolvida a ele no prazo de 10 (dez) dias úteis, contado da assinatura do contrato ou da data em que for declarada fracassada a licitação.

Caso o vencedor do procedimento licitatório se recuse a assinar o contrato ou não apresente os documentos necessários à contratação, o valor da garantia deverá ser executado pela Administração Pública, independente da aplicação das sanções cabíveis.

2.3. Julgamento

A primeira etapa da atividade do julgamento consiste na avaliação da regularidade formal e material das propostas. Os envelopes das propostas dos licitantes serão abertos em sessão pública e os interessados têm que verificar se os envelopes não foram violados, pois, caso haja violação, há nulidade do procedimento e a licitação deverá ser anulada.

Na fase de classificação, serão aplicados os critérios de julgamento que foram previamente estipulados no instrumento convocatório. Afinal, os critérios de julgamento devem estar objetivamente previstos no edital da licitação, em respeito ao princípio do julgamento objetivo, sob pena de nulidade do certame e mácula aos princípios da impessoalidade e isonomia.

Assim, após a definição do resultado do julgamento, a Administração poderá **negociar** condições mais vantajosas com o primeiro colocado ou com os demais licitantes, segundo a ordem de classificação inicialmente estabelecida, quando o primeiro colocado, em determinado momento, mesmo após a negociação, for desclassificado por sua proposta permanecer acima do preço máximo definido pela Administração.

Em todos os casos, a **negociação será conduzida por agente de contratação** ou comissão de contratação, na forma de regulamento, e, depois de concluída, terá seu resultado divulgado a todos os licitantes e anexado aos autos do processo licitatório.

2.4. Habilitação

Concluído o julgamento, o agente de contratação passará ao recebimento do envelope de documentação do licitante vencedor. Nessa fase, então, a Administração Pública deve proceder à abertura do envelope que contém as documentações do licitante classificado em primeiro lugar, com a finalidade de analisar se está apto e idôneo a contratar com o Poder Público. A habilitação poderá ser realizada por processo eletrônico de comunicação a distância, nos termos dispostos em regulamento.

É importante frisar que o edital não pode estabelecer critérios não previstos em lei, mais especificamente no art. 62, da lei 14.133/21, evitando assim restringir a licitação de forma desarrazoada. Para cumprimento desses requisitos, basta que se realize a apresentação de documentos enumerados pela própria lei, que podem ser originais ou cópias do cartório competente. Vejamos um elenco legal dos requisitos de habilitação.

A – Habilitação jurídica:

A habilitação jurídica visa a demonstrar a capacidade de o licitante exercer direitos e assumir obrigações, e a documentação a ser apresentada por ele limita-se à comprovação de existência jurídica da pessoa e, quando cabível, de autorização para o exercício da atividade a ser contratada.

Assim, pode ser exigido, a título de exemplo, o ato constitutivo devidamente registrado em se tratando de pessoa jurídica ou a cópia a cédula de identidade, quando se tratar de pessoa física. Trata-se da demonstração de existência jurídica do licitante.

B – Qualificação técnica:

Trata-se de demonstração de que a empresa tem condições técnicas de cumprir o contrato celebrado em conformidade com as exigências de qualidade e celeridade impostas pela Administração Pública.

C – Qualificação econômico-financeira:

É a demonstração de idoneidade financeira da entidade a ser contratada. Considerando-se que, como regra, o Poder Público não realiza o pagamento antes da disponibilização do objeto do contrato, a empresa deve ter qualificação para arcar com todos os custos da contratação.

D – Regularidade fiscal, social e trabalhista:

Configura demonstração de que a entidade que pretende participar da licitação não possui débitos em atraso com a Fazenda Pública ou com a justiça do trabalho e que não viola disposições constitucionais que vedam a exploração de trabalho infantil.

Dessa forma, a empresa deve apresentar as seguintes comprovações:

a) **a inscrição no Cadastro de Pessoas Físicas (CPF) ou no Cadastro Nacional da Pessoa Jurídica (CNPJ)** e a inscrição no cadastro de contribuintes estadual ou municipal, se houver, relativo ao domicílio ou sede do licitante, pertinente ao seu ramo de atividade e compatível com o objeto contratual.

b) **a regularidade perante a Fazenda** federal, a estadual e a municipal do domicílio ou sede do licitante, ou outra equivalente, na forma da lei, assim como a regularidade relativa à Seguridade Social e ao FGTS, que demonstre cumprimento dos encargos sociais instituídos por lei.

A regularidade será demonstrada por meio da juntada de Certidão Negativa de Débitos (CND) ou de Certidão Positiva de Débitos com efeitos de negativa (CPD-EN). Sendo assim, a entidade deverá demonstrar que não possui débitos com a fazenda pública ou, caso possua, que esse está com a sua exigibilidade suspensa, nos termos da legislação pertinente.

c) **a regularidade perante a Justiça do Trabalho**. Demonstrada por meio da **Certidão Negativa de Débitos Trabalhistas (CNDT)**, expedida pela Justiça do Trabalho, expedida para empresas que não tenham débitos em sede de execução trabalhistas. Caso a execução esteja com a devida garantia do juízo, pode ser expedida uma **Certidão Positiva de Débitos Trabalhistas com efeitos de negativa (CPDT-EN)**.

d) **o cumprimento do disposto no inciso XXXIII do art. 7º da Constituição Federal**. Dispõe o referido artigo que aos empregadores, em geral, é proibido *"o trabalho noturno, perigoso ou insalubre a menores de dezoito e de qualquer trabalho a menores de dezesseis anos, salvo na condição de aprendiz, a partir de quatorze anos"*. Em outras palavras, a lei exige a demonstração de que a empresa licitante não explora trabalho infantil, em violação ao dispositivo constitucional mencionado.

ATENÇÃO!

Microempresas e empresas de pequeno porte

A LC 123/06 estabelece que essas empresas poderão participar da licitação ainda que não tenham regularidade fiscal e trabalhista. Ao final da licitação, se forem declaradas vencedoras, terão o prazo de 5 (cinco) dias úteis, prorrogável por igual período, cujo termo inicial corresponderá ao momento em que o proponente for declarado o vencedor do certame, para a regularização da documentação, pagamento ou parcelamento do débito e emissão de eventuais certidões negativas ou positivas com efeito de certidão negativa, ou seja, para fazer o saneamento do débito. Essa regra está disposta nos arts. 42 e 43 da referida lei complementar, alterados, inclusive pela LC 155/16.

2.5. *Recurso*

Lavrada a ata de habilitação do licitante, será aberto o prazo para a interposição de recurso administrativo. Se o recurso disser respeito à fase anterior (de julgamento das propostas), a intenção de recorrer já foi apresentada aos autos, sob pena de preclusão, e o interessado deverá apresentar as razões recursais.

Os atos da Administração praticados no bojo do procedimento licitatório podem ser impugnados por meio de **recurso** ou através de **pedido de reconsideração.**

O **recurso** deve ser interposto no **prazo de 3 (três) dias úteis**, contado da data de intimação ou de lavratura da ata, em face do julgamento das propostas, do ato de habilitação ou inabilitação de licitante, ou ainda do ato que determine a anulação ou revogação da licitação.

A lei estabelece o cabimento de **pedido de reconsideração**, também no **prazo de 3 (três) dias úteis**, contado da data de intimação, relativamente a ato do qual não caiba recurso hierárquico.

Em todos os casos, será permitido o exercício do contraditório e, em razão disso, qualquer interessado poderá apresentar contrarrazões no mesmo prazo de recurso, após a intimação pessoal ou divulgação da interposição do recurso. O acolhimento de recurso implicará invalidação apenas de ato insuscetível de aproveitamento.

Ressalte-se, ainda, que, no prazo para recurso, não se admite que sejam trazidos documentos obrigatórios.

ATENÇÃO AO EXEMPLO!

Empresa A foi inabilitada porque não comprovou qualificação técnica.

Empresa B foi habilitada.

Empresa C foi inabilitada por irregularidade fiscal junto ao INSS.

Por meio de recurso tempestivo e válido, C comprova que já estava regular com o INSS desde a data da habilitação. Nesta situação, C deverá ser habilitado? Não, porque ele não conseguiu trazer todos os documentos no prazo estipulado pelo edital.

O prazo para recurso não é para juntar documento obrigatório e este prazo para juntada de documentação não poderia ser dilatado para beneficiar um licitante. Se não juntou documento dentro do prazo, não adianta juntar depois, porque o recurso é meio de discussão do acerto da decisão e não prazo para juntada de documentação do licitante.

2.6. *Encerramento*

Concluídas as fases de julgamento e habilitação, e exauridos os recursos administrativos, está encerrado o trabalho do agente de contratação, que encaminhará o procedimento à autoridade do órgão para verificação e encerramento do feito. Assim, o processo será enviado à autoridade superior, a quem compete verificar os atos anteriores praticados pelo agente de contratação ou comissão de contratação, analisando sua adequação às normas legais e princípios constitucionais pertinentes.

Essa autoridade poderá:

a) verificando algum **vício sanável**, determinar o retorno dos autos para saneamento das irregularidades.

b) justificando que não há mais interesse público em razão de fato superveniente ao início do certame, **revogar** a licitação por motivo de conveniência e oportunidade. Cabe ressaltar que, nesses casos, é necessária a demonstração de que a situação de interesse público foi posterior ao início do certame, já que, na fase preparatória, o ente estatal justificou e demonstrou que havia a necessidade de contratação.

Assim, imagine-se, como exemplo, uma licitação para aquisição de computadores que se torna desnecessária, haja vista, durante sua execução, o poder público adjudicou os referidos bens em sede de execução fiscal.

c) proceder à **anulação** da licitação, de ofício ou mediante provocação de terceiros, sempre que presente ilegalidade insanável. Trata-se de aplicação do princípio da autotutela que impõe ao poder público o dever de revisar os atos que pratica, independentemente de provocação. Nesse sentido, a súmula 473 do STF, já analisada nesta obra. Ao pronunciar a nulidade, a autoridade indicará expressamente os atos com vícios insanáveis, tornando sem efeito todos os subsequentes que deles dependam, e dará ensejo à apuração de responsabilidade de quem lhes tenha dado causa.

Cabe ainda ressaltar que a nulidade do certame não exonerará a Administração do dever de indenizar o contratado pelo que ele houver executado até a data em que for declarada nem por outros prejuízos regularmente comprovados, desde que não lhe seja imputável, devendo ser promovida a responsabilização de quem lhe tenha dado causa.

d) **adjudicar o objeto e homologar a licitação**. Essa é a medida mais comumente vista nos procedimentos licitatórios e ocorre quando o ente estatal verifica a regularidade do certame e a manutenção da necessidade de contratação. Com efeito, a homologação do procedimento licitatório é a regra. Tanto é assim que, se a administração não homologar o procedimento licitatório por qualquer dos motivos legais, deverá justificar tal medida.

Além disso, nos casos de anulação e revogação, deverá ser assegurada a prévia manifestação dos interessados, inclusive, sendo possível a interposição de recurso no prazo de 3 dias úteis, conforme verificado no tópico anterior.

7.12.2. Procedimento do Diálogo Competitivo

Conforme explicitado anteriormente, o diálogo competitivo é modalidade licitatória inserida pela Lei 14.133/21, na qual o poder público realiza diálogo prévio com os particulares como forma de encontrar a melhor solução para as suas necessidades e é restrita a contratações em que a Administração:

I – vise a contratar objeto que envolva as seguintes condições:

a) inovação tecnológica ou técnica; b) impossibilidade de o órgão ou entidade ter sua necessidade satisfeita sem a adaptação de soluções disponíveis no mercado; e c) impossibilidade de as especificações técnicas serem definidas com precisão suficiente pela Administração.

II – verifique a necessidade de definir e identificar os meios e as alternativas que possam satisfazer suas necessidades, com destaque para os seguintes aspectos:

a) a solução técnica mais adequada; b) os requisitos técnicos aptos a concretizar a solução já definida; c) a estrutura jurídica ou financeira do contrato.

O procedimento, então, se desenvolve da seguinte forma:

1 – Fase preparatória – similar à do procedimento licitatório comum, no qual a Administração informa a modalidade licitatória e define o objeto da contratação, assim como a justificativa da necessidade do contrato para atender ao interesse público.

Nessa fase, será designada a comissão, já que a referida modalidade será conduzida por comissão de contratação composta de pelo menos 3 (três) servidores efetivos ou empregados públicos pertencentes aos quadros permanentes da Administração, admitida a contratação de profissionais para assessoramento técnico.

2 – Divulgação do edital - a Administração apresentará, por ocasião da divulgação do edital em sítio eletrônico oficial, suas necessidades e as exigências já definidas e estabelecerá prazo mínimo de 25 (vinte e cinco) dias úteis para manifestação de interesse de participação na licitação. Cabe lembrar que os critérios empregados para pré-seleção dos licitantes deverão ser previstos em edital, e serão admitidos todos os interessados que preencherem os requisitos objetivos estabelecidos, de forma a evitar direcionamentos de caráter pessoal. Assim, a divulgação de informações de modo discriminatório que possa implicar vantagem para algum licitante será vedada.

O edital poderá prever a realização de fases sucessivas, caso em que cada fase poderá restringir as soluções ou as propostas a serem discutidas, de forma a permitir soluções diversas para cada uma das necessidades do poder público.

3 – Fase de diálogo – na qual os licitantes interessados irão propor soluções para suprir as necessidades apresentadas pela Administração pública. Nessa fase, a Administração não poderá revelar a outros licitantes as soluções propostas ou as informações sigilosas comunicadas por um licitante sem o seu consentimento.

A fase de diálogo poderá ser mantida até que a Administração, em decisão fundamentada, identifique a solução ou as soluções que atendam às suas necessidades, sendo que todas as reuniões com os licitantes pré-selecionados serão registradas em ata e gravadas mediante utilização de recursos tecnológicos de áudio e vídeo.

Ao final, a Administração deverá, ao declarar que o diálogo foi concluído, juntar aos autos do processo licitatório os registros e as gravações da fase de diálogo, iniciar a fase competitiva com a divulgação de edital contendo a especificação da solução que atenda às suas necessidades e os critérios objetivos a serem utilizados para seleção da proposta mais vantajosa e abrir prazo, não inferior a 60 (sessenta) dias úteis, para todos os licitantes apresentarem suas propostas, que deverão conter os elementos necessários para a realização do projeto.

4 - Apresentação das propostas e julgamento - após a definição pelo poder público da solução escolhida, os licitantes deverão apresentar as propostas, sendo que a Administração poderá solicitar esclarecimentos ou ajustes às propostas apresentadas, desde que não impliquem discriminação nem distorçam a concorrência entre as propostas.

5 - Recurso - o prazo para recurso é de 3 (três) dias úteis, nos moldes determinados pelo art. 165 da Lei 14.133/21.

6 - Encerramento - A autoridade responsável pelo órgão é competente para verificar a regularidade do certame, podendo, nessa fase, determinar que sejam sanadas irregularidades sanáveis, revogar o procedimento licitatório com base em aspectos de interesse público superveniente, anular o certame em razão de vício insanável ou homologar e adjudicar o objeto ao vencedor.

É garantido o acompanhamento e monitoramento pelo órgão de controle externo dos diálogos competitivos, opinando, no prazo máximo de 40 (quarenta) dias úteis, sobre a legalidade, a legitimidade e a economicidade da licitação, antes da celebração do contrato.

7.13. DISPENSA E INEXIGIBILIDADE DA LICITAÇÃO

Não obstante a licitação seja a regra definida por lei para as contratações públicas, em determinadas situações, o próprio texto legal regulamenta e admite celebração de contratos sem a realização do prévio procedimento. Com efeito, o próprio art. 37, XXI, da Carta Magna prevê que as obras, serviços, compras e alienações serão contratados mediante processo de licitação pública que assegure igualdade de condições a todos os concorrentes, com cláusulas que estabeleçam obrigações de pagamento, mantidas as condições efetivas da proposta, nos termos da lei, o qual somente permitirá as exigências de qualificação técnica e econômica indispensáveis à garantia do cumprimento das obrigações ,estabelecendo que estão **ressalvados os casos especificados na legislação.**

Nesse sentido, conforme a legislação ora vigente, a dispensa e a inexigibilidade de licitação configuram situações que a administração pode contratar sem a necessidade de realização do procedimento licitatório. São situações de **contratação direta.**

7.13.1. Inexigibilidade de licitação

A inexigibilidade está regulamentada no art. 74 da Lei 14.133/21 que estabelece, em princípio, que a licitação será inexigível sempre que a **competição for impossível.**

Nesse sentido, o próprio artigo define que se considera inviável a competição em casos de:

1. **aquisição de materiais, de equipamentos ou de gêneros ou contratação de serviços que só possam ser fornecidos por produtor, empresa ou representante comercial exclusivos.**

Nesses casos, o poder público deve demonstrar a inviabilidade de competição, mediante atestado de exclusividade, contrato de exclusividade, declaração do fabricante ou outro documento idôneo capaz de comprovar que o objeto é fornecido ou prestado por produtor, empresa ou representante comercial exclusivos, não sendo permitida a preferência por marca específica.

2. **contratação de profissional do setor artístico, diretamente ou por meio de empresário exclusivo, desde que consagrado pela crítica especializada ou pela opinião pública.**

3. **contratação de serviços técnicos especializados de natureza predominantemente intelectual com profissionais ou empresas de notória especialização,** vedada a inexigibilidade para serviços de publicidade e divulgação.

Ao tratar de serviços técnicos especializados, a lei define um rol de atividades que podem ser assim consideradas e ensejam justificativa de inexigibilidade de licitação.

SERVIÇOS TÉCNICOS ESPECIALIZADOS
a) estudos técnicos, planejamentos e projetos básicos ou executivos
b) pareceres, perícias e avaliações em geral
c) assessorias ou consultorias técnicas e auditorias financeiras ou tributárias
d) fiscalização, supervisão ou gerenciamento de obras ou serviços
e) patrocínio ou defesa de causas judiciais ou administrativas
f) treinamento e aperfeiçoamento de pessoal
g) restauração de obras de arte e bens de valor histórico

SERVIÇOS TÉCNICOS ESPECIALIZADOS
h) controles de qualidade e tecnológico, análises, testes e ensaios de campo e laboratoriais, instrumentação e monitoramento de parâmetros específicos de obras e do meio ambiente.
Nesses casos, a inexigibilidade se dará quando comprovada a notória especialização, assim considerado o profissional ou a empresa cujo conceito no campo de sua especialidade, decorrente de desempenho anterior, estudos, experiência, publicações, organização, aparelhamento, equipe técnica ou outros requisitos relacionados com suas atividades, permita inferir que o seu trabalho é essencial e reconhecidamente adequado à plena satisfação do objeto do contrato. **Ademais, é vedada a subcontratação de empresas ou a atuação de profissionais distintos daqueles que tenham justificado a inexigibilidade. Isso decorre do fato de que a qualificação do profissional é preponderante para a ausência de contratação.**

4. **aquisição ou locação de imóvel cujas características de instalações e de localização tornem necessária sua escolha**. Nesse caso, devem ser observados os seguintes requisitos:

   I – avaliação prévia do bem, do seu estado de conservação e dos custos de adaptações, quando imprescindíveis às necessidades de utilização, e prazo de amortização dos investimentos.

   II – certificação da inexistência de imóveis públicos vagos e disponíveis que atendam ao objeto.

   III – justificativas que demonstrem a singularidade do imóvel a ser comprado ou locado pela Administração e que evidenciem vantagem para ela.

5. **aquisição de objetos que devam ou possam ser contratados por meio de credenciamento.**

As hipóteses dispostas na lei não são taxativas, mas meramente exemplificativas. Mesmo que a circunstância não esteja disposta expressamente no texto legal, a licitação será inexigível quando for inviável a realização de competição entre interessados.

7.13.2. Dispensa de licitação

Nas situações de dispensa, o Poder Público encontra-se diante de situação em que é plenamente possível a realização do procedimento licitatório mediante a competição, no entanto, a **lei** dispõe que é desnecessária a execução do certame. Somente a Lei de Licitações pode definir as hipóteses de dispensa, não podendo haver definição de novas hipóteses por atos administrativos específicos ou decretos.

As hipóteses de dispensa de licitação estampadas nos artigos da lei 14.133/21 são taxativas ou exaustivas, não se admitindo qualquer ampliação analógica.

Iniciando a análise da licitação dispensável, é relevante analisarmos cada uma das hipóteses definidas no art. 75 da lei 14.133/21. Vejamos.

Art. 75. É dispensável a licitação:

1 – para contratação que envolva valores inferiores a R$ 100.000,00 (cem mil reais), no caso de obras e serviços de engenharia ou de serviços de manutenção de veículos automotores;

2 – para contratação que envolva valores inferiores a R$ 50.000,00 (cinquenta mil reais), no caso de outros serviços e compras;

Os dispositivos tratam de dispensa em razão do valor, definindo que não há necessidade de licitar, embora plenamente viável a competição para contratações que não ultrapassem esses montantes regulamentados na lei. Ressalte-se que a nova legislação optou por definir valores fixos para a dispensa de valor, já que não há mais a utilização dos critérios de valor para a escolha da modalidade licitatória.

Obras e serviços de engenharia → Até R$ 100.000,00

Bens → Até R$ 50.000,00

Esses valores serão atualizados anualmente por decreto do Presidente da República. Atualmente em vigor o Decreto 11871/23 que prevê os seguintes valores:

R$ 119.812,02 (cento e dezenove mil oitocentos e doze reais e dois centavos)

R$ 59.906,02 (cinquenta e nove mil novecentos e seis reais e dois centavos)

ATENÇÃO

O § 2º, deste art. 75 estabelece exceções (situações de dispensa em razão do valor contada em dobro).

Com efeito, alguns entes da Administração Pública têm dispensa de licitação para contratações de até R$ 200.000,00 em caso de obras e serviços de engenharia e de até R$ 100.000,00 para aquisição de bens e outros serviços. Esses entes estão enumerados no dispositivo.

- Agências Executivas
- Consórcios Públicos.

Por sua vez, o art. 29 da Lei 13.303/16 regulamenta a dispensa para as empresas estatais em razão do valor em valores similares à regra geral dos demais entes. Dessa forma, as empresas estatais terão dispensa de licitação para:

- Obras e serviços de engenharia até R$ 100.000,00 (cem mil reais)

- Bens e outros serviços até R$ 50.000,00 (cinquenta mil reais)

Vale ainda ressaltar que essas contratações serão preferencialmente precedidas por divulgação em sítio eletrônico oficial, pelo prazo mínimo de 3 (três) dias úteis, de aviso com a especificação do objeto pretendido e com a manifestação de interesse da Administração em obter propostas adicionais de eventuais interessados, devendo ser selecionada a proposta mais vantajosa e serão pagas por meio de cartão de pagamento, cujo extrato será divulgado no Portal Nacional de Contratações Públicas (PNCP).

3 – nos casos de guerra, estado de defesa, estado de sítio, intervenção federal ou de grave perturbação da ordem;

Situações anômalas que ensejam um desinteresse do Estado na realização do procedimento licitatório, em face das peculiaridades da contratação.

4 – nos casos de emergência ou de calamidade pública, quando caracterizada urgência de atendimento de situação que possa ocasionar prejuízo ou comprometer a continuidade dos serviços públicos ou a segurança de pessoas, obras, serviços, equipamentos e outros bens, públicos ou particulares, e somente para aquisição dos bens necessários ao atendimento da situação emergencial ou calamitosa e para as parcelas de obras e serviços que possam ser concluídas no prazo máximo de 1 (um) ano, contado da data de ocorrência da emergência ou da calamidade, vedadas a prorrogação dos respectivos contratos e a recontratação de empresa já contratada com base no disposto neste inciso;

Trata-se de dispensa de licitação em contratações de urgência, desde que não seja causada pelo Estado. É importante frisar que o próprio texto da lei estabelece que a ausência de contratação direta é possível em situação que possa ocasionar prejuízo ou comprometer a segurança de pessoas, obras, serviços, equipamentos e outros bens, públicos ou particulares, e somente para os bens necessários ao atendimento da situação emergencial ou calamitosa.

Ademais, para que seja lícita a contratação emergencial, as obras e serviços contratados devem ser concluídos no prazo máximo de 1 ano, contados da ocorrência da emergência ou calamidade, sendo expressamente vedada a prorrogação dos respectivos contratos, assim como a recontratação da mesma empresa em procedimento licitatório posterior.

Na prática, ainda que a urgência tenha sido ensejada por culpa do agente público, será determinada a responsabilização do agente público causador da urgência, no entanto, a Administração Pública deverá contratar diretamente.

5 - para contratação que mantenha todas as condições definidas em edital de licitação realizada há menos de 1 (um) ano, quando se verificar que naquela licitação:

a) não surgiram licitantes interessados ou não foram apresentadas propostas válidas;

b) as propostas apresentadas consignaram preços manifestamente superiores aos praticados no mercado ou incompatíveis com os fixados pelos órgãos oficiais competentes;

O primeiro caso é denominado pela doutrina de licitação deserta. São hipóteses nas quais o Poder Público divulga regularmente o edital para realização do procedimento licitatório, todavia, nenhum interessado comparece para participação no procedimento. Nesses casos, o ente estatal deve demonstrar que um novo certame pode vir a ensejar prejuízos e justificar a contratação direta pela dispensa legal.

É importante ressaltar que a licitação deserta não se confunde com a licitação fracassada.

Com efeito, a **licitação fracassada** ocorre sempre que os licitantes comparecem à realização do procedimento licitatório, todavia, todos os participantes são **inabilitados**, por não se adequarem às normas legais, ou são todos **desclassificados**, em suas propostas. Normalmente, a licitação fracassada enseja a necessidade de uma nova licitação, ressalvadas as hipóteses tratadas acima em que o fracasso decorrer do fato de que os valores apresentados por todos os licitantes estão acima dos valores de mercado e do valor estimado pelo poder público.

Na hipótese descrita, a licitação é fracassada haja vista a desclassificação de todas as propostas, por incompatibilidade com o orçamento realizado pelo ente estatal e enseja a possibilidade de contratação direta por meio de dispensa.

6 – quando a União tiver que intervir no domínio econômico para regular preços ou normalizar o abastecimento;

Nesse caso, não há como se analisar a melhor proposta, porque a finalidade da contratação não é vantagem econômica para o ente público. Ressalte-se, entretanto, que o Supremo Tribunal Federal entende que a ocorrência de dano a empresa em virtude de intervenção do Estado na economia, por meio de plano econômico que estabeleça congelamento de preços, gera direito à indenização, com base na Teoria da Responsabilidade Objetiva do Estado [1].

1. AGRAVO REGIMENTAL NO RECURSO EXTRAORDINÁRIO. ADMINISTRATIVO. INTERVENÇÃO DO ESTADO NO DOMÍNIO ECONÔMICO. RESPONSABILIDADE OBJETIVA DO ESTADO. FIXAÇÃO PELO PODER EXECUTIVO DOS PREÇOS DOS PRODUTOS DERIVADOS DA CANA-DE-AÇÚCAR ABAIXO DO PREÇO DE CUSTO. DANO MATERIAL. INDENIZAÇÃO CABÍVEL. Omissis

3. O Supremo Tribunal Federal firmou a orientação no sentido de que "a desobediência aos próprios termos da política econômica estadual desenvolvida, gerando danos patrimoniais aos agentes econômicos envolvidos, são fatores que acarretam insegurança e instabilidade, desfavoráveis à coletividade e, em última análise, ao próprio consumidor." (RE 422.941, Rel. Min. Carlos Velloso, 2ª Turma, DJ de 24/03/2006). 4. In casu, o acórdão recorrido assentou: ADMINISTRATIVO. LEI 4.870/1965. SETOR SUCROALCOOLEIRO. FIXAÇÃO DE PREÇOS PELO INSTITUTO DO AÇÚCAR E DO ÁLCOOL – IAA. LEVANTAMENTO DE CUSTOS, CONSIDERANDO-SE A PRODUTIVIDADE MÍNIMA. PARECER DA FUNDAÇÃO GETÚLIO VARGAS – FGV. DIFERENÇA ENTRE PREÇOS E CUSTOS. 1. Ressalvado o entendimento deste Relator sobre a matéria, a jurisprudência do STJ se firmou no sentido de ser devida a indenização, pelo Estado, decorrente de intervenção nos preços praticados pelas empresas do setor sucroalcooleiro. 2. Recurso Especial provido. 5. Agravo regimental a que se nega provimento.

7 – para a aquisição, por pessoa jurídica de direito público interno, de bens produzidos ou serviços prestados por órgão ou entidade que integrem a Administração Pública e que tenham sido criados para esse fim específico, desde que o preço contratado seja compatível com o praticado no mercado ou com os custos da entidade a ser contratada;

Essa hipótese de dispensa somente pode ser utilizada para contratações de entes da Administração Indireta criados especialmente com a finalidade de contratar com o Poder Público.

8 – para contratação que possa acarretar comprometimento da segurança nacional, nos casos estabelecidos pelo Ministro de Estado da Defesa, mediante demanda dos comandos das Forças Armadas ou dos demais ministérios;

9 – para celebração de contrato de programa com ente federativo ou com entidade de sua Administração Pública indireta que envolva prestação de serviços públicos de forma associada nos termos autorizados em contrato de consórcio público ou em convênio de cooperação;

A Lei 11.107/05 estabelece a criação de Consórcios Públicos, formados pela gestão associada de entes federativos, com a intenção de executar atividades públicas de interesse comum a todos esses entes. Conforme a legislação, deverão ser constituídas e reguladas por contrato de programa, como condição de sua validade, as obrigações que um ente da Federação constituir para com outro ente da Federação ou para com consórcio público no âmbito de gestão associada, em que haja a prestação de serviços públicos ou a transferência total ou parcial de encargos, serviços, pessoal ou de bens necessários à continuidade dos serviços transferidos.

Tais contratações de caráter público não dependem da realização de procedimento licitatório. Não se confunde com as contratações celebradas entre os consórcios públicos e particulares, as quais se submetem à licitação.

10 – para contratação em que houver transferência de tecnologia de produtos estratégicos para o Sistema Único de Saúde (SUS), conforme elencados em ato da direção nacional do SUS, inclusive por ocasião da aquisição desses produtos durante as etapas de absorção tecnológica, e em valores compatíveis com aqueles definidos no instrumento firmado para a transferência de tecnologia.

A contratação de produtos estratégicos para o Sistema Único de Saúde visa a resguardar a saúde pública e evitar que a burocracia do procedimento licitatório possa prejudicar essas atividades.

(STF - RE: 648622 DF, Relator: Min. LUIZ FUX, Data de Julgamento: 20/11/2012, Primeira Turma, Data de Publicação: DJe-035 DIVULG 21-02-2013 PUBLIC 22-02-2013)

11 - para contratação de profissionais para compor a comissão de avaliação de critérios de técnica, quando se tratar de profissional técnico de notória especialização;

Nesse caso, a contratação do profissional será feita por um prazo determinado ou para a execução de uma atividade específica.

12 - para contratação de associação de pessoas com deficiência, sem fins lucrativos e de comprovada idoneidade, por órgão ou entidade da Administração Pública, para a prestação de serviços, desde que o preço contratado seja compatível com o praticado no mercado e os serviços contratados sejam prestados exclusivamente por pessoas com deficiência;

Trata-se de hipótese de dispensa de licitação que tem cunho social, com a intenção de fomentar o exercício dessas atividades. Saliente-se a exigência de que a entidade contratada não tenha finalidade de obtenção de lucro e a necessidade de os preços contratados serem compatíveis com os demais preços praticados no mercado para serviços similares.

13 - para contratação realizada por Instituição Científica, Tecnológica e de Inovação (ICT) de instituição brasileira sem fins lucrativos que tenha por finalidade estatutária apoiar, captar e executar projetos de ensino, pesquisa, extensão, desenvolvimento institucional, científico e tecnológico e de estímulo à inovação, inclusive gerir administrativa e financeiramente essas atividades, ou para contratação de instituição dedicada à recuperação social da pessoa presa, desde que a contratada tenha inquestionável reputação ética e profissional e não tenha fins lucrativos;

14 - para a aquisição, por pessoa jurídica de direito público interno, de insumos estratégicos para a saúde produzidos por fundação que, regimental ou estatutariamente, tenha por finalidade apoiar órgão da Administração Pública direta, sua autarquia ou fundação em projetos de ensino, pesquisa, extensão, desenvolvimento institucional, científico e tecnológico e de estímulo à inovação, inclusive na gestão administrativa e financeira necessária à execução desses projetos, ou em parcerias que envolvam transferência de tecnologia de produtos estratégicos para o SUS, nos termos do inciso XII do caput deste artigo, e que tenha sido criada para esse fim específico em data anterior à entrada em vigor desta Lei, desde que o preço contratado seja compatível com o praticado no mercado.

15 - para contratação que tenha por objeto bens componentes ou peças de origem nacional ou estrangeira necessários à manutenção de equipamentos, a serem adquiridos do fornecedor original desses equipamentos durante o período de garantia técnica, quando essa condição de exclusividade for indispensável para a vigência da garantia;

A contratação mediante licitação ensejaria a possibilidade de qualquer pessoa celebrar o contrato e realizar o serviço, o que causaria a perda da garantia dos equipamentos previamente adquiridos pelo Poder Público.

16 – para aquisição de bens, serviços, alienações ou obras, nos termos de acordo internacional específico aprovado pelo Congresso Nacional, quando as condições ofertadas forem manifestamente vantajosas para a Administração;

Configura respeito da legislação interna aos acordos firmados pelo Poder Público, no âmbito de sua política externa. Ainda assim, deve-se demonstrar a vantagem da contratação para a Administração.

17 – para compra de produtos para pesquisa e desenvolvimento, limitada a contratação, no caso de obras e serviços de engenharia, ao valor de R$ 300.000,00 (trezentos mil reais);

Trata-se de dispensa que visa a garantir o desenvolvimento nacional, incentivando a realização de pesquisas internas e a criação de novas tecnologias no país, desde que a contratação não ultrapasse o montante de R$ 359.436,00, sendo que, quando aplicada a obras e serviços de engenharia, seguirá procedimentos especiais instituídos em regulamentação específica.

18 – para transferência de tecnologia ou licenciamento de direito de uso ou de exploração de criação protegida, nas contratações realizadas por Instituição Científica, Tecnológica e de Inovação (ICT) pública ou por agência de fomento, desde que demonstrada vantagem para a Administração;

19 – para compra de hortifrutigranjeiros, pães e outros gêneros perecíveis, no período necessário para a realização dos processos licitatórios correspondentes, hipótese em que a contratação será realizada diretamente com base no preço do dia;

Trata-se de necessidade excepcional, enquanto é realizada a licitação para contratar empresa que ficará responsável por fornecer esses bens com a frequência necessária ao atendimento das necessidades da Administração.

20 – no caso de aquisição de bens ou serviços produzidos ou prestados no País que envolvam, cumulativamente, alta complexidade tecnológica e defesa nacional;

Ressalte-se que os bens devem envolver alta complexidade técnica e segurança nacional de forma cumulativa e devem ser prestados ou produzidos no país.

21 – para contratação de materiais de uso das Forças Armadas, com exceção de materiais de uso pessoal e administrativo, quando houver necessidade de manter a padronização requerida pela estrutura de apoio logístico dos meios navais, aéreos e terrestres, mediante autorização por ato do comandante da força militar;

Trata-se de aquisição para apoio logístico. A dispensa se justifica pela necessidade de padronização que poderia comprometer a segurança nacional e, inclusive, não se estende aos materiais de uso pessoal e administrativo.

> **22 - bens e serviços para atendimento dos contingentes militares das forças singulares brasileiras empregadas em operações de paz no exterior, hipótese em que a contratação deverá ser justificada quanto ao preço e à escolha do fornecedor ou executante e ratificada pelo comandante da força militar;**
>
> **23 - abastecimento ou suprimento de efetivos militares em estada eventual de curta duração em portos, aeroportos ou localidades diferentes de suas sedes, por motivo de movimentação operacional ou de adestramento;**
>
> **24 - em casos de contratação de coleta, processamento e comercialização de resíduos sólidos urbanos recicláveis ou reutilizáveis, em áreas com sistema de coleta seletiva de lixo, realizados por associações ou cooperativas formadas exclusivamente de pessoas físicas de baixa renda reconhecidas pelo poder público como catadores de materiais recicláveis, com o uso de equipamentos compatíveis com as normas técnicas, ambientais e de saúde pública;**

Essa dispensa havia sido criada originariamente pela Lei 11.445/07, que define as diretrizes nacionais para o saneamento básico no país e visa dar oportunidade de contratação direta a pessoas de baixa renda, desde que respeitadas as normas de saúde pública.

> **25 - aquisição ou restauração de obras de arte e objetos históricos, de autenticidade certificada, desde que inerente às finalidades do órgão ou com elas compatível;**

Trata-se de uma situação muito característica de inexigibilidade que seria, perfeitamente, enquadrada no art. 25, II, por se tratar de serviço técnico especializado de natureza singular, inclusive com regulamentação no art. 13 da Lei 8.666/93.

> **26 - serviços especializados ou aquisição ou locação de equipamentos destinados ao rastreamento e à obtenção de provas previstas nos incisos II e V do caput do art. 3º da Lei nº 12.850, de 2 de agosto de 2013, quando houver necessidade justificada de manutenção de sigilo sobre a investigação;**

Nesse caso, a dispensa visa à manutenção do sigilo das investigações em casos de produção de provas por meio de captação ambiental de sinais eletromagnéticos, ópticos ou acústicos e de acesso a registros de ligações telefônicas e telemáticas, a dados cadastrais constantes de bancos de dados públicos ou privados e a informações eleitorais ou comerciais, nos termos da lei que dispõe sobre a investigação criminal, os meios de obtenção da prova, infrações penais correlatas e o procedimento criminal para dissolução de organizações criminosas.

> **27 - aquisição de medicamentos destinados exclusivamente ao tratamento de doenças raras definidas pelo Ministério da Saúde;**

Trata-se de dispensa com intuito de garantir o tratamento de doenças raras, nos termos definidos pelo Ministério da Saúde, nas quais os medicamentos não estão, em regra, disponíveis para atender à necessidade do paciente e a compra se torna pontual.

> **28 – para contratação com vistas ao cumprimento do disposto nos arts. 3º, 3º-A, 4º, 5º e 20 da Lei nº 10.973, de 2 de dezembro de 2004, observados os princípios gerais de contratação constantes da referida Lei;**

Configura dispensa para projetos de apoio à constituição de alianças estratégicas e o desenvolvimento de projetos de cooperação envolvendo empresas, ICTs e entidades privadas sem fins lucrativos voltados para atividades de pesquisa e desenvolvimento, que objetivem a geração de produtos, processos e serviços inovadores e a transferência e a difusão de tecnologia, inclusive admitindo convênios e acordos firmados com a Financiadora de Estudos e Projetos – FINEP, como secretaria-executiva do Fundo Nacional de Desenvolvimento Científico e Tecnológico – FNDCT, o Conselho Nacional de Desenvolvimento Científico e Tecnológico – CNPq e as Agências Financeiras Oficiais de Fomento.

7.13.3. Dispensa para alienação de bens de licitação

Conforme explicitado no capítulo que trata dos bens públicos, deve-se ressaltar que uma das suas características é a alienabilidade condicionada, que regulamenta a possibilidade de alienação, desde que respeitadas as condições definidas em lei.

Inicialmente, a alienação de qualquer bem público depende da sua **desafetação**, ou seja, o referido bem não deve ser atrelado a nenhuma utilização de interesse público. Além disso, o art. 76 da lei 14.133/21 dispõe que a alienação depende também de uma **declaração de interesse público e avaliação prévia** do bem.

BENS IMÓVEIS

Em se tratando de bens imóveis a alienação depende de autorização legislativa e dependerá de licitação na modalidade leilão, admitida a dispensa de licitação nos casos de:

> a) dação em pagamento;
>
> b) doação, permitida exclusivamente para outro órgão ou entidade da Administração Pública, de qualquer esfera de governo;
>
> c) permuta por outros imóveis que atenda aos requisitos relacionados às finalidades precípuas da Administração, desde que a diferença apurada não ultrapasse a metade do valor do imóvel que será ofertado pela União, segundo avaliação prévia, e ocorra a torna de valores, sempre que for o caso;
>
> d) investidura, assim entendida a alienação, ao proprietário de imóvel lindeiro, de área remanescente ou resultante de obra pública que se tornar inaproveitável isoladamente, por preço que não seja inferior ao da avaliação nem superior a

50% (cinquenta por cento) do valor máximo permitido para dispensa de licitação de bens e serviços previsto nesta Lei, assim como a alienação, ao legítimo possuidor direto ou, na falta dele, ao poder público, de imóvel para fins residenciais construído em núcleo urbano anexo a usina hidrelétrica, desde que considerado dispensável na fase de operação da usina e que não integre a categoria de bens reversíveis ao final da concessão;

e) venda a outro órgão ou entidade da Administração Pública de qualquer esfera de governo;

f) alienação gratuita ou onerosa, aforamento, concessão de direito real de uso, locação e permissão de uso de bens imóveis residenciais construídos, destinados ou efetivamente usados em programas de habitação ou de regularização fundiária de interesse social desenvolvidos por órgão ou entidade da Administração Pública;

g) alienação gratuita ou onerosa, aforamento, concessão de direito real de uso, locação e permissão de uso de bens imóveis comerciais de âmbito local, com área de até 250 m^2 (duzentos e cinquenta metros quadrados) e destinado a programas de regularização fundiária de interesse social desenvolvidos por órgão ou entidade da Administração Pública;

h) alienação e concessão de direito real de uso, gratuita ou onerosa, de terras públicas rurais da União e do Instituto Nacional de Colonização e Reforma Agrária (Incra) onde incidam ocupações até o limite de 2500 hectares, para fins de regularização fundiária, atendidos os requisitos legais;

i) legitimação de posse, mediante iniciativa e deliberação dos órgãos da Administração Pública competentes;

j) legitimação fundiária e a legitimação de posse.

Ressalte-se que para a alienação de bens imóveis da Administração Pública que tenham sido adquiridos pelo poder público por meio de procedimentos judiciais ou de dação em pagamento não é necessária a autorização legislativa, se exigindo apenas avaliação prévia e licitação na modalidade leilão.

A lei ainda cria uma possibilidade de doação de bens, com finalidade de garantia de regularização fundiária, ao definir que a Administração poderá conceder título de propriedade ou de direito real de uso de imóvel, admitida a dispensa de licitação, quando o uso destinar-se a:

I – outro órgão ou entidade da Administração Pública, qualquer que seja a localização do imóvel;

II – pessoa natural que, nos termos de lei, regulamento ou ato normativo do órgão competente, haja implementado os requisitos mínimos de cultura, de ocupação mansa e pacífica e de exploração direta sobre área rural, observado o limite de 2500 hectares de terra.

Verifica-se que as regras se aproximam daquelas necessárias para fins de usucapião especial rural, muito embora não se trate de aquisição por esse instrumento e sim doação de bens.

Por fim, cumpre salientar que em caso de alienação de bens imóveis que estejam ocupados, o licitante que demonstre a ocupação terá direito de preferência, desde que cumpra os requisitos do edital do certame.

BENS MÓVEIS

Quando forem bens imóveis a serem alienados, não se exige a autorização legislativa, dependendo a alienação de licitação na modalidade leilão, dispensada a realização de licitação nos casos de:

a) doação, permitida exclusivamente para fins e uso de interesse social, após avaliação de oportunidade e conveniência socioeconômica em relação à escolha de outra forma de alienação;

b) permuta, permitida exclusivamente entre órgãos ou entidades da Administração Pública;

c) venda de ações, que poderão ser negociadas em bolsa, observada a legislação específica;

d) venda de títulos, observada a legislação pertinente;

e) venda de bens produzidos ou comercializados por entidades da Administração Pública, em virtude de suas finalidades;

f) venda de materiais e equipamentos sem utilização previsível por quem deles dispõe para outros órgãos ou entidades da Administração Pública.

7.13.4. Resumo de dispensa de inexigibilidade

Dada a importância da matéria, façamos um quadro comparativo entre as duas hipóteses de contratação direta.

Inexigibilidade: art. 74	Dispensa: arts. 75
Sempre que a competição for impossível, a licitação será inexigível. As hipóteses dispostas na lei não são taxativas, mas meramente exemplificativas. Mesmo que a circunstância não esteja disposta expressamente no texto legal, a licitação será inexigível quando for inviável a realização de competição entre interessados. A doutrina majoritária costuma apontar pressupostos da licitação e estabelece que a ausência de qualquer um deles torna o procedimento licitatório inexigível. Vejamos os pressupostos: a) Pressuposto lógico: pluralidade de bens e de fornecedores do bem ou do serviço. b) Pressuposto jurídico: interesse público. A licitação não é um fim em si mesmo, é um meio para atingir o interesse público. Se a licitação for de encontro ao interesse público, não será exigível licitar. c) Pressuposto fático: desnecessidade de contratação específica. Nos casos em que há necessidade de contratação específica, a licitação será inexigível.	Nas situações de dispensa é plenamente possível competir, mas a lei diz que é dispensada a licitação. Somente a lei pode trazer as hipóteses de dispensa, não podendo haver definição de novas hipóteses por atos administrativos específicos ou decretos. As hipóteses da Lei são taxativas/exaustivas.
Ex.: o Estado precisa contratar o melhor tributarista do Brasil para defendê-lo em uma demanda que envolve milhões de reais. Não se pode fazer contratação direta para qualquer causa. É VEDADA inexigibilidade de licitação para serviços de divulgação e serviços de publicidade.	

CAPÍTULO 8

CONTRATOS ADMINISTRATIVOS NOS TERMOS DAS LEIS 8.666/93 E 10.520/02

Primeiramente, é importante não confundir "contratos da administração pública" com "contratos administrativos".

Contratos da administração: A lei autoriza que o Estado celebre contratos regidos pelo direito privado no exercício de sua atividade ou contratos regidos pelo direito público. Todos eles ostentam a qualidade de "contratos da administração". Nos contratos de direito privado, o Estado não goza de prerrogativas de poder público, não obstante precise respeitar os requisitos e as limitações estipuladas na Lei 8.666/93.

Ex.: contrato de compra e venda; contrato de locação (é civil, porém tem que ter prazo determinado e a prorrogação não pode ser tácita).

> **Importante:** os contratos da administração, ainda que privados, devem respeitar as regras da licitação.

Contratos administrativos: são aqueles que a Administração celebra sob o regime público, com todas as prerrogativas inerentes à condição de Estado. São regidos pela Lei 8.666/93, que estipula suas normas gerais.

8.1. CARACTERÍSTICAS DOS CONTRATOS ADMINISTRATIVOS

I. Comutativo: aquele que gera direitos e deveres previamente estabelecidos para ambas as partes, não havendo a submissão a álea por parte dos contratantes. Não há contratos sujeitos a risco no direito administrativo. (Oposto: contrato aleatório)

II. Consensual: o simples consenso das partes já formaliza o contrato. Não se faz necessária a transferência do bem para ele se tornar perfeito. Nestes casos, a transferência do bem é simples consequência do contrato. (Oposto: contrato real)

No direito administrativo, o consenso do particular está estipulado no momento da abertura dos envelopes de documentação, na licitação. Para que haja o consenso da administração, depende da celebração do contrato.

III. De Adesão: aqueles que não admitem a rediscussão de cláusulas contratuais. As cláusulas são impostas por uma das partes (poder público) e à outra parte (particular) cabe apenas aderir ou não à avença.

IV. Formais: todo contrato administrativo tem uma forma definida na lei, indispensável à sua regularidade.

A Lei 8.666 (art. 55) prevê a forma do contrato: Instrumento (ou termo) do contrato.

Esta norma prevê todas as cláusulas necessárias à validade do contrato administrativo, sendo que a sua ausência gera o vício de forma:

Art. 55. São cláusulas necessárias em todo contrato as que estabeleçam:

I - o objeto e seus elementos característicos;

II - o regime de execução ou a forma de fornecimento;

III - o preço e as condições de pagamento, os critérios, data-base e periodicidade do reajustamento de preços, os critérios de atualização monetária entre a data do adimplemento das obrigações e a do efetivo pagamento;

IV - os prazos de início de etapas de execução, de conclusão, de entrega, de observação e de recebimento definitivo, conforme o caso;

V - o crédito pelo qual correrá a despesa, com a indicação da classificação funcional programática e da categoria econômica;

VI - as garantias oferecidas para assegurar sua plena execução, quando exigidas;

VII - os direitos e as responsabilidades das partes, as penalidades cabíveis e os valores das multas;

VIII - os casos de rescisão;

IX - o reconhecimento dos direitos da Administração, em caso de rescisão administrativa prevista no art. 77 desta Lei;

X - as condições de importação, a data e a taxa de câmbio para conversão, quando for o caso;

XI - a vinculação ao edital de licitação ou ao termo que a dispensou ou a inexigiu, ao convite e à proposta do licitante vencedor;

XII - a legislação aplicável à execução do contrato e especialmente aos casos omissos;

XIII - a obrigação do contratado de manter, durante toda a execução do contrato, em compatibilidade com as obrigações por ele assumidas, todas as condições de habilitação e qualificação exigidas na licitação.

§ 1º (Vetado). (Redação dada pela Lei n. 8.883, de 1994)

§ 2º Nos contratos celebrados pela Administração Pública com pessoas físicas ou jurídicas, inclusive aquelas domiciliadas no estrangeiro, deverá constar necessariamente cláusula que declare competente o foro da sede da Administração para dirimir qualquer questão contratual, salvo o disposto no § 6º do art. 32 desta Lei.

§ 3º No ato da liquidação da despesa, os serviços de contabilidade comunicarão, aos órgãos incumbidos da arrecadação e fiscalização de tributos da União, Estado ou Município, as características e os valores pagos, segundo o disposto no art. 63 da Lei n. 4.320, de 17 de março de 1964.

Interessante frisar que a lei diz que o instrumento de contrato só é obrigatório quando o seu valor exigir licitação na modalidade concorrência ou tomada de preço. Para contratos de valores mais baixos, pode ser dispensado o instrumento de contrato.

Valores que tornam obrigatória licitação na modalidade tomada de preço ou na modalidade concorrência:

- Obras: acima de R$ 330.000,00.
- Bens e serviços: acima de R$ 176.000,00.

Ex.: contrato de obras no valor de 100 mil reais: pode fazer convite, mas também pode fazer concorrência → o instrumento de contrato não é obrigatório, porque o valor admite a dispensa deste termo contratual.

Ex.: obra de 2 milhões e hipótese de dispensa → é obrigatório instrumento de contrato, porque não importa se foi feita licitação concorrência, mas tão somente o valor do contrato.

Para contratos de valores mais baixos não precisa seguir a forma estabelecida, podendo ser de forma mais simples: não precisa do instrumento de contrato propriamente dito. Nestes casos, a lei permite substituir o termo de contrato por:

A) Carta contrato;

B) Nota de empenho da despesa;

C) Ordem de serviço;

D) Autorização de compra.

*Art. 62. **O instrumento de contrato é obrigatório nos casos de concorrência e de tomada de preços,** bem como nas dispensas e inexigibilidades cujos preços estejam compreendidos nos limites destas duas modalidades de licitação, e facultativo nos demais em que a Administração puder substituí-lo por outros instrumentos hábeis, tais como **carta-contrato, nota de empenho de despesa, autorização de compra** ou **ordem de execução de serviço.***

Apesar de se dispensar o termo de contrato, nota-se a necessidade de documentação do contrato, de alguma forma. Isto porque a legislação estabelece como regra que NÃO é possível contrato verbal da administração (é nulo e de nenhum efeito qualquer contrato verbal realizado pela Administração Pública).

Obs.: Excepcionalmente se admite contrato verbal: compras que não ultrapassam 5% do valor do convite (R$ 8.800,00 – oito mil e oitocentos reais) + desde que seja compra de pronta entrega e pronto pagamento. Isso significa que este contrato que não gera nenhuma espécie de obrigação futura.

Além da formalização, a publicação é indispensável à eficácia do contrato (publica-se um resumo/extrato do contrato).

Prazo para a publicação: a administração pública deve providenciar a publicação do contrato até o 5° dia útil do mês seguinte ao da sua celebração, sendo que essa publicação deve acontecer, após as providências, no prazo máximo de 20 dias corridos. Esta é a interpretação que se deve ter do dispositivo legal para provas objetivas: a administração tem 2 prazos. O prazo de 20 dias é para que a publicação efetivamente aconteça.

Caso a administração deixe de publicar o contrato, ele é válido; só não é eficaz. Não produz efeito porque a eficácia fica dependendo da publicidade do contrato.

O contrato administrativo goza das prerrogativas concedidas ao Estado, em virtude da supremacia do interesse público sobre o privado. Tais garantias denominam-se **cláusulas exorbitantes dos contratos administrativos.**

8.2. CLÁUSULAS EXORBITANTES

As cláusulas exorbitantes são assim designadas pelo fato de exorbitarem o direito privado e somente são aceitas em virtude da supremacia do interesse público.

Estas cláusulas são implícitas em todos os contratos administrativos, não dependendo de previsão expressa no contrato. Logo, não são cláusulas necessárias, porque as garantias do Poder Público decorrem diretamente da lei. Vejamos, então, as cláusulas exorbitantes previstas no artigo 58 da Lei 8.666/93.

A) **Alteração unilateral do contrato**: para adequar as disposições contratuais ao interesse público, o Estado pode modificar a avença independentemente do consentimento da outra parte.

A lei estipula ser possível a alteração tanto no que tange ao projeto, quanto no que diz respeito ao valor do contrato. A administração NÃO pode, no entanto, alterar o OBJETO do contrato, porque seria burla à licitação.

A alteração quantitativa tem limites previstos na lei, que prevê que o particular deve aceitar as modificações feitas unilateralmente pela Administração Pública em até 25%, do valor original do contrato, para acréscimos ou supressões.

Exceção › se o contrato for de reforma de equipamentos ou de edifícios, a alteração para ACRÉSCIMO pode chegar a 50% do valor original do contrato. As supressões contratuais continuam respeitando o limite de 25%.

Havendo acordo entre as partes (alteração bilateral), o objeto do contrato poderá ser REDUZIDO além do limite de 25%.

Independentemente do motivo que enseje a alteração contratual, esta alteração encontra uma barreira que não pode ser ultrapassada pelo Estado, qual seja, o **equilíbrio econômico-financeiro do contrato**. Ou seja, o particular tem a garantia de que, haja o que houver, será mantida pelo ente estatal a margem de lucro contratada. Repita-se, a margem de lucro inicialmente contratada jamais poderá ser alterada pela Administração Pública de forma unilateral. Ou seja, o particular tem a garantia de que não terá prejuízo, nem redução no lucro inicialmente previsto quando da celebração do acordo.

B) **Rescisão unilateral do contrato**: é prerrogativa dada ao ente público contratante de pôr fim à avença, independentemente de consentimento do particular e sem depender de decisão judicial.

Pode-se dar em razão do:

- inadimplemento do particular.
- interesse público devidamente justificado.

No caso de rescisão por interesse público, a administração deve indenizar o particular se houver dano, bem como indenizar os investimentos não amortizados do contratado, em razão da extinção antecipada do acordo.

Se o particular é inadimplente, normalmente, ele deverá indenizar a Administração Pública pelos danos causados em virtude do inadimplemento.

Importante! Nos Contratos de concessão de serviços públicos (regulamentados pela Lei 8987), a rescisão unilateral ocorre nas mesmas hipóteses acima definidas, mas recebe nomenclaturas específicas, muito correntes em provas objetivas de concursos:

- rescisão por inadimplemento do particular → **caducidade.**
- rescisão por motivo de interesse público → **encampação.**

Administração inadimplente: caso o poder público seja inadimplente, o particular pode rescindir o contrato unilateralmente? **NÃO.** A rescisão unilateral é cláusula exorbitante e só se aplica à administração pública. Se o ente estatal for inadimplente por mais de 90 dias, o particular pode SUSPENDER A EXECUÇÃO do contrato (exceção de contrato não cumprido), conforme disposição do art. 78 da Lei 8.666/93. Para haver rescisão do contrato, por iniciativa do particular, em virtude do inadimplemento do estado, necessária decisão judicial.

C) Fiscalização da execução do contrato.

Em verdade, trata-se de poder dever da administração pública, haja vista que, comprovada a ausência de fiscalização, o Estado poderá responder por omissão, por eventuais danos causados pela empresa, inclusive, no que tange ao inadimplemento das obrigações trabalhistas.

Ressalte-se que, por meio da ADC n. 16 de 2010, o Supremo Tribunal Federal declarou constitucional o artigo 71, § 1° da Lei 8.666/93, excluindo a responsabilidade subsidiária do Estado pelos débitos trabalhistas da empresa. Ocorre que, se o não pagamento aos empregados não for fiscalizado pelo ente público, daí surge a responsabilidade por omissão. Leia-se, por oportuno, o artigo objeto da declaração de constitucionalidade, abaixo transcrito:

> § 1° A inadimplência do contratado, com referência aos encargos trabalhistas, fiscais e comerciais não transfere à Administração Pública a responsabilidade por seu pagamento, nem poderá onerar o objeto do contrato ou restringir a regularização e o uso das obras e edificações, inclusive perante o Registro de Imóveis. (Redação dada pela Lei n. 9.032, de 1995)

D) Ocupação temporária de bens: em determinadas situações, para manter a prestação dos serviços prestados pelo particular contratado, o Estado precisa ocupar temporariamente os bens da contratada. Ex.: empresa de transporte público cujos funcionários deflagram greve. O ente público ocupa os ônibus da empresa e mantém a prestação do serviço público. É garantia do princípio da continuidade.

E) Poder de aplicação de penalidades: pode aplicar penalidades aos particulares contratados em decorrência de descumprimento do acordo.

As penalidades estão previstas na lei e são de 4 (quatro) tipos:

A) Advertência: sempre por escrito, para sancionar infrações mais leves.

B) Multa: não é ressarcimento por prejuízo. Além do dever de ressarcir ao erário por eventuais danos causados, pode ser aplicada multa punitiva (penalidade). Pode ser aplicada isoladamente ou cumulativamente com outras penalidades.

C) Suspensão de contratar com poder público: por, no máximo, 2 (dois) anos.

D) Declaração de inidoneidade: consequências: não contrata, não participa de licitação, dentre outras. Também não pode ultrapassar 2 (dois) anos.

Diferenças entre "suspensão de contratar com o poder público" e "declaração de inidoneidade":

Suspensão	Declaração de idoneidade
Atinge apenas o ente federativo que aplicou a pena, incluindo todas as entidades daquele ente federativo.	Atinge todos os entes da federação. A empresa declarada inidônea não poderá contratar com todos da administração pública.

Importante ressaltar que para que a empresa volte a ser idônea deverá se reabilitar, por meio do ressarcimento ao erário pelos prejuízos causados. A declaração de inidoneidade, segundo a doutrina, só pode ser aplicada para infrações graves, que também estejam capituladas como crimes (ilícitos penais).

8.3. SUBCONTRATAÇÃO NOS CONTRATOS DA ADMINISTRAÇÃO

Veja-se o que dispõe a Lei 8.666/93:

> *Art. 72. O contratado, na execução do contrato, sem prejuízo das responsabilidades contratuais e legais, **poderá subcontratar** PARTES da obra, serviço ou fornecimento, até o limite admitido, em cada caso, pela Administração.*
>
> Art. 78. Constituem motivo para rescisão do contrato:
>
> *VI - a subcontratação total ou parcial do seu objeto, a associação do contratado com outrem, a cessão ou transferência, total ou parcial, bem como a fusão, cisão ou incorporação, NÃO ADMITIDAS NO EDITAL E NO CONTRATO;*

Para que a subcontratação seja lícita, deve haver previsão no edital e no contrato e, além disso, a subcontratação deve ser parcial, não sendo, a princípio lícito transferir todo o objeto do contrato a terceiro que não foi vencedor na licitação.

Da leitura literal da norma pode-se entender que, havendo autorização do poder público, a subcontratação poderá ser total (prova objetiva). Ocorre que em prova subjetiva deve-se defender que, embora do texto da lei se possa entender de maneira diversa, para que haja subcontratação deve haver: previsão + ser parcial + autorização do poder público.

8.4. EQUILÍBRIO ECONÔMICO-FINANCEIRO

Conforme explicitado alhures, é garantia do particular contratado a manutenção da margem de lucro inicialmente pactuada. Para ser mantido o equilíbrio econômico-financeiro, alguns pagamentos são feitos ao particular pela Administração:

- **Correção monetária:** atualização da margem de lucro inicialmente acordada, mantendo o valor real do contrato.

Obs.: Sistema de licitação para registro de preços: no objeto do contrato, aplica-se a correção monetária.

- Reajustamento de preços: reajuste em face do aumento ordinário e regular do custo dos insumos necessários ao cumprimento do acordo.
- Recomposição (revisão) de preços: quando o reajustamento não consegue fazer face ao real aumento do preço dos insumos, em virtude de uma situação excepcional, a administração, para reequilibrar o contrato, precisa fazer a recomposição de preços. Essas situações excepcionais que desequilibram a relação contratual são designadas pela doutrina de **teoria da imprevisão.**

8.5. TEORIA DA IMPREVISÃO

Ocorre nos casos em que há uma situação fática não prevista quando da celebração do contrato. Em virtude desta situação, faz-se necessária a recomposição dos preços. Decorre da denominada Cláusula *rebus sic stantibus:* situações nas quais há desequilíbrio contratual e a administração precisa, a fim de manter as cláusulas financeiras, proceder à revisão dos preços.

Hipóteses:

A) Caso fortuito e força maior – situações imprevisíveis ou inevitáveis que alteram a relação contratual.

B) Interferências imprevistas (sujeições imprevistas) – assim como no direito civil, são situações preexistentes à celebração do contrato, mas que só vêm à tona durante sua execução. Situação que as partes não tinham como prever. Ex. a contratação para execução de uma obra sem saber que o terreno é pantanoso.

C) Fato da administração: o desequilíbrio contratual é causado pelo poder público, é por ação ou omissão do Estado que haverá necessidade de recomposição. Situação em que o Estado ATUA ou se OMITE no contrato, descumprindo suas obrigações. É o Estado atuando dentro do contrato, que o desequilibra. Ex.: a administração contrata uma empresa para realização de uma obra e não expede as ordens de serviços ou efetiva as desapropriações necessárias.

D) Fato do príncipe: o desequilíbrio contratual também é causado pelo poder público, e é por esta atuação que haverá necessidade de recomposição. Acontece quando o Estado contrata e, posteriormente, atua fora do contrato, na qualidade de Poder Público, causando, entretanto, um desequilíbrio na avença. Há uma atuação extracontratual (geral e abstrata) do ente estatal que termina por atingir diretamente a relação contratual. Ex. 1. a administração pública federal contrata uma empresa para realizar o transporte de servidores e, em atuação subsequente, triplica a alíquota de determinado tributo que incide sobre o combustível, onerando a prestação do serviço pactuado. Ex. 2.: município contrata empresa para realizar transporte público. Depois de formalizado o contrato, o município editou uma lei exigindo que fosse concedido passe livre para todas as pessoas de até 18 anos. Essa lei municipal é uma lei geral que atinge a todos, mas que interfere no contrato de transporte, desequilibrando-o. Será necessária a recomposição dos preços das tarifas ajustadas.

Em algumas situações, a teoria da imprevisão gera a impossibilidade de manter o contrato – a recomposição dos preços é impossível, como situação em que um incêndio destrói uma escola pública, tornando impossível, por exemplo, a manutenção do contrato de limpeza desta escola. Estas situações denominam-se **rescisão de pleno direito.**

8.6. GARANTIA

Caução que pode ser exigida pelo Estado para garantir o ressarcimento de danos em caso de descumprimento contratual pelo particular.

Embora a lei não mencione expressamente no artigo 58 e a doutrina se omita, algumas bancas examinadoras incluem a Garantia dentre as cláusulas exorbitantes do contrato administrativo.

O valor dessa garantia é definido no bojo do contrato e determinada pela administração pública. A lei estabelece o limite máximo de 5% do valor do contrato.

Nos contratos de grande vulto, que envolvam alta complexidade técnica ou riscos financeiros consideráveis, a garantia pode chegar a 10% do valor inicial do contrato, sempre mantida a regra que o ente estatal é quem define o valor da caução. Ressalte-se que a lei expressamente define contratos de grande vulto como aqueles que ultrapassam 25 x R$ 3.300,000,00.

A lei diz quais são as formas possíveis de garantia, mas quem escolhe a forma de prestar a garantia é o particular (e não o poder público, que definiu o valor da garantia a ser prestada dentro dos limites legais). A garantia pode ser prestada sob as seguintes formas:

A) dinheiro;

B) títulos da dívida pública;

C) seguro garantia;

D) fiança bancária.

Em caso de cumprimento do contrato e adimplemento do contrato, a garantia deverá ser devolvida. Se prestada em dinheiro, deve haver a correção do valor, no momento da devolução. Em caso de descumprimento contratual, a garantia pode ser utilizada pelo Estado como mínimo indenizatório, ou seja, o ente público pode executar a garantia e cobrar indenização excedente em caso de o prejuízo ultrapassar o valor da caução.

8.7. DURAÇÃO

Todo contrato deve ter duração predefinida, estabelecendo a lei, expressamente, que são vedados contratos administrativos por prazo indeterminado. Vejamos o art. 57 da Lei 8.666/93 que determina, *in litteris*:

> Art. 57. A duração dos contratos regidos por esta Lei ficará adstrita à vigência dos respectivos créditos orçamentários, EXCETO quanto aos relativos:
>
> I – aos projetos cujos produtos estejam contemplados nas metas estabelecidas no Plano Plurianual, os quais poderão ser prorrogados se houver interesse da Administração e desde que isso tenha sido previsto no ato convocatório;
>
> II – *à prestação de serviços a serem executados de forma contínua, que poderão ter a sua duração prorrogada por iguais e sucessivos períodos com vistas à obtenção de preços e condições mais vantajosas para a administração, limitada a sessenta meses; (Redação dada pela Lei n. 9.648, de 1998)*
>
> III – *(Vetado). (Redação dada pela Lei n. 8.883, de 1994)*
>
> IV – *ao aluguel de equipamentos e à utilização de programas de informática, podendo a duração estender-se pelo prazo de até 48 (quarenta e oito) meses após o início da vigência do contrato.*
>
> V – *às hipóteses previstas nos incisos IX, XIX, XXVIII e XXXI do art. 24, cujos contratos poderão ter vigência por até 120 (cento e vinte) meses, caso haja interesse da administração. (Incluído pela Lei n. 12.349, de 2010)*
>
> § 1º *Os prazos de início de etapas de execução, de conclusão e de entrega admitem prorrogação, mantidas as demais cláusulas do contrato e assegurada a manutenção de seu equilíbrio econômico-financeiro, desde que ocorra algum dos seguintes motivos, devidamente autuados em processo:*
>
> I – *alteração do projeto ou especificações, pela Administração;*
>
> II – superveniência de fato excepcional ou imprevisível, estranho à vontade das partes, que altere fundamentalmente as condições de execução do contrato;
>
> II – interrupção da execução do contrato ou diminuição do ritmo de trabalho por ordem e no interesse da Administração;

IV – aumento das quantidades inicialmente previstas no contrato, nos limites permitidos por esta Lei;

V – impedimento de execução do contrato por fato ou ato de terceiro reconhecido pela Administração em documento contemporâneo à sua ocorrência;

VI – omissão ou atraso de providências a cargo da Administração, inclusive quanto aos pagamentos previstos de que resulte, diretamente, impedimento ou retardamento na execução do contrato, sem prejuízo das sanções legais aplicáveis aos responsáveis.

§ 2º Toda prorrogação de prazo deverá ser justificada por escrito e previamente autorizada pela autoridade competente para celebrar o contrato.

§ 3º É vedado o contrato com prazo de vigência indeterminado.

§ 4º Em caráter excepcional, devidamente justificado e mediante autorização da autoridade superior, o prazo de que trata o inciso II do caput deste artigo poderá ser prorrogado por até doze meses. (Incluído pela Lei n. 9.648, de 1998)

Conforme transcrito, a regra é que duração do contrato é a duração do crédito orçamentário. Portanto, como regra geral, o contrato administrativo deverá respeitar o prazo máximo de um ano (período da lei orçamentária).

As exceções estão dispostas nos incisos I a V do *caput*, dentre os quais:

- contrato administrativo previsto na lei do Plano Plurianual: poderá ter duração de até 4 (quatro) anos.
- serviços de caráter continuados: podem ser prorrogados sucessivamente, por períodos iguais, tendo duração máxima de 60 meses. Frise-se que, havendo necessidade comprovada, a lei permite a prorrogação por mais 12 meses.
- contratos de aluguel de equipamentos e programas de informática: poderá ter duração de até 48 meses.
- alguns contratos estipulados no art. 24, IX, XIX, XXVIII e XXXI que podem ter duração de até 120 (cento e vinte) meses, conforme disposição da lei 8666/1993, incluída pela Lei 12.349/2010.

Ocorre que, além das exceções mencionadas, os contratos que não geram despesas não precisam estar previstos na lei orçamentária, logo não precisam respeitar o prazo do art. 57, acima transcrito. Ressalte-se que NÃO são contratos celebrados por prazo indeterminado; apenas não precisam respeitar o prazo do art. 57 da lei 8666/93, podendo ter duração bem mais alongada. Ex.: contratos de concessão de serviços públicos, nos quais a empresa concessionária é remunerada pelo usuário do serviço, não causando gastos aos cofres públicos, podem ser celebrados por períodos de 10 anos ou mais.

Importante! Na prova objetiva, qualquer que seja, será correta a alternativa que diz que **não existe contrato administrativo por prazo indeterminado.**

No que tange à possibilidade de prorrogação, a legislação determina que o contrato administrativo pode ser prorrogado, desde que seja feito dentro do prazo do contrato e decorra, cumulativamente, de previsão no edital e no contrato e autorização do poder público. Não há prorrogação tácita de contratos administrativos, mesmo que haja cláusula contratual prevendo esta situação.

O requerimento de prorrogação deve ser feito enquanto ainda vigente o contrato. Se o contrato for extinto, não será mais possível sua prorrogação.

8.8. RESCISÃO CONTRATUAL

A) **Rescisão unilateral**: ocorre por interesse público ou por inadimplemento do particular – apenas pela administração pública, por ostentar a característica de cláusula exorbitante.

B) **Judicial**: dá-se por provocação do particular, quando o ente público é inadimplente, haja vista o contratado não poder se utilizar da rescisão unilateral.

C) **Bilateral (distrato)**: rescisão realizada por ambas as partes.

D) **De pleno direito**: por situações alheias à vontade das partes, em casos excepcionais que impedem a manutenção do contrato.

Além destas formas, o contrato pode ser extinto de outras formas que não pela rescisão:

Anulação: se tiver algum vício de legalidade (efeitos retroativos, pela administração ou judiciário).

Atenção! Ressalte-se que, MESMO QUE O CONTRATO SEJA NULO, O PARTICULAR DEVE SER REMUNERADO PELOS SERVIÇOS PRESTADOS; caso contrário, estaria se admitindo o enriquecimento sem causa do Estado.

Extinção natural: toda vez que acaba o prazo do contrato. É a extinção comum dos contratos. A lei prevê que se pode dar também pelo cumprimento do objeto do contrato (como, o término da obra, por exemplo, em contratos de obras públicas).

8.9. SÚMULAS DE JURISPRUDÊNCIA

8.9.1. Súmulas Vinculantes

SÚMULA VINCULANTE N. 2. É INCONSTITUCIONAL A LEI OU ATO NORMATIVO ESTADUAL OU DISTRITAL QUE DISPONHA SOBRE SISTEMAS DE CONSÓRCIOS E SORTEIOS, INCLUSIVE BINGOS E LOTERIAS.

SÚMULA VINCULANTE N. 27. COMPETE À JUSTIÇA ESTADUAL JULGAR CAUSAS ENTRE CONSUMIDOR E CONCESSIONÁRIA DE SERVIÇO PÚBLICO DE TELEFONIA, QUANDO A ANATEL NÃO SEJA LITISCONSORTE PASSIVA NECESSÁRIA, ASSISTENTE, NEM OPOENTE.

8.9.2. Supremo Tribunal Federal

SÚMULA N. 7. SEM PREJUÍZO DE RECURSO PARA O CONGRESSO, NÃO É EXEQUÍVEL CONTRATO ADMINISTRATIVO A QUE O TRIBUNAL DE CONTAS HOUVER NEGADO REGISTRO.

SÚMULA N. 374. NA RETOMADA PARA CONSTRUÇÃO MAIS ÚTIL, NÃO É NECESSÁRIO QUE A OBRA TENHA SIDO ORDENADA PELA AUTORIDADE PÚBLICA.

CAPÍTULO 9

CONTRATOS ADMINISTRATIVOS NOS TERMOS DA LEI 14.133/21

9.1. CONCEITO

A primeira grande característica, utilizada para definição dos contratos administrativos é o fato de que estas avenças, regidas pelo direito público, apresentam-se com uma característica singular, qual seja, a possibilidade de haver tratamento desigual entre a Administração (que atua com prerrogativas públicas) e o contratado, a exemplo de haver a possibilidade de a Administração extinguir o contrato unilateralmente.

Com efeito, os contratos administrativos são as manifestações de vontade entre duas ou mais pessoas visando à celebração de negócio jurídico, havendo a participação do Poder Público, atuando com todas as prerrogativas decorrentes da supremacia do interesse público, visando sempre à persecução de um fim coletivo. Este contrato é regido pelo direito público, sendo inerentes a ele todas as prerrogativas e limitações de Estado.

Essas prerrogativas ensejam a existência das chamadas **cláusulas exorbitantes**, previstas no art. 104 da lei 14.133/21 e presentes, implicitamente, em todos os contratos administrativos. Sendo assim, pode-se apontar a **verticalidade** como característica inerente aos contratos administrativos, haja vista a atuação do Poder Público com supremacia em face do particular contratado.

9.2. FORMALISMO DO CONTRATO

Como regra geral, o contrato deve ser **escrito**, devendo haver um termo que materialize a sua celebração. Assim, o procedimento licitatório é formalizado em processo regular e a contratação deve respeitar os requisitos definidos em lei. Desse modo, o art. 92 da lei 14.133/21 define quais são as cláusulas necessárias para formalização do instrumento de contrato. Nesse sentido, o **termo de contrato** ou **instrumento de contrato** é o meio, determinado por lei, para formalização do contrato e, para que o acordo seja válido, deve conter o objeto e seus elementos característicos, o regime de execução ou a forma de fornecimento, o preço e as condições de pagamento, assim como os critérios e periodicidade do reajuste de preços e as regras de atualização monetária entre a data do adimplemento das obrigações e a do efetivo pagamento e as demais exigências legais, expostas no tópico anterior.

Ressalte-se que a lei permite a celebração de contrato, em determinadas situações, por meio de carta-contrato, nota de empenho, autorização de compra ou ordem de execução de serviço, dispensando-se o termo de contrato propriamente dito, sempre que se tratar de avença celebrada com valor mais baixo.

Com efeito, a lei diz que o instrumento de contrato será dispensado, quando se tratar de contratos cujo valor enseje dispensa de licitação. Assim, o instrumento de contrato não se faz necessário para obras e serviços de engenharia de até R$ 100.000,00 (cem mil reais) e para aquisição de bens e outros serviços no valor de até R$ 50.000,00 (cinquenta mil reais).

Da mesma forma, se torna desnecessário o instrumento de contrato e facultada sua substituição em casos de contratações de pronto pagamento, assim considerada aquelas que não ensejam nenhuma espécie de obrigação futura.

É importante entender que, ainda que não tenha sido realizado procedimento licitatório por inexigibilidade ou outra hipótese de dispensa de licitação (que não seja referente ao valor), o instrumento de contrato será obrigatório, se não estiver presente algumas condições estipuladas acima.

Assim, para contratos de valores mais baixos, ou para contratos de compras com entrega imediata e integral dos bens adquiridos, dos quais não resultem obrigações futuras não é preciso seguir a forma estabelecida, podendo ser mais simples: não precisa do instrumento de contrato propriamente dito. Em tais casos, a lei permite substituir o termo de contrato por:

a) Carta contrato;

b) Nota de empenho da despesa;

c) Ordem de serviço;

d) Autorização de compra.

Para contratos de valores mais baixos ou de pronto pagamento, é possível a substituição do termo de contrato por "carta contrato", "nota de empenho de despesa", "autorização de compra", "ordem de execução de serviço" ou outros instrumentos hábeis, quando então, aplica-se, no que couber, as cláusulas necessárias do art. 92 da Lei 14.133/21.

ATENÇÃO

INSTRUMENTO DE CONTRATO PODE SER SUBSTITUÍDO POR:
CARTA CONTRATO
ORDEM DE SERVIÇO
NOTA DE EMPENHO
AUTORIZAÇÃO DE COMPRA

Quando:

1 - se tratar de contratos obras e serviços de engenharia de até R$ 100.000,00 (cem mil reais) e para aquisição de bens e outros serviços no valor de até R$ 50.000,00 (cinquenta mil reais).

2 - se tratar de contratos que não ensejem obrigações futuras.

O termo de contrato funciona como documentação do próprio e, em observância ao princípio da publicidade, será permitido a qualquer licitante o conhecimento dos termos do contrato e do respectivo processo licitatório.

Apesar de se dispensar o termo de contrato em determinadas situações regulamentadas pela lei, nota-se a necessidade de documentação do contrato, de alguma forma, ainda que por instrumento mais simples. Isso porque a legislação estabelece como regra que NÃO é possível **contrato verbal** celebrado pela administração, dispondo ser nulo e de nenhum efeito qualquer contrato verbal realizado pelo ente estatal.

ATENÇÃO

Excepcionalmente, admite-se contrato verbal, nas compras e serviços que não ultrapassam R$ 10.000,00 (dez mil reais) - desde que se trate de compra de pronta entrega e pronto pagamento. Isso significa que este contrato não gera nenhuma espécie de obrigação futura (art. 95, §, 2º da Lei 14.133/21).

Ressalte-se que o valor foi atualizado pelo Decreto 11.871/23 e é de R$ 11.981,20 (onze mil novecentos e oitenta e um reais e vinte centavos).

Nestas hipóteses, também não há necessidade de realização de procedimento licitatório, em conformidade com as regras de dispensa previstas na lei.

Esses gastos são denominados "suprimento de fundos e costumam ser efetivados mediante a utilização de cartão corporativo do gestor, mediante prestação de contas posterior.

Não obstante a ausência de previsão legal, a doutrina admite a celebração de contratos verbalmente, para posterior formalização por escrito, em casos emergenciais. Nesse caso, a formalização poderá ser realizada posteriormente à existência de contrato e início da prestação do serviço pelo contratado. Trata-se, em verdade, de diferimento da assinatura do contrato escrito.

Celebrado o contrato, esse deve mencionar os nomes das partes e os de seus representantes, a finalidade, o ato que autorizou a sua lavratura, o número do processo da licitação, da dispensa ou da inexigibilidade, a sujeição dos contratantes às normas desta Lei e às cláusulas contratuais. Qualquer alteração contratual deve ser realizada por meio de aditamento, o qual será formalizado em conformidade com a lei e regularmente publicado.

DIVULGAÇÃO DO CONTRATO – REQUISITO DE EFICÁCIA

Além da formalização, a **divulgação é requisito indispensável à eficácia do contrato** administrativo, decorrente do princípio da publicidade, o qual garante o conhecimento acerca do contrato a toda a sociedade. A divulgação deve ser feita no Portal Nacional de Contratações Públicas (PNCP). A divulgação deve abranger o **inteiro teor do contrato**, bem como todos os aditamentos que forem feitos posteriormente, que ficarão disponíveis para quaisquer interessados.

A lei dispõe que essa divulgação deve se dar nos seguintes prazos, contados da sua assinatura pelas partes:

- 20 (vinte) dias úteis, no caso de licitação.
- 10 (dez) dias úteis, no caso de contratação direta.

Caso a administração deixe de publicar o contrato, ele é válido e perfeito, somente, **não sendo eficaz**. Não produz efeito, uma vez que a eficácia fica dependendo da publicidade do contrato administrativo celebrado. Todavia, cabe ressaltar que os contratos firmados em caso de urgência produzem efeitos desde a data da sua assinatura, devendo ser publicado nos prazos apresentados acima, sob pena de nulidade.

9.3. GARANTIA

O art. 96 da lei 14.133/21 estabelece a possibilidade dada ao ente público de exigir do particular a prestação de garantia para a assinatura dos contratos administrativos, com o objetivo de garantir a plena execução do contrato, não se confundindo com a garantia da proposta que vincula o proponente aos termos apresentados.

Como forma de garantia, a Lei prevê a caução que pode ser exigida, pelo Estado, para garantir o ressarcimento de danos em caso de descumprimento contratual pelo particular, sendo que a garantia poderá ser prestada em dinheiro, títulos da dívida pública, fiança bancária ou seguro garantia, a critério do contratado privado.

O valor dessa garantia é definido, no bojo do contrato, e determinado pela administração pública. A lei estabelece o **limite máximo de 5%** do valor do contrato, sendo que, em observância a este limite, o poder público deve, discricionariamente, dispor acerca do valor a ser cobrado em cada contratação específica.

Ocorre que, nos contratos que envolvam alta complexidade técnica ou riscos financeiros consideráveis, a garantia pode chegar a **10%** do valor inicial do contrato, sempre mantida a regra que o ente estatal é quem define o valor da caução.

Em relação ao valor da garantia contratual, a legislação ainda dispõe que, em caso de contratos que importem na entrega de bens pela Administração, dos quais o contratado ficará depositário, ao valor da garantia deverá ser acrescido o valor desses bens.

Outrossim, a lei diz quais são as formas possíveis de garantia contratual, mas quem escolhe a forma de prestação da caução é o particular contratado e não o poder público, que definiu o valor da garantia a ser prestada dentro dos limites legais. A garantia poderá ser prestada sob uma das seguintes formas:

a) dinheiro.

b) títulos da dívida pública, desde que emitidos sob a forma escritural, mediante registro em sistema centralizado de liquidação e de custódia autorizado pelo Banco Central do Brasil, e avaliados por seus valores econômicos, conforme definido pelo Ministério da Economia.

c) seguro garantia firmado com empresa seguradora que arcará com o risco dos eventos danosos ocorridos no bojo do contrato.

d) fiança bancária, não se admitindo qualquer outra espécie de fiador, que não a instituição financeira.

e) título de capitalização custeado por pagamento único, com resgate pelo valor total.

Ao final do contrato administrativo, duas situações são possíveis. Vejamos.

- Em caso de cumprimento do contrato e adimplemento de todos os seus termos pelo particular, a garantia deverá ser devolvida e, se foi prestada em dinheiro, deve haver a correção do valor, no momento da devolução.
- Em caso de descumprimento contratual, a garantia pode ser utilizada pelo Estado como mínimo indenizatório, ou seja, o ente público pode executar a garantia e cobrar indenização excedente em caso de o prejuízo ultrapassar o valor da caução.

9.3.1. Cláusula de retomada

Na contratação de obras e serviços de engenharia, o edital poderá exigir a prestação da garantia na modalidade seguro-garantia do tipo "performance bond", com cláusula de retomada, assim considerado o contrato no qual a seguradora se torna responsável pelo cumprimento do contrato na forma como foi concebido. Assim, essa empresa seguradora ficará responsável e apta por fiscalizar a execução do contrato – independentemente da fiscalização do poder público – como forma de evitar inadimplemento contratual.

Para que isso aconteça a seguradora assina o contrato como interveniente anuente e terá acesso à auditoria técnica e contábil, podendo também ter acesso às instalações onde serão executadas as obrigações contratuais, podendo acompanhar sua execução e requerer esclarecimentos.

Nesses casos, o contrato de seguro poderá determinar a obrigação de seguradora, em caso de inadimplemento pelo contratado, assumir a execução e concluir o objeto do contrato, hipótese em que a emissão de empenho se dará em nome da seguradora, ou a quem ela indicar para a conclusão do contrato, será autorizada desde que demonstrada sua regularidade fiscal, sendo possível que essa empresa subcontrate a conclusão do contrato, total ou parcialmente.

Assim, temos a seguinte situação, na hipótese de inadimplemento do contratado:

- caso a seguradora execute e conclua o objeto do contrato, estará isenta da obrigação de pagar a importância segurada indicada na apólice, ficando quite com suas obrigações.
- caso a seguradora não assuma a execução do contrato, pagará a integralidade da importância segurada indicada na apólice.

A cláusula de retomada, muito comum no mercado de seguros em diversos países, permite uma solução diferenciada para a cobertura dos riscos contratados no seguro-garantia. Nessas situações, em que o contrato preveja essa cláusula de retomada nos contratos de seguro, a garantia poderá ser de até 30% do valor inicial do contrato.

9.4. CLÁUSULAS EXORBITANTES / PRERROGATIVAS DA ADMINISTRAÇÃO

Estas cláusulas são implícitas em todos os contratos administrativos, não dependendo de previsão expressa no acordo, pois decorrem diretamente da Lei. Logo, não são cláusulas necessárias, uma vez que as garantias do Poder Público decorrem diretamente do texto legal.

As cláusulas exorbitantes estão previstas no artigo 104 da Lei 14.133/21 e ensejam à Administração Pública a prerrogativa de alteração unilateral do acordo ou rescisão unilateral, bem como a possibilidade de fiscalização e controle da relação contratual, somada à possibilidade de aplicação de penalidades contratuais e de ocupação temporária dos bens da contratada, como forma de evitar a paralisação da atividade pública.

9.4.1. Alteração unilateral do contrato

Para adequar as disposições contratuais, na busca incessante pelo interesse público, o Estado contratante pode modificar a avença, independentemente do consentimento da outra parte, desde que não prejudique o contratado e desde que a modificação seja feita nos limites previamente estipulados pela lei. Sendo assim, não pode haver alteração que atinja o equilíbrio econômico-financeiro do contrato ou que modifique a natureza do objeto que foi explicitado no edital do procedimento licitatório, o que ensejaria fraude ao certame.

A alteração atinente ao valor da contratação tem natureza de modificação quantitativa e, por sua vez, tem limites definidos na lei, que prevê que o particular deve aceitar as modificações feitas unilateralmente pela Administração Pública em **até 25%**, do valor original do contrato, para acréscimos ou supressões. Nesses casos, a alteração não depende de concordância do particular contratado.

Exceção

Se o contrato for celebrado para reforma de equipamentos ou de edifícios, a alteração unilateral, para ACRÉSCIMOS contratuais, pode chegar a 50% do valor original do contrato. As supressões contratuais continuam respeitando o limite de 25%.

Importante ressaltar que os limites tratados devem ser aplicados, da mesma forma, para as alterações qualitativas. Não obstante seja a matéria controversa, ensejando divergência doutrinária, o entendimento majoritário é de que a alteração no projeto originário não pode ensejar um aumento de custo superior a 25% do valor originário do contrato, com a ressalva de 50% quando se tratar de contratação de reforma.

Independentemente do motivo que enseje a alteração contratual, esta alteração encontra uma barreira que não pode ser ultrapassada pelo Estado, qual seja, o **equilíbrio econômico-financeiro do contrato**. Ou seja, o particular tem a garantia de que, haja o que houver, será mantida pelo ente estatal a margem de lucro contratada.

9.4.2. Rescisão unilateral do contrato

A rescisão unilateral é prerrogativa dada ao ente público contratante de pôr fim à avença, independentemente, de consentimento do particular e sem depender de decisão judicial (art. 137 e seguintes da Lei 14.133/21). Dessa forma, o contrato poderá ser extinto antes do prazo previamente estipulado no acordo.

Pode se dar em razão do:

- inadimplemento do particular.
- interesse público devidamente justificado.

A rescisão unilateral dos contratos administrativos também é garantida nos contratos de concessão de serviços públicos, regulamentados pela Lei 8.987/95.

Importante

Nos **contratos de Contratos de concessão de serviços públicos** (regulamentados pela Lei 8.987/95), a rescisão unilateral ocorre, nas mesmas hipóteses acima definidas, mas recebe nomenclaturas específicas, muito correntes em provas objetivas de concursos:

- rescisão por inadimplemento do particular → **caducidade**
- rescisão por motivo de interesse público → **encampação.**

9.4.3. Fiscalização da execução do contrato

Em verdade, trata-se de poder-dever da administração pública, haja vista que comprovada a ausência de fiscalização, o Estado poderá responder por omissão, por eventuais danos causados pela empresa, inclusive, no que tange ao inadimplemento das obrigações trabalhistas.

De fato, a Administração Pública deve designar um ou mais agentes públicos que ficarão responsáveis pela fiscalização na execução contratual, aplicando penalidades e exigindo o cumprimento das obrigações pela parte contratada. Nesse sentido, a Lei 14.133/21, em seu art. 117, determina que *"A execução do contrato deverá ser acompanhada e fiscalizada por 1 (um) ou mais fiscais do contrato, representantes da Administração especialmente designados conforme requisitos estabelecidos no art. 7º desta Lei, ou pelos respectivos substitutos, permitida a contratação de terceiros para assisti-los e subsidiá-los com informações pertinentes a essa atribuição."*.

9.4.4. Ocupação temporária de bens

Trata-se de cláusula exorbitante que visa a garantia do princípio da continuidade do serviço. Em determinadas situações, para manter a prestação dos serviços prestados pelo particular contratado, o Estado precisa ocupar temporariamente os bens da contratada.

Com efeito, nos casos de serviços essenciais, a Administração Pública poderá ocupar provisoriamente bens móveis, imóveis, pessoal e serviços vinculados ao objeto do contrato, na hipótese da necessidade de acautelar apuração administrativa de faltas contratuais pelo contratado, bem como na hipótese de rescisão do contrato administrativo.

OCUPAÇÃO TEMPORÁRIA

Hipóteses

a) risco à prestação de serviços essenciais – garantia do princípio da continuidade;
b) necessidade de acautelar apuração administrativa de faltas contratuais pelo contratado, inclusive após extinção do contrato.

Pode-se citar como exemplo situação de empresa de transporte público cujos funcionários deflagram greve. Em consequência, o ente público ocupa os ônibus da empresa e mantém a prestação do serviço público, para evitar um transtorno maior à coletividade.

9.4.5. Aplicação de penalidades

O art. 104, IV da Lei 14.133/21, define também como cláusula exorbitante, o poder de aplicar penalidades aos particulares contratados em decorrência de descumprimento do acordo, ainda que se trate de inexecução parcial.

Nesse contexto, o art. 155 da lei enumera infrações que podem ensejar aplicação de penalidades. Trata-se de rol meramente exemplificativo, em sua maioria com conteúdo aberto. Assim, configura motivo para aplicação de penalidades nos moldes da lei:

- dar causa à inexecução parcial do contrato;
- dar causa à inexecução parcial do contrato que cause grave dano à Administração, ao funcionamento dos serviços públicos ou ao interesse coletivo;
- dar causa à inexecução total do contrato;
- deixar de entregar a documentação exigida para o certame;
- não manter a proposta, salvo em decorrência de fato superveniente devidamente justificado;
- não celebrar o contrato ou não entregar a documentação exigida para a contratação, quando convocado dentro do prazo de validade de sua proposta;
- ensejar o retardamento da execução ou da entrega do objeto da licitação sem motivo justificado;
- apresentar declaração ou documentação falsa exigida para o certame ou prestar declaração falsa durante a licitação ou a execução do contrato;
- fraudar a licitação ou praticar ato fraudulento na execução do contrato;
- comportar-se de modo inidôneo ou cometer fraude de qualquer natureza;
- praticar atos ilícitos com vistas a frustrar os objetivos da licitação;
- praticar ato lesivo previsto no art. 5º da Lei nº 12.846/13 – lei anticorrupção.

As penalidades a serem aplicadas estão previstas na legislação e se dividem em quatro hipóteses, de acordo com a gravidade da infração cometida.

a) ***Advertência***: sempre por escrito, para sancionar infrações mais leves praticadas pelo particular contratado, mais especificamente nos casos de inexecução parcial do contrato.

b) ***Multa***: trata-se de penalidade pecuniária e deve ter previsão de valor definido no bojo do acordo firmado. Assim, como as demais penalidades, a multa deve ser aplicada após regular processo administrativo e poderá ser descontada da garantia do respectivo contratado. Consoante já explicitado, se a multa for de valor superior ao valor da garantia prestada, além da perda desta, responderá o contratado pela sua diferença, a qual será descontada dos pagamentos eventualmente devidos pela Administração ou ainda, quando for o caso, cobrada judicialmente.

Importante ressaltar que a multa não se confunde com o ressarcimento por prejuízo. Além do dever de ressarcir ao erário por eventuais danos causados, pode ser aplicada ao particular a sanção de multa punitiva (penalidade). Ademais, a sanção pecuniária pode ser aplicada isoladamente ou cumulativamente com outras penalidades.

A multa deve ser precedida de abertura de prazo, pelo poder público, de 15 (quinze) dias para que o acusado apresente sua defesa.

Por fim, a lei determina que o contrato deverá regulamentar os valores de multa, não podendo ser inferior a 0,5% (cinco décimos por cento) nem superior a 30% (trinta por cento) do valor do contrato licitado ou celebrado com contratação direta.

c) ***impedimento de licitar e contratar:*** por, no máximo, 3 (três) anos. Neste caso, a empresa fica impedida de participar de certames e celebrar contratos com as entidades da Administração Direta ou Indireta do ente federativo que aplicou a penalidade.

d) ***Declaração de inidoneidade para licitar ou contratar:*** enseja proibição de licitar ou contratar com a Administração Pública por prazo que pode variar entre 3 (três) e 6 (seis) anos, a critério da autoridade administrativa. A sanção prevista impede o responsável de licitar ou contratar no âmbito da Administração Pública direta e indireta de todos os entes federativos durante sua vigência.

Diferenças entre as penalidades de "impedimento de licitar e contratar" e "declaração de inidoneidade"

Impedimento de licitar e contratar: atinge apenas o ente federativo que aplicou a pena, incluindo todas as entidades daquele ente federativo, ou seja, abrangendo os entes da Administração Direta e Indireta da esfera de poder daquela entidade. Dessa forma, suponha que o Estado X tenha aplicado tal penalidade à empresa Y. Durante o prazo da suspensão, a empresa sancionada não deverá participar de licitações ou celebrar contratos com nenhuma das entidades da Administração Direta ou Indireta do Estado X, incluindo as suas autarquias, fundações públicas, empresas públicas e sociedades de economia mista. No entanto, poderá celebrar contratos com outros entes da federação. Também, se trata de penalidade que pode durar, no máximo, 3 anos.

Declaração de inidoneidade: atinge todos os entes da federação. A empresa declarada inidônea não poderá contratar com nenhuma entidade da Administração Pública direta ou indireta que quaisquer dos poderes da União, estados, municípios ou Distrito Federal. O prazo de duração pode variar de 3 a 6 anos, nos termos da lei.

9.5. PAGAMENTOS FEITOS AO PARTICULAR

Conforme previamente analisado, é cláusula necessária do contrato administrativo a regulamentação acerca do preço e das formas de pagamento. Assim, além do pagamento da fatura, propriamente dita, como forma de manutenção do equilíbrio econômico-financeiro, alguns pagamentos são feitos ao particular contratado pela Administração Pública. Analisemos cada uma dessas formas de pagamento.

- **Correção monetária:** atualização da margem de lucro inicialmente acordada, mantendo o valor real do contrato. Esse pagamento não enseja qualquer espécie de acréscimo, configurando-se uma simples modificação numérica, para evitar que o credor receba menos do que o valor devido em virtude da desvalorização do dinheiro. Não se pode admitir que o desgaste da moeda implique prejuízos ao particular contratado, haja vista ter ele a garantia de manutenção do valor real previamente acordado, na proposta vencedora da licitação.
- **Reajustamento de preços:** reajuste em face do aumento ordinário e regular do custo dos insumos necessários ao cumprimento do acordo. De fato, o reajuste tem a intenção de pagar ao particular contratado os gastos com que ele terá de arcar em virtude do aumento normal dos custos do contrato, o que altera os valores que serviram de base para a composição do preço acordado. Trata-se de cláusula previamente definida no contrato administrativo e que garante o pagamento de variações previsíveis e esperadas nos preços dos insumos e nos custos, em geral, da prestação do serviço objeto da avença.
- **Repactuação:** Nos termos da lei, trata-se de forma de *"manutenção do equilíbrio econômico-financeiro de contrato utilizada para serviços contínuos com regime de dedicação exclusiva de mão de obra ou predominância de mão de obra, por meio da análise da variação dos custos contratuais, devendo estar prevista no edital com data vinculada à apresentação das propostas, para os custos decorrentes do mercado, e com data vinculada ao acordo, à convenção coletiva ou ao dissídio coletivo ao qual o orçamento esteja vinculado, para os custos decorrentes da mão de obra".*
- **Recomposição de preços ou revisão de preços:** quando o reajustamento de preços não consegue fazer face ao real aumento do preço dos insumos, em virtude de uma situação excepcional (não prevista no contrato), a Administração Pública, como forma de reequilibrar o contrato, precisa fazer a recomposição de preços. Isso ocorre porque a previsão contratual de reajuste não foi suficiente para suprir a efetiva modificação nos custos do contrato celebrado.

9.6. TEORIA DA IMPREVISÃO

Ocorre nos casos em que há uma situação fática não prevista quando da celebração do contrato, portanto imprevisível, que venha a alterar o equilíbrio econômico-financeiro do contrato, com reflexos em sua execução. Em virtude desta situação, se faz necessária a **recomposição dos preços.**

As hipóteses de teoria da imprevisão são:

a) ***Caso fortuito e força maior*** – situações imprevisíveis ou inevitáveis que alteram a relação contratual. Pode decorrer de fatos humanos, desde que não sejam provocados por nenhuma das partes do acordo, ou podem ser causados por fatos da natureza, em relação aos quais nenhuma medida pode ser tomada para obstar sua precipitação. Pode-se citar como exemplo, uma chuva muito forte que destrói parte de uma obra que se encontra em execução, ensejando uma necessidade de revisão dos valores pagos à empreiteira, além da necessidade de repactuação de prazos de entrega.

b) ***Interferências imprevistas*** (sujeições imprevistas) – assim como no direito civil, são situações preexistentes à celebração do contrato, mas que só vêm à tona durante sua execução. Situação que as partes não tinham como prever e que ensejam um aumento de gastos no contrato firmado. Pode-se citar a contratação de particular para execução de uma obra sem saber que o terreno é pantanoso, o que ensejará o dispêndio de vultosos recursos para manutenção do projeto originalmente estipulado.

c) ***Fato da administração***: o desequilíbrio contratual é causado por uma atuação específica da Administração que incide sobre o contrato e impede a sua execução. Com efeito, o Poder Público atua, no bojo da relação contratual, causando desequilíbrio na avença firmada. Cite-se, como exemplo, situação na qual a Administração contrata uma empresa para realização de uma obra e, por descaso, não expede as ordens de serviços respectivas ou efetiva as desapropriações necessárias à aquisição dos terrenos onde as obras seriam executadas. Note-se que a atuação do ente público ocorre enquanto parte do contrato, ou seja, é ato praticado no bojo do contrato administrativo celebrado que altera a situação inicial. O inadimplemento do poder público implica em descumprimento contratual que onera demasiadamente o acordo, tornando impossível a manutenção da proposta vencedora.

d) ***Fato do príncipe***: o desequilíbrio contratual também é causado pelo poder público e, por esta atuação, haverá necessidade de recomposição do preço. Ocorre que, neste caso, há uma atuação extracontratual (geral e abstrata) do ente estatal que termina por atingir diretamente a relação contratual.

Pode-se citar como exemplo, um caso no qual a Administração Pública Federal contrata uma empresa para realizar o transporte de servidores e, em atuação subsequente, triplica a alíquota de determinado tributo que incide sobre o combustível, onerando a prestação do serviço pactuado. Ou ainda uma situação de determinado município que contrata empresa para realizar transporte público. Depois de formalizado o contrato, o município editou uma lei exigindo que fosse concedido passe livre para todas as pessoas de até 18 anos. Essa lei municipal é uma lei geral que atinge a todos, mas que interfere no contrato de transporte, desequilibrando-o. Será necessária a recomposição dos preços (ou revisão de preços) das tarifas ajustadas.

9.7. SUBCONTRATAÇÃO NOS CONTRATOS DA ADMINISTRAÇÃO

A Lei 14.133/21 dispõe acerca da possibilidade de subcontratação parcial do objeto do contrato, desde que cumpridos alguns requisitos definidos na legislação, restando clara a impossibilidade de subcontratar integralmente o objeto acordado, inclusive em observância à impessoalidade e isonomia, princípios arraigados no conceito da licitação, enquanto procedimento administrativo.

Veja-se o que estabelece o art. 122 da referida lei.

> Art. 122. Na execução do contrato e sem prejuízo das responsabilidades contratuais e legais, o contratado poderá subcontratar partes da obra, do serviço ou do fornecimento até o limite autorizado, em cada caso, pela Administração.

Nesses casos, o particular que pretender subcontratar parte de suas atividades deve apresentar à Administração documentação que comprove a capacidade técnica do subcontratado, que será avaliada e juntada aos autos do processo correspondente.

Ademais, a lei não exige que haja previsão editalícia ou contratual permitindo a subcontratação, mas determina que esses instrumentos podem vedar, restringir ou estabelecer condições para a subcontratação.

9.8. DURAÇÃO

Todo contrato deve ter prazo de vigência predefinido no Edital e no próprio instrumento de contrato, estabelecendo a lei, expressamente, que são vedados contratos administrativos por prazo indeterminado.

Somente será possível a celebração de contrato por **prazo indeterminado**, nos casos em que o ente público for usuário de serviço público oferecido em regime de monopólio, devendo, ainda assim, a cada exercício financeiro, comprovar a existência de créditos orçamentários vinculados à contratação. Dessa forma, a título de exemplo, pense em um contrato entre o poder público e a concessionária de energia elétrica de determinado Estado, onde a estrutura do ente está funcionando. Nesse caso, o fornecimento de energia elétrica não pode ser interrompido, em nenhum momento, para a manutenção das atividades da Administração. Não é, portanto, eficiente se exigir a justificativa de prorrogação a cada ano, podendo se firmar esse contrato por prazo indeterminado.

Sendo assim, como regra, a duração dos contratos regidos pela Lei 14.133/21 ficará adstrita à vigência dos respectivos créditos orçamentários que, no direito brasileiro, são definidos pela lei orçamentária anual, à qual cabe prever todas as despesas e receitas da entidade no período de um exercício. Desse modo, os contratos administrativos devem ter duração máxima de um ano, para atender à previsão orçamentária.

9.8.1. Exceções à vigência máxima de um ano

I – ***Projetos contemplados na Lei do Plano Plurianual***: os projetos cujos produtos estejam previstos nas metas estabelecidas no Plano Plurianual podem ter vigência superior a um exercício e poderão ser prorrogados se houver interesse da Administração e desde que isso tenha sido previsto no ato convocatório.

II – ***Prestação de serviços a serem executados de forma contínua***: nesses casos, para contratação de serviços de caráter continuado, a lei prevê a possibilidade de a Administração celebrar contratos com prazo de até 5 (cinco) anos, desde que observadas as seguintes diretrizes:

- a autoridade competente do órgão ou entidade contratante deverá atestar a maior vantagem econômica vislumbrada em razão da contratação plurianual.
- a Administração deverá atestar, no início da contratação e de cada exercício, a existência de créditos orçamentários vinculados à contratação e a vantagem em sua manutenção.
- a Administração terá a opção de extinguir o contrato, sem ônus, quando não dispuser de créditos orçamentários para sua continuidade ou quando entender que o contrato não mais lhe oferece vantagem. Nesse caso, a extinção produzirá efeitos somente na próxima data de aniversário do contrato e, para que a empresa possa se programar, não pode ocorrer a menos de dois meses dessa data. Assim, por exemplo, se a Administração decidir que irá extinguir o contrato após 3 anos e meio de vigência, essa extinção ocorrerá na data do 4º aniversário do acordo.

Além do prazo original de 5 (cinco) anos, a lei permite que sejam feitas prorrogações posteriores no referido contrato, desde que, ao final, ele não ultrapasse o prazo de 10 (dez) anos. Nesses casos, a possibilidade de prorrogação deve ter previsão em edital e a autoridade competente deve atestar que as condições e os preços permanecem vantajosos para a Administração, permitida a negociação com o contratado ou a extinção contratual sem ônus para qualquer das partes.

III – ***Aluguel de equipamentos e utilização de programas de informática***: segue as mesmas regras dos contratos de prestação de serviços contínuos, podendo ser firmado por até 5 (cinco) anos, cumpridas as exigências explicadas no tópico anterior.

IV – ***Contratações previstas nas alíneas f e g do inciso IV e nos incisos V, VI, XII e XVI do caput do art. 75 da Lei 14.133/21:*** Nesses casos, os contratos poderão ter vigência por até 10 (dez) anos, caso haja interesse da administração. Analisemos cada uma das hipóteses que se caracterizam como situações de dispensa de licitação, ensejando, portanto, a possibilidade de contratação direta.

V – ***Contratos de operação continuada de sistemas estruturantes de tecnologia da informação:*** Esses contratos podem ser firmados com vigência máxima de 15 (quinze) anos, nos termos da lei.

VI – ***Exceções não previstas diretamente na lei:*** Ademais, alguns contratos administrativos podem ser celebrados, sem ensejar gastos ao poder público. Nesses casos, pode-se dizer que, além das exceções mencionadas, **os contratos que não geram despesas** à Administração Pública não precisam estar previstos na lei orçamentária, logo, não precisam respeitar o limite de vigência definido, no art. 105, da Lei 14.133/21, que condiciona a vigência à adequação orçamentária.

Ressalte-se que NÃO se trata de celebração de contratos por prazo indeterminado, mas tão somente da possibilidade de ajustes que extrapolam a vigência de um exercício, podendo ter duração bem mais alongada. Pode-se citar como exemplo, o contrato de concessão de serviços públicos, regulamentado pela Lei 8.987/95, no qual a empresa concessionária é remunerada pela cobrança de tarifas ao usuário do serviço, não causando gastos aos cofres públicos. Neste caso, o ajuste pode ser firmado com prazos de duração acima de um ano.

No que tange à possibilidade de prorrogação, a legislação determina que o contrato administrativo pode ser prorrogado, desde que seja feito dentro do prazo de vigência do contrato e decorra, cumulativamente, de previsão no edital e no contrato e autorização do poder público, mantidas as demais disposições contratuais.

Não há possibilidade de prorrogação tácita de contratos administrativos, com exceção dos contratos de escopo pré-definido. Nesses casos, a prorrogação é possível para que o poder público consiga concluir o objetivo originário desse acordo.

Nesse sentido, o art. 111 da Lei 14.133/21 dispõe que *"Na contratação que previr a conclusão de um escopo predefinido, o prazo de vigência será automaticamente prorrogado quando seu objeto não for concluído no período firmado no contrato"*.

9.9. FORMAS DE EXTINÇÃO DO CONTRATO ADMINISTRATIVO

As hipóteses de extinção decorrem de lei ou da própria execução do contrato e são situações que dão fim à avença celebrada entre o poder público e o particular contratado.

1. ***extinção natural:*** Primeiramente, caso não haja qualquer irregularidade apontada, o contrato pode ser extinto pela **conclusão do objeto ou advento do termo do contrato.** É a chamada "extinção natural" dos contratos administrativos e ocorre com a execução do objeto do contrato ou encerramento do seu prazo, sem que haja prorrogação.
2. ***anulação:*** Em casos de irregularidade na celebração do contrato, a extinção pode decorrer de **anulação.**

Com efeito, trata-se de extinção contratual decorrente de vício de ilegalidade no contrato ou no procedimento licitatório de que resultou sua assinatura, com efeitos retroativos à data de início de vigência do acordo, impedindo os efeitos jurídicos que ele, ordinariamente, deveria produzir, além de desconstituir os já produzidos.

ATENÇÃO

Ressalte-se que, MESMO QUE O CONTRATO SEJA NULO, O PARTICULAR CONTRATADO DEVE SER REMUNERADO PELOS SERVIÇOS PRESTADOS DE BOA-FÉ, caso contrário, estaria se admitindo o enriquecimento sem causa do ente público.

Nesse sentido, o art. 149, da Lei 14.133/21 dispõe que "*A nulidade não exonerará a Administração do dever de indenizar o contratado pelo que houver executado até a data em que for declarada ou tornada eficaz, bem como por outros prejuízos regularmente comprovados, desde que não lhe seja imputável, e será promovida a responsabilização de quem lhe tenha dado causa*".

3. ***Extinção unilateral***: ocorre por razões de interesse público ou por inadimplemento total ou parcial do contrato pelo particular. A rescisão unilateral configura cláusula exorbitante do contrato e, por isso, somente pode ser determinada por vontade administração pública, não sendo possível ao particular se valer desta prerrogativa.
4. ***Extinção arbitral ou Judicial***: se dá por provocação do particular, quando o ente público é inadimplente, haja vista o contratado não poder se utilizar da rescisão unilateral. Nesses casos, se existir o compromisso arbitral, no contrato firmado, a extinção pode ser feita por esse meio, caso contrário, o particular deverá propor ação judicial pleiteando a rescisão contratual.
5. ***Extinção Bilateral (distrato)***: trata-se de rescisão amigável, realizada por ambas as partes, ou seja, no interesse público e com o consentimento do particular contratado.
6. ***Extinção de pleno direito***: por situações alheias à vontade das partes, em casos excepcionais que impedem a manutenção do contrato e nas quais não seja possível a revisão de preços. Imagine-se o exemplo de um determinado contrato de limpeza para prestação do serviço em um hospital público que é automaticamente extinto diante de um terremoto que destruiu o prédio público, onde seria executado o serviço.

9.10. DA SOLUÇÃO ALTERNATIVA DE CONTROVÉRSIAS

A Lei 14.133/21, em seu art. 151 prevê a possibilidade de utilização de meios alternativos de prevenção e resolução de controvérsias, notadamente a conciliação, a mediação, o comitê de resolução de disputas e a arbitragem, para tratar de disputas ocorridas no bojo de contratos administrativos, acrescentando que somente serão admitidos os meios alternativos às controvérsias relacionadas a direitos patrimoniais disponíveis, como as questões relacionadas ao restabelecimento do equilíbrio econômico-financeiro do contrato, ao inadimplemento de obrigações contratuais por quaisquer das partes e ao cálculo de indenizações.

CAPÍTULO 10

BENS PÚBLICOS

10.1. CONCEITO

É discutível a conceituação de bens públicos e não há um consenso entre os doutrinadores da matéria. Isso porque a doutrina tradicional sempre adotou a ideia de que seriam bens públicos os bens das pessoas jurídicas de direito público, bem como aqueles pertencentes a pessoas de direito privado que estivessem afetados à prestação de determinado serviço público.

Este entendimento, inclusive, é o mais indicado para as garantias de tais bens, uma vez que as garantias conferidas pelo ordenamento aos bens públicos não são prerrogativas do titular do bem, mas sim direito da coletividade. Explique-se. Se o ordenamento admitir a penhora e arrematação dos veículos de uma empresa de transporte público, o dano causado ao titular dos bens nada será em comparação com os prejuízos causados à coletividade que não poderá usufruir do serviço de transportes.

Dessa forma, a utilização do bem na busca do interesse público seria determinante para sua caracterização como bem público, ainda que sua titularidade fosse de Pessoa Jurídica de direito privado.

Ocorre que, tal entendimento entra em conflito com o artigo 98 do Código Civil de 2002 que estabelece, *in verbis*:

> Art. 98. São públicos os bens do domínio nacional pertencentes às pessoas jurídicas de direito público interno; todos os outros são particulares, seja qual for a pessoa a que pertencerem.

Neste sentido, resta claro que o entendimento do legislador é que a conceituação dos bens públicos toma por base sua titularidade e não sua utilização no interesse coletivo. Isso porque os bens das pessoas jurídicas de direito público são públicos e isso não se discute. Conforme o texto de lei supratranscrito, o Código Civil Brasileiro não considera como bens públicos os bens das pessoas de direito privado, ainda que estejam atrelados à prestação de serviços de interesse da coletividade.

Todavia, embora não constem como bens públicos para a lei, os bens das pessoas jurídicas de direito privado atrelados ao serviço público também devem gozar das prerrogativas de direito público, tais como as garantias de impenhorabilidade e não onerabilidade. Esse entendimento se impõe, uma vez que as garantias dos bens públicos não são garantias do titular do bem, mas sim da coletividade que usufrui dele.

Logo, esse deve ser o entendimento dominante para provas de concursos, qual seja o da extensão das garantias dos bens públicos aos bens privados utilizados na prestação de serviços públicos.

> **Atenção!** O candidato deve sempre tomar cuidado com provas objetivas no sentido de que, se for cobrada a literalidade do texto da lei (e costuma ser), a assertiva deve ser considerada como verdadeira.

10.2. CLASSIFICAÇÃO

Inicialmente, os bens podem se classificar em **federais, estaduais, municipais ou distritais**, sendo que tal classificação toma por base a titularidade do bem, que pode pertencer, respectivamente, à União, Estados, Municípios ou Distrito Federal e as entidades de direito público que compõem sua administração indireta.

A classificação que tem mais relevo para provas de concursos é a que divide os bens com base em sua utilização a seguir descrita.

1) Bens de uso comum do povo – são bens que a Administração Pública mantém para o uso normal da população, de uso livre, gratuito **ou mediante a cobrança de taxas** (no caso de utilização anormal ou privativa). Para a utilização normal destes bens, não há necessidade de autorização do Poder Público. Ex. Praias, ruas, calçadas etc. São bens para uso da população em geral.

2) Bens de uso especial – são bens usados para a prestação de serviço público pela Administração ou conservados pelo Poder Público com finalidade pública. Compõem o aparelho estatal. Ex. Escola Pública, terras tradicionalmente ocupadas pelos índios etc.

3) Bens dominicais ou dominiais (as expressões são sinônimas para a maioria da doutrina e para as provas objetivas de concurso) – são bens que não têm qualquer destinação pública. Ex.: terra devoluta de um determinado Estado da federação. Neste caso, só ostentam a qualidade de bem público pelo fato de pertencerem a uma determinada pessoa jurídica de direito público. Podem ser alienados, respeitadas as condições previstas em lei, ou seja, são bens que não estão fora do comércio como as outras espécies de bens públicos. CUIDADO! Se estivermos diante de uma terra devoluta cuja finalidade é a proteção do meio ambiente, por exemplo, trata-se de um bem de uso especial, em virtude da sua finalidade pública.

Vejamos as normas estipuladas pelo Código Civil acerca da classificação de bens públicos.

> Art. 99. São bens públicos:
>
> I – os de uso comum do povo, tais como rios, mares, estradas, ruas e praças;

II – os de uso especial, tais como edifícios ou terrenos destinados a serviço ou estabelecimento da administração federal, estadual, territorial ou municipal, inclusive os de suas autarquias;

III – os dominicais, que constituem o patrimônio das pessoas jurídicas de direito público, como objeto de direito pessoal, ou real, de cada uma dessas entidades.

Parágrafo único. Não dispondo a lei em contrário, consideram-se dominicais os bens pertencentes às pessoas jurídicas de direito público a que se tenha dado estrutura de direito privado.

A doutrina costuma estabelecer que os bens que têm uma determinada destinação pública (seja uso comum do povo ou utilização especial) são afetados. Por sua vez, os bens que não têm nenhuma utilização no interesse coletivo (como os dominicais) são desafetados.

Daí os institutos da afetação e desafetação de bens públicos. Isso porque um bem desafetado pode passar a ter destinação pública específica (mediante afetação). Da mesma forma, um bem que tem destinação pública específica pode deixar de ostentar a qualidade de bem afetado (mediante desafetação).

Para a doutrina majoritária, a afetação é livre, ou seja, não depende de lei ou ato administrativo específico, pelo que, a simples utilização do bem, com finalidade pública, já confere a este bem a qualidade de bem afetado. Por seu turno, a desafetação depende de lei específica ou manifestação do Poder Público mediante ato administrativo expresso, não ocorrendo com o simples desuso do bem. Em que pese este entendimento, entende-se ser possível a desafetação dos bens de uso especial por fatos da natureza, como, por exemplo, no caso de um incêndio em escola pública que a deixe totalmente destruída, impedindo sua utilização.

10.3. GARANTIAS

Os bens públicos gozam de determinadas prerrogativas decorrentes do regime jurídico de direito público que lhes é peculiar. Tais garantias podem ser divididas em quatro regras válidas para os bens que ostentem a titularidade pública. Vejamos.

- **Impenhorabilidade** – os bens públicos não podem ser penhorados em juízo para garantia de uma execução contra a fazenda pública, por exemplo. A penhora e arrematação do bem seriam de inquestionável prejuízo a toda a sociedade que dele usufrui. Nestas situações, o orçamento público é garantia da execução contra o Estado, uma vez que os débitos judiciais serão inscritos e pagos com respeito à ordem cronológica de precatórios prevista no art. 100 da Constituição Federal de 1988.

- **Não onerabilidade** – os bens públicos não podem ser objetos de direito real de garantia, ou seja, determinado bem público não fica sujeito à instituição de penhor, anticrese ou hipoteca para garantir débitos do ente estatal.

- **Imprescritibilidade** – trata-se da prescrição aquisitiva (usucapião) e sua inoponibilidade ao Poder Público. Neste sentido, os bens públicos não podem ser adquiridos pela posse mansa e pacífica por determinado espaço de tempo continuado, nos moldes da legislação civil.

Importante salientar que a imprescritibilidade atinge inclusive os bens não afetados, não sendo estes, também, passíveis de usucapião.

Ressalte-se ainda a Súmula 619 do STJ, que define que - A ocupação indevida de bem público configura mera detenção, de natureza precária, insuscetível de retenção ou indenização por acessões e benfeitorias.

Dessa forma, além da impossibilidade de usucapião, não se admite a posse sobre bens públicos sem justo título.

Nesse sentido, o Superior Tribunal de Justiça preconiza que, em verdade, a utilização continua do bem público pelo particular, sequer induz posse, tratando-se de mera detenção. Vejamos o que dispõe a Súmula 619 do STJ:

> ***Súmula 619*** *– A ocupação indevida de bem público configura mera detenção, de natureza precária, insuscetível de retenção ou indenização por acessões e benfeitorias. (Súmula 619, CORTE ESPECIAL, julgado em 24/10/2018, DJe 30/10/2018)*

- **Alienabilidade condicionada** – o entendimento mais moderno é o de que os bens públicos podem ser alienados, desde que atendidos os requisitos estampados no artigo 17 da Lei 8666/93. O primeiro requisito é estar o bem desafetado da destinação pública. A segunda exigência é a demonstração do interesse público na alienação deste bem. Ademais, faz-se necessária a avaliação prévia do referido bem e, por fim, indispensável à realização de regular procedimento licitatório, prévio à alienação.

Insta enunciar que os bens de uso especial e os de uso comum são afetados, logo inalienáveis como regra. Somente poderão ser alienados no caso de serem desafetados, quando, então, deixam de ser bens de uso especial (ou comum) e passam a ostentar a qualidade de bens dominicais. Portanto, é correta a assertiva corrente em provas objetivas de que os bens de uso especial e os bens de uso comum são inalienáveis (são bens fora do comércio).

Por fim, deve ser registrado que para a alienação de bem imóvel, além dos quatro requisitos explicitados alhures, há a exigência de um quinto requisito: a autorização legislativa.

REQUISITOS PARA ALIENAÇÃO DE BENS PÚBLICOS:

- Bem desafetado – tornado sem destinação pública;

- Demonstração de interesse público na alienação do bem com a respectiva avaliação e licitação na modalidade leilão.

Obs.: É necessária lei específica para alienação dos bens imóveis. É dispensada a autorização legislativa para alienação de imóveis que tenham sido adquiridos por decisão judicial ou dação em pagamento.

10.4. UTILIZAÇÃO DE BENS PÚBLICOS POR PARTICULARES

Insta relembrar que a utilização normal dos bens públicos não depende de manifestação do ente estatal, já que estes bens são de uso livre da população em geral. No entanto, em determinadas situações, o particular pretende fazer a utilização de um determinado bem público, de forma anormal ou privativa.

Isso ocorre, por exemplo, quando determinado cidadão quer fazer um casamento na praia, ou fechar o trânsito de uma rua para organizar a festa de São João, ou ainda, quer espalhar as mesas do seu bar na calçada em frente a ele.

Nestas situações, a utilização anormal destes bens fica dependendo da manifestação do Estado que, discricionariamente, deve analisar se a utilização diferenciada de um indivíduo não vai obstar a utilização normal do restante da coletividade.

Alguns são os instrumentos legais postos ao Estado para viabilizar esta utilização anormal dos bens públicos pelos particulares. Senão vejamos.

- Permissão de uso: é ato discricionário e precário, dependente de licitação prévia, por meio da qual o Estado permite a utilização anormal ou privativa de um bem público pelo particular, concedida eminentemente no interesse público. Ex. *Stands* em feiras de artesanatos ou bancas de revistas em calçadas.
- Autorização de uso: é ato discricionário e precário, independente de licitação prévia, por meio da qual o Estado permite a utilização anormal ou privativa de um bem público pelo particular, concedida eminentemente no interesse deste. Ex. Fechamento de rua para eventos festivos ou utilização da praia para realização de casamento.
- Concessão de uso – é contrato administrativo que permite o uso de bem público de forma anormal ou privativa, usado para situações mais perenes, permanentes e que geram investimento financeiro do particular. Não é precária, tem prazo determinado e requer procedimento licitatório. Ex: utilização de box em determinado mercado municipal, ou de restaurante em uma universidade pública.
- Concessão de direito real de uso – é contrato administrativo por meio do qual o particular passa a ser titular de um direito real de utilização de deter-

minado bem público. Pode ser feito, por exemplo, quando a administração visa à industrialização ou urbanização de determinada área (podendo conceder o direito real de utilizar determinado terreno público a uma fábrica). Depende de licitação, sempre na modalidade concorrência.

Além das formas acima descritas, é possível a utilização de bens públicos por meio de instrumentos privados de uso como a enfiteuse e a locação civil. Estes instrumentos são matéria de estudo do direito civil.

10.5. BENS EM ESPÉCIE

O texto constitucional, em seu artigo 20 define quais os bens pertencentes à União, conforme abaixo transcrito.

> Art. 20. São bens da União:
>
> I – os que atualmente lhe pertencem e os que lhe vierem a ser atribuídos;
>
> II – as terras devolutas indispensáveis à defesa das fronteiras, das fortificações e construções militares, das vias federais de comunicação e à preservação ambiental, definidas em lei;
>
> III – os lagos, rios e quaisquer correntes de água em terrenos de seu domínio, ou que banhem mais de um Estado, sirvam de limites com outros países, ou se estendam a território estrangeiro ou dele provenham, bem como os terrenos marginais e as praias fluviais;
>
> *IV – as ilhas fluviais e lacustres nas zonas limítrofes com outros países; as praias marítimas; as ilhas oceânicas e as costeiras, excluídas, destas, as que contenham a sede de Municípios, exceto aquelas áreas afetadas ao serviço público e a unidade ambiental federal, e as referidas no art. 26, II; (Redação dada pela Emenda Constitucional n. 46, de 2005)*
>
> *V – os recursos naturais da plataforma continental e da zona econômica exclusiva;*
>
> *VI – o mar territorial;*
>
> VII – os terrenos de marinha e seus acrescidos;
>
> VIII – os potenciais de energia hidráulica;
>
> IX – os recursos minerais, inclusive os do subsolo;
>
> X – as cavidades naturais subterrâneas e os sítios arqueológicos e pré-históricos;
>
> XI – as terras tradicionalmente ocupadas pelos índios.
>
> § 1º – É assegurada, nos termos da lei, aos Estados, ao Distrito Federal e aos Municípios, bem como a órgãos da administração direta da União, participação no resultado da exploração de petróleo ou gás natural, de recursos hídricos para

> fins de geração de energia elétrica e de outros recursos minerais no respectivo território, plataforma continental, mar territorial ou zona econômica exclusiva, ou compensação financeira por essa exploração.
>
> § 2º - A faixa de até cento e cinquenta quilômetros de largura, ao longo das fronteiras terrestres, designada como faixa de fronteira, é considerada fundamental para defesa do território nacional, e sua ocupação e utilização serão reguladas em lei.

O artigo 26 da Carta Maior também define quais os bens públicos pertencentes aos estados federados.

Vejamos.

> Art. 26. Incluem-se entre os bens dos Estados:
>
> I - as águas superficiais ou subterrâneas, fluentes, emergentes e em depósito, ressalvadas, neste caso, na forma da lei, as decorrentes de obras da União;
>
> II - as áreas, nas ilhas oceânicas e costeiras, que estiverem no seu domínio, excluídas aquelas sob domínio da União, Municípios ou terceiros;
>
> III - as ilhas fluviais e lacustres não pertencentes à União;
>
> IV - as terras devolutas não compreendidas entre as da União.

Normalmente, as provas objetivas questionam o texto constitucional propriamente dito. Entretanto, cumpre fazer algumas anotações acerca destes dispositivos.

- São considerados terrenos de marinha aqueles bens que se encontrem em uma faixa 33 metros contados da preamar média e tudo aquilo que a eles se acresceu desde 1831.
- As **terras devolutas são bens estaduais.** A titularidade da União é excepcional, somente se for necessária à fortificação ou defesa de fronteiras, segurança nacional ou proteção ao meio ambiente, quando serão bens da União.
- Faixa de fronteira - A faixa de terra de 150 km, zona de fronteira, é indispensável à segurança nacional. Os bens dessa área não são necessariamente públicos. O que ocorre é a imposição de restrições às propriedades privadas aí fixadas por estarem em área de segurança nacional.
- O Mar territorial é uma faixa de 12 milhas marítima em direção ao oceano que pertence à União. Não confundir com a plataforma continental e a zona econômica exclusiva que são uma faixa de 200 milhas marítimas (após as 12 milhas) e que não pertencem à União. O texto constitucional somente determina que pertencem à União os recursos naturais ali encontrados.

Vejamos o mapa explicativo:

BENS EM ESPÉCIES:

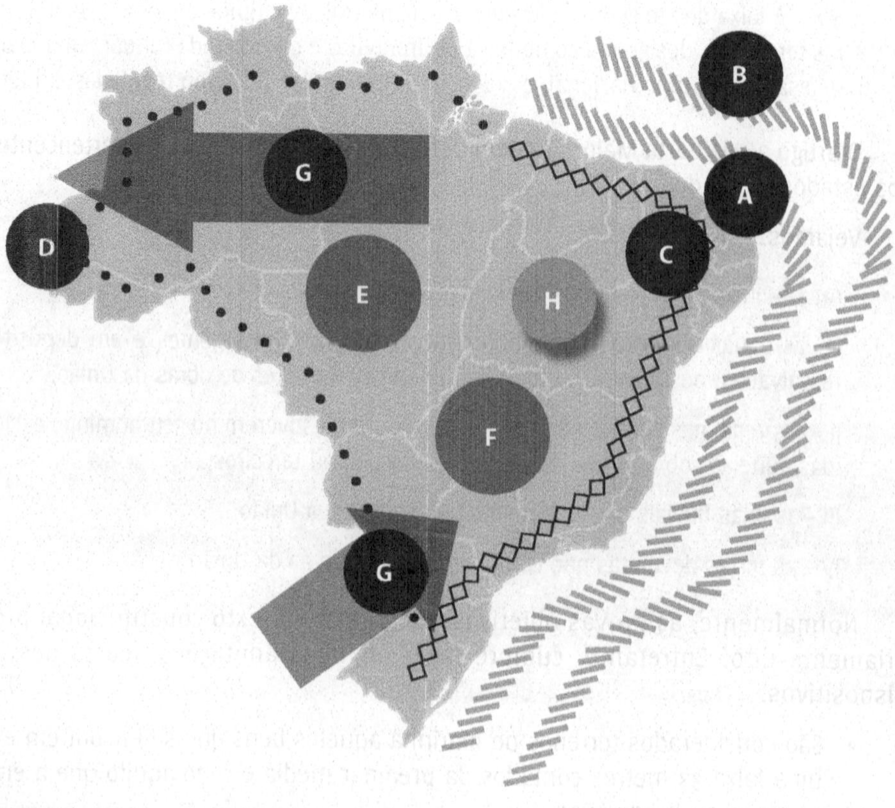

A	12 milhas – mar territorial (União)
B	200 milhas – Plataforma continental de zona econômica exclusiva. Os recursos naturais encontrados nesta área pertencem à União.
C	33 m – contados da premar média (terreno de marinha)
D	Faixa de terra indispensável à garantia da segurança nacional
G	Rio que vai de um país, vem de outro país ou banha mais de um Estado pertence à União.
E	Terras indígenas pertencem à União
F	Terras devolutas são pertencentes do Estado, salvo art. 20, II da CF
G	Vai de um país, vem de outro país ou banha mais de um Estado pertence à União.
H	Potenciais de energia hidráulica pertencem à União

Obs.: Terrenos reservados são os marginais aos rios navegáveis e pertencem à União (Súmula 479 do STF).

10.6. SÚMULAS DE JURISPRUDÊNCIA

10.6.1. Supremo Tribunal Federal

SÚMULA N. 340. DESDE A VIGÊNCIA DO CÓDIGO CIVIL, OS BENS DOMINICAIS, COMO OS DEMAIS BENS PÚBLICOS, NÃO PODEM SER ADQUIRIDOS POR USUCAPIÃO.

SÚMULA N. 479. AS MARGENS DOS RIOS NAVEGÁVEIS SÃO DE DOMÍNIO PÚBLICO, INSUSCETÍVEIS DE EXPROPRIAÇÃO E, POR ISSO MESMO, EXCLUÍDAS DE INDENIZAÇÃO.

10.6.2. Superior Tribunal de Justiça

SÚMULA 103. INCLUEM-SE ENTRE OS IMÓVEIS FUNCIONAIS QUE PODEM SER VENDIDOS OS ADMINISTRADOS PELAS FORÇAS ARMADAS E OCUPADOS PELOS SERVIDORES CIVIS.

SÚMULA 619 - A OCUPAÇÃO INDEVIDA DE BEM PÚBLICO CONFIGURA MERA DETENÇÃO, DE NATUREZA PRECÁRIA, INSUSCETÍVEL DE RETENÇÃO OU INDENIZAÇÃO POR ACESSÕES E BENFEITORIAS.

SÚMULA 619. A OCUPAÇÃO INDEVIDA DE BEM PÚBLICO CONFIGURA MERA DETENÇÃO, DE NATUREZA PRECÁRIA, INSUSCETÍVEL DE RETENÇÃO OU INDENIZAÇÃO POR ACESSÕES E BENFEITORIAS. (SÚMULA 619, CORTE ESPECIAL, JULGADO EM 24/10/2018, DJE 30/10/2018)

CAPÍTULO 11

AGENTES PÚBLICOS

11.1. CONCEITO

A expressão agente público é bastante ampla, abarcando todos aqueles que atuam em nome do Poder Público. Assim, qualquer pessoa que age em nome do Estado é agente público, ainda que atue sem remuneração e transitoriamente. Dessa forma, uma vez que o Estado está atuando por via do sujeito, responderá pelos atos praticados (art. 37, § 6º da CRFB).

Ex.: mesário no dia da eleição – o Estado responde pelo sujeito, se ele causar dano a alguém no exercício da função pública que, naquele momento, é agente público atuando em nome do ente estatal.

Espécies de agentes públicos: A) Agentes políticos; B) Particulares em colaboração; C) Servidores Estatais.

A) **AGENTES POLÍTICOS:** são aqueles agentes públicos que atuam no exercício da função política do Estado.

Quem exerce função política? Esta questão não é pacífica.

É indiscutível na doutrina que são agentes políticos os **detentores de mandato eletivo** e os **secretários e ministros de Estado**. Parte da doutrina, inclusive o eminente Celso Antônio Bandeira de Melo, entende que somente estes são agentes políticos. Inclusive este é o entendimento adotado nesta obra. Todavia, a doutrina vem-se posicionando majoritariamente no sentido de acrescentar os membros da **Magistratura** e os membros do **Ministério Público** como agentes políticos.

Logo, em prova objetiva, são agentes políticos: Detentores de Mandato Eletivo, Secretários e Ministros de Estado, membros da Magistratura e membros do Ministério Público.

Obs. 1: Defensor público não é agente político.

Obs. 2: Membros do Tribunal de Contas: o STF julgou esses agentes como agentes administrativos. A situação foi a seguinte:

Em 2008, após a edição da Súmula Vinculante n. 13, que tratou do nepotismo, determinado Prefeito nomeou o irmão como Secretário de Obras do Município. Ao analisar o caso, o STF entendeu não ser inconstitucional porque Secretário de

Estado é agente político e, portanto, a nomeação dele trata-se de ato político. Por sua vez, o ato político não se sujeita ao controle jurisdicional por meio da Súmula Vinculante. Após esta decisão, determinado governador nomeou o irmão agente do Tribunal de Contas do Estado e o Supremo Tribunal Federal anulou a nomeação sob a alegação de que a função do Conselheiro do Tribunal de Contas é administrativa e não política. Em virtude dessa decisão, que segue abaixo transcrita, os membros do TC estão sendo excluídos do rol dos agentes políticos para fins de provas objetivas.

> EMENTA: AGRAVO REGIMENTAL EM RECLAMAÇÃO CONSTITUCIONAL. DENEGAÇÃO DE LIMINAR. ATO DECISÓRIO CONTRÁRIO À SÚMULA VINCULANTE 13 DO STF. NEPOTISMO. NOMEAÇÃO PARA O EXERCÍCIO DO CARGO DE CONSELHEIRO DO TRIBUNAL DE CONTAS DO ESTADO DO PARANÁ. NATUREZA ADMINISTRATIVA DO CARGO. VÍCIOS NO PROCESSO DE ESCOLHA. VOTAÇÃO ABERTA. APARENTE INCOMPATIBILIDADE COM A SISTEMÁTICA DA CONSTITUIÇÃO FEDERAL. PRESENÇA DO FUMUS BONI IURIS E DO PERICULUM IN MORA. LIMINAR DEFERIDA EM PLENÁRIO. AGRAVO PROVIDO. I – A vedação do nepotismo não exige a edição de lei formal para coibir a prática, uma vez que decorre diretamente dos princípios contidos no art. 37, caput, da Constituição Federal. II – **O cargo de Conselheiro do Tribunal de Contas do Estado do Paraná reveste-se, à primeira vista, de natureza administrativa, uma vez que exerce a função de auxiliar do Legislativo no controle da Administração Pública.** III – Aparente ocorrência de vícios que maculam o processo de escolha por parte da Assembleia Legislativa paranaense. IV – À luz do princípio da simetria, o processo de escolha de membros do Tribunal de Contas pela Assembleia Legislativa por votação aberta, ofende, a princípio, o art. 52, III, b, da Constituição. V – Presença, na espécie, dos requisitos indispensáveis para o deferimento do pedido liminarmente pleiteado. VI – Agravo regimental provido.
>
> (Rcl 6702 MC-AgR, Relator(a): Min. RICARDO LEWANDOWSKI, Tribunal Pleno, julgado em 04/03/2009, DJe-079 DIVULG 29-04-2009 PUBLIC 30-04-2009 EMENT VOL-02358-02 PP-00333 RSJADV jun., 2009, p. 31-34 LEXSTF v. 31, n, 364, 2009, p. 139-150)

B) PARTICULARES EM COLABORAÇÃO: são aqueles que, sem perderem a qualidade de particulares, atuam, em situações excepcionais, em nome do Estado.

São 4 espécies:

I. **Designados:** são todos aqueles que atuam em virtude de convocação efetivada pelo Poder Público. São chamados por Hely Lopes Meireles de "agentes honoríficos". Ex. Mesários, Jurados.

II. **Voluntários:** aqueles que atuam voluntariamente em repartições, escolas, hospitais públicos ou situações de calamidade, sempre que o ente estatal realiza programa de voluntariado. Ex. "Amigos da Escola".

III. **Delegados:** agentes das concessionárias e permissionárias de serviços públicos. OBS.: não é pacífica esta classificação, pois a atuação dos "delegados" não se dá em nome do Estado, e sim em nome de uma empresa que presta serviço público por delegação. Prestando serviço em nome próprio, seus agentes não prestam serviços em nome do Estado, mas sim em nome da concessionária/permissionária. Entretanto, devem ser considerados agentes públicos pelo candidato, na realização de provas objetivas de concursos e de exame de ordem.

IV. **Credenciados:** atuam em nome do Estado em virtude de ato de autorização. Ex.: titulares de cartório. **OBS.:** em prova do exame de ordem (OAB 2010.2), a FGV considerou os titulares de cartório como agentes delegados.

C) **SERVIDORES ESTATAIS:** também chamados de Agentes Administrativos, têm vínculo com o Estado, no exercício da função administrativa.

São divididos em 3 espécies:

I. **Temporários:** são contratados com base no art. 37, inciso IX, CF/88:

> Art. 37. IX – a lei estabelecerá os casos de contratação por tempo determinado para atender a necessidade temporária de excepcional interesse público;

No âmbito federal, à contratação de servidores temporários, aplica-se a Lei 8.745/93, que "dispõe sobre a contratação por tempo determinado para atender a necessidade temporária de excepcional interesse público, nos termos do inciso IX do art. 37 da Constituição Federal". Afinal, a contratação depende sempre de lei específica que a regulamente. Não é possível a contratação de temporários para substituir efetivos, sob pena de se estar diante de uma atuação inconstitucional do agente público. Essa contratação irregular acontece com frequência, na prática, pelo fato de que os temporários não adquirem estabilidade, por isso, é mais simples a sua exoneração; além de ser mais simples a contratação, uma vez que o texto constitucional não exige concurso para a contratação destes agentes.

Ressalte-se que, para contratação de servidores temporários, é necessário o cumprimento de 3 requisitos, a saber:

- Serviço temporário;
- Interesse público;
- Caráter de excepcionalidade da contratação.

Esses servidores não são celetistas, embora sejam contratados. Em verdade, têm regime especial de direito administrativo. Hoje é indiscutível que as ações decorrentes deste vínculo temporário são competência da justiça comum.

Ex.: pessoal recrutado para fazer o Censo.

II. **Celetista:** tem vínculo permanente com o Estado, com prazo indeterminado, sob relação de emprego. O Supremo Tribunal Federal, analisando a Emenda Constitucional n. 19/98 declarou inconstitucional o dispositivo que permitia o ingresso de empregados públicos na administração direta e autárquica. Logo, só se admite a contratação de empregados na administração indireta de direito privado.

III. **Estatutário:** da mesma forma, os estatutários têm vínculo permanente com a Administração, com prazo indeterminado.

Para ingressar no serviço permanente, seja como servidor celetista, seja como estatutário, a Constituição Federal exige aprovação em concurso público, conforme estipulado em seu art. 37, inciso II, vejamos:

> *Art. 37. II – a investidura em **cargo ou emprego público** depende de aprovação prévia em concurso público de provas ou de provas e títulos, de acordo com a natureza e a complexidade do cargo ou emprego, na forma prevista em lei, ressalvadas as nomeações para cargo em comissão declarado em lei de livre nomeação e exoneração; (Redação dada pela Emenda Constitucional n. 19, de 1998)*

Prazo de validade do concurso é de até 2 anos, prorrogável uma vez por igual período.

Ademais, a Súmula Vinculante nº 44 permite a realização de exame psicotécnico, desde que haja previsão em lei.

De acordo com o entendimento do STJ, quem é aprovado dentro do número de vagas do edital, tem direito subjetivo à nomeação:

> ADMINISTRATIVO. APROVAÇÃO DE CANDIDATO DENTRO DO NÚMERO DE VAGAS PREVISTAS EM EDITAL. DIREITO LÍQUIDO E CERTO À NOMEAÇÃO E À POSSE NO CARGO. 1. O candidato aprovado em concurso público dentro das vagas previstas tem direito líquido e certo à nomeação. Precedentes: RMS 31.611/SP, Rel. Min. Humberto Martins, DJe de 17.05.10; AgRg no RMS 30.308/MS, Rel. Min. Felix Fischer, DJe 15.3.2010. 2. Recurso especial não provido. (REsp 1220684/AM, Rel. Ministro CASTRO MEIRA, SEGUNDA TURMA, julgado em 03/02/2011, DJe 18/02/2011)

DISTINÇÃO ENTRE ESTATUTÁRIOS E CELETISTAS:

O que diferencia os servidores celetistas dos estatutários é a natureza do vínculo. Vejamos.

O servidor celetista é aprovado no concurso e é chamado a assinar um **contrato de emprego.** Todos os seus direitos e obrigações estão previstos no contrato, desde que respeitadas as regras da CLT e da Lei 9.962/00. Logo, sua relação com o Poder Público é contratual e neste acordo estão definidas todas as regras deste vínculo.

O servidor estatutário aprovado no concurso é chamado a tomar posse, assumindo posteriormente um cargo público. Não celebra contrato, estando seus direitos e obrigações previstos em diplomas legais específicos, denominados **estatutos.** No âmbito federal a Lei 8.112/90 é o estatuto que trata dos servidores civis. Logo, não há uma relação individualizada (contratual), sendo o vínculo decorrente diretamente da lei.

Importante! Os servidores celetistas podem adquirir a estabilidade prevista na Constituição Federal? Não. Atenção: súmula 390 do TST diz que a estabilidade constitucional se estende aos servidores celetistas da administração direta e autárquica (aqueles que ingressaram, enquanto era permitido o ingresso de celetistas na administração direta). No entanto, a súmula não prevalece, na doutrina de direito administrativo.

Isso porque, nos termos do art. 41 da CF/88, a estabilidade é adquirida pelos detentores de CARGO público, não sendo também prevista para os detentores de EMPREGO público. Vejamos a transcrição do dispositivo mencionado:

> *Art. 41. São estáveis, após três anos de efetivo exercício, os servidores nomeados para **cargo** de provimento efetivo em virtude de concurso público. (Redação dada pela Emenda Constitucional n. 19, de 1998)*

Ressalte-se que nem todo servidor estatutário está apto a adquirir estabilidade, uma vez que os servidores estatutários se dividem em:

- **Cargos efetivos:** aprovados mediante concurso público e passíveis da aquisição de estabilidade.
- **Cargos em comissão:** não adquirem estabilidade, pois são cargos de livre nomeação e exoneração. Comissionados não precisam de concurso para provimento do cargo, mas não têm garantia de continuidade na função.

11.2. ESTABILIDADE

Garantia constitucional concedida a alguns servidores públicos que só podem perder o cargo, nas hipóteses de lei e da forma que a Constituição Federal estabeleceu.

Para aquisição da estabilidade, é indispensável a comprovação de dois requisitos cumulativos, quais sejam:

- três anos de efetivo exercício em cargo efetivo;
- aprovação em avaliação especial de desempenho, por comissão especialmente constituída.

Obs.: STF vem entendendo que a avaliação pode ser expressa ou tácita. Isso porque, passados os 3 anos de exercício, se avaliação não foi feita, presume-se que o servidor foi avaliado e aprovado. É o que a doutrina denomina de avaliação tácita.

Os servidores estáveis só perderão o cargo nas formas que a CF estabelece em seu art. 41 e nas formas estabelecidas em lei:

> Art. 41. § 1º O servidor público estável só perderá o cargo: (Redação dada pela Emenda Constitucional n. 19, de 1998)
>
> I – em virtude de sentença judicial transitada em julgado; (Incluído pela Emenda Constitucional nº 19, de 1998)
>
> II – mediante processo administrativo em que lhe seja assegurada ampla defesa; (Incluído pela Emenda Constitucional n. 19, de 1998)
>
> III – mediante procedimento de avaliação periódica de desempenho, na forma de lei complementar, assegurada ampla defesa. (Incluído pela Emenda Constitucional n. 19, de 1998)

Com efeito, dispõe o art. 41 da Carta da República que o servidor público, mesmo depois de adquirir a estabilidade, pode perder o cargo em virtude de:

A) Avaliação periódica de desempenho: neste caso o servidor já adquiriu estabilidade e continuará sendo avaliado. É diferente da avaliação especial, necessária para aquisição da estabilidade.

B) Processo administrativo em que se assegure ampla defesa (todo processo administrativo deve respeitar a ampla defesa).

C) Sentença judicial transitada em julgado.

D) Exoneração para corte de gastos: hipótese inserida por meio da Emenda Constitucional 19/98 no art. 169 da CF. Explique-se. A Lei de Responsabilidade Fiscal (LC 101/00) estabelece os limites de gastos que o executivo pode ter com pessoal. A CF diz que se o ente ultrapassar esse limite, terá que cortar gastos, o que pode significar exonerações. A regra é que primeiro haverá redução de pelo menos 20% das despesas com cargos comissionados e funções de confiança. Caso não resolva, serão exonerados servidores públicos não estáveis. Se, mesmo depois destas medidas, não se chega ao limite legal de gastos, serão exonerados os servidores estáveis. Nestes casos, o cargo do servidor estável será extinto e o ente público não pode criar outro igual ou equiparado por 4 anos e, além disso, o servidor estável exonerado perceberá uma indenização que corresponde a um mês de remuneração para cada ano de serviço público prestado. Abaixo se transcreve o texto constitucional que dispõe acerca desta exoneração, *in verbis:*

> Art. 169. § 3º Para o cumprimento dos limites estabelecidos com base neste artigo, durante o prazo fixado na lei complementar referida no caput, a União, os Estados, o Distrito Federal e os Municípios adotarão as seguintes providências: (Incluído pela Emenda Constitucional n. 19, de 1998)
>
> I – redução em pelo menos vinte por cento das despesas com cargos em comissão e funções de confiança; (Incluído pela Emenda Constitucional n. 19, de 1998)
>
> II – exoneração dos servidores não estáveis. (Incluído pela Emenda Constitucional n. 19, de 1998)

§ 4º Se as medidas adotadas com base no parágrafo anterior não forem suficientes para assegurar o cumprimento da determinação da lei complementar referida neste artigo, o servidor estável poderá perder o cargo, desde que ato normativo motivado de cada um dos Poderes especifique a atividade funcional, o órgão ou unidade administrativa objeto da redução de pessoal. (Incluído pela Emenda Constitucional n. 19, de 1998)

CUIDADO! EXONERAÇÃO é DIFERENTE de DEMISSÃO → a **demissão** é a perda do cargo com caráter PUNITIVO e a **exoneração** também é a perda do cargo, mas sem caráter de penalidade.

- **Estabilidade x Estágio probatório:**

Histórico: quando a CF foi publicada, estabelecia que o prazo para adquirir estabilidade seria de 2 anos. A Lei 8112/90 e os estatutos em geral deram a esses primeiros 2 anos (24 meses) o nome de "**estágio probatório**". Com o advento da EC 19/98, o prazo de estabilidade passou para 3 anos, porém a lei não foi alterada.

Com isso, parte da doutrina dizia que estabilidade é diferente de estágio probatório, sendo a estabilidade adquirida após 3 anos, mas o estágio probatório de 24 meses. Outra parcela da doutrina dizia que o estágio probatório é o prazo para adquirir estabilidade, portanto, com a alteração do prazo de estabilidade. Na Constituição Federal, o prazo de estágio probatório estaria automaticamente alterado e passaria a ser de 3 anos.

Em 2010, em julgados dos Tribunais Superiores, apesar da disparidade entre a lei e a CF, o prazo de estabilidade foi definido como sendo o prazo do estágio probatório. Logo, se o prazo para adquirir a estabilidade é de 3 anos, o prazo do estágio probatório será o mesmo.

> EMENTA: Agravo Regimental em Suspensão de Tutela Antecipada. 2. Estágio confirmatório de dois anos para Advogados da União de acordo com o artigo 22 da Lei Complementar n. 73/1993. 3. Vinculação entre o instituto da estabilidade, definida no art. 41 da Constituição Federal, e o instituto do estágio probatório. 4. Aplicação de prazo comum de três anos a ambos os institutos. 5. Agravo Regimental desprovido. (STA 269 AgR, Relator(a): Min. GILMAR MENDES (Presidente), Tribunal Pleno, julgado em 04/02/2010, DJe-035 DIVULG 25-02-2010 PUBLIC 26-02-2010 EMENT VOL-02391-03 PP-00756 LEXSTF v. 32, n. 375, 2010, p. 226-234)

Atenção! Se a prova objetiva trouxer o texto da lei (art. 20 da Lei 8112/90 – 24 meses para o estágio probatório), pode marcar como sendo certa. Caso contrário, deve-se seguir a jurisprudência.

11.3. REQUISITOS PARA INGRESSO NO CARGO PÚBLICO

Os requisitos estão estipulados no art. 5º da lei 8112/90 e na Constituição Federal e são:

A) Aprovação mediante concurso público;

B) Nacionalidade brasileira. Ressalte-se que a lei não pode distinguir entre brasileiros natos e naturalizados. Somente a Constituição Federal pode fazer distinção. Neste sentido, para ingressar em cargo público federal, deve ser brasileiro (nato ou naturalizado). As exceções ficam a cargo do próprio estatuto que prevê que as universidades públicas e instituições de pesquisa científica e tecnológica federais poderão prover seus cargos com professores, técnicos e cientistas estrangeiros;

C) Gozo dos direitos políticos;

D) Quitação com as obrigações militares e eleitorais;

E) Nível de escolaridade exigido para o exercício do cargo;

F) Idade mínima de dezoito anos;

G) Aptidão física e mental para o exercício das funções do cargo.

Frise-se que a exigência de aptidão física e mental para o exercício do cargo não pode restringir o acesso aos cargos públicos de forma indevida, somente sendo admitida se a exigência for compatível com a função a ser exercida:

> ***SÚMULA N. 683 do STF:*** *O LIMITE DE IDADE PARA A INSCRIÇÃO EM CONCURSO PÚBLICO SÓ SE LEGITIMA EM FACE DO ART. 7º, XXX, DA CONSTITUIÇÃO, QUANDO POSSA SER JUSTIFICADO PELA NATUREZA DAS ATRIBUIÇÕES DO CARGO A SER PREENCHIDO.*

Ex.: para ingressar nas forças armadas de determinado estado, é necessário ter ao menos 1,70 m de altura. Um cidadão foi aprovado em concurso público para cargo de médico da polícia militar deste estado e não tinha altura mínima exigida. Considerando que o requisito não é necessário ao exercício da função, a exigência é ilegal, para o cargo de médico.

A lei 8.112/90 reserva até 20% das vagas aos portadores de deficiência, desde que a deficiência não impeça o exercício da função. A jurisprudência do Superior Tribunal de Justiça estabeleceu que o edital deve respeitar um percentual mínimo de 5% das vagas destinadas a estes candidatos. Vejamos o texto da lei:

> Art. 5º (...)
>
> (...)
>
> § 2º Às pessoas portadoras de deficiência é assegurado o direito de se inscrever em concurso público para provimento de cargo cujas atribuições sejam compatíveis com a deficiência de que são portadoras; para tais pessoas serão reservadas até 20% (vinte por cento) das vagas oferecidas no concurso.

- **CONCURSO PÚBLICO**

O concurso terá validade de até 2 anos, prorrogável uma vez por igual período. O candidato que tenha sido aprovado dentro do número de vagas previsto no edital terá direito subjetivo à nomeação.

Ademais, a Súmula Vinculante n. 44 garante a constitucionalidade da realização de exame psicotécnico em prova de concursos, desde que haja previsão em lei, não sendo suficiente a previsão editalícia somente.

Também é possível a realização de teste de aptidão física (TAF), sendo garantida à candidata gestante a remarcação do teste, no entendimento pacificado do STF.

11.4. PROVIMENTO

Trata-se da forma de ocupação do cargo público pelo servidor. A lei separa o provimento em 2 espécies:

Provimento Originário:	– Nomeação
Provimento Derivado:	– Promoção; – Readaptação; – Reversão; – Reintegração; – Recondução; – Aproveitamento.

A) **Provimento Originário:** primeiro provimento na carreira – nomeação (art. 9º e seguintes da Lei 8.112/90).

Quando o candidato é nomeado, ainda não é servidor. Para se tornar servidor, é necessário assinar o termo de posse. Por isso, o texto legal estabelece que o provimento do cargo se dá com a nomeação, mas a investidura, no cargo, se dá com a posse (art. 7º, Lei 8.112/90).

O prazo máximo para a posse é de 30 dias, contados da publicação do ato de provimento (§ 1º do art. 13). Pode se dar por meio de procuração, desde que específica (§ 3º do art. 13).

Depois da posse, o servidor terá o prazo de 15 dias para começar a exercer as funções do cargo (art. 15, § 1º). Se não entrar em exercício dentro do prazo, será exonerado:

> Art. 15. § 2º O servidor será exonerado do cargo ou será tornado sem efeito o ato de sua designação para função de confiança, se não entrar em exercício nos prazos previstos neste artigo, observado o disposto no art. 18. (Redação dada pela Lei n. 9.527, de 10.12.97)

Se for nomeado e não tomar posse, não ocorrerá exoneração, porque ainda não investido. Neste caso, o ato de nomeação fica sem efeito. Logo, o cargo volta a ficar vago.

NOMEAÇÃO	→	POSSE	→	EXERCÍCIO
	30 dias		15 dias	

B) **Provimento Derivado:** aquele que decorre de um provimento originário anterior. Somente é possível o provimento derivado de outros cargos na mesma carreira em que houve provimento originário anterior. Não pode haver provimento derivado em outra carreira. Nestes casos, deve haver concurso, para que se faça novo provimento originário. É a inteligência da Súmula Vinculante nº 43.

São espécies de provimento derivado:

B.1) Promoção: é o chamado provimento derivado vertical. O servidor público ocupa cargos mais altos, na carreira de ingresso, alternadamente por antiguidade e merecimento.

Ressalte-se que, por meio de promoção, não se pode assumir um cargo em outra carreira mais elevada (Por exemplo, ser promovido do cargo de técnico do Tribunal para o cargo de analista). A ascensão que era prevista na Lei 8112/90 e estabelecia esta situação não existe mais, porque burla a obrigatoriedade de concurso para ingresso em nova carreira estampada no art. 37, II da Constituição Federal.

B.2) Readaptação (art. 24, Lei 8.112/90): aproveitamento do servidor em razão de uma limitação sofrida na capacidade física ou mental. O servidor será readaptado em outro cargo, cujas funções sejam compatíveis com as limitações que sofreu em sua capacidade laboral.

Na readaptação é garantida a equivalência de vencimentos, ou seja, não pode ter alteração remuneratória em virtude da readaptação.

Esta forma de provimento derivado independe da existência de cargo vago na carreira, porque ainda que não o haja, o servidor terá direito a ser readaptado e exercerá suas funções, no novo cargo, como excedente. Não havendo nenhum cargo, na carreira, com funções compatíveis, o servidor será aposentado por invalidez.

Por fim, para que haja readaptação, não há necessidade de a limitação ter ocorrido em função do exercício da função. A princípio, independentemente de culpa, o servidor tem direito a ser readaptado.

B.3) Reversão (art. 25, Lei 8.112/90): é a volta do servidor público aposentado ao exercício do cargo público.

Pode se dar por dois motivos: reversão da aposentadoria por invalidez, quando cessam os motivos da invalidez; reversão do servidor aposentado voluntariamente, atendidos os requisitos estabelecidos em lei.

O Supremo Tribunal Federal vem entendendo que a aposentadoria voluntária quebra o vínculo com a Administração Pública, logo a reversão seria uma burla à Regra Constitucional, sendo possível o retorno apenas mediante novo concurso público. Dessa forma, somente seria possível a reversão do servidor público aposentado por invalidez, uma vez cessados os motivos que deram ensejo à aposentadoria.

No entanto, para provas objetivas, importante saber que a reversão ainda pode decorrer de interesse da administração pública na aposentadoria voluntária, desde que respeitados alguns requisitos legais, abaixo transcritos:

> Art. 25. Reversão é o retorno à atividade de servidor aposentado: (Redação dada pela Medida Provisória n. 2.225-45, de 4.9.2001)
>
> *I - por invalidez, quando junta médica oficial declarar insubsistentes os motivos da aposentadoria; ou (Incluído pela Medida Provisória n. 2.225-45, de 4.9.2001)*
>
> ***II - no interesse da administração, desde que:*** *(Incluído pela Medida Provisória n. 2.225-45, de 4.9.2001)*
>
> ***a) tenha solicitado a reversão; (Incluído pela Medida Provisória n. 2.225-45, de 4.9.2001)***
>
> ***b) a aposentadoria tenha sido voluntária; (Incluído pela Medida Provisória n. 2.225-45, de 4.9.2001)***
>
> ***c) estável quando na atividade; (Incluído pela Medida Provisória n. 2.225-45, de 4.9.2001)***
>
> ***d) a aposentadoria tenha ocorrido nos cinco anos anteriores à solicitação; (Incluído pela Medida Provisória n. 2.225-45, de 4.9.2001)***
>
> ***e) haja cargo vago. (Incluído pela Medida Provisória n. 2.225-45, de 4.9.2001)***

Por fim, saliente-se que, após os 75 anos de idade, não será possível a reversão, porque é a idade limite para a aposentadoria compulsória, nos moldes da LC 152/15.

B.4) Reintegração (art. 28, Lei 8.112/90): retorno do servidor público estável, em virtude da anulação do ato de demissão.

Ocorre, portanto, quando invalidada a demissão do servidor estável por decisão judicial ou administrativa, sendo que o reintegrado será indenizado por tudo que deixou de ganhar em virtude da demissão ilegal.

Ex.: Maurício, que ocupava o cargo A, foi demitido. Quando reintegrado, o cargo A estava ocupado por Wesley. Maurício será reintegrado ao seu cargo. Wesley será reconduzido para o cargo de origem dele. Estando o cargo B ocupado pelo Paulo, Wesley, então, será aproveitado em outro cargo compatível com o dele. Não havendo cargo compatível vago, Wesley então será posto em disponibilidade.

B.5) Recondução (art. 29, Lei 8.112/90): é o retorno do servidor ao cargo anteriormente ocupado por ele.

Ocorrerá em duas hipóteses:

> Art. 29. (...)
>
> I - inabilitação em estágio probatório relativo a outro cargo;
>
> II - reintegração do anterior ocupante.

Não gera direito a percepção de indenização, em nenhuma das duas hipóteses. Logo, o servidor, retornará ao cargo de origem, percebendo a remuneração relativa a este cargo.

No que tange à inaptidão em estágio probatório de outro cargo, a jurisprudência vem entendendo que a inaptidão é de mão dupla, ou seja, tanto o servidor pode requerer a sua recondução para o cargo anterior ao término do estágio probatório, como a administração pública pode determinar seu retorno imediato.

B.6) Aproveitamento (art. 30, Lei 8.112/90): é o retorno do servidor público que se encontra em disponibilidade a cargo compatível como o que exercia anteriormente.

Isso porque a Constituição Federal prevê que, caso haja a extinção ou declaração de desnecessidade de cargo público, o servidor público estável ocupante do cargo não poderá ser demitido ou exonerado, sendo transferido para a disponibilidade. Nestas situações, o servidor deixa de exercer as funções temporariamente e mantém o vínculo com a administração pública. A disponibilidade é remunerada proporcionalmente ao tempo de serviço. Vejamos.

> Art. 41. § 3º Extinto o cargo ou declarada a sua desnecessidade, o servidor estável ficará em disponibilidade, com remuneração proporcional ao tempo de serviço, até seu adequado aproveitamento em outro cargo. (Redação dada pela Emenda Constitucional n. 19, de 1998)

Frise-se que não há prazo para o término da disponibilidade, mas o servidor tem a garantia de que, surgindo cargo vago compatível, seu aproveitamento será obrigatório. O aproveitamento é obrigatório e a obrigatoriedade é de mão dupla, ou seja, a Administração não pode deixar de aproveitar para nomear novos candidatos, assim como o servidor não pode optar por ficar em disponibilidade, recusando o aproveitamento.

Obs.: Reintegração, recondução e aproveitamento são formas de provimento derivado para servidores públicos estáveis.

11.5. VACÂNCIA

Em sentido contrário ao provimento, as situações de vacância são as hipóteses de desocupação do cargo público. São elas:

A) Aposentadoria;

B) Falecimento;

C) Exoneração e demissão;

D) Promoção e readaptação (para prova objetiva, são as únicas hipóteses, ao mesmo tempo, de provimento e vacância);

E) Posse em cargo inacumulável: se o servidor público for empossado em cargo que não se acumula com o primeiro, terá que vagar o cargo anterior.

11.6. ACUMULAÇÃO DE CARGOS

De acordo com a CF/88, a princípio, não é possível acumular cargos nem empregos públicos de qualquer ente da administração direta ou indireta da União, dos estados, dos municípios e do Distrito Federal. Logo, quando a Constituição Federal proíbe a acumulação de cargo ou emprego, abrange os servidores estatutários, os celetistas e também os temporários. Ficam ressalvadas as situações constitucionalmente postas:

> Art. 37. XVI – é vedada a acumulação remunerada de cargos públicos, exceto, quando houver compatibilidade de horários, observado em qualquer caso o disposto no inciso XI. (Redação dada pela Emenda Constitucional n. 19, de 1998)

A) a de dois cargos de professor; (Incluída pela Emenda Constitucional n. 19, de 1998)

B) a de um cargo de professor com outro técnico ou científico; (Incluída pela Emenda Constitucional n. 19, de 1998)

C) a de dois cargos ou empregos privativos de profissionais de saúde, com profissões regulamentadas. (Redação dada pela Emenda Constitucional n. 34, de 2001)

No que tange à acumulação de cargos técnicos ou científicos com cargos de professor, o Superior Tribunal de Justiça vem entendendo que os cargos técnicos ou científicos, para fins de acumulação, são aqueles de nível superior ou de nível técnico especializado, não bastando ter a nomenclatura de técnico (como cargos de técnico judiciário). Ressalte-se que Magistrados e membros do Ministério Público podem acumular seus cargos com um cargo de professor, nos moldes do artigo 95, parágrafo único, I c/c artigo 128, § 5º, II, "d" da Carta Magna. Mesmo que não houvesse previsão expressa, a acumulação seria lícita em virtude da regra geral, por se tratarem de cargos científicos.

Para que, em qualquer das hipóteses, a cumulação seja lícita, deve haver compatibilidade de horários. Além disso, indispensável que a referida acumulação respeite o teto remuneratório de pagamento de servidores (art. 37, XI da CF/88). Cumpre ressaltar que, em 2017, o STF pacificou o entendimento que, para fins de respeito ao teto remuneratório, será considerado cada um dos cargos individualmente, não sendo necessária a soma de valores das remunerações de ambos os cargos.

Se acumular cargos ilegalmente, a Administração Pública, tendo conhecimento da situação, concederá o prazo de 10 dias para que o servidor faça a opção entre eles:

- optando em 10 dias, considera-se que estava de boa-fé e que está pedindo exoneração de um dos dois cargos.
- porém, não optando por um dos cargos, a Administração iniciará um processo administrativo sumário que se desenvolve nas seguintes etapas: é designada uma comissão composta por 2 servidores estáveis, concede-se o prazo para apresentação de defesa pelo servidor, em 5 dias e, ao final, é proferida a decisão. Frise-se que a lei 8112/90 concede ao servidor a possibilidade de optar por um dos cargos até o último dia do prazo de defesa. Feita a opção, considerar-se-á de boa-fé o referido agente. Não sendo feita a opção e sendo detectada a acumulação ilegal, o servidor será demitido de todos os cargos ocupados.

Por fim, resta o seguinte questionamento acerca da acumulação. É possível acumular aposentadoria do regime próprio de previdência do servidor com remuneração de cargo efetivo? Dispõe a Constituição Federal:

> Art. 37. § 10. É vedada a percepção simultânea de proventos de aposentadoria decorrentes do art. 40 ou dos arts. 42 e 142 com a remuneração de cargo, emprego ou função pública, ressalvados os cargos acumuláveis na forma desta Constituição, os cargos eletivos e os cargos em comissão declarados em lei de livre nomeação e exoneração. (Incluído pela Emenda Constitucional n. 20, de 1998)

Art. 40. § 6º – Ressalvadas as aposentadorias decorrentes dos cargos acumuláveis na forma desta Constituição, é vedada a percepção de mais de uma aposentadoria à conta de regime próprio de previdência social, aplicando-se outras vedações, regras e condições para a acumulação de benefícios previdenciários estabelecidas no Regime Geral de Previdência Social. (Redação dada pela Emenda Constitucional nº 103, de 2019)

> § 11 – Aplica-se o limite fixado no art. 37, XI, à soma total dos proventos de inatividade, inclusive quando decorrentes da acumulação de cargos ou empregos públicos, bem como de outras atividades sujeitas à contribuição para o regime geral de previdência social, e ao montante resultante da adição de proventos de inatividade com remuneração de cargo acumulável na forma desta Constituição,

cargo em comissão declarado em lei de livre nomeação e exoneração, e de cargo eletivo. (Incluído pela Emenda Constitucional n. 20, de 15/12/98)

Desta forma, é possível acumular:

A) Proventos de aposentadoria + remuneração de cargo em comissão;

B) Proventos de aposentadoria + remuneração de cargo eletivo;

C) Proventos de aposentadoria + remuneração de cargo efetivo acumulável na atividade (hipóteses do art. 37, XVI).

11.7. DESLOCAMENTO

A lei 8.112/90 estabelece duas hipóteses de deslocamento que não configuram provimento ou vacância de cargos públicos: a remoção e a redistribuição. Tratemos de cada uma delas isoladamente.

A) **Remoção (art. 36, Lei 8.112/90):** é o deslocamento do servidor público dentro do mesmo quadro de pessoal (dentro da mesma carreira), com ou sem mudança de sede.

A remoção pode ser feita de ofício ou a pedido do servidor.

A **remoção de ofício** é sempre concedida, no **interesse da Administração Pública**; enquanto a **remoção a pedido** é concedida a **critério da Administração Pública.**

Nota-se que, em ambos os casos, a remoção se dá por ato discricionário do agente. Ocorre que a lei estabelece 3 (três) hipóteses nas quais a remoção a pedido deve ser concedida independentemente do interesse da Administração Pública. São situações em que a remoção figura como ato vinculado. Vejamos.

- deslocamento do cônjuge do servidor. Nesta situação, se o cônjuge ou companheiro do servidor público é deslocado no interesse da administração, por meio de remoção, ele poderá acompanhar o cônjuge deslocado;
- por motivo de saúde do servidor, cônjuge ou de dependente econômico do servidor, comprovado o requisito por junta médica;
- concurso de remoção, feito por antiguidade.

B) **Redistribuição:** é o deslocamento do cargo público, ou seja, na redistribuição é o cargo (e não o servidor público) que será deslocado de um ponto para outro, de uma localidade para outra.

A lei permite que o deslocamento seja feito entre órgãos diferentes e até mesmo entre entidades diferentes, desde que seja dentro do mesmo Poder.

Ex.: foram aprovadas dentro do orçamento do Poder Executivo 1.000 vagas para técnicos, que serão distribuídas dentre os vários Ministérios, de acordo com as necessidades. Adveio lei nova, estipulando que determinada atividade migrará do Ministério da Fazenda para o Ministério do Planejamento, os 100 cargos de técnicos que atuavam com planejamento serão redistribuídos para o Ministério do Planejamento. Situação similar ocorreu com a criação da "Super Receita", em 2007. Antes da criação da Receita Federal do Brasil, a União fazia cobrança de impostos federais e o INSS fazia cobrança de contribuições sociais. Com o advento da lei, a União passou a ter competência para cobrança de todos os tributos, inclusive das contribuições previdenciárias, não sendo mais competência do INSS. Desta forma, os auditores que estavam lotados no INSS foram redistribuídos para a estrutura da União.

A redistribuição de cargos públicos é sempre feita de oficio, ou seja, ocorre no interesse da administração.

11.8. REMUNERAÇÃO DO SERVIDOR PÚBLICO

A Lei 8.112/90 estabelece que a remuneração é o vencimento básico do servidor público acrescido de todas as vantagens pecuniárias permanentes do cargo. Ressalte-se que a expressão vencimentos (no plural) é sinônimo de remuneração e não de vencimento.

REMUNERAÇÃO OU VENCIMENTOS = vencimento + vantagens pecuniárias permanentes

A remuneração do servidor público é irredutível.

> **Importante** salientar que a irredutibilidade garantida pelo texto constitucional e pela lei é nominal, ou seja, não há garantia de irredutibilidade real – o Supremo Tribunal Federal já pacificou o entendimento de que não é possível garantir a irredutibilidade real dos vencimentos.

Ademais, a remuneração do servidor público não pode ser inferior ao salário mínimo. Frise-se que o vencimento básico pode ser inferior ao mínimo legal, desde que a remuneração total não o seja. Esta é a dicção da lei 8.112/90 e da súmula vinculante n. 16 do Supremo Tribunal Federal, abaixo transcritas, *in litteris*.

> ***Art. 41.*** *§ 5º Nenhum servidor receberá remuneração inferior ao salário mínimo. (Incluído pela Lei n. 11.784, de 2008*

Súmula Vinculante 16: *Os artigos 7º, IV, e 39, § 3º (redação da EC 19/98), da Constituição, referem-se ao total da remuneração percebida pelo servidor público.*

Além da remuneração, a Constituição Federal (por meio da Emenda Constitucional n. 19/98) criou outra forma de pagamento aos servidores públicos, denominada **SUBSÍDIO**. O Subsídio é forma de pagamento feito em parcela única, não aceitando nenhum acréscimo patrimonial.

> Art. 39. § 4º O membro de Poder, o detentor de mandato eletivo, os Ministros de Estado e os Secretários Estaduais e Municipais serão remunerados exclusivamente por subsídio fixado em parcela única, vedado o acréscimo de qualquer gratificação, adicional, abono, prêmio, verba de representação ou outra espécie remuneratória, obedecido, em qualquer caso, o disposto no art. 37, X e XI. (Redação dada pela Emenda Constitucional n. 19, de 1998)

A criação do subsídio não exclui o pagamento feito mediante remuneração. Isso porque, salvo as carreiras cuja instituição do subsídio é obrigatória, é facultado ao Poder Público optar pela remuneração ou pelo subsídio, uma vez que a Constituição Federal não exige a sua implementação para todos os servidores.

Carreiras cuja implantação do subsídio é obrigatória, nos moldes da Carta Magna:

Agentes Políticos, membros do Tribunal de Contas, Advocacia Pública, Defensoria Pública e Polícia (Segurança pública).

Ex.: os auditores fiscais, por opção da administração pública, recebem subsídio (já que, para qualquer carreira que não as referidas acima, a implantação do subsídio é facultativa).

Desconto na remuneração do servidor público:

Como regra geral, não há descontos da remuneração, já que a verba tem caráter alimentar. No entanto, excepcionalmente, é admitido o desconto. As exceções estão postas na lei e são:

- **imposição legal ou por decisão judicial.** Ex. Imposto sobre a Renda, os alimentos dos filhos, determinados judicialmente;
- **consignação em folha.** Para haver empréstimo consignado em folha de pagamento, devem estar presentes 2 requisitos: (i) o interesse da administração e (ii) autorização do servidor público;
- **ressarcimento ao Erário.** A jurisprudência do STJ vem se firmando no sentido de que os valores recebidos a maior pelo servidor de boa-fé não são repetíveis. Estando de má-fé, o servidor deve devolver os valores recebidos no prazo de 30 dias. Não podendo pagar de uma só vez dentro do prazo, a lei confere a ele o direito de fazer o pagamento mediante parcelamento com desconto em folha. A lei diz que a parcela será de, no mínimo, 10% da remuneração do servidor. OBS.: se o servidor for desligado do serviço público antes de quitar o débito, terá o prazo de 60 dias para pagar o restante da dívida. Não quitando, será inscrito em Dívida Ativa e haverá execução fiscal.

No que tange ao arresto, sequestro ou penhora da remuneração, o texto legal expressamente veda as referidas situações, salvo hipóteses de pensão alimentícia definida em decisão judicial, senão vejamos o dispositivo legal.

> Art. 48. O vencimento, a remuneração e o provento não serão objeto de arresto, sequestro ou penhora, exceto nos casos de prestação de alimentos resultante de decisão judicial.

11.9. VANTAGENS

Podem ser acrescidas à remuneração do servidor, de acordo com a lei, **indenizações, gratificações** ou **adicionais**. São situações circunstanciais, não integrando a remuneração, a princípio:

> Art. 49. Além do vencimento, poderão ser pagas ao servidor as seguintes vantagens:
>
> I - indenizações;
>
> II - gratificações;
>
> III - adicionais.
>
> § 1º As indenizações não se incorporam ao vencimento ou provento para qualquer efeito.
>
> § 2º As gratificações e os adicionais incorporam-se ao vencimento ou provento, nos casos e condições indicados em lei.

A) **Indenização**: NÃO É ACRÉSCIMO PATRIMONIAL; possui natureza ressarcitória. Nestes casos, o Estado deve repor o prejuízo causado ao servidor que despendeu recursos próprios para prestação de serviço público.

Ex.: oficial de justiça que gasta o próprio carro para entregar mandados.

Ex.: gastos do Procurador do Estado que vai para outra comarca realizar audiência e deve ser ressarcido das diárias.

As indenizações previstas na lei 8112/90 são de 4 tipos.

1) Diária

Indenização paga ao servidor público que se desloca temporariamente para prestação do serviço público. As diárias são pagas para que o servidor possa arcar com as despesas de acomodação, alimentação e locomoção urbana (já que o servidor faz jus ao recebimento de diárias além das passagens para deslocamento). Ressalte-se que, nas situações em que o deslocamento da sede seja atribuição permanente do cargo, o servidor não faz jus à percepção de diárias, e também não fará jus a diárias o servidor que se deslocar dentro da mesma região metropolitana, aglomeração urbana ou microrregião, constituídas por municípios limítrofes e regularmente instituídas, ou em áreas de controle integrado mantidas com países limítrofes, cuja jurisdição e competência dos órgãos, entidades e servidores brasileiros consideram-se estendidas, salvo se houver pernoite fora da sede, hipóteses em que as diárias pagas serão sempre as fixadas para os afastamentos dentro do território nacional.

Ademais, o servidor perceberá somente ½ (meia) diária quando o deslocamento não exigir pernoite fora da sede, ou quando a União custear, por meio diverso, as despesas extraordinárias cobertas por diárias.

Por fim, a lei estipula que, em virtude do seu caráter indenizatório, o servidor que receber diárias e não se afastar da sede, por qualquer motivo, fica obrigado a restituí-las à Administração Pública, integralmente, no prazo máximo de 5 (cinco) dias.

2) Ajuda de custo

Indenização paga ao servidor público que se desloca da sede de forma permanente, no interesse da administração pública. Não visa a custear os gastos com a mudança, uma vez que a lei determina que correm por conta da administração pública as despesas de transporte do servidor e de sua família, compreendendo passagem, bagagem e bens pessoais. O valor da diária será definido pela administração pública e não pode ultrapassar o valor correspondente a 3 (três) meses de remuneração do servidor.

Por fim, saliente-se que, em caso de morte do servidor na nova sede, à sua família são assegurados ajuda de custo e transporte para a localidade de origem, desde que requerido dentro do prazo de 1 (um) ano, contado do óbito.

Ademais, a lei determina que não pode ser paga ajuda de custo em virtude de deslocamento a pedido do servidor, como ocorre nas hipóteses de remoção previstas no art. 36, parágrafo único, incisos II e III, da lei 8.112/90.

3) Transporte

É indenização paga ao servidor público que realizar despesas com a utilização de meio próprio de locomoção para a execução de serviços públicos externos, por força das atribuições próprias do cargo.

4) Auxílio moradia.

É indenização paga ao servidor público que tenha sido deslocado de sua sede, para exercer cargos em comissão de DAS 4, 5 e 6, ou cargos de natureza especial ou ainda cargos de ministro de estado. Tem como finalidade custear os gastos com moradia dos referidos servidores e será pago no valor comprovado do aluguel ou pagamento de hotel, não podendo ultrapassar 25% do valor do cargo em comissão.

A lei estabelece algumas restrições à percepção do auxílio moradia que abaixo se transcreve:

> Art. 60-B. Conceder-se-á auxílio-moradia ao servidor se atendidos os seguintes requisitos: (Incluído pela Lei n. 11.355, de 2006)
>
> I - não exista imóvel funcional disponível para uso pelo servidor; (Incluído pela Lei n. 11.355, de 2006)
>
> II - o cônjuge ou companheiro do servidor não ocupe imóvel funcional; (Incluído pela Lei n. 11.355, de 2006)

III - o servidor ou seu cônjuge ou companheiro não seja ou tenha sido proprietário, promitente comprador, cessionário ou promitente cessionário de imóvel no Município onde for exercer o cargo, incluída a hipótese de lote edificado sem averbação de construção, nos doze meses que antecederem a sua nomeação; (Incluído pela Lei n. 11.355, de 2006)

IV - nenhuma outra pessoa que resida com o servidor receba auxílio-moradia; (Incluído pela Lei n. 11.355, de 2006)

V - o servidor tenha se mudado do local de residência para ocupar cargo em comissão ou função de confiança do Grupo-Direção e Assessoramento Superiores - DAS, níveis 4, 5 e 6, de Natureza Especial, de Ministro de Estado ou equivalentes; (Incluído pela Lei n. 11.355, de 2006)

VI - o Município no qual assuma o cargo em comissão ou função de confiança não se enquadre nas hipóteses do art. 58, § 3º, em relação ao local de residência ou domicílio do servidor; (Incluído pela Lei n. 11.355, de 2006)

VII - o servidor não tenha sido domiciliado ou tenha residido no Município, nos últimos doze meses, aonde for exercer o cargo em comissão ou função de confiança, desconsiderando-se prazo inferior a sessenta dias dentro desse período; e (Incluído pela Lei n. 11.355, de 2006)

VIII - o deslocamento não tenha sido por força de alteração de lotação ou nomeação para cargo efetivo. (Incluído pela Lei n. 11.355, de 2006)

IX – o deslocamento tenha ocorrido após 30 de junho de 2006. (Incluído pela Lei n. 11.490, de 2007)

Parágrafo único. Para fins do inciso VII, não será considerado o prazo no qual o servidor estava ocupando outro cargo em comissão relacionado no inciso V. (Incluído pela Lei n. 11.355, de 2006)

B) **Gratificações:** art. 61, incisos I e II, da Lei 8.112/90.

B.1) Gratificação de função: é a gratificação pelo exercício de uma função de direção chefia ou assessoramento. Indispensável explicitar os conceitos de "função de confiança" e "cargo em comissão" para clarear o entendimento acerca da matéria. Vejamos.

Observação importante:

Todo cargo público é criado por lei, faz parte da estrutura de um órgão público e necessariamente terá uma função. **Não existe cargo sem função, não obstante exista função sem cargo.**

Em decorrência da função exercida, a lei atribui a remuneração, ou seja, a contraprestação pelo exercício do cargo.

Ocorre que existem funções que não podem ser exercidas por qualquer servidor público, por dependerem da confiança do administrador, que são basicamente as funções de **direção, chefia e assessoramento.**

Formas de provimento dessas funções:

- **Função de confiança:** é uma função sem cargo, uma função solta dentro da estrutura do serviço público. Por se tratar da função de direção, chefia ou assessoramento e por não estar atribuída a um cargo específico, a função de confiança só pode ser exercida por alguém que já esteja investido em cargo efetivo. Por sua vez, se o servidor público possui um cargo efetivo para o qual há uma função, e se a este mesmo servidor for entregue uma nova função além daquela que possui e é remunerado, receberá uma GRATIFICAÇÃO, denominada **gratificação de função.**
- **Cargo em comissão** (ou cargo de confiança): é cargo cuja função é de direção, chefia e assessoramento. Sendo um cargo e não somente uma função, pode ser exercido por quem não possua cargo efetivo, trata-se do comissionado.

Também pode ser exercido por servidores de cargo efetivo. Neste caso, o servidor deverá, uma vez que não se podem acumular cargos de forma remunerada, se afastar do cargo efetivo (sem vagar), deixando de ser remunerado por ele, passando a receber a retribuição pelo exercício do cargo em comissão.

A CF criou uma "reserva de mercado" para que cada entidade, por meio de lei, estabeleça percentual mínimo de cargos em comissão que necessariamente deverão ser preenchidos por servidores de carreira (efetivos).

> *Art. 37. V – As funções de confiança, exercidas exclusivamente por servidores ocupantes de cargo efetivo, e os cargos em comissão, a serem preenchidos por servidores de carreira nos casos, condições e percentuais mínimos previstos em lei, destinam-se apenas às atribuições de direção, chefia e assessoramento.*

Os cargos em comissão são de livre nomeação e exoneração. Sendo exercido por servidor efetivo, caso exonerado do cargo em comissão, voltará para o cargo efetivo.

Pode ser entregue ao servidor de outro cargo em comissão? Sim, de forma interina (temporariamente). Nesses casos, o sujeito acumula as funções, mas recebe somente uma remuneração, a maior. Esta é a dicção da lei 8.112/90, abaixo transcrita:

> Art. 9º (...)
>
> Parágrafo único. O servidor ocupante de cargo em comissão ou de natureza especial poderá ser nomeado para ter exercício, interinamente, em outro cargo de confiança, sem prejuízo das atribuições do que atualmente ocupa, hipótese em que deverá optar pela remuneração de um deles durante o período da interinidade. (Redação dada pela Lei n. 9.527, de 10.12.97)

Para ambos se aplicam as regras proibitivas do nepotismo estampadas na **Súmula Vinculante n. 13**: *A nomeação de cônjuge, companheiro ou parente em* *linha reta, colateral ou por afinidade, até o terceiro grau, inclusive, da autoridade nomeante ou de servidor da mesma pessoa jurídica investido em cargo de direção, chefia ou assessoramento, para o exercício de cargo em comissão ou de confiança ou, ainda, de função gratificada na administração pública direta e indireta em qualquer dos Poderes da União, dos Estados, do Distrito Federal e dos Municípios, compreendido o ajuste mediante designações recíprocas, viola a Constituição Federal.*

B.2) Gratificação natalina: é paga, até o dia 20 de dezembro de cada ano, ao servidor público, na proporção de um doze avos da remuneração de dezembro para cada mês de serviço público prestado.

B.3) Gratificação por encargo de curso ou concurso: é gratificação paga ao servidor público que atua na coordenação ou aplicação de provas de concurso e também ao servidor que atua como examinador de banca de concurso ou instrutor em curso de formação.

C) Adicionais: art. 61, incisos IV a VIII, da Lei 8.112/90.

Na lei encontramos os seguintes adicionais:

C.1) adicional pelo exercício de atividades insalubres, perigosas ou penosas:

Adicional pago aos servidores que exercem atividades prejudiciais à saúde (insalubres), com risco de vida (perigosas) ou que exijam esforço demasiado (penosas). A lei determina que os dois primeiros adicionais sejam inacumuláveis. Portanto, se a atividade do servidor for, ao mesmo tempo, insalubre e perigosa, ele deve optar por um dos dois adicionais. Ademais, a servidora gestante ou lactante será afastada, enquanto durar a gestação e a lactação, das operações e locais insalubres, perigosos e penosos, exercendo suas atividades em outro local.

C.2) adicional pela prestação de serviço extraordinário (hora extra):

É pago ao servidor que trabalha além de sua jornada diária normal. A hora extra tem caráter excepcional, não podendo ultrapassar 2 horas por jornada (diária) e será remunerada com um adicional de 50% a mais em relação à hora normal.

C.3) adicional noturno:

Adicional no valor de 25% da remuneração da hora normal pago ao servidor que exerce atividade noturna. Considera-se serviço noturno o prestado em horário compreendido entre 22 (vinte e duas) horas de um dia e 5 (cinco) horas do dia seguinte, sendo que a hora noturna tem duração de cinquenta e dois minutos e trinta segundos.

C.4) adicional de férias:

É adicional pago ao servidor público, por ocasião das suas férias, correspondente a 1/3 (um terço) da remuneração do período das férias.

11.10. FÉRIAS

O servidor público tem direito a **30 dias** de férias por ano (civil). Para gozar do primeiro período de férias, o servidor deve ter 12 meses de exercício. Logo, apenas para o primeiro período é que se exige o período aquisitivo de 12 meses – art. 77 e seguintes da Lei 8.112/90.

Ex. Exercício em 10 de outubro de 2009 – férias a partir de 10 de outubro de 2010 e próximo período de férias a partir de 1° de janeiro do ano seguinte (porque, com exceção do primeiro período de férias, os demais são adquiridos com a passagem do ano civil).

A lei estipula que é possível haver acumulação de períodos de férias, por no máximo 2 períodos, desde que seja feito no interesse da Administração.

Por sua vez, a pedido do servidor e a critério da Administração, as férias do servidor público podem ser parceladas em até 3 (três) períodos. No entanto, em caso de parcelamento das férias, o adicional de férias (1/3 da remuneração do mês das férias) não é parcelado, sendo pago de uma única vez, antes do primeiro período.

Na busca do interesse público, o servidor pode ter suas férias interrompidas. A lei traz um rol taxativo de hipóteses de interrupção. Vejamos:

> *Art. 8°. As férias somente poderão ser interrompidas por motivo de calamidade pública, comoção interna, convocação para júri, serviço militar ou eleitoral, ou por necessidade do serviço declarada pela autoridade máxima do órgão ou entidade. (Redação dada pela Lei n. 9.527, de 10.12.97) (Férias de Ministro – Vide)*
>
> *Parágrafo único. O restante do período interrompido será gozado de uma só vez, observado o disposto no art. 77. (Incluído pela Lei n. 9.527, de 10.12.97)*

Conforme explicitado no parágrafo único, as férias do servidor só podem ser interrompidas uma única vez, no mesmo período.

11.11. LICENÇAS

A) Por motivo de doença familiar (Pode ser concedida no Estágio probatório, mas suspende a contagem do estágio):

Conforme a lei, para fazer jus a esta licença, será necessário completar 3 (três) requisitos comprovados por junta médica oficial (art. 83), quais sejam: (i) pessoa da família doente, (ii) o doente depende da assistência direta do servidor e (iii) impossibilidade de o servidor, ao mesmo tempo, prestar a assistência ao familiar enfermo e exercer sua função pública.

Comprovados os requisitos, o servidor tem direito à licença por até 60 dias com remuneração, limite este que inclui as prorrogações necessárias. Terminado este período, pode prorrogar por até 90 dias, sem remuneração. Evidentemente, cada nova prorrogação exige a comprovação de todos os requisitos.

Concedida a licença por motivo de doença de membro da família, outra só poderá ser concedida após 12 meses, ainda que não usufruído todo o período permitido.

B) Por motivo de afastamento do cônjuge (pode ser concedida no Estágio probatório, mas suspende a contagem do estágio):

Ocorre quando o cônjuge do servidor é deslocado para qualquer lugar do território nacional ou do exterior:

> *Art. 84. § 2º No deslocamento de servidor cujo cônjuge ou companheiro também seja servidor público, civil ou militar, de qualquer dos Poderes da União, dos Estados, do Distrito Federal e dos Municípios, PODERÁ haver exercício provisório em órgão ou entidade da Administração Federal direta, autárquica ou fundacional, desde que para o exercício de atividade compatível com o seu cargo. (Redação dada pela Lei n. 9.527, de 10.12.97)*

Não tem prazo definido em lei e será concedida sem remuneração.

O Superior Tribunal de Justiça, em novembro de 2010, a despeito de a lei mencionar que a licença "PODERÁ ser concedida", julgou que certa servidora teria DIREITO à licença para acompanhar o cônjuge, desde que comprovados os requisitos. Com isso, firmou um entendimento que esta licença seria um ato vinculado e não discricionário como parece estabelecer o dispositivo legal.

Logo, anteriormente poderia se falar em ato discricionário da Administração, porém, de acordo com a decisão, se extrai que a licença é ato vinculado, configurando garantia do servidor público.

C) Para exercício de atividade política (pode ser concedida no Estágio probatório, mas suspende a contagem do estágio):

Concedida ao sujeito que quer participar das eleições na qualidade de candidato.

Essa licença se divide em dois momentos: o primeiro vai da escolha do sujeito, na convenção partidária, até a véspera do registro da candidatura na justiça eleitoral (neste período, a licença é concedida sem remuneração); o segundo vem com o registro da candidatura e segue até 10 dias após as eleições (neste período, a licença será concedida com remuneração, não podendo ultrapassar 3 (três) meses).

Servidores que exercem funções ou cargos comissionados não podem se candidatar sem se desincompatibilizar – desincompatibilização: devem-se afastar do cargo ou função por 180 dias (sem remuneração).

D) Para prestação do serviço militar (pode ser concedida no Estágio probatório, e não suspende a contagem do estágio):

A licença dura o tempo do serviço militar. Terminada a atividade, termina a licença.

No entanto, terminado o serviço militar, o servidor ainda tem o prazo de 30 (trinta) dias (sem remuneração) para retornar ao cargo público. Ou seja, o retorno não será necessariamente imediato.

E) Por motivo de interesse particular: (não pode ser concedida no Estágio probatório)

Prevista no art. 91 do estatuto dos servidores federais. Trata-se de licença imotivada. Isso porque o servidor não precisa explicar o motivo pelo qual requer a licença (afinal, tem cunho particular).

É discricionária e precária. Logo, a Administração concede se entender pertinente à luz do interesse público e, mesmo depois de concedida, poderá ser interrompida, a qualquer tempo, por razões de interesse público.

Será concedida pelo prazo máximo de 3 (três) anos e sem remuneração.

F) Para capacitação: (veio substituir a licença prêmio) (não pode ser concedida no Estágio probatório)

Conforme a lei 8.112/90, a cada 5 (cinco) anos de efetivo exercício no serviço público o servidor tem direito a até 3 (três) meses de licença para participar de curso de capacitação profissional, no interesse da Administração Pública. Estes 3 (três) meses não são uma garantia, mas sim o limite, ou seja, se o curso durar 2 (dois) meses, esta será a duração da licença. Os períodos são inacumuláveis. (art. 87)

A licença capacitação será concedida sem prejuízo da remuneração do servidor.

Para cálculo do período de 5 (cinco) anos, será computado todo o tempo de exercício de cargo, no serviço público federal, inclusive o compreendido no estágio probatório.

G) Para desempenho de Mandato classista: (não pode ser concedida no Estágio probatório)

Somente serão licenciados os servidores eleitos para os cargos de direção ou representação em entidades de classe dos servidores (art. 92).

A licença não é remunerada e dura o tempo do mandato classista, sendo que a lei permite a prorrogação se houver reeleição (uma única vez).

Esta licença conta como tempo de serviço para todos os efeitos, menos para promoção por merecimento.

11.12. AFASTAMENTOS

11.12.1. Afastamento para o exercício de mandato eletivo (art. 94 da Lei 8.112/90 e art. 38, CF/88)

> Art. 38. Ao servidor público da administração direta, autárquica e fundacional, no exercício de mandato eletivo, aplicam-se as seguintes disposições: (Redação dada pela Emenda Constitucional n. 19, de 1998)

I – tratando-se de mandato eletivo federal, estadual ou distrital, ficará afastado de seu cargo, emprego ou função;

II – investido no mandato de Prefeito, será afastado do cargo, emprego ou função, sendo-lhe facultado optar pela sua remuneração;

III – investido no mandato de Vereador, havendo compatibilidade de horários, perceberá as vantagens de seu cargo, emprego ou função, sem prejuízo da remuneração do cargo eletivo, e, não havendo compatibilidade, será aplicada a norma do inciso anterior;

IV – em qualquer caso que exija o afastamento para o exercício de mandato eletivo, seu tempo de serviço será contado para todos os efeitos legais, exceto para promoção por merecimento;

V – para efeito de benefício previdenciário, no caso de afastamento, os valores serão determinados como se no exercício estivesse.

Conforme transcrito, nem sempre haverá afastamento: se o cargo público para o qual foi eleito o servidor for federal, estadual ou distrital, o servidor será afastado do cargo efetivo e receberá a remuneração (subsídio) do cargo eletivo.

Nos cargos eletivos de mandato municipal para Prefeito, será afastado o servidor público, mas poderá optar pela remuneração do cargo efetivo que ocupava.

Em se elegendo para cumprir mandato municipal em cargo de Vereador, o afastamento depende da compatibilidade de horários entre os cargos (efetivo e eletivo). Isso porque, se houver compatibilidade de horários, o servidor pode acumular o cargo efetivo mais o de vereador, recebendo por ambos. Não havendo compatibilidade de horários, não pode acumular e será afastado, podendo ainda optar pela remuneração.

Atenção! O afastamento pode ser concedido a qualquer servidor efetivo, mesmo durante o período de estágio probatório.

A Constituição Federal determina que, necessariamente, o servidor afastado deve continuar contribuindo para o regime próprio de previdência do servidor e também estabelece que o tempo de afastamento será computado como tempo de serviço público para todos os efeitos, menos para fins de promoção por merecimento.

11.12.2. Afastamento para servir a outro órgão ou entidade (art. 93)

Conforme disposição da lei 8.112/90, o servidor público poderá ser cedido para ter exercício em outro órgão ou entidade dos Poderes da União, dos Estados, ou do Distrito Federal e dos Municípios, para exercício de cargo em comissão ou função de confiança além de situações previstas em lei específica. A cessão será realizada por meio de portaria, a qual deverá ser publicada no Diário Oficial da União.

A questão de maior relevo neste afastamento diz respeito ao pagamento do servidor público que foi cedido, ou seja, importa saber a cargo de quem ficará o ônus da cessão.

Neste sentido, a legislação estipula que, sendo a cessão para órgãos ou entidades dos Estados, do Distrito Federal dos Municípios, o ônus da remuneração será do órgão ou entidade cessionária, sendo mantido o ônus para o cedente nos demais casos. No entanto, na hipótese de o servidor cedido a empresa pública, sociedade de economia mista, nos termos de suas respectivas normas, optar pela remuneração do cargo efetivo ou pela remuneração do cargo efetivo acrescida de percentual da retribuição do cargo em comissão, de direção ou de gerência, a entidade cessionária ou o serviço social autônomo efetuará o reembolso das despesas realizadas pelo órgão ou pela entidade de origem.

Ressalte-se ainda que o servidor, em estágio probatório, somente poderá ser cedido a outro órgão público para o exercício de cargos em comissão de DAS 4, 5 ou 6 ou, ainda, cargos de natureza especial.

Por fim, as cessões de empregados de empresa pública ou de sociedade de economia mista, que recebam recursos de Tesouro Nacional para o custeio total ou parcial da sua folha de pagamento de pessoal, ficam condicionadas à autorização específica do Ministério do Planejamento, Orçamento e Gestão, exceto nos casos de ocupação de cargo em comissão ou função gratificada.

11.12.3. Afastamento para Estudo ou Missão no Exterior (arts. 95 e 96)

Mediante autorização do Presidente da República, Presidente dos Órgãos do Poder Legislativo e Presidente do Supremo Tribunal Federal, o servidor poderá se afastar do cargo para fins de estudo ou missão oficial fora do país. Nestas situações, a lei determina que a ausência não excederá a 4 (quatro) anos, e finda a missão ou estudo, somente decorrido igual período, será permitida nova ausência.

Ademais, cumpre ressaltar que a lei proíbe que o servidor, ao retornar, do estudo ou missão, seja exonerado a pedido ou goze de licença por interesse particular, pelo mesmo tempo que ficou afastado. Vejamos.

> Art. 95. (...)
>
> (...)
>
> § 2º Ao servidor beneficiado pelo disposto neste artigo não será concedida exoneração ou licença para tratar de interesse particular antes de decorrido período igual ao do afastamento, ressalvada a hipótese de ressarcimento da despesa havida com seu afastamento.

Por fim, a lei estipula que:

> Art. 96. O afastamento de servidor para servir em organismo internacional de que o Brasil participe ou com o qual coopere dar-se-á com perda total da remuneração. (Vide Decreto n. 3.456, de 2000)

11.12.4. Afastamento para Participação em Programa de Pós-Graduação *Stricto Sensu* no País (art. 96-A)

O servidor público poderá afastar-se do exercício do cargo efetivo, com a respectiva remuneração, no interesse público, para participar em programa de pós-graduação *stricto sensu* em instituição de ensino superior no País. A pós-graduação *stricto sensu*, nos termos da lei, abrange mestrado, doutorado e pós-doutorado.

O texto legal traz algumas restrições para a concessão deste afastamento, que devem ser memorizados pelo candidato, porque tem uma tendência de cair em provas objetivas. Vejamos.

> § 2° Os afastamentos para realização de programas de mestrado e doutorado somente serão concedidos aos servidores titulares de cargos efetivos no respectivo órgão ou entidade há pelo menos 3 (três) anos para mestrado e 4 (quatro) anos para doutorado, incluído o período de estágio probatório, que não tenham se afastado por licença para tratar de assuntos particulares para gozo de licença capacitação ou com fundamento neste artigo nos 2 (dois) anos anteriores à data da solicitação de afastamento. (Incluído pela Lei n. 11.907, de 2009)
>
> § 3° Os afastamentos para realização de programas de pós-doutorado somente serão concedidos aos servidores titulares de cargos efetivo no respectivo órgão ou entidade há pelo menos quatro anos, incluído o período de estágio probatório, e que não tenham se afastado por licença para tratar de assuntos particulares ou com fundamento neste artigo, nos quatro anos anteriores à data da solicitação de afastamento. (Redação dada pela Lei n. 12.269, de 2010)
>
> § 4° Os servidores beneficiados pelos afastamentos previstos nos §§ 1°, 2° e 3° deste artigo terão que permanecer no exercício de suas funções após o seu retorno por um período igual ao do afastamento concedido. (Incluído pela Lei n. 11.907, de 2009)
>
> § 5° Caso o servidor venha a solicitar exoneração do cargo ou aposentadoria, antes de cumprido o período de permanência previsto no § 4° deste artigo, deverá ressarcir o órgão ou entidade, na forma do art. 47 da Lei no 8.112, de 11 de dezembro de 1990, dos gastos com seu aperfeiçoamento. (Incluído pela Lei n. 11.907, de 2009)
>
> § 6° Caso o servidor não obtenha o título ou grau que justificou seu afastamento no período previsto, aplica-se o disposto no § 5° deste artigo, salvo na hipótese comprovada de força maior ou de caso fortuito, a critério do dirigente máximo do órgão ou entidade. (Incluído pela Lei n. 11.907, de 2009).

11.13. CONCESSÕES

A lei 8.112/90 estabelece situações nas quais o servidor pode se ausentar do serviço, sendo considerada a ausência como efetivo exercício. São as chamadas concessões e seguem a tabela abaixo.

DIAS DE AUSÊNCIA:	MOTIVO:
1 dia	Doação de sangue
Até 2 dias	Alistamento eleitoral ou recadastramento eleitoral.
8 dias	Casamento Luto pelo falecimento de cônjuge, companheiro, pais, madrasta ou padrasto, filhos, enteados, menor sob guarda ou tutela e irmãos

11.14. GREVE

As normas atinentes ao direito de greve do servidor público decorrem do texto constitucional. A Constituição Federal, expressamente, veda ao servidor militar o direito de greve e de sindicalização (art. 142, § 3º, IV, CF/88).

Por sua vez, o servidor público civil tem direito de greve, conforme art. 37, inciso VII, da CF/88, sendo que nos moldes do dispositivo mencionado, este direito será exercido, nos termos estipulados em lei específica (cuidado porque a prova objetiva, com muita sutileza em sua enunciação, estipula que o direito de greve do servidor será exercido nos termos de lei complementar – esta assertiva deverá ser considerada falsa).

A discussão ora vigente parte do fato de não haver lei específica regulamentando o direito de greve do servidor. Logo, considerando-se que ainda não há lei específica, pode, ainda assim, o servidor público civil exercer o direito de greve?

- Se entendermos o direito de greve constitucional como norma de eficácia contida, o servidor pode exercer o direito de greve e a lei específica virá apenas conter os efeitos e estabelecer normas regulamentares.
- Se entendermos ser norma de eficácia limitada, não obstante haja o direito, o exercício deste direito fica condicionado ao advento da lei que regulamente. O STF já pacificou o entendimento de que o direito de greve do servidor público civil é **norma constitucional de eficácia limitada**. Portanto, diante da ausência de lei específica, impossível o exercício do direito de greve legalmente.

Ocorre que, em 2008, foi ajuizado Mandado de Injunção, e o Supremo Tribunal Federal decidiu no sentido de que enquanto não vier lei específica, o servidor público civil poderá fazer greve licitamente com base e nos moldes estabelecidos na lei geral de greve. Desta forma, sanou-se a omissão legislativa até que seja editada a lei cabível.

> **Atenção!** A discussão atual questiona se o servidor que exerce seu direito de greve licitamente tem direito à remuneração pelos dias parados: a princípio, o Supremo Tribunal Federal entendeu que não há este direito.

Por seu turno, o Supremo Tribunal Federal, em 2016, na análise do Recurso Extraordinário nº 693.456, decidiu, apreciando o tema da repercussão geral, por unanimidade, por maioria, na parte conhecida, fixar tese nos seguintes termos: ***"A administração pública deve proceder ao desconto dos dias de paralisação decorrentes do exercício do direito de greve pelos servidores públicos, em virtude da suspensão do vínculo funcional que dela decorre, permitida a compensação em caso de acordo. O desconto será, contudo, incabível se ficar demonstrado que a greve foi provocada por conduta ilícita do Poder Público".***

Nota-se que, em comprovada a ilicitude do Poder Público como ensejadora do movimento paredista – como pode ocorrer, por exemplo, nas hipóteses em que o ente estatal descumpre acordos firmados com a categoria – o corte da remuneração não será admitido.

11.15. REGIME DISCIPLINAR

É cediço que o servidor público, por uma única infração cometida, pode ser punido nas esferas penal, civil e administrativa. Logo, poderá sofrer três sanções por um único ato infracional e, da mesma forma, poderá ser absolvido em um julgamento e punido nos outros, não configurando contradição. Isso acontece porque a regra é que as esferas são independentes entre si, não havendo interferência da decisão de uma instância, no julgamento das demais.

Sanções penais são aplicadas com base na legislação penal.

Sanções civis estão previstas na lei de improbidade (Lei 8.429/92).

Sanções administrativas estão previstas no estatuto do servidor (Lei 8.112/90).

Exceção à independência das instâncias: a lei estabelece que, sendo o servidor absolvido na esfera penal por *inexistência do fato* ou *negativa de autoria*, necessariamente deverá ser absolvido na esfera civil e administrativa.

Ex.: sujeito desviou dinheiro público: a Administração, tomando conhecimento, informa ao Ministério Público e o servidor responderá a processos nas 3 (três) esferas. O processo administrativo precisa esperar o fim dos demais? Não, diante da independência das instâncias. Ocorre que o servidor foi demitido no Processo administrativo disciplinar e, 1 (um) ano depois, é absolvido na esfera penal por negativa de autoria. Diante disso, este servidor será reintegrado aos quadros da Administração Pública.

Ressalte-se ainda que mesmo que o servidor público faleça após cometer uma infração, o dever de ressarcir ao erário se transmite aos herdeiros e sucessores deste servidor falecido, nos limites da herança transmitida.

11.16. INFRAÇÕES E SANÇÕES ADMINISTRATIVAS

Art. 117. ***Ao servidor é proibido:*** *(Vide Medida Provisória n. 2.225-45, de 4.9.2001)*

I - ausentar-se do serviço durante o expediente, sem prévia autorização do chefe imediato; → punido com **advertência;**

II - retirar, sem prévia anuência da autoridade competente, qualquer documento ou objeto da repartição; → punido com **advertência;**

III - recusar fé a documentos públicos; → punido com **advertência;**

IV - opor resistência injustificada ao andamento de documento e processo ou execução de serviço; → punido com **advertência;**

V - promover manifestação de apreço ou desapreço no recinto da repartição; → punido com **advertência;**

VI - cometer a pessoa estranha à repartição, fora dos casos previstos em lei, o desempenho de atribuição que seja de sua responsabilidade ou de seu subordinado; → punido com **advertência;**

VII - coagir ou aliciar subordinados no sentido de filiarem-se a associação profissional ou sindical, ou a partido político; → punido com **advertência;**

VIII - manter sob sua chefia imediata, em cargo ou função de confiança, cônjuge, companheiro ou parente até o segundo grau civil; → punido com **advertência;**

IX - valer-se do cargo para lograr proveito pessoal ou de outrem, em detrimento da dignidade da função pública; → punido com **demissão;**

X – participar de gerência ou administração de sociedade privada, personificada ou não personificada, exercer o comércio, exceto na qualidade de acionista, cotista ou comanditário; (Redação dada pela Lei n. 11.784, de 2008 → punido com **demissão;**

XI - atuar, como procurador ou intermediário, junto a repartições públicas, salvo quando se tratar de benefícios previdenciários ou assistenciais de parentes até o segundo grau, e de cônjuge ou companheiro; → punido com **demissão;**

XII - receber propina, comissão, presente ou vantagem de qualquer espécie, em razão de suas atribuições; → punido com **demissão;**

XIII - aceitar comissão, emprego ou pensão de estado estrangeiro; → punido com **demissão;**

XIV - praticar usura sob qualquer de suas formas; → punido com **demissão;**

XV - proceder de forma desidiosa; → punido com **demissão;**

XVI - utilizar pessoal ou recursos materiais da repartição em serviços ou atividades particulares; → punido com **demissão;**

XVII - cometer a outro servidor atribuições estranhas ao cargo que ocupa, exceto em situações de emergência e transitórias; → punido com **suspensão;**

XVIII - exercer quaisquer atividades que sejam incompatíveis com o exercício do cargo ou função e com o horário de trabalho; → punido com **suspensão;**

XIX - recusar-se a atualizar seus dados cadastrais quando solicitado. (Incluído pela Lei n. 9.527, de 10.12.97) → punido com **advertência;**

Parágrafo único. A vedação de que trata o inciso X do caput deste artigo não se aplica nos seguintes casos: (Incluído pela Lei n. 11.784, de 2008)

I – participação nos conselhos de administração e fiscal de empresas ou entidades em que a União detenha, direta ou indiretamente, participação no capital social ou em sociedade cooperativa constituída para prestar serviços a seus membros; e (Incluído pela Lei n. 11.784, de 2008)

II – gozo de licença para o trato de interesses particulares, na forma do art. 91 desta Lei, observada a legislação sobre conflito de interesses. (Incluído pela Lei n. 11.784, de 2008)

Art. 132. A demissão será aplicada nos seguintes casos:

I - crime contra a administração pública;

II - abandono de cargo;

III - inassiduidade habitual;

**** IV - improbidade administrativa;***

V - incontinência pública e conduta escandalosa, na repartição;

VI - insubordinação grave em serviço;

VII - ofensa física, em serviço, a servidor ou a particular, salvo em legítima defesa própria ou de outrem;

**** VIII - aplicação irregular de dinheiros públicos;***

IX - revelação de segredo do qual se apropriou em razão do cargo;

**** X - lesão aos cofres públicos e dilapidação do patrimônio nacional;***

****XI - corrupção;***

XII - acumulação ilegal de cargos, empregos ou funções públicas;

XIII - transgressão dos incisos IX a XVI do art. 117.

Obs.: incisos I, IV, VIII, X e XI (penalidades mais graves): o servidor público é demitido e **não poderá mais retornar ao serviço público federal**. O Supremo Tribunal Federal, em decisões isoladas, vem entendendo que o dispositivo é inconstitucional, pois o art. 5º da CF/88 veda a aplicação de pena de caráter perpétuo (entretanto, em provas objetivas tem sido cobrado o texto da lei com correto).

(*): os incisos IV, VIII, X e XI: implicam a indisponibilidade dos bens do servidor até que seja feito o completo ressarcimento ao erário.

A tabela abaixo estipula normas atinentes às penalidades. Vejamos.

Demissão	Competência para aplicação da penalidade: Presidente da República, Presidentes das Casas do Poder Legislativo e dos Tribunais Federais e Procurador-Geral da República, de acordo com o órgão ou Poder ao qual o servidor esteja vinculado. **Prazo de prescrição:** 5 anos, contados do momento em que a administração toma conhecimento do fato.
Cassação de Aposentadoria e Cassação de Disponibilidade	Competência para aplicação da penalidade: Presidente da República, Presidentes das Casas do Poder Legislativo e dos Tribunais Federais e Procurador-Geral da República, de acordo com o órgão ou Poder ao qual o servidor esteja vinculado. **Prazo de prescrição:** 5 anos, contados do momento em que a administração toma conhecimento do fato.
Suspensão	**Competência para aplicação da penalidade:** autoridade imediatamente inferior àquela que é competente para aplicação da penalidade de demissão, se a suspensão for por mais de 30 dias. Em casos de suspensão por até 30 dias, o chefe da repartição é competente para aplicação da pena. **Prazo de prescrição:** 2 anos, contados do momento em que a administração toma conhecimento do fato. **Cancelamento do Registro da Penalidade do assentamento individual do servidor:** 5 anos após o cumprimento da pena. OBS. A suspensão não pode ultrapassar 90 dias e, no interesse da administração, pode ser substituída por uma multa de 50% da remuneração do servidor, ficando, nestes casos, o sancionado prestando serviços regularmente.

Suspensão	No caso em que o servidor se recusa a se submeter à inspeção médica, a lei também determina a penalidade de suspensão. Ocorre que a suspensão, neste caso não tem finalidade punitiva, mas sim coercitiva. Desta forma, a lei afirma que, se o servidor se submete à inspeção médica, a qualquer momento durante a suspensão, cessa a penalidade de suspensão naquele exato momento. Ademais, nestes casos, a suspensão pode ser aplicada por, no máximo, 15 dias. Por fim, também se aplica suspensão por até 90 dias ao servidor que é reincidente em infração punível com advertência.
Destituição de Cargo em Comissão e Destituição de Função de Confiança	**Competência para aplicação da penalidade:** autoridade que nomeou o agente para exercício do cargo ou função. **Prazo de prescrição:** 5 anos, contados do momento em que a administração toma conhecimento do fato.
Advertência	**Competência para aplicação da penalidade:** chefe da repartição é competente para aplicação da sanção de advertência. **Prazo de prescrição:** 180 dias, contados do momento em que a administração toma conhecimento do fato. **Cancelamento do Registro da Penalidade do assentamento individual do servidor:** 3 anos após a aplicação da pena.

Cumpre ressaltar que, se a infração administrativa também configurar infração penal, o prazo prescricional aplicável é aquele previsto pela legislação penal, e não pelos prazos descritos na tabela acima.

CUIDADO! O STJ tem entendimento reiterado no sentido de que, para que se aplique o prazo prescricional penal, na esfera administrativa, não basta que a infração seja, concomitantemente, administrativa e penal, sendo também necessária a ocorrência do julgamento penal.

11.17. PROCESSO ADMINISTRATIVO DISCIPLINAR

O estudo do processo administrativo disciplinar se inicia no art. 143 da Lei 8.112/90 sendo o processo o meio existente para aplicação de sanções administrativas, nos casos de infrações praticadas por agentes na prestação do serviço público:

> Art. 143. A autoridade que tiver ciência de irregularidade no serviço público é obrigada a promover a sua apuração imediata, mediante sindicância ou processo administrativo disciplinar, assegurada ao acusado ampla defesa.

Não obstante a possibilidade de aplicação de sanções civis e penais, conforme estudado, no presente estudo nos interessa tão somente as sanções administrativas que serão impostas quando o servidor cometer uma infração.

Façamos duas importantes considerações preliminares:

Obs. 1: A instauração do PAD **interrompe o prazo prescricional para aplicação da penalidade administrativa.** O Superior Tribunal de Justiça entende que o prazo fica interrompido pelo período de 140 (cento e quarenta) dias, depois desse prazo reinicia-se normalmente a sua contagem.

Essa é a leitura da Súmula 635 do STJ, a seguir transcrita: **Súmula 635:** "Os prazos prescricionais previstos no artigo 142 da Lei 8.112/1990 iniciam-se na data em que a autoridade competente para a abertura do procedimento administrativo toma conhecimento do fato, interrompem-se com o primeiro ato de instauração válido – sindicância de caráter punitivo ou processo disciplinar – e voltam a fluir por inteiro, após decorridos 140 dias desde a interrupção."

Obs. 2: O servidor que estiver respondendo a processo administrativo disciplinar não pode ser exonerado a pedido e nem ser aposentado voluntariamente.

Ressalte-se que o processo administrativo é indispensável para aplicação de quaisquer penalidades administrativas. Antes da CF/88 existia a figura da "verdade sabida", na qual se aplicava penalidades sem processo; no entanto, modernamente, isso não é mais possível.

Portanto, nenhuma penalidade pode ser aplicada sem processo. Todavia, algumas penalidades dependem de um processo administrativo mais simplificado (sindicância) e outras punições necessitam da instauração do processo administrativo disciplinar propriamente dito.

11.17.1. Sindicância

A sindicância é processo administrativo simplificado, suficiente e adequado para aplicação das penalidades de advertência ou suspensão por até 30 dias.

CUIDADO! Esta sindicância, prevista na Lei 8112/90, não se confunde com a "sindicância meramente investigativa" criada pela doutrina e pela prática administrativa, com base legal na lei 9784/99, e que não pode resultar na aplicação de penalidades, dispensando, portanto, a garantia de contradítório. A sindicância regulamentada pela Lei 8112/90 é um processo administrativo disciplinar que pode gerar penalidades ao servidor e por isso deve respeitar o contraditório e a ampla defesa, sob pena de ser declarada ilegal.

A sindicância deverá ser finalizada no prazo máximo de 30 dias, prorrogáveis por mais 30 dias. Ocorre que tal prazo é impróprio, ou seja, a sua inobservância pela administração pública não causa nulidade do processo.

A lei estipula que, da sindicância, podem decorrer três situações (art. 145):

1) Arquivamento do processo: ocorrerá quando não for apurada nenhuma infração ou se o servidor não foi o autor da irregularidade.
2) Aplicação de penalidade: havendo a infração e sendo o servidor o seu causador. Frise-se que somente podem ser aplicadas, *in casu*, as penalidades disciplinares de advertência ou de suspensão por até 30 dias.
3) Instauração do PAD: no caso de se apurar, no bojo da sindicância, infração mais grave, praticada pelo servidor público, e sendo necessária a aplicação de penalidade mais severa do que as mencionadas no tópico anterior.

A sindicância não é indispensável para instauração do Processo Administrativo Disciplinar (PAD), bem como a instauração do PASD não é necessária, se na sindicância for apurada infração penalizada com advertência ou suspensão de até 30 dias.

11.17.2. Processo administrativo disciplinar propriamente dito (PAD)

Inicialmente, saliente-se que, antes da instauração do PAD, é possível que seja determinado o afastamento preventivo do servidor público.

Afastamento preventivo (art. 147): ao ser instaurado o PAD, se a autoridade administrativa entender que a permanência do servidor no cargo pode atrapalhar o andamento do processo, poderá determinar o afastamento preventivo deste, pelo prazo máximo de 60 dias, prorrogáveis por mais 60 (prazo peremptório), mantida obrigatoriamente sua remuneração integral; afinal não se trata de penalidade, mas sim de medida acautelatória.

Fases do Processo Administrativo Disciplinar:

A) Instauração:

A instauração se dá com a designação da comissão processante. A comissão deverá ser composta obrigatoriamente por 3 (três) servidores estáveis que não sejam cônjuges ou parentes até o terceiro grau civil do acusado.

A autoridade competente indicará, dentre esses três, um membro para ser o presidente da comissão. Além dos requisitos mencionados, o presidente da comissão deverá ser detentor de cargo ou ter nível de escolaridade igual ou superior ao do acusado (art. 149).

Na portaria de instauração do processo, não precisa haver descrição minuciosa dos fatos, conforme dispõe a súmula 641 do STJ. Vejamos:

Súmula 641 – A portaria de instauração do processo administrativo disciplinar prescinde da exposição detalhada dos fatos a serem apurados.

A instauração pode se dar, inclusive, em razão de denúncia anônima, conforme dispõe a Súmula 611 do STJ, a saber: "Desde que devidamente motivada e com amparo em investigação ou sindicância, é permitida a instauração de processo administrativo disciplinar com base em denúncia anônima, em face do poder-dever de autotutela imposto à Administração."

B) Inquérito administrativo:

O inquérito administrativo é a segunda fase do Processo Administrativo Disciplinar, que abarca toda a ideia de contraditório e ampla defesa. O inquérito se divide em três momentos diferentes: instrução probatória, citação do acusado com abertura de prazo e oportunização de defesa e elaboração do relatório. Ressalte-se que a apresentação de defesa pode ser feita pelo próprio acusado, não se exigindo a representação por advogado, conforme exposto na Súmula Vinculante n. 5 do Supremo Tribunal Federal. Vejamos.

Súmula Vinculante n. 5: a falta de defesa técnica por advogado no processo administrativo disciplinar não ofende a Constituição.

Do texto da súmula transcrita, depreende-se que se o acusado não quiser constituir advogado, pode seguir no PAD sozinho. No entanto, se optar pela defesa técnica e a Administração lhe negar, ocorrerá violação da ampla defesa.

Conforme explicado:

Inquérito Administrativo = i) instrução probatória; ii) defesa e iii) relatório.

i) A instrução probatória é ampla, uma vez que a lei admite, no bojo do processo administrativo, todos os meios de prova admitidos em direito; ou seja, todas as provas produzidas licitamente são admitidas.

Obs.: Prova de concurso: determinado servidor estava respondendo a processo judicial e, ao mesmo tempo, a processo administrativo disciplinar. No bojo do processo judicial, foi determinada licitamente a interceptação telefônica. É possível que esta prova seja emprestada ao processo administrativo, levando-se em consideração que foi regularmente realizada na esfera judicial? Em processo administrativo não se admite interceptação telefônica, mas não há óbice para a prova emprestada, desde que tenha sido produzida regularmente no processo judicial.

Neste sentido, apresenta-se entendimento sumulado do Superior Tribunal de Justiça. Trata-se da súmula 591.

ii) Produzidas as provas, o réu terá o prazo de 10 dias para apresentação de defesa, ressalvadas as seguintes situações:

- se o acusado não for encontrado e a citação ocorrer por edital, o prazo para apresentação de defesa será de **15 dias.**
- havendo dois ou mais acusados no mesmo processo, o prazo de defesa será de **20 dias** (prazo comum).

Caso o réu não apresente defesa, no prazo legal, ocorre à revelia. Ressalte-se que o conceito de revelia é exatamente a ausência de contestação (importante para o candidato não confundir o conceito de revelia com os efeitos que ela produz no processo civil, qual seja a confissão ficta).

Efeito da revelia: no processo administrativo, o único efeito decorrente da revelia é a designação defensor dativo, já que não se pode seguir o Processo Administrativo Disciplinar sem a apresentação de defesa. O defensor dativo não precisa ser, necessariamente, advogado, todavia a sua escolha deve seguir a mesma regra utilizada para a escolha do presidente da comissão, ou seja, deve ter cargo ou nível de escolaridade igual ou superior ao acusado. Veja-se: a desnecessidade de advogado reitera o conteúdo da Súmula Vinculante n. 5 do Supremo Tribunal Federal, já devidamente comentada alhures.

iii) Apresentada a defesa, seja pelo acusado, seja pelo defensor dativo, a comissão elaborará um relatório conclusivo. Ressalte-se que o relatório tem natureza jurídica de um parecer, não se restringindo a relatar os acontecimentos do processo, devendo emitir opinião sobre qual deve ser a decisão a ser tomada pela autoridade competente.

Questiona-se se o relatório vincula a autoridade julgadora, ou seja, se o julgador está adstrito à conclusão do relatório ou se pode julgar contrário a ele. A Lei 8.112/90 estabelece que o julgamento deverá seguir a conclusão do relatório, salvo se comprovadamente contrária à prova dos autos administrativos:

> Art. 168. O julgamento acatará o relatório da comissão, salvo quando contrário às provas dos autos.
>
> Parágrafo único. Quando o relatório da comissão contrariar as provas dos autos, a autoridade julgadora poderá, motivadamente, agravar a penalidade proposta, abrandá-la ou isentar o servidor de responsabilidade.

Da leitura do dispositivo transcrito, o Supremo Tribunal Federal manifestou entendimento recente de que o relatório da comissão não é vinculante. Isso porque, segundo a Corte Suprema, parecer vinculante é aquele que, em nenhuma hipótese, pode ser contrariado. Logo, haja vista a lei 8.112/90 estipular que a conclusão deve ser seguida, salvo se contrária à prova dos autos, entende-se que a expressão "deve" trazida pelo dispositivo configura mera orientação da lei e o relatório não tem, de fato, natureza vinculante.

Realizado o relatório, o parecer segue para julgamento pela autoridade competente, que decidirá pela aplicação da penalidade ou arquivamento do processo. A autoridade competente já foi tratada no tópico anterior deste capítulo e varia de acordo com a penalidade a ser aplicada. Vejamos:

> Art. 141. As penalidades disciplinares serão aplicadas:
>
> I - pelo Presidente da República, pelos Presidentes das Casas do Poder Legislativo e dos Tribunais Federais e pelo Procurador-Geral da República, quando se tratar de demissão e cassação de aposentadoria ou disponibilidade de servidor vinculado ao respectivo Poder, órgão, ou entidade;
>
> II - pelas autoridades administrativas de hierarquia imediatamente inferior àquelas mencionadas no inciso anterior quando se tratar de suspensão superior a 30 (trinta) dias;
>
> III - pelo chefe da repartição e outras autoridades na forma dos respectivos regimentos ou regulamentos, nos casos de advertência ou de suspensão de até 30 (trinta) dias;
>
> IV - pela autoridade que houver feito a nomeação, quando se tratar de destituição de cargo em comissão.

O prazo de duração do PAD é de 60 dias, prorrogáveis por mais 60 dias, até elaboração do relatório, depois a autoridade terá mais 20 dias para julgamento (+ 20 dias) – prazos impróprios. Ressaltando que a Súmula 592 do STJ dispõe que *"O excesso de prazo para a conclusão do processo administrativo disciplinar só causa nulidade se houver demonstração de prejuízo à defesa"*.

Atenção! Daqui decorre o entendimento jurisprudencial de que a interrupção da prescrição dura 140 dias contados da instauração do PAD. Logo, chega-se à conclusão de que, após os prazos máximos previstos em lei, não tendo sido finalizado o processo administrativo, será reiniciada a contagem do prazo de prescrição, o que tornaria admissível a figura da prescrição intercorrente na esfera administrativa.

Prescrição intercorrente no PAD – entendimento do STJ: passados os 140 dias de interrupção da prescrição, o prazo volta a correr, do início, no bojo do processo, gerando a possibilidade de ocorrência de prescrição intercorrente.

C) Julgamento

Após a elaboração do relatório, a autoridade julgadora deverá proferir o julgamento, no processo administrativo, em um prazo máximo de 20 dias.

Importante, ainda, ressaltar que a jurisprudência do STJ se firmou no sentido de que, nos casos em que o processo disciplinar tramite em face de servidores cedidos a outros órgãos públicos, a instauração do PAD se dará no órgão onde a irregularidade tenha ocorrido, no entanto, a aplicação da penalidade só pode ser aplicada no órgão de origem do servidor, ao qual ele se encontra vinculado. Nesses casos, o órgão que instaurou o processo pode determinar o retorno do servidor ao seu órgão de origem para análise acerca da aplicação de penalidade.

Nesse sentido, o Superior Tribunal de Justiça, por meio do MS 21.991-DF, dispõe que: "A instauração de processo disciplinar contra servidor efetivo cedido deve dar-se, preferencialmente, no órgão em que tenha sido praticada a suposta irregularidade, mas o julgamento e a eventual aplicação de sanção, quando findo o prazo de cessão e já tendo o servidor retornado ao órgão de origem, só podem ocorrer no órgão ao qual o servidor público federal efetivo estiver vinculado".

D) Impugnações administrativas do julgamento:

- Pedido de reconsideração;
- Recurso;
- Revisão.

Antes de analisar cada uma das possibilidades acima, deve-se relembrar a súmula vinculante n. 21, que estabelece a garantia do duplo grau de julgamento em processo administrativo, não sendo possível a exigência de depósito prévio para recurso administrativo, devendo-se entender a expressão "recurso administrativo" de forma ampla:

> ***Súmula Vinculante 21.*** *É inconstitucional a exigência de depósito ou arrolamento prévios de dinheiro ou bens para admissibilidade de recurso administrativo.*

- **Recurso e Pedido de reconsideração:**

Deverão ser interpostos, no prazo legal de 30 dias. O recurso é encaminhado hierarquicamente, por via da autoridade à qual está subordinado e dirigido à autoridade superior àquela que proferiu a decisão impugnada. Por sua vez, o pedido de reconsideração é julgado pela própria autoridade que efetivou o julgamento do processo, ora farpeado.

Ressalte-se que o recurso e o pedido de reconsideração são impugnações diferentes, que não se excluem. Logo, da decisão do pedido de reconsideração, o agente terá o prazo de 30 dias para interposição de recurso e assim sucessivamente. Veja-se que, havendo hierarquia administrativa suficiente, podem ser apresentados recursos até o máximo de 3 instâncias, sendo que, a cada nova interposição de recurso ou de pedido de reconsideração, ocorre nova interrupção do prazo de prescrição.

Ressalte-se que, em se tratando de processo administrativo, do julgamento de pedido de reconsideração e de recurso administrativo, pode decorrer situação mais gravosa ao recorrente. Com efeito, a lei não proíbe, nestas situações, a *reformatio in pejus*.

- **Revisão:**

A Revisão não tem prazo, logo, o pedido pode ser feito a qualquer tempo, desde que haja a alegação de **fatos novos** por parte do servidor.

A autoridade que julgou o Processo Administrativo Disciplinar será competente para julgamento da Revisão, desta vez, diante de fatos novos que não foram considerados para embasar a decisão anterior.

Por fatos novos entendem-se não os fatos havidos após a instauração do PAD, mas apenas fatos que não foram analisados no processo. É um novo processo, com nova comissão, que será julgado pela mesma autoridade. Apesar de não haver prazo preclusivo, há prazo de prescrição contra o Estado, que é de cinco anos para a demissão, cassação de aposentadoria e disponibilidade e 120 dias nos demais casos, conforme disposição da Lei 8112/90, abaixo transcrita.

> Art. 110. O direito de requerer prescreve:
>
> I - em 5 (cinco) anos, quanto aos atos de demissão e de cassação de aposentadoria ou disponibilidade, ou que afetem interesse patrimonial e créditos resultantes das relações de trabalho;
>
> II - em 120 (cento e vinte) dias, nos demais casos, salvo quando outro prazo for fixado em lei.

Importante salientar que a lei expressamente determina que, do julgamento da Revisão, NÃO pode haver agravamento da penalidade que o servidor havia sofrido no processo originário. Nesta situação, a lei veda a *reformatio in pejus*.

11.17.3. Processo sumário

> Art. 133. Detectada a qualquer tempo a acumulação ilegal de cargos, empregos ou funções públicas, a autoridade a que se refere o art. 143 notificará o servidor, por intermédio de sua chefia imediata, para apresentar opção no prazo improrrogável de dez dias, contados da data da ciência e, na hipótese de omissão, adotará procedimento sumário para a sua apuração e regularização imediata, cujo processo administrativo disciplinar se desenvolverá nas seguintes fases: (Redação dada pela Lei n. 9.527, de 10.12.97)

> Art. 140. Na apuração de abandono de cargo ou inassiduidade habitual, também será adotado o procedimento sumário a que se refere o art. 133, observando-se especialmente que: (Redação dada pela Lei n. 9.527, de 10.12.97)

Verifica-se que Lei 8.112/90 prevê o processo sumário nos casos de abandono de cargo, inassiduidade habitual (art. 140) e também de acumulação ilegal de cargos (art. 133) – hipóteses que ensejam a aplicação da penalidade de demissão. Apesar das discussões doutrinárias acerca da constitucionalidade deste processo, para fins de provas objetivas, ele tem sido aceito pelas bancas de concursos e exame de ordem.

A lei criou para essas situações um processo administrativo sumário em face da (suposta) facilidade de comprovação da materialidade das irregularidades, o qual terá o prazo máximo de duração de 30 dias prorrogáveis por mais 15 dias.

A comissão é composta por 2 servidores estáveis; não haveria fase de instrução, uma vez que a materialidade do fato e da autoria estaria comprovada documentalmente, amplamente falando, e a defesa deve ser apresentada no prazo de 5 dias.

No caso de acumulação ilegal de cargos, o estatuto dispõe que, antes da instauração do processo, o servidor será notificado para fazer a opção entre os cargos ocupados. Feita a escolha, considera-se que estava de boa-fé e será efetivada a exoneração do cargo que não foi alvo de sua opção. Da mesma sorte, se fizer a opção até o último dia do prazo para defesa no processo administrativo, presumir-se-á a sua boa-fé e será determinada a exoneração a pedido.

11.18. APOSENTADORIA DO SERVIDOR PÚBLICO

A aposentadoria é garantia definida pelo texto constitucional a todos aqueles que exercem atividades remuneradas de, após um determinado tempo de exercício da atividade, e mediante o cumprimento de alguns requisitos previamente estipulados, fazerem jus ao recebimento de uma remuneração – designada como provento – mesmo sem a necessidade de se manter na execução de sua atividade original.

Consoante analisado no capítulo referente aos atos administrativos, a aposentadoria é ato administrativo complexo e, para sua perfeição, depende da manifestação de vontade do órgão ao qual o servidor público esteja vinculado e mais a aprovação pelo respectivo Tribunal de Contas. Sendo assim, enquanto não emanada a manifestação de conformidade, expedida pelo referido tribunal, o ato de aposentadoria não estará perfeito.

A Constituição Federal de 1988, em seu art. 40, regulamenta todas as regras a serem aplicadas à aposentadoria dos servidores públicos estatutários. Todas as normas decorrem de modificações estabelecidas por duas reformas previdenciárias, vigentes, no Brasil, em razão das Emendas Constitucionais n. 20/98 e n. 41/03, além de alterações posteriores.

Feitas as considerações preliminares, seguimos ao estudo da matéria propriamente dito.

11.19. REGIMES DE PREVIDÊNCIA

No Brasil, existem dois regimes obrigatórios de previdência social, além dos regimes privados e complementares: (i) regime geral da previdência social e (ii) regime próprio de previdência social. A regra é que todos aqueles que exercem atividade remunerada, necessariamente, deverão contribuir para algum dos dois regimes, sendo ainda possível a contribuição para o regime geral aqueles que, mesmo não exercendo qualquer atividade remunerada, visam a uma garantia futura, chamados de contribuintes facultativos.

Regime geral de Previdência Social (RGPS)

Trata-se da matéria de estudo do direito previdenciário, não sendo afeta à análise dos estudiosos de Direito Administrativo. O RGPS é regulamentado pelo art. 201 e seguintes do texto constitucional e deve ser aplicado a todas as pessoas que atuam no exercício de qualquer função, mediante pagamento, sem estar vinculado a algum regime próprio. Com efeito, todos aqueles que não têm regime próprio e exercem atividade remunerada, necessariamente, contribuem para o Regime Geral de Previdência Social.

O Instituto Nacional do Seguro Social - INSS é responsável pela gestão do regime geral de previdência.

Estão sujeitos ao RGPS, além dos empregados em geral, aqueles contratados sob o regime da Consolidação das Leis do Trabalho para prestação de serviços em entidades da Administração Indireta de Direito Privado, como as empresas públicas e sociedades de economia mista, sejam elas prestadoras de serviço público ou exploradoras de atividade econômica. Da mesma forma, os servidores detentores de cargo temporário, nos moldes definidos pelo art. 37, IX da Constituição da República, são vinculados ao Regime Geral de Previdência, assim como os agentes políticos detentores de mandato eletivo, nos moldes do art. 40, § 13° da Constituição Federal.

Ademais, consoante já analisado nesta obra, o servidor estatutário pode ser comissionado e não detentor de cargo efetivo e, neste caso, em que não tenha cargo efetivo, sendo somente detentor de cargo em comissão, estará vinculado ao regime geral. Neste sentido, o art. 40, § 13° da Carta Magna dispõe que *"Aplica-se ao agente público ocupante, exclusivamente, de cargo em comissão declarado em lei de livre nomeação e exoneração, de outro cargo temporário, inclusive aos detentores de mandato eletivo, ou de emprego público, o Regime Geral de Previdência Social."*. A matéria já foi objeto de controle de constitucionalidade, por meio da ADI

2024 e declarada constitucional pelo Supremo Tribunal Federal, razão pela qual, não há mais discussões a esse respeito[1].

O Regime Geral de Previdência Social ainda será aplicado aos servidores detentores de cargos efetivos vinculados a entes federativos que não instituíram regime próprio para os seus servidores estatutários.

Regime próprio (RPPS)

Trata-se de regime destinado ao servidor estatutário, detentor de **cargo efetivo** de ente federativo que tenha instituído e regulamentado a previdência. Com efeito, conforme mencionado, é necessário que o ente a que o servidor presta serviços tenha criado regime próprio de previdência para seu pessoal. Caso contrário, seus servidores seguirão o Regime Geral. O RPPS também se aplica aos detentores de **cargos vitalícios.**

Em relação aos **servidores militares**, há regulamentação específica para aqueles que ingressam na atividade, mediante a reserva remunerada ou a reforma. Não se trata de aposentadoria, propriamente dita e, neste sentido, não segue as

---

1. Veja-se o julgado proferido pelo STF, em sede de ADI:

EMENTA: I. Ação direta de inconstitucionalidade: seu cabimento - sedimentado na jurisprudência do Tribunal - para questionar a compatibilidade de emenda constitucional com os limites formais ou materiais impostos pela Constituição ao poder constituinte derivado: precedentes. II. Previdência social (CF, art. 40, § 13, cf. EC 20/98): submissão dos ocupantes exclusivamente de cargos em comissão, assim como os de outro cargo temporário ou de emprego público ao regime geral da previdência social: argüição de inconstitucionalidade do preceito por tendente a abolir a "forma federativa do Estado" (CF, art. 60, § 4º, I): improcedência. 1. A "forma federativa de Estado" - elevado a princípio intangível por todas as Constituições da República - não pode ser conceituada a partir de um modelo ideal e apriorístico de Federação, mas, sim, daquele que o constituinte originário concretamente adotou e, como o adotou, erigiu em limite material imposto às futuras emendas à Constituição; de resto as limitações materiais ao poder constituinte de reforma, que o art. 60, § 4º, da Lei Fundamental enumera, não significam a intangibilidade literal da respectiva disciplina na Constituição originária, mas apenas a proteção do núcleo essencial dos princípios e institutos cuja preservação nelas se protege. 2. À vista do modelo ainda acentuadamente centralizado do federalismo adotado pela versão originária da Constituição de 1988, o preceito questionado da EC 20/98 nem tende a aboli-lo, nem sequer a afetá-lo. 3. Já assentou o Tribunal (MS 23047-MC, Pertence), que no novo art. 40 e seus parágrafos da Constituição (cf. EC 20/98), nela, pouco inovou "sob a perspectiva da Federação, a explicitação de que aos servidores efetivos dos Estados, do Distrito Federal e dos Municípios, "é assegurado regime de previdência de caráter contributivo, observados critérios que preservem o equilíbrio financeiro e atuarial", assim como as normas relativas às respectivas aposentadorias e pensões, objeto dos seus numerosos parágrafos: afinal, toda a disciplina constitucional originária do regime dos servidores públicos - inclusive a do seu regime previdenciário - já abrangia os três níveis da organização federativa, impondo-se à observância de todas as unidades federadas, ainda quando - com base no art. 149, parág. único - que a proposta não altera - organizem sistema previdenciário próprio para os seus servidores": análise da evolução do tema, do texto constitucional de 1988, passando pela EC 3/93, até a recente reforma previdenciária. 4. A matéria da disposição discutida é previdenciária e, por sua natureza, comporta norma geral de âmbito nacional de validade, que à União se facultava editar, sem prejuízo da legislação estadual suplementar ou plena, na falta de lei federal (CF 88, arts. 24, XII, e 40, § 2º): se já o podia ter feito a lei federal, com base nos preceitos recordados do texto constitucional originário, obviamente não afeta ou, menos ainda, tende a abolir a autonomia dos Estados-membros que assim agora tenha prescrito diretamente a norma constitucional sobrevinda. 5. É da jurisprudência do Supremo Tribunal que o princípio da imunidade tributária recíproca (CF, art. 150, VI, a) - ainda que se discuta a sua aplicabilidade a outros tributos, que não os impostos - não pode ser invocado na hipótese de contribuições previdenciárias. 6. A auto-aplicabilidade do novo art. 40, § 13 é questão estranha à constitucionalidade do preceito e, portanto, ao âmbito próprio da ação direta.

ADI 2024 / DF - DISTRITO FEDERAL AÇÃO DIRETA DE INCONSTITUCIONALIDADE Relator(a): Min. SEPÚLVEDA PERTENCE Julgamento: 03/05/2007 Órgão Julgador: Tribunal Pleno.

normas aplicáveis aos servidores civis em geral, mas sim um sistema custeado integralmente pelo poder público.

11.20. REGIME PRÓPRIO DE PREVIDÊNCIA SOCIAL (RPPS)

Conforme explicitado, a matéria de nosso estudo é somente o Regime Próprio de Previdência Social, atualmente, regulamentado, na Constituição Federal, em seu art. 40, que lhe define todos os contornos e limites. O Regime Geral de Previdência Social não será analisado nesta obra por se tratar de objeto de estudo do direito previdenciário.

11.20.1. Breve histórico constitucional

Originariamente, o texto constitucional de 1988 definia o tempo de serviço como único requisito para concessão de aposentadoria a servidores efetivos, vinculados ao Regime Próprio de Previdência, sendo garantida, a todos os servidores da inatividade, a paridade com os servidores em atividade no exercício de funções similares, bem como a integralidade, ou seja, a garantia de se aposentar com proventos idênticos ao valor da última remuneração percebida na atividade, sem importar os outros salários de contribuição.

Com a edição da **Emenda Constitucional n. 20/98**, o tempo de serviço, que figurava como requisito único, deixa de ser relevante para a concessão da aposentadoria. No novo texto, os pressupostos necessários à concessão da aposentadoria do servidor público passam a ser o **tempo de contribuição** e a **idade**. Neste momento, foram inseridas algumas regras de transição àqueles que já haviam ingressado no serviço público no momento da edição da emenda, e foram mantidas as garantias dos que já haviam cumprido todos os requisitos para se aposentarem, por gozarem de prerrogativa de direito adquirido.

A referida emenda ainda criou o abono de permanência aos servidores que se mantivessem no serviço público mesmo já tendo cumprido todos os requisitos para o gozo de aposentadoria voluntária integral, com a intenção de evitar a debandada geral dos quadros da Administração Pública de servidores preocupados com as alterações constitucionais.

Posteriormente, foi editada a **Emenda Constitucional n. 41/03**, incluindo expressamente no texto constitucional o princípio da solidariedade do regime público de previdência, com a definição de que o segurado não contribui para o seu benefício especificamente e sim para a manutenção do sistema ao qual está vinculado.

A emenda ainda foi responsável pelo término das garantias da integralidade e paridade. Sendo assim, o cálculo de aposentadoria passou a seguir as regras do regime geral de previdência, por meio de cálculo aritmético dos salários de contribuição do sujeito, não havendo mais a garantia de manter-se vinculado à remuneração dos servidores que estejam em atividade.

A reforma previdenciária ainda acrescentou, entre outras coisas, a contribuição dos servidores inativos, sejam eles aposentados ou pensionistas e determinou a introdução do teto de proventos do regime geral de previdência aos servidores do regime próprio, dependendo, entretanto, esta norma da criação, mediante lei, de um regime complementar de previdência público para os servidores estatutários.

Da mesma forma, as alterações não atingiram aqueles que já haviam cumprido os requisitos para fins de aposentadoria e foram definidas regras de transição a serem aplicadas aos servidores já em atividade.

Por fim, a **Emenda Constitucional n. 47/05** foi aprovada, definindo novas regras de transição para aqueles ingressos no serviço público antes de 2003, além da criação de aposentadoria especial para servidores portadores de deficiência, que exerçam atividades de risco ou atividades prejudiciais à saúde, desde que as normas sejam estipuladas por meio de lei complementar.

Por fim, em 2019, com a publicação da **Emenda Constitucional n. 103/19**, foram endurecidas as regras de concessão de aposentadoria, com aumento de idade e de tempo de contribuição para que os proventos sejam não proporcionais. Ademais, a referida emenda criou novas alíquotas de contribuição e, principalmente, estabeleceu alíquota variável de acordo com o valor da remuneração do servidor.

Além disso, as regras estipuladas por essa nova reforma abarcam as pensões por morte, impactando diretamente nos valores de seus proventos.

11.20.2. Características do RPPS

Após todas as alterações constitucionais, o regime próprio de previdência dos servidores ganhou contornos definidos e seguem algumas características básicas a serem analisadas.

Caráter contributivo do regime: desde a edição da EC 20/98, não interessa, para fins de cálculo e de concessão da aposentadoria, o tempo de serviço público, passando a ser relevante apenas o tempo de contribuição do agente. O que já tinha sido computado como tempo de serviço, até então, foi automaticamente transformado em tempo de contribuição e, a partir de 1998. Somente aquilo que foi efetivamente contribuído será utilizado como critério para a concessão da aposentadoria do agente público.

Em razão disso, hoje é proibida qualquer espécie de contagem de tempo fictício de contribuição, como, por exemplo, o tempo de tiro de guerra, que a lei 8112/90 determina que seja contado em dobro, ou ainda a licença prêmio não gozada, definida em alguns estatutos como garantia de contagem dobrada de tempo de serviço. Tal vedação está estipulada no texto constitucional, em seu art. 40, § 10°, a fim de não quebrar o caráter contributivo do sistema.

Repita-se, no entanto, que aqueles servidores cuja contagem de tempo de serviço havia sido feita antes do advento da EC 20/98, tiveram, automaticamente, todo tempo de serviço convertido em tempo de contribuição.

Contagem recíproca de tempo de contribuição: todo tempo que o agente público contribuiu em qualquer dos regimes de previdência, a qualquer tempo, poderá ser contado como tempo de contribuição para fins de aposentadoria no regime próprio de previdência.

Suponha, a título de exemplo, que Marcelo, aos 18 anos, começou a dar aula de inglês, contribuindo para o regime geral de previdência por 2 (dois) anos. Posteriormente, aprovado para o cargo público de técnico do Ministério Público da União, ficou 1 (um) ano contribuindo como para o regime próprio da União. Depois, após aprovação mediante concurso público, contribuiu por 2 (dois) anos para o regime próprio de determinado estado, como Procurador do Estado. Em 2007, assumiu, mediante concurso público, o cargo de Procurador da Fazenda Nacional, passando a contribuir para o regime próprio da União. Ocorre que, a partir de 2007, ao mesmo tempo em que contribui para o regime próprio, exerce atividade privada compatível com o horário de trabalho, professor em universidade privada e, como tal, contribui para o regime geral de previdência social.

Nesta situação, todo tempo de contribuição, no RGPS e nos diversos regimes próprios poderá ser contado no momento da aposentadoria final, entretanto, exceto os tempos de contribuição em que simultaneamente exerce a atividade privada de professor e exerce o cargo público.

Isso porque a contagem simultânea de tempo não é admitida, mas tão somente a contagem recíproca, já que reduziria o tempo de contribuição efetivo. Logo, se, por exemplo, por 20 anos, determinado cidadão contribui, simultaneamente, para o RPPS e para o RGPS, não poderá aproveitar todo este tempo de contribuição para sua aposentadoria no RPPS. Poderá, todavia, se cumpridos os requisitos legais, acumular aposentadoria de dois regimes.

Caráter solidário: a solidariedade decorre do fato de que, no regime público de previdência, diferentemente do que ocorre no regime de previdência privada, não se aplica o sistema de capitalização, ou seja, o sujeito não contribui para seu benefício especificamente, ficando o dinheiro em uma conta vinculada, aguardando o momento de recebimento do prêmio. No sistema público, os servidores contribuem para a manutenção do sistema, não havendo uma correlação lógica entre o valor efetivamente pago e aquilo que será percebido a título de benefício pelo agente público, tratando-se de regra básica de repartição simples.

No ano de 2019, antes da promulgação da EC 103/19, se tentou implementar o regime de capitalização, oposto ao regime solidário, mas o governo não obteve êxito nesse aspecto.

11.20.3. Hipóteses de aposentadoria

Inicialmente, deve-se salientar que as normas que serão analisadas a seguir se aplicam a servidores públicos federais, haja vista, com a edição EC 103/19, caber aos estados e municípios regularem as regras de aposentadorias de seus respectivos servidores efetivos.

A) Aposentadoria incapacidade permanente

Sempre que caracterizada a incapacidade permanente, por laudo médico oficial, demonstrando a incapacidade do sujeito para a prestação do serviço público, será concedida aposentadoria, com proventos proporcionais ao tempo de contribuição do agente. Nesses casos, será necessária a realização de avaliações periódicas para verificar a continuidade das condições que ensejaram a referida aposentadoria.

Ressalte-se, ainda, que o texto constitucional frisou o entendimento de que a incapacidade deverá tornar impossível a permanência do servidor, não sendo possível, nem mesmo, sua readaptação.

Contudo, a própria Constituição Federal aponta algumas exceções à regra de pagamento de aposentadoria por incapacidade com proventos proporcionais. São hipóteses nas quais a aposentadoria por invalidez se dará com proventos integrais, independentemente do tempo de contribuição, nos moldes do art. 26 da EC 103/19 quando:

a) decorrer de acidente de trabalho, casos em que a invalidez decorreu da própria atividade pública, razão pela qual o ente estatal ficará responsável pelo pagamento de proventos integrais, independentemente do tempo de contribuição do sujeito;

b) decorrer de doença profissional e de doença do trabalho, que no mesmo sentido tem base nas funções do cargo, como é o exemplo da lesão por esforço repetitivo – LER.

Foi retirada, com a EC 103/19, a aposentadoria por incapacidade com proventos integrais em razão de doença grave, contagiosa ou incurável nos termos da lei, que constava na redação anterior.

O cálculo do provento de aposentadoria por incapacidade será definido em lei a ser expedida. Todavia, enquanto não houver lei, as regras aplicáveis estão no art. 26 da EC 103/19 que determina a forma de cálculo.

Assim, com as ressalvas para a aposentadoria por incapacidade decorrente de acidente do trabalho ou doença profissional e do trabalho, cujos proventos serão integrais, as demais serão assim. Calculadas.

APOSENTADORIA POR INCAPACIDADE	VALOR DO BENEFÍCIO
Decorrente de doença profissional ou do trabalho ou de acidente de trabalho.	**Média aritmética de 100% das remunerações**
Outros casos	**O valor do benefício será de 60% da média aritmética das contribuições do sujeito, acrescido de 2% para cada ano que ultrapassar 20 anos de contribuição.**

Dessa forma, se, ao se aposentar por invalidez, o servidor tinha 30 anos de contribuição, deverá receber 60% da média aritmética e mais 2% para cada ano que ultrapassou 20 anos (ou seja, 2% vezes 10 anos). Assim, receberia 60% + 20%, completando o total de 80% da média aritmética.

B) Aposentadoria compulsória

Acontece aos 75 (setenta e cinco) anos de idade, tanto para o homem quanto para a mulher servidora pública, consoante disposto no art. 40, § 1º, II, da Constituição Federal e no art. 2º da LC 152/2015 e será paga com proventos proporcionais ao tempo de contribuição ou integral, caso o servidor tenha contribuído todo o tempo necessário para a concessão de aposentadoria com proventos integrais.

É relevante que se ressalte que, ao completar a idade máxima de 75 (setenta e cinco) anos, o servidor público, detentor de cargo efetivo ou vitalício, estará automaticamente aposentado, sendo o ato administrativo que define esta aposentadoria meramente declaratório, retroagindo a esta data.

Enfim, aos 75 (setenta e cinco) anos de idade, a Constituição Federal presume, de forma absoluta, a incapacidade de exercer a atividade estatal, não sendo possível que o agente demonstre o contrário, mesmo tendo condições de se manter nas atribuições do cargo.

No que tange ao cálculo de aposentadoria, segue-se, até a edição da lei ordinária federal prevista no dispositivo constitucional, as regras do art. 26, § 4º da EC 103/19 que dispõe que *O valor do benefício da aposentadoria de que trata o inciso III do § 1º (APOSENTADORIA COMPULSÓRIA) do art. 10 corresponderá ao resultado do tempo de contribuição dividido por vinte anos, limitado a um inteiro, multiplicado pelo valor apurado na forma do caput do § 2º, ressalvado o caso de cumprimento de critérios de acesso para aposentadoria voluntária que resulte em situação mais favorável.*

Explique-se. Se o servidor chegar aos 75 anos de idade sem completar os requisitos para a aposentadoria voluntária deverá dividir seu tempo de contribuição por 20. O valor obtido será multiplicado por 60%, se conseguindo auferir o valor de sua aposentadoria.

Exemplo:

João – 10 anos de contribuição e 75 anos de idade.

10/20 = ½

½ X 60% = 30%

João receberá 30% da média aritmética dos seus salários de contribuição.

Por fim, ressalte-se que o provento não poderá ser inferior a um salário mínimo.

C) Aposentadoria voluntária

A aposentadoria voluntária pode ser concedida com proventos integrais ou proporcionais ao tempo de contribuição, sendo que, em ambos os casos, o servidor deverá comprovar haver completado 10 (dez) anos no serviço público, somado ao fato de estar, há 5 (cinco) anos, no cargo em que será concedida a aposentadoria (conforme regra estabelecida no art. 10 da EC 103/19).

Aposentadoria voluntária

Além de demonstrar que conta com dez anos de serviço público, sendo os últimos cinco, no cargo em que está se dando a aposentadoria, o servidor deve comprovar o cumprimento de mais dois requisitos, a saber:

- homem: deve ter 65 anos de idade + 25 anos de contribuição.
- mulher: deve ter 62 anos de idade + 25 anos de contribuição.

Ademais, enquanto não houver lei que defina a forma de cálculo dos proventos de aposentadoria desses servidores, deverão ser observadas as regras postas no art. 26 da EC 103/19 que dispõe que:

> *"Art. 26. Até que lei discipline o cálculo dos benefícios do regime próprio de previdência social da União e do Regime Geral de Previdência Social, será utilizada a média aritmética simples dos salários de contribuição e das remunerações adotados como base para contribuições a regime próprio de previdência social e ao Regime Geral de Previdência Social, ou como base para contribuições decorrentes das atividades militares de que tratam os arts. 42 e 142 da Constituição Federal, atualizados monetariamente, correspondentes a cem por cento do período contributivo desde a competência julho de 1994 ou desde o início da contribuição, se posterior àquela competência".*
>
> *§ 1º A média a que se refere o caput será limitada ao valor máximo do salário de contribuição do Regime Geral de Previdência Social para os segurados deste regime e para o servidor que ingressou no serviço público em cargo efetivo após a implanta-*

ção do regime de previdência complementar ou que tenha exercido a opção correspondente, nos termos do disposto nos §§ 14 a 16 do art. 40 da Constituição Federal.

§ 2º O valor do benefício de aposentadoria corresponderá a sessenta por cento da média aritmética definida na forma prevista no caput e no § 1º, com acréscimo de dois por cento para cada ano de contribuição que exceder o tempo de vinte anos de contribuição".

Assim, a aposentadoria será calculada com base na média aritmética simples de 100% do período contributivo (a regra anterior permitia que a média seria feita somente em relação aos 80% maiores salários de contribuição).

Depois de feita a média, o valor do provento será de 60% dessa média, somado a 2% a mais, para cada ano de contribuição acima dos 20 primeiros anos.

Assim, para o servidor completar o valor total, terá que contribuir com 40 anos.

O professor Frederico Amado montou uma tabela explicativa[2]. Vejamos

TEMPO DE CONTRIBUIÇÃO	COEFICIENTE
Até 20 anos	60%
21 anos	62%
22 anos	64%
23 anos	66%
24 anos	68%
25 anos	70%
26 anos	72%
27 anos	74%
28 anos	76%
29 anos	78%
30 anos	80%
31 anos	82%
32 anos	84%
33 anos	86%
34 anos	88%
35 anos	90%
36 anos	92%
37 anos	94%
38 anos	96%

2. AMADO, Frederico. Reforma Previdenciária Comentada. Ed100%. Juspodivm. 2019.

TEMPO DE CONTRIBUIÇÃO	COEFICIENTE
39 anos	98%
40 anos	100%
41 anos	102%
42 anos	104%
Assim sucessivamente	**Assim sucessivamente**

Portanto, consoante se verifica da leitura da tabela, os proventos de aposentadoria do servidor público federal será de, no mínimo de 60% da média de todas as remunerações desde 7/1994. Nesse caso, o servidor somente fará jus a 100% dessa média aritmética ao completar 40 anos de contribuição. Vale, ainda, ressaltar que, de forma intencional, o artigo 26 da EC 103/2019 não limita a média das remunerações a 100%, de modo que se esse servidor possuir mais de 40 anos de tempo de contribuição poderá receber proventos acima de 100%, os chamados proventos ultra integrais.

Se o servidor cumprir TODOS os requisitos necessários à concessão da aposentadoria voluntária integral e **não tiver interesse em se aposentar**, poderá fazer jus ao recebimento de **abono de permanência**. Esse abono será recebido, pelo servidor, mensalmente, enquanto puder aposentar com proventos integrais e não o quiser, mantendo-se em atividade. O abono é pago em valor, no máximo, correspondente ao da contribuição previdenciária desse servidor.

Atente-se para o fato de que o art. 40, § 19 da CF, após a alteração da EC 103/19 dispõe que o abono de permanência 'poderá ser concedido por meio de lei e que ele não pode ultrapassar o valor da contribuição previdenciária. Ou seja, é possível que o abono não seja concedido a todas as carreiras e o seu valor pode variar, nos moldes da lei a ser editada.

Enquanto não houver lei específica tratando do tema, o abono de permanência está garantido ao servidor federal, no valor da sua contribuição previdenciária, nos moldes determinados pelo art. 8º da EC 103/19.

É importante salientar que esse servidor NÃO deixa de contribuir para o regime de previdência, ele continua contribuindo, mas recebe de volta o valor pago, mediante o recebimento de abono de permanência.

Servidores que exercem atividades de magistério

O próprio texto constitucional (art. 40, § 5º) criou um benefício para os servidores que exercem atividades de magistério, desde que comprovem o cumprimento de dois requisitos cumulativos, quais sejam:

I. comprovem que todo tempo de contribuição se deu em sala de aula, ou melhor, em atividade educacional, uma vez que a jurisprudência do Supremo Tribunal Federal vem relativizando a aplicação da súmula 726 do STF. Sendo assim, não obstante a súmula defina a obrigatoriedade de estar, durante todo o tempo de contribuição, em sala de aula, na verdade, a jurisprudência da Corte vem admitindo tempo de atividades vinculadas ao magistério como direção de escola ou orientação pedagógica, entre outros.

Nesse sentido, observe-se o julgado da ADI 3772, já consolidado na jurisprudência da Suprema Corte.

EMENTA: AÇÃO DIRETA DE INCONSTITUCIONALIDADE MANEJADA CONTRA O ART. 1º DA LEI FEDERAL 11.301/2006, QUE ACRESCENTOU O § 2º AO ART. 67 DA LEI 9.394/1996. CARREIRA DE MAGISTÉRIO. APOSENTADORIA ESPECIAL PARA OS EXERCENTES DE FUNÇÕES DE DIREÇÃO, COORDENAÇÃO E ASSESSORAMENTO PEDAGÓGICO. ALEGADA OFENSA AOS ARTS. 40, § 5º, E 201, § 8º, DA CONSTITUIÇÃO FEDERAL. INOCORRÊNCIA. AÇÃO JULGADA PARCIALMENTE PROCEDENTE, COM INTERPRETAÇÃO CONFORME. I - A função de magistério não se circunscreve apenas ao trabalho em sala de aula, abrangendo também a preparação de aulas, a correção de provas, o atendimento aos pais e alunos, a coordenação e o assessoramento pedagógico e, ainda, a direção de unidade escolar. II - **As funções de direção, coordenação e assessoramento pedagógico integram a carreira do magistério, desde que exercidos, em estabelecimentos de ensino básico**, por professores de carreira, excluídos os especialistas em educação, fazendo jus aqueles que as desempenham ao regime especial de aposentadoria estabelecido nos arts. 40, § 5º, e 201, § 8º, da Constituição Federal. III - Ação direta julgada parcialmente procedente, com interpretação conforme, nos termos supra.

ADI 3772 / DF - DISTRITO FEDERAL

AÇÃO DIRETA DE INCONSTITUCIONALIDADE

Relator(a): Min. CARLOS BRITTO

Relator(a) p/ Acórdão: Min. RICARDO LEWANDOWSKI

Julgamento: 29/10/2008 Órgão Julgador: Tribunal Pleno

II. que todo o tempo prestado foi no ensino de educação infantil, ensino fundamental ou médio. Logo, estará excluído do benefício, nos moldes do texto constitucional o professor universitário ou de pós-graduação em geral.

Esses servidores, desde que comprovem os dois requisitos, têm direito à redução de 5 (cinco) anos na idade mínima para aposentadoria.

Nesta situação, a aposentadoria dependeria dos seguintes requisitos: homem deve ter 60 anos de idade + 25 anos de contribuição e a mulher deve ter 57 anos de idade + 25 anos de contribuição, além dos 10 anos de serviço público e 5 anos no cargo.

No entanto, nos moldes estipulados pelo art. 26 da EC 103/19, no que tange aos cálculos de proventos de aposentadoria, os valores não serão alterados. Assim, o servidor professor ao completar a idade mínima prevista fará jus a provento que corresponderá a 60% da média aritmética de todas as suas contribuições, acrescido de 2% para cada ano de contribuição que exceder os 20 anos.

Aposentadorias especiais

Os critérios para a concessão de aposentadoria estão, desta forma, definidos no texto da Constituição Federal, sendo vedada, expressamente, a utilização de qualquer critério diferenciado para concessão do benefício, ressalvando situações específicas, nas quais, mediante Lei Complementar **poderá** haver a criação de critérios diferenciados. Com efeito, o texto constitucional define que:

> *"§ 4º É vedada a adoção de requisitos ou critérios diferenciados para concessão de benefícios em regime próprio de previdência social, ressalvado o disposto nos §§ 4º-A, 4º-B, 4º-C e 5º.*
>
> *§ 4º-A Poderão ser estabelecidos por lei complementar do respectivo ente federativo idade e tempo de contribuição diferenciados para aposentadoria de **servidores com deficiência**, previamente submetidos à avaliação biopsicossocial realizada por equipe multiprofissional e interdisciplinar.*
>
> *§ 4º-B Poderão ser estabelecidos por lei complementar do respectivo ente federativo idade e tempo de contribuição diferenciados para aposentadoria de **ocupantes do cargo de agente penitenciário, de agente socioeducativo ou de policial** dos órgãos de que tratam o inciso IV do caput do art. 51, o inciso XIII do caput do art. 52 e os incisos I a IV do caput do art. 144.*
>
> *§ 4º-C Poderão ser estabelecidos por lei complementar do respectivo ente federativo idade e tempo de contribuição diferenciados para aposentadoria de **servidores cujas atividades sejam exercidas com efetiva exposição a agentes nocivos químicos, físicos e biológicos prejudiciais à saúde**, ou associação destes agentes, vedados a caracterização por categoria profissional ou ocupação e o enquadramento por periculosidade.".*

Verifica-se tratar-se de norma de eficácia limitada, uma vez que a concessão do critério diferenciado não está regulamentada na Carta Magna que atribui essa tarefa a Lei Complementar. Em virtude do fato de que a Constituição Federal não garante o direito à aposentadoria especial, mas somente o faculta ao ente federado (o dispositivo é claro ao dizer que o ente **poderá**), a ausência de lei não configura omissão indevida e, portanto, não é discutível mediante Mandado de Injunção.

Nesse caso, no que tange à hipótese no inciso III, em 24 de abril de 2014, o Supremo Tribunal Federal editou a Súmula Vinculante n. 33, conferindo aos servidores que exercem atividade prejudicial à saúde o direito à aposentadoria especial, mesmo que não haja lei específica tratando da matéria. Nestes casos, a Corte Suprema determina que sejam aplicadas as regras definidas no Regime Geral de Previdência Social para empregados em situação similar.

Eis o teor da referida Súmula:

*"**Súmula vinculante no 33** - Aplicam-se ao servidor público, no que couber, as regras do regime geral da previdência social sobre aposentadoria especial de que trata o artigo 40, § 4º, inciso III da Constituição Federal, até a edição de lei complementar específica."*

Com a alteração constitucional, a referida súmula vinculante não terá mais aplicabilidade, haja vista se considerar o entendimento de que se tratou de uma opção do legislador ordinário de não prever o referido benefício, nos moldes autorizados pela Carta magna.

A situação é diferente dos servidores professores, cujo direito à aposentadoria especial é claramente apresentado pela Constituição.

A norma constitucional, portanto, prevê quais os servidores que poderão gozar a aposentadoria especial:

a) servidores portadores de deficiência;

b) agentes penitenciários;

c) policial civil dos estados e Distrito Federal;

d) policiais federais, policiais rodoviários federais e policiais ferroviários federais;

e) policiais da câmara dos deputados e do senado;

f) servidores que estão sujeitos a agentes nocivos (atividades insalubres).

Verifique-se que foi retirada a possibilidade de aposentadoria especial para todos os servidores que exercem atividade de risco, ficando o benefício limitado a determinadas carreiras estipuladas na própria Constituição Federal.

O art. 10 da EC 103/19 definiu os critérios de aposentadoria especial para essas carreiras até que venha a lei regulamentar esse dispositivo. Vejamos.

I – Servidores sujeitos a agentes nocivos

Esses servidores que exercem atividades insalubres, com efetiva exposição a agentes nocivos poderá aposentar aos:

60 anos de idade;

25 anos de efetiva exposição e contribuição;

10 anos no serviço público;

5 no cargo.

II – Policiais federais, policiais rodoviários federais, policiais ferroviários federais, policiais da câmara dos deputados e do senado e policiais civis do DF

Nesse caso, seja homem ou mulher, os requisitos para a aposentadoria serão:

55 anos de idade;

30 anos de contribuição;

25 anos de efetivo exercício em cargos destas carreiras.

Vale lembrar que a regra prevista na EC 103/19 não se aplica aos policiais civis dos estados federados, devendo esses seguirem as regras definidas em lei.

III – Portadores de deficiência

Enquanto não houver lei federal para disciplinar as regras de aposentadoria para servidores da União portadores de deficiência, serão aplicadas as normas postas no art. 22 da EC 103/19.

Para fazer jus à aposentadoria especial esse servidor deverá seguir as regras da Emenda, somadas às normas da Lei Complementar 142/2013 (que trata da aposentadoria especial de empregados com deficiência e será usada analogicamente aos servidores públicos federais. Assim, os requisitos para a aposentadoria especial desses servidores portadores de deficiência serão:

- 10 anos de serviço público;
- 5 anos no cargo da aposentadoria;
- Tempo de contribuição nos moldes da tabela abaixo que toma por base o grau de deficiência.

	DEFICIÊNCIA GRAVE	DEFICIÊNCIA MODERADA	DEFICIÊNCIA MÉDIA
HOMEM	25 anos de contribuição	29 anos de contribuição	33 anos de contribuição
MULHER	20 anos de contribuição	24 anos de contribuição	28 anos de contribuição

11.20.4. Valor da contribuição

No regime próprio de previdência social do servidor público, a alíquota de contribuição será regulamentada pelo art. 11 da EC 103/19, até que seja definida nova regra por lei federal que altere a lei 10.877/2004 (lei que estabelecia a alíquota de 115 para servidores federais).

Assim, nos termos da referida emenda, o valor da alíquota será de **14%**. Todavia, sobre essa alíquota básica, incidirão reduções ou acréscimos dependendo do valor do salário de contribuição do indivíduo.

É importante ressaltar que o art. 11, § 2º da referida emenda deixa claro que essa alíquota será aplicada de forma **progressiva**, sobre a base de contribuição do servidor. Assim, cada alíquota incide sobre a faixa específica.

11.20.4.1. Contribuição de inativos

Desde a edição da EC 41/03, o **servidor inativo** também contribui e a alíquota é a mesma dos servidores em atividade. O que muda para o servidor inativo é a base de cálculo para incidência da contribuição previdenciária.

Isso porque o servidor inativo que ganhar acima do teto do regime geral de previdência social contribuirá sobre tudo aquilo que seu provento de aposentadoria ou pensão ultrapassar o referido teto. Dessa forma, os aposentados e pensionistas que recebem proventos que não ultrapassam o valor do teto do regime geral de previdência não estão sujeitos à contribuição.

A constitucionalidade da medida foi analisada pelo Supremo Tribunal Federal que fundamenta esta cobrança em virtude do princípio de solidariedade aplicado ao regime público de previdência. Com efeito, não importa se o servidor inativo poderá ou não gozar de novo benefício, haja vista o fato de estar contribuindo para a manutenção do sistema e não para a capitalização dos valores pagos, para fins de pagamento posterior.

De fato, o julgamento da ADI 3105 sepultou a discussão, por meio da declaração de constitucionalidade da cobrança destes valores. No julgado o STF se pronunciou definindo que *"No ordenamento jurídico vigente, não há norma, expressa nem sistemática, que atribua à condição jurídico-subjetiva da aposentadoria de servidor público o efeito de lhe gerar direito subjetivo como poder de subtrair ad aeternum a percepção dos respectivos proventos e pensões à incidência de lei tributária que, anterior ou ulterior, os submeta à incidência de contribuição previdencial. Noutras palavras, não há, em nosso ordenamento, nenhuma norma jurídica válida que, como efeito específico do fato jurídico da aposentadoria, lhe imunize os proventos e as pensões, de modo absoluto, à tributação de ordem constitucional, qualquer que seja a modalidade do tributo eleito, donde não haver, a respeito, direito adquirido com o aposentamento"*[3].

Cabe ressaltar que, muito embora a EC 103/19 preveja a possibilidade de cobrança de contribuição previdenciárias de inativos que ganhem acima do teto do RGPS, considerando, para fins de contribuição, o valor total do provento, essa norma não pode ser aplicada, em razão do art. 40, § 18º da carta Magna, não alterado com a referida emenda que dispõe que esses inativos (aposentados e pensionistas) terão imunidade tributária para os valores de proventos recebidos até o teto do Regime Geral de Previdência.

3. Trata-se de trecho do julgado da **ADI 3105 / DF - DISTRITO FEDERAL. AÇÃO DIRETA DE INCONSTITUCIONALIDADE Relator(a): Min. ELLEN GRACIE**

Relator(a) p/ Acórdão: Min. CEZAR PELUSO

Julgamento: 18/08/2004 Órgão Julgador: Tribunal Pleno.

11.20.4.2. Déficit atuarial e criação de contribuição extraordinária

Os arts. 149 a 149-C da Constituição Federal, com as alterações feitas pela EC 103/2019 dispõe que:

> *Art. 149. Compete exclusivamente à União instituir contribuições sociais, de intervenção no domínio econômico e de interesse das categorias profissionais ou econômicas, como instrumento de sua atuação nas respectivas áreas, observado o disposto nos arts. 146, III, e 150, I e III, e sem prejuízo do previsto no art. 195, § 6º, relativamente às contribuições a que alude o dispositivo.*
>
> *§ 1º-A A contribuição ordinária dos aposentados e pensionistas poderá incidir sobre o valor dos proventos de aposentadoria e de pensões que superem o salário mínimo quando houver déficit atuarial.*
>
> *§ 1º-B Demonstrada a insuficiência da medida prevista no § 1º-A para equacionar o déficit atuarial, é facultada a instituição de contribuição extraordinária, no âmbito da União, dos servidores públicos ativos, dos aposentados e dos pensionistas.*
>
> *§ 1º-C A contribuição extraordinária de que trata o § 1º-B deverá ser instituída simultaneamente com outras medidas para equacionamento do déficit e vigorará por período determinado, contado da data de sua instituição".*
>
> *§ 2º As contribuições sociais e de intervenção no domínio econômico de que trata o caput deste artigo: (Incluído pela Emenda Constitucional nº 33, de 2001)*
>
> *I – não incidirão sobre as receitas decorrentes de exportação; (Incluído pela Emenda Constitucional nº 33, de 2001)*
>
> *II – incidirão também sobre a importação de produtos estrangeiros ou serviços; (Redação dada pela Emenda Constitucional nº 42, de 19.12.2003)*
>
> *III – poderão ter alíquotas: (Incluído pela Emenda Constitucional nº 33, de 2001)*
>
> *a) ad valorem , tendo por base o faturamento, a receita bruta ou o valor da operação e, no caso de importação, o valor aduaneiro; (Incluído pela Emenda Constitucional nº 33, de 2001)*
>
> *b) específica, tendo por base a unidade de medida adotada. (Incluído pela Emenda Constitucional nº 33, de 2001)*
>
> *§ 3º A pessoa natural destinatária das operações de importação poderá ser equiparada a pessoa jurídica, na forma da lei. (Incluído pela Emenda Constitucional nº 33, de 2001)*
>
> *§ 4º A lei definirá as hipóteses em que as contribuições incidirão uma única vez. (Incluído pela Emenda Constitucional nº 33, de 2001)*
>
> *Art. 149-A. Os Municípios e o Distrito Federal poderão instituir contribuição, na forma das respectivas leis, para o custeio, a expansão e a melhoria do serviço de iluminação pública e de sistemas de monitoramento para segurança e preservação*

de logradouros públicos, observado o disposto no art. 150, I e III. (Redação dada pela Emenda Constitucional nº 132, de 2023)

Parágrafo único. É facultada a cobrança da contribuição a que se refere o caput, na fatura de consumo de energia elétrica. (Incluído pela Emenda Constitucional nº 39, de 2002)

Art. 149-B. Os tributos previstos nos arts. 156-A e 195, V, observarão as mesmas regras em relação a: (Incluído pela Emenda Constitucional nº 132, de 2023)

I – fatos geradores, bases de cálculo, hipóteses de não incidência e sujeitos passivos; (Incluído pela Emenda Constitucional nº 132, de 2023)

II – imunidades; (Incluído pela Emenda Constitucional nº 132, de 2023)

III – regimes específicos, diferenciados ou favorecidos de tributação; (Incluído pela Emenda Constitucional nº 132, de 2023)

IV – regras de não cumulatividade e de creditamento. (Incluído pela Emenda Constitucional nº 132, de 2023)

Parágrafo único. Os tributos de que trata o caput observarão as imunidades previstas no art. 150, VI, não se aplicando a ambos os tributos o disposto no art. 195, § 7º. (Incluído pela Emenda Constitucional nº 132, de 2023)

Art. 149-C. O produto da arrecadação do imposto previsto no art. 156-A e da contribuição prevista no art. 195, V, incidentes sobre operações contratadas pela administração pública direta, por autarquias e por fundações públicas, inclusive suas importações, será integralmente destinado ao ente federativo contratante, mediante redução a zero das alíquotas do imposto e da contribuição devidos aos demais entes e equivalente elevação da alíquota do tributo devido ao ente contratante. (Incluído pela Emenda Constitucional nº 132, de 2023)

§ 1º As operações de que trata o caput poderão ter alíquotas reduzidas de modo uniforme, nos termos de lei complementar. (Incluído pela Emenda Constitucional nº 132, de 2023)

§ 2º Lei complementar poderá prever hipóteses em que não se aplicará o disposto no caput e no § 1º. (Incluído pela Emenda Constitucional nº 132, de 2023)

§ 3º Nas importações efetuadas pela administração pública direta, por autarquias e por fundações públicas, o disposto no art. 150, VI, "a", será implementado na forma do disposto no caput e no § 1º, assegurada a igualdade de tratamento em relação às aquisições internas. (Incluído pela Emenda Constitucional nº 132, de 2023)

A regra transcrita estabelece uma situação muito perigosa para os servidores públicos, ao prever a possibilidade de instituição de contribuição extraordinária por prazo determinado. Note-se que o dispositivo não define qual o prazo máximo ou o valor máximo de alíquota que poderá ser estabelecido, ficando a norma totalmente ao alvedrio do gestor público.

11.20.5. Teto do regime próprio

A redação da Emenda Constitucional n. 41/03 deixava claro que, enquanto o poder público não implementar um regime complementar público ao regime próprio, a aposentadoria dos servidores públicos não se submeterá ao teto e estes continuarão aposentando-se sobre o valor total de sua remuneração e contribuindo sobre este mesmo valor. Isso porque a incidência do teto do regime geral de previdência social é prevista constitucionalmente para o regime próprio de previdência, dependendo, entretanto, sua efetivação de uma lei criadora de um regime que complemente o público. Esta é a redação do art. 40, § 14 que dispõe que *"A União, os Estados, o Distrito Federal e os Municípios instituirão, por lei de iniciativa do respectivo Poder Executivo, regime de previdência complementar para servidores públicos ocupantes de cargo efetivo, observado o limite máximo dos benefícios do Regime Geral de Previdência Social para o valor das aposentadorias e das pensões em regime próprio de previdência social, ressalvado o disposto no § 16."*.

Em 2012, foi editada a lei 12.618, que institui o regime de previdência complementar para os servidores públicos federais titulares de cargo efetivo, inclusive os membros dos órgãos que menciona; fixa o limite máximo para a concessão de aposentadorias e pensões pelo regime de previdência de que trata o art. 40 da Constituição Federal.

A lei foi regulamentada pela edição do Decreto 7.808/12 que cria a FUNPRESP, no âmbito do Poder Executivo. É importante ressaltar que todos aqueles servidores que ingressaram no serviço público antes da regulamentação do regime complementar de previdência não se submetem às normas definidas de adequação ao teto de proventos do regime próprio de previdência, salvo se for de seu interesse.

No entanto, aqueles que ingressarem posteriormente terão seus proventos de aposentadoria limitados ao teto estipulado para os benefícios pagos aos segurados do regime geral de previdência social, sendo possível complementar esses valores, caso optem por aderir ao regime complementar criado com essa finalidade. Nesse caso, a alíquota de contribuição destes servidores será calculada nos moldes explicitados no tópico anterior, com a incidência progressiva com base nas faixas de remuneração.

Não obstante tratar-se de matéria afeta ao direito previdenciário a análise acerca do novo regime complementar, é importante salientar que os planos de benefícios da Funpresp-Exe, da Funpresp-Leg e da Funpresp-Jud serão estruturados na modalidade de contribuição definida, nos termos da regulamentação estabelecida pelo órgão regulador das entidades fechadas de previdência complementar, e a distribuição das contribuições nos planos de benefícios e nos planos de custeio será revista sempre que necessário, para manter o equilíbrio permanente dos planos de benefícios.

Neste sentido, o valor do benefício programado será calculado de acordo com o montante do saldo da conta acumulado pelo participante, devendo o valor do benefício estar permanentemente ajustado ao referido saldo.

Ademais, os benefícios não programados serão definidos nos regulamentos dos planos, devendo ser assegurados, pelo menos, os benefícios decorrentes dos eventos invalidez e morte e, se for o caso, a cobertura de outros riscos atuariais, sendo que a concessão dos benefícios de que trata o § 3º aos participantes ou assistidos pela entidade fechada de previdência social é condicionada à concessão do benefício pelo regime próprio de previdência social, haja vista tratar-se de regime com caráter meramente "complementar".

Ressalte-se que os servidores que ingressaram antes da criação do regime complementar de previdência mantêm, se assim quiserem, as regras aplicadas anteriormente, sem a sujeição ao teto de benefícios do regime geral de previdência.

Por sua vez, aqueles que ingressaram no serviço público após a criação da FUNPRESP terão proventos de aposentadoria e pensão limitados ao valor máximo pago aos segurados do regime geral. Nestes casos, poderão optar por aderirem ao regime complementar de previdência para fins de recebimento de valores acima do teto.

Por fim, cumpre ressaltar que a criação pelos estados e municípios de um regime complementar de previdência deixa de ser uma faculdade e passa a ser uma imposição do texto constitucional, haja vista o art. 40, § 14 dispor que esses entes **instituirão** o regime complementar.

Pela ausência de explicitação, o descumprimento dessa imposição constitucional não enseja qualquer consequência direta ao ente federado que a desobedecer.

11.20.6. Paridade e Integralidade

O art. 189 da Lei 8.112/90 estabelecia duas regras que deixaram de existir com a edição da EC 41/03, quais sejam a integralidade e a paridade.

A **integralidade** era uma garantia de que o servidor receberia, a título de proventos de aposentadoria, o valor integral da última remuneração. Dessa forma, caso o servidor público contribuísse, em toda a sua vida laboral com valores muito baixos e, nos últimos cinco anos, por exemplo, em virtude de aprovação em novo concurso passasse a contribuir sob remuneração muito alta, receberia proventos no valor desta última remuneração.

A situação causava grandes transtornos ao regime de previdência que, muitas vezes, precisava arcar com o pagamento de proventos altos para um agente que não havia contribuído em montante tão relevante.

Atualmente, o cálculo é feito nos mesmos moldes definidos para o regime geral de previdência, qual seja, mediante cálculo da média aritmética dos salários de contribuição do servidor público, ao longo de sua vida, atualizados monetariamente. É importante lembrar que a forma de cálculo dos valores será definida na lei de cada ente federado, havendo uma norma prevista na própria EC 103/19 a ser seguida para a União, enquanto não for publicada a lei federal sobre o tema.

Por sua vez, a **Paridade** com o servidor da ativa era prerrogativa de que gozava o inativo: qualquer reajuste dado ao servidor em atividade gerava direito subjetivo de reajuste no mesmo índice e na mesma proporção aos respectivos inativos. A intenção era garantir um reajuste real àqueles que não exercem atividade pública e, por isso, não possuem poder de negociação com o Estado para evitarem a defasagem de seus pagamentos.

Com o fim da paridade, criou-se uma revisão geral anual, no texto constitucional, não vinculada ao reajuste dos servidores em atividade, conforme se transcreve abaixo:

> "Art. 40.(...)
>
> (...)
>
> § 8º: É assegurado o reajustamento dos benefícios para preservar-lhes, em caráter permanente, o valor real, conforme critérios estabelecidos em lei".

Sendo assim, os inativos têm a garantia constitucional de revisão geral anual dos proventos, no entanto essa prerrogativa não está atrelada ao aumento concedido aos servidores que estão na atividade.

Por óbvio, os servidores que já se encontravam aposentados à época da EC 41/03 ou que ingressou antes da referida alteração e cumpriu as regras de transição necessárias, possuem as prerrogativas de paridade e integralidade, em razão do princípio da segurança jurídica, das regras de direito adquirido e ato jurídico perfeito.

11.21. NATUREZA JURÍDICA DO ATO DE APOSENTADORIA

Aposentadoria é um **ato complexo**, para maioria da doutrina e da jurisprudência, porque se perfaz pela conjunção de duas vontades independentes, quais sejam, a manifestação do órgão em que o servidor exerce suas atividades e a aprovação do ato de aposentadoria pelo Tribunal de Contas.

Sendo assim, no momento em que o órgão "aposenta" o servidor, o ato emanado ainda não foi efetivado, porque depende da aprovação do Tribunal de Contas. Se o referido tribunal não aprovar a concessão inicial, não precisa respeitar o contraditório e a ampla defesa, porque não se trata de anulação de ato ampliativo, mas tão somente a não perfeição deste ato que ainda se encontrava em formação.

Em virtude deste entendimento, o Supremo Tribunal Federal define que o ato que nega a aposentadoria pelo Tribunal de Contas não depende de garantia de contraditório ou ampla defesa, haja vista não configurar a restrição de um direito já efetivado.

Esta é a redação da Súmula Vinculante n. 3, que dispõe que *"Nos processos perante o Tribunal de Contas da União asseguram-se o contraditório e a ampla defesa quando da decisão puder resultar anulação ou revogação de ato administrativo que beneficie o interessado, excetuada a apreciação da legalidade do ato de concessão inicial de aposentadoria, reforma e pensão"*.

11.22. SÚMULAS DE JURISPRUDÊNCIA

11.22.1. Súmulas Vinculantes

SÚMULA VINCULANTE N. 4. SALVO NOS CASOS PREVISTOS NA CONSTITUIÇÃO, O SALÁRIO MÍNIMO NÃO PODE SER USADO COMO INDEXADOR DE BASE DE CÁLCULO DE VANTAGEM DE SERVIDOR PÚBLICO OU DE EMPREGADO, NEM SER SUBSTITUÍDO POR DECISÃO JUDICIAL.

SÚMULA VINCULANTE N. 6 NÃO VIOLA A CONSTITUIÇÃO O ESTABELECIMENTO DE REMUNERAÇÃO INFERIOR AO SALÁRIO MÍNIMO PARA AS PRAÇAS PRESTADORAS DE SERVIÇO MILITAR INICIAL.

SÚMULA VINCULANTE N. 13 A NOMEAÇÃO DE CÔNJUGE, COMPANHEIRO OU PARENTE EM LINHA RETA, COLATERAL OU POR AFINIDADE, ATÉ O TERCEIRO GRAU, INCLUSIVE, DA AUTORIDADE NOMEANTE OU DE SERVIDOR DA MESMA PESSOA JURÍDICA INVESTIDO EM CARGO DE DIREÇÃO, CHEFIA OU ASSESSORAMENTO, PARA O EXERCÍCIO DE CARGO EM COMISSÃO OU DE CONFIANÇA OU, AINDA, DE FUNÇÃO GRATIFICADA NA ADMINISTRAÇÃO PÚBLICA DIRETA E INDIRETA EM QUALQUER DOS PODERES DA UNIÃO, DOS ESTADOS, DO DISTRITO FEDERAL E DOS MUNICÍPIOS, COMPREENDIDO O AJUSTE MEDIANTE DESIGNAÇÕES RECÍPROCAS, VIOLA A CONSTITUIÇÃO FEDERAL.

SÚMULA VINCULANTE N. 15 O CÁLCULO DE GRATIFICAÇÕES E OUTRAS VANTAGENS DO SERVIDOR PÚBLICO NÃO INCIDE SOBRE O ABONO UTILIZADO PARA SE ATINGIR O SALÁRIO MÍNIMO.

SÚMULA VINCULANTE N. 16 OS ARTIGOS 7º, IV, E 39, § 3º (REDAÇÃO DA EC 19/98), DA CONSTITUIÇÃO, REFEREM-SE AO TOTAL DA REMUNERAÇÃO PERCEBIDA PELO SERVIDOR PÚBLICO.

SÚMULA VINCULANTE N. 20 A GRATIFICAÇÃO DE DESEMPENHO DE ATIVIDADE TÉCNICO-ADMINISTRATIVA - DATA, INSTITUÍDA PELA LEI Nº 10.404/2002, DEVE SER DEFERIDA AOS INATIVOS NOS VALORES CORRESPONDENTES A 37,5 (TRINTA E SETE VÍRGULA CINCO) PONTOS NO PERÍODO DE FEVEREIRO A MAIO DE 2002 E, NOS TERMOS DO ARTIGO 5º, PARÁGRAFO ÚNICO, DA LEI Nº 10.404/2002, NO PERÍODO DE JUNHO DE 2002 ATÉ A CONCLUSÃO DOS EFEITOS DO ÚLTIMO

CICLO DE AVALIAÇÃO A QUE SE REFERE O ARTIGO 1º DA MEDIDA PROVISÓRIA NO 198/2004, A PARTIR DA QUAL PASSA A SER DE 60 (SESSENTA) PONTOS.

SÚMULA VINCULANTE N. 33 APLICAM-SE AO SERVIDOR PÚBLICO, NO QUE COUBER, AS REGRAS DO REGIME GERAL DA PREVIDÊNCIA SOCIAL SOBRE APOSENTADORIA ESPECIAL DE QUE TRATA O ARTIGO 40, § 4º, INCISO III DA CONSTITUIÇÃO FEDERAL, ATÉ A EDIÇÃO DE LEI COMPLEMENTAR ESPECÍFICA.

SÚMULA VINCULANTE N. 37 NÃO CABE AO PODER JUDICIÁRIO, QUE NÃO TEM FUNÇÃO LEGISLATIVA, AUMENTAR VENCIMENTOS DE SERVIDORES PÚBLICOS SOB O FUNDAMENTO DE ISONOMIA.

SÚMULA VINCULANTE N. 43 É INCONSTITUCIONAL TODA MODALIDADE DE PROVIMENTO QUE PROPICIE AO SERVIDOR INVESTIR-SE, SEM PRÉVIA APROVAÇÃO EM CONCURSO PÚBLICO DESTINADO AO SEU PROVIMENTO, EM CARGO QUE NÃO INTEGRA A CARREIRA NA QUAL ANTERIORMENTE INVESTIDO.

SÚMULA VINCULANTE 44 SÓ POR LEI SE PODE SUJEITAR A EXAME PSICOTÉCNICO A HABILITAÇÃO DE CANDIDATO A CARGO PÚBLICO.

11.22.2. Supremo Tribunal Federal

SÚMULA N. 11 A VITALICIEDADE NÃO IMPEDE A EXTINÇÃO DO CARGO, FICANDO O FUNCIONÁRIO EM DISPONIBILIDADE, COM TODOS OS VENCIMENTOS.

SÚMULA N. 13 A EQUIPARAÇÃO DE EXTRANUMERÁRIO A FUNCIONÁRIO EFETIVO, DETERMINADA PELA LEI 2284, DE 9/8/1954, NÃO ENVOLVE REESTRUTURAÇÃO, NÃO COMPREENDENDO, PORTANTO, OS VENCIMENTOS.

SÚMULA N. 15 DENTRO DO PRAZO DE VALIDADE DO CONCURSO, O CANDIDATO APROVADO TEM O DIREITO À NOMEAÇÃO, QUANDO O CARGO FOR PREENCHIDO SEM OBSERVÂNCIA DA CLASSIFICAÇÃO.

SÚMULA N. 16 FUNCIONÁRIO NOMEADO POR CONCURSO TEM DIREITO À POSSE.

SÚMULA N. 17 A NOMEAÇÃO DE FUNCIONÁRIO SEM CONCURSO PODE SER DESFEITA ANTES DA POSSE.

SÚMULA N. 18 PELA FALTA RESIDUAL, NÃO COMPREENDIDA NA ABSOLVIÇÃO PELO JUÍZO CRIMINAL, É ADMISSÍVEL A PUNIÇÃO ADMINISTRATIVA DO SERVIDOR PÚBLICO.

SÚMULA N. 19 É INADMISSÍVEL SEGUNDA PUNIÇÃO DE SERVIDOR PÚBLICO, BASEADA NO MESMO PROCESSO EM QUE SE FUNDOU A PRIMEIRA.

SÚMULA N. 20 É NECESSÁRIO PROCESSO ADMINISTRATIVO COM AMPLA DEFESA, PARA DEMISSÃO DE FUNCIONÁRIO ADMITIDO POR CONCURSO.

SÚMULA N. 21 FUNCIONÁRIO EM ESTÁGIO PROBATÓRIO NÃO PODE SER EXONERADO NEM DEMITIDO SEM INQUÉRITO OU SEM AS FORMALIDADES LEGAIS DE APURAÇÃO DE SUA CAPACIDADE.

SÚMULA N. 22 O ESTÁGIO PROBATÓRIO NÃO PROTEGE O FUNCIONÁRIO CONTRA A EXTINÇÃO DO CARGO.

SÚMULA N. 24. FUNCIONÁRIO INTERINO SUBSTITUTO É DEMISSÍVEL, MESMO ANTES DE CESSAR A CAUSA DA SUBSTITUIÇÃO.

SÚMULA N. 26. OS SERVIDORES DO INSTITUTO DE APOSENTADORIA E PENSÕES DOS INDUSTRIÁRIOS NÃO PODEM ACUMULAR A SUA GRATIFICAÇÃO BIENAL COM O ADICIONAL DE TEMPO DE SERVIÇO PREVISTO NO ESTATUTO DOS FUNCIONÁRIOS CIVIS DA UNIÃO.

SÚMULA N. 27. OS SERVIDORES PÚBLICOS NÃO TÊM VENCIMENTOS IRREDUTÍVEIS, PRERROGATIVA DOS MEMBROS DO PODER JUDICIÁRIO E DOS QUE LHES SÃO EQUIPARADOS.

SÚMULA N. 29. GRATIFICAÇÃO DEVIDA A SERVIDORES DO "SISTEMA FAZENDÁRIO" NÃO SE ESTENDE AOS DOS TRIBUNAIS DE CONTAS.

SÚMULA N. 30. SERVIDORES DE COLETORIAS NÃO TÊM DIREITO À PERCENTAGEM PELA COBRANÇA DE CONTRIBUIÇÕES DESTINADAS À PETROBRAS.

SÚMULA N. 31. PARA APLICAÇÃO DA LEI 1741, DE 22/11/1952, SOMA-SE O TEMPO DE SERVIÇO ININTERRUPTO EM MAIS DE UM CARGO EM COMISSÃO.

SÚMULA N. 32. PARA APLICAÇÃO DA LEI 1741, DE 22/11/1952, SOMA-SE O TEMPO DE SERVIÇO ININTERRUPTO EM CARGO EM COMISSÃO E EM FUNÇÃO GRATIFICADA.

SÚMULA N. 36. SERVIDOR VITALÍCIO ESTÁ SUJEITO À APOSENTADORIA COMPULSÓRIA, EM RAZÃO DA IDADE.

SÚMULA N. 37. NÃO TEM DIREITO DE SE APOSENTAR PELO TESOURO NACIONAL O SERVIDOR QUE NÃO SATISFIZER AS CONDIÇÕES ESTABELECIDAS NA LEGISLAÇÃO DO SERVIÇO PÚBLICO FEDERAL, AINDA QUE APOSENTADO PELA RESPECTIVA INSTITUIÇÃO PREVIDENCIÁRIA, COM DIREITO, EM TESE, A DUAS APOSENTADORIAS.

SÚMULA N. 38 RECLASSIFICAÇÃO POSTERIOR À APOSENTADORIA NÃO APROVEITA AO SERVIDOR APOSENTADO.

SÚMULA N. 39 À FALTA DE LEI, FUNCIONÁRIO EM DISPONIBILIDADE NÃO PODE EXIGIR, JUDICIALMENTE, O SEU APROVEITAMENTO, QUE FICA SUBORDINADO AO CRITÉRIO DE CONVENIÊNCIA DA ADMINISTRAÇÃO.

SÚMULA N. 46 DESMEMBRAMENTO DE SERVENTIA DE JUSTIÇA NÃO VIOLA O PRINCÍPIO DE VITALICIEDADE DO SERVENTUÁRIO.

SÚMULA N. 50 A LEI PODE ESTABELECER CONDIÇÕES PARA A DEMISSÃO DE EXTRANUMERÁRIO.

SÚMULA N. 339 NÃO CABE AO PODER JUDICIÁRIO, QUE NÃO TEM FUNÇÃO LEGISLATIVA, AUMENTAR VENCIMENTOS DE SERVIDORES PÚBLICOS SOB FUNDAMENTO DE ISONOMIA.

SÚMULA N. 358 O SERVIDOR PÚBLICO EM DISPONIBILIDADE TEM DIREITO AOS VENCIMENTOS INTEGRAIS DO CARGO.

SÚMULA N. 372 A LEI 2752, DE 10/4/1956, SOBRE DUPLA APOSENTADORIA, APROVEITA, QUANDO COUBER, A SERVIDORES APOSENTADOS ANTES DE SUA PUBLICAÇÃO.

SÚMULA N. 384 A DEMISSÃO DE EXTRANUMERÁRIO DO SERVIÇO PÚBLICO FEDERAL, EQUIPARADO A FUNCIONÁRIO DE PROVIMENTO EFETIVO PARA EFEITO DE ESTABILIDADE, É DA COMPETÊNCIA DO PRESIDENTE DA REPÚBLICA.

SÚMULA N. 408. OS SERVIDORES FAZENDÁRIOS NÃO TÊM DIREITO À PERCENTAGEM PELA ARRECADAÇÃO DE RECEITA FEDERAL DESTINADA AO BANCO NACIONAL DE DESENVOLVIMENTO ECONÔMICO.

SÚMULA N. 566. ENQUANTO PENDENTE, O PEDIDO DE READAPTAÇÃO FUNDADO EM DESVIO FUNCIONAL NÃO GERA DIREITOS PARA O SERVIDOR, RELATIVAMENTE AO CARGO PLEITEADO.

SÚMULA N. 671. OS SERVIDORES PÚBLICOS E OS TRABALHADORES EM GERAL TÊM DIREITO, NO QUE CONCERNE À URP DE ABRIL/MAIO DE 1988, APENAS AO VALOR CORRESPONDENTE A 7/30 DE 16,19% SOBRE OS VENCIMENTOS E SALÁRIOS PERTINENTES AOS MESES DE ABRIL E MAIO DE 1988, NÃO CUMULATIVAMENTE, DEVIDAMENTE CORRIGIDO ATÉ O EFETIVO PAGAMENTO.

SÚMULA N. 672. O REAJUSTE DE 28,86%, CONCEDIDO AOS SERVIDORES MILITARES PELAS LEIS 8622/1993 E 8627/1993, ESTENDE-SE AOS SERVIDORES CIVIS DO PODER EXECUTIVO, OBSERVADAS AS EVENTUAIS COMPENSAÇÕES DECORRENTES DOS REAJUSTES DIFERENCIADOS CONCEDIDOS PELOS MESMOS DIPLOMAS LEGAIS.

SÚMULA N. 678. SÃO INCONSTITUCIONAIS OS INCISOS I E III DO ART. 7º DA LEI 8162/1991, QUE AFASTAM, PARA EFEITO DE ANUÊNIO E DE LICENÇA-PRÊMIO, A CONTAGEM DO TEMPO DE SERVIÇO REGIDO PELA CONSOLIDAÇÃO DAS LEIS DO TRABALHO DOS SERVIDORES QUE PASSARAM A SUBMETER-SE AO REGIME JURÍDICO ÚNICO.

SÚMULA N. 679. A FIXAÇÃO DE VENCIMENTOS DOS SERVIDORES PÚBLICOS NÃO PODE SER OBJETO DE CONVENÇÃO COLETIVA.

SÚMULA N. 680. O DIREITO AO AUXÍLIO-ALIMENTAÇÃO NÃO SE ESTENDE AOS SERVIDORES INATIVOS.

SÚMULA N. 681. É INCONSTITUCIONAL A VINCULAÇÃO DO REAJUSTE DE VENCIMENTOS DE SERVIDORES ESTADUAIS OU MUNICIPAIS A ÍNDICES FEDERAIS DE CORREÇÃO MONETÁRIA.

SÚMULA N. 682. NÃO OFENDE A CONSTITUIÇÃO A CORREÇÃO MONETÁRIA NO PAGAMENTO COM ATRASO DOS VENCIMENTOS DE SERVIDORES PÚBLICOS.

SÚMULA N. 683. O LIMITE DE IDADE PARA A INSCRIÇÃO EM CONCURSO PÚBLICO SÓ SE LEGITIMA EM FACE DO ART. 7°, XXX, DA CONSTITUIÇÃO, QUANDO POSSA SER JUSTIFICADO PELA NATUREZA DAS ATRIBUIÇÕES DO CARGO A SER PREENCHIDO.

SÚMULA N. 684. É INCONSTITUCIONAL O VETO NÃO MOTIVADO À PARTICIPAÇÃO DE CANDIDATO A CONCURSO PÚBLICO.

SÚMULA N. 685. É INCONSTITUCIONAL TODA MODALIDADE DE PROVIMENTO QUE PROPICIE AO SERVIDOR INVESTIR-SE, SEM PRÉVIA APROVAÇÃO EM CONCURSO PÚBLICO DESTINADO AO SEU PROVIMENTO, EM CARGO QUE NÃO INTEGRA A CARREIRA NA QUAL ANTERIORMENTE INVESTIDO.

SÚMULA N. 686. SÓ POR LEI SE PODE SUJEITAR A EXAME PSICOTÉCNICO A HABILITAÇÃO DE CANDIDATO A CARGO PÚBLICO.

11.22.3. Superior Tribunal de Justiça

SÚMULA 97. COMPETE À JUSTIÇA DO TRABALHO PROCESSAR E JULGAR RECLAMAÇÃO DE SERVIDOR PÚBLICO RELATIVAMENTE A VANTAGENS TRABALHISTAS ANTERIORES A INSTITUIÇÃO DO REGIME JURÍDICO ÚNICO.

SÚMULA 137. COMPETE À JUSTIÇA COMUM ESTADUAL PROCESSAR E JULGAR AÇÃO DE SERVIDOR PÚBLICO MUNICIPAL, PLEITEANDO DIREITOS RELATIVOS AO VÍNCULO ESTATUTÁRIO.

SÚMULA 147. COMPETE À JUSTIÇA FEDERAL PROCESSAR E JULGAR OS CRIMES PRATICADOS CONTRA FUNCIONÁRIO PÚBLICO FEDERAL, QUANDO RELACIONADOS COM O EXERCÍCIO DA FUNÇÃO.

SÚMULA 173. COMPETE À JUSTIÇA FEDERAL PROCESSAR E JULGAR O PEDIDO DE REINTEGRAÇÃO EM CARGO PÚBLICO FEDERAL, AINDA QUE O SERVIDOR TENHA SIDO DISPENSADO ANTES DA INSTITUIÇÃO DO REGIME JURÍDICO ÚNICO.

SÚMULA 218. COMPETE À JUSTIÇA DOS ESTADOS PROCESSAR E JULGAR AÇÃO DE SERVIDOR ESTADUAL DECORRENTE DE DIREITOS E VANTAGENS ESTATUTÁRIAS NO EXERCÍCIO DE CARGO EM COMISSÃO.

SÚMULA 266. O DIPLOMA OU HABILITAÇÃO LEGAL PARA O EXERCÍCIO DO CARGO DEVE SER EXIGIDO NA POSSE E NÃO NA INSCRIÇÃO PARA O CONCURSO PÚBLICO.

SÚMULA 377. O PORTADOR DE VISÃO MONOCULAR TEM DIREITO DE CONCORRER, EM CONCURSO PÚBLICO, ÀS VAGAS RESERVADAS AOS DEFICIENTES.

SÚMULA 378. RECONHECIDO O DESVIO DE FUNÇÃO, O SERVIDOR FAZ JUS ÀS DIFERENÇAS SALARIAIS DECORRENTES.

SÚMULA 592. O EXCESSO DE PRAZO PARA A CONCLUSÃO DO PROCESSO ADMINISTRATIVO DISCIPLINAR SÓ CAUSA NULIDADE SE HOUVER DEMONSTRAÇÃO DE PREJUÍZO À DEFESA. (Súmula 592, PRIMEIRA SEÇÃO, julgado em 13/09/2017, DJe 18/09/2017)

SÚMULA 611. DESDE QUE DEVIDAMENTE MOTIVADA E COM AMPARO EM INVESTIGAÇÃO OU SINDICÂNCIA, É PERMITIDA A INSTAURAÇÃO DE PROCESSO ADMINISTRATIVO DISCIPLINAR COM BASE EM DENÚNCIA ANÔNIMA, EM FACE DO PODER-DEVER DE AUTOTUTELA IMPOSTO À ADMINISTRAÇÃO. (Súmula 611, Primeira Seção, julgado em 09/05/2018, DJE 14/05/2018)

SÚMULA 635: "OS PRAZOS PRESCRICIONAIS PREVISTOS NO ARTIGO 142 DA LEI 8.112/1990 INICIAM-SE NA DATA EM QUE A AUTORIDADE COMPETENTE PARA A ABERTURA DO PROCEDIMENTO ADMINISTRATIVO TOMA CONHECIMENTO DO FATO, INTERROMPEM-SE COM O PRIMEIRO ATO DE INSTAURAÇÃO VÁLIDO – SINDICÂNCIA DE CARÁTER PUNITIVO OU PROCESSO DISCIPLINAR – E VOLTAM A FLUIR POR INTEIRO, APÓS DECORRIDOS 140 DIAS DESDE A INTERRUPÇÃO."

SÚMULA 641: A PORTARIA DE INSTAURAÇÃO DO PROCESSO ADMINISTRATIVO DISCIPLINAR PRESCINDE DA EXPOSIÇÃO DETALHADA DOS FATOS A SEREM APURADOS.

CAPÍTULO 12

IMPROBIDADE ADMINISTRATIVA

12.1. CONSIDERAÇÕES INICIAIS

A improbidade administrativa tem base na Constituição Federal que, em seu art. 37, § 4°, estabelece que a lei sancionará os atos de improbidade. Esse dispositivo constitucional enumera algumas sanções a serem aplicadas pela prática de ato de improbidade e, conforme entendimento majoritário da doutrina, trata-se de rol meramente exemplificativo, não esgotando as sanções a serem aplicadas.

Com efeito, estipula a norma que *"Os atos de improbidade administrativa importarão a suspensão dos direitos políticos, a perda da função pública, a indisponibilidade dos bens e o ressarcimento ao erário, na forma e gradação previstas em lei, sem prejuízo da ação penal cabível"*. Por sua vez, a lei que regulamenta os atos de improbidade, expedida, em obediência ao dispositivo transcrito, relaciona um rol mais extenso de sanções, considerando que aquele previsto na Carta Magna é um rol de sanções mínimas a serem aplicadas.

Atualmente, a matéria referente à improbidade administrativa praticada pelos agentes públicos se encontra positivada na Lei 8.429/92. Essa lei tem sua estrutura composta por cinco pontos principais: o sujeito passivo, o sujeito ativo, a tipologia da improbidade, as sanções e os procedimentos.

Para José dos Santos Carvalho Filho[1], a *"ação de Improbidade Administrativa é aquela em que se pretende o reconhecimento judicial de condutas de improbidade na Administração, perpetradas por administradores públicos e terceiros, e a consequente aplicação das sanções legais, com o escopo de preservar o princípio da moralidade administrativa."*

Ressalte-se que a matéria tem muita repercussão na mídia, diante dos inúmeros escândalos de corrupção no país. De acordo com reportagem de O GLOBO, no site da globo.com, veiculada no ano de 2017, foram mais de 11.000 condenações por improbidade administrativa desde 1995. Vejamos:

Justiça condenou 11.607 por improbidade administrativa entre 1995 e 2016

Estudo mostra que maioria dos punidos são funcionários públicos de baixo escalão

POR JULIANA ARREGUY

1. CARVALHO FILHO, José dos Santos. Manual de Direito Administrativo. Rio de Janeiro: Editora Lumen Juris, 23. ed., 2012.

29/08/2017 13:06 / atualizado 29/08/2017 18:39

Leia mais: https://oglobo.globo.com/brasil/justica-condenou-11607-por-improbidade-administrativa-entre-1995-2016-21760194#ixzz4tL8wrknWstest

12.2. CONCEITO

A doutrina faz distinções quanto ao sentido de **probidade** e **moralidade**. Alguns autores consideram distintos os sentidos, entendendo que a probidade é subprincípio da moralidade. Para outros, a probidade é conceito mais amplo do que a moralidade. O posicionamento majoritário da doutrina, que deve ser seguido para provas de concursos públicos, afirma que a moralidade e a probidade, enquanto princípios, são expressões sinônimas, em razão de a Constituição da República ter mencionado em seu texto a moralidade como princípio no art. 37, *caput*, e a improbidade como lesão ao mesmo princípio.

Todavia, a noção de improbidade não se confunde com a de imoralidade, sendo esta uma espécie daquela. O agente ímprobo sempre se qualificará como violador do princípio da moralidade, contudo, nem todo ato de improbidade tipificado em lei corresponde à violação ao princípio da moralidade.

Com efeito, a Lei de Improbidade Administrativa deu tratamento amplo à matéria, estipulando uma série de atos de improbidade, divididos em 3 grupos diferentes de ações e que podem não caracterizar violação direta à moralidade. Dessa forma, pode-se dizer que a improbidade administrativa é gênero do qual a violação à moralidade é uma espécie.

É importante mencionarmos que a Lei de Improbidade Administrativa não deve ser aplicada a meras irregularidades ou transgressões disciplinares – pois estas serão devidamente punidas na instância administrativa, mediante a instauração de processo disciplinar. De outro modo, visa a resguardar os princípios da administração pública.

Conforme a Lei 8.429/92, são espécies de improbidade administrativa:

- ações ou omissões que geram enriquecimento ilícito, em detrimento da função pública;
- ações ou omissões que causam dano ao erário;
- ações ou omissões que atentam contra os princípios da Administração Pública.

A configuração do ato de improbidade não depende da demonstração de dano patrimonial ao erário público, podendo estar configurada pela simples violação a princípios administrativos. Todavia, somente estará caracterizado o ato de improbidade administrativa mediante a comprovação do dolo específico do agente.

12.3. NATUREZA JURÍDICA DAS SANÇÕES DE IMPROBIDADE

É cediço que as instâncias penal, administrativa e cível são independentes e que os atos de improbidade podem ser sancionados nas três instâncias. Importante saber que as sanções de improbidade previstas na Lei 8.429/92 têm natureza especial, decorrente do direito administrativo sancionador, não impedindo, contudo, a apuração de responsabilidades na esfera administrativa, na esfera civil e na esfera penal pelo mesmo fato praticado.

Logo, ao praticar um ato de improbidade, o servidor estará sujeito às sanções administrativas (conforme processo administrativo disciplinar estipulado no seu estatuto), sem prejuízo da ação penal nos moldes da legislação pertinente. Também, haverá a responsabilização civil deste servidor, conforme a legislação cabível e que ensejará, inclusive, a possibilidade de reparação do dano causado pela conduta.

Além dessas instâncias, o sujeito poderá, pelo mesmo fato, desde que caracterizados os fundamentos legais, ser responsabilizado perante a lei de improbidade administrativa.

As sanções por improbidade serão aplicadas mediante a propositura da Ação de Improbidade, sendo que a própria Lei 8.429/92 define os contornos dessa ação.

Sendo assim, por tratar-se de lei que comina sanções decorrentes do direito administrativo sancionador àqueles que causam danos diretos ou não ao erário público, entende-se que compete privativamente à União legislar acerca de improbidade administrativa e, dessa forma, a Lei 8.429/92 tem abrangência nacional e não somente federal.

12.4. DOS AGENTES DA IMPROBIDADE ADMINISTRATIVA

Sujeito Ativo – a Lei 8.429/92 conceitua e apresenta o rol de sujeitos ativos a responderem por atos ímprobos, afirmando que a improbidade administrativa pode ser praticada por qualquer agente público, servidor ou não, contra a administração direta, indireta, fundacional ou autárquica de qualquer dos Poderes da União, Estados ou Municípios e de empresas incorporadas ao patrimônio público. Isto posto, aqueles que praticam ato de improbidade são agentes públicos. Importa-nos observar que também pode cometer ato de improbidade quem atua em nome da Administração Pública, ainda que temporariamente e sem remuneração, conforme preceito do artigo 2º da referida lei.

> *Art. 2º Para os efeitos desta Lei, consideram-se agente público o agente político, o servidor público e todo aquele que exerce, ainda que transitoriamente ou sem remuneração, por eleição, nomeação, designação, contratação ou qualquer outra forma de investidura ou vínculo, mandato, cargo, emprego ou função nas entidades referidas no art. 1º desta Lei.*

Ressalte-se que a jurisprudência e doutrina chegaram a questionar a abrangência desta lei perante os agentes políticos, sendo que alguns julgados firmavam o entendimento de que os agentes políticos que respondem por crime de responsabilidade, nos moldes previstos na Carta Magna, não estariam sujeitos à Lei de improbidade. Isso porque a Lei de Crimes de Responsabilidade estipula sanções de natureza civil e seria *bis in idem* admitir as duas punições.

Por sua vez, o Egrégio Superior Tribunal de Justiça, nas Reclamações 2.790 e 2.115, reafirmaram o seu posicionamento de que, excetuada a hipótese de atos de improbidade praticados pelo Presidente da República e Ministros de Estado em crimes conexos com os cometidos por aquele (o Presidente), não há norma alguma que proíba que os agentes políticos respondam por crimes de responsabilidade e por atos de improbidade.

Todavia, com a alteração feita pela lei 14.230/21, o texto legal passa a incluir expressamente os agentes políticos no rol de agentes públicos que respondem por atos de improbidade administrativa, dando fim à referida controvérsia.

Ressalte-se que, **além dos agentes públicos, particulares também podem responder por improbidade, desde que se induzam ou concorram para a prática do ato**. Dessa forma, a lei de improbidade não se aplica somente a agentes públicos, estabelecendo sanções a particulares, alheios à estrutura do Estado.

Nesse contexto, a lei, após a alteração sofrida em 2021, passa a admitir a prática de atos de improbidade administrativa por **pessoas jurídicas**.

Com efeito, a lei inova ao permitir a aplicação de seus termos às pessoas jurídicas que atuem em razão de convênio ou contratos de repasse ou qualquer acordo equivalente, ao lado do Estado, no exercício de funções públicas.

Cabe salientar, todavia, que esse dispositivo tende a ser esvaziado pelo fato de que não são cumuláveis as sanções da Lei 8.429/92 com as sanções da Lei 12.846/13. Assim, como a maioria dos atos de improbidade administrativa também se caracteriza como ato lesivo nos moldes da lei "anticorrupção empresarial", dificilmente, haverá aplicabilidade concreta dessa sanção.

Nesses casos, inclusive, o dirigente ou administrador da Pessoa Jurídica somente poderá figurar no polo passivo da ação de improbidade, se houver a demonstração de que participou e se beneficiou diretamente da prática do ato. Nesse caso, responderá no limite da sua culpabilidade e do seu benefício.

Ademais, é interessante verificar que a entidade privada que recebe dinheiro público por meio de convênios e acordos pode sofrer o ato de improbidade, quando seus agentes desviarem verbas recebidas em decorrência de repasse do ente público e, da mesma forma, podem praticar o ato de improbidade.

É importante ainda informar que o Superior Tribunal de Justiça não admite que o particular pratique ato de improbidade sozinho, estando sempre vinculado à prática deste ato em conjunto com um agente público.

Analise-se o julgado a seguir sobre o tema:

Superior Tribunal de Justiça STJ – AGRAVO INTERNO NO RECURSO ESPECIAL: AgInt no Resp 1845674 DF 2019/0323069-0

EMENTA

PROCESSUAL CIVIL E ADMINISTRATIVO. AÇÃO DE IMPROBIDADE. LEGITIMIDADE PASSIVA. ORGANIZAÇÃO NÃO GOVERNAMENTAL. DIRIGENTE. VERBA PÚBLICA. IRREGULARIDADES. AGENTE PÚBLICO. EQUIPARAÇÃO.

1. Nos termos da jurisprudência pacificada no Superior Tribunal de Justiça, afigura-se inviável o manejo da ação civil de improbidade exclusivamente contra o particular, sem a concomitante presença de agente público no polo passivo da demanda.

2. O art. 1°, parágrafo único, da Lei n. 8.429/1992 submete as entidades que recebam subvenção, benefício ou incentivo, fiscal ou creditício, de órgão público à disciplina do referido diploma legal, equiparando os seus dirigentes à condição de agentes públicos.

3. Hipótese em que os autos evidenciam supostas irregularidades perpetradas pela organização não governamental denominada Instituto Projeto Viver, quando da execução de convênio com recursos obtidos do Governo Federal, circunstância que equipara o dirigente da referida ONG a agente público para os fins de improbidade administrativa, nos termos do dispositivo acima mencionado.

Nesse sentido, a punição do particular depende, necessariamente, da demonstração de que ele agiu em conluio com agente público ou que dolosamente se beneficiou do ato desse agente.

Sujeito passivo – É a pessoa jurídica que a lei indica como vítima do ato de improbidade administrativa. Nem sempre o sujeito passivo se qualifica como pessoa eminentemente administrativa.

Com efeito, a lei ampliou o seu alcance para a Administração Pública Direta e Indireta e ainda para as entidades privadas que recebem dinheiro público para custeio ou formação do capital. Ressalte-se que, para as entidades privadas cuja criação ou custeio o erário haja concorrido ou concorra, as sanções de improbidade somente se aplicam até o montante das verbas públicas recebidas. Esta é a dicção do artigo 1°, § 7° da Lei de Improbidade. Indicada a seguir:

Art. 1°, § 7° Independentemente de integrar a administração indireta, estão sujeitos às sanções desta Lei os atos de improbidade praticados contra o patrimônio de entidade privada para cuja criação ou custeio o erário haja concorrido ou concorra no seu patrimônio ou receita atual, limitado o ressarcimento de prejuízos, nesse caso, à repercussão do ilícito sobre a contribuição dos cofres públicos.

Sendo assim, a Lei 8.429/92 protege o patrimônio dos entes da Administração Pública (amplamente considerada) e também das entidades privadas que recebam dinheiro público para custeio ou para formação do capital.

12.5. ESPÉCIES DE ATO DE IMPROBIDADE E SANÇÕES APLICÁVEIS

Conforme explicitado alhures, o texto legal estabelece três espécies de atos de improbidade, a saber, os atos que geram enriquecimento ilícito, os que causam danos ao erário público e os atos que atentam contra princípios da administração pública.

Tais atuações encontram-se nos artigos 9º, 10 e 11 da lei de improbidade, constituindo uma gradação, ou seja, sendo o primeiro ato o mais grave de todos e o último, o mais leve, sendo que cada um dos artigos traz um rol – meramente exemplificativo – de atos de improbidade. Vejamos:

Art. 9 – atos de improbidade que ensejam enriquecimento ilícito do agente.

Art. 10 – atos de improbidade que causam dano ao erário público.

Art. 11 – atos de improbidade que atentam contra princípios da administração.

A lei estabelece que, em todos os casos, a caracterização do ato de improbidade administrativa depende, necessariamente da comprovação de que o agente agiu de forma dolosa, ou seja, com o intuito efetivo da prática do ato. De fato, o texto normativo exige a comprovação do **dolo específico** para que a infração esteja configurada.

Assim, dispõe o art. 1º, § 2º da Lei 8.429/92 – após a alteração feita pela Lei 14.230/21 – que:

Art. 1º, § 2º. Considera-se dolo a vontade livre e consciente de alcançar o resultado ilícito tipificado nos arts. 9º, 10 e 11 desta Lei, não bastando a voluntariedade do agente.

Trata-se de dispositivo bastante criticado pela doutrina, inserido na Lei 8.429/92 em 2021, determinando que, para a configuração da prática desses atos de improbidade, é necessária a demonstração do dolo específico.

Nesse sentido, cabe ressaltar que o entendimento da jurisprudência pátria caminhava, até então, para admitir a prática do ato de improbidade em decorrência de dolo genérico, assim considerada a vontade da prática do ato, mesmo sem a intenção de atuar ilicitamente e causar danos ao patrimônio público e à moralidade. Vejamos:

AgInt no AGRAVO EM RECURSO ESPECIAL Nº 569.385 - SE (2014/0213199-1)

RELATOR : MINISTRO OG FERNANDES AGRAVANTE : REINALDO MOURA FERREIRA ADVOGADOS : GERALDO RESENDE FILHO - SE001666 JOSÉ ROLLEMBERG LEITE NETO E OUTRO(S) - SE002603 GUILHERME MARTINS MALUF - SE005280 AGRAVADO : MINISTÉRIO PÚBLICO DO ESTADO DE SERGIPE

EMENTA ADMINISTRATIVO.

AÇÃO CIVIL PÚBLICA. AGRAVO INTERNO NO AGRAVO EM RECURSO ESPECIAL. IMPROBIDADE ADMINISTRATIVA. ALEGADA VIOLAÇÃO DE PRINCÍPIOS DA ADMINISTRAÇÃO PÚBLICA (LEGALIDADE, IMPESSOALIDADE E MORALIDADE). PARTICIPAÇÃO DO RECORRENTE EM REUNIÃO PRESIDIDA PELO MINISTÉRIO PÚBLICO FEDERAL E ESTADUAL SOBRE CONDICIONANTES AMBIENTAIS DE UMA OBRA. CONDIÇÃO DO AGENTE DE CONSELHEIRO DO TRIBUNAL DE CONTAS DO ESTADO DE SERGIPE. PARTICIPAÇÃO NA REUNIÃO COMO DE INTEGRANTE DE UMA COMISSÃO INSTITUÍDA PELO MUNICÍPIO DE PIRAMBU/SE. PEDIDO INICIAL QUE SEQUER APONTA A OCORRÊNCIA DE DANO AO ERÁRIO E NEM ENRIQUECIMENTO ILÍCITO DO AGENTE. CAPITULAÇÃO DO FATO EXCLUSIVAMENTE NA REGRA DO ART. 11 DA LEI N. 8.429/92. ACÓRDÃO RECORRIDO QUE SEQUER ADUZ A OCORRÊNCIA DA NOTA ESPECIAL DA MÁ-FÉ NA CONDUTA. REVALORAÇÃO JURÍDICA DAS PREMISSAS ADOTADAS NO ARESTO. MERO DESATENDIMENTO A UM PRINCÍPIO (NO CASO, O DA LEGALIDADE), SEM QUALQUER NOTA ESPECÍFICA DE MÁ-FÉ. AGRAVO INTERNO CONHECIDO E PROVIDO, EM PARTE, PARA CONHECER DO RECURSO ESPECIAL E DAR-LHE PROVIMENTO. *I. DO AGRAVO INTERNO: 1. Descabe prover o agravo interno, no tocante à alegada violação do art. 535 do CPC/1973, porquanto o acórdão recorrido fundamentou, claramente, o posicionamento por ele assumido, de modo a prestar a jurisdição que lhe foi postulada. Sendo assim, não há que se falar em omissão do aresto pelo fato de o Tribunal a quo haver decidido a lide de forma contrária à defendida pelo recorrente, elegendo fundamentos diversos daqueles por ele propostos, não configura omissão ou qualquer outra causa passível de exame mediante a oposição de embargos de declaração. 2. Comprovado que não se trata de reexame de fatos, eis que incontroversos no feito, mas de revaloração jurídica, é imperioso anotar que se deve conhecer do recurso especial interposto. 3. Agravo interno conhecido e provido, em parte, para conhecer, integralmente, do recurso especial. II. DO RECURSO ESPECIAL: Documento: 1571013 - Inteiro Teor do Acórdão - Site certificado - DJe: 06/03/2019 Página 1 de 8 Superior Tribunal de Justiça* ***4. A orientação jurisprudencial sedimentada no Superior Tribunal de Justiça estabelece que a configuração do ato de improbidade por ofensa a princípio da administração depende da demonstração do chamado dolo genérico.*** *5. O acórdão combatido, embora repita que houve o cometimento de ato de improbidade, não consigna a ocorrência de má-fé e nem dano ao erário (até porque esse não foi fundamento do pedido inicial). E, para concluir pelo alegado cometimento da improbidade administrativa, apenas assenta que tal ocorre pela mera afronta aos princípios da Administração Pública decorrente do fato de o recorrente haver participado de uma reunião, presidida pelo Ministério Público Federal e Estadual acerca de condicionantes de uma obra, na condição de cidadão do Município de Pirambu/*

SE, mesmo ocupando, concomitantemente, o cargo de conselheiro do Tribunal de Contas do Estado de Sergipe. (...)

Com a nova redação, a lei se limita a permitir a configuração dos atos de improbidade administrativa quando o dolo específico estiver presente, condição de difícil comprovação prática, aumentando o risco de impunidade nas infrações elencadas no normativo em apreço.

De fato, a demonstração de que o agente agiu com o intuito claro de alcançar o resultado ilícito será de difícil comprovação, na maioria dos casos, o que permitirá ao agente alegar a sua incompetência técnica ou falta de zelo como ensejador do dano, afastando a possibilidade de punição.

Imagine-se que, nem mesmo a imprudência desarrazoada ou a negligência clara e ilegal poderá ensejar sanções de improbidade, haja vista a exigência legal expressa de dolo específico.

Esse dispositivo tende a esvaziar as condenações de improbidade administrativa, promovendo um incentivo à corrupção em clara dissonância com o ordenamento jurídico pátrio.

Dos Atos de Improbidade Administrativa que Importam Enriquecimento Ilícito

Art. 9º Constitui ato de improbidade administrativa importando em enriquecimento ilícito auferir, mediante a prática de ato doloso, qualquer tipo de vantagem patrimonial indevida em razão do exercício de cargo, de mandato, de função, de emprego ou de atividade nas entidades referidas no art. 1º desta Lei, e notadamente:

I - receber, para si ou para outrem, dinheiro, bem móvel ou imóvel, ou qualquer outra vantagem econômica, direta ou indireta, a título de comissão, percentagem, gratificação ou presente de quem tenha interesse, direto ou indireto, que possa ser atingido ou amparado por ação ou omissão decorrente das atribuições do agente público;

II - perceber vantagem econômica, direta ou indireta, para facilitar a aquisição, permuta ou locação de bem móvel ou imóvel, ou a contratação de serviços pelas entidades referidas no art. 1º por preço superior ao valor de mercado;

III - perceber vantagem econômica, direta ou indireta, para facilitar a alienação, permuta ou locação de bem público ou o fornecimento de serviço por ente estatal por preço inferior ao valor de mercado;

IV - utilizar, em obra ou serviço particular, qualquer bem móvel, de propriedade ou à disposição de qualquer das entidades referidas no art. 1º desta Lei, bem como o trabalho de servidores, de empregados ou de terceiros contratados por essas entidades;

V - receber vantagem econômica de qualquer natureza, direta ou indireta, para tolerar a exploração ou a prática de jogos de azar, de lenocínio, de narcotráfico, de contrabando, de usura ou de qualquer outra atividade ilícita, ou aceitar promessa de tal vantagem;

VI - receber vantagem econômica de qualquer natureza, direta ou indireta, para fazer declaração falsa sobre qualquer dado técnico que envolva obras públicas ou qualquer outro serviço ou sobre quantidade, peso, medida, qualidade ou característica de mercadorias ou bens fornecidos a qualquer das entidades referidas no art. 1º desta Lei;

VII - adquirir, para si ou para outrem, no exercício de mandato, de cargo, de emprego ou de função pública, e em razão deles, bens de qualquer natureza, decorrentes dos atos descritos no **caput** *deste artigo, cujo valor seja desproporcional à evolução do patrimônio ou à renda do agente público, assegurada a demonstração pelo agente da licitude da origem dessa evolução;*

VIII - aceitar emprego, comissão ou exercer atividade de consultoria ou assessoramento para pessoa física ou jurídica que tenha interesse suscetível de ser atingido ou amparado por ação ou omissão decorrente das atribuições do agente público, durante a atividade;

IX - perceber vantagem econômica para intermediar a liberação ou aplicação de verba pública de qualquer natureza;

X - receber vantagem econômica de qualquer natureza, direta ou indiretamente, para omitir ato de ofício, providência ou declaração a que esteja obrigado;

XI - incorporar, por qualquer forma, ao seu patrimônio bens, rendas, verbas ou valores integrantes do acervo patrimonial das entidades mencionadas no art. 1º desta lei;

XII - usar, em proveito próprio, bens, rendas, verbas ou valores integrantes do acervo patrimonial das entidades mencionadas no art. 1º desta lei.

Dos Atos de Improbidade Administrativa que Causam Prejuízo ao Erário

Art. 10. Constitui ato de improbidade administrativa que causa lesão ao erário qualquer ação ou omissão dolosa, que enseje, efetiva e comprovadamente, perda patrimonial, desvio, apropriação, malbaratamento ou dilapidação dos bens ou haveres das entidades referidas no art. 1º desta Lei, e notadamente:

I - facilitar ou concorrer, por qualquer forma, para a indevida incorporação ao patrimônio particular, de pessoa física ou jurídica, de bens, de rendas, de verbas ou de valores integrantes do acervo patrimonial das entidades referidas no art. 1º desta Lei;

II - permitir ou concorrer para que pessoa física ou jurídica privada utilize bens, rendas, verbas ou valores integrantes do acervo patrimonial das entidades mencionadas no art. 1º desta lei, sem a observância das formalidades legais ou regulamentares aplicáveis à espécie;

III - doar à pessoa física ou jurídica bem como ao ente despersonalizado, ainda que de fins educativos ou assistências, bens, rendas, verbas ou valores do patrimônio de qualquer das entidades mencionadas no art. 1º desta lei, sem observância das formalidades legais e regulamentares aplicáveis à espécie;

IV - permitir ou facilitar a alienação, permuta ou locação de bem integrante do patrimônio de qualquer das entidades referidas no art. 1º desta lei, ou ainda a prestação de serviço por parte delas, por preço inferior ao de mercado;

V - permitir ou facilitar a aquisição, permuta ou locação de bem ou serviço por preço superior ao de mercado;

VI - realizar operação financeira sem observância das normas legais e regulamentares ou aceitar garantia insuficiente ou inidônea;

VII - conceder benefício administrativo ou fiscal sem a observância das formalidades legais ou regulamentares aplicáveis à espécie;

VIII - frustrar a licitude de processo licitatório ou de processo seletivo para celebração de parcerias com entidades sem fins lucrativos, ou dispensá-los indevidamente, acarretando perda patrimonial efetiva;

IX - ordenar ou permitir a realização de despesas não autorizadas em lei ou regulamento;

X - agir ilicitamente na arrecadação de tributo ou de renda, bem como no que diz respeito à conservação do patrimônio público;

XI - liberar verba pública sem a estrita observância das normas pertinentes ou influir de qualquer forma para a sua aplicação irregular;

XII - permitir, facilitar ou concorrer para que terceiro se enriqueça ilicitamente;

XIII - permitir que se utilize, em obra ou serviço particular, veículos, máquinas, equipamentos ou material de qualquer natureza, de propriedade ou à disposição de qualquer das entidades mencionadas no art. 1º desta lei, bem como o trabalho de servidor público, empregados ou terceiros contratados por essas entidades.

XIV – celebrar contrato ou outro instrumento que tenha por objeto a prestação de serviços públicos por meio da gestão associada sem observar as formalidades previstas na lei;

XV – celebrar contrato de rateio de consórcio público sem suficiente e prévia dotação orçamentária, ou sem observar as formalidades previstas na lei.

XVI - facilitar ou concorrer, por qualquer forma, para a incorporação, ao patrimônio particular de pessoa física ou jurídica, de bens, rendas, verbas ou valores públicos transferidos pela administração pública a entidades privadas mediante celebração de parcerias, sem a observância das formalidades legais ou regulamentares aplicáveis à espécie;

XVII - permitir ou concorrer para que pessoa física ou jurídica privada utilize bens, rendas, verbas ou valores públicos transferidos pela administração pública a entidade privada mediante celebração de parcerias, sem a observância das formalidades legais ou regulamentares aplicáveis à espécie;

XVIII - celebrar parcerias da administração pública com entidades privadas sem a observância das formalidades legais ou regulamentares aplicáveis à espécie;

XIX - agir para a configuração de ilícito na celebração, na fiscalização e na análise das prestações de contas de parcerias firmadas pela administração pública com entidades privadas;

XX - liberar recursos de parcerias firmadas pela administração pública com entidades privadas sem a estrita observância das normas pertinentes ou influir de qualquer forma para a sua aplicação irregular.

XXI - Revogado

XXII - conceder, aplicar ou manter benefício financeiro ou tributário contrário ao que dispõem o **caput** *e o § 1º do art. 8º-A da Lei Complementar nº 116, de 31 de julho de 2003.*

Dos Atos de Improbidade Administrativa que Atentam Contra os Princípios da Administração Pública

Art. 11. Constitui ato de improbidade administrativa que atenta contra os princípios da administração pública a ação ou omissão dolosa que viole os deveres de honestidade, de imparcialidade e de legalidade, caracterizada por uma das seguintes condutas:

I - Revogado

II - Revogado

III - revelar fato ou circunstância de que tem ciência em razão das atribuições e que deva permanecer em segredo, propiciando beneficiamento por informação privilegiada ou colocando em risco a segurança da sociedade e do Estado;

IV - negar publicidade aos atos oficiais, exceto em razão de sua imprescindibilidade para a segurança da sociedade e do Estado ou de outras hipóteses instituídas em lei;

V - frustrar, em ofensa à imparcialidade, o caráter concorrencial de concurso público, de chamamento ou de procedimento licitatório, com vistas à obtenção de benefício próprio, direto ou indireto, ou de terceiros;

VI - deixar de prestar contas quando esteja obrigado a fazê-lo, desde que disponha das condições para isso, com vistas a ocultar irregularidades;

VII - revelar ou permitir que chegue ao conhecimento de terceiro, antes da respectiva divulgação oficial, teor de medida política ou econômica capaz de afetar o preço de mercadoria, bem ou serviço;

VIII - descumprir as normas relativas à celebração, fiscalização e aprovação de contas de parcerias firmadas pela administração pública com entidades privadas;

IX - Revogado

X - Revogado

XI - nomear cônjuge, companheiro ou parente em linha reta, colateral ou por afinidade, até o terceiro grau, inclusive, da autoridade nomeante ou de servidor da mesma pessoa jurídica investido em cargo de direção, chefia ou assessoramento, para o exercício de cargo em comissão ou de confiança ou, ainda, de função gratificada na administração pública direta e indireta em qualquer dos Poderes da União, dos Estados, do Distrito Federal e dos Municípios, compreendido o ajuste mediante designações recíprocas;

XII - praticar, no âmbito da administração pública e com recursos do erário, ato de publicidade que contrarie o disposto no § 1º do art. 37 da Constituição Federal, de forma a promover inequívoco enaltecimento do agente público e personalização de atos, de programas, de obras, de serviços ou de campanhas dos órgãos públicos.

Nota-se que o texto legal traz um rol de atos de improbidade, dispostos nos incisos, em cada um dos artigos ora transcritos. Conforme entendimento uníssono, os incisos definem exemplos de atos de improbidade, não exaurindo as hipóteses de infrações.

Todavia, no que tange aos atos de improbidade administrativa que atentam contra princípios da Administração (art. 11), o entendimento majoritário é de que o dispositivo apresenta um rol taxativo de infrações.

Por fim, dada a exigência da demonstração de dolo específico, a lei ainda determina que não configura improbidade a ação ou omissão decorrente de divergência interpretativa da lei, baseada em jurisprudência, ainda que não pacificada, mesmo que não venha a ser posteriormente prevalecente nas decisões dos órgãos de controle ou dos tribunais do Poder Judiciário.

12.6. SANÇÕES PELA PRÁTICA DE ATO DE IMPROBIDADE

Deve-se ter em mente que as sanções previstas na Lei de Improbidade não são necessariamente aplicadas de forma cumulativa, entendendo o Superior Tribunal de Justiça que a penalidade deve ser aplicada de acordo com a gravidade do caso e as suas consequências. Por óbvio, compete ao juiz da causa, motivadamente, definir quais sanções de improbidade serão aplicadas, em cada caso concreto, se de forma isolada ou cumulativa, de acordo com a gravidade da infração.

Ademais, para cada ato de improbidade, a lei definiu as sanções que deverão ser aplicadas ao agente. Insta salientar que as sanções também sofrem uma gradação, em razão da gravidade do ato praticado.

Tal situação decorre, inclusive, da aplicação do princípio da proporcionalidade, apresentado na disposição legal acerca do tema.

Veja-se o quadro explicativo abaixo.

ATOS QUE GERAM ENRIQUECIMENTO ILÍCITO	ATOS QUE CAUSAM DANO AO ERÁRIO	ATOS QUE ATENTAM CONTRA PRINCÍPIOS ADMINISTRATIVOS
Perda da função pública *(Obs. 1)*	**Perda da função pública**	------------------------------
Perda dos bens adquiridos ilicitamente	**Perda dos bens adquiridos ilicitamente**	------------------------------ ------
Multa até o valor do acréscimo patrimonial do agente *(obs. 2)*	**Multa até o valor do dano causado**	**Multa de até 24 vezes a remuneração do servidor** *(Obs. 3)*
Suspensão dos direitos políticos por até 14 anos	**Suspensão dos direitos políticos por até 12 anos**	------------------------------ ------
Impossibilidade de contratar com o Poder Público e de receber benefícios fiscais até 14 anos	**Impossibilidade de contratar com o Poder Público e de receber benefícios por até 12 anos**	**Impossibilidade de contratar com o Poder Público e de receber benefícios por até 4 anos**

Obs. 1 – O Superior Tribunal de Justiça estabeleceu o entendimento de que a improbidade não está ligada ao cargo, mas à atuação na Administração Pública. Assim, **a perda de cargo é aplicável à função exercida pelo agente público no momento do trânsito em julgado da ação, conforme EREsp 1.701967/RS.** Assim, o agente público deve perder o cargo que estivesse exercendo no momento da aplicação da pena e, não necessariamente, a função de que tenha se valido para a prática do ato.

Obs. 2 – A multa poderá ser aplicada em dobro, caso o magistrado entenda necessário para garantir o caráter repressivo da penalidade.

Obs. 3 – Ressalte-se que agente público, para fins de improbidade, é todo aquele que exerce função pública, a qualquer título, ainda que sem remuneração. Inclusive, essa é a leitura do art. 2º da Lei 8.429/92. Se o agente que praticou o ato de improbidade não for remunerado pelo exercício de suas funções, conforme entendimento do Superior Tribunal de Justiça, a multa será de até 24 vezes o valor do salário mínimo. Trata-se de aplicação do princípio da adequação punitiva às sanções de improbidade administrativa.

Cabe ressaltar que as penalidades somente poderão ser aplicadas após a decisão final ter transitado em julgado.

A lei ainda estabelece que devem ser considerados os efeitos econômicos e sociais das sanções a serem aplicadas ás pessoas jurídicas, sendo que é necessário se tentar viabilizar a manutenção de suas atividades.

Por fim, sempre que houver prejuízo ao erário, é indispensável que seja determinada a **reparação do dano** causado. Também a lei estabelece a reversão de bens acrescidos ilegalmente ao patrimônio do agente para o ente estatal. Note-se que, com a alteração sofrida em 2021, a lei deixa de incluir o ressarcimento ao erário como penalidade, lhe atribuindo a função reparatória e não punitiva que possuía no texto originário da lei.

12.7. CAUTELAR DE INDISPONIBILIDADE DE BENS

A indisponibilidade dos bens do acusado é medida cautelar com fundamento constitucional no art. 37, § 4º, e se caracteriza como medida que visa a evitar que, ao final do processo, apesar da condenação do acusado, sua insolvência impeça o cumprimento das medidas sancionatórias de caráter pecuniário.

Conforme disposto no Código de Processo Civil, a cautelar de indisponibilidade de bens poderá ser requerida incidentalmente, no bojo da ação de improbidade ou de maneira antecedente, sendo essa regra prevista também no art. 16 da Lei 8.429/92.

Nesse caso, o juiz deverá a analisar a ação cautelar antes da demanda principal e, após a efetivação da medida cautelar, o autor terá o prazo de 30 dias para emendar a petição inicial para expor a ação principal, nos mesmos autos da cautelar.

Após efetivada a indisponibilidade dos bens do acusado, em cautelar antecedente, deverá o autor, no mesmo processo, apresentar a demanda principal e requerer a apuração da infração de improbidade.

A cautelar de indisponibilidade de bens ainda abrange a possibilidade de determinação de investigação e bloqueio de contas e aplicações financeiras do acusado, ainda que fora do país.

Ademais, a lei dispõe que o *"pedido de indisponibilidade de bens a que se refere o caput deste artigo apenas será deferido mediante a demonstração no caso concreto de perigo de dano irreparável ou de risco ao resultado útil do processo, desde que o juiz se convença da probabilidade da ocorrência dos atos descritos na petição inicial com fundamento nos respectivos elementos de instrução, após a oitiva do réu em 5 (cinco) dias."*

A norma vai de encontro ao entendimento jurisprudencial majoritário anterior que definia a necessidade somente de demonstração do *fumus boni iuris* nas cautelares de indisponibilidade de bens em improbidade administrativa, por considerar que o *periculum in mora* seria presumido pela existência de uma ação de improbidade em curso.

Nesse sentido, pode-se verificar o julgado a seguir:

> ***O periculum in mora para decretar a indisponibilidade de bens decorrente do ato de improbidade administrativa (art. 37, § 4º, da CF) é presumido, nos termos do art. 7º da Lei n. 8.429/1992. Precedentes citados: REsp 1.315.092-RJ, DJe 14/6/2012; REsp 1.203.133-MT, DJe 28/10/2010; REsp 1.135.548-PR, DJe 22/6/2010; REsp 1.115.452-MA, DJe 20/4/2010, e REsp 1.319.515-ES.***
>
> (AgRg no AREsp 188.986-MG, Rel. Min. Teori Albino Zavascki, julgado em 28/8/2012)

O referido julgado não encontra mais guarida na legislação vigente. Portanto, atualmente, a possibilidade de indisponibilidade dos bens do acusado dependerá da comprovação do perigo de dano ou risco ao resultado útil do processo e da probabilidade do direito, comprovados de forma cumulativa.

A lei ainda dispõe que, nos casos em que haja mais de um réu na ação, a somatória dos valores declarados indisponíveis não poderá superar o montante indicado na petição inicial como dano ao erário ou como enriquecimento ilícito, sob pena de prejuízo indevido ao acusado, sendo que será permitida a sua substituição por caução idônea, por fiança bancária ou por seguro-garantia judicial, a requerimento do réu, bem como a sua readequação durante a instrução do processo.

Mais uma vez, a norma busca evitar o menor prejuízo possível ao acusado sem arriscar a solvência do Réu para fins de reparação dos danos aos cofres públicos, em razão da indisponibilidade do interesse público.

Com efeito, por não se tratar de medida punitiva e sim de cautelar, se o acusado tiver a necessidade de substituí-la por qualquer outra forma idônea de evitar danos e garantir a reparação integral do prejuízo, não há motivo para negar essa substituição.

Vale ressaltar que essa indisponibilidade, no entendimento pacificado do Superior Tribunal de Justiça, pode incidir sobre os bens que já integravam o patrimônio do sujeito antes da prática do ato de improbidade.

Vejamos:

> *STJ - RECURSO ESPECIAL REsp 781431 BA 2005/0151825-1 (STJ)*
>
> ***Data de publicação: 14/12/2006***
>
> *Ementa:* ***ADMINISTRATIVO. IMPROBIDADE ADMINISTRATIVA. INDISPONIBILIDADE DE BENS. OMISSÃO NO ACÓRDÃO RECORRIDO. INEXISTÊNCIA. REQUISITOS PARA A DECRETAÇÃO DA LIMINAR. SÚMULA Nº 07/STJ. INDISPONIBILIDADE DE BENS ADQUIRIDOS ANTES OU DEPOIS DA SUPOSTA PRÁTICA DO ATO ÍMPROBO. MONTANTE SUFICIENTE PARA***

> ***O RESSARCIMENTO DO DANO. DIMENSIONAMENTO. JUÍZO DE ORIGEM. I - A acusação que pesa contra o recorrente é pela suposta prática de ato de improbidade administrativa, no exercício do cargo de prefeito da cidade de Ilhéus - BA, entre os anos de 1993 e 1996, consistente na contração de pessoal sem a realização de concurso público. II - Em ação civil pública, com base no conjunto probatório dos autos, foi concedida liminar tornando indisponíveis os bens do ex-administrador municipal, no limite da lesão praticada contra o erário público. Para dar relevo à irresignação do recorrente no sentido de que inexistiriam os requisitos autorizadores da tutela de urgência, ter-se-ia impositivo o reexame dos elementos fáticos constantes dos autos, o que é vedado a esta Corte Superior no âmbito do recurso especial. Incidência da súmula 7/STJ. III - Deve ser afastada a alegada violação ao artigo 535 do CPC, uma vez que o Tribunal a quo julgou satisfatoriamente a lide, pronunciando-se sobre o tema proposto, deixando claro que a indisponibilidade de bens deveria recair somente sobre montante correspondente ao dano provocado e à multa civil, entretanto, com dimensionamento oportunamente apreciado pelo Juízo de origem. IV*** *- Consoante o disposto no art. 7º da Lei nº 8.429 /92, a indisponibilidade incidirá sobre tantos bens quantos forem necessários ao ressarcimento do dano ou acréscimo patrimonial resultante do enriquecimento ilícito, podendo recair sobre quaisquer bens do agente acusado, independentemente de terem sido adquiridos antes ou depois do ato supostamente ímprobo.*

Por fim, cabe salientar que da decisão que deferir ou indeferir a medida relativa à indisponibilidade de bens caberá agravo de instrumento e deve ser ressaltado que a lei veda a decretação de indisponibilidade da quantia de até 40 (quarenta) salários mínimos depositados em caderneta de poupança, em outras aplicações financeiras ou em conta corrente, por serem valores presumivelmente necessários à subsistência do particular e sua indisponibilidade pode acarretar risco à sua própria manutenção e de sua família.

Na mesma linha, o Superior Tribunal de Justiça já pacificou o entendimento de que o bloqueio de contas não deve incidir sobre conta salário do acusado. Vejamos:

> *RECURSO ESPECIAL. PROCESSUAL CIVIL E ADMINISTRATIVO. MEDIDA CAUTELAR DE ARRESTO. AÇÃO DE IMPROBIDADE. INDISPONIBILIDADE DE RECURSOS ORIUNDOS DE RECLAMATÓRIA TRABALHISTA. NATUREZA SALARIAL.*
>
> *IMPENHORABILIDADE. ART. 649, IV DO CPC. OFENSA CONFIGURADA. RECURSO ESPECIAL PROVIDO.*
>
> *1. As verbas salariais, por serem absolutamente impenhoráveis, também não podem ser objeto da medida de indisponibilidade na Ação de Improbidade Administrativa, pois, sendo impenhoráveis, não poderão assegurar uma futura execução.*
>
> *2. O uso que o empregado ou o trabalhador faz do seu salário, aplicando-o em qualquer fundo de investimento ou mesmo numa poupança voluntária, na verda-*

de, é uma defesa contra a inflação e uma cautela contra os infortúnios, de maneira que a aplicação dessas verbas não acarreta a perda de sua natureza salarial, nem a garantia de impenhorabilidade.

3. Recurso especial provido.

(REsp 1164037/RS, Rel. Ministro SÉRGIO KUKINA, Rel. p/ Acórdão Ministro NAPOLEÃO NUNES MAIA FILHO, PRIMEIRA TURMA, julgado em 20/02/2014, DJe 09/05/2014)

Trata-se de norma que protege a vida e dignidade do devedor, amparadas pelo nosso sistema jurídico constitucional.

No mesmo sentido, é vedada a decretação de indisponibilidade do bem de família do réu, salvo se comprovado que o imóvel seja fruto de vantagem patrimonial indevida.

12.8. CAUTELAR DE AFASTAMENTO PREVENTIVO

O afastamento preventivo do agente é medida cautelar que poderá ser estabelecida pelo juízo todas as vezes que o administrador alegar e demonstrar que a manutenção do agente no cargo de origem poderá atrapalhar o andamento regular do processo judicial. Normalmente, esse sujeito terá acesso às provas e documentos, bem como às testemunhas do caso, podendo macular a instrução probatória.

A lei também permite que o afastamento provisório seja determinado para evitar a continuidade delitiva por parte do agente, quando esse risco for demonstrado.

Ressalte-se que, neste caso, diversamente do que ocorre no processo administrativo disciplinar (em que o afastamento não pode ultrapassar 60 dias), o afastamento pode ser determinado pelo prazo de até 90 dias, admitida uma prorrogação motivada por igual período.

Ademais, a intenção é assegurar a lisura do processo judicial, sem que isso acarrete qualquer espécie de penalidade, conforme qualquer medida cautelar, sem prejuízo da remuneração a que o agente público faça jus pelo exercício do cargo ou função.

Com efeito, o afastamento provisório deverá ocorrer sem prejuízo da remuneração do servidor, sob pena de ser encarado como sanção, inaplicável antes da conclusão do processo judicial.

12.9. PROCEDIMENTO DA AÇÃO DE IMPROBIDADE

A ação de improbidade visa punir os agentes públicos e particulares que atuem em colaboração ou se beneficiando da atuação do agente, por atos de improbidade.

A legislação determina que essa ação deverá tramitar nos moldes do procedimento comum, previsto pelo Código de Processo Civil, ressalvadas as peculiaridades trazidas pelo próprio texto do diploma de improbidade administrativa.

12.9.1. Partes e competência

Deve ser proposta pelo Ministério Público, único legitimado legal. Todavia, uma vez proposta a demanda, deve ser feita a intimação da pessoa jurídica lesada – ou seja, uma das entidades elencadas no art. 1° da Lei 8.429/92 que tenha sofrido o ato de improbidade – para, querendo, atuar ao lado do órgão ministerial.

Na origem, a lei atribuía legitimação ativa à pessoa jurídica lesada para, de forma independente, propor a ação. Após as alterações sofridas em 2021, somente o órgão ministerial tem legitimidade para a propositura da ação.

Cabe ressaltar que, no julgamento da ADI 7042, o Supremo Tribunal Federal por meio do Ministro Alexandre de Moraes, suspendeu parte do dispositivo da lei para estabelecer que a Pessoa Jurídica lesada pelo ato de improbidade também terá legitimidade para a propositura da ação, por meio de sua procuradoria.

O art. 17 da lei dispõe que a ação de improbidade segue os trâmites do procedimento comum, no entanto, devem ser aplicadas as regras estipuladas na Lei de Improbidade Administrativa, que estabelece peculiaridades.

Inicialmente, a ação de improbidade deverá ser proposta em juízo singular. Com efeito, não há prerrogativa de foro para a propositura da ação. Ressalte-se que não é possível a utilização da competência constitucional para as ações penais em face de agentes públicos, haja vista a natureza civil das sanções a serem aplicadas. Sendo assim, repita-se, a ação será proposta originariamente na justiça comum estadual ou federal, nas hipóteses previstas no art. 109 da Carta Magna.

O Superior Tribunal de Justiça havia firmado o entendimento de que as ações de improbidade propostas em face de membros da magistratura e que podem gerar a perda do cargo devem ser propostas diretamente no tribunal ao qual o agente esteja vinculado. Todavia, esse entendimento já foi superado pela jurisprudência que sustenta a ausência de prerrogativa de foro em ações de improbidade, ainda que o Réu seja membro da magistratura.

Nesse sentido, analise-se o julgado a seguir:

> ADMINISTRATIVO. RECURSO ESPECIAL. AÇÃO CIVIL PÚBLICA POR ATO DE IMPROBIDADE ADMINISTRATIVA. PRESENÇA DE MAGISTRADO NO POLO PASSIVO DA AÇÃO. FORO ESPECIAL POR PRERROGATIVA DE FUNÇÃO. INEXISTÊNCIA. COMPETÊNCIA DO JUÍZO DE PRIMEIRO GRAU PARA PROCESSAR E JULGAR A DEMANDA.
>
> 1. Na linha da orientação firmada pelo Supremo Tribunal Federal, o Superior Tribunal de Justiça entende que a ação de improbidade administrativa deve ser processada e julgada nas instâncias ordinárias, ainda que proposta contra magistrado (REsp 1.138.173/RN, Rel. Ministro Humberto Martins, Segunda Turma, DJe 30/06/2015; REsp 1.489.024/SP, Rel. Ministro Benedito Gonçalves, Primeira Turma, DJe 11/12/2014; EDcl na AIA 45/AM, Rel. Ministra Laurita Vaz, Corte Especial, DJe 28/05/2014; AgRg no AgRg na AIA 35/DF, Rel. Ministro Ari Pargendler, Corte Especial, DJe 10/02/2014).

2. Recurso especial desprovido. (STJ. REsp 1519506 / SP. PRIMEIRA TURMA. Ministro NAPOLEÃO NUNES MAIA FILHO. DJe 27/10/2017).

Inclusive, a Lei 8.429/92, em seu art. 17, § 4º-A dispõe que a competência é do juízo singular do foro onde ocorreu o dano ou o da pessoa jurídica prejudicada.

Ademais, o Réu da ação será o sujeito ativo do ato de improbidade, ou seja, o agente público – amplamente considerado, nos moldes do art. 2º da lei – mas também todos os particulares que tenham concorrido, induzido ou se beneficiado do ato ímprobo. Cabe relembrar que o particular pode ser pessoa jurídica ou pessoa física, conforme disposição legal.

Art. 3º As disposições desta Lei são aplicáveis, no que couber, àquele que, mesmo não sendo agente público, induza ou concorra dolosamente para a prática do ato de improbidade.

§ 1º Os sócios, os cotistas, os diretores e os colaboradores de pessoa jurídica de direito privado não respondem pelo ato de improbidade que venha a ser imputado à pessoa jurídica, salvo se, comprovadamente, houver participação e benefícios diretos, caso em que responderão nos limites da sua participação.

§ 2º As sanções desta Lei não se aplicarão à pessoa jurídica, caso o ato de improbidade administrativa seja também sancionado como ato lesivo à administração pública de que trata a Lei nº 12.846, de 1º de agosto de 2013.

12.9.2. Petição inicial, contestação e julgamento

Por se tratar de norma processual supletiva, independentemente da previsão na Lei 8.429/92, a petição inicial da ação de improbidade deverá contar todas as exigências estipuladas no art. 319 do CPC, a saber:

Art. 319. A petição inicial indicará:

I - o juízo a que é dirigida;

II - os nomes, os prenomes, o estado civil, a existência de união estável, a profissão, o número de inscrição no Cadastro de Pessoas Físicas ou no Cadastro Nacional da Pessoa Jurídica, o endereço eletrônico, o domicílio e a residência do autor e do réu;

III - o fato e os fundamentos jurídicos do pedido;

IV - o pedido com as suas especificações;

V - o valor da causa;

VI - as provas com que o autor pretende demonstrar a verdade dos fatos alegados;

VII - a opção do autor pela realização ou não de audiência de conciliação ou de mediação.

Além desses requisitos gerais, deve a petição inicial vir acompanhada de todas as provas produzidas e que justifiquem a propositura da presente ação.

Cabe ressaltar que a ação de improbidade segue as regras do procedimento comum, razão pela qual será admitida, em seu bojo, a produção de todos os meios de prova em direito aceitas e desde que obtidas licitamente.

A exigência de um elemento probatório mínimo visa a evitar a propositura de ações absolutamente incabíveis, ensejando prejuízos à imagem do acusado e se baseia no fato de que devem ser realizadas diligências prévias para fins de investigação e análise dos fatos.

Nesse contexto, a lei dispõe que haverá indeferimento da petição inicial em todas as hipóteses reguladas pelo Código de Processo Civil, a saber:

1 – nas hipóteses de inépcia que ocorrerão nos casos em que lhe faltar pedido ou causa de pedir; o pedido for indeterminado, ressalvadas as hipóteses legais em que se permite o pedido genérico; da narração dos fatos não decorrer logicamente a conclusão ou quando contiver pedidos incompatíveis entre si;

2 – quando houver ilegitimidade das partes;

3 – se o autor carecer de interesse processual;

4 – caso não esteja instruída regularmente ou não tenha sido constituído o advogado de forma regular.

Também será rejeitada a petição inicial em caso de descumprimento da presente lei, ou seja, se não possuir elementos comprobatórios mínimos a justificar a sua propositura.

Por fim, a lei estabelece que deverá ser indeferida a petição inicial nos casos em que ficar clara a inexistência da prática de ato de improbidade administrativa, conforme entendimento do juízo.

Cabe ressaltar que, se houver dúvida do magistrado em relação à ocorrência ou não da prática de ato de improbidade, deverá ser deferida a petição inicial e os argumentos e provas serão analisados no bojo da ação. Assim, no caso, aplica-se o entendimento de que *in dubio pro societate*. Esse também é o entendimento dos tribunais superiores sobre o tema.

Analise-se o julgado a seguir acerca desse entendimento.

> ***Processo*** *AgInt no AREsp 1149211 / SP*
>
> *AGRAVO INTERNO NO AGRAVO EM RECURSO ESPECIAL 2017/0195949-3*
>
> ***Relator(a)*** *Ministro GURGEL DE FARIA (1160)*
>
> ***Órgão Julgador*** *T1 - PRIMEIRA TURMA*
>
> ***Data do Julgamento***

02/04/2019

Data da Publicação/Fonte

DJe 16/04/2019

Ementa

PROCESSUAL CIVIL E ADMINISTRATIVO. RECURSO ESPECIAL. PREQUESTIONAMENTO. AUSÊNCIA. IMPROBIDADE. RECEBIMENTO DA INICIAL. PRINCÍPIO DO IN DUBIO PRO SOCIETATE. REEXAME FÁTICO-PROBATÓRIO. IMPOSSIBILIDADE.

1. Conforme estabelecido pelo Plenário do STJ, "aos recursos interpostos com fundamento no CPC/1973 (relativos a decisões publicadas até 17 de março de 2016) devem ser exigidos os requisitos de admissibilidade na forma nele prevista, com as interpretações dadas até então pela jurisprudência do Superior Tribunal de Justiça" (Enunciado Administrativo n. 2).

2. Os arts. 128 e 460 do CPC/1973 não estão prequestionados, aplicando-se neste caso as Súmulas 282 e 356 do STF.

3. De acordo com a posição dominante no âmbito do STJ, ***presentes indícios suficientes de cometimento de ato ímprobo, afigura-se devido o recebimento da ação de improbidade, em franca homenagem ao princípio do in dubio pro societate, vigente nesse momento processual, sendo certo que apenas as ações evidentemente temerárias devem ser rechaçadas.***

4. É inviável, em sede de recurso especial, o reexame de matéria fático-probatória, nos termos da Súmula 7 do STJ: "A pretensão de simples reexame de prova não enseja recurso especial."

5. Hipótese em que o Tribunal de origem, soberano na análise das circunstâncias fáticas da causa, determinou o recebimento da petição inicial porque vislumbrou a presença de indícios da prática de atos de improbidade administrativa.

6. Agravo interno desprovido.

Estando a petição inicial em devida forma, o juiz mandará autuá-la e ordenará a citação dos requeridos para que a contestem no prazo comum de 30 (trinta) dias. Esse prazo deve ser mantido independentemente da quantidade de Réus, assim, caso seja mais de um, o prazo será comum.

A não apresentação de defesa no prazo legal não produz os efeitos tradicionais da revelia. Assim, não serão presumivelmente verdadeiras as alegações do autor.

Cabe ressaltar, ainda, que a norma prevê que, caso o agente esteja respondendo por ato de improbidade por ter agido em estrita observância a parecer jurídico, terá direito de ser representado em juízo pela advocacia pública responsável pela elaboração do parecer.

A decisão que rejeitar questões preliminares suscitadas pelo réu em sua contestação será passível de impugnação por meio de agravo de instrumento. Em verdade, a lei dispõe que cabe agravo de instrumento para discutir todas as decisões interlocutórias proferidas no bojo da ação de improbidade.

Havendo a possibilidade de solução consensual, poderão as partes requerer ao juiz a interrupção do prazo para a contestação, por prazo não superior a 90 (noventa) dias. De fato, a tentativa de consenso entre as partes deve ser priorizada, razão pela qual o juiz poderá, a requerimento de ambas, interromper o prazo para a apresentação de contestação. A lei limita o pleito das partes ao limite de 90 (noventa) dias, sem prejuízo da possibilidade de solução consensual em momento posterior do feito.

Há uma discussão acerca da possibilidade de acordo ou conciliação em ações de improbidade administrativa. Nesse sentido, o art. 17, § 1°, da Lei 8.429/92 estabelecia ser proibida expressamente a transação, acordo ou conciliação nesse tipo de ação, não se admitindo inclusive a celebração de TAC (termo de ajustamento de conduta) firmado pelo Ministério Público, mesmo sendo ele o Autor da ação. Todavia, isso foi alterado com a edição da Lei 13.964/19 (conhecida como "Pacote Anticrime") que passou a admitir o acordo de não persecução cível.

Cabe salientar que a doutrina moderna vem discutindo acerca da possibilidade de aplicação do instituto da delação premiada nas ações de improbidade administrativa, como forma de se facilitar as investigações de infrações cometidas, por meio do auxílio de algum dos partícipes, que será beneficiado por meio da não aplicação de determinadas penalidades, por exemplo.

Ressalte-se que a delação ou colaboração premiada é instituto jurídico do direito penal, previsto no art. 159, § 4°, do Código Penal e principalmente nos arts. 13 e 14 da Lei 9.807/1999, com a intenção de auxiliar o poder público no esclarecimento dos fatos e punição do responsável pelo delito.

Neste sentido, os arts. 13 e 14 da Lei 9.807/99 dispõem que:

> *"Artigo 13. Poderá o juiz, de ofício ou a requerimento das partes, conceder o perdão judicial e a conseqüente extinção da punibilidade ao acusado que, sendo primário, tenha colaborado efetiva e voluntariamente com a investigação e o processo criminal, desde que dessa colaboração tenha resultado:*
>
> *I - a identificação dos demais co-autores ou partícipes da ação criminosa;*
>
> *II - a localização da vítima com a sua integridade física preservada;*
>
> *III - a recuperação total ou parcial do produto do crime.*
>
> Parágrafo único. A concessão do perdão judicial levará em conta a personalidade do beneficiado e a natureza, circunstâncias, gravidade e repercussão social do fato criminoso.
>
> *Artigo 14. O indiciado ou acusado que colaborar voluntariamente com a investigação policial e o processo criminal na identificação dos demais co-autores ou partícipes do crime, na localização da vítima com vida e na recuperação total ou parcial do produto do crime, no caso de condenação, terá pena reduzida de um a dois terços".*

Sendo assim, pode-se verificar que a delação premiada, além de facilitar o esclarecimento do ilícito, permite que o agente arrependido que efetivamente colabora com a Justiça, tenha a sua pena diminuída ou mesmo não aplicada.

A matéria deve ser analisada sob a ótica do bem jurídico que se visa proteger por meio da ação de improbidade administrativa, qual seja, a integridade do patrimônio público, material e imaterial e a garantia do interesse da coletividade, mediante a aplicação de sanções aos agentes que põem em risco essas prerrogativas.

Ocorre que, diferentemente do ilícito penal, no qual a sanção geralmente incide sobre a liberdade pessoal, nas condenações por improbidade ela incide sobre bens (indisponibilidade e sequestro), comportamentos negociais (contratar com o poder público ou receber incentivos ou benefícios fiscais e creditícios) e direitos políticos (candidatar-se a cargos públicos, ou a cargos eletivos, ou de usufruir do direito-dever de voto). Não obstante estas diferenças, as sanções à improbidade administrativa têm finalidade preventiva e repressiva.

Neste sentido, dispõe Fábio Medina Osório,[2] que *"a sanção administrativa consiste em um mal ou castigo, com alcance geral e potencialmente* pro futuro, *imposto pela Administração Pública, considerada materialmente, pelo Poder Judiciário ou por corporações de direito público, a um administrado(r), agente público, indivíduo ou pessoa jurídica, expostos ou não a relações especiais de sujeição com o Estado, como consequência de uma conduta ilegal, tipificada em norma proibitiva, com uma finalidade repressora, ou disciplinar, no âmbito formal ou material do direito administrativo"*.

Ademais, inobstante seja a ação de improbidade administrativa regida pelo processo civil, sua tramitação mais se aproxima da processualística penal, guardando, inclusive, alguns pontos em comum com o rito de instrução dos processos por crime de responsabilidade cometido por funcionário público.

E, no que tange à aplicação das sanções, a própria Lei 8.429/92, em seu art. 12, determina que sua fixação e dosagem seja efetivada, tomando por base a natureza, a gravidade e as consequências da infração, devendo ser observada a lesividade e reprovabilidade da conduta do agente, além do elemento volitivo e do prejuízo causado ao interesse público, devendo, ainda, ser observada a individualização da pena em relação a cada demandado.

Outrossim, deve-se considerar que a Lei de Improbidade Administrativa, criada como instrumento para combate à corrupção, apresenta dificuldades no que tange às investigações, mormente nos casos que envolvem grandes associações criminosas e esquemas de corrupção com agentes de alto escalão.

---

2. OSÓORIO, Fábio Medina. Teoria da Improbidade Administrativa: má gestão pública, corrupção, ineficiência. São Paulo, Editora Revista dos Tribunais, 2007.

Assim, a delação premiada seria uma forma de auxiliar o poder público no combate a condutas violadoras da moralidade pública, permitindo a punição dos responsáveis por grandes esquemas de corrupção, permitindo ao Ministério Público atingir o topo da pirâmide, alcançando todos os responsáveis pelos atos danosos.

Saliente-se, ainda, que não se vislumbra empecilho legal à aplicação analógica do instituto da colaboração premiada, uma vez que a Lei de Introdução às Normas do Direito Brasileiro (Decreto-lei n. 4.657/42) estabelece, no seu artigo 4º, que *"quando a lei for omissa, o juiz decidirá o caso de acordo com a analogia, os costumes e os princípios gerais de direito"*.

Neste sentido, o Ministério Público de São Paulo, já se manifestou. Observe-se:

> *"CONCLUSÕES DAS TESES APROVADAS EM PLENÁRIA NO I CONGRESSO DO PATRIMÔNIO PÚBLICO E SOCIAL DO MINISTÉRIO PÚBLIC DO ESTADO DE SÃO PAULO*
>
> *Tese nº 5*
>
> *COLABORAÇÃO PREMIADA E LEI DE IMPROBIDADE ADMINISTRATIVA*
>
> *Autor: Antonio Celso Campos de Oliveira Faria*
>
> *Relator: Silvio Antonio Marques*
>
> *Conclusões:*
>
> *1. o instituto da colaboração premiada, por analogia, pode ser aplicado aos atos de improbidade administrativa;*
>
> *2. as Promotorias do Patrimônio Público e Social devem envidar esforços no sentido de ser reconhecida perante o Poder Judiciário a aplicação do instituto da colaboração premiada em matéria de improbidade administrativa."*

Oferecida a contestação e, se for o caso, ouvido o autor, o juiz:

> I – procederá ao julgamento conforme o estado do processo, observada a eventual inexistência manifesta do ato de improbidade, ou seja, o julgamento antecipado somente é permitido em casos de improcedência da ação, ou seja, em benefício do Réu.
>
> II – poderá desmembrar o litisconsórcio, com vistas a otimizar a instrução processual. A lei também admite o desmembramento do feito como forma de permitir julgamentos separados, caso a solução do caso em relação a algum dos Réus seja mais simples do que para os demais.

A medida, além de otimizar a instrução probatória, evita a pendência da lide, por exemplo, em relação a algum Réu em que já tenha sido verificada a inocorrência do ato de improbidade.

Após a réplica do Ministério Público, o juiz proferirá decisão na qual indicará com precisão a tipificação do ato de improbidade administrativa imputável ao réu, sendo-lhe vedado modificar o fato principal e a capitulação legal apresentada pelo autor.

Trata-se de decisão em que serão analisadas todas as peças anteriores, além das provas produzidas. Nesse caso, cabe ao juiz somente analisar o requerimento do Autor no que tange à capitulação da infração de improbidade. Assim, o juiz não pode alterar os fatos apresentados ou a conduta infracional alegada pelo Autor da ação.

É interessante ressaltar que o Superior Tribunal de Justiça defende que a aplicação de todas as penalidades, decorrentes do ato de improbidade e previstas no artigo 12 da Lei 8.429/92, podem ser aplicadas, independente de pedido explícito pelo autor da ação. *In casu*, não se estaria diante de sentença *extra petita* uma vez que todas as sanções previstas em lei são pedidos implícitos da ação de improbidade.

Com efeito, entende a Corte que, na ação de improbidade, o juiz julga os fatos e não os pedidos, podendo, portanto, aplicar penalidades que não tenham sido expressamente requeridas na petição inicial. Logo, caso o Ministério Público proponha a ação de improbidade e não inclua entre seus pedidos expressos a aplicação de multa, por exemplo, tal sanção poderá, ainda assim, ser aplicada, se o juiz entender cabível, diante da gravidade da infração praticada.

12.9.3. Transformação em ação civil pública

O art. 17, § 16 da Lei 8.429/92 dispõe que *"A qualquer momento, se o magistrado identificar a existência de ilegalidades ou de irregularidades administrativas a serem sanadas sem que estejam presentes todos os requisitos para a imposição das sanções aos agentes incluídos no polo passivo da demanda, poderá, em decisão motivada, converter a ação de improbidade administrativa em ação civil pública, regulada pela Lei nº 7.347, de 24 de julho de 1985"*.

Fazendo uma breve análise da ação civil pública regulada pela Lei 7.347/85, nota-se que, diferentemente da ação de improbidade administrativa, não possui finalidade punitiva, mas sim reparatória do prejuízo à sociedade. Nesse sentido, trata-se de ação cabível sempre que o legitimado tiver a intenção de garantir a proteção a interesses difusos e coletivos, assim como de direitos individuais homogêneos, com regulamentação na Lei 7.347/85.

É possível o manejo desta ação especial para defesa do meio ambiente, do direito do consumidor, da ordem econômica, entre outros, sendo vedada a sua propositura para veicular pretensões que envolvam tributos, contribuições previdenciárias, o Fundo de Garantia do Tempo de Serviço – FGTS ou outros fundos de natureza institucional, cujos beneficiários podem ser individualmente determinados.

A lei prevê a possibilidade de ajuizamento de ação cautelar para defesa dos direitos coletivos, objetivando, inclusive, evitar o dano ao meio ambiente, ao consumidor, à ordem urbanística ou aos bens e direitos de valor artístico, estético, histórico, turístico e paisagístico, bem como, com a finalidade de proteção à honra de grupos raciais, étnicos ou religiosos.

Legitimidade ativa e passiva

No que tange à legitimidade para propor a ação principal e a ação cautelar, a lei define, de forma exaustiva, quais as pessoas que poderão propor a ação, diferentemente do que ocorre na ação popular, cuja legitimidade é atribuída a qualquer cidadão. Nestes termos, são legitimados para a propositura da ação:

a) o Ministério Público, sendo que, caso não seja o Autor da ação, o *Parquet* deverá atuar como fiscal da lei;

b) a Defensoria Pública, que, não obstante não tenha personalidade jurídica, possui capacidade postulatória, podendo figurar no polo ativo da ação judicial;

c) a União, os Estados, o Distrito Federal e os Municípios, nestes casos, entidades políticas, com personalidade jurídica própria;

d) a autarquia, inclusive a associação pública, empresa pública, fundação pública ou sociedade de economia mista;

e) a associação que, concomitantemente, esteja constituída há pelo menos 1 (um) ano nos termos da lei civil e inclua, entre suas finalidades institucionais, a proteção ao meio ambiente, ao consumidor, à ordem econômica, aos direitos de grupos raciais, étnicos ou religiosos, à livre concorrência ou ao patrimônio artístico, estético, histórico, turístico e paisagístico.

A lei define ainda que fica facultado ao Poder Público e a outras associações legitimadas nos termos deste artigo habilitar-se como litisconsortes de qualquer das partes, sendo que, em caso de desistência infundada ou abandono da ação por associação legitimada, o Ministério Público ou outro legitimado assumirá a titularidade ativa.

Por sua vez, serão legitimados passivos todos aqueles que, sendo pessoa física ou jurídica, derem causa a qualquer conduta que ensejar prejuízos ao meio ambiente, ao direito do consumidor, à ordem econômica ou urbanística, a bens e direitos de valor estético, histórico, turístico e paisagístico ou a qualquer outro interesse difuso ou coletivo.

Outrosssim, o art. 3º, da Lei 7.347/85 define que *"A ação civil poderá ter por objeto a condenação em dinheiro ou o cumprimento de obrigação de fazer ou não fazer"*.

Verifique que, caso, no bojo da ação de improbidade não estejam presentes os elementos punitivos previstos na legislação, como, por exemplo, o dolo do agente público ou, até mesmo a caracterização do ato ímprobo, mas seja verificado o prejuízo aos interesses difusos protegidos pela ação civil pública, a lei permite a conversão da medida, como meio de resguardar a economicidade processual.

Assim, passa-se a buscar a reparação de danos e anulação de atos lesivos, ao invés de se discutir as sanções a serem aplicadas ao agente público e ao particular que teria sido concorrido com o suposto ato.

Por fim, a lei regulamenta que da decisão que converter a ação de improbidade em ação civil pública caberá agravo de instrumento.

12.10. DO ACORDO DE NÃO PERSECUÇÃO CÍVEL

O art. 17-B da lei 8.429/92 dispõe que:

> *Art. 17-B. O Ministério Público poderá, conforme as circunstâncias do caso concreto, celebrar acordo de não persecução civil, desde que dele advenham, ao menos, os seguintes resultados:*
>
> *I – o integral ressarcimento do dano;*
>
> *II – a reversão à pessoa jurídica lesada da vantagem indevida obtida, ainda que oriunda de agentes privados.*

O acordo de não persecução cível foi inserido na Lei de Improbidade Administrativa com a aprovação do Pacote Anticrime, todavia, em razão dos vetos legais, não havia uma regulamentação do seu procedimento nesta lei. Em 2021, com as alterações feitas pela Lei 14.230/21, a lei passa a prever o procedimento a ser adotado para a realização do referido acordo, dispondo acerca de algumas medidas e sanções que não podem ser transacionadas. Dessa forma, o dispositivo atribui ao órgão ministerial a legitimidade para a realização do acordo.

Outrossim, a lei, em razão da indisponibilidade do interesse público, prevê que o ressarcimento integral do dano é indispensável à legitimidade do acordo, não sendo admissível a transação incidente sobre o prejuízo causado aos cofres públicos pela prática do ato de improbidade analisado.

No mesmo sentido, em se tratando de ato que ensejou enriquecimento ilícito do agente em detrimento da função pública, somente será legítimo o acordo, caso se determine que a vantagem obtida pelo agente ímprobo seja revertida à pessoa jurídica lesada pelo ato de improbidade, mesmo que o enriquecimento tenha decorrido de acordos firmados com a iniciativa provada.

Assim, imagine-se que o agente público recebeu propina para a contratação sem a realização de procedimento licitatório de determinada empresa. Mesmo que o contrato tenha sido firmado no preço de mercado, sem a caracterização de dano patrimonial ao erário e, ainda levando em consideração que os valores acrescidos ao patrimônio do agente não pertenciam aos cofres públicos, esse montante deve ser revertido ao patrimônio da entidade pública.

Nesse contexto, a celebração do acordo deste artigo dependerá da oitiva do ente federativo lesado, em momento anterior ou posterior à propositura da ação, ainda que a celebração seja feita com o Ministério Público.

Ademais, caso o acordo seja firmado em momento anterior ao ajuizamento da ação de improbidade, será necessária a aprovação, no prazo de até 60 (sessenta) dias, pelo órgão do Ministério Público competente para apreciar as promoções de arquivamento de inquéritos civis.

Além disso, independentemente de já ter sido proposta ou não a ação de improbidade administrativa, a realização do acordo dependerá de homologação judicial. Assim, a lei não atribui a esse acordo a natureza de conciliação administrativa, somente sendo possível sua celebração mediante sentença judicial homologatória.

Cabe salientar que, muito embora o acordo de não persecução cível deva ser enxergado como medida de solução do feito, visando a atender, primordialmente, o interesse público protegido, resguardando uma rápida solução do problema e efetiva devolução de valores para ressarcimento ao erário, algumas circunstâncias devem ser consideradas no momento de se optar pela sua celebração, tais como a culpabilidade e condições pessoais do agente, assim se considerando a ocorrência ou não de reincidência e o grau do elemento subjetivo.

Da mesma forma, devem ser consideradas as repercussões sociais do ato praticado, haja vista o fato de que a paz social deve ser alcançada pela solução tomada nas ações de improbidade, assim como a gravidade da infração praticada pelos agentes.

A lei, ainda prevê que, para fins de apuração do valor do dano a ser ressarcido, deverá ser realizada a oitiva do Tribunal de Contas competente, que se manifestará, com indicação dos parâmetros utilizados, no prazo de 90 (noventa) dias.

Ao final, o acordo poderá contemplar a adoção de mecanismos e procedimentos internos de integridade, de auditoria e de incentivo à denúncia de irregularidades e a aplicação efetiva de códigos de ética e de conduta no âmbito da pessoa jurídica, se for o caso, bem como de outras medidas em favor do interesse público e de boas práticas administrativas.

Com efeito, a lei estabelece parâmetros para a celebração do acordo, permitindo que o ente ministerial proponha a denúncia de outros infratores, como forma de auxiliar as investigações do fato, assim como a implementação de programas de integridade no âmbito da pessoa jurídica, e determinação de cumprimento de algumas medidas preventivas, inclusive, nos termos do código de ética.

As medidas postas no dispositivo legal são meramente exemplificativas e podem ser apresentadas de forma cumulativa ou isolada nas negociações travadas entre as partes.

Por fim, a lei prevê que as normas do acordo serão homologadas por decisão judicial e serão de cumprimento obrigatório por ambas as partes, sendo que o seu descumprimento ensejará sanções previstas no próprio termo. Além das penalidades acordadas, a lei prevê o impedimento de celebração de novo acordo pelo período de 5 (cinco) anos, devendo o prazo ter início somente na data em que o órgão ministerial vislumbrar a infração.

12.11. CRIME DE DENUNCIAÇÃO CALUNIOSA

A lei prevê um ilícito penal decorrente da denunciação pela prática de ato de improbidade, sabendo que o acusado é inocente. Nesse sentido, o art. 19 dispõe que:

> *Art. 19. Constitui crime a representação por ato de improbidade contra agente público ou terceiro beneficiário, quando o autor da denúncia o sabe inocente.*
>
> *Pena: detenção de seis a dez meses e multa.*
>
> *Parágrafo único. Além da sanção penal, o denunciante está sujeito a indenizar o denunciado pelos danos materiais, morais ou à imagem que houver provocado.*

A infração criminal prevista neste dispositivo é uma espécie de "denunciação caluniosa", com algumas especificidades, haja vista não ter sido imputada a prática de ilícito criminal ao agente, mas sim a infração de improbidade administrativa. Trata-se de crime que depende da comprovação do dolo específico, ou seja, o sujeito que denunciou tem consciência da inocência do denunciado, no entanto, faz a denúncia com o intuito de prejudicá-lo.

Além da pena privativa de liberdade prevista na lei e da sanção pecuniária, o dispositivo garante a possibilidade de condenação do denunciante a ressarcir todos os prejuízos causados à imagem do agente denunciado indevidamente.

12.12. PRESCRIÇÃO

O instituto da prescrição é decorrência do princípio da segurança jurídica. Sobre o tema, aduz Marçal Justen Filho[3] que *"a segurança jurídica apresenta uma relevância ainda mais destacada relativamente à atuação estatal. Num Estado de Direito, a conduta dos agentes estatais deve ser previsível"*.

Dessa forma, o decurso do tempo extingue o poder que a Administração Pública tem de sancionar os atos ímprobos praticados por seus agentes ou até mesmo por particulares em concorrência com aqueles, a fim de punir a inércia estatal, bem como evitar a insegurança nas relações jurídicas com o ente público.

3. JUSTEN FILHO, Marçal - Curso de Direito Administrativo. São Paulo: Editora Forum, 24. Ed., 2019.

Na ação de improbidade administrativa, o prazo de prescrição está regulamentado no art. 23 que dispõe que:

> *Art. 23. A ação para a aplicação das sanções previstas nesta Lei prescreve em 8 (oito) anos, contados a partir da ocorrência do fato ou, no caso de infrações permanentes, do dia em que cessou a permanência.*

Na sua origem, a Lei 8.429/92 definia prazos de prescrição diversos, dependendo de quem estivesse no polo passivo da demanda, como forma de evitar que a manutenção do agente no cargo impedisse a apuração dos atos de improbidade administrativa. Assim, em se tratando de detentor de cargo em comissão, função ou mandato, por exemplo, o prazo prescricional, que era de 5 (cinco) anos, somente teria início quando o agente não estivesse mais ocupando o cargo. A norma impedia que o agente se aproveitasse da sua posição para evitar sofrer as sanções pelo ilícito praticado.

Após a alteração sofrida em 2021, a lei considera como termo *a quo* para a contagem do prazo de prescrição a ocorrência do fato, favorecendo aqueles que conseguirem a reeleição, em caso de cargos eletivos, por exemplo. Quando se tratar de atos de improbidade praticados por servidores efetivos, a situação ainda se torna mais confortável para o agente, já que a legislação anterior somente permitia o início do prazo quando a Administração Pública inequivocamente tomasse conhecimento do fato.

Nos termos da lei, após as mudanças sofridas em 2021, em todos os casos, a prescrição ocorre após 8 (oito) anos – assim, houve um aumento do prazo, em termos absolutos – todavia, a contagem se inicia quando o ato for praticado, independentemente do conhecimento pelo poder público ou pelos órgãos de controle. A alteração legislativa pode ser ensejadora de situações claras de impunidade em decorrência da prescrição.

A instauração de inquérito civil ou de processo administrativo para apuração dos ilícitos referidos nesta Lei suspende o curso do prazo prescricional por, no máximo, 180 (cento e oitenta) dias corridos, recomeçando a correr após a sua conclusão ou, caso não concluído o processo, esgotado o prazo de suspensão.

Atente-se para o fato de que a instauração de processos investigatórios não é causa interruptiva do prazo de prescrição, mas tão somente suspensiva. Assim, o prazo ficará suspenso enquanto durar o processo ou por até 180 dias, caso o processo se alongue além disso, voltando a contar, sem que haja o seu reinício.

Mais uma vez, a medida é benéfica para os agentes públicos, haja vista o fato de que os inquéritos civis instaurados no âmbito dos órgãos ministeriais tendem a se alongar para além dos 180 dias, ensejando risco de prescrição da pretensão punitiva durante os atos de investigação, mormente pelo fato de que o próprio acusado terá direito de manifestação e produção de provas durante o inquérito, podendo ensejar sua demora proposital e consequente encerramento do prazo prescricional.

Assim, tomando em conjunto essa norma, com a norma anterior, já analisada, que garante o direito de contraditório e de produção de provas do particular no bojo do inquérito civil, mais uma vez, se está diante de risco de impunidade pela demora criada pelo próprio acusado.

Cabe ainda ressaltar que não há previsão de suspensão do prazo prescricional em casos de recursos e pedidos de reconsideração apresentados na via administrativa perante o órgão condutor do processo investigatório.

Ademais, a própria lei dispõe que o inquérito civil poderá ter duração de até 365 dias, prorrogáveis por igual período, sendo que o prazo prescricional voltará a correr após 180 dias da instauração. De fato, trata-se de situação bastante esquisita, na qual o processo administrativo investigatório ainda está em curso, dentro do prazo permitido pela legislação, todavia, é garantido ao acusado a prescrição intercorrente, após o transcurso de 180 dias após o início do referido inquérito.

A disposição é controversa e favorece a ocorrência de prescrição, mesmo que verificada a prática do ato de improbidade administrativa, principalmente, se for considerado o fato de que este prazo começou a correr após a prática do ato e o agente, por exemplo, pode ter saído do cargo somente 4 anos depois.

Além disso, a lei prevê algumas causas interruptivas do prazo de prescrição. Nesses casos, após a interrupção, o prazo voltará a contar da metade – e não do início, como costuma ocorrer nessas situações. Assim, a lei dispõe que o prazo da prescrição interrompe-se:

I – pelo ajuizamento da ação de improbidade administrativa;

II - pela publicação da sentença condenatória;

III - pela publicação de decisão ou acórdão de Tribunal de Justiça ou Tribunal Regional Federal que confirma sentença condenatória ou que reforma sentença de improcedência;

IV - pela publicação de decisão ou acórdão do Superior Tribunal de Justiça que confirma acórdão condenatório ou que reforma acórdão de improcedência;

V - pela publicação de decisão ou acórdão do Supremo Tribunal Federal que confirma acórdão condenatório ou que reforma acórdão de improcedência.

Outrossim, cabe ao juiz ou o tribunal, depois de ouvido o Ministério Público, de ofício ou a requerimento da parte interessada, reconhecer a prescrição intercorrente da pretensão sancionadora e decretá-la de imediato. Assim, mesmo que não haja qualquer impugnação, cabe ao juízo competente para julgamento do feito verificar se houve prescrição em decorrência da mora do Autor, ou, até mesmo, do judiciário.

Prescrição do ressarcimento ao erário

Para a doutrina majoritária, conforme dicção do artigo 37, § 5º, da Constituição Federal, a ação de ressarcimento ao erário é imprescritível. Esse entendimento é seguido pela jurisprudência do Supremo Tribunal Federal, em se tratando de ato de improbidade doloso, causador de dano ao erário. Insta ressaltar que somente é imprescritível a ação de ressarcimento ao erário por danos causados por agentes públicos ao patrimônio público na prática de ato de improbidade doloso.

De fato, interpretando tal disposição constitucional, o Supremo Tribunal Federal, em decisão proferida no ano de 2018[4], determinou que será imprescritível a ação de ressarcimento ao erário decorrente da prática de ato de improbidade, desde que esteja configurado o **dolo.** Ou seja, a **ausência de conduta dolosa afasta a imprescritibilidade da ação de ressarcimento respectiva.**

Outrossim, caso o dano tenha sido causado por um particular, a ação de ressarcimento em face desse sujeito prescreve em conformidade com a legislação civil, ou seja, 3 anos, nos moldes do art. 206 do Código Civil ora vigente.

Com efeito, esse é o entendimento consolidado pela jurisprudência do Supremo Tribunal Federal, conforme se depreende do julgamento do RE 669069/MG, em 03/02/2016. Vejamos:

> *"É prescritível a ação de reparação de danos à Fazenda Pública decorrente de ilícito civil. Esse o entendimento do Plenário, que em conclusão de julgamento e por maioria, negou provimento a recurso extraordinário em que discutido o alcance da imprescritibilidade da pretensão de ressarcimento ao erário prevista no § 5º do art. 37 da CF ("§ 5º - A lei estabelecerá os prazos de prescrição para ilícitos praticados por qualquer agente, servidor ou não, que causem prejuízos ao erário, ressalvadas as respectivas ações de ressarcimento"). No caso, o Tribunal de origem considerara prescrita a ação de ressarcimento de danos materiais promovida com fundamento em acidente de trânsito, proposta em 2008, por dano ocorrido em 1997 – v. Informativo 767. O Colegiado afirmou não haver dúvidas de que a parte final do dispositivo constitucional em comento veicularia, sob a forma da imprescritibilidade, ordem de bloqueio destinada a conter eventuais iniciativas legislativas displicentes com o patrimônio público. Todavia, não seria adequado embutir na norma de imprescritibilidade um alcance ilimitado, ou limitado apenas pelo conteúdo material*

4. No **RE 852475**, cujo relator foi Alexandre de Moraes, se firmou a seguinte decisão: O Tribunal, por maioria, apreciando o tema 897 da repercussão geral, deu parcial provimento ao recurso para afastar a prescrição da sanção de ressarcimento e determinar o retorno dos autos ao tribunal recorrido para que, superada a preliminar de mérito pela imprescritibilidade das ações de ressarcimento por improbidade administrativa, aprecie o mérito apenas quanto à pretensão de ressarcimento. Vencidos os Ministros Alexandre do Moraes (Relator), Dias Toffoli, Ricardo Lewandowski, Gilmar Mendes e Marco Aurélio. Em seguida, o Tribunal fixou a seguinte tese: **"São imprescritíveis as ações de ressarcimento ao erário fundadas na prática de ato doloso tipificado na Lei de Improbidade Administrativa"**, vencido o Ministro Marco Aurélio. Redigirá o acórdão o Ministro Edson Fachin. Nesta assentada, reajustaram seus votos, para acompanhar a divergência aberta pelo Ministro Edson Fachin, os Ministros Luiz Fux e Roberto Barroso. Presidiu o julgamento a Ministra Cármen Lúcia. Plenário, 8.8.2018.

da pretensão a ser exercida — o ressarcimento — ou pela causa remota que dera origem ao desfalque no erário — ato ilícito em sentido amplo. ***De acordo com o sistema constitucional, o qual reconheceria a prescritibilidade como princípio, se deveria atribuir um sentido estrito aos ilícitos previstos no § 5º do art. 37 da CF. No caso concreto, a pretensão de ressarcimento estaria fundamentada em suposto ilícito civil que, embora tivesse causado prejuízo material ao patrimônio público, não revelaria conduta revestida de grau de reprovabilidade mais pronunciado, nem se mostraria especialmente atentatória aos princípios constitucionais aplicáveis à Administração Pública.*** *Por essa razão, não seria admissível reconhecer a regra excepcional de imprescritibilidade. Seria necessário aplicar o prazo prescricional comum para as ações de indenização por responsabilidade civil em que a Fazenda figurasse como autora. Ao tempo do fato, o prazo prescricional seria de 20 anos de acordo com o CC/1916 (art. 177). Porém, com o advento do CC/2002, o prazo fora diminuído para três anos. Além disso, possuiria aplicação imediata, em razão da regra de transição do art. 2.028, que preconiza a imediata incidência dos prazos prescricionais reduzidos pela nova lei nas hipóteses em que ainda não houvesse transcorrido mais da metade do tempo estabelecido no diploma revogado. A Corte pontuou que a situação em exame não trataria de imprescritibilidade no tocante a improbidade e tampouco envolveria matéria criminal. Assim, na ausência de contraditório, não seria possível o pronunciamento do STF sobre tema não ventilado nos autos. Vencido o Ministro Edson Fachin, que provia o recurso. Entendia que a imprescritibilidade constitucional deveria ser estendida para as ações de ressarcimento decorrentes de atos ilícitos que gerassem prejuízo ao erário" (RE 669069/MG, rel. Min. Teori Zavascki, 3.2.2016)*

Eis a literalidade do dispositivo constitucional mencionado alhures.

> Art. 37. A administração pública direta e indireta de qualquer dos Poderes da União, dos Estados, do Distrito Federal e dos Municípios obedecerá aos princípios de legalidade, impessoalidade, moralidade, publicidade e eficiência e, também, ao seguinte:
>
> (...)
>
> § 5º A lei estabelecerá os prazos de prescrição para ilícitos praticados por qualquer agente, servidor ou não, que causem prejuízos ao erário, ressalvadas as respectivas ações de ressarcimento.

CAPÍTULO 13

ATOS ADMINISTRATIVOS

13.1. ATOS ADMINISTRATIVOS X ATOS DA ADMINISTRAÇÃO

Para a compreensão do tema em estudo, é de suma importância estabelecer o conceito de ato jurídico, bem como a relação existente entre ele e o fato jurídico.

Fato é todo evento ou acontecimento que ocorre no mundo, independentemente da vontade do agente, pode ser um evento natural ou até mesmo um comportamento. Acaso esse evento tenha repercussão na esfera jurídica, será denominado fato jurídico, e, se atingir, especificamente, o direito administrativo, receberá a denominação de fato administrativo.

O nascimento e a morte são exemplos de fatos do mundo que, se atingirem a esfera jurídica, serão chamados de fatos jurídicos, já que não decorrem da manifestação de vontade do agente. Igualmente, na hipótese de um professor ministrar uma aula, por ser mero comportamento, sem manifestação de vontade, ou seja, ato de mera execução de atividade.

Por sua vez, o ato é uma manifestação de vontade. Representa uma conduta que, caso atinja o mundo jurídico, recebe a denominação de ato jurídico e, caso toque o direito administrativo, a de ato administrativo.

No dizer de Marçal Justen Filho:

> *"Fato jurídico em sentido restrito é o evento apto a produzir efeitos jurídicos cuja concretização independe da vontade de um sujeito determinado. Por exemplo, um terremoto, uma greve, um evento praticado por animal. (...). Ato jurídico é o evento apto a produzir efeitos jurídicos que decorre da vontade, tal como, por exemplo, o casamento e o contrato"* (in Curso de Direito Administrativo, p. 182).

Portanto, esquematizando para melhor compreensão do tema:

FATO – ACONTECIMENTO

ATO – MANIFESTAÇÃO DE VONTADE.

Aferida a acepção do ato administrativo, faz-se necessário diferenciá-lo dos atos da administração.

Nem todo ato praticado pela Administração Pública é ato administrativo. Algumas vezes ela atua na esfera privada ou praticando atos, no exercício da função política, ou ainda, exercendo atividades meramente materiais, que não traduzem manifestação de vontade. Todo ato administrativo tem que manifestar vontade. Os atos da Administração Pública são vários e dentre eles está o ato administrativo. Ela pratica atos regidos pelo direito público e pelo direito privado.

Atos da Administração Pública.

Possuem um conceito mais amplo do que o de ato administrativo e podem ser:

- Os atos políticos ou de governo – quando há o exercício da função política e podem exercê-la os membros do Legislativo, do Judiciário, do Executivo. Ex. Anistia, veto de lei, declaração de guerra.
- Os atos privados – são os atos da Administração Pública regidos pelo direito privado, ou seja, atos nos quais a administração pública atua sem prerrogativas, em igualdade de condições com o particular. Ex: exploração de atividade econômica por empresas públicas e sociedades de economia mista.
- Os atos materiais – também chamados de fatos administrativos, já que não manifestam a vontade do Estado. São atos de mera execução de atividade. Ex: o ato que determina a demolição de um prédio é ato administrativo, mas a demolição em si é mero ato material, fato administrativo.
- Os atos administrativos – que serão tratados especificamente a seguir.

13.2. ATO ADMINISTRATIVO

13.2.1. Conceito

É aquele ato editado no exercício da função administrativa, sob o regime de direito público e traduzindo uma manifestação de vontade do Estado. É regido pelo direito público e difere-se dos demais atos da Administração Pública, embora seja um deles.

A Doutrina mais moderna entende que os atos administrativos podem ser delegados. Nesse caso, particulares recebem a delegação pelo Poder Público para praticar os referidos atos e, portanto, nem todo ato administrativo configuraria ato da administração.

Em virtude da incidência do regime público na prática de atos administrativos, a Administração Pública atua com as garantias decorrentes do princípio da supremacia do interesse público sobre o privado, gozando de determinadas prerrogativas.

13.2.2. Atos vinculados e Atos discricionários

O ato vinculado é aquele praticado no exercício do poder vinculado, em que a atuação administrativa está adstrita aos ditames previstos na lei de forma objetiva.

Neste caso, a norma legal estabelece todos os elementos do ato administrativo, sem deixar qualquer margem de escolha para o administrador público.

Até mesmo os elementos do ato administrativo que podem ter feição discricionária (como motivo e objeto), quando devidamente regulamentados ou discriminados pela lei, passam a ser vinculados, devendo ser obedecido ao que foi regulamentado na norma, perdendo o caráter discricionário. Nesse caso, o agente público estará vinculado ao que a lei determina e não apenas ao limite imposto.

O ato discricionário é aquele ato determinado em lei, no qual o dispositivo legal confere margem de escolha ao administrador público mediante análise de mérito (razões de oportunidade e conveniência).

13.3. ELEMENTOS OU REQUISITOS DO ATO ADMINISTRATIVO

Não há unanimidade na doutrina a respeito do assunto, alguns autores denominam de elementos e outros de requisitos, havendo ainda autores que diferenciam os conceitos. Nessa obra serão tratados como sinônimos, porque assim o são nas provas objetivas de concursos públicos e de exame de ordem.

Ademais, existem vários elementos do ato administrativo enunciados de forma distinta pelos autores que tratam do assunto. Diante disso, novamente, em atenção às provas objetivas, adotaremos a posição majoritária da doutrina decorrente de utilização da Lei 4717/65 (Lei de ação popular) que elenca os elementos do ato administrativo.

Tomando como referência a lei de ação popular (Lei 4.717/65), são 5 (cinco) os elementos do ato administrativo: competência, finalidade, forma, motivo e objeto. Será examinado cada um deles separadamente a seguir.

13.3.1. Competência

O elemento em exame, a competência, é definido em lei ou atos administrativos gerais, bem como, em algumas situações decorrem de previsão na Constituição Federal e não pode ser alterado por vontade das partes ou do administrador público. Para praticar o ato administrativo, não basta ostentar a qualidade de agente público, devendo ter competência definida em lei para tanto.

É imprescritível a competência, ou seja, não se extingue com a inércia do agente. Também, é de exercício obrigatório para os órgãos e agentes públicos, não podendo ser modificada pela vontade do agente. Ademais, a competência administrativa é improrrogável, não podendo ser adquirida, e irrenunciável, em razão do princípio da indisponibilidade do interesse público.

Não obstante a competência seja elemento do ato, irrenunciável pela autoridade competente, é possível a sua delegação e avocação, nos moldes definidos em lei. Nesses termos, não se deve confundir renúncia com delegação e avocação de competência, permitidas por lei, desde que de **forma temporária e excepcional**, devendo ser justificadas de acordo com as disposições contidas na Lei 9.784/99.

Delegação – É a extensão de competência. Ocorre quando um agente público legalmente competente estende sua competência a outro agente. Em um ato de delegação, deve-se definir o tempo e a matéria a ser delegada. Isso porque os atos de delegação genérica são considerados nulos.

Enfim, delegar competência é estender temporariamente a outro agente público subordinado ou de mesma hierarquia a competência, consoante expressamente definido na lei 9784/99, a seguir transcrita, *in litteris:*

> Art. 11. A competência é irrenunciável e se exerce pelos órgãos administrativos a que foi atribuída como própria, salvo os casos de delegação e avocação legalmente admitidos.
>
> Art. 12. Um órgão administrativo e seu titular poderão, se não houver impedimento legal, delegar parte da sua competência a outros órgãos ou titulares, ainda que estes não lhe sejam hierarquicamente subordinados, quando for conveniente, em razão de circunstâncias de índole técnica, social, econômica, jurídica ou territorial.
>
> (...)
>
> Art. 14. O ato de delegação e sua revogação deverão ser publicados no meio oficial.
>
> § 1º O ato de delegação especificará as matérias e poderes transferidos, os limites da atuação do delegado, a duração e os objetivos da delegação e o recurso cabível, podendo conter ressalva de exercício da atribuição delegada.
>
> § 2º O ato de delegação é revogável a qualquer tempo pela autoridade delegante.
>
> § 3º As decisões adotadas por delegação devem mencionar explicitamente esta qualidade e considerar-se-ão editadas pelo delegado.

Note que a delegação é ato temporário, pode ser revogada a qualquer tempo e não implica renúncia de competência. Salvo disposição em contrário, como regra geral, presume-se a cláusula de reserva, ou seja, o agente delegante não transfere a competência, mas apenas a amplia, se mantendo competente após a delegação juntamente com o agente delegado.

A Súmula n. 510 do Supremo Tribunal Federal, em consonância com o disposto no artigo 14, § 3º, supratranscrito, estabelece que a autoridade coatora é o agente que praticou o ato, ainda que o tenha feito por delegação.

> ***SÚMULA N. 510** – PRATICADO O ATO POR AUTORIDADE, NO EXERCÍCIO DE COMPETÊNCIA DELEGADA, CONTRA ELA CABE O MANDADO DE SEGURANÇA OU A MEDIDA JUDICIAL.*

Pelo exposto, a responsabilidade do ato é atribuída àquele que o praticou. Vejamos a seguinte situação. "A" delegou competência para um subordinado seu "B" que praticou um ato X prejudicial a "C" o qual impetrou Mandado de Segurança contra a autoridade coatora que, no caso, é o agente delegado. Portanto, deve ser frisado mais uma vez que quem pratica o ato que é o responsável, ou seja, que responde.

Por fim, cumpre salientar que a lei expressamente proíbe a delegação de competência (e consequentemente a avocação) nas três situações a seguir descritas:

- **no caso de competência exclusiva, definida em lei;**
- **para decisão de recurso hierárquico;**
- **para edição de atos normativos.**

Avocação – Ocorre quando o agente público chama para si competência de outro agente. Na avocação, deve haver subordinação, ou seja, só se pode avocar de agente de hierarquia inferior. Assim como a delegação é ato de alteração de competência de caráter temporário e restrito, não se admitindo a avocação genérica de competências. A avocação tem previsão legal, no artigo 15 da lei 9.784/99, senão vejamos.

> Art. 15. Será permitida, em caráter excepcional e por motivos relevantes devidamente justificados, a avocação temporária de competência atribuída a órgão hierarquicamente inferior.

Conforme explicitado, não é possível a avocação de competências nas hipóteses em que a legislação proíbe a delegação. A avocação tem como principal objetivo evitar decisões contraditórias dentro da atuação administrativa.

Ressalte-se que, conforme orientação doutrinária, a competência é elemento sempre vinculado dos atos administrativos, mesmo que sejam atos discricionários.

13.3.2. Finalidade

A finalidade é o escopo do ato. É tudo aquilo que se busca proteger com a prática do ato administrativo.

Para a doutrina, todo ato administrativo tem duas finalidades.

- Finalidade Genérica: presente em todos os atos administrativos. A finalidade genérica é o atendimento ao interesse público.
- Finalidade Específica: é definida em lei e define qual a finalidade de cada ato especificamente. Ex: o ato de demissão tem finalidade punitiva.

A finalidade genérica do ato é o interesse público. No entanto, não basta atender à finalidade genérica, uma vez que cada ato administrativo tem uma finalidade específica para alcançar o interesse público. **Na hipótese de ser violada a finalidade específica, mesmo buscando o interesse público, há o desvio de finalidade.** Por exemplo, não se pode remover um servidor para localidade distante com a finalidade de puni-lo, haja vista o ato de remoção não ter finalidade punitiva.

Todavia, existe uma exceção. Na desapropriação, se houver o desvio da finalidade específica, mantendo-se a finalidade genérica, por exemplo, ao invés de construir uma escola como determinado expressamente no ato, o agente público constrói um hospital. Nestes casos, desde que mantida a finalidade genérica, não há problema. Ocorre, na situação, o fenômeno da tredestinação lícita, possível, no ato de desapropriação, e que ocorre quando a finalidade específica do ato é alterada, mas o interesse público é mantido. Nos demais casos, não é lícita a alteração da finalidade específica já que estabelecida em lei.

A finalidade é sempre elemento vinculado do ato no que tange à finalidade específica, para a doutrina moderna, podendo ser discricionário se analisarmos a finalidade genérica que é o interesse público (conceito jurídico indeterminado). Nesse sentir, como regra a finalidade é sempre um elemento vinculado, mesmo nos atos discricionários.

13.3.3. Forma

A forma é a exteriorização do ato, determinada por lei. Sem forma não pode haver ato. Logo, a ausência de forma importa a inexistência do ato administrativo.

O vício de forma é sanável, quando não gerar prejuízo ao interesse público nem a terceiros e desde que mantido o interesse público, face à aplicação do princípio da instrumentalidade das formas. Enfim, a forma é somente o instrumento para se alcançar o objetivo final do ato que é o interesse público.

De modo geral, a forma é elemento sempre vinculado, mesmo nos atos administrativos discricionários, salvo se a lei estabelecer mais de uma forma possível para o ato ou for silente quanto à forma a ser obedecida para a prática de determinado ato administrativo, quando a forma será discricionária.

13.3.4. Motivo

Os motivos são as razões de fato e de direito que dão ensejo à prática do ato, ou seja, a situação fática que precipita a edição do ato administrativo.

Ressalte-se que não se deve confundir motivo com motivação. Esta é somente a exposição dos motivos do ato, ou seja, a fundamentação do ato administrativo. A explicitação dos motivos integra a "formalização do ato" e é feita pela autoridade administrativa. Pela lei 9.784/99 a motivação é um princípio, embora comporte exceções.

Com efeito, a motivação é um princípio explícito na Lei 9.784 e, para a maioria da doutrina, está implícito na Constituição Federal. Portanto, os atos administrativos devem ser motivados, sendo uma regra expor as razões de fato e de direito que deram motivo ao ato.

Em alguns casos, todavia, pode ser dispensada a motivação pela lei ou pela própria Constituição Federal, como na hipótese da exoneração do servidor comissionado (exoneração *ad nutum*) que o texto constitucional dispõe ser livre, não dependendo de fundamentação. Ressalte-se que, nestas situações em que o ato não precisa de motivação, se o ato for motivado e o motivo apresentado não for verdadeiro ou for viciado, o ato será inválido.

Enfim, a motivação, que é a exteriorização dos motivos, uma vez realizada, passa a fazer parte do ato administrativo e vincula, portanto, a validade do ato. Assim, mesmo sendo a motivação (explicitação dos motivos do ato) dispensável, uma vez expostos os motivos que conduziram à prática do ato, estes passam a vincular o administrador público. Diante disso, os motivos expostos devem corresponder à realidade, sob pena de nulidade do ato. A isso se denomina de **Teoria dos Motivos Determinantes.**

O motivo deve ser verdadeiro e compatível com a lei que, em regra, estabelece os seus limites.

O motivo é elemento do ato administrativo que geralmente possui feição discricionária, observados apenas os limites impostos pela norma, ressalvados os atos vinculados, nos quais todos os elementos estão postos na lei de forma objetiva.

13.3.5. Objeto

O objeto é aquilo que o ato dispõe, é o efeito causado pelo ato administrativo no mundo jurídico. Na desapropriação, o objeto é a perda do bem. Para a doutrina majoritária, objeto e conteúdo são sinônimos.

Para que o ato administrativo seja válido, o objeto deve ser lícito, possível e determinado ou determinável. Assim, como o motivo, o objeto pode possuir feição discricionária nos atos administrativos discricionários.

Por fim, a respeito dos elementos dos atos administrativos, é de suma importância tratá-los de acordo com o seu caráter vinculado ou não. A competência, finalidade e forma são sempre elementos vinculados, ou seja, a lei os disciplina de forma objetiva, especificando seus requisitos, sem conceder ao agente público margem de escolha em sua atuação. Já o motivo e o objeto, em regra, são elementos discricionários do ato administrativo, sob os quais o administrador público pode atuar de acordo com um juízo de oportunidade e conveniência. No entanto, esses dois elementos, quando forem regulamentados de forma objetiva pela lei, sem deixar margem de escolha ao administrador, serão vinculados. Aí, estaremos diante de um ato vinculado. De fato, o ato vinculado é aquele que tem todos os elementos estampados em lei de forma vinculada.

Insta observar, ainda, que todos os elementos do ato administrativo estão adstritos aos limites impostos pela lei, mesmo os que são considerados discricionários. Afinal, lembre-se que a Administração está adstrita ao princípio da legalidade.

Por fim, registre-se que os elementos motivo e objeto do ato administrativo discricionário compõem o seu mérito, sob o que não pode haver controle por parte do Poder Judiciário de acordo com a maioria da doutrina e jurisprudência pátria, já que se refere à conveniência e oportunidade do administrador público. Neste sentido, o Poder Judiciário pode controlar a legalidade, mas não o mérito dos atos administrativos discricionários, sob pena de haver violação à separação de poderes determinada pela Carta Magna.

13.4. ATRIBUTOS DO ATO ADMINISTRATIVO

Os atributos conferidos por lei são as prerrogativas de poder público presentes no ato administrativo, em decorrência do princípio da supremacia do interesse público sobre o interesse privado.

Ressalte-se que o princípio da Supremacia do Interesse Público sobre o Privado é basilar do regime jurídico administrativo. Em razão dele, o ato administrativo goza de prerrogativas designadas pela doutrina de atributos, os quais serão estudados.

13.4.1. Presunção de veracidade e legitimidade

São prerrogativas presentes em todos os atos administrativos. Até prova em contrário – uma vez que a presunção é relativa ou *júris tantum* – o ato administrativo estampa uma situação de fato real, ou seja, o ato goza de fé pública.

A presunção de veracidade diz respeito a fatos e causa a inversão do ônus da prova dos fatos alegados no ato administrativo. Logo, o Estado não tem o dever de provar todas as situações fáticas descritas no ato, devendo o particular lesado comprovar a falsidade das disposições.

Em alguns casos, estaremos diante de situações em que o particular terá que fazer prova negativa de situações de fato, a fim de afastar a referida presunção. Ex.: no caso de multa de trânsito, quem foi multado deve comprovar que não cometeu a infração.

No que tange à presunção de legitimidade, trata-se de presunção jurídica, portanto, até prova em contrário, o ato foi editado em conformidade com a lei e com o ordenamento jurídico. Para torná-lo ilegítimo, tem o particular a missão de provar não ser lícito o ato administrativo praticado. O ato pode ser questionado judicialmente, mas o ônus da prova é do particular que visa à impugnação do ato administrativo.

13.4.2. Imperatividade

Todo ato administrativo que cria obrigação ao particular (os chamados atos restritivos), encerra um poder dado à administração pública de, unilateralmente, estabelecer uma obrigação aos particulares – desde que, obviamente, dentro dos limites da lei. Essa imposição de obrigações, independente da vontade do particular, configura o atributo da imperatividade. Logo, nos atos administrativos restritivos, as determinações impostas pelo poder público têm de ser cumpridas. Ex. ato imperativo de não fazer, como a proibição de estacionar em determinada via pública.

13.4.3. Exigibilidade (coercitividade/coercibilidade)

Não sendo cumprida a obrigação imposta pelo ato administrativo, o poder público terá que – valendo-se de meios indiretos de coação, coerção – executar indiretamente o ato desrespeitado. Ressalte-se que, nestas situações, diante do descumprimento, o ente estatal se valerá de meios coercitivos. Ex. não se respeitando a exigência de não estacionar em via pública, o particular ficará sujeito à aplicação de multa. Nestes casos, o Estado aplica a penalidade coercitiva, sem necessidade de provimento jurisdicional.

13.4.4. Autoexecutoriedade (executoriedade)

Em situações pontuais, a aplicação de meios indiretos de coerção não atende ao interesse público, tornando necessária a aplicação de meios **diretos** de coação. Nestas situações, o Estado executa o ato administrativo diretamente, frente ao descumprimento pelo particular. Novamente, salta aos olhos a desnecessidade de recurso ao Judiciário para a prática do ato, podendo ser executado imediatamente. Ex.: quando um carro é guinchado por estar estacionado em uma calçada, dificultando a circulação dos pedestres, ou impedindo a passagem de uma ambulância. **Esse atributo não está presente em todos os atos administrativos, dependendo sempre da previsão de lei ou de uma situação de urgência, na qual a prática do ato se imponha para garantia do interesse público.**

13.4.5. Tipicidade

Atributo criado pela doutrina de Maria Sylvia Zanella de Pietro. Nada mais é do que a exigência de que todo ato administrativo esteja previsto em lei, ou seja, corresponda a um tipo legal prévio. Trata-se de decorrência do princípio da legalidade, já analisado nesta obra.

13.5. FASES DE CONSTITUIÇÃO DO ATO ADMINISTRATIVO

Para que, regularmente, produza efeitos, no mundo jurídico, o ato administrativo deve ultrapassar algumas fases indispensáveis à sua criação.

A) Perfeição;

B) Validade;

C) Eficácia.

13.5.1. A perfeição

É o cumprimento das etapas necessárias à formação do ato. O ato administrativo é perfeito quando cumpre todos os trâmites previstos em lei para a constituição, completou o ciclo de formação. Isso ocorre porque todo ato administrativo é formalizado por processo administrativo prévio. A formação deste ato depende da prática de todas as fases do processo que lhe precede. O ato perfeito não é retratável, mas pode ser revisado e até anulado em face do princípio administrativo da autotutela.

13.5.2. A validade do ato

É aferida quando todas as etapas realizadas estiverem de acordo com a lei. Logo, ato válido é aquele que foi criado de acordo com o estabelecido na legislação. Pode-se dizer que a validade é compatibilidade entre o ato jurídico (*in casu*, ato administrativo) e o disposto na norma legal. No entanto, somente pode ser avaliada a validade de um ato se ele for ao menos existente (perfeito).

13.5.3. A eficácia

É a aptidão para produção de efeitos concedida ao ato administrativo. Alguns têm eficácia imediata, logo após a publicação, mas outros podem ter sido editados com previsão de termos iniciais ou condições suspensivas. Por exemplo, a autorização para realizar uma cerimônia de casamento na praia, no sábado à noite, só produz efeitos nesta data, ainda que esteja perfeito e válido dias antes.

O ato jurídico válido, bem como o inválido, pode ou não produzir efeitos automaticamente. Um ato jurídico inexistente, como no caso de um ato putativo, produz efeitos no mundo jurídico, embora de forma limitada. Esse é o entendimento defendido por Marçal Justen Filho ao dizer que:

> *"...até mesmo um ato jurídico inexistente [...] pode produzir efeitos jurídicos, tal como se passa no caso do chamado casamento putativo. [...] Essa representação não significa que todos os atos são igualmente eficazes. Não indica que os atos jurídicos inexistentes produzem efeitos jurídicos idênticos aos decorrentes de atos jurídicos validos. O que se afirma que os atos jurídicos inexistentes e os jurídicos inválidos podem ser dotados de alguma eficácia. Portanto, a existência e a validade não são requisitos para alguma eficácia"* (fl. 185;186).

A eficácia de um ato administrativo está adstrita, portanto, ao quanto determinado pelo ordenamento jurídico ou pelo próprio ato, que, certas vezes, subordina sua operacionalidade ao acontecimento de certos eventos. No plano da eficácia, o ato administrativo será eficaz se não estiver sujeito à condição, termo ou publicação.

Nestes casos, serão denominados de atos administrativos pendentes, todos aqueles que são perfeitos e válidos, mas ainda não estão aptos a produzirem efeitos.

Saliente-se ainda que um ato administrativo perfeito pode ser eficaz, ainda que inválido, em face da presunção de legitimidade conferidas a ele, a qual estipula que, enquanto não provada sua ilegalidade, produzirá efeitos regularmente.

13.6. CLASSIFICAÇÃO DOS ATOS ADMINISTRATIVOS

13.6.1. Quanto à formação, os atos administrativos podem ser simples, complexos ou compostos

1) **SIMPLES** – Dependem de única manifestação de vontade para sua perfeição. Logo, a manifestação de vontade de um único agente torna o ato perfeito.

2) **COMPOSTOS** – Dependem de mais de uma manifestação de vontade. Neste caso, os atos são compostos por uma vontade principal (ato principal) e a vontade que ratifica esta (ato acessório). Composto de dois atos. São atos que dependem de visto ou homologação de outras autoridades, que deverão verificar se a primeira vontade foi emitida de forma regular. Ex.: adjudicação de licitação que depende de homologação. Saliente-se que, para o ato administrativo se qualificar como composto, a segunda vontade manifestada deve ser acessória – dependente – da primeira vontade.

3) **COMPLEXOS** – São atos formados pela soma de vontades de agentes públicos independentes. Ex.: na nomeação de Procurador da Fazenda Nacional, a AGU e o Ministro da Fazenda manifestam vontades, por meio da edição de uma Portaria conjunta. Nestes casos, as vontades manifestadas são absolutamente independentes e se unem para a formação de um único ato.

> **CUIDADO!** Atualmente, é majoritária na doutrina a ideia de que a aposentadoria de servidor público se configura como ato complexo, haja vista depender da atuação do órgão a que o agente é subordinado e da aprovação do Tribunal de Contas (que é uma vontade independente da primeira).

Inclusive, em virtude deste entendimento, a não aprovação pelo Tribunal de Contas do ato de aposentadoria não é considerado novo ato, mas sim impedimento da perfeição do ato de aposentadoria, não dependendo sequer de garantia de contraditório. Neste sentido, a Súmula Vinculante n. 3, abaixo transcrita:

Súmula Vinculante nº 3: **Nos processos perante o Tribunal de Contas da União asseguram-se o contraditório e a ampla defesa quando da decisão puder resultar**

anulação ou revogação de ato administrativo que beneficie o interessado, excetuada a apreciação da legalidade do ato de concessão inicial de aposentadoria, reforma e pensão.

13.6.2. Quanto ao âmbito de atuação, os atos podem ser gerais ou individuais

1) **ATOS GERAIS**: atos que se referem a uma quantidade indeterminada de pessoas. O ato geral não se destina a pessoas específicas. Com efeito, o ato descreve uma situação e todos que se enquadram nesta situação serão obedientes ao ato. Por exemplo, a administração estabelece uma norma interna determinando que todos os servidores lotados em determinado órgão devem utilizar fardamento.

2) **ATOS INDIVIDUAIS**: ato que se refere a determinados indivíduos, especificados no próprio ato. Ressalte-se que o ato individual pode se referir a vários indivíduos, mas eles estarão todos explicitados no ato administrativo. Por exemplo, a nomeação de candidatos (ainda que sejam muitos os candidatos) para assunção de determinado cargo público.

13.6.3. Quanto ao objeto, os atos administrativos podem ser atos de império ou atos de gestão

1) **ATOS DE IMPÉRIO**: atos nos quais a Administração atua com prerrogativa de Poder Público, valendo-se da supremacia do interesse público sobre o interesse privado.

2) **ATOS DE GESTÃO**: atos nos quais a Administração atua sem as prerrogativas de estado.

Ressalte-se que a doutrina mais moderna entende que os atos de gestão não seriam atos administrativos propriamente ditos, uma vez que os atos administrativos são aqueles regidos pelo direito público, quando o estado atua com as prerrogativas de poder público. Neste sentido, o ato de gestão seria um ato de direito privado – ato privado praticado pela Administração Pública. No entanto, para provas objetivas de concursos e exame da ordem, a classificação acima mencionada é válida.

13.6.4. Quanto aos efeitos, os atos se dividem em normativos, ordinatórios, negociais, enunciativos e punitivos

1) **ATO NORMATIVO**

É ato geral e abstrato que gera obrigação, dentro dos limites da lei. O ato normativo enseja a produção de normas gerais e abstratas, sempre inferiores aos comandos legais, não podendo inovar no ordenamento jurídico. Tais atos são decorrência do poder normativo de estado, editados para fiel execução das leis, consoante já estudado nesta obra.

Exemplo: as Agências Reguladoras regulam e fiscalizam os serviços de interesse público prestados pelos particulares. O ato normativo das agências estabelece normas que obrigam os prestadores de serviços. As normas da Anatel e Aneel, por exemplo, não podem ser direcionadas aos particulares, usuários dos serviços.

Espécies:

- Regulamentos/Decretos (as expressões dizem respeito ao mesmo ato, isso porque o decreto é a forma e regulamento o conteúdo) – ato privativo do Chefe do Poder Executivo. Conforme explicitado, a forma do regulamento é o decreto. Quem pratica é o chefe do executivo. Os regulamentos podem ser: – Executivos: facilitam o entendimento da Lei para garantir a sua fiel execução – Autônomos: são substitutos da Lei. Um decreto substituindo uma lei, a princípio, não é possível no nosso ordenamento jurídico. Ocorre que, com o advento da EC 32, alterando o art. 84, VI da CF alíneas "a" e "b", o texto constitucional estabelece que o Presidente da República pode, mediante decreto, extinguir cargos e funções públicas, quando vagos, e tratar acerca da organização administrativa, desde que não crie ou extinga órgãos e não gere despesas. O Supremo Tribunal Federal entende que são duas espécies de Regulamento autônomo, excepcionalmente aceita no direito brasileiro por expressa dicção constitucional;
- Avisos – são atos normativos expedidos pelos Ministérios, também chamados de avisos ministeriais;
- Instruções normativas – atos expedidos por quaisquer autoridades; órgãos públicos ou de outras atividades públicas, por exemplo, instruções normativas da Secretaria da Receita Federal;
- Deliberações – são atos normativos expedidos pelos órgãos colegiados;
- Resoluções – atos normativos dos órgãos colegiados, usados pelos Poderes Legislativo e Judiciário, e pelas Agências Reguladoras. **As agências reguladoras, conforme explicitado, possuem poder normativo que se restringe ao âmbito técnico da prestação do serviço.**

2) ATOS ORDINATÓRIOS

São atos de ordenação e organização interna que decorrem do poder hierárquico. Organizam a prestação do serviço, por meio de normas que se aplicam internamente aos órgãos pertencentes à estrutura administrativa. Logo, serão sempre destinados a produzir efeitos, somente no âmbito da Administração Pública. Os atos internos NÃO geram direitos adquiridos a seus destinatários. Podem ser revogados a qualquer tempo por quem os expediu.

Espécies:

- Portarias – são atos administrativos individuais que estipulam ordens e determinações internas, estabelecem normas que geram direitos ou obrigações internas a indivíduos específicos. Ex.: portaria de remoção de servidores ou portaria de vacância;
- Circulares – para a edição de normas uniformes a todos os servidores, ex.: horário de funcionamento da repartição, utilização de farda pelos servidores lotados em determinados órgãos;
- Memorandos – são atos de comunicação interna, ou seja, entre agentes de um mesmo órgão público;
- Ofícios – para a comunicação entre autoridades públicas ou entre estas e particulares, destinados à comunicação externa.

3) ATOS NEGOCIAIS.

São aqueles atos por meio dos quais a administração concede direitos pleiteados. Trata-se de direito outorgado pelo Estado, em virtude de requerimento do particular. A doutrina costuma dizer que, nos atos negociais, a manifestação de vontade do Estado coincide com o interesse do particular, sendo que, na verdade, a manifestação de vontade do ente estatal decorre de requerimento do sujeito beneficiado.

Espécies:

A) Autorização – É ato discricionário e precário por meio de que a Administração Pública autoriza o uso de bem público por um particular de forma anormal ou privativa, no interesse eminentemente do beneficiário e também é ato discricionário e precário através do qual o Poder Público concede ao particular o exercício de determinadas atividades materiais que dependem de fiscalização (exercício do poder de polícia), ex.: autorização de porte de arma ou para funcionamento de uma escola privada. Portanto, existem duas espécies de autorização: a autorização de uso de bem público e a autorização de polícia. Vejamos.

- **Autorização de uso de bem público** – para uso de forma anormal e privativa de determinado bem público, por um particular, quando o Estado vai analisar se esta utilização não viola o interesse coletivo de utilização normal deste bem. No caso de utilização normal de bem público (de acordo com sua funcionalidade) pelo particular não é preciso autorização, ex.: passear na rua ou na praça. É livre o uso normal ou natural. **Mas o emprego anormal ou privado do bem público como, por exemplo, colocar mesa no passeio público, fazer luau na praia, restringindo, dessa forma, o bem do**

uso normal pelos outros requer a manifestação do Poder Público, para que consinta tal restrição. A isso se denomina uso de bem público.

- **Autorização de Polícia.** A autorização de polícia é o ato necessário para que o particular possa exercer atividade fiscalizada pelo Estado. Por exemplo, depende de autorização pública a concessão do porte de arma, a abertura de escola, dentre outros.

Ressalte-se que, em ambas as situações descritas, a autorização é ato discricionário e precário. Logo, **pode, a qualquer tempo, ser desfeito sem direito à indenização, não gerando direito adquirido** aos beneficiários.

B) Permissão – Também ostenta a qualidade de ato discricionário e precário e é veiculada para conceder ao particular o uso de determinado bem público, de forma anormal ou privativa. Isso porque a permissão de serviço público, que será estudada, em momento oportuno, tem natureza de contrato administrativo, nos termos estabelecidos no art. 40 da Lei 8.987/95.

A princípio, pela simples leitura do conceito atribuído aos atos denominados de permissão e autorização de uso de bem público, poder-se-ia chegar a uma conclusão equivocada de que possuem identidade. Para dirimir as dúvidas porventura existentes, serão apresentadas a seguir as diferenças entre elas. Vejamos.

- A autorização, para a doutrina mais tradicional, é ato adequado para uso de bem público em situações mais transitórias, como no caso de uma festa ocasional que requer o fechamento da rua ou até mesmo um luau que será realizado em uma praia, ao passo em que a permissão tem um caráter mais permanente ou duradouro que a espécie anteriormente referida, ex: uma banca de revistas a ser colocada em uma calçada, ou uma feira de artesanato a ser realizada em praça pública;

- Para a doutrina mais moderna, a autorização de uso é concedida, no interesse do particular, enquanto a permissão é sempre concedida no interesse público. Saliente-se ainda que a permissão de uso, não obstante tenha natureza de ato discricionário, deve ser precedida de licitação.

C) Licença – é ato de polícia; aquele por meio de que o Poder Público permite a realização de determinada atividade sujeita à fiscalização do Estado. Trata-se de ato vinculado e é concedida desde que cumpridos os requisitos objetivamente definidos em lei. É ato vinculado, uma vez que, caso o particular preencha os requisitos legais, adquire o direito à concessão da licença. Ex.: licença para construir.

A licença, a autorização e a permissão são veiculadas por meio de alvará.

D) Admissão – ato pelo qual o Poder Público permite que o particular usufrua de determinado serviço público prestado pelo Estado. Ex. Admissão em escola pública municipal.

4) ATOS ENUNCIATIVOS.

Tradicionalmente, são os atos administrativos que estabelecem opiniões e conclusões do ente estatal como, por exemplo, os pareceres.

Também são atos que atestam fatos.

Espécies:

- Atestado: quando o Poder Público tem de comprovar, mediante verificação de determinada situação de fato, para, então proferir um ato que ateste aquela ocorrência fática. Por exemplo, perícia médica é indispensável para se averiguar a situação e expedir um atestado por junta médica;
- Certidões: certificam algo, um fato que já está registrado no órgão, ou seja, "atestam" fato previamente escrito em documento público. O Poder Público pega o que está registrado e exterioriza, torna público. Costuma-se dizer que a certidão é o "espelho de um registro público". Quando, por exemplo, o servidor requer uma certidão de tempo de contribuição no órgão, ou um particular pleiteia uma certidão de antecedentes criminais. Em ambos os casos, o Estado vai verificar a situação em seus registros públicos e expedir o ato administrativo;
- Apostila ou averbação – apostilar é acrescentar algo ao registro público, acrescentar o que faltava e deixava incompleto o registro ou alterá-lo, se houver descrição que não corresponda à realidade. Quando o particular precisa que conste algo no registro público, pede a averbação. Ex: averbação de tempo de serviço na esfera privada junto ao serviço público com a posse em cargo público;
- Parecer – ato administrativo por meio do qual se emite opinião de órgão consultivo do Poder Público. Salvo disposição legal expressa, não tem natureza vinculante, sendo somente ato que manifesta opinião técnica sobre determinado assunto de interesse da Administração Pública.

5) **ATOS PUNITIVOS.**

São os atos por meio dos quais o Poder Público determina a aplicação de sanções, em face do cometimento de infrações administrativas pelos servidores públicos ou por particulares. Podem decorrer do Poder Disciplinar, para aquelas sanções aplicadas às pessoas sujeitas à disciplina da Administração Pública e também pode ser manifestação do Poder de Polícia repressivo, quando decorrente da Supremacia Geral.

Exemplos: Demissão; Suspensão; Cassação de aposentadoria; Multas.

13.7. EXTINÇÃO DOS ATOS ADMINISTRATIVOS

A extinção do ato pode ocorrer por diversas formas. Vejamos.

- Natural: a extinção natural ocorre quando o ato já cumpriu todos os efeitos nele dispostos ou pelo advento do termo final ou prazo, nos atos sujeitos a termo. Então, por exemplo, a licença para construir se extingue ao fim da construção e a autorização para porte de arma concedida por um ano se extingue após o decurso do lapso temporal estabelecido no próprio ato.
- Renúncia: a renúncia do beneficiário é forma de extinção que se aplica somente para atos ampliativos, que geram direitos a particulares, haja vista não ser possível renunciar a obrigações.
- Desaparecimento da pessoa ou coisa sobre a qual o ato recai: o ato administrativo se extingue, desaparece o objeto ou pessoa atingida por ele. Logo, o tombamento de um casarão, por exemplo, é extinto, com a demolição da casa e a nomeação de um servidor, com o seu falecimento.
- Retirada: quando o ato administrativo é retirado no mundo jurídico. É forma de extinção precoce do ato administrativo. As hipóteses de retirada merecem cuidado especial do candidato de provas objetivas, por serem muito frequentes, nestes tipos de quesitos. A doutrina chama os estudos da retirada dos atos administrativos de TEORIA DAS NULIDADES. Vejamos as formas:

A) Anulação

A anulação é retirada do ato administrativo por motivo de ilegalidade, ou seja, o ato é extinto por conter vício. A anulação opera efeitos *ex tunc* (retroage à data de origem do ato, aniquilando todos os efeitos produzidos, ressalvados os direitos adquiridos de terceiros de boa-fé). No âmbito federal, a lei 9.784/99 estabelece que a Administração Pública tem o prazo decadencial de 5 (cinco) anos para anular atos administrativos ampliativos, salvo no caso de má-fé do beneficiário. Vejamos:

> Art. 54. O direito da Administração de anular os atos administrativos de que decorram efeitos favoráveis para os destinatários decai em cinco anos, contados da data em que foram praticados, salvo comprovada má-fé.

Também importa salientar que, apesar de o ato administrativo não produzir efeitos, os direitos adquiridos por terceiros de boa-fé, por sua vez, são resguardados, não podem ser atingidos pela anulação do ato.

Pode-se exemplificar esta situação de manutenção dos efeitos garantidores de direitos adquiridos da seguinte forma. **De acordo com a Teoria da Aparência, a nomeação de servidor sem concurso público é nula, mas os atos praticados são válidos, em atenção ao princípio da segurança jurídica.** Não há devolução dos salários, sob pena de enriquecimento da Administração Pública já que os serviços foram prestados.

A Administração Pública pode anular seus atos de ofício ou mediante provocação, em virtude do princípio da autotutela. A Súmula n. 473 do STF trata do assunto e, inclusive, **ressalva direitos dos terceiros de boa-fé** conforme já explicitado. Vejamos:

> ***SÚMULA N. 473.*** *A ADMINISTRAÇÃO PODE ANULAR SEUS PRÓPRIOS ATOS, QUANDO EIVADOS DE VÍCIOS QUE OS TORNAM ILEGAIS, PORQUE DELES NÃO SE ORIGINAM DIREITOS; OU REVOGÁ-LOS, POR MOTIVO DE CONVENIÊNCIA OU OPORTUNIDADE, RESPEITADOS OS DIREITOS ADQUIRIDOS, E RESSALVADA, EM TODOS OS CASOS, A APRECIAÇÃO JUDICIAL.*

Além do poder conferido à própria administração, o Poder Judiciário também pode anular os atos administrativos com vícios de ilegalidade, desde que o faça mediante provocação.

Ato anulável – Em determinadas situações, é possível a correção do vício de ato administrativo. Nestas situações, diz-se ser caso de nulidade relativa, pois o vício é sanável. Por sua vez, o ato é tido por anulável e não nulo. **Se o interesse público exigir e for sanável o vício, o ato administrativo pode ser convalidado, em razão da oportunidade e conveniência, desde que a convalidação não cause prejuízos a terceiros.**

Assim, a doutrina passou a entender que, quando é o caso de nulidade sanável, ou seja, vícios de forma e de competência, devem ser corrigidos **se for mais interessante ao interesse público e causar menos prejuízo do que a sua anulação.** Nestes casos, consertado o vício, o ato produz efeitos licitamente, desde a sua origem. Portanto, como regra, vícios de competência ou forma são sanáveis e a Convalidação retroage os efeitos do ato.

Exemplo: nomeação feita por autoridade incompetente há vício, mas pode ser convalidado pela autoridade competente, por meio de ratificação do ato viciado. Decorre dos princípios da eficiência e economicidade, já que é mais útil para a Administração Pública convalidar do que anular.

Por fim, insta frisar que, na anulação, não há o efeito repristinatório, ou seja, a anulação do ato X que havia anulado o ato Y, não gera o retorno do ato Y ao ordenamento jurídico, salvo disposição expressa no ato de anulação do ato X.

B) Revogação

É a extinção do ato administrativo válido por motivo de oportunidade e conveniência, ou seja, por razões de mérito. A Administração Pública não tem mais interesse na manutenção do ato, apesar de não haver vício que o macule. A revogação é ato **discricionário e refere-se ao mérito administrativo.** Como o ato é legal e todos os efeitos já produzidos o foram licitamente, a revogação não retroage, impedindo somente a produção de efeitos futuros do ato (*ex nunc*).

O ato é válido e revogado a partir de então por não existir mais interesse na sua continuidade. Consoante já exaustivamente discutido, o Judiciário não tem competência para examinar o mérito do ato administrativo, sendo possível a realização da revogação, portanto, somente por ato da administração pública que pode atuar de ofício ou mediante provocação. Logo, a revogação do ato administrativo produz efeitos *ex nunc*, e somente a Administração Pública pode revogar os atos por ela praticados, no exercício da autotutela.

Ressalte-se que não se revogam atos consumados, uma vez que estes atos já produziram todos os efeitos, não havendo efeitos futuros a serem impedidos. Também, como regra, não é possível a revogação dos atos vinculados, haja vista estes atos não admitirem análise de oportunidade e conveniência.

C) Cassação

Ocorre a cassação nas hipóteses em que o ato administrativo é extinto por ilegalidade superveniente em face do descumprimento dos requisitos impostos para a sua expedição pelo beneficiário. **Ocorre, portanto, quando o beneficiado do ato deixa de cumprir os requisitos de quando teve o ato deferido.** Trata-se de hipótese de ilegalidade superveniente por culpa do beneficiário. Exemplo: uma pessoa obteve uma licença para o funcionamento de um hotel e, tempos mais tarde, modifica a finalidade do empreendimento que passa a ser um motel, sem a comunicação ou ciência do Poder Público. Na situação descrita, o beneficiário descumpriu os requisitos do ato (licença). Enfim, se inicialmente o ato cumpria os requisitos e deixou de cumpri-los, por culpa do beneficiário, há a cassação.

D) Caducidade

Trata-se de extinção do ato administrativo por lei superveniente que impede a manutenção do ato inicialmente válido. Novamente, estamos diante de uma situação de ilegalidade superveniente. Entretanto, nestes casos, não por culpa do beneficiário, mas sim por alteração legislativa. Com efeito, lei posterior torna inconveniente a manutenção do ato. Exemplo: suponha que determinado sujeito usufrui de uma autorização de uso de bem público que permite que ele monte e se apresente em um circo alocado em uma determinada praça pública. Por lei nova, altera-se o plano diretor da cidade, tornando a área residencial, não sendo possível a manutenção do ato de autorização, inicialmente lícito.

E) Contraposição (derrubada)

Ocorre nas situações em que um ato administrativo novo se contrapõe a um ato anterior extinguindo seus efeitos. *In casu*, não se fala em ilegalidade originária ou superveniente, mas tão somente na impossibilidade de manutenção do ato, por colidir com ato novo que trata da matéria. Exemplo: nomeação X exoneração. O ato de exoneração tem como efeito principal extinguir os efeitos da nomeação.

Obs.: NÃO CONFUNDIR – caducidade do ato é diferente de caducidade nos contratos administrativos de concessão de serviços públicos que trataremos em capítulo específico.

Ato inexistente (ato cujo objeto é juridicamente impossível) é diferente de efeito da anulação do ato, não resguarda direitos, não admite produção de direito adquirido. A ausência de forma, por exemplo (não a ilegalidade, e sim a ausência pura e simples), torna o ato administrativo inexistente.

Atos irregulares – quando o vício é cometido em atos de mera padronização na organização administrativa, que não geram prejuízos à Administração Pública. Neste caso, a irregularidade é sanada pelo alcance ao interesse público.

13.8. SÚMULAS DE JURISPRUDÊNCIA

13.8.1. Súmulas Vinculantes

SÚMULA VINCULANTE N. 3 – NOS PROCESSOS PERANTE O TRIBUNAL DE CONTAS DA UNIÃO ASSEGURAM SE O CONTRADITÓRIO E A AMPLA DEFESA QUANDO DA DECISÃO PUDER RESULTAR ANULAÇÃO OU REVOGAÇÃO DE ATO ADMINISTRATIVO QUE BENEFICIE O INTERESSADO, EXCETUADA A APRECIAÇÃO DA LEGALIDADE DO ATO DE CONCESSÃO INICIAL DE APOSENTADORIA, REFORMA E PENSÃO.

13.8.2. Supremo Tribunal Federal

SÚMULA N. 6. A REVOGAÇÃO OU ANULAÇÃO, PELO PODER EXECUTIVO, DE APOSENTADORIA, OU QUALQUER OUTRO ATO APROVADO PELO TRIBUNAL DE CONTAS, NÃO PRODUZ EFEITOS ANTES DE APROVADA POR AQUELE TRIBUNAL, RESSALVADA A COMPETÊNCIA REVISORA DO JUDICIÁRIO.

SÚMULA N. 473. A ADMINISTRAÇÃO PODE ANULAR SEUS PRÓPRIOS ATOS, QUANDO EIVADOS DE VÍCIOS QUE OS TORNAM ILEGAIS, PORQUE DELES NÃO SE ORIGINAM DIREITOS; OU REVOGÁ-LOS, POR MOTIVO DE CONVENIÊNCIA OU OPORTUNIDADE, RESPEITADOS OS DIREITOS ADQUIRIDOS, E RESSALVADA, EM TODOS OS CASOS, A APRECIAÇÃO JUDICIAL.

SÚMULA N. 510. PRATICADO O ATO POR AUTORIDADE, NO EXERCÍCIO DE COMPETÊNCIA DELEGADA, CONTRA ELA CABE O MANDADO DE SEGURANÇA OU A MEDIDA JUDICIAL.

CAPÍTULO 14

SERVIÇOS PÚBLICOS

14.1. CONCEITO

A noção de serviços públicos vem sofrendo influências da doutrina mais moderna de forma a restringir o seu conceito. Com efeito, tradicionalmente, a conceituação de serviço público era muito abrangente. A Escola do Serviço Público, formada na França, por exemplo, estabelecia que toda atuação do estado, na busca do interesse público, configura serviço público.

Atualmente, a doutrina vem considerando fundamental diferenciar as atividades do Estado, traçando as distinções entre serviços públicos, exploração de atividade econômica pelo Estado, execução de obras públicas e exercício do poder de polícia.

Dessa forma, a conceituação de determinada atividade como serviço público depende da conjunção de 3 elementos, a saber:

- Substrato material – o serviço público é uma comodidade ou utilidade fruível pelo particular, de forma contínua. Enfim, configura prestação de atividade continuada pela Administração Pública, na busca do interesse público, fornecendo uma comodidade que será usufruída por toda a sociedade.
- Substrato formal – o serviço público é regido por normas de direito público. Fala-se que o regime de prestação do serviço é um regime público, ainda que prestado por particulares em regime de delegação.
- Elemento subjetivo – o serviço público deve ser prestado pelo estado de forma direta ou indireta. Para a doutrina moderna, se o serviço público não for prestado pelo estado (ainda que indiretamente) não é serviço público. A expressão mais adequada seria a de que o Estado deverá promover a prestação do serviço – mediante prestação direta ou delegação desta prestação a particulares. Portanto, tratados os elementos formadores do conceito de serviço público, resta diferenciar a prestação de serviços públicos, das outras atividades do Estado, também realizadas na busca pelo interesse público.
- Obra Pública – A obra pública é uma atividade estanque, com projeto que determina início e fim das atividades. O serviço difere da execução de obras porque é uma atuação constante, comodidade prestada de forma contínua. Os conceitos causam algumas confusões pelo fato de que, em diversas situações, a obra pública é indispensável à prestação de determinado serviço, mas com ele não se confunde. Por exemplo, não se pode confundir a obra do hospital, com a prestação do serviço de saúde, ou a obra de um metrô

com o serviço de transporte, não obstante, em ambos os casos, a obra ser necessária à execução do serviço público.

- Poder de Polícia – O poder de polícia configura uma restrição e não uma comodidade. Na busca do interesse público, o Estado restringe o exercício de liberdades e o uso da propriedade. Trata-se de atuação restritiva do poder público, diferente da prestação do serviço que é medida ampliativa.
- Exploração de atividade econômica – Quando o ente estatal atua no mercado, explorando atividade econômica, submete-se às normas de direito privado, não se beneficiando das prerrogativas de poder público. Por exemplo, uma empresa pública que explora atividade econômica não usufrui de imunidade tributária nem se responsabiliza por seus atos nos moldes do artigo 37, § 6º da Constituição Federal.

14.2. PRINCÍPIOS

O serviço público está submetido ao regime de direito público, o que significa que deve obediência aos princípios de direito administrativo. Ressalte-se, desde já, que todos os princípios de direito administrativo já estudados são aplicáveis à prestação do serviço público. Todavia, neste capítulo, tratar-se-á de princípios regulamentados pela lei 8987/95 que regulamenta a prestação dos serviços públicos.

14.2.1. Continuidade

A prestação do serviço público deve ser ininterrupta, contínua. O direito de manutenção da prestação do serviço de forma a não se interromper um benefício à coletividade deve enfrentar algumas questões interessantes.

Greve de servidor público – A princípio, deve-se lembrar de que os servidores militares não têm direito de greve nem de sindicalização, por expressa dicção constitucional.

> Art. 142 § 3º Os membros das Forças Armadas são denominados militares, aplicando-se-lhes, além das que vierem a ser fixadas em lei, as seguintes disposições: (Incluído pela Emenda Constitucional n. 18, de 1998)
>
> *IV – **ao militar são proibidas a sindicalização e a greve**; (Incluído pela Emenda Constitucional n. 18, de 1998)*

O servidor público civil tem direito de greve que será exercido nos termos de lei específica (ressalte-se que o dispositivo constitucional exige lei específica e não lei complementar), consoante estabelece o artigo 37, VII da Constituição Federal transcrito em seguida:

> Art. 37. VII – o direito de greve será exercido nos termos e nos limites definidos em lei específica; (Redação dada pela Emenda Constitucional n. 19, de 1998)

O Supremo Tribunal Federal, em reiteradas decisões, firmou o entendimento de que o direito de greve do servidor público é norma de eficácia limitada, ou seja, o exercício do direito fica limitado à edição de lei específica que o regulamente. Diante da ausência de lei específica a regulamentar a matéria, o STF determinou, ao julgar Mandado de Injunção, que, enquanto não houver lei específica tratando acerca da greve do servidor, este exercerá o seu direito constitucional licitamente, desde que o faça nos moldes da lei geral de greve (Lei 7.783/89). Tal entendimento visa a garantir que a omissão legislativa não cause prejuízos a direito constitucional.

Inadimplemento do usuário – A Lei 8.987/95, em seu art. 6º, § 3º, estabelece que é possível a interrupção na prestação dos serviços em casos de urgência e em razão do inadimplemento do usuário, desde que se configure uma situação emergencial ou que haja um prévio aviso:

> *Art. 6º. § 3º Não se caracteriza como descontinuidade do serviço a sua interrupção em **situação de emergência** ou após **prévio aviso**, quando:*
>
> *I – motivada por **razões de ordem técnica** ou de **segurança das instalações**; e,*
>
> *II – por **inadimplemento do usuário**, considerado o interesse da coletividade.*

Ressalte-se que a jurisprudência vem firmando entendimento no sentido de que será ilegal a paralisação de serviço, por motivo de inadimplemento, se ensejar a interrupção de um serviço essencial à coletividade. Por exemplo, é possível o corte da energia elétrica de uma residência inadimplente, mas não de um hospital inadimplente.

Ainda, cabe salientar que o art. 6º, p. 4º da lei 8.987/95 dispõe que a interrupção do serviço não poderá iniciar-se na sexta-feira, no sábado ou no domingo, nem em feriado ou no dia anterior a feriado.

Exceptio non adimpleti contractus – A exceção de contrato não cumprido é o direito de suspender a execução do contrato em face do inadimplemento da outra parte. De acordo com a Lei 14.133/21, art. 135, IV, o particular tem direito de invocar a exceção do contrato não cumprido, desde que a administração seja inadimplente por mais de 2 meses. Vejamos.

> Art. 137. Constituirão motivos para extinção do contrato, a qual deverá ser formalmente motivada nos autos do processo, assegurados o contraditório e a ampla defesa, as seguintes situações:
>
> (...)
>
> *IV – atraso superior a 2 (dois) meses, contado da emissão da nota fiscal, dos pagamentos ou de parcelas de pagamentos devidos pela Administração por despesas de obras, serviços ou fornecimentos;*

14.2.2. Modicidade

A modicidade das tarifas também é princípio atinente ao tema em estudo, determinando que as tarifas cobradas para os usuários dos serviços sejam as mais baixas possíveis, a fim de manter a prestação do serviço à maior parte da coletividade.

Na busca pela prestação do serviço a custo baixo, a legislação permite que a empresa concessionária preveja a inclusão de fontes alternativas de receitas, para evitar o aumento das tarifas dos serviços executados. Nesse sentido, o art. 11 da Lei 8.987/95 determina que "No atendimento às peculiaridades de cada serviço público, poderá o poder concedente prever, em favor da concessionária, no edital de licitação, a possibilidade de outras fontes provenientes de receitas alternativas, complementares, acessórias ou de projetos associados, com ou sem exclusividade, com vistas a favorecer a modicidade das tarifas...".

Sendo importante ressaltar que as fontes de receita alternativas serão obrigatoriamente consideradas para a aferição do inicial equilíbrio econômico-financeiro do contrato, ensejando uma diminuição dos valores das tarifas como forma de atender ao interesse público, sem causar prejuízos ou diminuição de lucro da empresa contratada.

14.2.3. Atualidade

Também chamada de adaptabilidade, estabelece que a prestação do serviço público deve sempre ser feito dentro das técnicas mais modernas possíveis. Logo, dentro das possibilidades, o poder público deve buscar atualização nas técnicas de prestação do serviço. Não se considera viável, por exemplo, que, nos tempos atuais, determinado município invista dinheiro na criação de uma linha de transporte de bonde elétrico.

14.2.4. Cortesia

Estampa o dever do prestador de serviço de ser cortês e educado em sua prestação.

14.2.5. Economicidade

A economicidade carrega a noção de prestação do serviço de forma eficiente, com resultados positivos à sociedade e com gastos dentro dos limites da razoabilidade.

14.2.6. Generalidade

O serviço deverá ser prestado à maior quantidade de pessoas possível. A prestação geral, exigência da lei, se contrapõe à prestação setorizada, que beneficiaria somente algumas camadas da sociedade.

14.3. FORMAS DE PRESTAÇÃO DO SERVIÇO PÚBLICO

A prestação do serviço público é feita pelo Estado que, no entanto, pode efetivar esta execução de forma direta ou mediante descentralização. Com efeito, a prestação direta ocorre pela prestação efetivada pelos próprios entes federativos, de forma centralizada.

Ocorre que, para uma maior eficiência e visando à especialização, o ente estatal descentraliza a prestação de serviços públicos para entes da administração indireta (autarquias, fundações públicas, empresas públicas e sociedades de economia mista) ou a particulares, mediante contratos administrativos.

A doutrina preconiza que a descentralização pode ser feita mediante outorga ou delegação de serviços. Na outorga, é transferida a titularidade e a execução do serviço público, a pessoa jurídica diversa do Estado, ao passo que, na delegação, apenas a execução é transferida, permanecendo com o Estado a titularidade do serviço. Para a doutrina majoritária, a outorga é conferida, somente, para pessoas jurídicas de direito público; já a delegação é feita para particulares ou aos entes da Administração Indireta regidos pelo direito privado.

A outorga, também denominada de descentralização por serviço, é feita sempre mediante edição de lei enquanto a delegação, chamada de descentralização por colaboração, pode ser efetivada por lei (no caso de entes da Administração Indireta) ou mediante contratos de concessão e permissão de serviços públicos. Deve ser ressaltado, no entanto, que, mesmo quando o estado transfere a titularidade do serviço, ele se mantém responsável pelos danos decorrentes da atividade.

Ocorre que nem todos os serviços públicos admitem delegação. Neste sentido, os serviços públicos podem se classificar em 4 espécies:

1) Serviço público exclusivo, não delegável: são aqueles serviços que somente podem ser prestados diretamente pelo estado, não podendo ser transferidos ao particular. A Constituição Federal expressamente prevê dois deles: o serviço postal e o correio aéreo nacional. A doutrina acrescenta outros como a administração tributária e a organização administrativa. A Empresa de Correios executa serviço público por outorga, no entender do Supremo Tribunal Federal, gozando, inclusive de regime idêntico ao da Fazenda Pública.

2) Serviço público exclusivo delegável. São os serviços que devem ser necessariamente prestados pelo Estado, que pode realizar esta prestação diretamente ou mediante delegação a particulares. Exemplos desta espécie são os serviços de transporte público, energia elétrica, entre outros.

3) Serviço público de delegação obrigatória: são os serviços de radiodifusão sonora e radiodifusão de sons e imagens (rádio e televisão). O estado não pode monopolizar esses serviços. Portanto, devem ser prestados pelo Es-

tado e, necessariamente, devem ser delegados a particulares que terão o poder de execução destas atividades em virtude da delegação.

4) Serviço público não exclusivo: o estado presta estes serviços e o particular também o faz, sem a necessidade de delegação. Ressalte-se que o fato de o particular prestar este serviço público não exclui a obrigação do estado de fazer a execução direta. Isso porque a prestação executada pelo particular não se configura prestação indireta pelo Estado, por não decorrer de delegação. Citem-se como exemplos os serviços de saúde, educação e previdência que são prestados pelo particular, somente mediante fiscalização do Estado e também serão prestados pelo Estado obrigatoriamente. Determinada escola privada, para entrar em funcionamento, depende de autorização, porque o estado fiscaliza referida atividade. Trata-se de autorização de polícia (exercício do poder de polícia) e não de delegação de serviços. Para a doutrina mais moderna, inclusive encampada pela jurisprudência do Supremo Tribunal Federal, tais serviços, quando prestados pelo particular, não ostentam a qualificação de serviços públicos propriamente ditos, sendo, portanto, designados, **serviços de utilidade pública** ou **serviços impróprios.**

Saliente-se, ainda, no que tange à classificação de serviços públicos, que a doutrina diferencia os serviços públicos, classificando-os em **serviços *uti singuli* ou individuais** e **serviços *uti universi* ou gerais.** Vejamos.

Serviços *uti singuli*: são aqueles serviços prestados a toda a coletividade, nos quais, o poder público pode individualizar a utilização. Na prestação destes serviços, é possível mensurar quanto cada usuário fruiu do serviço e, por isso, a cobrança pode ser feita mediante o pagamento de taxas ou tarifas. Ex. Energia elétrica, telefonia e transporte público.

Serviços *uti universi*: são os serviços que não podem ser divididos em sua utilização, ou seja, não é possível saber quanto cada usuário utilizou destes serviços. Como não é possível mensurar a utilização de cada cidadão, estes serviços são custeados pela receita geral dos impostos. Ex. Iluminação Pública, limpeza pública.

14.4. DELEGAÇÃO CONTRATUAL DE SERVIÇOS

Conforme o art. 175 da CF, o estado presta serviço público diretamente ou por meio de contratos de concessão e permissão de serviços públicos. Vejamos.

> Art. 175. Incumbe ao Poder Público, na forma da lei, diretamente ou sob regime de concessão ou permissão, sempre através de licitação, a prestação de serviços públicos.
>
> Parágrafo único. A lei disporá sobre:

> I – o regime das empresas concessionárias e permissionárias de serviços públicos, o caráter especial de seu contrato e de sua prorrogação, bem como as condições de caducidade, fiscalização e rescisão da concessão ou permissão;
>
> II – os direitos dos usuários;
>
> III – política tarifária;
>
> IV – a obrigação de manter serviço adequado.

A fim de regulamentar o dispositivo transcrito, foi editada a Lei 8987/95, que trata dos contratos de concessão de serviços públicos e dos contratos de permissão de serviços públicos e todas as regras atinentes a estas contratações.

14.5. CONCESSÃO DE SERVIÇOS PÚBLICOS

Como todo contrato celebrado, é formado por duas partes. O Poder Público contratante e o particular contratado, aqui chamados de concedente e concessionário.

14.5.1. Poder concedente

São os entes da Administração Direta (União, Estado, Município, DF). Excepcionalmente, a lei atribui o poder de delegar serviços públicos a entidades da administração indireta, como é o caso do poder atribuído a ANATEL e ANAEL por lei para atuar numa concessão como poder concedente de serviço público. Lembre-se que estas entidades são qualificadas como agências reguladoras, portanto, autarquias em regime especial.

14.5.2. Concessionárias

É o particular que celebra o contrato administrativo, tornando-se executor do serviço público descentralizado. O contrato de concessão de serviços públicos somente pode ser celebrado com pessoas jurídicas ou consórcios de empresas. Não é possível o contrato de concessão de serviço público ser celebrado com pessoa física. Cuidado para não confundir com o contrato de concessão de uso, o qual pode ser celebrado com pessoas físicas.

Procedimento licitatório: A concessão de serviços públicos é precedida de licitação na modalidade concorrência ou diálogo competitivo necessariamente.

Além disso, a forma de escolha do vencedor segue os critérios definidos na lei 8.987/95 são os seguintes:

> Art. 15. No julgamento da licitação será considerado um dos seguintes critérios: (Redação dada pela Lei n. 9.648, de 1998)
>
> I – o menor valor da tarifa do serviço público a ser prestado; (Redação dada pela Lei n. 9.648, de 1998)

II – a maior oferta, nos casos de pagamento ao poder concedente pela outorga da concessão; (Redação dada pela Lei n. 9.648, de 1998)

III – a combinação, dois a dois, dos critérios referidos nos incisos I, II e VII; (Redação dada pela Lei n. 9.648, de 1998)

IV – melhor proposta técnica, com preço fixado no edital; (Incluído pela Lei n. 9.648, de 1998)

V – melhor proposta em razão da combinação dos critérios de menor valor da tarifa do serviço público a ser prestado com o de melhor técnica; (Incluído pela Lei n. 9.648, de 1998)

VI – melhor proposta em razão da combinação dos critérios de maior oferta pela outorga da concessão com o de melhor técnica; ou (Incluído pela Lei n. 9.648, de 1998)

VII – melhor oferta de pagamento pela outorga após qualificação de propostas técnicas. (Incluído pela Lei n. 9.648, de 1998)

§ 1º A aplicação do critério previsto no inciso III só será admitida quando previamente estabelecida no edital de licitação, inclusive com regras e fórmulas precisas para avaliação econômico-financeira. (Redação dada pela Lei n. 9.648, de 1998)

§ 2º Para fins de aplicação do disposto nos incisos IV, V, VI e VII, o edital de licitação conterá parâmetros e exigências para formulação de propostas técnicas. (Redação dada pela Lei n. 9.648, de 1998)

§ 3º O poder concedente recusará propostas manifestamente inexequíveis ou financeiramente incompatíveis com os objetivos da licitação. (Redação dada pela Lei n. 9.648, de 1998)

§ 4º Em igualdade de condições, será dada preferência à proposta apresentada por empresa brasileira. (Redação dada pela Lei n. 9.648, de 1998)

Forma de realização do contrato: Para a formação de um contrato de concessão de serviço público, faz-se necessária a observação das regras seguintes.

A Administração Direta contrata determinada empresa para prestar serviço público, mediante delegação. Esta empresa se torna responsável pela prestação do serviço, sendo, no entanto, remunerada pelo usuário do serviço e não pela administração pública. Por exemplo, quando determinado município contrata uma empresa de ônibus para prestação do serviço de transporte, a remuneração desta empresa é feita mediante a cobrança de tarifas dos usuários do serviço. A remuneração básica é realizada pelo usuário. Ex. transporte, telefonia etc.

Logo, quando o Poder Público contrata uma empresa para execução do serviço de limpeza pública, trata-se de um contrato de prestação de serviço comum, regido pela lei 8666/93, não se confundindo com a concessão de serviços públicos. Isso porque, não obstante a limpeza da cidade seja serviço público, a execução do serviço pela empresa será paga pela própria administração pública. No contrato de concessão, a remuneração é diferenciada, uma vez que o usuário tem relação direta com a concessionária e remunera os gastos, viabilizando o lucro da empresa.

A concessão de serviços pode ser simples ou precedida de obra. As concessões de serviços públicos precedidas de obra ocorrem nas situações em que o Estado, juntamente com o serviço, transfere à empresa o dever de executar obra necessária à prestação deste serviço, sendo que a exploração do serviço público, feita posteriormente, deverá remunerar a empresa dos gastos efetivados com a obra. Pode-se citar um exemplo de situação na qual o ente público contrata a empresa para executar a obra do metrô, sendo posteriormente remunerada pela exploração do serviço de transporte público dela decorrente, por certo período de tempo, definido no contrato.

Importa saber que a concessão de serviço público é um contrato administrativo e, como tal, se submete ao regime geral dos contratos previsto na lei 8666/93 com todas as suas obrigações e garantias. Nesse sentido, estão implícitas, nos contratos de concessão, as cláusulas exorbitantes previstas na referida lei. Vejamos.

A. **Alteração unilateral do contrato**: para adequar as disposições contratuais ao interesse público, o Estado pode modificar a avença independentemente do consentimento da outra parte.

B. **Rescisão unilateral do contrato**: é prerrogativa dada ao ente público contratante de pôr fim à avença, independentemente de consentimento do particular e sem depender de decisão judicial. Pode-se dar por interesse público e, neste caso, recebe o nome de **encampação** e, pode-se dar por inadimplemento da empresa concessionária, quando receberá o nome de **caducidade.**

C. **Fiscalização da execução do contrato**: a fiscalização, no contrato de concessão, gera a possibilidade de intervenção na empresa concessionária, quando houver indícios de irregularidades. O Estado nomeia o interventor que vai gerir a empresa e realizar a fiscalização. Depois de nomeado o interventor, a Administração Pública tem 30 dias para iniciar o processo administrativo a fim de apurar irregularidades, com duração máxima de 180 dias. Neste sentido, estabelece a lei 8987/95, em seu artigo 32 e seguintes, o quanto segue:

> Art. 32. O poder concedente poderá intervir na concessão, com o fim de assegurar a adequação na prestação do serviço, bem como o fiel cumprimento das normas contratuais, regulamentares e legais pertinentes.
>
> Parágrafo único. A intervenção far-se-á por decreto do poder concedente, que conterá a designação do interventor, o prazo da intervenção e os objetivos e limites da medida.
>
> *Art. 33. Declarada a intervenção, o poder concedente deverá, no prazo de trinta dias, instaurar procedimento administrativo para comprovar as causas determinantes da medida e apurar responsabilidades, assegurado o direito de ampla defesa.*

§ 1º Se ficar comprovado que a intervenção não observou os pressupostos legais e regulamentares será declarada sua nulidade, devendo o serviço ser imediatamente devolvido à concessionária, sem prejuízo de seu direito à indenização.

§ 2º O procedimento administrativo a que se refere o caput deste artigo deverá ser concluído no prazo de até cento e oitenta dias, sob pena de considerar-se inválida a intervenção.

Art. 34. Cessada a intervenção, se não for extinta a concessão, a administração do serviço será devolvida à concessionária, precedida de prestação de contas pelo interventor, que responderá pelos atos praticados durante a sua gestão.

D. **Poder de aplicação de penalidades**: pode aplicar penalidades aos particulares contratados em decorrência de descumprimento do acordo, nos moldes da lei 8666/93. As punições a serem aplicadas ao contratado já foram estudadas em capítulo pertinente aos contratos administrativos.

E. **Ocupação temporária de bens**: em determinadas situações, para manter a prestação dos serviços prestados pelo particular contratado, o Estado precisa ocupar temporariamente os bens da contratada. Ex. empresa de transporte público cujos funcionários deflagram greve. O ente público ocupa os ônibus da empresa e mantém a prestação do serviço público. É garantia inerente ao princípio da continuidade do serviço público, com vistas a evitar a paralisação da prestação. Saliente-se que não deve ser confundida a ocupação temporária com a reversão de bens, já que na ocupação, a situação é temporária e o Poder Público devolve o bem à concessionária, cessada a situação excepcional que deu ensejo à sua atuação. Na reversão, o Poder Público mediante indenização correspondente ao concessionário, reverte para si os bens da empresa atrelados à prestação do serviço público. A reversão tem caráter definitivo e decorre da extinção do contrato de concessão de serviço público.

No que tange à duração, a concessão de serviços públicos não respeita os prazos estipulados da Lei 14.133./2021, que estabelece, como regra, a duração de 1 (um) ano, respeitando o orçamento público. Isso porque o contrato de concessão, como regra, não gera despesas ao Estado e, por conseguinte, não depende de previsão na lei orçamentária, não precisando, portanto, obedecer ao prazo de duração do crédito orçamentário. O prazo de sua duração, normalmente, é mais longo, inclusive com o intuito de remunerar os gastos da concessionária de serviços públicos. Ressalte-se que a desvinculação ao artigo 57 não significa celebração do contrato de concessão de serviços por prazo indeterminado. Afinal, a lei determina que todo contrato administrativo tem prazo determinado.

Ressalte-se que, por alteração legal, atualmente é possível a instituição da arbitragem para contratos de concessão. Vejamos.

> Art. 23-A. O contrato de concessão poderá prever o emprego de mecanismos privados para resolução de disputas decorrentes ou relacionadas ao contrato, inclusive a arbitragem, a ser realizada no Brasil e em língua portuguesa, nos termos da Lei n. 9.307, de 23 de setembro de 1996. (Incluído pela Lei n. 11.196, de 2005)

14.6. PERMISSÃO DE SERVIÇO PÚBLICO

A permissão de serviços públicos é tratada, na lei 8987/95, como contrato de adesão de natureza precária. Confira:

> Art. 40. A permissão de serviço público será formalizada mediante contrato de adesão, que observará os termos desta Lei, das demais normas pertinentes e do edital de licitação, inclusive quanto à precariedade e à revogabilidade unilateral do contrato pelo poder concedente.

Parágrafo único. Aplica-se às permissões o disposto nesta Lei.

Com efeito, diferente do quanto estipulado para as permissões de uso, que se qualificam como atos administrativos unilaterais e precários, a permissão de serviços públicos foi alçada à condição de contrato administrativo pelo texto legal, inclusive em consonância com o disposto no artigo 175 da Carta Magna.

A doutrina ressalta que a natureza contratual não se coaduna com o caráter de precariedade e que o contrato administrativo estabelece garantias de manutenção do equilíbrio econômico financeiro que não podem ser mitigadas e que vão de encontro à noção de ato precário. Logo, em virtude da natureza contratual da permissão de serviços públicos, fica mitigada a precariedade, gerando direito à indenização do permissionário, em casos de rescisão precoce do contrato.

Outra discussão diz respeito às diferenças entre a concessão de serviços públicos e permissão de serviços públicos, uma vez que o parágrafo único do artigo 40, supratranscrito, define que as disposições da lei 8987/95 aplicam-se à permissão.

Neste sentido, são apontadas 3 diferenças entre os contratos regidos pela lei 8987/95 que podem ser resumidas no quadro sinóptico abaixo.

1 - MODALIDADE LICITATÓRIA	**A concessão de serviços públicos deverá ser precedida de licitação, na modalidade concorrência ou diálogo competitivo e a permissão admite outras modalidades de licitação, dependendo do valor contratado.**
2 - CONTRATADO	**A concessão somente é celebrada com Pessoas Jurídicas ou com consórcios de empresas, ao passo que a permissão de serviços públicos pode ser celebrada com Pessoa Física ou Pessoa Jurídica.**
3 - AUTORIZAÇÃO LEGISLATIVA	**A concessão depende de autorização legislativa expressa para sua celebração e a permissão dispensa lei específica.**

14.7. PARCERIA PÚBLICO-PRIVADA – PPP

A Lei 11.079 criou as Parcerias Público-Privadas que são espécies de concessão de serviços públicos. Saliente-se que, como concessões de serviços públicos de natureza especial, ficam sujeitas à aplicação da Lei 8.987/95, no silêncio da lei específica.

> Art. 8º As obrigações pecuniárias contraídas pela Administração Pública em contrato de parceria público-privada poderão ser garantidas mediante: (...)
>
> **IV - garantia prestada por organismos internacionais ou instituições financeiras;**

Espécies de Parcerias.

A) Concessão patrocinada – é concessão de serviços públicos, na qual, adicionalmente à tarifa paga pelos usuários, há uma contraprestação do Poder Público ao parceiro privado. Com isso pode ser cobrada uma tarifa mais baixa dos usuários, sem reduzir o valor do lucro da contratada. A contraprestação do Poder Público não pode ultrapassar 70%, salvo se estabelecida por lei específica, sob pena de desnaturar o caráter de concessão de serviço público.

B) Concessão administrativa – é espécie de concessão na qual a própria Administração Pública fica responsável pelo pagamento das tarifas, porque ostenta a qualidade de usuária do serviço público de forma direta ou indireta. Para parte da doutrina, a concessão administrativa seria um contrato de prestação de serviços públicos como outro qualquer, na qual a empresa é remunerada pelo ente estatal.

Feitas as diferenciações, o regime jurídico aplicado às PPP's é o mesmo para as duas espécies acima expostas.

Os contratos de parceria devem ser celebrados, no valor mínimo de R$ 10.000.000,00, não sendo admitidas para contratações de valores mais baixos. Ademais, o prazo mínimo de contratação deve ser de 5 anos e máximo de 35 anos. Vejamos.

> Art. 2º § 4º É vedada a celebração de contrato de parceria público-privada:
>
> I – cujo valor do contrato seja inferior a R$ 10.000.000,00 (dez milhões de reais);
>
> II – cujo período de prestação do serviço seja inferior a 5 (cinco) anos; ou
>
> III – que tenha como objeto único o fornecimento de mão-de-obra, o fornecimento e instalação de equipamentos ou a execução de obra pública.

Como todo contrato de concessão de serviços públicos, as PPP's devem ser precedidas de licitação, na modalidade concorrência ou diálogo competitivo.

No mais, os contratos de PPP devem realmente ser enxergados como uma parceria do Poder Público com o particular, a fim de possibilitar a prestação de serviços com gastos menores. Neste sentido, a lei prevê o compartilhamento de riscos, o que gera a responsabilidade solidária da Administração Pública, pelos danos causados na prestação do serviço, e não subsidiária como ocorre na concessão simples. Em contrapartida, serão compartilhados os ganhos decorrentes da redução do risco. Explique-se. No momento em que a administração participa como responsável solidária, os custos da prestação do serviço caem e essa redução de custos é compartilhada com o ente estatal.

A lei 11.079/04 dispõe ainda que as controvérsias decorrentes dos contratos de PPP's podem ser resolvidas por meio da arbitragem. Em verdade, posteriormente a esta lei (11.079/04), foi permitida a assinatura da cláusula compromissória e do compromisso arbitral, inclusive em contratos de concessão de serviços públicos regidos pela lei 8.987/95, conforme já explicitado em momento oportuno.

A Parceria Público-Privada deve ser gerida por uma sociedade de propósito específico. A sociedade de propósito específico é criada pelo ente público e pelo parceiro privado, com a única finalidade de gerir a contratação. Ressalte-se que a sociedade pode ser companhia, inclusive de capital aberto e deverá instituída depois de realizada a licitação e antes da celebração do contrato de PPP. Ademais, a lei determina que o Poder Público não pode deter a maioria de capital social votante desta entidade específica.

Nesse sentido, as disposições da lei 11.079/04, abaixo transcritas:

> *Art. 9º Antes da celebração do contrato, deverá ser constituída sociedade de propósito específico, incumbida de implantar e gerir o objeto da parceria.*
>
> § 1º A transferência do controle da sociedade de propósito específico estará condicionada à autorização expressa da Administração Pública, nos termos do edital e do contrato, observado o disposto no parágrafo único do art. 27 da Lei n. 8.987, de 13 de fevereiro de 1995.
>
> § 2º A sociedade de propósito específico poderá assumir a forma de companhia aberta, com valores mobiliários admitidos a negociação no mercado.
>
> § 3º A sociedade de propósito específico deverá obedecer a padrões de governança corporativa e adotar contabilidade e demonstrações financeiras padronizadas, conforme regulamento.
>
> § 4º Fica vedado à Administração Pública ser titular da maioria do capital votante das sociedades de que trata este Capítulo.
>
> § 5º A vedação prevista no § 4º deste artigo não se aplica à eventual aquisição da maioria do capital votante da sociedade de propósito específico por instituição financeira controlada pelo Poder Público em caso de inadimplemento de contratos de financiamento.

14.8. CONSÓRCIOS PÚBLICOS

Criados por meio da edição da lei 11.107/05, os consórcios públicos são uma forma de gestão associada de entes federativos na prestação de serviços públicos. Explique-se.

Primordialmente, cumpre ressaltar que o consórcio público não é um contrato administrativo, já que neste há vontades divergentes das partes contratantes. Em verdade, o consórcio estabelecido pela lei 11.107/05 tem natureza jurídica de convênio, no qual as vontades dos entes consorciados são convergentes. Com efeito, enquanto no contrato, o poder público, na busca do interesse coletivo, celebra uma avença com alguém que tem como mote o lucro, no consórcio, ocorre gestão associada dos entes federados que se unem para prestação de serviços de interesse comum. Note-se que as vontades dos consorciados são idênticas: a prestação de determinado serviço público com a finalidade de atender ao corpo social.

Neste sentido, pode-se estabelecer que o consórcio público é a gestão associada dos entes federativos, de qualquer esfera de governo, para a prestação de serviços públicos de interesse comum. A grande novidade da lei é que a criação do consórcio forma uma nova pessoa jurídica que não se confunde com os entes consorciados. Exemplo: a União, os estados da Bahia, Pernambuco, Sergipe e Ceará se juntam para prestação do serviço de auxílio e defesa das vítimas do semiárido nordestino. Desta junção, nasce a ADEVISA (Associação de Defesa às Vítimas do Semiárido), nova pessoa jurídica com patrimônio e obrigações próprias, não se confundindo com os entes consorciados. Com efeito, a formação do consórcio cria uma nova pessoa jurídica que presta o serviço e é apartada, ou seja, não se confunde com as pessoas jurídicas formadoras do consórcio.

Nos termos da legislação, esta nova pessoa jurídica instituída pelo consórcio poderá ter personalidade jurídica de direito público ou personalidade de direito privado. A Lei determina que se ela for criada sob o regime de direito público, recebe o nome de associação pública e faz parte da Administração Indireta de cada um dos entes consorciados. Em sendo pessoa de direito privado, terá a designação de consórcio público e será regido pelo direito civil.

Ressalte-se que a associação pública não é nova espécie de entidade da administração indireta, mas tão somente uma espécie de autarquia, consoante, inclusive, dicção do Código Civil de 2002 que assim estabelece em seu art. 41, *in litteris:*

> Art. 41. São pessoas jurídicas de direito público interno:
>
> (...)
>
> *IV – as autarquias, inclusive as associações públicas; (Redação dada pela Lei n. 11.107, de 2005)*

Inicialmente cumpre relembrar, no entanto, que o texto constitucional determina que as autarquias sejam entidades criadas por lei específica, logo, não seria possível a criação de autarquia por meio de acordo (consórcio). Dessa forma, quando os entes federativos firmam o acordo, em verdade, está sendo celebrado somente o **protocolo de intenções**. Posteriormente, este protocolo será enviado ao Poder Legislativo de cada um dos entes consorciados, como projeto de lei, e, da ratificação do protocolo de intenções, é formalizado o consórcio. Logo, a formalização do consórcio propriamente dito, com a criação da pessoa jurídica, se dá mediante lei específica de cada um dos entes consorciados, ao ratificarem, por meio do Poder Legislativo, o acordo firmado pelo chefe do executivo. Saliente-se que a doutrina majoritária somente admite a criação do consórcio após a edição de todas as leis. O ente consorciado estará excluído do consórcio se não ratificar o contrato de rateio no prazo de lei (2 anos). Após este prazo a ratificação do contrato de rateio depende de homologação da assembleia geral do consórcio.

> Art. 5°. § 3° A ratificação realizada após 2 (dois) anos da subscrição do protocolo de intenções dependerá de homologação da assembleia-geral do consórcio público.

Como ocorre com qualquer autarquia, a associação pública deverá receber orçamento dos entes consorciados para sua formação e manutenção. A cláusula que define a parcela de contribuição de cada um dos entes federativos na formação e manutenção do consórcio é designada contrato de rateio e deve ser firmada, no protocolo de intenções.

A lei 11.107/05 traz uma norma de restrição ao ingresso da União em consórcios públicos. A União somente pode ingressar em consórcios que contem com a participação de municípios se o estado membro a que pertence este município também estiver participando do consórcio. Trata-se de norma que visa evitar ingerência da União diretamente em determinado Município. Se não houver a participação de municípios, no consórcio, a União pode participar, por meio da celebração do contrato de rateio e posterior ratificação, por lei, sem qualquer restrição. Vejamos.

> Art. 1°. § 2° A União somente participará de consórcios públicos em que também façam parte todos os Estados em cujos territórios estejam situados os Municípios consorciados.

Contratos celebrados pelo consórcio.

Inicialmente, cumpre lembrar que, como entidade formada por entes federativos e custeada pelo dinheiro público, para celebrar contratos, o consórcio público (seja ele de direito público ou privado) deve realizar procedimento licitatório. Neste caso, no entanto, as normas atinentes à licitação ganham algumas peculiaridades.

A primeira situação peculiar ocorre na dispensa de licitação, em virtude de contratações de pequeno valor. Isso porque o parágrafo primeiro do artigo 24, da lei 8666/93 estabelece que o consórcio público goza de dispensa de licitação para contratações de valores que não ultrapassem 20% do valor do convite, diferente da regra geral, em que a dispensa atinge somente contratações cujos valores não ultrapassem 10% do valor máximo para a licitação na modalidade convite. Logo, o consórcio usufrui de dispensa de licitação quanto ao valor, em dobro. Vejamos.

> Art. 24. § 1°. Os percentuais referidos nos incisos I e II do caput deste artigo serão 20% (vinte por cento) para compras, obras e serviços contratados por consórcios públicos, sociedade de economia mista, empresa pública e por autarquia ou fundação qualificadas, na forma da lei, como Agências Executivas. (Redação dada pela Lei n. 11.107, de 2005)

Ademais, os valores para definição da modalidade licitatória também não seguem a regra geral. Isso porque a lei de licitações define que para licitações realizadas por consórcios públicos formados por até 3 entes federativos, os valores serão duplicados e, em caso de consórcios formados por mais de 3 entes, os valores serão triplicados. Por exemplo, a ADEVISA, formada por 5 entes federativos poderá realizar licitação na modalidade tomada de preços para contratações de obras até R$ 9.900.000,00, enquanto o valor máximo para contratações desta espécie, na modalidade é de R$ 3.300.000,00 para os outros entes públicos. CUIDADO, estes valores diferenciados não são considerados para a dispensa tratada no parágrafo anterior.

Por fim, o artigo 24, XXVI dispensa as licitações quando o consórcio público estiver contratando com os entes formadores do consórcio, sejam os entes da administração direta ou suas autarquias, fundações, empresas públicas e sociedades de economia mista. Estas contratações celebradas ente os consórcios públicos e os entes consorciados são designadas pela lei, como **contratos de programa** e são realizadas sem necessidade da realização de procedimento licitatório. Vejamos a dicção do dispositivo legal mencionado.

> Art. 24. É dispensável a licitação (...)
>
> XXVI – na celebração de contrato de programa com ente da Federação ou com entidade de sua administração indireta, para a prestação de serviços públicos de forma associada nos termos do autorizado em contrato de consórcio público ou em convênio de cooperação. (Incluído pela Lei n. 11.107, de 2005)

CAPÍTULO 15

PROCESSO ADMINISTRATIVO (Lei 9.784/99)

15.1. INTRODUÇÃO

Iniciamos a análise dos processos administrativos, ressaltando que não há consenso na doutrina acerca de sua conceituação. Isso porque alguns doutrinadores diferenciam processos de procedimentos administrativos, sendo estes últimos os trâmites e formalidades obedecidos pelos primeiros.

A distinção não tem relevância prática para provas objetivas de concursos, pelo que é deixada de lado na presente obra. Portanto, a expressão processo administrativo aqui utilizada o será de forma ampla, sem distinção com o procedimento.

Neste passo, o processo administrativo é uma sucessão lógica de atos praticados pela administração pública com a intenção de se alcançar um objetivo final, seja a punição de determinado servidor, seja a contratação ou até mesmo a anulação de atos anteriormente praticados. Enfim, toda atuação do ente estatal depende de um prévio processo que a instrua e fundamente.

Cumpre ressaltar que o Brasil adotou o sistema de jurisdição única, também chamado de sistema inglês, no qual o processo administrativo não exaure a discussão de nenhuma matéria com caráter de definitividade.

De fato, o artigo 5º, XXXV da Constituição Federal de 1988 prevê o princípio da inafastabilidade de jurisdição, ao impedir que lesão ou ameaça de lesão seja afastada do poder judiciário. Em virtude de tal dispositivo, mesmo após esgotadas as discussões em sede administrativa, o interessado em determinada decisão ainda pode recorrer ao poder judiciário para sanar ou evitar lesão aos seus interesses.

Dessa forma, o sentido de **coisa julgada administrativa**, no Brasil, é restrito, definindo somente uma situação que não pode mais ser arguida e analisada em sede administrativa, mas sem conferir a esta decisão o caráter de definitividade, haja vista, a possibilidade de recurso à esfera judicial, conforme se detalhará em momento oportuno.

Ademais, interessante relembrar que o processo administrativo não depende de provocação de terceiros para ser iniciado, uma vez que o princípio da autotutela, garantido à administração pública, admite que os processos se iniciem *ex officio*.

15.2. PRINCÍPIOS

Indiscutivelmente, todos os princípios inerentes à atuação administrativa, já estudados nesta obra, se aplicam aos processos administrativos. Todavia, cumpre tratarmos de determinados princípios específicos dos processos da administração pública, que entendemos demandar uma análise mais cuidadosa. Senão vejamos.

15.2.1. Oficialidade (Impulso Oficial)

Ainda que o processo administrativo tenha se iniciado por iniciativa do particular, não depende da manifestação deste para seu impulso, ou seja, a movimentação do processo incumbe ao poder público que deve atuar, independente de provocação do interessado.

Isso decorre do entendimento de que o processo tem finalidade pública, mesmo nas situações em que o particular dá início a sua tramitação. Em decorrência deste princípio, os agentes públicos encarregados pelo processo poderão solicitar pareceres, perícias e laudos, realizar a tomada de depoimentos, efetivar diligência etc. Em síntese, a administração pública pode atuar, de ofício, na condução de todas as fases do processo.

Inclusive, a Súmula 611 do STJ dispõe que "Desde que devidamente motivada e com amparo em investigação ou sindicância, é permitida a instauração de processo administrativo disciplinar com base em denúncia anônima, em face do poder-dever de autotutela imposto à Administração. (Súmula 611, PRIMEIRA SEÇÃO, julgado em 09/05/2018, DJe 14/05/2018)".

15.2.2. Contraditório e Ampla Defesa

Estes princípios estão expressos, no texto constitucional, em seu artigo 5º, LV. Em síntese, é o direito conferido ao particular de saber o que acontece no processo administrativo de seu interesse, bem como o direito de se manifestar na relação processual, requerendo a produção de provas e provocando sua tramitação.

Importante ressaltar que o texto constitucional determina explicitamente a aplicação destes princípios em sede de processos administrativos. Quando se fala em ampla defesa, a doutrina processual estabelece que é inerente à ampla defesa o direito à defesa prévia, à defesa técnica e o direito ao duplo grau de julgamento.

Conforme já explicitado no capítulo atinente aos princípios de direito administrativo (Capítulo 2), esses aspectos foram importados para o direito administrativo, ou seja, em direito administrativo, a ampla defesa abarca todos os aspectos acima elencados.

No entanto, vale ressalvar a aplicabilidade da Súmula Vinculante n. 5 do Supremo Tribunal Federal que estabelece que *"A falta de defesa técnica por advogado no processo administrativo disciplinar não ofende a Constituição"*. O entendimento mais moderno é que, em 2008, com a edição desta súmula, afasta-se a aplicabilidade da súmula 343 do Superior Tribunal de Justiça que exige a presença de advogado em todas as fases do processo administrativo sob pena de violação ao princípio da ampla defesa.

Também indispensável a menção à Súmula Vinculante 21 que estabelece: *"É inconstitucional a exigência de depósito ou arrolamento prévios de dinheiro ou bens para admissibilidade de recurso administrativo.".* Analisando-se este dispositivo, interpreta-se que tal exigência seria inconstitucional por restringir o direito ao duplo grau.

15.2.3. Instrumentalidade das formas

Tal princípio se aplica à formação dos atos administrativos e estipula que todas as vezes que o texto legal prevê uma determinada forma para a prática de um ato administrativo, tem a intenção de garantir a busca pelo interesse público que é a finalidade do ato. Logo, a forma é somente o instrumento necessário a alcançar o interesse coletivo. Explique-se. O legislador entendeu que, se outra forma fosse utilizada para a edição do ato administrativo, haveria um grande risco de ele não atingir a sua finalidade e, consequentemente, prejudicar o interesse coletivo.

Nesse sentido, a forma é o instrumento para alcance dos objetivos do ato. Por isso, o vício de forma é sanável quando não gerar prejuízo, desde que mantido o interesse público face à aplicação do referido princípio.

A doutrina francesa se refere a este princípio pela expressão *pas de nulité sans grief*, traduzido para "não há nulidade sem prejuízos".

Este princípio é tratado por Maria Syilvia Zanella di Pietro *in* Direito Administrativo, como princípio da economia processual, quando então, ela estipula que *"o processo é instrumento para aplicação da lei, de modo que as exigências a ele pertinentes devem ser adequadas e proporcionais ao fim que se pretende atingir"* Arremata ainda a referida doutrinadora, estabelecendo que *"desse princípio decorre outro, que é o **aproveitamento dos atos processuais**, que admite o saneamento do processo quando se tratar de nulidade sanável, cuja inobservância não prejudique a administração ou o administrado."*

15.2.4. Informalismo

O informalismo norteia os atos do processo administrativo praticados pelos particulares visando evitar prejuízos a este, em virtude de formalidades legais. Logo, em regra, os atos praticados pelos particulares em processos administrativos não dependem de forma prescrita em lei.

A forma simples do processo visa impedir prejuízos aos particulares através da exigência de formalismos para a prática dos atos indispensáveis ao andamento do processo.

Ressalte-se, no entanto, que devem ser garantidas as formalidades essenciais à garantia da segurança do particular e, por este motivo, o processo tem forma escrita, com páginas rubricadas e sequencialmente numeradas. Neste sentido, parte da doutrina trata da forma do processo administrativo pelo princípio do **"formalismo necessário"** ao estabelecer que, em matéria processual, são obrigatórias as formalidades indispensáveis à segurança jurídica do cidadão.

15.2.5. Verdade Real

O processo administrativo busca a verdade material em contraponto aos processos judiciais que apontam na busca da verdade formal, ou seja, verdade apresentada nos autos. Os processos judiciais não admitem provas extemporâneas e seguem um formalismo rígido. Os processos administrativos, por sua vez, admitem todos os tipos lícitos de provas, apresentados em qualquer fase do processo, ainda que após o encerramento da instrução. Isso tudo, em respeito à busca pelo conhecimento do fato efetivamente ocorrido.

Inclusive, em virtude desta busca pela verdade real, é admissível, em sede de recursos administrativos, a chamada *reformatio in pejus*, ou seja, a decisão de um recurso pode gerar agravamento da situação do recorrente.

15.2.6. Gratuidade

Diferente da maioria dos processos judiciais, os processos administrativos são gratuitos, não havendo cobrança de custas ou ônus sucumbenciais aos particulares envolvidos. A atuação administrativa, visa, antes de tudo o interesse coletivo e, portanto, deve ser exercida sem ônus para outras partes interessadas.

15.3. PROCESSO ADMINISTRATIVO FEDERAL

A lei 9.784/99 estabelece todas as normas atinentes aos processos administrativos no âmbito da União e será analisada, neste capítulo, em virtude de sua cobrança rotineira em provas de concursos. Saliente-se que as normas estabelecidas neste dispositivo legal não serão aplicadas aos processos administrativos em estados e municípios que editarão leis próprias para regulamentação da matéria em suas administrações.

Ademais, muitos pontos tratados na referida lei já foram devidamente analisados quando do estudo dos atos administrativos. Isso porque, não obstante a lei se proponha a tratar acerca dos processos administrativos federais, traçam importantes normas acerca dos elementos e princípios atinentes à atuação administrativa. Dessa forma, os pontos já exauridos, no capítulo de atos administrativo, serão aqui mencionados, mas não repetidos.

15.3.1. Aplicação subsidiária

Em primeira análise, cumpre explicitar que a lei 9.784/99 se propõe a evitar lacunas na legislação processual administrativa, sem substituir leis específicas. Por isso, determina expressamente sua subsidiariedade.

Assim, somente será possível a aplicação deste dispositivo legal, se não houver nenhuma outra legislação específica a tratar a matéria. Explique-se.

Toda vez que houver uma legislação específica tratando de determinado processo administrativo, a lei 9.784/99 será aplicada somente de forma subsidiária a este regramento. A aplicabilidade integral da lei ocorrerá nas situações em que não haja lei específica a regular o processo administrativo em curso. Por exemplo, no caso de processos administrativos disciplinares para aplicação de penalidades a servidores públicos, é imposta a aplicação da lei 8.112/90 que é lei específica a regular tais procedimentos. Neste caso, a lei 9.784/99 será utilizada subsidiariamente, para sanar as eventuais omissões da lei específica.

Ademais, a lei 9.784/99 poderá ser utilizada em estados e municípios que não tenham legislação sobre a matéria. Nesse sentido, a Súmula 633 do STJ dispõe que "A Lei 9.784/1999, especialmente no que diz respeito ao prazo decadencial para a revisão de atos administrativos no âmbito da Administração Pública federal, pode ser aplicada, de forma subsidiária, aos estados e municípios, se inexistente norma local e específica que regule a matéria."

15.3.2. Princípios

Em observância aos princípios gerais aplicados aos processos administrativos, explicitados em tópico anterior, a lei estipula, em seu artigo 2º que:

> *Art. 2º A Administração Pública obedecerá, dentre outros, aos princípios da legalidade, finalidade, motivação, razoabilidade, proporcionalidade, moralidade, ampla defesa, contraditório, segurança jurídica, interesse público e eficiência.*
>
> *Parágrafo único. Nos processos administrativos serão observados, entre outros, os critérios de:*
>
> *I - atuação conforme a lei e o Direito;*
>
> *II - atendimento a fins de interesse geral, vedada a renúncia total ou parcial de poderes ou competências, salvo autorização em lei;*
>
> *III - objetividade no atendimento do interesse público, vedada a promoção pessoal de agentes ou autoridades;*
>
> *IV - atuação segundo padrões éticos de probidade, decoro e boa-fé;*
>
> *V - divulgação oficial dos atos administrativos, ressalvadas as hipóteses de sigilo previstas na Constituição;*
>
> *VI - adequação entre meios e fins, vedada a imposição de obrigações, restrições e sanções em medida superior àquelas estritamente necessárias ao atendimento do interesse público;*
>
> *VII - indicação dos pressupostos de fato e de direito que determinarem a decisão;*
>
> *VIII - observância das formalidades essenciais à garantia dos direitos dos administrados;*

IX – adoção de formas simples, suficientes para propiciar adequado grau de certeza, segurança e respeito aos direitos dos administrados;

X – garantia dos direitos à comunicação, à apresentação de alegações finais, à produção de provas e à interposição de recursos, nos processos de que possam resultar sanções e nas situações de litígio;

XI – proibição de cobrança de despesas processuais, ressalvadas as previstas em lei;

XII – impulsão, de ofício, do processo administrativo, sem prejuízo da atuação dos interessados;

XIII – interpretação da norma administrativa da forma que melhor garanta o atendimento do fim público a que se dirige, vedada aplicação retroativa de nova interpretação.

Note que o caput do artigo estabelece os princípios regentes dos processos administrativos e da atuação administrativa como um todo e que os incisos previstos no parágrafo único do dispositivo definem a atuação do Estado no curso do procedimento.

15.4. DIREITOS E DEVERES DOS PARTICULARES

O artigo 3º e seguintes da lei estabelecem os direitos e deveres dos administrados no bolo de um processo administrativo. Vale fazer algumas observações no que tange a estes direitos.

Primeiramente, pode-se notar pelo texto legal (inciso IV) que a defesa por advogado é facultativa e garantida, se houver interesse do particular. Desta forma, o entendimento estampado na Súmula Vinculante n. 5 do STF já encontrava a respectiva disposição legal, para os processos no âmbito da administração pública federal.

Os incisos II e III tratam do contraditório e ampla defesa ao garantir ciência ao particular dos atos do processo, bem como o direito de formular perguntas e produzir provas.

Por fim, o inciso I estampa o princípio da urbanidade, como garantia do cidadão interessado no procedimento.

Por sua vez, o rol exemplificativo de deveres do particular estabelece o dever de expor os fatos conforme a verdade; proceder com lealdade, urbanidade e boa-fé; não agir de modo temerário e prestar as informações que lhe forem solicitadas e colaborar para o esclarecimento dos fatos.

15.5. INÍCIO DO PROCESSO

O processo administrativo pode-se iniciar por provocação do interessado ou de ofício, por interesse da administração pública.

O interessado pode ser qualquer pessoa física ou jurídica que atue em nome próprio ou que possa ser afetada pela decisão administrativa, admitindo-se também a legitimação de entidades representantes de determinadas classes ou de toda a coletividade para defesa de interesses coletivos e difusos.

O poder conferido ao particular de dar início ao processo administrativo decorre do direito de petição, conferido ao cidadão pelo texto constitucional, como garantia fundamental, conforme disposição do artigo 5º, XXXIV da CF, senão vejamos:

"XXXIV - são a todos assegurados, independentemente do pagamento de taxas:

a) o direito de petição aos Poderes Públicos em defesa de direitos ou contra ilegalidade ou abuso de poder (...)"

Em obediência a este princípio, o parágrafo único do artigo 6º da lei 9784/99 regulamenta que "É vedada à Administração a recusa imotivada de recebimento de documentos, devendo o servidor orientar o interessado quanto ao suprimento de eventuais falhas."

Ressalte-se que, em situações excepcionais, esta provocação pode ser feita verbalmente, no entanto, a regra é a obediência a formalidades legais, previstas no próprio artigo 6º da lei, para seja regular a instauração dos procedimentos administrativos. Também se admite que mais de um interessado formule pedidos idênticos, em um único documento formal, salvo disposição em contrário em leis específicas.

15.5.1. Da competência e das situações de suspeição e impedimento

A competência para prática dos atos administrativos deve ser definida em lei ou em ato administrativo geral, sendo tratada pela lei e doutrina como irrenunciável, imprescritível e insuscetível de prorrogação.

A imprescritibilidade da competência fica demonstrada pelo fato de não se extinguir com a inércia; é de exercício obrigatório para os órgãos e agentes públicos, não pode ser modificada pela vontade do agente. É ainda improrrogável e irrenunciável, por estar baseada no Princípio da Indisponibilidade do interesse público.

Não obstante a impossibilidade de renúncia pela autoridade competente, é admitida por lei a delegação e avocação da competência, desde que de **forma temporária e excepcional,** devendo ser justificadas.

Delegação – A delegação é a extensão da competência efetivada de um agente competente para um outro de mesma hierarquia ou de hierarquia inferior. Importante saber que, em um ato de delegação, deve-se definir o tempo e a matéria a ser transferida de forma expressa e restrita. Quando um ato de delegação é genérico, ele é considerado nulo. **A delegação é ato discricionário, pode ser revogada a qualquer tempo e não implica renúncia de competência.** Isso porque, salvo disposição em contrário, o agente delegante não transfere a competência, mas apenas a amplia, se mantendo competente após a delegação, juntamente com o agente delegado.

O artigo 14, § 3º da lei estipula que *"As decisões adotadas por delegação devem mencionar explicitamente esta qualidade e considerar-se-ão editadas pelo delegado."* Neste sentido também a Súmula n. 510 do STF ao definir o delegante como autoridade coatora em casos de impetração de mandados de segurança em face do ato praticado por delegação.

A lei expressamente proíbe a delegação nas situações descritas em seu artigo 13, a seguir transcrito, *in litteris:*

> *Art. 13. Não podem ser objeto de delegação:*
>
> *I - a edição de atos de caráter normativo;*
>
> *II - a decisão de recursos administrativos;*
>
> *III - as matérias de competência exclusiva do órgão ou autoridade.*

Avocação – também prevista no texto legal, é a possibilidade conferida ao agente público de, em situações excepcionais, devidamente justificadas, tomar para si, temporariamente, a competência de agente subordinado. Saliente-se que o poder de avocação se sujeita às mesmas vedações da delegação.

No que tange à suspeição e ao impedimento, a lei estabelece que aqueles agentes que tenham interesse na causa, por qualquer motivo estão impedidos de atuar no feito, ainda que tenham competência legalmente atribuída. A Suspeição, por sua vez, diz respeito à possibilidade de haver favorecimento ou desfavorecimento deliberado de particulares por amizades ou inimizades com o agente público.

Em ambas as situações, há uma clara intenção da lei em garantir a isonomia e impessoalidade da atuação do ente estatal. Vejamos:

> *"Art. 18. É impedido de atuar em processo administrativo o servidor ou autoridade que:*
>
> *I - tenha interesse direto ou indireto na matéria;*
>
> *II - tenha participado ou venha a participar como perito, testemunha ou representante, ou se tais situações ocorrem quanto ao cônjuge, companheiro ou parente e afins até o terceiro grau;*
>
> *III - esteja litigando judicial ou administrativamente com o interessado ou respectivo cônjuge ou companheiro.*
>
> *Art. 20. Pode ser arguida a suspeição de autoridade ou servidor que tenha amizade íntima ou inimizade notória com algum dos interessados ou com os respectivos cônjuges, companheiros, parentes e afins até o terceiro grau."*

15.5.2. Forma, tempo e lugar dos atos processuais

Inicialmente, a lei, em observância ao princípio do informalismo, define que os atos do processo administrativo não dependem de forma determinada, salvo disposição legal em contrário. Tal entendimento é reiterado ao definir que o reconhecimento de firma somente será exigido quando houver dúvida razoável de autenticidade, quando a autenticação pode ser feita pelo próprio órgão responsável pelo processo.

Ademais, para garantia dos cidadãos todas as páginas dos processos serão numeradas sequencialmente e rubricadas.

No que tange ao tempo e ao lugar de prática dos atos do processo administrativo, estabelece a lei 9784/99 que, a princípio, tais atos serão realizados em dias úteis, no horário normal de funcionamento da repartição na qual tramita o feito e, preferencialmente, na sede do órgão, não obstante possam ser realizados em outro local, mediante prévio aviso ao particular interessado e possam ser concluídos depois do horário normal os atos já iniciados, cujo adiamento cause prejuízo à administração pública ou ao particular.

Por fim, estipula o artigo 24, do diploma legal mencionado, que o prazo genérico para a prática, pela administração ou pelo particular, de atos processuais, salvo disposição expressa em contrário, é de 5 (cinco) dias, ressalvadas razões de força maior. Mediante comprovada necessidade, é possível a prorrogação deste prazo por igual período.

15.5.3. Comunicação dos atos processuais

Como garantia dos princípios do contraditório e da ampla defesa, o interessado deve ser informado de todos os atos que sejam praticados no processo e intimado para realização de qualquer providência a ser adotada. Neste sentido, Marcelo Alexandrino e Vicente Paulo *in* Direito Administrativo Descomplicado estipulam que *"intimar é, simplesmente, dar ciência ao interessado de algum ato praticado no processo, ou de alguma providência que deva ser adotada, dependa, ou não, do comparecimento do interessado à repartição"*.

Nos moldes do artigo 26 da lei 9.784/99, a intimação, para garantia dos interesses do cidadão deverá conter necessariamente alguns requisitos.

REQUISITOS DA INTIMAÇÃO: 1 – identificação do interessado e nome do órgão ou entidade administrativa; 2 – finalidade da intimação; 3 – data, hora e local em que deve comparecer; 4 – se o intimado deve comparecer pessoalmente ou se pode fazer-se representar; 5 – informação da continuidade do processo independentemente de seu comparecimento; 6 – indicação dos fatos e fundamentos legais pertinentes.

A intimação, que deve observar a antecedência mínima de 3 (três) dias úteis para o comparecimento, poderá ser efetivada mediante ciência no procedimento administrativo, por telegrama, por via postal com aviso de recebimento ou por qualquer outro meio que assegure a certeza da ciência do particular. É possível que a intimação seja feita por edital (publicação oficial) se os interessados forem indeterminados, desconhecidos ou com domicílio indefinido.

Interessante ressaltar que a nulidade da intimação, por desatendimento aos preceitos legais, será sanada com o comparecimento do interessado para prática do ato. Novamente, corolário do princípio da instrumentalidade das formas, ou seja, a forma dos atos administrativos somente é relevante enquanto necessárias ao atingimento de sua finalidade. Logo, se a finalidade do ato foi alcançada, o vício de forma estará sanado.

> **Importante: O desatendimento da intimação não importa o reconhecimento da verdade dos fatos, nem a renúncia a direito pelo administrado. Isso significa que, no processo administrativo, a revelia não produz os efeitos que costuma produzir nos processos judiciais. Tal dispositivo é decorrência do princípio da verdade real, ou seja, a administração vai buscar a verdade dos fatos, não se satisfazendo com presunções legais.**

O artigo 28 da lei, ainda estabelece que devem, necessariamente, ser objeto de intimação todos os atos do processo que resultem para o particular interessado em imposição de deveres, ônus, sanções ou restrição ao exercício de direitos e atividades e os atos de outra natureza, desde que sejam de seu interesse.

15.5.4. Da instrução e da decisão nos processos administrativos

A fase instrutória é a fase de dilação probatória nos procedimentos administrativos, em busca da verdade dos fatos, com vistas a obter uma decisão justa e devidamente fundamentada. Em decorrência do princípio da oficialidade, a produção de provas em processo administrativo pode ser feita pelo interessado ou pela própria administração pública, de ofício, independentemente de provocação do particular.

Com efeito, o poder público pode, por iniciativa própria, determinar a realização das diligências necessárias, bem como produzir todas as provas necessárias ao deslinde do feito, tais como testemunhal, documental, pericial, depoimento do acusado. Em processos administrativos, somente não se admitem as provas obtidas por meios ilícitos, conforme explicitado na lei e no próprio texto constitucional.

Não obstante a possibilidade de produção de provas, sem provocação, o ônus da prova é distribuído entre as partes no processo, cabendo ao interessado provar todos os fatos por ele alegados, exceto em situações em que tais fatos se encontrem em poder da administração pública, que deverá garantir, de ofício a apresentação dos documentos ou das respectivas cópias, mediante declaração e requerimento do particular.

Ademais, é possível a realização de consulta pública, quando a matéria do processo for de interesse geral, mediante publicações nos órgãos oficiais e também a realização de audiência pública se houver relevância na questão discutida, senão vejamos:

> *Art. 32. Antes da tomada de decisão, a juízo da autoridade, diante da relevância da questão, poderá ser realizada audiência pública para debates sobre a matéria do processo.*
>
> *Art. 33. Os órgãos e entidades administrativas, em matéria relevante, poderão estabelecer outros meios de participação de administrados, diretamente ou por meio de organizações e associações legalmente reconhecidas.*
>
> *Art. 34. Os resultados da consulta e audiência pública e de outros meios de participação de administrados deverão ser apresentados com a indicação do procedimento adotado.*

É facultado ao interessado, na fase instrutória e antes de proferida a decisão do processo, juntar documentos e pareceres, requerer diligências e perícias, bem como aduzir alegações referentes à matéria objeto do processo. Frise-se que o texto legal determina que poderão ser recusadas, mediante decisão fundamentada, as provas propostas pelos interessados, somente, quando sejam ilícitas, impertinentes, desnecessárias ou protelatórias, sob pena de violação à garantia da ampla defesa, princípio basilar do nosso sistema processual bem como uma demonstração clara de busca da verdade material pelos procedimentos na esfera administrativa.

Em determinadas situações, pode ser necessária a prestação de informações ou a apresentação de provas, não somente pelos interessados, mas também por terceiros. Nestes casos, serão expedidas intimações para esse fim, mencionando-se data, prazo, forma e condições de atendimento. A lei 9784/99, em seu artigo 39, parágrafo único, estabelece que *"Não sendo atendida a intimação, poderá o órgão competente, se entender relevante a matéria, suprir de ofício a omissão, não se eximindo de proferir a decisão."*

Nos casos em que o interessado não apresentar documentos solicitados pelo ente estatal e estes forem necessários à apreciação de pedido formulado, o não atendimento, no prazo fixado pela Administração, para a respectiva apresentação implicará arquivamento do processo, mediante decisão fundamentada com notificação dos interessados. Ressalte-se que o texto legal determina que as intimações para apresentação de documentos ou realização de atividades devem ser expedidas e encaminhadas com antecedência mínima de 3 (três) dias úteis, mencionando-se data, hora e local de realização.

Em algumas situações, será necessária por força de lei, ou ato normativo a obtenção prévia de laudos técnicos de órgãos administrativos para as decisões administrativas. Nestes casos, intimado o órgão, se este não cumprir o encargo, no prazo assinalado, o órgão responsável pela instrução deverá solicitar laudo técnico de outro órgão dotado de qualificação e capacidade técnica equivalentes, a fim de dar andamento ao feito.

Também, por exigência normativa, pode ser exigida a emissão de pareceres de órgãos consultivos. Neste caso, o artigo 42 da lei 9.784/99 determina que o **prazo para emissão do parecer será de 15 (quinze) dias**, salvo norma específica ou necessidade devidamente justificada e comprovada de maior prazo.

Não sendo emitido o parecer, dentro do prazo legal, duas situações podem ocorrer, dependendo da natureza do ato consultivo:

Se o parecer for obrigatório e vinculante, será paralisado o processo até a apresentação do parecer, sem prejuízo da responsabilização civil, penal e administrativa do agente público que deu causa ao atraso.

Se o parecer for obrigatório e não vinculante, o processo poderá prosseguir sem a emissão do parecer, inclusive com a decisão final, sem prejuízo da responsabilização penal, civil e administrativa do agente que deu causa à não emissão do parecer devido, no prazo fixado por lei.

Encerrada a fase instrutória com a produção de todas as provas necessárias, os interessados terão o prazo máximo de 10 (dez) dias, para manifestações, salvo se outro prazo for fixado por disposição legal específica.

Ressalte-se que, na busca pelo interesse público, o art. 45 da multimencionada lei 9.784/99 prevê que, *"Em caso de risco iminente, a Administração Pública poderá motivadamente adotar providências acauteladoras sem a prévia manifestação do interessado."* Nestes casos, o contraditório será exercido de forma diferida.

O artigo 46 estipula norma garantidora do princípio da publicidade e do direito constitucional à informação, estabelecendo que "Os interessados têm direito à vista do processo e a obter certidões ou cópias reprográficas dos dados e documentos que o integram, ressalvados os dados e documentos de terceiros protegidos por sigilo ou pelo direito à privacidade, à honra e à imagem".

Por fim, concluída a instrução, o poder público terá o prazo de 30 (trinta) dias, prorrogáveis, desde que justificadamente, por igual período, para proferir a decisão final no processo, que, nos moldes da lei, deve ser explícita. O texto legal determina ainda que, caso o órgão de instrução não seja competente para emitir a decisão final, elaborará relatório indicando o pedido inicial, o conteúdo das fases do procedimento e formulará proposta de decisão, objetivamente justificada, encaminhando o processo à autoridade competente.

15.6. DA MOTIVAÇÃO

Conforme já explicitado, para a doutrina majoritária de direito administrativo, a motivação é um princípio que rege toda a atuação da administração pública. Neste ínterim, a lei 9.784/99 determina o dever de motivar os atos administrativos todas as vezes que neguem, limitem ou afetem direitos ou interesses; imponham ou agravem deveres, encargos ou sanções; decidam processos administrativos de concurso ou seleção pública; dispensem ou declarem a inexigibilidade de processo licitatório; decidam recursos administrativos; decorram de reexame de ofício; deixem de aplicar jurisprudência firmada sobre a questão ou discrepem de pareceres, laudos, propostas e relatórios oficiais ou importem anulação, revogação, suspensão ou convalidação de ato administrativo.

De fato, ainda que não se entenda a motivação como princípio implícito no texto constitucional, ela se torna obrigatória, na atuação administrativa, em âmbito federal, em todas as situações descritas em lei.

- Da motivação aliunde.

Estabelece o artigo 50, § 1° da lei 9.784/99 que *"A motivação deve ser explícita, clara e congruente, podendo consistir em declaração de concordância com fundamentos de anteriores pareceres, informações, decisões ou propostas, que, neste caso, serão parte integrante do ato."*

Tal situação configura o que a doutrina administrativa resolveu denominar **motivação aliunde** dos atos administrativos e ocorre todas as vezes que a motivação de um determinado ato remete à motivação de ato anterior que embasa sua edição.

Nestas situações, se, por exemplo, um parecer opina pela possibilidade de prática de ato de demissão de servidor, ao demitir o servidor, a autoridade não precisa repetir os fundamentos explicitados pelo parecer, bastando, na fundamentação do ato de demissão, declarar a concordância com os argumentos expedidos no ato opinativo.

Por fim, a lei estipula que a motivação de atos orais deverá ser reduzida a termo e constar em ata, para garantir seu formalismo mínimo.

15.7. DA EXTINÇÃO DO PROCESSO

Cumpre relembrar, a princípio, que o processo administrativo visa garantir, antes de tudo, o interesse coletivo, além das garantias do particular interessado.

Dessa forma, a lei 9.784/99 expressamente regulamenta que o órgão da administração pública competente poderá declarar extinto o processo quando exaurida sua finalidade ou o objeto da decisão se tornar impossível, inútil ou prejudicado por fato superveniente. Nestas situações, não há necessidade de provocação do particular interessado, podendo a extinção ocorrer de ofício.

A extinção se faz por ato administrativo, devidamente fundamentado, e desde que comprovados os requisitos estampados na lei de inutilidade ou impossibilidade da decisão, ou até mesmo prejudicialidade por fatos posteriores.

Por fim, cumpre salientar que a manifestação de desistência do processo pelo interessado não gera, necessariamente, extinção do feito, podendo a administração pública dar continuidade ao processo, se exigido pelo interesse público. Vejamos.

> *Art. 51. O interessado poderá, mediante manifestação escrita, desistir total ou parcialmente do pedido formulado ou, ainda, renunciar a direitos disponíveis.*
>
> *§ 1º Havendo vários interessados, a desistência ou renúncia atinge somente quem a tenha formulado.*
>
> *§ 2º A desistência ou renúncia do interessado, conforme o caso, não prejudica o prosseguimento do processo, se a Administração considerar que o interesse público assim o exige.*

15.8. ANULAÇÃO, REVOGAÇÃO E CONVALIDAÇÃO

A lei 9.784/99, em seus artigos 53 a 55, regulamenta as hipóteses de retirada dos atos administrativas por motivo de ilegalidade (anulação) e por motivo de interesse público (revogação).

Prevê, ainda, a possibilidade de conserto dos vícios sanáveis, pela própria administração pública, gerando a convalidação dos atos anuláveis.

No que tange à matéria, remetemos o leitor ao Capítulo de Atos Administrativos, onde a matéria é tratada em sua inteireza. Para leitura útil às provas objetivas, transcreve os dispositivos legais supramencionados, *in litteris:*

> *Art. 53. A Administração deve anular seus próprios atos, quando eivados de vício de legalidade, e pode revogá-los por motivo de conveniência ou oportunidade, respeitados os direitos adquiridos.*
>
> *Art. 54. O direito da Administração de anular os atos administrativos de que decorram efeitos favoráveis para os destinatários decai em cinco anos, contados da data em que foram praticados, salvo comprovada má-fé.*
>
> *§ 1º No caso de efeitos patrimoniais contínuos, o prazo de decadência contar-se-á da percepção do primeiro pagamento.*
>
> *§ 2º Considera-se exercício do direito de anular qualquer medida de autoridade administrativa que importe impugnação à validade do ato.*
>
> *Art. 55. Em decisão na qual se evidencie não acarretarem lesão ao interesse/ público nem prejuízo a terceiros, os atos que apresentarem defeitos sanáveis poderão ser convalidados pela própria Administração.*

15.9. DOS RECURSOS ADMINISTRATIVOS

Antes de adentrarmos a análise dos dispositivos legais atinentes à matéria, cumpre ressaltar que o Supremo Tribunal Federal, acompanhando a tendência doutrinária, entende ser inerente à garantia da ampla defesa (art. 5°, LV da CF/88), o direito ao duplo grau de julgamento na esfera administrativa. Tal entendimento é o que se impõe pela leitura da Súmula Vinculante n. 21 da Suprema Corte, que considera inconstitucional qualquer lei que exija depósito prévio ou caução para interposição de recursos administrativos.

Portanto, a garantia recursal, em processos administrativos, não pode ser submetida à exigência - ainda que regulamentada por lei - de depósito prévio ou de caução.

O artigo 56 da lei 9.784/99 já garante, no âmbito federal, o direito à interposição de recursos administrativos, seja para combater uma decisão por motivo de ilegalidade, seja por motivo de mérito.

O prazo para interposição de recursos administrativos, salvo lei específica dispondo em contrário, é de 10 (dez) dias. Interessante é que, nos moldes da lei, tal recurso será encaminhado, como pedido de reconsideração, à autoridade que proferiu a decisão impugnada e, somente será encaminhado à autoridade superior, se, dentro do prazo de 5 dias, não houver reconsideração, por parte da autoridade julgadora.

Recebido o recurso, a outra parte interessada será intimada para apresentação de razões, em um prazo de 5 (cinco) dias. A autoridade julgadora do recurso deverá julgá-lo no prazo de 30 (trinta) dias, prorrogáveis por igual período, mediante ato devidamente justificado. Importante realçar que, o prazo de julgamento de recurso pela autoridade administrativa é impróprio, ou seja, o seu desrespeito não gera nulidade do processo, configurando mera irregularidade.

Salvo disposição legal em contrário, os recursos administrativos não têm efeito suspensivo, ou seja, conservam intacta a eficácia da decisão farpeada. Não obstante a ausência de efeito suspensivo automático, a autoridade recorrida ou a superior poderá, havendo justo receio de prejuízo de difícil ou incerta reparação decorrente da execução, de ofício ou a pedido, dar efeito suspensivo ao recurso.

O limite de tramitação de um processo na esfera administrativa, nos moldes da lei é de 3 (três) instâncias. Entende-se que é possível, desta forma, o julgamento inicial e mais 2 (dois) recursos, evidentemente, se houver estrutura hierárquica para tanto. Após a tramitação do processo administrativo por, no máximo, 3 (três) instâncias, ocorre o que a doutrina denomina **coisa julgada administrativa**.

A análise deste instituto merece cuidados. Isso porque é cediço que, no direito brasileiro, nenhuma lesão ou ameaça de lesão pode ser afastada pelo poder judiciário e que, em decorrência da adoção do sistema de jurisdição única, somente as decisões judiciais formam coisa julgada, se tornando imutáveis.

A expressão **coisa julgada administrativa** designa tão somente situação na qual a situação não poderá ser objeto de discussão na esfera administrativa. Repita-se, trata-se de situação na qual há imutabilidade da decisão em esfera administrativa, tão somente. Sempre haverá a possibilidade de se recorrer às vias judiciais para solução de controvérsias.

A lei 11.417/2006, alterando a lei 9.784/99 definiu que se o recorrente alegar que a decisão administrativa contraria enunciado da súmula vinculante, caberá à autoridade prolatora da decisão impugnada, se não a reconsiderar, explicitar, antes de encaminhar o recurso à autoridade superior, as razões da aplicabilidade ou inaplicabilidade da súmula, conforme o caso. A mesma regra se aplica à autoridade julgadora do recurso.

Ressalte-se que, caso o Supremo Tribunal Federal acolha, em sede de Reclamação Constitucional, a alegação de violação à sumula, tal decisão vincula a autoridade administrativa que julgará casos semelhantes em favor dos recorrentes, sob pena de responsabilidade pessoal. Estas são as normas insculpidas no art. 64-A da lei 9.784/99.

- Não recebimento do recurso e seus efeitos.

A lei define situações nas quais, a administração pública não admitirá o recurso administrativo. Não será conhecido o recurso sempre que for interposto fora do prazo; após exaurida a esfera administrativa ou por quem não seja legitimado. A lei prevê ainda o não recebimento de recursos interpostos perante órgão incompetente. Nestes casos, entretanto, será indicada ao recorrente a autoridade competente, sendo-lhe devolvido o prazo para recurso.

Em virtude do princípio da autotutela, estampado na Súmula 473 do Supremo Tribunal Federal, o não conhecimento do recurso não impede a Administração de rever, de ofício, o ato ilegal, desde que não ocorrida preclusão administrativa. Poderá ainda o órgão competente para decidir o recurso confirmar, modificar, anular ou revogar, total ou parcialmente, a decisão recorrida, se a matéria for de sua competência.

- Da *reformatio in pejus*

Em sede de processo jurisdicional, vigora o princípio que impede o agravamento da situação do recorrente em sede de recurso, ou seja, interposto o recurso, a sua decisão não pode reformar a decisão impugnada para pior. A doutrina processualista designa este princípio de "proibição da *reformatio in pejus*".

Na seara administrativa, não há vedação da *reformatio in pejus* e uma decisão de recurso administrativo poderá piorar a situação do recorrente, em respeito ao princípio da verdade material e da legalidade estrita da atuação administrativa.

Nestes casos, se, do julgamento do recurso, puder decorrer gravame à situação do recorrente, este deverá ser cientificado para que formule suas alegações antes da decisão. Este é o entendimento da lei 9784/99, acerca do qual já se manifestou José dos Santos Carvalho Filho *in* Manual de Direito Administrativo, no sentido de que *"a lei admitiu a reformatio in pejus, atenuando-a, porém, com a possibilidade de manifestação prévia do recorrente"*.

- Da revisão

Por fim, a lei prevê ainda a possibilidade de revisão dos processos administrativos punitivos. Não se trata de recurso, mas sim de novo processo no qual a administração proferirá outra decisão sobre a mesma matéria.

Não há prazo para pedido de revisão que depende, entretanto, da alegação de fatos novos a serem analisados pela autoridade julgadora que justifiquem o entendimento de inadequação da penalidade aplicada.

O julgamento da revisão não pode resultar agravamento da penalidade inicialmente aplicada, ou seja, nestes casos, é vedada a *reformatio in pejus*.

15.10. DA CONTAGEM DE PRAZOS NOS PROCESSOS ADMINISTRATIVOS

A lei 9.784/99 se preocupa, ainda, em definir a forma de contagem dos prazos nos procedimentos sujeitos às suas normas. Assim, os prazos começam a correr a partir da data da cientificação oficial, excluindo-se da contagem o dia do seu início e incluindo-se o do vencimento. No mesmo sentido, considera-se prorrogado o prazo até o primeiro dia útil seguinte se o vencimento cair em dia em que não houver expediente ou este for encerrado antes da hora normal.

É importante lembrar que alguns procedimentos regulamentados por leis específicas preveem prazos de recursos contados em dias úteis. Se a lei for expressa neste sentido, como por exemplo, alguns prazos de recursos da lei 8666/93, não se aplicam as regras mencionadas alhures.

Salvo situações de força maior, devidamente comprovada, os prazos processuais não se suspendem ou interrompem.

CAPÍTULO 16

CABIMENTO DE PEÇAS

16.1. CABIMENTO DE PEÇAS

A princípio, devemos analisar o cabimento das três primeiras peças: o habeas data, mandado de segurança ação de procedimento comum. O cabimento destas peças será analisado em uma gradação. O que está sendo dito com isso? Que o aluno, primeiramente, vai fazer a opção pelo habeas data. Caso não seja cabível deve-se optar pelo mandado de segurança e, somente se este não for cabível, é que se deve partir para a via do procedimento comum.

Mas não é verdade que a ação de procedimento comum cabe sempre?

Sim, é verdade! Mas, para fins de prova, não se deve somente buscar a peça que é cabível. Deve-se sim utilizar a peça mais adequada para o cliente. Sendo assim, cabendo habeas data, ou mandado de segurança, a preferência é por eles e, por último, a ação de procedimento comum. É primordial que essa lógica esteja na cabeça do aluno quando for analisar o cabimento de peças. Toda vez que estiver diante de um caso concreto, para propor uma ação, deve-se, primeiramente, analisar se é o caso de habeas data, não sendo, vai verificar se é o caso de mandado de segurança. Somente após esgotadas as duas possibilidades, será elaborada uma ação de procedimento comum.

Para fins de análise dos requisitos para interposição de Habeas Data, Mandado de Segurança e ação de procedimento comum, segue um quadro comparativo.

Antes disso, é importante que o aluno abra o índice remissivo do código e marque de cor Roxa as ações constitucionais, porque devem ser colocados clipes nessa cor em todas as páginas referentes às leis que tratam de cada uma dessas ações. Assim, serão marcadas com clipe roxo as seguintes leis: Lei nº 9.507/97, a Lei nº 12.016/09, a Lei nº 7.347/85, a Lei nº 4.717/65.

HABEAS DATA (LEI 9507/98)	MANDADO DE SEGURANÇA (Lei 12.016/09)	AÇÃO DE PROCEDIMENTO COMUM (CPC)
É cabível toda vez que você estiver diante de um ato administrativo, que viole o seu direito a informação, mas não é qualquer informação, é a informação acerca da pessoa do impetrante (porque se for informação do interesse dele é mandado de segurança). A lei traz três hipóteses: ou o sujeito quer obter informações; ou ele quer acrescentar informações no registro; ou ele quer retificar as informações. E o mais importante, para a impetração do *habeas data* é a necessidade da recusa por parte da Administração Pública. Então, imagina-se que o particular pretende obter, acrescentar ou retificar informações acerca de sua pessoa constantes em registro público e isso foi negado pelo órgão estatal. Ou foi negado expressamente, ou foi negado tacitamente. O que que é a recusa tácita?	Não cabendo *habeas data*, é possível a impetração do mandado de segurança. Assim o mandado de segurança é cabível sempre que o particular quiser anular um ato que violou direito líquido e certo seu. Ressalte-se que a CF/88 estabelece que o mandado de segurança somente é cabível para proteção de direito líquido e certo não amparado por habeas data. Sendo assim, somente será impetrado o mandado de segurança, se houver a violação a um direito líquido e certo que não possa ser garantido por meio da ação analisada anteriormente. A princípio, o que seria um direito líquido e certo? Direito líquido e certo é aquele direito que está demonstrado pelo autor, por meio de prova pré-constituída. O raciocínio aplicado para definição do direito líquido e certo é somente esse. É aquela pretensão na qual o autor da ação, o impetrante do mandado de segurança não vai precisar produzir provas durante o processo. Todas as provas do suposto direito que ele tem, ou que ele acha que tem, já estão apresentadas documentalmente.	Se não couber o mandado de segurança, parte-se necessariamente para a via do procedimento comum. Ação que tem regulamentação no CPC, é cabível sempre. Mesmo sendo cabível em qualquer hipótese, vai ser a opção do aluno, somente se não for possível a impetração de habeas data ou de mandado de segurança. O art. 319, do CPC traz as regras a serem observadas na petição inicial da ação de procedimento comum.

HABEAS DATA (LEI 9507/98)	MANDADO DE SEGURANÇA (Lei 12.016/09)	AÇÃO DE PROCEDIMENTO COMUM (CPC)
Se o autor quer obter informações, é cabível o *habeas data* se houver recusa expressa (a Administração se negou a fornecer essas informações), ou se, em 10 dias, estas informações não forem prestadas. Por seu turno, caso ele queira acrescentar, ou retificar informações, o cabimento da ação depende de uma recusa expressa por parte do ente público, ou da não realização do acréscimo ou retificação no prazo de 15 dias. Só cabe *habeas data* nestes casos e se couber, não será possível optar por outra ação, pois a impetração do *habeas data* é obrigatória e preferencial.	É uma comprovação documental, ou seja, todas as provas já estão apresentadas nos documentos que o autor leva aos autos. Isso porque a ação do Mandado de Segurança não admite dilação probatória durante o feito. Além da prova pré-constituída, que é um dos requisitos para impetração do mandado de segurança, devem ser analisados outros aspectos. Ou seja, para que seja cabível o Mandado de Segurança, alguns requisitos devem estar presentes. Na verdade, existem algumas situações em que não cabe o mandado de segurança. Então verificado que o caso não se trata de *habeas data*, o aluno vai ter que verificar se estamos diante de algumas das situações em que não cabe mandado de segurança. Primeira situação que impede a impetração do mandado de segurança é a necessidade de produção de prova, dilação probatória. Não cabe mandado de segurança, se houver a necessidade de produção de prova durante o processo. A prova tem que ser documental, trazida na petição inicial.	

HABEAS DATA (LEI 9507/98)	MANDADO DE SEGURANÇA (Lei 12.016/09)	AÇÃO DE PROCEDIMENTO COMUM (CPC)
	Segunda regra: prazo. Mandado de segurança só é cabível no prazo decadencial de 120 dias, contados do conhecimento do ato pelo prejudicado, ou seja, o impetrante quer anular um ato administrativo que aconteceu a menos de 120 dias atrás. O particular pode impetrar um mandado de segurança até antes do ato, que é chamado de mandado de segurança preventivo, mas não é possível mais 120 após. Pergunta: passados mais de 120 dias, não se pode ir ao judiciário? Pode, entretanto, serão utilizadas as vias ordinárias. Então, passados mais de 120 dias do conhecimento do ato, o mandado de segurança já não é mais cabível. Terceira regra: Também não cabe mandado de segurança, se do ato que o sujeito quiser anular couber recurso com efeito suspensivo. ATENÇÃO! No direito administrativo os recursos, como regra, não têm efeito suspensivo. Para fins de prova, só existem dois recursos que possuem efeito suspensivo: são os recursos da licitação, na fase de habilitação dos licitantes e na fase de classificação das propostas (em todos os outros recursos administrativos, a autoridade pode dar efeito suspensivo a eles, mas como regra não têm). Assim, não cabe mandado de segurança, se couber recurso com efeito suspensivo, porque neste caso ou o sujeito vai recorrer, ou então ele vai para as vias ordinárias.	

HABEAS DATA (LEI 9507/98)	MANDADO DE SEGURANÇA (Lei 12.016/09)	AÇÃO DE PROCEDIMENTO COMUM (CPC)
	Quarta regra: não cabe mandado de segurança, caso o particular queira receber indenização de valores anteriores à impetração do *mandamus*. Imagine que João teve um ato que reduziu a remuneração dele (ele ganhava R$ 10.000,00 e teve sua remuneração reduzida para R$ 5.000,00). Isso aconteceu em janeiro. Sessenta dias depois, em março, ele impetrou um mandado de segurança. O mandado de segurança foi julgado em dezembro. O que acontece: em janeiro ele ganhou cinco mil, em fevereiro ganhou cinco mil e em março ele ganhou cinco mil. Daí ele impetrou o mandado de segurança e continuou ganhando cinco mil. Em dezembro vem a decisão que diz: isso é ilegal! E ele volta a ganhar R$ 10.000,00. Automaticamente com essa decisão que manda voltar para R$ 10.000,00, o impetrante tem direito a receber, desde a impetração do mandado de segurança até a sentença os outros cinco mil que ele não ganhou. Todos os meses de março até dezembro, ele vai ter direito a ser ressarcido. No entanto, se ele quiser receber os valores anteriores a impetração do mandado de segurança (os R$ 15.000,00 referentes a janeiro, fevereiro e março), ele deverá propor uma ação de procedimento comum. Assim, se a prova estabelecer que o cliente quer anular o ato, mas também quer receber a indenização dos valores anteriores, o aluno deverá propor ação de procedimento comum.	

HABEAS DATA (LEI 9507/98)	MANDADO DE SEGURANÇA (Lei 12.016/09)	AÇÃO DE PROCEDIMENTO COMUM (CPC)
	Quinta regra: Não cabe mandado de segurança contra lei em tese. Lei em tese significa norma geral e abstrata. Se for uma lei de efeitos concretos, uma norma individual cabe. Isto porque o mandado de segurança visa anular atos específicos, que atuem contra alguém especificamente. **O edital de concurso e de licitação teoricamente seria uma lei em tese, mas cabe mandado de segurança. Fora isso normas gerais e abstratas não são guerreáveis por meio de mandado de segurança.** **Sexta regra: Também, não cabe mandado de segurança contra ato de gestão comercial das empresas públicas e sociedades de economia mista. Estes atos são aqueles praticados na atividade econômica, sem vinculação com atividade administrativa.**	

Além destas três ações, devem ser ainda analisadas ainda a ação popular e a ação civil pública.

Ação popular é cabível sempre que houver interesse em anular um ato lesivo ao interesse público, que não prejudica diretamente o autor da ação. A lei que trata da ação popular é a Lei n° 4.717/65, que estabelece que, a ação popular é uma ação proposta por qualquer cidadão, visando anular um ato lesivo ao interesse coletivo, ou seja, esse cidadão não é diretamente prejudicado pelo ato.

Ressalte-se que caso o ato viole o interesse do autor, diretamente, deverá ser impetrado um mandado de segurança. Por exemplo: imagine que o edital de licitação tem um vício, que frauda a competição. Se o autor da ação é um licitante que ficou de fora por causa desse vício, você vai fazer o que? Impetrar o Mandado de segurança. Mas se o autor da ação é um cidadão, que acha que esse procedimento licitatório está violando a competição na licitação e, como cidadão, pretende anular esse ato, vai fazer o que? Ação popular.

Ou seja, diante de um mesmo caso, um vício no edital que frauda a licitação, podemos ter duas possibilidades diferentes. Com efeito, se o sujeito é atingido diretamente pelo ato lesivo, impetra um mandado de segurança. Mas se o sujeito é um cidadão que estava acompanhando o procedimento licitatório e entende que o vício viola o interesse coletivo, aí será proposta uma ação popular.

A qualidade cidadão é provada por meio da juntada do título de eleitor. Então, o autor junta aos autos o título de eleitor e, com isso, ele demonstra que tem legitimidade para defender os interesses da sociedade em que ele vive, que ele é cidadão. Portanto, no mandado de segurança se quer evitar um prejuízo a si, enquanto, na ação popular, se quer evitar um prejuízo à coletividade.

Por sua vez, a Ação Civil Pública está regulamentada na Lei nº 7.347/85. Nesta ação, também se visa anular um ato que viola o interesse da coletividade. A diferença está na legitimidade para propositura da ação.

Isso porque, enquanto, na ação popular, qualquer cidadão é legítimo; a ação civil pública só pode ser proposta pelos entes da Administração, Ministério Público, defensoria pública ou Associação constituída a mais de um ano.

Para fins de Exame de Ordem, o candidato não pode ser chamado a representar órgãos públicos, sendo assim, somente é possível a propositura de ação civil pública por meio de uma Associação constituída há mais de um ano, pelo candidato. Então, na prova, a única possibilidade de se propor uma ação civil pública é se o candidato for procurado por um dirigente de uma Associação constituída a mais de um ano e essa Associação busque a anulação de um ato que viole o interesse coletivo.

O Mandado de Injunção, por sua vez, tem base no art. 5º, LXXI, da CF/88 (inclusive, é necessário que esse artigo seja grifado). Ele é cabível todas as vezes que se estiver diante da falta de uma norma regulamentadora que impeça o exercício de um direito constitucional. Ou seja, quando falta uma norma para regular um direito previsto na Constituição e, em virtude disto, o direito não pode ser exercido. Nesses casos se impetra o mandado de injunção, buscando suprir a omissão.

O mandado de injunção está regulamentado na Lei nº 13.300/16.

O cabimento dos recursos e da contestação será tratado no capítulo referente a essas peças processuais.

CAPÍTULO 17

NOÇÕES PROCESSUAIS PRELIMINARES

17.1. JURISDIÇÃO

A jurisdição se traduz pelo exercício de um poder conferido ao Estado, desempenhado pelo órgão do Judiciário. Trata-se de poder-dever do estado, através do Judiciário, de dizer o direito aplicável ao caso concreto, resolvendo conflitos de interesses. Desta forma, o magistrado, enquanto agente estatal, cria a norma jurídica aplicável ao caso concreto, mediante a adequação da norma jurídica geral e abstrata à hipótese concreta, mediante uma interpretação conforme a Constituição Federal, com o fim de promover a pacificação social.

No entendimento de Fredie Didier Jr. *"A jurisdição pode ser vista como poder, função e atividade. É manifestação do poder estatal, conceituado como capacidade de decidir imperativamente e impor decisões"*.

17.2. EQUIVALENTES JURISDICIONAIS

São formas de resolução de conflitos de interesses, não exercidas pela jurisdição estatal, através da atividade de um terceiro imparcial e desinteressado. São espécies de equivalentes jurisdicionais:

a) **autotutela**: trata-se de solução do conflito de interesses mediante a prevalência da vontade de uma das partes em detrimento do interesse da outra. É conduta, como regra, vedada pelo ordenamento jurídico brasileiro. Excepcionalmente, todavia, é admitida, em algumas situações, como técnica de resolução de conflito, realizada por particular, sem a intervenção estatal, como no caso de legítima defesa, estado de necessidade, por exemplo.

b) **autocomposição**: traduz a técnica de solução de conflito em que uma das partes consente no sacrifício de interesse próprio em favor de outrem. Não é efetivada pelo estado, mas sim pelas próprias partes da controvérsia, como ocorre na submissão; transação e na renúncia.

c) **mediação**: é técnica de resolução de conflitos na qual não há participação do Estado, sendo promovida por um terceiro que busca uma solução pacífica para a lide.

d) **arbitragem**: técnica de resolução de conflito em que as partes escolhem pessoa de confiança para a solução amigável da contenda referente a direitos disponíveis. No Brasil é disciplinada pela Lei n. 9.307/96, constituída mediante um negócio jurídico, a convenção de arbitragem. A arbitragem pode ser instituída nos negócios jurídicos mediante cláusula compromissória, quando as partes resolvem previamente que os conflitos, abstratamente previstos, uma vez existindo devem ser resolvidos por meio da arbitragem; ou compromisso arbitral, quando uma controvérsia concreta é resolvida pela arbitragem, dispensando as partes da tutela jurisdicional. É sempre admitido o controle judicial da sentença arbitral no que tange à sua legalidade.

No direito administrativo a arbitragem é admitida para solução das controvérsias em contratos de concessão de serviços públicos comuns e especiais, consoante disposição do art. 23-A da lei 8.987/95 e art. 11, III da lei 11.079/04.

17.3. PRINCÍPIOS DO PROCESSO CIVIL

A) INVESTIDURA – Somente quem for regularmente investido na autoridade de juiz, nos moldes definidos pelo texto constitucional, pode exercer a jurisdição.

B) INEVITABILIDADE – Por se tratar a Jurisdição um poder estatal, as partes se submetem ao que for decidido pelo órgão jurisdicional, independente de vontade. Ademais, o ente estatal tem o dever de se pronunciar quando for acionado pelas partes conflitantes, não se admitindo o *non liquet* no exercício jurisdicional.

C) TERRITORIALIDADE – A jurisdição é um poder estatal, exercida pelo magistrado sujeito à soberania do Estado, que deve ser praticado dentro limites territoriais da sua jurisdição. Pelo fato de existirem vários juízes com jurisdição em certo território, a lei de Organização Judiciária deve definir o magistrado com atribuição para julgar cada uma das demandas, dividindo a sua atuação em seções judiciárias da Justiça Federal e comarcas da na Justiça Estadual.

D) INDELEGABILIDADE – As funções atribuídas aos magistrados não podem ser delegadas, tratando-se de função estrutural do Estado.

E) INAFASTABILIDADE – Princípio previsto no art. 5º, XXXV da CF/88, pelo qual qualquer pessoa pode levar ao poder Judiciário a resolução de um litígio. O Judiciário, acolhendo ou não o pleito, não pode se recusar a intervir no conflito de interesses com o fim de resolvê-lo. Em razão deste princípio, pode-se dizer que o direito brasileiro adotou o sistema de jurisdição única, no qual somente o poder judiciário pode proferir decisões com caráter de definitividade.

F) INÉRCIA – A Jurisdição para ser exercida requer provocação das partes, competindo sempre aos interessados a provocação do exercício jurisdicional, diferente da atuação administrativa que pode ser exercida sem a necessidade de manifestação de qualquer particular interessado.

G) JUIZ NATURAL –Trata-se da garantia constitucional de que ninguém será processado senão pela autoridade competente, nos moldes da Constituição e da Lei.

17.4. CLASSIFICAÇÃO

A doutrina processualista costuma definir que a jurisdição é una, mas divisível, em face da necessidade de distribuição do trabalho, tendo em vista a abrangência do território. Assim, alguns critérios são adotados para a divisão da atividade jurisdicional.

Sendo assim, há a jurisdição civil e a penal, que se diferenciam pela natureza jurídica da pretensão apresentada pelos interessados.

Ademais, em razão da distribuição de competências realizada pela Constituição Federal, pode se classificar a jurisdição em especial e comum. Compõe a jurisdição especial a justiça Militar, Eleitoral, Trabalhista e as justiças Militares estaduais. Já a Jurisdição Comum é composta pelas Justiças Estadual e Federal.

No que tange ao duplo grau de jurisdição, pode-se classificar a jurisdição em inferior (composta pelos juízes singulares) e jurisdição superior (composta pelos tribunais).

Por derradeiro, a doutrina divide a jurisdição em voluntária e contenciosa. A jurisdição voluntária, denominada de "administração pública de interesses privados" é exercida por interessados que buscam a homologação estatal sobre acordos de vontades, estabelecidos na seara privada. A jurisdição contenciosa, por sua vez, ocorre quando há o conflito de interesses, cabendo ao juiz a solução da controvérsia.

17.5. AÇÃO

Para a doutrina processualista majoritária, a ação é um direito público subjetivo. Trata-se do direito de pedir a prestação jurisdicional do Estado em um caso concreto e não se confunde com a pretensão ali apresentada. Com efeito, o direito de ação é autônomo e subsiste ainda que o Autor não tenha razão no que tange às disposições materiais apresentadas no feito.

17.5.1. Condições da ação

Configuram os requisitos da ação exigidos pela lei para que seja viável a análise da pretensão apresentada na petição inicial. Não obstante o entendimento diverso da doutrina moderna acerca do tema, nos termos da legislação processual, a ausência de uma das condições da ação gera a extinção do processo sem resolução do mérito.

Com efeito, é importante ressaltar que a doutrina moderna entende que as condições da ação se confundem com o mérito da demanda, no entanto, este entendimento não deve ser aplicado para fins de prova de segunda fase de exame de ordem pelos candidatos de direito administrativo. São condições da ação:

A) **POSSIBILIDADE JURÍDICA DO PEDIDO** – para que a ação seja analisada em seu mérito, deve-se previamente analisar se a pretensão do autor está tutelada pelo ordenamento jurídico nacional. No direito privado o pedido é juridicamente possível quando não há vedação legal expressa. Por seu turno, quando a pretensão envolver direito público, o pedido é juridicamente possível quando há permissão legal.

B) **INTERESSE DE AGIR** –haverá interesse de agir quando o sujeito para ver atendida a sua pretensão tenha que requerer ao Judiciário. Outrossim, ao acionar o poder judiciário o particular deve utilizar o instrumento processual adequado para a tutela pretendida.

C) **LEGITIMIDADE** – trata-se de condição da ação relacionada à titularidade do direito material discutido em Juízo. Há a legitimidade ordinária quando quem postula em Juízo é o próprio titular do direito. Por seu turno, caso o sujeito postule, em nome próprio, interesse alheio, é o caso de legitimação extraordinária ou substituição processual.

17.5.2. Elementos da ação

Pode-se estabelecer que são elementos essenciais da ação: as partes, causa de pedir e pedido.

A) **PARTES**: são os sujeitos parciais da ação, que atuam em juízo com uma pretensão resistida, quais sejam o autor e o réu.

B) **CAUSA DE PEDIR**: são os fundamentos de fato e de direito apresentados pelo postulante. Daí a necessidade de descrição dos fatos na petição inicial bem como a indicação do direito violado, com as disposições legais cabíveis, nos termos do que dispõe o art. 319, III, do CPC.

C) **PEDIDO**: trata-se da providência jurisdicional pretendida. Por sua vez, o pedido mediato se apresenta como o bem da vida que se pretende proteger. É o resultado prático pretendido pelo autor com a propositura da ação.

17.5.3. Classificação das ações

As ações se classificam de acordo com o tipo de pretensão pretendida pelo Autor. Neste sentido, as ações podem ser de conhecimento, cautelares e executivas.

A) **AÇÃO DE CONHECIMENTO** – é a ação por meio da qual busca-se uma tutela de conhecimento, em que o judiciário decide resolvendo o conflito de interesses e definindo a quem cabe a pretensão.

B) **AÇÃO DE EXECUÇÃO** – Trata-se de ação por meio da qual se busca tornar concreto o direito já reconhecido, visa conferir efetividade ao que foi decidido no processo ou no título extrajudicial com força executiva.

C) **CAUTELAR** – configura medida judicial de prevenção, na qual o sujeito visa acautelar interesses que podem ser prejudicados em face da demora da prestação jurisdicional nas ações de conhecimento ou execução. Não há mais processo cautelar autônomo, mas a demanda cautelar pode ser requerida de forma incidental ou antecedente.

17.5.4. Petição Inicial

Os requisitos da petição inicial estão elencados no 319, III, do CPC, que dispõe sobre:

- **indicação do juízo a que é dirigida a petição inicial**: através desse requisito delimita-se a competência, indicando-se o magistrado ou tribunal competente para conhecer e julgar a pretensão;
- **os nomes, os prenomes, o estado civil, a existência de união estável, a profissão, o número de inscrição no Cadastro de Pessoas Físicas ou no Cadastro Nacional da Pessoa Jurídica, o endereço eletrônico, o domicílio e a residência do autor e do réu:** refere-se aos elementos da ação;
- **os fatos e fundamentos jurídicos do pedido**. A causa de pedir é determinada com a indicação da relação jurídica de que se trata (propriedade), bem como do fato gerador (aquisição da propriedade por meio da desapropriação, por exemplo).

Desta forma, costuma-se definir na doutrina processualista que o Código de Processo Civil adotou a teoria da substanciação pela qual os fatos integram a causa de pedir, assim, o demandante tem que indicar na inicial o fato jurídico e a relação jurídica dele decorrente.

- **Pedido**. Presente na peça da inicial do processo, o pedido delimita a atividade do magistrado. Com efeito, a sentença a ser proferida deve estar adstrita aos termos do pedido efetivado na peça introita. O pedido deve ser certo e determinado, devendo, pois, o autor além de delimitar a natureza do pedido, como no caso de dano material, deve especificar o valor ou o objeto específico pleiteado.

Ressalte-se, ainda, a possibilidade de cumulação de pedidos, desde que compatíveis entre si, sob pena de ser considerada a inicial inepta nos termos do art. 330, § 1º, IV do CPC.

A cumulação será simples quando for possível apresentar pedidos que podem ser deferidos de forma conjunta (ex.: danos morais e danos materiais). A cumulação alternativa ocorre quando a pretensão puder ser atendida de mais de uma forma, sem prioridade. Por fim, a sucessiva é quando os pedidos são postos em ordem de preferência, somente apreciando o seguinte se não deferido o anterior.

- **valor da causa:** apurado de acordo com as regras existentes na norma processual vigente.
- **as provas que pretende produzir a fim de demonstrar os fatos constitutivos do seu direito.** A ausência de sua indicação autoriza o julgamento antecipado da lide, uma vez dispensada a audiência de instrução.
- **a opção do autor pela realização ou não de audiência de conciliação ou de mediação.**
- **requerimento de citação do réu.** Para o STJ a ausência do requerimento em tela não conduz à nulidade do processo se a citação for feita e atendida pelo réu, tratando-se, portanto, de vício sanável do processo.

Ademais, o art. 320 do CPC determina que, juntamente com a petição inicial, o autor deve apresentar os documentos indispensáveis à propositura da ação, competindo, ainda, ao patrono declarar na inicial o endereço em que receberá as notificações, art. 106, I do CPC.

Uma vez proposta a ação mediante a apresentação da petição inicial, compete ao juízo competente decidir a respeito do seu recebimento, observando o cumprimento dos requisitos já apresentados. Assim, o magistrado pode determinar a emenda da exordial, quando entender presentes vícios sanáveis ou a extinção do processo sem julgamento de mérito, com o indeferimento da petição inicial, quando não for passível de conserto a nulidade apresentada ou quando o autor não cumprir o quanto determinado (art. 321, parágrafo único do CPC).

Por fim, caso a petição inicial cumpra os requisitos legais, será recebida por despacho proferido pelo juízo competente, dando início ao processo. Neste momento, será determinada a citação do Réu para apresentação de defesa no prazo legal. A defesa será analisada em momento oportuno desta obra, ao qual se remete o leitor. Após a apresentação da defesa, o processo segue para a instrução processual.

17.5.4.1. Julgamento conforme o Estado do Processo

O juiz pode extinguir o processo sem resolução do mérito, presentes umas das hipóteses dos art. 485 do CPC e, com análise de mérito nas hipóteses do art. 486 do CPC ou realizar o julgamento antecipado da lide, nos termos do art. 355 do CPC. Neste último caso, o processo já está pronto para ser julgado, com a sua extinção com análise de mérito.

No julgamento antecipado da lide, o juiz irá conhecer de imediato o pedido e ocorre em situações pontuais, quais sejam:

1 - não houver necessidade de produção de outras provas;

2 - quando ocorrer a revelia (ausência de contestação pela parte Ré). É cediço que principal efeito da revelia, no processo civil, é a presunção de veracidade dos fatos afirmados pelo autor, conferindo ao juízo a possibilidade de julgar a demanda.

Ressalte-se que o art. 345 do Código de Processo Civil define que "*A revelia não produz o efeito mencionado no art. 344 se: I - havendo pluralidade de réus, algum deles contestar a ação; II - o litígio versar sobre direitos indisponíveis; III - a petição inicial não estiver acompanhada de instrumento que a lei considere indispensável à prova do ato; IV - as alegações de fato formuladas pelo autor forem inverossímeis ou estiverem em contradição com prova constante dos autos.*" Nestes casos não haverá o julgamento antecipado da lide, salvo se a prova do autor for meramente documental, pois a causa já está madura, podendo ser decidida.

17.5.5. Sentença

A sentença termina o provimento jurisdicional do juiz singular e deve ser proferida de acordo com o princípio da congruência, vedada a sentença extra, ultra ou citra petita. Após a publicação da sentença, o magistrado somente pode alterá-la, para corrigir erros materiais, retificar erros de cálculos ou por meio de embargos declaratórios, conforme art. 494 CPC.

Da sentença, como regra geral, cabe a interposição de recurso de apelação pela parte sucumbente, dentro do prazo definido em lei. Os recursos também serão tratados.

17.5.6. Reexame Necessário (art. 496 CPC)

Trata-se de condição de eficácia da sentença proferida em face da Fazenda Pública, com o objetivo de preservar o interesse público. Não se trata de recurso, uma vez que é obrigatório o reexame necessário.

O reexame necessário ocorre quando é proferida sentença contra a Fazenda Pública em processo de conhecimento ou quando o juízo acolhe embargos apresentados por devedor em execução fiscal.

Excepcionalmente, não haverá remessa necessária quando a condenação ou o proveito econômico obtido na causa for de valor certo e líquido inferior a:

"I - 1.000 (mil) salários-mínimos para a União e as respectivas autarquias e fundações de direito público;

II - 500 (quinhentos) salários-mínimos para os Estados, o Distrito Federal, as respectivas autarquias e fundações de direito público e os Municípios que constituam capitais dos Estados;

III - 100 (cem) salários-mínimos para todos os demais Municípios e respectivas autarquias e fundações de direito público".

Por fim, não haverá reexame necessário quando a sentença estiver fundada em súmula de tribunal superior; acórdão proferido pelo Supremo Tribunal Federal ou pelo Superior Tribunal de Justiça em julgamento de recursos repetitivos; entendimento firmado em incidente de resolução de demandas repetitivas ou de assunção de competência e entendimento coincidente com orientação vinculante firmada no âmbito administrativo do próprio ente público, consolidada em manifestação, parecer ou súmula administrativa.

CAPÍTULO 18

AÇÃO DE PROCEDIMENTO COMUM

18.1. AÇÃO DE PROCEDIMENTO COMUM

A ação de procedimento comum é uma peça mais simples, na sua estrutura, totalmente regulada pelo CPC.

Para fins de facilitar o estudo do candidato, costumamos utilizar a seguinte regra: O nome da ação é o nome do pedido. Como sempre, na ação de procedimento comum, será feito um esquema prévio ao início da peça e, nesse esquema, já resta definido qual é o pedido, então, o nome da ação vai ser o nome do ou dos pedidos. Assim, se o autor quiser uma indenização a ação vai se chamar ação indenizatória, ou ação de indenização; se ele quiser uma anulação, vai se chamar ação anulatória, ou ação de anulação; se ele quiser os dois, a ação via se chamar ação anulatória com pedido de indenização; se ele quiser anular, mas pedir antecipação de tutela, a ação vai ser anulatória com pedido de antecipação de tutela e assim sucessivamente.

Nas ações de procedimento comum, havendo a probabilidade do direito e o perigo de dano ou o risco ao resultado útil do processo é possível o pedido de concessão da tutela de urgência, ou seja, a antecipação dos efeitos da tutela, que nada mais é do que adiantar o provimento jurisdicional para evitar o prejuízo ao autor da ação. O CPC também prevê a tutela de evidência, em situações regulamentadas.

18.1.1. Requisitos da petição inicial

A princípio, deve-se começar com a peça base, sem nenhum requisito de tutela de urgência ou evidência. Para isso o aluno deve abrir o CPC, no art. 319 e grifar. Pronto! Está pronta a petição inicial. Com efeito, a sua petição inicial está prevista no art. 319, do CPC, que determina todos os requisitos a serem observados pela a petição inicial tem que conter: o juízo (a quem ela é endereçada), as partes (autor e réu), os fatos, o fundamento jurídico, pedido, valor da causa, prova (produção de todos os meios de prova admitidos em direito) e a juntada dos documentos necessários, além da opção do autor pela realização ou não da audiência de conciliação.

Além dos que constam no art. 319, do CPC, tem o pedido de condenação em custas e honorários. Para evitar que o aluno se esqueça, deve-se fazer uma remissão no art. 319, do CPC. No final do último inciso, deve-se colocar: vide art. 85, do CPC, pois é este artigo que trata dos honorários.

18.1.2. Endereçamento

Em relação ao endereçamento, as ações de procedimento comum não têm prerrogativa de foro, ou seja, em Processo Civil, nestes casos, não há prerrogativa de foro, de acordo com o réu da ação. Então, independente de quem seja o autor ou o réu, a ação tramita sempre em juízo singular.

Ou seja, existem duas únicas possibilidades: ou a ação é proposta na justiça estadual, ou a ação é proposta na justiça federal. A justiça estadual é regra. A justiça federal é exceção, nas hipóteses previstas no art. 109 da CF/88.

Cumpre destacar as situações mais comuns de competência da justiça federal nas provas de direito administrativo. A princípio, a justiça federal é competente em todas as hipóteses previstas no art. 109, da CF/88. Este artigo define a competência da justiça federal.

Normalmente, o que interessa, para fins de prova, é o art. 109, I, da CF/88. Esse dispositivo define que: compete à justiça federal julgar as ações em que esteja no polo ativo ou passivo a União, suas autarquias, suas fundações públicas e suas empresas públicas. As outras pessoas integrantes da administração pública não deslocam competência para a justiça federal. Então, nas ações contra estados, municípios e Sociedades de economia mista (mesmo que federal), a competência é da justiça estadual.

MODELO DE ENDEREÇAMENTO NA JUSTIÇA ESTADUAL:

EXCELENTÍSSIMO SENHOR DOUTOR JUIZ DE DIREITO DA __ VARA DA FAZENDA PÚBLICA DA COMARCA ..., NO ESTADO ...

A competência da vara da fazenda pública ou vara cível varia de acordo com a organização judiciária de cada estado e não se pode exigir, em provas de exame de ordem, esse conhecimento do candidato. Sendo assim, para fins de padronização, se orienta o aluno a sempre propor a ação na vara da FAZENDA PÚBLICA.

Como a justiça federal é dividida em seções e subseções, é relevante sabe se a ação foi proposta no interior ou na capital, conforme explicado no capítulo anterior, isso definirá se a ação será proposta na seção judiciária do estado ou em alguma subseção. Em relação ao endereçamento para a justiça estadual não faz diferença se é capital ou interior, pois a justiça estadual é dividida em comarcas e aí, seja comarca da capital, seja comarca do interior, a ação será proposta no Juiz de Direito da Vara da Comarca.

MODELO DE ENDEREÇAMENTO NA JUSTIÇA FEDERAL:

Capital: EXCELENTÍSSIMO SENHOR DOUTOR JUIZ FEDERAL DA __ VARA DA SEÇÃO JUDICIÁRIA DO ESTADO ... (não precisa informar a cidade, porque a seção judiciária sempre tem sede na capital de cada estado)

Interior: EXCELENTÍSSIMO SENHOR DOUTOR JUIZ FEDERAL DA __ VARA DA SUBSEÇÃO JUDICIÁRIA DE (nome do município), NO ESTADO ...

18.1.3. Tutela de urgência

Existem situações nas quais a demora do provimento jurisdicional pode causar grandes transtornos ao autor da ação, seja porque o ato que se pretende anular está produzindo efeitos lesivos, seja porque a omissão ilícita do Estado enseja danos irreversíveis. Nestes casos, é possível que se porque a omissão ilícita do Estado enseja danos irreversíveis. Nestes casos, é possível que se com a intenção de evitar que a ausência de decisão judicial cause prejuízos que não possam ser resolvidos posteriormente.

É importante que se entenda que a decisão da tutela de urgência antecipada não pode satisfazer o pedido final da ação. Sendo assim, caso o pedido seja a anulação de um determinado ato, em sede de tutela de urgência antecipada pode se requerer somente a suspensão deste ato até o julgamento final do feito.

Nestes casos, os processualistas costumam definir que a concessão da tutela de urgência depende de dois requisitos, quais sejam o fumus boni iuris (probabilidade do direito) e o periculum in mora (perigo de dano ou o risco ao resultado útil do processo), consubstanciados na demonstração de que o autor tem razão em suas alegações e de que a demora no provimento judicial pode lhe ensejar danos irreparáveis.

Nas ações ordinárias, o art. 300 do Código de Processo Civil costuma apontar estes mesmos requisitos, mas com nomenclaturas diferentes, que devem ser utilizadas pelo candidato na hora da prova. Sendo assim, o *fumus boni iuris* é conhecido como **probabilidade do direito do autor** e o *periculum in mora* se traduz no **perigo de dano ou o risco ao resultado útil do processo**

Para auxiliar na estruturação do requerimento de tutela de urgência, é interessante que o candidato crie um padrão a ser seguido. Sendo assim, o tópico de tutela de urgência deve ser colocado após OS FATOS e antes DO MÉRITO.

Ademais, esse tópico será composto por quatro parágrafos. No primeiro parágrafo, o aluno deve informar que o art. 300 do CPC estabelece como requisitos para a tutela antecipada a probabilidade do direito e o perigo de dano ou o risco ao resultado útil do processo. Posteriormente, será aberto um parágrafo para explicar cada um dos requisitos e, no quarto parágrafo, será feita a conclusão, requerendo a suspensão do ato impugnado.

Ressalte-se que a tutela de urgências poderá ter caráter antecipatório, quando se buscará adiantar os efeitos que a tutela final ensejará, se concedida, mas também poderá ser de natureza cautelar, com o requerimento de sequestro de bens ou arresto, entre outras medidas, com o intuito de resguardar o resultado prático do processo.

18.1.4. Da tutela de evidência

Em outros casos, entende-se que, independentemente da demonstração de perigo de dano ou de risco ao resultado útil do processo, deverão ser antecipados os efeitos da tutela quando:

I - ficar caracterizado o abuso do direito de defesa ou o manifesto propósito protelatório da parte;

II - as alegações de fato puderem ser comprovadas apenas documentalmente e houver tese firmada em julgamento de casos repetitivos ou em súmula vinculante;

III - se tratar de pedido reipersecutório fundado em prova documental adequada do contrato de depósito, caso em que será decretada a ordem de entrega do objeto custodiado, sob cominação de multa;

IV - a petição inicial for instruída com prova documental suficiente dos fatos constitutivos do direito do autor, a que o réu não oponha prova capaz de gerar dúvida razoável.

Nesses casos, poderá ser pleiteada a antecipação dos efeitos da tutela por meio da tutela de evidência.

Na estrutura, nestes casos, não será necessária a comprovação de dois requisitos, mas tão somente de um dos requisitos dentre os quatro mencionados alhures.

18.1.5. Esquema da peça

É importante que o candidato saiba que não deve ser feito rascunho de nenhuma das peças aqui trabalhadas, por isso, antes de iniciar a elaboração da peça, o aluno deve preparar um esquema contendo os principais pontos da peça. Em ações ordinárias o esquema deve conter:

Esquema para elaboração da peça:
Autor:
Réu:
Competência:
Pedido:
Fundamentação Jurídica

Depois que o candidato conseguir identificar todos esses aspectos da peça, ela estará praticamente pronta.

18.1.6. Pedido de Assistência Judiciária Gratuita

Nas situações em que a questão deixar clara a situação de pobreza do Autor que não tem como arcar com os custos da ação proposta sem que, com isso, deixe de prover sua subsistência e de sua família, deverá ser requerido o pedido de assistência judiciária gratuita.

Neste caso, logo após os fatos, será aberto um tópico DA ASSISTÊNCIA JUDICIÁRIA GRATUITA, que terá o seguinte conteúdo.

> "O autor, consoante art. 98 e 99 do Código de Processo Civil não está em condições de pagar as custas do processo e os honorários de advogado, sem prejuízo próprio ou de sua família, razão pela qual, deve-lhe ser concedida a assistência gratuita".

O pedido não precisa ser reiterado no tópico dos pedidos, sendo suficiente a abertura deste tópico para que seja atribuída a pontuação integral ao candidato.

18.1.7. Opção pela audiência de conciliação e mediação

Antes de atribuir valor à causa, o autor fará a opção pela realização de audiência de conciliação e mediação.

Essa regra se aplica, não somente às ações de procedimento comum, mas também às ações de desapropriação, ação populares e ações civis públicas.

18.2. MODELO DE PEÇA – AÇÃO DE PROCEDIMENTO COMUM

EXCELENTÍSSIMO SENHOR DOUTOR JUIZ FEDERAL DA ___ VARA DA SEÇÃO JUDICIÁRIA DO ESTADO ...

(10 linhas)

JOÃO DA SILVA, brasileiro, profissão, casado, portador da Céd. Ident. RG nº ..., e do CPF nº..., endereço eletrônico, residente e domiciliado na Rua ...., vem, por meio de seu advogado infrafirmado, com procuração anexa e endereço profissional na Rua ..., onde serão encaminhadas as intimações do feito, propor AÇÃO INDENIZATÓRIA, em face da UNIÃO FEDERAL, pessoa jurídica de direito público interno, inscrita no CNPJ ..., com sede na Rua ..., pelos fatos e fundamentos a seguir:

DO CABIMENTO

É cabível a propositura da ação indenizatória com fulcro no art. 319 e seguintes, do CPC, por se tratar de dano causado a particular.

DOS FATOS

No dia xxxx, às xxxx horas, o autor estava atravessando a faixa de pedestres quando foi surpreendido por um veículo oficial do Ministério da Educação que, em alta velocidade, atravessou o sinal vermelho, chocando-se com o requerente.

Após o atropelamento, o motorista do veículo, Sr. Xxxxxxx, motorista do Ministério, parou e prestou os primeiros socorros à vítima, inclusive ligando para uma ambulância.

Em virtude do atropelamento, o autor quebrou as duas pernas e se manteve afastado de suas atribuições de taxista por 2 meses, vivendo, neste tempo com suas economias pessoais para sustento de sua família.

DO DIREITO

CRFB, LEIS, DECRETOS, JURISPRUDÊNCIAS, SUMULAS....

DOS PEDIDOS

Por tudo exposto, requer:

a) citação da Ré, na pessoa do seu Advogado Geral da União, para, querendo, contestar o feito, sob pena dos efeitos da revelia;

b) a procedência do pedido, condenando a Ré ao pagamento de indenização pelos danos morais e materiais causados ao autor;

c) a produção de todos os meios de prova admitidos em direito e necessários a solução de controvérsia, inclusive a juntada de todos os documentos anexos;

d) a condenação da ré ao pagamento das custas processuais e honorários advocatícios.

Em observância ao art. 319, VII do CPC, o autor manifesta a opção pela realização de audiência de conciliação ou mediação.

Dá-se à presente causa, o valor de R$ ...

Nesses termos, pede deferimento.

Local, data

Advogado

OAB nº...

18.3. CASOS CONCRETOS PARA SOLUÇÃO

A. O Município do Rio de Janeiro ocupou terreno urbano não edificado de Paulo e, nele, construiu, instalou e pôs em funcionamento uma escola pública. Passados dois anos, o proprietário do terreno intenta propor medida judicial contra o município.

Na qualidade de advogado de Paulo, elabore, de forma fundamentada, a petição inicial da medida judicial cabível a essa situação hipotética.

GABARITO:

Trata-se de clássico exemplo de Desapropriação Indireta, já analisado no capítulo referente à desapropriação, desta obra. Neste caso, o ente público invadiu o bem do particular, sem respeitar qualquer procedimento administrativo prévio, ensejando o direito de indenização pelo proprietário.

Peça Processual: Ação de Indenização por Desapropriação Indireta.

Autor: Paulo

Réu: Município do Rio de Janeiro

Competência: Excelentíssimo Senhor Doutor Juiz de Direito da ____ Vara da Fazenda Pública da Comarca do Rio de Janeiro, no Estado do Rio de Janeiro.

Pedido: Indenização em razão da desapropriação indireta

Por tudo exposto, requer:

a) citação da Ré, na pessoa do seu Procurador geral do Município, para, querendo, contestar o feito, sob pena dos efeitos da revelia;

b) a procedência do pedido, condenando a Ré ao pagamento de indenização pela desapropriação indireta;

c) a produção de todos os meios de prova admitidos em direito e necessários a solução de controvérsia, inclusive a juntada de todos os documentos anexos;

d) a condenação da ré ao pagamento das custas processuais e honorários advocatícios.

Em observância ao art. 319, VII do CPC, o autor manifesta a opção pela realização de audiência de conciliação ou mediação.

Fundamentação jurídica:

O art. 5.°, XXIV dispõe que a desapropriação requer pagamento de prévia e justa indenização em dinheiro e, neste caso, a desapropriação foi efetivada sem o respeito ao pagamento de indenização prévia.

O art. 35 do Decreto-Lei 3.365/41 prevê que, *"os bens expropriados, uma vez incorporados à Fazenda Pública, não podem ser objeto de reinvindicação, ainda que fundada em nulidade do processo de desapropriação"*. Desta forma, se determina que, nestes casos, qualquer ação será resolvida em perdas e danos, não sendo possível se pleitear o retorno do bem ao patrimônio do particular.

O art. 15-A § 3° do Decreto lei 3.365/41 determina que, nestes casos, a indenização será paga com o acréscimo de juros compensatórios que deverão incidir a partir do momento da perda da posse.

Ademais, o prazo prescricional para ingressar com a ação de indenização por desapropriação indireta, nos termos da Súmula 119 do STJ, é de 20 anos, que é o prazo para a usucapião extraordinária de bens imóveis, sob a égide do antigo Código Civil (arts. 550/551).

Atualmente, o Superior Tribunal de Justiça entende que, à luz do atual Código Civil, em seu art. 1238, Parágrafo único, o prazo da usucapião é de 10 anos, quando o possuidor houver estabelecido no imóvel a sua moradia habitual, ou nele realizado obras ou serviços de caráter produtivo. Desta forma, a desapropriação indireta prescreve em 10 anos.

B. João, analista de sistemas dos quadros do Ministério da Educação, foi demitido de seu cargo público, por meio de Portaria do Ministro da Educação publicada em 19 de maio de 2010, após responder a processo administrativo em que restou apurada infração funcional relativa ao recebimento indevido de vantagem econômica. Exatamente pelo mesmo fato, João também foi processado criminalmente, vindo a ser absolvido por negativa de autoria, em decisão que transitou em julgado em 18 de janeiro de 2011.

Na data de hoje, João o procura e, após narrar os fatos acima, informa que se encontra, desde a sua demissão, em profunda depressão, sem qualquer atividade laborativa, sobrevivendo por conta de ajuda financeira que tem recebido de parentes e amigos.

Na qualidade de advogado(a), identifique e minute a medida judicial que pode ser adotada para tutelar os direitos de João.

GABARITO

Inicialmente, o examinando deve identificar que a medida judicial cabível é uma ação de procedimento comum, com pedido de antecipação de tutela, em face da União Federal. Afasta-se, desde logo, a impetração de mandado de segurança, uma vez que ultrapassado o prazo decadencial de cento e vinte dias e em virtude do fato de que o autor busca o recebimento de indenização.

Autor: João

Réu: União Federal

Competência: Excelentíssimo Senhor Doutor Juiz Federal da ___ Vara da Seção Judiciária do Estado ...

Pedido: Anulação do ato de demissão e indenização pelos prejuízos sofridos

Por tudo exposto, requer:

a) citação da Ré, na pessoa do seu Advogado Geral da União, para, querendo, contestar o feito;

b) a antecipação dos efeitos da tutela, com a suspensão do ato impugnado e manutenção do servidor no cargo;

c) a confirmação da tutela antecipada, com a procedência dos pedidos, determinando a anulação do ato impugnado de demissão do servidor, bem como condenando a Ré ao pagamento de indenização pelos prejuízos sofridos pelo Autor;

d) a produção de todos os meios de prova admitidos em direito e necessários a solução de controvérsia, inclusive a juntada de todos os documentos anexos;

e) a condenação da ré ao pagamento das custas processuais e honorários advocatícios.

Em observância ao art. 319, VII do CPC, o autor manifesta a opção pela realização de audiência de conciliação ou mediação.

Fundamentação jurídica

A Ação Ordinária a ser ajuizada por João deverá pleitear a nulidade da portaria demissional, por ter sido adotada por autoridade incompetente, na forma do Art. 141, inciso I, da Lei n. 8.112/90.

Além disso, também deverá ser pleiteada a invalidação da pena de demissão em razão da absolvição penal por negativa de autoria, decisão esta que vincula a esfera administrativa, consoante entendimento do Art. 126, da Lei n. 8.112/90. Como resultado, deverá ser João reintegrado no cargo de Analista de Sistemas, com ressarcimento de todas as vantagens (Art. 28, da Lei n. 8.112/90).

Na petição inicial, também deverá ser reservado capítulo para desenvolvimento da **tutela de urgência** a ser pleiteada, com vistas à imediata reintegração de João no cargo de Analista de Sistema.

Probabilidade do direito: argumentos jurídicos legais apresentados

Perigo de dano ou o risco ao resultado útil do processo: o autor ficará desempregado de forma injusta caso não se suspenda o ato antes da decisão final.

C. O Município de Patópolis, por meio de sua Secretaria de Saúde, realizou concurso público para preenchimento de 20 cargos efetivos de médico. O concurso foi realizado durante o primeiro semestre de 2005, e homologado em agosto de 2005, com prazo de validade de 1 ano, prorrogável por mais 1 ano. Em agosto de 2006, o concurso foi prorrogado por mais 1 ano pela autoridade administrativa competente, qual seja o Prefeito de Patópolis. O município, todavia, até hoje, nomeou apenas os primeiros aprovados, na ordem de classificação do concurso.

No entanto, o candidato Mévio, aprovado em 10.º lugar, descobriu, por meio de publicação do Diário Oficial, que o Município de Patópolis firmou contrato temporário com 10 médicos, em janeiro de 2006. Indignado, Mévio procurou, em setembro de 2006, um advogado para verificar a possibilidade de obter judicialmente sua nomeação o mais rápido possível, já que se encontra desempregado. Tendo em vista os dados fornecidos, na condição de advogado, prepare a petição inicial da ação cabível na hipótese. O candidato deverá levar em conta, na elaboração da peça, as questões processuais atinentes à ação a ser ajuizada.

GABARITO:

Inicialmente, candidato deve identificar que a medida judicial cabível é uma ação pelo rito de procedimento comum, com pedido de antecipação de tutela, em face do Município de Patópolis. Afasta-se, desde logo, a impetração de mandado de segurança, uma vez que ultrapassado o prazo decadencial de cento e vinte entre a contratação de temporários, em janeiro de 2006 e a propositura da ação em setembro do mesmo ano.

Autor: Mévio

Réu: Município de Patópolis

Competência: Excelentíssimo Senhor Doutor Juiz de Direito da Vara da Fazenda Pública da Comarca de Patópolis, no Estado...

Pedido: anulação das contratações temporárias e consequente nomeação do candidato.

Por tudo exposto, requer:

a) citação da Ré, na pessoa do seu Procurador Geral do Município, para, querendo, contestar o feito;

b) a antecipação dos efeitos da tutela, com a reserva de vaga do candidato;

c) a confirmação da tutela antecipada, com a procedência dos pedidos, determinando a anulação do ato impugnado de nomeação dos servidores temporários em detrimento do Autor e consequente nomeação do candidato, aprovado em concurso;

d) a produção de todos os meios de prova admitidos em direito e necessários a solução de controvérsia, inclusive a juntada de todos os documentos anexos;

e) a condenação da ré ao pagamento das custas processuais e honorários advocatícios.

Em observância ao art. 319, VII do CPC, o autor manifesta a opção pela realização de audiência de conciliação ou mediação.

Fundamentação Jurídica:

A contratação de temporários não pode ser efetivada em qualquer situação, ao invés de nomear candidatos aprovados para a execução da atividade. O art. 37, IX da CF define esta contratação como excepcional, dependendo ainda de atividade de caráter temporário.

A assunção de atividade de médico deve ser feita mediante o provimento de cargos que, por sua vez, depende da aprovação em concurso público (art. 37, II da CF).

Na petição inicial, também deverá ser reservado capítulo para desenvolvimento da **tutela de urgência** a ser pleiteada, com a reserva da vaga do autor até a decisão final do processo.

Probabilidade do direito: argumentos jurídicos legais apresentados

Perigo de dano ou o risco ao resultado útil do processo: o autor ficará desempregado de forma injusta caso não se suspenda o ato antes da decisão final.

D. Tainá, servidora pública, realizava tratamento ambulatorial regular no Hospital Marcílio Dias, situado no Município do Rio de Janeiro, subordinado à Marinha do Brasil. Eis que, dentro das dependências da unidade hospitalar, sob o efeito de sedativos, ela teve seus pertences furtados; o que somente constatou após cessarem os efeitos da medicação. A direção confirmou que o fato efetivamente ocorreu dentro das dependências do Hospital e que o dano material apurado foi no montante de R$ 18.000,00 (dezoito mil reais). Contudo, até a presente data, não foi a paciente ressarcida do dano que sofreu. Inconformada, Tainá procura um advogado para que seja proposta uma ação judicial. Elabore a peça.

GABARITO:

Inicialmente, candidato deve identificar que a medida judicial cabível é uma ação pelo rito de procedimento comum, em face da União Federal. Afasta-se, desde logo, a impetração de mandado de segurança, uma vez que se busca indenização de valores.

Autor: Tainá

Réu: União Federal - O hospital é órgão público federal e, portanto, não tem personalidade jurídica para figurar no polo passivo da ação.

Competência: Excelentíssimo Senhor Doutor Juiz Federal da Vara da Seção Judiciária do Estado do Rio de Janeiro

Pedido: indenização

Por tudo exposto, requer:

a) citação da Ré, na pessoa do seu Advogado Geral da União, para, querendo, contestar o feito;

b) a procedência do pedido, condenando a União ao pagamento de indenização pelos danos sofridos pela Autora;

c) a produção de todos os meios de prova admitidos em direito e necessários a solução de controvérsia, inclusive a juntada de todos os documentos anexos;

e) a condenação da ré ao pagamento das custas processuais e honorários advocatícios.

Em observância ao art. 319, VII do CPC, o autor manifesta a opção pela realização de audiência de conciliação ou mediação.

Fundamentação Jurídica:

O art. 37, § 6º da CF prevê a responsabilidade objetiva do Estado pelos danos decorrentes de condutas de seus agentes. No mesmo sentido, dispõe o art. 43 do CC.

Na situação apresentada, a Autora se encontra sob a custódia do Estado, ensejando a responsabilização do ente público por todos os danos que decorram desta situação de custódia.

E. O estabelecimento de Antônio, um lava a jato, foi interditado por ato do diretor de determinado órgão de fiscalização ambiental do estado, sob o fundamento de que estaria ultrapassando o limite máximo de ruídos permitido para o exercício da atividade. Segundo aquela autoridade, o referido limite teria previsão em legislação estadual, que previa, além da interdição, a possibilidade de se aplicar a sanção de advertência e até mesmo a concessão de prazo para o adequado tratamento acústico pelo dono do estabelecimento.

Inconformado por não ter sido notificado para participar do ato de medição sonora, realizado em local diverso do lugar em que se situa o estabelecimento, por não ter tido a oportunidade de exercer o contraditório e a ampla defesa e, principalmente, porque as atividades do lava a jato vinham sendo exercidas havia mais de 15 anos, no mesmo local, Antônio procurou o auxílio de profissional da advocacia. Ressaltou que teria interesse na realização de perícia judicial com a intenção de demonstrar que o auto de infração é ilegal.

Considerando essa situação hipotética, na qualidade de advogado(a) consultado(a) por Antônio, proponha, com a devida fundamentação, a medida judicial cabível para sobrestar os efeitos do auto de infração que interditou o estabelecimento e permitir o imediato funcionamento da atividade.

GABARITO

Inicialmente, candidato deve identificar que a medida judicial cabível é uma ação pelo rito de procedimento comum, com pedido de antecipação de tutela, em face do Estado. Afasta-se, desde logo, a impetração de mandado de segurança, uma vez que o cliente informa da necessidade de produção de prova pericial, retirando a ideia de se tratar de direito líquido e certo do Autor.

Autor: Lava a jato

Réu: Estado - o órgão de fiscalização não tem personalidade jurídica para figurar no polo passivo da ação judicial.

Competência: Excelentíssimo Senhor Doutor Juiz de Direito da Vara da Fazenda Pública da Comarca de ..., no Estado ...

Pedido: anulação do ato que determinou a interdição do estabelecimento comercial da empresa.

Por tudo exposto, requer:

a) citação da Ré, na pessoa do seu Procurador Geral do Estado, para, querendo, contestar o feito;

b) a antecipação dos efeitos da tutela, com a suspensão do ato impugnado e imediato funcionamento da empresa;

c) a confirmação da tutela antecipada, com a procedência dos pedidos, determinando a anulação do ato impugnado;

d) a produção de todos os meios de prova admitidos em direito e necessários à solução de controvérsia, inclusive a juntada de todos os documentos anexos;

e) a condenação da ré ao pagamento das custas processuais e honorários advocatícios.

Em observância ao art. 319, VII do CPC, o autor manifesta a opção pela realização de audiência de conciliação ou mediação.

Fundamentação Jurídica:

Primeiramente, resta configurada a violação ao contraditório e ampla defesa, bem como ao princípio do Devido Processo Legal estampados nos art. 5°, LIV e LV uma vez que o Autor não pôde participar da medição e não foi notificado para apresentação de defesa na seara administrativa.

Ademais, pode-se verificar o desrespeito ao princípio da razoabilidade e proporcionalidade, uma vez que se aplicou à pena mais grave ao Autor que, jamais havia sido penalizado em 15 anos de atividade. Isso decorre do fato de que a legislação estadual prevê a aplicação de penas mais leves e ajustadas ao caso, como, por exemplo, a concessão de prazo para adequado tratamento acústico.

Na petição inicial, também deverá ser reservado capítulo para desenvolvimento da **tutela de urgência** a ser pleiteada, com a suspensão do ato para que a empresa possa voltar a funcionar imediatamente.

Probabilidade do direito: argumentos jurídicos legais apresentados

Perigo de dano ou o risco ao resultado útil do processo: o autor ficará sem poder exercer a sua atividade e auferir o lucro inerente ao negócio, assim como pagar as despesas de manutenção do estabelecimento.

CAPÍTULO 19

AÇÃO DE DESAPROPRIAÇÃO

19.1. CONCEITO

Esta ação funciona na sua estrutura como uma ação de procedimento comum, apesar de não o ser, mas sim uma ação de natureza especial. A ação tem seu rito definido no Dec. Lei 3365/41.

Com efeito, declarado o interesse na desapropriação, o Estado deverá adotar as providências necessárias à sua efetivação, com a transferência do bem após pagamento do valor justo. A execução pode ser feita na via administrativa, mediante acordo entre o Poder Público e o proprietário quanto ao valor da indenização.

Por seu turno, a execução, na via judicial, se dá por meio da **Ação de Desapropriação**, que será proposta pelo Poder Público, sempre que não houver acordo em relação ao *quantum* indenizatório, ou se o ente expropriante não souber quem ostenta a qualidade de proprietário do bem.

A ação segue rito especial no qual a matéria de contestação é restrita. No mérito, apenas pode se discutir o valor indenizatório (art. 20 do DL 3.365) ou aspectos atinentes a Vícios processuais. Desta forma, não se admite nenhuma outra matéria de defesa, no bojo da ação de desapropriação, além das estipuladas em lei, seja a alegação de nulidade ou vício formal do ato de desapropriação.

Ocorrendo vício de legalidade no ato de desapropriação, o judiciário poderá analisar, porém não no bojo da Ação de Desapropriação, mas sim em uma ação autônoma. Em outros termos, qualquer discussão de mérito que não diga respeito ao valor da indenização será discutida por meio de **ação direta**.

Como na Ação de Desapropriação, a matéria discutida se restringe ao valor da indenização. Se o resultado da ação for favorável ao particular, ter-lhe-á sido estipulado um valor indenizatório superior àquele ofertado pelo Estado.

Em virtude desta situação, a lei permite que o ente expropriante tenha a posse provisória do bem antes de finalizada a Ação de Desapropriação. Para tanto, o Estado precisa alegar a urgência da imissão e, posteriormente, deve depositar o valor que julgar justo. De fato, são requisitos para a imissão provisória na posse:

- Declaração de urgência por parte do expropriante.
- Depósito do valor incontroverso da indenização, em juízo.

Ressalte-se que, declarada a urgência, o Estado terá o prazo de 120 dias para requerer ao juízo a imissão provisória, fazendo o depósito do valor incontroverso em juízo, sob pena de decair a declaração de urgência. Esta declaração de urgência, se perdido o prazo, não pode ser renovada, por sua própria natureza.

O proprietário do bem tem direito de levantar parte do valor depositado pelo Estado, equivalente a até 80% do depósito (arts. 33 e 34 do Decreto-lei). O valor restante garantirá o juízo e poderá ser levantado somente com a sentença.

Obs. 1: O Superior Tribunal de Justiça já decidiu no sentido de que a sentença pode estabelecer indenização em valor inferior ao depósito prévio realizado pelo Estado.

Obs. 2: Caso o expropriado levante a integralidade do depósito (ao invés de levantar somente 80%), presume-se que o valor depositado foi aceito e o juiz homologará o acordo, por sentença.

Sentença: estabelecerá a indenização devida ao expropriado. O valor acrescido na sentença, em relação ao anteriormente depositado, trata-se de decisão judicial e, como tal, será pago por meio de precatório (art. 100, CF).

Sobre o valor incidirá: correção monetária, juros compensatórios, juros moratórios e honorários advocatícios.

Ex. Ação de Desapropriação - Estado deposita R$ 100.000,00. Particular pode levantar R$ 80.000,00. A sentença entende que justo seria o valor de R$ 200.000,00. - Com a prolação da sentença o particular, que já havia levantado R$ 80.000,00, pode levantar o R$ 20.000,00 restantes. - Os R$ 100.000,00 acrescidos serão pagos por meio de precatório, por se tratar de decisão judicial.

- **CORREÇÃO MONETÁRIA:** atualização da moeda. A correção incidirá sobre o valor que não foi levantado pelo particular, a partir do trânsito em julgado da sentença, sendo que o Art. 100, § 12º da CRFB, determina que na correção seja utilizado o índice oficial de remuneração básica utilizado para a caderneta de poupança. Ocorre que o Supremo Tribunal Federal, em 2013 declarou a inconstitucionalidade deste dispositivo, uma vez que a taxa não corresponde à real desatualização da moeda. Sendo assim, atualmente, a jurisprudência determina que a correção seja feita com base em índices oficiais de inflação do período.

(no exemplo, incidirá correção monetária, nos índices estipulados, sobre R$ 100.000,00)

- **JUROS COMPENSATÓRIOS:** compensam o fato de o particular ter perdido o bem antes de receber a indenização. Os juros compensatórios começam a incidir a partir do momento em que o particular perde a posse do bem, *in* *casu*, a partir da data de imissão provisória na posse efetivada pelo ente estatal. O percentual de juros é de 6% ao ano, conforme entendimento do Supremo Tribunal Federal. Isso, porque, a Súmula 618 do Supremo Tribunal Federal dispõe que "Na desapropriação, direta ou indireta, a taxa dos juros compensatórios é de 12% (doze por cento) ao ano". Todavia o STF em decisão proferida em 2018 na ADI 2332, determinou a inaplicabilidade dessa súmula.

(No exemplo, quando da imissão na posse, o particular perdeu o bem levantando somente R$ 80.000,00 e, posteriormente, o juiz determinou que seria justo o pagamento de R$ 200.000,00 a título de indenização. Desta forma, os juros compensatórios incidirão sobre R$ 120.000,00, desde a imissão provisória na posse).

- **JUROS DE MORA:** são devidos pela demora no pagamento por parte do Estado. Começa a incidir a partir de 1° de janeiro do ano seguinte àquele em que o precatório deveria ter sido pago, não incidindo durante o prazo constitucional para pagamento de precatórios. Este é o entendimento estampado na Súmula vinculante n° 17 do Supremo Tribunal Federal e no art. 15-B do Decreto-lei 3.365/41. Os juros de mora incidem no percentual de 6% ao ano, de acordo com a jurisprudência e incide sobre aquele valor que o proprietário do bem não levanta automaticamente, com a decisão final do processo.

(No exemplo, R$ 100.000,00)

- **HONORÁRIOS:** incidirá sobre o valor fixado na sentença menos o valor depositado, que é efetivamente, o valor da sucumbência.

> **Súmula 617/STF:** a base de cálculo dos honorários de advogado em desapropriação é a diferença entre a oferta e a indenização, corrigidas ambas monetariamente.

O valor dos honorários pode variar entre 0,5% e 5% do valor da sucumbência.

Frise-se que não há limita de valor estipulado como teto de horários na ação de desapropriação. Isso porque a eficácia do § 1° do art. 27, que estabelecia o valor de R$ 151.000,00 como teto para pagamento de honorários, foi suspensa por meio de liminar em ADIn.

19.2. ASPECTOS PECULIARES DA PETIÇÃO INICIAL

A diferença, para fins de estruturação da peça, em relação à petição inicial de uma ação de procedimento comum, é que o nome que deve ser usado para tratar da tutela de urgência é **liminar de imissão provisória na posse.** Assim, ao invés de probabilidade do direito e o perigo de dano ou o risco ao resultado útil do processo, a deve ser utilizada a **comprovação do deposito e declaração de urgência,** conforme art. 15, §§ 1° e 2° do Decreto Lei 3.365/41.

Ainda como aspecto diferenciador da estrutura da ação de procedimento comum, nas ações de desapropriação, será necessária a intimação do representante do Ministério Público para atuar no feito.

Ressalte-se que a União, Estados, Municípios e Distrito Federal têm competência exclusiva, não delegável, para declarar a utilidade pública ou interesse social, mas a execução da desapropriação não é necessariamente feita por estes entes, pois pode ser feita por qualquer pessoa que atue mediante delegação, também. Então entes da Administração Indireta, Concessionárias e Permissionárias podem executar a desapropriação. Dessa forma, o candidato da OAB pode ser contratado por uma concessionária para que promova a ação de desapropriação, consoante art. 3º do Decreto Lei 3.365/41, abaixo transcrito:

> *Art. 3º Poderão promover a desapropriação mediante autorização expressa constante de lei ou contrato: (Redação dada pela Lei nº 14.620, de 2023)*

Desta forma, estão reiteradas as regras utilizadas para a estruturação da peça ação de procedimento comum, com as ressalvas estipuladas alhures.

19.2.1. Opção pela audiência de conciliação e mediação

Antes de atribuir valor à causa, o autor fará a opção pela realização de audiência de conciliação e mediação.

Essa regra se aplica, não somente às ações de procedimento comum, mas também às ações de desapropriação, ação populares e ações civis públicas.

19.3. MODELO DE PEÇA DE AÇÃO DE DESAPROPRIAÇÃO

EXCELENTÍSSIMO SENHOR DOUTOR JUIZ DE DIREITO DA ___ VARA DA FAZENDA PÚBLICA DA COMARCA... DO ESTADO...

(10 linhas)

JJR ESTRADAS, pessoa jurídica de direito privado, concessionária de serviço público, com sede na Rua..., vem, por seu advogado infrafirmado, com procuração anexa e endereço profissional na Rua ..., onde serão encaminhadas as intimações do feito, propor AÇÃO DE DESAPROPRIAÇÃO, em face de PROPRIETÁRIO, nacionalidade, estado civil, profissão, RG nº..., CPF nº....,residente e domiciliado na Rua ..., pelos fatos e fundamentos a seguir:

DO CABIMENTO E DA LEGITIMIDADE

É cabível a propositura da presente ação com fulcro no art. 319 e seguintes, do CPC e art. 1° e seguintes, do Decreto-Lei nº 3365/41 por se tratar de desapropriação de bem privado.

Ressalta-se que a Autora é legitima à propositura da ação, por Decreto já expedido pelo ente público, com fulcro no art. 3º do Decreto Lei 3.365/41.

DOS FATOS

A autora se sagrou vencedora em contrato de concessão com Estado M para exploração de rodovia, na qual tem a responsabilidade de efetivar ...

DA LIMINAR

Primeiramente, o art. 15, do Decreto-Lei nº 3365/41 estabelece como requisitos para a liminar de imissão provisória na posse a declaração de urgência e o deposito em juízo do valor incontroverso.

A declaração de urgência foi efetivada no decreto expropriatório, ora anexado aos autos.

O deposito do valor incontroverso foi efetivado conforme guia de deposito anexa.

Logo, nos moldes da Lei deve ser determinada a imissão provisória do Autor na posse do bem.

DO DIREITO

CRFB, LEIS, DECRETOS, JURISPRUDÊNCIAS, SÚMULAS....

DOS PEDIDOS

Pelo exposto, requer:

a) citação do Réu, para, querendo, contestar o feito, sob pena dos efeitos da revelia;

b) a concessão de medida liminar, determinando a imissão provisória na posse do bem pelo Autor;

c) a confirmação da liminar com a procedência do pedido, transferindo a propriedade do bem ao expropriante, pelo valor de indenização ofertado;

d) a intimação do Ilustríssimo representante do Ministério Público para atuar como fiscal da lei;

e) a produção de todos os meios de prova admitidos em direito e necessários à solução de controvérsia, inclusive a juntada de todos os documentos anexos;

f) a condenação do Réu ao pagamento das custas processuais e honorários advocatícios.

Em observância ao art. 319, VII do CPC, o autor manifesta a opção pela realização de audiência de conciliação ou mediação.

Dá-se à presente causa, o valor de R$ ...

Nesses termos, pede deferimento.

Local, data

Advogado

OAB nº...

19.4. CASOS CONCRETOS

A. A empresa JJR Estradas se sagrou vencedora em contrato de concessão com o Estado M, para exploração de rodovia, na qual teria a responsabilidade de efetivar a duplicação de 40 km de estrada, além da manutenção do restante da rodovia estadual. No contrato estava previsto que a empresa seria responsável por promover todas as desapropriações necessárias à duplicação.

Em 10 de novembro de 2013, o Estado declarou a utilidade pública do terreno necessário à duplicação que pertencia a particular, informando inclusive a urgência na realização da desapropriação.

A empresa ofereceu ao proprietário o valor de 100 mil reais pelo terreno, o que foi negado. Assim, a empresa te procura para propor a ação cabível à desapropriação do terreno.

Em face dessa situação hipotética, redija, na qualidade de advogado contratado pela JJR Estradas, a peça processual cabível à espécie.

GABARITO:

Inicialmente, candidato deve identificar que a medida judicial cabível é uma ação de desapropriação a ser proposta pela concessionária de serviço público, por motivo de utilidade pública.

Autor: JJR Estradas

Réu: Proprietário

Competência: Excelentíssimo Senhor Doutor Juiz de Direito da Vara da Fazenda Pública da Comarca de ..., no Estado M

Pedido: desapropriação do terreno necessário à construção da estrada.

Por tudo exposto, requer:

a) citação do Réu para, querendo, contestar o feito;

b) a concessão da liminar pleiteada, determinando a imissão provisória na posse do bem pelo Autor da ação;

c) a confirmação da liminar, com a procedência dos pedidos, determinando a transferência de propriedade do bem em razão da desapropriação efetivada;

d) a produção de todos os meios de prova admitidos em direito e necessários a solução de controvérsia, inclusive a juntada de todos os documentos anexos;

e) a intimação do Ilustríssimo representante do Ministério Público para atuar como fiscal da lei;

f) a condenação da ré ao pagamento das custas processuais e honorários advocatícios.

Em observância ao art. 319, VII do CPC, o autor manifesta a opção pela realização de audiência de conciliação ou mediação.

Cabimento e legitimidade ativa

Deve-se abrir um tópico para justificar o cabimento da ação no art. 1º e seguintes do Decreto Lei 3.365/41 e art. 319 do Código de Processo Civil.

Ademais, deve-se informar a legitimidade ativa da empresa concessionária para a propositura desta ação, com fulcro no art. 3º do Decreto lei 3.365/41.

CAPÍTULO 20

MANDADO DE SEGURANÇA

20.1. CABIMENTO

Em relação ao cabimento do *mandamus*, remete-se o leitor ao capítulo pertinente (capítulo 15). Também já foi definido nessa obra que o mandado de segurança é regulamentado pela Lei nº 12.016/09, sendo cabível sempre que o ato que se quiser anular ato administrativo violador de um direito líquido e certo.

- DIREITO LÍQUIDO E CERTO - Ainda relembrando, o direito líquido e certo é aquele que é comprovado de plano pelo autor, por meio dos documentos anexados à petição inicial. Este é aquele direito que não depende de dilação probatória, haja vista não ser admitida durante a ação do mandado de segurança. Neste sentido, a **súmula nº 625 do Supremo Tribunal Federal** dispõe que *"Controvérsia sobre matéria de direito não impede concessão de mandado de segurança"*.

Existem casos, também, em que **os documentos que comprovariam os fatos alegados pelo Impetrante estão em poder da Administração**, que se negou a fornecê-los ao Impetrante. Ex: cópia do procedimento administrativo. Nessas hipóteses, a lei 12.016/09 prevê, no art. 6º § 1º, que o Impetrante pode narrar essa situação, e o juiz intimará a autoridade coatora a apresentar os documentos.

Por fim, foi estabelecido que, sendo cabível a impetração do Mandado de Segurança, ele será impetrado, em detrimento da ação de procedimento comum. Com efeito, por se tratar de ação mais célere, mais adequada à proteção do direito do cliente, sempre que viável, ele será preferencialmente impetrado.

Com efeito, para que se configure o direito líquido e certo que enseja a impetração do *mandamus*, a prova tem que estar pré-constituída, ou seja, não há necessidade de produção de prova durante o processo.

- ATO DE GESTÃO COMERCIAL - Ademais, para que seja cabível o remédio constitucional ora em apreço, não pode se tratar de um ato de gestão comercial, qual seja, o ato de exploração de atividade econômica de empresas estatais.

Importante salientar que os atos praticados pelas empresas estatais, na execução de atividades de interesse público, o Mandado de Segurança é cabível, somente não o sendo quando se tratar de ato praticado na exploração de atividade econômica, de cunho comercial. Vejamos, inclusive o entendimento do Superior Tribunal de Justiça acerca do tema.

Súmula 333 - Cabe mandado de segurança contra ato praticado em licitação promovida por sociedade de economia mista ou empresa pública.

- INDENIZAÇÃO DE VALORES - Para que seja cabível a impetração do Mandado de Segurança, o particular não pretende receber, por via dessa ação, a indenização de valores anteriores a impetração. De fato, esses valores serão pleiteados mediante a propositura de ação de procedimento comum.
- DECADÊNCIA - o mandado de segurança só pode ser impetrado dentro de um prazo decadencial (não se prorroga) de 120 dias, contatos do conhecimento ato coator pelo particular, nos moldes do art. 23 da Lei 12.016/09.
- LEI EM TESE - o mandado de segurança não pode ser impetrado contra lei em tese (súmula 266 do Supremo Tribunal Federal), pois normas gerais e abstratas não admitem a impetração do mandado de segurança, já que o mandado de segurança é contra um ato individual que lesa o interesse de alguém especificamente.
- RECURSOS COM EFEITO SUSPENSIVO - por fim, o mandado de segurança tem que ser impetrado quando necessariamente não couber nenhuma espécie de recurso com efeito suspensivo. Neste sentido, dispõe o art. 5º da lei 12.016/09, que não se concederá mandado de segurança quando se tratar: I - de ato do qual caiba recurso administrativo com efeito suspensivo, independentemente de caução; II - de decisão judicial da qual caiba recurso com efeito suspensivo; III - de decisão judicial transitada em julgado.

20.2. ESTRUTURA DA PETIÇÃO INICIAL

No mandado de segurança, serão feitos 6 (seis) pedidos. Em caso de liminar, serão 7 (sete) pedidos. A regra é que o mandado de segurança seja com pedido de liminar. Não é sempre, mas é a regra, haja vista a urgência que pode estar sendo causado pelo ato administrativo viciado que se pretende anular.

A peça do *mandamus* tem duas peculiaridades básicas que vão diferenciar ele da ação de procedimento comum, na sua estrutura. A primeira grande diferença é o seguinte: no mandado de segurança, além de se chamar o réu para participar da ação, há a figura da autoridade coatora. O agente público que pratica o ato que se quer anular recebe o nome, no mandado de segurança, de autoridade coatora e também participa do processo.

Ressalte-se que o réu do mandado de segurança é o mesmo réu que seria réu em uma ação ordinária. Entretanto, até 2009, (antes da edição da lei 12.016/2009) o réu não era convidado a participar da ação. O Estado não formava o polo passivo do mandado de segurança, logo que fosse impetrada a ação. Anteriormente, a autoridade coatora era notificada para que prestasse as informações. Por seu turno, o réu somente seria informado do mandado de segurança se, posteriormente, houvesse alguma decisão contrária a seus interesses. Dessa forma, o réu não era citado para apresentar contestação, mas somente era notificado para recorrer, quando houvesse uma decisão contra ele.

Atualmente, a Lei n° 12.016/09 determina que o mandado de segurança seja impetrado contra ato da autoridade coatora e em face do réu. Assim, a partir desta lei, o réu participa do mandado de segurança desde o início, ou seja, desde o início do processo se cientifica o réu para que ele participe. Então, por exemplo: se o presidente da república prática um ato coator contra você, este é a autoridade coatora, o autor é você e o réu é a União. Neste sentido, dispõe o art. 7°, da lei 12.016/09, que:

> *"Art. 7º Ao despachar a inicial, o juiz ordenará:*
>
> *I - que se notifique o coator do conteúdo da petição inicial, enviando-lhe a segunda via apresentada com as cópias dos documentos, a fim de que, no prazo de 10 (dez) dias, preste as informações;*
>
> *II - que se dê ciência do feito ao órgão de representação judicial da pessoa jurídica interessada, enviando-lhe cópia da inicial sem documentos, para que, querendo, ingresse no feito".*

Ressalte-se, ainda, que em casos de ato praticado por delegação, a autoridade coatora do Mandado de Segurança será a autoridade delegada, que praticou o ato impugnado. Vejamos a súmula 510 do Supremo Tribunal Federal acerca do tema.

> *Súmula 510 STF - "PRATICADO O ATO POR AUTORIDADE, NO EXERCÍCIO DE COMPETÊNCIA DELEGADA, CONTRA ELA CABE O MANDADO DE SEGURANÇA OU A MEDIDA JUDICIAL."*

Ademais, o art. 25 da lei 12.016/09 dispõe que não é possível a condenação em honorários advocatícios em sede de Mandado de Segurança, assim como não há a possibilidade de interposição de recurso de embargos infringentes.

Sendo assim, será pleiteada a condenação do Réu ao pagamento de custas processuais, mas não de honorários advocatícios.

Da mesma forma, o art. 12 da lei 12.016/09 define que será ouvido o Ministério Público o que enseja o requerimento de intimação do representante do *parquet* na petição inicial, entre os pedidos.

20.3. COMPETÊNCIA

Outro ponto importante é que no mandado de segurança a competência é definida com base na autoridade coatora, diferente da ação de procedimento comum, onde a competência é definida com base no réu. Assim, por exemplo, se a autoridade coatora for o Presidente da República, a competência é do STF; se a autoridade coatora for o Ministro de Estado, a competência é do STJ e assim por diante.

A competência para julgamento do Mandado de Segurança está toda contemplada no texto constitucional (art. 102, I, art. 105, I, art. 108 e art. 109 da Carta Magna). No entanto, para facilitar o aluno no momento da prova, é importante que façamos essa marcação em lei. Trata-se de macete. Vejamos.

MACETE: A Lei nº 9.507/97, que é a lei do *habeas data*, estabelece, em seu art. 20, a competência do *habeas data* e do mandado de segurança (essa competência também se encontra nos arts. 102, 105, 108 e 109, da CF, entretanto, é mais fácil visualizá-la no dispositivo da lei, no momento da prova).

Quando se tratar de autoridade estadual, a competência do Mandado de Segurança será definida em Constituição Estadual, sendo que, nestes casos, a regra é que a competência seja do juiz de direito da comarca, sendo competência do tribunal de Justiça originariamente, os Mandados de Segurança em que sejam autoridade coatora o Governador de estado, Prefeito da capital ou Secretário estadual (podemos memorizar como GPS).

Para fins de memorização, analisemos o quadro de competência do Mandado de Segurança:

Competência	Previsão	Autoridades Coatoras
STF	Art. 102, I, 'd' CRFB	→ Presidente da República; → Mesa da Câmara dos Deputados; → Mesa do Senado Federal; → Tribunal de Contas da União; → Procurador-Geral da República; → Supremo Tribunal Federal;
STJ	Art. 105, I, 'b' CRFB	→ Ministro de Estado; → Comandantes da Marinha, do Exército e da Aeronáutica; → Superior Tribunal de Justiça
TRF	Art. 108, I 'c' CRFB	– TRF – Juiz Federal
Juiz Federal	Art. 109, VIII CRFB	– Autoridades federais, excetuadas competência Tribunais Federais
TJ	Art. 125 § 1º CRFB e Constituição Estadual	Autoridades definidas na Constituição Estadual (GPS)

Competência	Previsão	Autoridades Coatoras
Juiz Estadual	Art. 125 § 1º CRFB e Constituição Estadual	Autoridades definidas na Constituição Estadual
Justiça Trabalho	Art. 114, IV	Quando o ato questionado tiver relação com matéria trabalhista, qualquer que seja a autoridade coatora.

20.4. MANDADO DE SEGURANÇA COLETIVO

Esta ação poderá ser impetrada por uma entidade, em defesa de seus associados. Com efeito, o art. 5º, LXX da Constituição Federal, juntamente com o art. 21 da lei 12.016/09, prevê a possibilidade da impetração do **Mandado de Segurança Coletivo.** O texto legal determina que este *mandamus* pode ser impetrado por partido político com representação no Congresso Nacional, na defesa de seus interesses legítimos relativos a seus integrantes ou à finalidade partidária, ou por organização sindical, entidade de classe ou associação legalmente constituída e em funcionamento há, pelo menos, 1 (um) ano, em defesa de direitos líquidos e certos da totalidade, ou de parte, dos seus membros ou associados, na forma dos seus estatutos e desde que pertinentes às suas finalidades, dispensada, para tanto, autorização especial.

Para fins de estruturação da peça, o Mandado de Segurança Coletivo segue a mesma estrutura do individual, no entanto, orienta-se o candidato a justificar o seu cabimento no art. 5º, LXX da Carta Magna e comprovar, no bojo da peça, a legitimidade ativa do Autor.

20.5. MARCAÇÃO DE ARTIGOS LEGAIS

Antes de se iniciar a peça, é importante grifar alguns dispositivos da lei de Mandado de Segurança que serão relevantes.

Em princípio, devem ser grifados na lei nº 12.016/09 o art. 1º, caput e § 2º, que definem o cabimento do mandado de segurança e define que não cabe mandado de segurança contra ato de gestão comercial, das empresas públicas e sociedade de economia mista.

Deve-se marcar, também, o art. 5º, que define que não cabe mandado de segurança, quando couber recurso com efeito suspensivo; o art. 7º, I, II e III, que são incisos importantíssimos, pois são os três primeiros pedidos da ação (não se pede citação de réu, mas sim a notificação da autoridade coatora, depois, pede-se a ciência do réu e o terceiro pedido é o pedido de liminar, com base no fundamento relevante do pedido e o perigo de ineficácia da medida); o art. 12, que trata da intimação do ministério público; o art. 21, que traz o mandado de segurança coletivo; o art. 23, fala sobre o prazo de 120 dias; e o art. 25, que estabelece que não é cabível honorários advocatícios (em mandado de segurança, pode-se pedir condenação ao pagamento de custas processuais, mas honorários advocatícios não).

20.6. TUTELA DE URGÊNCIA

Assim como ocorre nas ações de procedimento comum, existem situações nas quais a demora do provimento jurisdicional pode causar grandes transtornos ao impetrante do Mandado de Segurança, seja porque o ato que se pretende anular está produzindo efeitos lesivos, seja porque a omissão ilícita do Estado enseja danos irreversíveis.

Nestes casos, é possível que se pleiteie a antecipação dos efeitos da tutela, em caráter liminar, com a intenção de evitar que a ausência de decisão judicial cause prejuízos que não possam ser resolvidos posteriormente.

Nestes casos, os processualistas costumam definir que a concessão da liminar depende de dois requisitos, quais sejam o *fumus boni iuris* e o *periculum in mora*, consubstanciados na demonstração de que o autor tem razão em suas alegações e de que a demora no provimento judicial pode lhe ensejar danos irreparáveis.

Nas ações de Mandado de Segurança, o art. 7º, III da Lei 12.016/09 costuma apontar estes mesmos requisitos, mas com nomenclaturas diferentes, que devem ser utilizadas pelo candidato na hora da prova. Sendo assim, o *fumus boni iuris* é conhecido como **fundamento relevante do pedido** e o *periculum in mora* se traduz no **perigo de ineficácia da medida.**

Para auxiliar na estruturação do requerimento de tutela antecipada, é interessante que o candidato crie um padrão a ser seguido. Sendo assim, o tópico de antecipação de tutela deve ser colocado após OS FATOS e antes DO MÉRITO.

Ademais, esse tópico será composto por quatro parágrafos. No primeiro parágrafo, o aluno deve informar que o art. 7º, III da lei 12.016/09 estabelece como requisitos para a tutela antecipada o fundamento relevante do pedido e o perigo de ineficácia da medida. Posteriormente, será aberto um parágrafo para explicar cada um dos requisitos e, no quarto parágrafo, será feita a conclusão, requerendo a suspensão do ato impugnado.

20.7. MODELOS

20.7.1. Modelo – Mandado de segurança

EXCELENTÍSSIMO SENHOR DOUTOR JUIZ DE DIREITO DA ___ VARA CÍVEL DA COMARCA DE LUZ/MT

—

(10 linhas)

—

EMPRESA X, pessoa jurídica de direito privado, inscrita no CNPJ nº. 06.530.592/0001-77, com sede na Rua...., vem, por meio de seu advogado infrafirmado, com procuração anexa e endereço profissional na Rua ..., onde serão encaminhadas as intimações do feito, impetrar MANDADO DE SEGURANÇA COM PEDIDO DE LIMINAR contra ato do PREFEITO MUNICIPAL DE LUZ, agente público, com endereço profissional na Rua ...., e em face do MUNICÍPIO DE LUZ, pessoa jurídica de direito público interno, CNPJ..., com sede na Rua...., pelos fatos e fundamentos a seguir:

DO CABIMENTO

É cabível o Mandado de Segurança com fulcro no art. 5°, LXIX, da CFB e art. 1° e seguintes da Lei n° 12.016/09, por se tratar de direito líquido e certo. Ressalta-se ainda a tempestividade, por não haver mais de 120 dias do conhecimento do ato coator.

DOS FATOS

A empresa Impetrante devidamente cadastrada junto a Receita Federal e com autorização para funcionar (Alvará de licença para localização, renovação e funcionamento), docs. em anexo, requereu na data de 28/12/2009 ao Prefeito Municipal, licença para funcionar em horário especial ou reconhecimento da mesma como "posto de serviço para veículo".

Em resposta, no dia 29/12/2009, à solicitação iminente feita pelo Impetrante, o Prefeito Municipal, indeferiu o requerimento sem nem mesmo fundamentar a sua decisão.

DA LIMINAR

O art. 7°, III, Lei n° 12.016/09 estabelece como requisitos para concessão da liminar o fundamento relevante do pedido e o perigo de ineficácia da medida.

O perigo de ineficácia da medida decorre do fato de que imposição do Prefeito Municipal em não acatar o pedido de o Impetrante funcionar nos dias de sábado após as 13 horas, pode vir a causar grande prejuízo financeiro para a empresa Impetrante.

E o fundamento relevante encontra respaldo ______.

Dessa forma se faz necessária a suspensão do ato coator e consequente, licença para funcionar em horário especial ou reconhecimento da mesma como "posto de serviço para veículo".

DO MÉRITO

(Fundamentação: direito a contraditório negado na esfera administrativa e dever de motivação dos atos administrativos)

DOS PEDIDOS

Pelo exposto, requer:

1) a notificação da autoridade coatora, para que preste suas informações no prazo de 10 dias;

2) a cientificação do órgão de representação judicial do Município, para, querendo, ingressar no feito;

3) a concessão da MEDIDA LIMINAR, determinando a suspensão do ato coator até o julgamento final de mérito, haja vista, a relevância do pedido e o perigo de ineficácia da medida conforme linhas acima traçadas;

4) a confirmação da liminar, com a concessão da segurança, para que anule o ato......;

5) a Intimação do ilustríssimo representante do Ministério Público, para atuar como fiscal da lei;

6) a condenação do Réu ao pagamento das custas processuais;

7) a juntada de todos os documentos comprobatórios do direito líquido e certo do Autor.

Dar-se-á a presente o valor de R$ ...

Termos em que pede deferimento.

Nesses termos, pede deferimento.

Local, data

Advogado

OAB nº...

20.7.2. Modelo – Mandado de segurança coletivo

EXCELENTÍSSIMO SENHOR DOUTOR JUIZ DE DIREITO DA ___ VARA CÍVEL DA COMARCA DE LUZ/MT

—

(10 linhas)

—

Associação X, pessoa jurídica de direito privado, inscrita no CNPJ nº. 06.530.592/0001-77, com sede na Rua...., vem, em defesa dos seus associados, representada neste ato por seu dirigente (qualificação), por meio de seu advogado infrafirmado, com procuração anexa e endereço profissional na Rua ..., onde serão encaminhadas as intimações do feito, impetrar MANDADO DE SEGURANÇA COLETIVO COM PEDIDO DE LIMINAR contra ato do PREFEITO MUNICIPAL DE LUZ, agente público, com endereço profissional na Rua ...., e em face do MUNICÍPIO DE LUZ, pessoa jurídica de direito público interno, CNPJ..., com sede na Rua...., pelos fatos e fundamentos a seguir:

DO CABIMENTO E DA SUBSTITUIÇÃO PROCESSUAL

É cabível o Mandado de Segurança com fulcro no art. 5°, LXX, da CFB e art. 21 da Lei n° 12.016/09, por se tratar de direito líquido e certo. Ressalta-se ainda a tempestividade, por não haver mais de 120 dias do conhecimento do ato coator.

Ressalte-se que o Autor atua em defesa dos seus associados, conforme previsão do art. 21 da lei 12.016/2009.

DOS FATOS

Apresentar todos os fatos relevantes.

DA LIMINAR

O art. 7°, III, Lei n° 12.016/09 estabelece como requisitos para concessão da liminar o fundamento relevante do pedido e o perigo de ineficácia da medida.

O perigo de ineficácia da medida decorre do fato de que ...

E o fundamento relevante encontra respaldo ______.

Dessa forma se faz necessária a suspensão do ato coator e consequente...

DO MÉRITO

(Fundamentação: direito a contraditório negado na esfera administrativa e dever de motivação dos atos administrativos)

DOS PEDIDOS

Pelo exposto, requer:

1) a notificação da autoridade coatora, para que preste suas informações no prazo de 10 dias;

2) a cientificação do órgão de representação judicial do Município, para, querendo, ingressar no feito;

3) a concessão da MEDIDA LIMINAR, determinando a suspensão do ato coator até o julgamento final de mérito, haja vista, a relevância do pedido e o perigo de ineficácia da medida conforme linhas acima traçadas;

4) a confirmação da liminar, com a concessão da segurança, para que anule o ato ......;

5) a Intimação do ilustríssimo representante do Ministério Público, para atuar como fiscal da lei;

6) a condenação do Réu ao pagamento das custas processuais;

7) a juntada de todos os documentos comprobatórios do direito líquido e certo do Autor, inclusive o ato constitutivo da associação.

Dar-se-á a presente o valor de R$ ...
Termos em que pede deferimento.

Nesses termos, pede deferimento.

Local, data

Advogado

OAB n°...

20.7.3. Modelo – Mandado de segurança preventivo

EXCELENTÍSSIMO SENHOR DOUTOR JUIZ DE DIREITO DA ___ VARA CÍVEL DA COMARCA DE LUZ/MT

—

(10 linhas)

—

EMPRESA X, pessoa jurídica de direito privado, inscrita no CNPJ nº. 06.530.592/0001-77, com sede na Rua...., vem, por meio de seu advogado infrafirmado, com procuração anexa e endereço profissional na Rua ..., onde serão encaminhadas as intimações do feito, impetrar MANDADO DE SEGURANÇA PREVENTIVO COM PEDIDO DE LIMINAR contra ameaça de ato do PREFEITO MUNICIPAL DE LUZ, agente público, com endereço profissional na Rua ...., e em face do MUNICÍPIO DE LUZ, pessoa jurídica de direito público interno, CNPJ..., com sede na Rua...., pelos fatos e fundamentos a seguir:

DO CABIMENTO

É cabível o Mandado de Segurança Preventivo com fulcro no art. 5°, LXIX, da CFB e art. 1° e seguintes da Lei n° 12.016/09, por se tratar de ameaça real de violação a direito líquido e certo.

DOS FATOS

A empresa Impetrante ....

DA LIMINAR

O art. 7°, III, Lei n° 12.016/09 estabelece como requisitos para concessão da liminar o fundamento relevante do pedido e o perigo de ineficácia da medida.

O perigo de ineficácia da medida decorre do fato de que ...

E o fundamento relevante encontra respaldo ______.

Dessa forma se faz necessária a abstenção provisória da autoridade pública da prática do ato coator.

DO MÉRITO

(Fundamentação: direito a contraditório negado na esfera administrativa e dever de motivação dos atos administrativos)

DOS PEDIDOS

Pelo exposto, requer:

1) a notificação da autoridade coatora, para que preste suas informações no prazo de 10 dias;

2) a cientificação do órgão de representação judicial do Município, para, querendo, ingressar no feito;

3) a concessão da MEDIDA LIMINAR, determinando que a autoridade se abstenha da prática do ato coator até o julgamento final de mérito, haja vista, a relevância do pedido e o perigo de ineficácia da medida conforme linhas acima traçadas;

4) a confirmação da liminar, com a concessão da segurança, para que se abstenha definitivamente da prática do ato ......;

5) a Intimação do ilustríssimo representante do Ministério Público, para atuar como fiscal da lei;

6) a condenação do Réu ao pagamento das custas processuais;

7) a juntada de todos os documentos comprobatórios do direito líquido e certo do Autor.

Dar-se-á a presente o valor de R$ ...

Termos em que pede deferimento.

Nesses termos, pede deferimento.

Local, data

Advogado

OAB nº...

20.8. CASOS CONCRETOS

A) O Banco Regional Estadual, sociedade de economia mista de um estado da Federação, resolveu abrir procedimento administrativo de seleção com vistas à contratação de empresa civil para a construção da nova sede do banco. Na inexistência de lei específica que estabeleça o estatuto jurídico de que trata o art. 173, § 1º, inciso III, da Constituição Federal, houve por bem aplicar os dispositivos da Lei nº 8.666/1993.

Na fase de habilitação, a sociedade Tijolo Construções e Engenharia Ltda. foi desclassificada do certame, sem a participação do preposto dessa sociedade, sob o argumento de que ela não possuía regularidade fiscal, pois estava em dívida com o INSS – fato que a inabilitaria ao certame, nos termos do inciso IV, do art. 29 da Lei nº 8.666/1993. Essa decisão, com ata lavrada em 10/8/2006, quinta-feira, foi publicada em 15/8/2006, terça-feira.

No recurso administrativo endereçado à Comissão de Licitação, em 22/8/2006, terça-feira, a sociedade licitante defendeu-se, alegando que, em relação ao citado débito, já havia dado em garantia à execução fiscal uma caução integral e em dinheiro. Alegou também que a penhora não foi realizada por ser um procedimento demorado, pelo qual não deu causa, sendo esse o motivo por que não teria fornecido a certidão negativa de débito, mas apresentou a certidão positiva com efeitos de negativa.

Portanto, somente poderia opor os embargos do devedor quando a penhora fosse decidida, o que revelaria a intenção da licitante de discutir o débito judicialmente, ação essa que não dependeria de impetrante, pois a caução havia sido feita há mais de 1 ano, sem que tivesse havido decisão judicial a respeito. O presidente da comissão, em 27/8/2006, após ter recebido o recurso sem efeito suspensivo, não conheceu dele, sob o argumento de sua intempestividade, decisão que foi publicada no dia 29/8/2006.

Na qualidade de advogado da sociedade Tijolo Construções e Engenharia Ltda., redija peça profissional que contemple a medida judicial mais apropriada para que sua constituinte possa continuar a participar do certame.

GABARITO:

Peça: Mandado de Segurança

Autor: Tijolo Construções e Engenharia Ltda (Pessoa Jurídica de Direito Privado, CNPJ..., com sede na Rua...)

Réu: Banco Regional Estadual (Pessoa Jurídica de Direito Privado, CNPJ..., com sede na Rua ...)

Autoridade Coatora: Presidente da Comissão de Licitação

Endereçamento: Justiça Estadual. Excelentíssimo Senhor Doutor Juiz de Direito da ___ Vara da Fazenda Pública da Comarca ..., no Estado ...

Pedidos:

a) a notificação da autoridade coatora para que preste informações no prazo de lei;

b) ciência do órgão de representação judicial do Réu para, querendo, ingressar no feito,

c) a concessão da MEDIDA LIMINAR, determinando a suspensão do ato coator até o julgamento final de mérito, haja vista, a relevância do pedido e o perigo de ineficácia da medida conforme linhas acima traçadas;

d) a confirmação da liminar, com a concessão da segurança, para que anule o ato que inabilitou o licitante do certame;

e) a Intimação do ilustríssimo representante do Ministério Público, para atuar como fiscal da lei;

f) a condenação do Réu ao pagamento das custas processuais;

g) a juntada de todos os documentos comprobatórios do direito líquido e certo do Autor.

Fundamentação legal:

I - o recurso administrativo foi protocolado no prazo, pois estava dentro dos 5 dias úteis previstos no art. 109, I, a, da Lei 8.666/93. Atente-se para o fato de que a lei trata de prazo contado em dias úteis. Desta forma, a não aceitação do recurso viola o princípio do devido processo legal e do contraditório e ampla defesa, conforme arts. 5°, LIV e LV.

II - a caução prestada em dinheiro é suficiente para suspender a exigibilidade do crédito tributário (art. 151, II, do CTN), de modo que a certidão positiva com efeitos de negativa tem o mesmo efeito da certidão negativa (art. 206 do CTN).

Liminar.

FUNDAMENTO RELEVANTE DO PEDIDO - a caução prestada em dinheiro é suficiente para suspender a exigibilidade do crédito tributário (art. 151, II, do CTN). A certidão positiva com efeitos de negativa tem o mesmo efeito da certidão negativa (art. 206 do CTN).

PERIGO DE INEFICÁCIA DA MEDIDA - se não houver suspensão do procedimento licitatório, haverá abertura das propostas de preço, com quebra do sigilo da concorrência, prejudicando o certame.

B) João de Tal foi demitido do cargo de fiscal agropecuário federal por ato do Ministro da Agricultura, depois de tê-lo exercido por 15 anos, sendo que esta era sua única fonte de renda, com a qual mantinha mulher e três filhos menores. O processo administrativo disciplinar do qual resultou a aplicação da pena máxima a João não foi bem conduzido, havendo a comissão processante feito a oitiva de algumas testemunhas importantes sem que João fosse notificado do fato, não tendo podido, portanto, formular quesitos ou, mesmo, contraditá-las. A Portaria 205/2007, assinada pelo ministro de Estado, foi publicada em 20/11/2007, nela constando que a demissão de João ocorrera por ele "ter procedido de forma desidiosa no desempenho de suas funções, causando dano ao Erário e lesando os cofres públicos".

Consta que, por dois anos consecutivos, o servidor em questão chegou a ser premiado pela excelência no desempenho de suas atividades. Além disso, chegou ao último nível da carreira por merecimento e não constava qualquer registro desabonador em sua ficha funcional. A conduta irregular da qual foi acusado (negligência ao fiscalizar grande carga de arroz vinda do sudeste asiático e contaminada por fungo inexistente no Brasil) teria sido verificada nos dias 12 e 13 de março de 1999, conforme denúncia divulgada em reportagem de capa por grande jornal de circulação nacional. Contudo, a Comissão de Processo Administrativo Disciplinar (CPAD) só foi constituída mediante portaria ministerial, em 15 de janeiro de 2005.

Considerando a situação hipotética acima, elabore na qualidade de advogado constituído por João de Tal, com a obediência ao prazo legal, a peça judicial adequada a obter a tutela de urgência que reverta o ato demissionário.

GABARITO:

A peça cabível é um Mandado de Segurança; com fulcro no art. 5.º, LXIX, da CF, e nos arts. 1.º e seguintes, da Lei 12.016/09, por se tratar de anulação de ato administrativo cuja demonstração de ilegalidade já está comprovada mediante prova pré-constituída.

Autor: João de Tal

Réu: União Federal

Autoridade coatora: Ministro da Agricultura

Competência: Excelentíssimo Senhor Doutor Ministro Presidente do Superior Tribunal de Justiça

Pedido: declaração de nulidade do ato de demissão, com a consequente reintegração do servidor ao cargo anteriormente ocupado.

Por tudo exposto, requer:

a) a notificação da autoridade coatora para que preste informações no prazo de lei;

b) ciência do órgão de representação judicial do Réu para, querendo, ingressar no feito,

c) a concessão da MEDIDA LIMINAR, determinando a suspensão do ato coator até o julgamento final de mérito, haja vista, a relevância do pedido e o perigo de ineficácia da medida conforme linhas acima traçadas;

d) a confirmação da liminar, com a concessão da segurança, para que anule o ato que aplicou demissão ao servidor;

e) a Intimação do ilustríssimo representante do Ministério Público, para atuar como fiscal da lei;

f) a condenação do Réu ao pagamento das custas processuais;

g) a juntada de todos os documentos comprobatórios do direito líquido e certo do Autor.

Fundamentação Jurídica:

Violação aos princípios constitucionais do contraditório e da ampla defesa, estampados no art. 5.º, LV, da CF, uma vez que não houve intimação do acusado para oitiva de testemunhas relevantes.

Prescrição da ação disciplinar, consoante art. 142, I, da Lei 8.112/90, pois seu prazo, no caso de sujeição à pena de demissão é de 5 anos contados da data em que o poder público tomou conhecimento do fato; no caso, entre março de 1999 e janeiro de 2005 transcorreram mais de 5 anos, estando configurada a ocorrência da prescrição.

Ademais, a autoridade coatora não tem competência para aplicação da pena. Consoante art. 141, I da lei 8.112/90, somente o Presidente da República é competente para aplicação da pena de demissão a servidor do executivo federal.

Na petição inicial, também deverá ser reservado capítulo para desenvolvimento da **medida liminar** a ser pleiteada, com a determinação de suspensão do ato impugnado com o imediato retorno do servidor ao cargo anteriormente ocupado até o julgamento final do processo.

Neste caso, basta comprovar a existência de fundamento relevante do pedido e perigo de ineficácia da medida.

Fundamento relevante do pedido: argumentos jurídicos legais apresentados

Perigo de ineficácia da medida: o servidor foi desligado da função pública, estando desempregado, sem auferir renda para seu sustento e de sua família.

C) Paulo, economista, ex-servidor público de uma autarquia federal, responsável por ordenar despesas, foi acusado de ter praticado, no dia 12 de agosto de 2002, segunda-feira, ato de improbidade administrativa ao dar à verba pública uma aplicação diversa daquela estabelecida em lei, fato esse que configura crime previsto no art. 315 do Código Penal, cuja pena é de detenção de 3 meses a 1 ano, ou multa. O fato tornou-se conhecido da presidência da referida autarquia no dia 14 de janeiro de 2003, terça-feira, que fez publicar, no dia 18 de fevereiro do mesmo ano, portaria de instauração de processo administrativo disciplinar na qual constava o prazo de 60 dias, prorrogáveis por mais 60 dias, para que se concluíssem os trabalhos.

A comissão de processo administrativo disciplinar foi instalada no dia seguinte. A portaria de cassação de aposentadoria, que ratificou o entendimento da comissão foi então assinada pelo Ministro de Estado, por delegação do presidente da República, e publicada no dia 20 de dezembro de 2006, sob o fundamento de que Paulo teria praticado ato de improbidade administrativa, na forma do inciso IX do art. 10 da Lei 8.429/98, c/c o art. 132, inciso IV, da Lei 8.112/90.

Paulo foi aposentado no dia 04 de janeiro de 2004.

Diante desse fato, na qualidade de advogado de Paulo, redija um texto correspondente à medida judicial mais apropriada para anular a portaria de cassação de aposentadoria, com os argumentos que entender pertinentes; date e peça com a data do último dia do prazo legal correspondente.

GABARITO:

A peça cabível é um Mandado de Segurança; com fulcro no art. 5º, LXIX, da CF, e nos arts. 1º e seguintes, da Lei 12.016/09, por se tratar de anulação de ato administrativo cuja demonstração de ilegalidade já está comprovada mediante prova pré-constituída.

Autor: Paulo

Réu: União Federal

Autoridade coatora: Ministro de Estado

Competência: Excelentíssimo Senhor Doutor Ministro Presidente do Superior Tribunal de Justiça

Pedido: declaração de nulidade do ato de demissão, com a consequente reintegração do servidor ao cargo anteriormente ocupado.

Por tudo exposto, requer:

a) a notificação da autoridade coatora para que preste informações no prazo de lei;

b) ciência do órgão de representação judicial do Réu para, querendo, ingressar no feito,

c) a concessão da MEDIDA LIMINAR, determinando a suspensão do ato coator até o julgamento final de mérito, haja vista, a relevância do pedido e o perigo de ineficácia da medida conforme linhas acima traçadas;

d) a confirmação da liminar, com a concessão da segurança, para que anule o ato que aplicou demissão ao servidor;

e) a Intimação do ilustríssimo representante do Ministério Público, para atuar como fiscal da lei;

f) a condenação do Réu ao pagamento das custas processuais;

g) a juntada de todos os documentos comprobatórios do direito líquido e certo do Autor.

Fundamentação Jurídica:

Prescrição: dispõe o art. 142, § 1º da lei 8.112/90 que o prazo para aplicar a pena de demissão e de cassação de aposentadoria é de 5 anos contados da data em que o fato se tornou conhecido, salvo nas situações em que a infração administrativa também seja capitulada como crime, quando então os prazos de prescrição previstos na lei penal aplicam-se às infrações disciplinares. Desta forma, como o crime que o servidor teria praticado tem pena de detenção de 1 a 3 meses, nos moldes do art. 315 do Código Penal, o prazo de prescrição previsto na lei penal para o crime é de 2 anos (art. 109, VI, do Código Penal).

Sendo assim, estaria configurada a prescrição da pretensão punitiva do Estado, pois entre 2003 e 2006 tem-se período superior a 2 anos.

Na petição inicial, também deverá ser reservado capítulo para desenvolvimento da **medida liminar** a ser pleiteada, com a determinação de suspensão do ato impugnado com o imediato retorno do servidor ao cargo anteriormente ocupado até o julgamento final do processo.

Neste caso, basta comprovar a existência de fundamento relevante do pedido e perigo de ineficácia da medida.

Fundamento relevante do pedido: argumentos jurídicos legais apresentados

Perigo de ineficácia da medida: o servidor foi desligado da função pública, estando desempregado, sem auferir renda para seu sustento e de sua família.

D) O estado de Minas Gerais, por ato do Secretário da Pasta competente, abriu concurso público para o preenchimento de 50 cargos de Técnico de Administração. O Edital prescreve que o cargo é de nível superior, podendo concorrer às vagas os interessados formados em Direito, em Administração, em Economia e em Ciências Contábeis.

O Sindicato Regional de Administração entende que o cargo objeto do concurso é privativo dos diplomados em Administração. Por esse motivo, o Presidente da entidade recorreu ao Secretário de Estado responsável pelo concurso, visando anular o respectivo Edital.

O Secretário por seu turno, não acolheu os argumentos deduzidos pelo Presidente do sindicato, sob o argumento de que a legislação de pessoal do Estado não contempla a restrição alegada. Com essa decisão, manteve o Edital do Concurso, cujo prazo de inscrição termina em dez dias contados da data do desprovimento do recurso administrativo.

O Presidente do Sindicato, inconformado com a decisão administrativa, pretende postular em juízo por meio de ação própria, a anulação do Edital. Você foi contratado pelo Sindicato. Redija a petição da ação adequada, devidamente fundamentada, deduzindo os pedidos que a situação requer.

GABARITO:

A peça cabível é um Mandado de Segurança Coletivo; com fulcro no art. 5.°, LXX, da CF, e nos art. 21, da Lei 12.016/09, por se tratar de anulação de ato administrativo cuja demonstração de ilegalidade já está comprovada mediante prova pré-constituída.

Autor: Sindicato Regional de Administração

Réu: Estado de Minas Gerais

Autoridade coatora: Secretário Estadual

Competência: Excelentíssimo Senhor Doutor Desembargador Presidente do Tribunal de Justiça do Estado de Minas Gerais

Pedido: declaração de nulidade do edital do concurso público.

Por tudo exposto, requer:

a) a notificação da autoridade coatora para que preste informações no prazo de lei;

b) ciência do órgão de representação judicial do Réu para, querendo, ingressar no feito,

c) a concessão da MEDIDA LIMINAR, determinando a suspensão do certame até a decisão final do processo;

d) a confirmação da liminar, com a concessão da segurança, para que anule o edital do concurso público ora impugnado;

e) a Intimação do ilustríssimo representante do Ministério Público, para atuar como fiscal da lei;

f) a condenação do Réu ao pagamento das custas processuais;

g) a juntada de todos os documentos comprobatórios do direito líquido e certo do Autor.

Cabimento e substituição processual

É cabível a presente ação, com fulcro no art. 5°, LXX da Constituição Federal e art. 21 da lei 12.016/09, sendo legítima a parte autora que atua na qualidade de substituta processual dos sindicalizados.

Fundamentação Jurídica:

O art. 37, II da Constituição Federal regulamenta a exigência de concurso público para assunção de cargos ou empregos dentro da Administração, definindo, ainda, que devem ser respeitadas a natureza e complexidade do cargo para as regras definidas para o certame.

Por seu turno o art. 3° da lei 4.769/65 define que o exercício da profissão de Técnico de Administração é privativa dos bacharéis em Administração Pública ou de Empresas formados no Brasil ou no exterior, no último caso, com diploma validado.

Na petição inicial, também deverá ser reservado capítulo para desenvolvimento da **medida liminar** a ser pleiteada, com a determinação de suspensão do concurso público que se encontra em andamento até o julgamento final do processo.

Neste caso, basta comprovar a existência de fundamento relevante do pedido e perigo de ineficácia da medida.

Fundamento relevante do pedido: argumentos jurídicos legais apresentados.

Perigo de ineficácia da medida: o prazo de inscrição se esgotará em 10 dias e, portanto, é urgente impedir a realização do certame para assunção de cargo por pessoa que não possua escolaridade mínima para tanto.

CAPÍTULO 21

HABEAS DATA

21.1. CABIMENTO

O *habeas data*, tem base constitucional no art. 5°, LXXII da Constituição Federal e se encontra regulado pela Lei n° 9.507/97.

Conforme já explicitado, o *habeas data* é cabível sempre que for necessária uma providência judicial para garantir o direito à informação acerca da pessoa do impetrante. Neste sentido, o art. 7° da lei 9.507/97 define ser cabível a medida em 3 hipóteses distintas, a saber:

a) o impetrante quer obter informações acerca da sua pessoa que constam de um determinado registro público.

b) o impetrante pretende retificar informações de sua pessoa que estão incorretamente postas em registro público.

c) o impetrante pretende acrescentar informações neste registro.

Ademais, para que seja cabível a medida judicial, se faz necessária a comprovação de recusa da autoridade pública em prestar as informações, retificar ou acrescentar. Caso a autoridade não se manifeste no prazo legal, ocorre a recusa tácita. Com efeito, a lei define que:

a) quando o impetrante pretende obter informações, o decurso de mais de 10 dias sem prestar as informações requeridas configura recusa tácita.

b) quando o impetrante pretende acrescentar ou retificar informações, a recusa tácita se presume após mais de 15 dias sem manifestação da autoridade competente.

Por fim, ressalte-se não ser cabível o *habeas data* para obtenção de certidões. De fato, se, além de obter as informações, o particular quiser uma certidão acerca destas informações, terá que pleitear por meio de mandado de segurança.

21.2. ESTRUTURA

Em termos de estrutura, o *habeas data* funciona de forma muito parecida com o mandado de segurança. Haverá a autoridade coatora, o autor e o réu. E, assim como no *mandamus*, a competência do *habeas data* é definida pela autoridade coatora. Inclusive, por isso foi sugerida, como macete, a leitura do art. 20 da lei 9.507/97 para fins de definição da competência do mandado de segurança.

Entretanto, a estrutura do *habeas data* é mais simples, porque, nesta ação, não há a necessidade de cientificação do réu para participar da ação. Com efeito, a medida funciona, em verdade, como funcionava o mandado de segurança antes da Lei n° 12.016/09.

Desta forma, o *habeas data* é impetrado contra ato de autoridade coatora. O réu é chamado para participar da ação somente se houver alguma decisão contra ele.

Ademais, nas ações de *habeas data*, não se admite a cobrança de honorários advocatícios e nem de custas processuais, por se tratar de procedimento gratuito, nos moldes da Constituição Federal.

21.3. MARCAÇÃO DO CÓDIGO

A princípio devem ser grifados alguns dispositivos da Lei n° 9.507/97. Logo no início da lei (antes do artigo 1°), deve-se escrever "vide art. 5°, XIV, XXXIII e LXXII, da CF" (deve-se marcar, na Constituição Federal a página e grifar estes incisos do art. 5°). Além disso, é importante colocar: vide Lei n° 12.527/11 (lei de acesso a informações). Esta última lei será marcada com clipe e os arts. 5°, 7°, 8° e o 10 serão grifados.

Desta forma, o único mérito que você será discutido, no habeas data, é o direito a informação acerca da pessoa do impetrante, utilizando-se de todos estes artigos.

O art. 7°, da lei 9.507/97 deve ser grifado integralmente. Esse dispositivo dispõe que é cabível a impetração do habeas data quando o impetrante quiser obter informações acerca de sua pessoa, retificar informações constantes em um registro público acerca de sua pessoa ou acrescentar informações.

Deve ser grifado, também, o parágrafo único, do art. 8°, da Lei n° 9.507/97, que dispõe que se faz necessária a recusa tácita da Administração pública, ou expressa, para que seja possível a impetração do habeas data. Então, dispõe o dispositivo legal, no caso de obtenção de informações, ou o Estado nega, ou não presta as informações no prazo de 10 dias. No caso de acréscimo e retificação, ou o Estado nega, ou não retifica e nem acrescenta no prazo de 15 dias.

Marque, ainda, os arts. 9°, que determina a notificação da autoridade coatora (aqui não há cientificação do réu); 12, que trata a intimação do ilustríssimo representante do Ministério Público; e o art. 20, que define a competência do habeas data e do mandado de segurança.

Como o réu não é chamado para participar da ação, no esquema do habeas data vai constar somente: autor, autoridade coatora, competência, pedido e fundamentação.

21.4. TUTELA DE URGÊNCIA

Não obstante seja possível o requerimento de tutela antecipada, nos moldes do art. 300 do CPC (conforme estudado para as ações ordinárias), no *habeas data* deve-se atentar para o fato de que a prestação de informações em sede de tutela de urgência satisfaz o resultado final do processo, o que não se admite.

Sendo assim, é possível o requerimento de urgência, desde que seja somente para providenciar as informações ou para retificar informações provisoriamente até a decisão final do processo. Nestes casos, será elaborada a medida emergencial, com fulcro no art. 300 do CPC, desde que demonstrada a probabilidade do direito e o perigo de dano ou o risco ao resultado útil do processo.

21.5. MODELO DE *HABEAS DATA*

EXCELENTÍSSIMO SENHOR JUIZ FEDERAL DA ___ VARA DA SEÇÃO JUDICIÁRIA DO ESTADO DA BAHIA.

—

(10 linhas)

—

JOÃO SILVA, brasileiro, solteiro, profissão, RG nº ..., CPF nº ..., residente e domiciliado na rua..., vem, por seu advogado infrafirmado com procuração em anexo e endereço profissional na rua ..., onde serão encaminhadas as intimações do feito, impetrar HABEAS DATA, contra ato do CHEFE DO SETOR DE PESSOAL DO MINISTÉRIO DA FAZENDA, agente público, com endereço profissional na Rua...., pelos fatos e fundamentos a seguir:

DO CABIMENTO

É cabível a impetração do habeas data, com fulcro no art. 5º, LXXII, "a", da CFB, e art. 7º, I, da Lei nº 9.507/97, por tratar-se de direito a informação acerca da pessoa do impetrante.

DOS FATOS

O impetrante exerceu por 20 (vinte) anos o cargo de técnico da receita federal. Pretendendo concorrer a outro cargo público, no momento está organizando curriculum vitae, e precisa ter conhecimento do que consta em sua folha de assentamentos no Ministério da Fazenda, informações que estão sendo dificultadas pelo servidor impetrado;

Há 3 (três) meses o impetrante protocolou a solicitação pleiteada (cópia em anexo, doc. 2) junto ao referido órgão, no entanto, até a presente data, não obteve sucesso quanto ao pedido;

Em razão da demora em receber a informação solicitada, o impetrante dirige-se à seção de registro funcional, e obteve do impetrado a alegação escrita, através de uma certidão (doc. 3), de que a quantidade de serviços no departamento é que acarretava tal delonga.

DO MÉRITO

A princípio Constituição da República, de 1988, em seu art. 5°, XIV e XXXIII garante o direito à informação do cidadão dos atos praticado pela Administração Pública. Vejamos:

"Art. 5º Todos são iguais perante a lei, sem distinção de qualquer natureza, garantindo-se aos brasileiros e aos estrangeiros residentes no País a inviolabilidade do direito à vida, à liberdade, à igualdade, à segurança e à propriedade, nos termos seguintes:

XIV - é assegurado a todos o acesso à informação e resguardado o sigilo da fonte, quando necessário ao exercício profissional;

XXXIII - todos têm direito a receber dos órgãos públicos informações de seu interesse particular, ou de interesse coletivo ou geral, que serão prestadas no prazo da lei, sob pena de responsabilidade, ressalvadas aquelas cujo sigilo seja imprescindível à segurança da sociedade e do Estado;"

No mesmo sentido o art. 5°, da Lei N° 12.527/11 garante a todos o direito a informações de interesse público ou pessoal.

Ainda na mesma esteira, o art. 7°, da Lei N° 12.527/11 define que o direito à informação abrange as informações constantes de registros públicos.

Na situação apresentada, foi negado ao autor as informações pessoais que constam em seu assentamento individual. Tal negativa configura ato ilícito, inclusive guerreável por habeas data, nos moldes do art. 8°, parágrafo único, I, da Lei nº 9.507/97.

Ademais, o poder público tem o dever de publicidade dos atos e registros mantidos por ele.

Com efeito, o princípio da publicidade tem base no art. 37, da CFB/88 e foi desrespeitado na situação em epígrafe.

DOS PEDIDOS

Pelo exposto requer:

1) a notificação da autoridade coatora para que preste suas informações no prazo de 10 dias;

2) a procedência do pedido, determinando à autoridade coatora que preste as informações pleiteadas em dia e hora determinados pelo juízo;

3) a intimação do Ilustríssimo representante do Ministério Público para atuar como fiscal da lei;

4) a juntada dos documentos que comprovam o direito do Autor;

5) a tramitação prioritária do feito, nos moldes do art. 19 da lei 9.507/97.

Dá-se a causa o valor de R$ 200,00 (duzentos reais).

Nesses termos, pede deferimento.

Local, data

Advogado

OAB nº...

21.6. CASOS CONCRETOS

I. José, cidadão estrangeiro, que residira durante trinta anos no Brasil e passara os últimos trinta anos de sua vida no exterior, sem visitar o Brasil, decidiu retornar a este país. Após fixar residência no Brasil, tomou a iniciativa de rever os conhecidos. Em uma conversa com um de seus mais diletos amigos, este lhe informou que ouvira um rumor de que constaria dos assentamentos do Ministério X que José havia se envolvido em atividade terrorista realizada no território brasileiro, trinta e cinco anos atrás. José decidiu averiguar a informação e apresentou uma petição ao Ministério X, requerendo cópia de todos os documentos de posse do referido ministério em que constasse o seu nome. Dentro do prazo legal, José obteve várias cópias de documentos. A cópia do processo entregue a José apresentava-o inicialmente como suspeito de participar de reuniões do grupo subversivo em questão. Porém, ao conferir a cópia que lhe foi entregue, José percebeu que, além de faltarem folhas no processo, este continha folhas não numeradas. Suspeitando de que as folhas faltantes no processo pudessem esconder outro documento em que constasse seu nome, José formulou novo pedido ao Ministério X. Dessa vez, novamente dentro do prazo legal, José recebeu comunicado de uma decisão que indeferia seu pedido, assinada pelo próprio ministro da Pasta X, em que este afirmava categoricamente que o peticionário já recebera cópias de todos os documentos pertinentes. Incrédulo e inconformado com a decisão, José procurou os serviços de um advogado para tomar a providência judicial cabível.

Na qualidade de advogado(a) de José, redija a peça jurídica mais adequada ao caso relatado na situação hipotética, atentando aos seguintes aspectos:

- competência do órgão julgador;
- legitimidade ativa e passiva;
- argumentos a favor do acesso a todos os documentos em que conste o nome de José, no Ministério X;
- requisitos formais da peça judicial proposta.

GABARITO:

A peça cabível é um *Habeas data*; com fulcro no art. 5.º, LXXII, "a", da CF, e no art. 1º e seguintes, da Lei 9.507/97, por se tratar de obtenção de informações acerca da pessoa do impetrante que consta em um registro público.

Autor: José

Autoridade coatora: Ministro da Pasta X

Competência: Excelentíssimo Senhor Doutor Ministro Presidente do Superior Tribunal de Justiça

Pedido: obtenção de informações.

Por tudo exposto, requer:

a) a notificação da autoridade coatora para que preste informações no prazo de lei;

b) a procedência do pedido, marcando data e horário para que sejam prestadas as informações acerca da pessoa do impetrante;

c) a Intimação do ilustríssimo representante do Ministério Público, para atuar como fiscal da lei;

d) a juntada de todos os documentos comprobatórios do direito líquido e certo do Autor;

e) a tramitação prioritária da ação, nos moldes do art. 19 da lei 9.507/97.

Cabimento

É cabível a presente ação, com fulcro no art. 5º, LXXII, "a" da Constituição Federal e art. 1º e seguintes da lei 9.507/97.

Fundamentação Jurídica:

A princípio Constituição da República, de 1988, em seu art. 5º, XIV e XXXIII garante o direito à informação do cidadão dos atos praticado pela Administração Pública.

No mesmo sentido o art. 5º, da Lei Nº 12.527/11 garante a todos o direito a informações de interesse público ou pessoal. Ainda na mesma esteira, o art. 7º, da Lei Nº 12.527/11 define que o direito à informação abrange as informações constantes de registros públicos.

Ademais, o poder público tem o dever de publicidade dos atos e registros mantidos por ele. Com efeito, o princípio da publicidade tem base no art. 37, da CFB/88 e foi desrespeitado na situação em epígrafe.

II. Tício, brasileiro, casado, engenheiro, na década de setenta, participou de movimentos políticos que faziam oposição ao Governo então instituído. Por força de tais atividades, foi vigiado pelos agentes estatais e, em diversas ocasiões, preso para averiguações. Seus movimentos foram monitorados pelos órgãos de inteligência vinculados aos órgãos de Segurança do Estado, organizados por agentes federais. Após longos anos, no ano de 2010, Tício requereu acesso à sua ficha de informações pessoais, tendo seu pedido indeferido, em todas as instâncias administrativas. Esse foi o último ato praticado pelo Ministro de Estado da Defesa, que lastreou seu ato decisório, na necessidade de preservação do sigilo das atividades do Estado, uma vez que os arquivos públicos do período desejado estão indisponíveis para todos os cidadãos. Tício, inconformado, procura aconselhamentos com seu sobrinho Caio, advogado, que propõe apresentar ação judicial para acessar os dados do seu tio.

Na qualidade de advogado contratado por Tício, redija a peça cabível ao tema, observando: a) competência do juízo; b) legitimidade ativa e passiva; c) fundamentos de mérito constitucionais e legais vinculados; d) os requisitos formais da peça inaugural.

GABARITO:

A peça cabível é um *Habeas data*; com fulcro no art. 5.°, LXXII, "a", da CF, e no art. 1° e seguintes, da Lei 9.507/97, por se tratar de obtenção de informações acerca da pessoa do impetrante que consta em um registro público.

Autor: Tício

Autoridade coatora: Ministro de Estado da Defesa

Competência: Excelentíssimo Senhor Doutor Ministro Presidente do Superior Tribunal de Justiça

Pedido: obtenção de informações.

Por tudo exposto, requer:

a) a notificação da autoridade coatora para que preste informações no prazo de lei;

b) a procedência do pedido, marcando data e horário para que sejam prestadas as informações acerca da pessoa do impetrante;

c) a Intimação do ilustríssimo representante do Ministério Público, para atuar como fiscal da lei;

d) a juntada de todos os documentos comprobatórios do direito líquido e certo do Autor;

e) a tramitação prioritária da ação, nos moldes do art. 19 da lei 9.507/97.

Cabimento

É cabível a presente ação, com fulcro no art. 5°, LXXII, "a" da Constituição Federal e art. 1° e seguintes da lei 9.507/97.

Fundamentação Jurídica:

A princípio Constituição da República, de 1988, em seu art. 5°, XIV e XXXIII garante o direito à informação do cidadão dos atos praticado pela Administração Pública.

No mesmo sentido o art. 5°, da Lei N° 12.527/11 garante a todos o direito a informações de interesse público ou pessoal. Ainda na mesma esteira, o art. 7°, da Lei N° 12.527/11 define que o direito à informação abrange as informações constantes de registros públicos.

Ademais, o poder público tem o dever de publicidade dos atos e registros mantidos por ele. Com efeito, o princípio da publicidade tem base no art. 37, da CFB/88 e foi desrespeitado na situação em epígrafe.

CAPÍTULO 22

MANDADO DE INJUNÇÃO

22.1. CABIMENTO E ESTRUTURA

Conforme explicitado, o Mandado de Injunção tem base no art. 5°, LXXI, da CF/88 (inclusive, é necessário que esse artigo seja grifado). Ele é cabível todas as vezes que se estiver diante da falta de uma norma regulamentadora que impeça o exercício de um direito constitucional. Nesses casos se impetra o mandado de injunção, buscando suprir a omissão.

Desta forma, a Carta Magna confere um determinado direito ao cidadão, tratando-se essa garantia de norma de eficácia limitada, estando seu exercício dependendo de regulamentação legal. A ausência da lei justifica a impetração da medida.

O mandado de injunção está regulamentado na lei 13.300/16 e tem uma estrutura muito similar à do Mandado de Segurança. Inclusive o art. 14 da lei 13.300/16 determina que a lei 12.016/09 (que trata do Mandado de segurança) será aplicada subsidiariamente às regras do Mandado de Injunção.

22.2. COMPETÊNCIA

Acerca da competência, devem ser feitas algumas anotações.

Primeiramente, deve ser grifado o art. 102, "q", da CF/88, que diz que o mandado de injunção será julgado pelo STF, quando for uma norma regulamentadora de atribuição do Presidente da República, do Congresso Nacional, Tribunal de Contas da União, Tribunal Superior e STF. Desta forma, diante de uma ausência de norma regulamentadora que é de competência de qualquer destas autoridades, o mandado de injunção deverá ser julgado originariamente pelo Supremo Tribunal Federal.

No que tange à autoridade coatora, o Mandado de Injunção deve ser impetrado em face da autoridade que teria competência para edição da lei. Com efeito, quando a lei que regulamenta determinado direito for de iniciativa do Presidente da República, o mandado de injunção vai ser impetrado contra ele, que é o responsável pela omissão.

Quando não se tratar dos casos mencionados, o art. 105, "h", da CF/88 estabelece que será da competência do STJ, o mandado de injunção, quando for omissão da atribuição de qualquer autoridade federal; salvo se for matéria de qualquer justiça especializada (justiça do trabalho, justiça militar), ou se for de competência originária do STF.

Além disto, é possível a impetração do mandado de injunção para leis estaduais e municipais. Quando a omissão se tratar de Lei Estadual, ato de governador, ou prefeito de capital, o mandado de injunção vai ser de competência do Tribunal de Justiça. Já em relação à Lei Municipal, a competência é do juiz de direito.

Vejamos:

art. 102 STF **q) o mandado de injunção, quando a elaboração da norma regulamentadora for atribuição do Presidente da República, do Congresso Nacional, da Câmara dos Deputados, do Senado Federal, das Mesas de uma dessas Casas Legislativas, do Tribunal de Contas da União, de um dos Tribunais Superiores, ou do próprio Supremo Tribunal Federal;**
art. 105 STJ **h) o mandado de injunção, quando a elaboração da norma regulamentadora for atribuição de órgão, entidade ou autoridade federal, da administração direta ou indireta, excetuados os casos de competência do Supremo Tribunal Federal e dos órgãos da Justiça Militar, da Justiça Eleitoral, da Justiça do Trabalho e da Justiça Federal.**
TJ – leis estaduais
Juiz estadual – leis municipais

22.3. REQUISITOS DA PETIÇÃO INICIAL

Assim como ocorre no Mandado de Segurança, deverá respeitar as regras do art. 319 do CPC, sendo necessária a indicação do autor (ou impetrante), da autoridade coatora (agente público que teria legitimidade para a iniciativa do projeto de lei) e o Réu (entidade pública).

Recebida a petição inicial, será ordenada:

I – a notificação do impetrado sobre o conteúdo da petição inicial, devendo-lhe ser enviada a segunda via apresentada com as cópias dos documentos, a fim de que, no prazo de 10 (dez) dias, preste informações;

II – a ciência do ajuizamento da ação ao órgão de representação judicial da pessoa jurídica interessada, devendo-lhe ser enviada cópia da petição inicial, para que, querendo, ingresse no feito.

É relevante salientar ainda que reconhecido o estado de mora legislativa, será deferida a injunção para:

I – determinar prazo razoável para que o impetrado promova a edição da norma regulamentadora;

II – estabelecer as condições em que se dará o exercício dos direitos, das liberdades ou das prerrogativas reclamados ou, se for o caso, as condições em que poderá o interessado promover ação própria visando a exercê-los, caso não seja suprida a mora legislativa no prazo determinado.

OU seja, o Mandado de Injunção não é ação de controle concentrado de constitucionalidade, visando somente a resolver o problema do impetrante por meio da garantia a ele de que poderá exercer seu direito mesmo sem a previsão de norma regulamentadora.

22.3.1. Tutela de urgência

Cumpre ressaltar que, conforme entendimento pacificado na jurisprudência do Supremo Tribunal Federal, **não** se admite **tutela de urgência** em sede de Mandado de Injunção.

22.4. MANDADO DE INJUNÇÃO COLETIVO

É possível que seja impetrado o Mandado de Injunção Coletivo quando os direitos constitucionais de uma determinada categoria ou coletividade estiverem sendo usurpados pela ausência de norma infraconstitucional que os regulamente.

Nesse caso, a lei dispõe que o mandado de injunção coletivo pode ser promovido pelo Ministério Público, por partido político com representação no Congresso Nacional, pela defensoria pública e também por **organização sindical, entidade de classe ou associação legalmente constituída e em funcionamento há pelo menos 1 (um) ano.**

Esse último caso é relevante para o candidato à prova da OAB porque se trata de representação de entidade privada e a lei determina que essa entidade sindical ou associação poderá impetrar o Mandado de Injunção Coletivo para assegurar o exercício de direitos, liberdades e prerrogativas em favor da totalidade ou de parte de seus membros ou associados, na forma de seus estatutos e desde que pertinentes a suas finalidades, dispensada, para tanto, autorização especial.

22.5. MARCAÇÃO DE ARTIGOS DE LEI

Inicialmente, será grifado o art. 2º da lei 13.300/16 que traz o cabimento do Mandado de Injunção e o art. 3º que define os legitimados. Da mesma forma, deve ser marcado o art. 5º que trata da notificação do coator e ciência do Réu e o art. 7º que dispõe ser obrigatória a intimação do Ministério Público.

Da mesma forma, grife-se o art. 8º que explica os efeitos da decisão de deferimento e o art. 12 que trata do Mandado de Injunção Coletivo.

Ainda deverá ser marcado o art. 5º, LXXI da Constituição Federal.

22.6. MODELO – MANDADO DE INJUNÇÃO

EXMO. SENHOR DOUTOR JUIZ DE DIREITO DA __ VARA DA FAZENDA PÚBLICA DA COMARCA X DO ESTADO X

___

(10 LINHAS)

___

BENEVIDES LTDA, pessoa jurídica de direito privado, CNPJ nº ....., com sede na Rua ....., vem, por seu advogado infrafirmado com procuração em anexo e endereço profissional na rua ..., onde serão encaminhadas as intimações do feito, impetrar MANDADO DE INJUNÇÃO contra omissão do Presidente da Câmara de Vereadores, agente público, com endereço profissional na Rua....., e em face do Município X, pessoa jurídica de direito público interno, CNPJ nº..., com sede na Rua..., pelos fatos e fundamentos a seguir:

DO CABIMENTO

É cabível a impetração do mandado de injunção, com fulcro no art. 5º, LXXI, da CFB, e art. 2º da Lei nº 13.300/16, em virtude da ausência de norma regulamentadora de direito.

DOS FATOS

O Autor tem a intenção de prestar o serviço de moto táxi no Município X, que possui mais de 100 mil habitantes e para tanto requereu um alvará de licença.

Ocorre que, a licença foi negada pelo Réu sob a alegação de que o Código de Transito Brasileiro prevê que os veículos de aluguel destinados ao transporte individual de passageiros ficarão subordinados ao regulamento pela autoridade local e nos Municípios com população superior a 100 mil habitantes adotaram exclusivamente o taxímetro como forma de cobrança do serviço prestado.

Por não haver no Município Réu lei para regular a prestação deste serviço, o alvará não pode ser concedido.

DO MÉRITO

Primeiramente, cumpre ressaltar que o art. 5º, XIII, da CFB garante a liberdade de profissão. Vejamos:

"Art. 5º Todos são iguais perante a lei, sem distinção de qualquer natureza, garantindo-se aos brasileiros e aos estrangeiros residentes no País a inviolabilidade do direito à vida, à liberdade, à igualdade, à segurança e à propriedade, nos termos seguintes:

XIII - é livre o exercício de qualquer trabalho, ofício ou profissão, atendidas as qualificações profissionais que a lei estabelecer;"

Com efeito, todos têm direito ao exercício de profissão ou ofício, garantido constitucionalmente.

Ocorre que, o art. 107, do CTB também garante o direito de transportar, individualmente, passageiros. Entretanto, tal direito não pode ser exercido pelo autor, por falta da lei municipal, que regulamente esta atividade em âmbito local.

É cediço que a ausência da lei não deve impedir o exercício de direitos Constitucionais. Assim, a falta da lei configura inconstitucionalidade sanável por mandado de injunção. Dessa forma, a autorização deve ser editada seguindo a regra geral de utilização do taxímetro até que seja editada lei especifica.

DO PEDIDO

Pelo exposto, requer:

1) a notificação da autoridade coatora, para que preste suas informações no prazo de 10 dias;

2) a ciência do órgão de representação judicial do Município X, para, querendo, ingressar no feito;

3) a procedência do pedido, determinando a expedição de alvará de autorização para exercício da atividade;

4) a Intimação do ilustríssimo representante do Ministério Público, para atuar como fiscal da lei;

5) a condenação do Réu ao pagamento das custas processuais;

6) a juntada de todos os documentos necessários à comprovação do direito do Autor.

Dar-se-á a presente o valor de R$ ...

Nesses termos, pede deferimento.

Município X, data

Advogado

OAB nº...

22.7. CASOS CONCRETOS

I. Catarina Soares, oficial de justiça federal, possui 25 anos de atividade e pretende se aposentar antes de completar 55 anos de idade, haja vista o exercício de atividade perigosa. Desta forma, efetivou o pleito de aposentadoria perante a autoridade competente, informando que durante todo o tempo de serviço trabalhou na vara criminal, entregando mandados de citação em locais perigosos e que, nos moldes do texto constitucional, teria direito a aposentadoria especial.

O pedido foi negado sob a alegação de que, no âmbito do judiciário federal, não foi editada lei, que seria de iniciativa do Supremo Tribunal Federal, para tratar da matéria.

Inconformada Catarina contrata seu escritório de advocacia, argumentando que os policiais federais gozam do benefício de aposentadoria especial em virtude de lei específica editada para a carreira e que ela estaria sendo tolhida de seu direito constitucional pela ausência de legislação.

Considerando a situação hipotética apresentada, na qualidade de advogado(a) constituído(a) pela servidora pública, redija a peça processual mais adequada ao caso, apresentando as questões de direito processual e material indispensáveis à defesa dos interesses de seu cliente.

GABARITO:

A peça cabível é um Mandado de Injunção; com fulcro no art. 5.º, LXXI, "a", da CF, por se tratar de situação na qual a falta de norma regulamentadora impede o exercício de um direito constitucionalmente previsto.

Autor: Catarina Soares

Réu: União Federal

Autoridade coatora: Presidente do Supremo Tribunal Federal

Competência: Excelentíssimo Senhor Doutor Ministro Presidente do Supremo Tribunal Federal

Pedido: obtenção de informações.

Por tudo exposto, requer:

a) a notificação da autoridade coatora para que preste as informações devidas no prazo de lei;

b) 2) a ciência do órgão de representação judicial da União Federal, para, querendo, ingressar no feito;

c) a procedência do pedido, para reconhecer a mora do Congresso Nacional , para que se aplique, por analogia, a norma que regulamenta a aposentadoria especial do policiais federais;

d) a Intimação do ilustríssimo representante do Ministério Público, para atuar como fiscal da lei;

e) a juntada de todos os documentos comprobatórios do direito líquido e certo do Autor;

f) a condenação do Réu ao pagamento das custas processuais.

Cabimento

É cabível a presente ação, com fulcro no art. 5º, LXXI, da Constituição Federal, por se tratar de ausência de norma regulamentadora impedindo o exercício de garantia constitucional.

Fundamentação Jurídica:

A princípio a Constituição da República, de 1988, em seu art. 40, § 4°, II, garante o direito à aposentadoria especial mediante regulamentação por lei complementar de servidores que exercem atividade de risco.

A ausência da lei complementar configura omissão legislativa que impede o exercício do direito.

É cediço que a ausência da lei não deve impedir o exercício de direitos Constitucionais. Assim, a falta da lei configura inconstitucionalidade sanável por mandado de injunção. Dessa forma, deve-se utilizar lei análoga para suprir a omissão.

CAPÍTULO 23

AÇÃO POPULAR

23.1. CABIMENTO

A ação popular é proposta por qualquer cidadão que, embora não tenha sido diretamente lesado pelo ato que ele quer anular, considere o ato lesivo ao interesse coletivo. Com efeito, o cidadão busca a anulação de um ato lesivo ao interesse público. Então quem propõe uma ação popular é sempre um cidadão e a comprovação da cidadania é sempre realizada pela juntada do título de eleitor, nos moldes do art. 1°, § 3°, da lei 4.717/65.

Ressalte-se que a questão deve trazer situação na qual o cliente não procura seu escritório visando à defesa de interesses pessoais, pois estes seriam resolvidos por meio de Mandado de Segurança ou Ação Anulatória. O sujeito pretende garantir a anulação do ato com a intenção de resguardar o interesse da coletividade.

Imagine, por exemplo, que, diante de um procedimento licitatório irregular, o cidadão pretende anular o edital do certame para garantia da moralidade pública. Diferente seria se o seu escritório fosse procurado por um licitante que foi prejudicado diretamente pela irregularidade editalícia, quando então, seria impetrado um Mandado de Segurança ou até mesmo uma ação de procedimento comum para anulação do ato.

Trata-se de ação com base constitucional no art. 5°, LXXIII da Constituição Federal e regulamentado pela lei 4.717/65.

23.2. PARTES

O ato lesivo deve ter sido praticado por um agente público que pertence a algum ente da Administração Pública e este ato pode beneficiar um particular. Então, estes são os réus da ação popular: o agente público, o ente estatal que esse agente representa e o beneficiado (ou beneficiados) pelo ato (art. 6°, da lei 4.717/65).

Caso não se saiba quem foi o beneficiado pelo ato lesivo, então a ação terá somente como réus o agente público e o ente estatal a cujos quadros esse agente pertença (art. 6°, § 1° da lei 4.717/65).

Os réus terão o prazo de 20 dias, prorrogáveis por mais 20, para apresentarem contestação no feito, sendo esta mais uma peculiaridade da ação popular, estampada no art. 7°, IV da lei 4.717/65.

Por fim, importante ressaltar que o art. 6°, § 3° da lei 4.717/65 determina que a pessoas jurídica de direito público ou de direito privado, cujo ato seja objeto de impugnação, poderá abster-se de contestar o pedido, ou poderá atuar ao lado do autor, desde que isso se afigure útil ao interesse público, a juízo do respectivo representante legal ou dirigente.

23.3. MARCAÇÃO DE ARTIGOS

A princípio, deve-se grifar, na Lei nº 4.717/65, o art. 1°, *caput* e o § 3°, que estabelece que é o título de eleitor que comprova a qualidade de cidadão do autor. Além disto, os arts. 2° e 4°. Estes dois dispositivos não tratam da parte processual, são artigos de direito material. O art. 2° explica cada um dos cinco elementos do ato administrativo (competência, finalidade, forma, motivo e objeto) e o parágrafo único, deste artigo, traz o vício em cada um deles. O art. 4° também traz algumas situações que ensejam violação ao direito da coletividade, podendo ele normalmente ser utilizado em ação popular.

Posteriormente, deve-se marcar o art. 6°, *caput*, que define quem são os réus na ação popular: pessoa pública ou privada e as entidades referidas no art. 1°; a autoridade funcionaria ou administradores e outros beneficiários diretos do ato. Deve-se grifar, ainda, o § 1° deste artigo, que prevê que se não houver beneficiário do ato, ele não participa da ação; bem como o § 4°, que define que, na ação popular, é necessária a intimação do Ministério Público para atuar como fiscal da lei.

Devem ser marcados também o art. 1°, § 6°; art. 7° e art. 5°, § 4° (que fala da suspensão liminar do ato lesivo impugnado). Por fim, serão grifados o art. 21, o art. 7°, § 2°, IV e o art. 12; todos da lei 4717/65.

Na ação popular, o autor requer a anulação do ato lesivo. Caso haja antecipação de tutela, requer primeiramente a suspensão do ato, para anular, em decisão final. Por fim, pode-se requerer, ainda, o ressarcimento ao erário por qualquer prejuízo causado (art. 11, da lei 4.717/65).

Ressalte-se que, na ação popular, o autor não pleiteia indenização para si, haja vista o fato de que não foi diretamente lesado pelo ato. Desta forma, deve-se requerer o ressarcimento ao erário, pelo dano causado.

23.4. COMPETÊNCIA

Por fim, na Ação Popular, não há prerrogativa de foro. A competência é a mesma estudada para as ações de procedimento comum. Sendo assim, a ação popular é sempre proposta perante juiz singular, seja na Justiça Estadual ou na Justiça Federal. Não há ação popular proposta diretamente em Tribunais.

23.5. TUTELA DE URGÊNCIA

A princípio a tutela de urgência na ação popular recebe o nome de antecipação de tutela, que pode ou não ser concedida em sede liminar, ou seja, antes da oitiva dos réus, conforme previsão no artigo 5°, § 4° da lei 4.717/65.

Com efeito, é possível o requerimento de tutela antecipada, em sede liminar, na propositura da Ação Popular. Nestes casos, por não haver disposição legal tratando do tema, os requisitos serão os mesmos previstos para a ação de procedimento comum e regulamentados pelo art. 300 do CPC, quais sejam a probabilidade do direito (*fumus boni iuris*) e o perigo de dano ou o risco ao resultado útil do processo (*periculum in mora*).

23.6. REQUISIÇÃO DE DOCUMENTOS

Existem situações nas quais os documentos que comprovam o direito do autor estão em poder da Administração Pública e esta se nega a fornecê-los ao particular interessado, o que poderia ensejar a impossibilidade de propositura da ação. O art. 1, § 4° da lei 4.717/65 define, inclusive que "*Para instruir a inicial, o cidadão poderá requerer às entidades, a que se refere este artigo, as certidões e informações que julgar necessárias, bastando para isso indicar a finalidade das mesmas*".

Ocorre que, caso o poder público não fornaça as informações necessárias, a lei permite que o cidadão proponha a ação, informando a situação ao juízo e requerendo que se determine judicialmente à Administração a juntada dos documentos que se encontram em seu poder. Nestes casos, será acrescida à ação popular o pedido de requisição para juntada de documentos.

Neste sentido, dispõe o art. 7°, I, "b" da lei 4.717/65 que o juiz, ao despachar a petição inicial, determinará "*a requisição, às entidades indicadas na petição inicial, dos documentos que tiverem sido referidos pelo autor (art. 1°, § 6°), bem como a de outros que se lhe afigurem necessários ao esclarecimento dos fatos, ficando prazos de 15 (quinze) a 30 (trinta) dias para o atendimento*".

23.6.1. Opção pela audiência de conciliação e mediação

Antes de atribuir valor à causa, o autor fará a opção pela realização de audiência de conciliação e mediação.

Essa regra se aplica, não somente às ações de procedimento comum, mas também às ações de desapropriação, ação populares e ações civis públicas.

23.7. MODELO DE AÇÃO POPULAR

EXCELENTÍSSIMO SENHOR DOUTOR JUIZ DE DIREITO DA __ VARA DA FAZENDA PÚBLICA DA COMARCA DE SALVADOR DO ESTADO DA BAHIA.

—

(10 linhas)

—

JOSÉ DOS ANZÓIS, brasileiro, casado, comerciante, RG nº..., CPF nº..., título de eleitor nº..., residente e domiciliado na Rua dos Sonhos, 001, vem, por seu advogado infrafirmado com procuração em anexo e endereço profissional na rua ..., onde serão encaminhadas as intimações do feito, propor AÇÃO POPULAR, em face de

- JOÃO DAS BOTAS, prefeito, brasileiro, casado, RG n º..., CPF nº..., residente e domiciliado na Rua .....;
- MUNICÍPIO DE PIROPO, pessoa jurídica de direito público, CNPJ ..., com sede na Rua...;
- CONSTRUTORA MARIA LTDA, pessoa jurídica de direito privado, CNPJ..., com sede na Rua...,. pelos fatos e fundamentos a seguir:

DO CABIMENTO DA AÇÃO POPULAR

É cabível a propositura da ação popular, com fulcro no art. 5º, LXXIII, da CFB e art. 1º e seguintes da Lei nº 4.717/65, por se tratar de ato lesivo ao interesse coletivo.

DOS FATOS

A primeira ré fez publicar Edital de Licitação para pintura do prédio de sua sede, com os detalhes e especificações que constou, conforme foi veiculado no Diário Oficial do Estado do dia 01 de dezembro do ano próximo passado. (exemplar incluso).

No edital, como requisitos para que as empresas interessadas se habilitassem, entre outras, continha as seguintes exigências:

"... a fornecedora deverá ter sede no Estado da Bahia e fabricação própria de tintas..."

Embora fossem muitos os fornecedores interessados, foram inabilitadas todas as empresas interessadas e, finalmente, habilitada a terceira ré, exatamente por ser a única empresa com sede no Estado a possuir fabricação própria de tintas. (certidão inclusa)

Vários dos interessados ingressaram com seus recursos administrativos, contudo, nenhum logrou obter êxito. (cópias inclusas)

DO MÉRITO

Os requisitos de habilitação estabelecidos pela primeira Ré, data vênia, são impróprios e lesivos ao interesse público, pois a realização e qualidade da obra pretendida, desde que atendidos os requisitos técnicos, independem do fato administrativo de que a fornecedora possua sede no Estado da Bahia.

Por outro lado, data vênia, resta óbvio que a licitação foi direcionada para a terceira ré, vez que não existe qualquer outra empresa no Estado da Bahia que tenha condições de preencher os requisitos de sede e de fabricação própria das tintas a serem usadas na obra.

Importa registrar, destarte, que, por óbvio, restou frustrada a competição e nem se pode aferir, como devido, a comparação dos requisitos técnicos e de preços.

Desta forma, resta absolutamente claro que a concorrência não observou a regularidade e a moralidade exigidas e exigíveis legalmente, por consequência se torna nula, por força do disposto no artigo 4., III, letra b e c da Lei nº 4717/65.

Art. 4º. São também nulos os seguintes atos ou contratos, praticados ou celebrados por quaisquer das pessoas ou entidades referidas no artigo 1º:

...

III - a empreitada, a tarefa e a concessão do serviço público, quando:

...

b) no edital de concorrência forem incluídas cláusulas ou condições, que comprometam o seu caráter competitivo;

c) a concorrência administrativa for processada em condições que impliquem na limitação das possibilidades normais de competição;

DOS PEDIDOS

Pelo exposto, requer:

1) a citação dos Réus para, querendo, contestarem o feito;

2) a procedência dos pedidos, determinando a anulação da licitação e dos atos a ela posteriores, bem como condenando as Réus ao ressarcimento ao erário, por eventuais prejuízos causados;

3) a intimação do Ilustríssimo representante do Ministério Público, para que atue como fiscal da lei;

4) a produção de todos os meios de provas admitidos em direito e necessários à solução de controvérsia, inclusive a juntada dos documentos anexos;

5) a condenação dos réus nos ônus da sucumbência.

Em observância ao art. 319, VII do CPC, o autor manifesta a opção pela realização de audiência de conciliação ou mediação.

Dá-se a causa o valor de R$ ....

Nestes termos, pede deferimento.

Local, data

Advogado

OAB nº...

23.8. CASOS CONCRETOS

I. Marcelo, prefeito do município de Lajedo do Tabocal, realizou contratação direta de um publicitário para a realização dos serviços de publicidade institucional da prefeitura, bem como sua publicidade pessoal quando da realização de obras.

Justificou o ato de contratação direta sob o argumento de que, por se tratar de serviço técnico de notória especialização, a licitação seria inexigível, com base na Lei 8.666/93.

O líder da oposição, Jorge, inconformado com as propagandas do prefeito e com a contratação direta, como cidadão do município, contratou seus serviços a fim de que fosse intentada a medida judicial combativa dos atos do Sr. Marcelo.

Em face dessa situação hipotética, redija, na qualidade de advogado(a) de Jorge, elabore a peça processual cabível.

GABARITO:

Trata-se de Ação Popular, uma vez que o autor da ação é um cidadão que entende que a atuação administrativa viola a moralidade pública, sendo portanto, lesiva à coletividade, não atingindo, diretamente, seus interesses.

Peça Processual: Ação Popular.

Autor: Jorge

Réus: Município de Lajedo do Tabocal / Marcelo / Publicitário

Competência: Excelentíssimo Senhor Doutor Juiz de Direito da ____ Vara da Fazenda Pública da Comarca de Lajedo do Tabocal, no estado ...

Pedido: Anulação da contratação firmada diretamente sem licitação e ressarcimento ao erário por eventuais prejuízos causados

Por tudo exposto, requer:

a) citação dos Réus para, querendo, contestarem o feito;

b) a procedência dos pedidos, determinando a anulação do contrato firmado diretamente sem a realização de procedimento licitatório e condenando os Réus ao ressarcimento pelos eventuais prejuízos causados ao erário;

c) a produção de todos os meios de prova admitidos em direito e necessários a solução de controvérsia, inclusive a juntada de todos os documentos anexos;

d) a intimação do Ilustríssimo representante do Ministério Público para atuar como fiscal da lei;

e) a condenação dos Réus nos ônus da sucumbência.

Em observância ao art. 319, VII do CPC, o autor manifesta a opção pela realização de audiência de conciliação ou mediação.

Fundamentação jurídica:

Primeiramente, o art. 37, XXI da Constituição Federal determina que as contratações do poder público devem ser efetivadas após a realização de prévio procedimento licitatório, ressalvadas as hipóteses de dispensa e inexigibilidade regulamentadas na legislação pertinente.

Por seu turno, o art. 25, II da lei 8.666/93 veda a inexigibilidade de licitação pata serviços de divulgação e publicidade, sendo incabível a alegação feita pelo agente público neste sentido.

Ademais, a contratação visando à publicidade pessoal do agente viola frontalmente o princípio da impessoalidade, uma vez que os atos praticados no exercício da função devem ser imputados ao ente público e não ao agente. Neste sentido, o art. 37, § 1° da Constituição Federal proíbe a utilização de nomes e símbolos nas propagandas institucionais, com a finalidade de promoção do agente.

II. Foi noticiado em jornal de grande circulação que "O secretário de transportes de determinado estado, e certa empresa de transportes coletivos, pessoa jurídica de direito privado, com sede no mesmo estado, celebraram, em 05/03/1990, contrato de permissão de serviço público de transporte coletivo intermunicipal em face de todos os municípios do estado, com prazo de 20 anos, prorrogáveis por mais 20 anos. No dia 04/03/2010, depois de muita negociação entre as partes e da inclusão, por vontade do contratado, de algumas cláusulas contratuais, foi firmada a renovação do citado contrato por mais 20 anos. Ocorre que o contrato original e a sua renovação foram feitos sem licitação. Segundo o secretário de Estado, a ausência da licitação se justifica pelo fato de que a referida empresa, nesses 20 anos de serviço, promoveu vultosos investimentos, construiu uma grande estrutura administrativa em todos os municípios do estado, já acumulou a experiência necessária a esse tipo de serviço, e, além disso, a lei federal não exige licitação para contratos de permissão, mas apenas para os contratos de concessão de serviço público. Assim, devido a sua precariedade e possibilidade de rescisão unilateral, não haveria a imposição legal de licitação."

Diante dessa notícia, João Paulo, brasileiro, maior de idade, professor de direito de universidade pública e usuário do sistema de transporte público, contratou, como advogado, um ex-aluno seu. Alega que tem a pretensão de anular essa renovação e, via de consequência, determinar que o estado promova a devida licitação para que outras empresas ou empresários possam participar da licitação em condições de igualdade. Alega ainda que o sistema de transporte no estado não é satisfatório, que as tarifas são muito elevadas e que os ônibus são velhos e sempre atrasam.

João Paulo requereu pessoalmente, do órgão responsável, o acesso aos documentos necessários para a propositura da presente ação; esse pedido, no entanto, foi negado.

Em face da situação hipotética acima, como advogado de João Paulo, redija a medida judicial, de ordem constitucional, que entender cabível na espécie, fundamentando-a com os argumentos que entender pertinentes e observando os requisitos formais da medida.

GABARITO:

Trata-se de Ação Popular, uma vez que o autor da ação é um cidadão que entende que a atuação administrativa viola a moralidade pública, sendo portanto, lesiva à coletividade, não atingindo, diretamente, seus interesses.

Peça Processual: Ação Popular.

Autor: João Paulo

Réus: Estado / Secretário de Transportes / Empresa permissionária

Competência: Excelentíssimo Senhor Doutor Juiz de Direito da ____ Vara da Fazenda Pública da Comarca ..., no estado ...

Pedido: Anulação do ato de prorrogação do contrato de permissão de serviço público firmado diretamente sem licitação e ressarcimento ao erário por eventuais prejuízos causados

Por tudo exposto, requer:

a) citação dos Réus para, querendo, contestarem o feito;

b) a antecipação dos efeitos da tutela em sede liminar para suspender o ato de renovação do contrato administrativo até a decisão final do processo;

c) a procedência dos pedidos, determinando a anulação do ato de renovação do contrato firmado diretamente sem a realização de procedimento licitatório e condenando os Réus ao ressarcimento pelos eventuais prejuízos causados ao erário;

d) a produção de todos os meios de prova admitidos em direito e necessários a solução de controvérsia, inclusive a juntada de todos os documentos anexos;

e) a requisição para que o Estado Réu junte aos autos os documentos necessários à comprovação das alegações do Autor;

f) a intimação do Ilustríssimo representante do Ministério Público para atuar como fiscal da lei;

g) a condenação dos Réus nos ônus da sucumbência.

Em observância ao art. 319, VII do CPC, o autor manifesta a opção pela realização de audiência de conciliação ou mediação.

Fundamentação jurídica:

Primeiramente, o art. 175 da Constituição Federal determina que os contratos de permissão de serviço público devem ser firmados após a realização de prévio procedimento licitatório. No mesmo sentido, o art. 2°, IV da lei 8.987/95 exige a licitação para os contratos de permissão de serviços.

Ademais, a prestação dos serviços deve atender aos princípios de modicidade das tarifas e atualidade, como forma de se garantir a execução de uma atividade adequada aos cidadãos, conforme disposição do art. 6º, § 1º da lei 8.987/95, sendo que a empresa não atende a estes requisitos, uma vez que os serviços são prestados com ônibus antigos e com a cobrança de tarifas muito altas.

Por fim, a renovação do contrato foi efetivada após a inclusão de cláusulas contratuais por vontade do contratado o que não se coaduna com a natureza jurídica da permissão de serviços públicos. Com efeito, estes acordos se formalizam por meio de contrato de adesão, não admitindo a rediscussão de cláusulas contratuais pelas partes, nos moldes do art. 40 da lei 8.987/95.

Na petição inicial, também deverá ser reservado capítulo para desenvolvimento da **tutela de urgência** a ser pleiteada, com a suspensão do ato para que a empresa possa voltar a funcionar imediatamente, nos moldes do art. 5º, § 4º da lei 4.717/65 e art. 300 do CPC.

Probabilidade do direito (*fumus boni iuris*): argumentos jurídicos legais apresentados.

Perigo de dano ou o risco ao resultado útil do processo (*periculum in mora*): enquanto o contrato se mantiver o serviço continuará a ser prestado de forma ineficiente, causando transtornos à coletividade.

III. Determinada Secretaria do estado de Saúde contratou diretamente, com inexigibilidade de licitação, o fornecimento de dez mil pares de luvas cirúrgicas, de dez mil máscaras cirúrgicas e de duas mil lâminas de bisturi com a empresa Produtos Cirúrgicos Ltda., única representante no país de conhecida multinacional fabricante de produtos médicos. Tais produtos destinavam-se ao uso em hospital municipal, onde deveriam ser entregues diretamente.

Pelo total da compra, as partes ajustaram que a Secretaria de Saúde pagaria o valor de R$ 1.000.000,00 à empresa contratada. A justificativa da contratação e do preço foi firmada pela superintendente de suprimentos da referida secretaria e ratificada pelo secretário de saúde. Este último foi também a autoridade responsável pela assinatura do contrato.

Atento fiscalizador dos atos da administração estadual, o deputado João da Silva, de partido de oposição ao governo do Estado, apurou, junto ao mercado, que os preços ajustados entre a referida Secretaria de Estado e a empresa Produtos Cirúrgicos Ltda. eram muito superiores àqueles habitualmente praticados na aquisição de produtos similares e da mesma qualidade. Inclusive, descobriu que aquele mesmo município havia adquirido recentemente os mesmos produtos para a rede municipal de saúde, porém de outro fabricante, por preços mais de cinquenta por cento inferiores.

Inconformado com os atos praticados pela Secretaria de Estado, o deputado João da Silva procurou advogado(a), pretendendo o aconselhamento e atuação deste(a), com o objetivo de impugnar o contrato firmado e tentar sustar a sua execução. Durante a sessão de consulta, o deputado informou que, embora cerca de um terço dos produtos adquiridos já tivesse sido entregue ao hospital, nenhum desembolso fora até então efetuado pela Secretaria, o que estaria em vias de acontecer nos próximos dias.

Na condição de advogado(a) contratado(a) pelo deputado João da Silva, redija a inicial de medida judicial que poderia ser proposta em favor das pretensões de seu cliente.

GABARITO:

Trata-se de Ação Popular, uma vez que o autor da ação é um cidadão que entende que a atuação administrativa viola a moralidade pública, sendo portanto, lesiva à coletividade, não atingindo, diretamente, seus interesses.

Peça Processual: Ação Popular.

Autor: João da Silva

Réus: Município / Secretário de Saúde / Empresa Produtos Cirúrgicos Ltda

Competência: Excelentíssimo Senhor Doutor Juiz de Direito da ____ Vara da Fazenda Pública da Comarca..., no estado ...

Pedido: Anulação do contrato firmado diretamente sem licitação e ressarcimento ao erário por eventuais prejuízos causados

Por tudo exposto, requer:

a) citação dos Réus para, querendo, contestarem o feito;

b) a antecipação dos efeitos da tutela em sede liminar para suspender o contrato administrativo até a decisão final do processo;

c) a procedência dos pedidos, determinando a anulação do contrato firmado diretamente sem a realização de procedimento licitatório e condenando os Réus ao ressarcimento pelos eventuais prejuízos causados ao erário;

d) a produção de todos os meios de prova admitidos em direito e necessários a solução de controvérsia, inclusive a juntada de todos os documentos anexos;

e) a intimação do Ilustríssimo representante do Ministério Público para atuar como fiscal da lei;

f) a condenação dos Réus nos ônus da sucumbência.

Em observância ao art. 319, VII do CPC, o autor manifesta a opção pela realização de audiência de conciliação ou mediação.

Fundamentação jurídica:

Primeiramente, deve-se invocar a obrigatoriedade de licitação prevista nos arts. 37, XXI, da Constituição Federal, e art. 2° da Lei 8.666/93, assim como a impossibilidade de aplicação da hipótese de inexigibilidade prevista no art. 25, I, da Lei 8.666/93.

Ademais, resta demonstrado claramente o prejuízo ao erário uma vez que a contratação foi efetivada por preço muito superior ao de mercado, sendo devido o requerimento de ressarcimento aos cofres públicos.

Na petição inicial, também deverá ser reservado capítulo para desenvolvimento da **tutela de urgência** a ser pleiteada, com a suspensão do ato para que a empresa possa voltar a funcionar imediatamente, nos moldes do art. 5°, § 4° da lei 4.717/65 e art. 300 do Código de Processo Civil.

Probabilidade do direito (*fumus boni iuris*): argumentos jurídicos legais apresentados.

Perigo de dano ou o risco ao resultado útil do processo (*periculum in mora*): enquanto o contrato se mantiver o prejuízo ao erário se agravará, haja vista haver a previsão de desembolso de valores pelo município para os próximos dias.

CAPÍTULO 24

AÇÃO CIVIL PÚBLICA

24.1. CABIMENTO

Normalmente, a identificação da ação civil pública é feita da mesma forma que se faz a identificação da ação popular. O aluno estará diante de um caso concreto no qual se apresenta um ato lesivo ao interesse público. Mais especificamente, a lei 7.347/85 estabelece que:

> *Art. 1° Regem-se pelas disposições desta Lei, sem prejuízo da ação popular, as ações de responsabilidade por danos morais e patrimoniais causados:*
>
> *I - ao meio-ambiente;*
>
> *II - ao consumidor;*
>
> *III – a bens e direitos de valor artístico, estético, histórico, turístico e paisagístico;*
>
> *IV - a qualquer outro interesse difuso ou coletivo;*
>
> *V - por infração da ordem econômica;*
>
> *VI - à ordem urbanística.*
>
> *VII - à honra e à dignidade de grupos raciais, étnicos ou religiosos.*
>
> *VIII - ao patrimônio público e social.*
>
> *Parágrafo único. Não será cabível ação civil pública para veicular pretensões que envolvam tributos, contribuições previdenciárias, o Fundo de Garantia do Tempo de Serviço – FGTS ou outros fundos de natureza institucional cujos beneficiários podem ser individualmente determinados.*

A diferença básica, para fins de identificação, em relação à ação popular é a legitimidade ativa. Isso porque o cidadão não é legitimo para propor a ação civil pública. A legitimidade também está disposta na lei. Com efeito, dispõe o art. 5° da lei 7.347/85 que *"Têm legitimidade para propor a ação principal e a ação cautelar: I - o Ministério Público; II - a Defensoria Pública; III - a União, os Estados, o Distrito Federal e os Municípios; IV - a autarquia, empresa pública, fundação ou sociedade de economia mista; V - a associação que, concomitantemente: a) esteja constituída há pelo menos 1 (um) ano nos termos da lei civil; b) inclua, entre suas finalidades institucionais, a proteção ao meio ambiente, ao consumidor, à ordem econômica, à livre concorrência ou ao patrimônio artístico, estético, histórico, turístico e paisagístico"*.

Desta forma, como, para fins de prova do exame de ordem, o aluno não pode ser convocado a representar um ente ou órgão público, a questão deverá trazer situação em que o candidato é procurado por um Presidente de uma Associação constituída a mais de um ano, com a finalidade de anular ato lesivo ao interesse coletivo.

Deve-se atentar para o fato de que a associação não atua em defesa dos seus associados, caso em que seria cabível o Mandado de Segurança Coletivo, mas sim em defesa do meio ambiente, da ordem econômica o dos direitos do consumidor, analisados de forma genérica.

24.2. ESTRUTURA DA PEÇA E TUTELA DE URGÊNCIA

No que tange à elaboração da peça, a ação civil pública segue a mesma estrutura da ação popular, com antecipação de tutela ou não. Nestes casos, a antecipação de tutela em sede liminar tem base legal no art. 12 da lei 7.347/85, também dependendo da demonstração da **probabilidade do direito** (*fumus boni iuris*) e do **Perigo de dano ou o risco ao resultado útil do processo** (*periculum in mora*).

É importante que seja feita uma remissão na lei 7.347/65. Na parte inicial da Lei nº 7.347/85 deve ser aposto: vide art. 129, § 1º, da CF. Isso porque este vai ser um dos artigos utilizados para justificar o cabimento da Ação Civil Pública, uma vez que define que a legitimidade de Ministério Público não afasta os outros legitimados.

Também se faz necessária a marcação dos artigos 1º, 5º e 12 da lei 7.347/85 para auxiliar na elaboração da peça.

24.2.1. Opção pela audiência de conciliação e mediação

Antes de atribuir valor à causa, o autor fará a opção pela realização de audiência de conciliação e mediação.

Essa regra se aplica, não somente às ações de procedimento comum, mas também às ações de desapropriação, ação populares e ações civis públicas.

24.3. MODELO DE AÇÃO CIVIL PÚBLICA

EXCELENTÍSSIMO SENHOR DOUTOR JUIZ DE DIREITO DA __ VARA DA FAZENDA PÚBLICA DA COMARCA Y DO ESTADO ...

—

(10 linhas)

—

ASSOCIAÇÃO J, pessoa jurídica de direito privado, constituída há mais de um ano para a proteção da ordem econômica, CNPJ..., com sede na Rua..., vem, por seu advogado infrafirmado com procuração em anexo e endereço profissional na rua ..., onde serão encaminhadas as intimações do feito, propor AÇÃO CIVIL PÚBLICA, em face de

- MUNICÍPIO DE PIROPO, pessoa jurídica de direito público, CNPJ ..., com sede na Rua...;
- JOÃO DA SILVA, prefeito, brasileiro, casado, RG n °..., CPF nº..., residente e domiciliado na Rua .....;

• EMPRESA W, pessoa jurídica de direito privado, CNPJ..., com sede à Rua..., pelos fatos e fundamentos a seguir:

DO CABIMENTO E DA LEGITIMIDADE

É cabível a propositura da ação civil pública, com fulcro no art. 129, § 1°, da CFB e art. 1° e seguintes da Lei n° 7.347/85, por se tratar de ato lesivo a ordem econômica.

É legitima a autora conforme o art. 5°, V, da Lei n° 7.347/85.

DOS FATOS

O primeiro Réu celebrou um contrato administrativo com a terceira Ré, cujo sócio majoritário etc.

DO MÉRITO

Primeiramente cumpre ressaltar que o art. 37, XXI, da CFB exige a realização de licitação para as contratações do Poder Público etc.

DOS PEDIDOS

Pelo exposto, requer:

1) a citação dos Réus para, querendo, contestarem o feito;

2) a procedência dos pedidos, determinando a anulação do contrato impugnado, bem como o ressarcimento pelos eventuais danos causados;

3) a intimação do Ilustríssimo representante do Ministério Público, para que atue como fiscal da lei;

4) a produção de todos os meios de provas admitidos em direito e necessários à solução de controvérsia, inclusive a juntada dos documentos 5) e do estatuto constitutivo da Associação, em anexo;

6) a condenação dos réus nos ônus da sucumbência.

Em observância ao art. 319, VII do CPC, o autor manifesta a opção pela realização de audiência de conciliação ou mediação.

Dá-se a causa o valor de R$ 25.000.000,00.

Nestes termos, pede deferimento.

Município Y, data

Advogado

OAB n°...

24.4. CASOS CONCRETOS

I. Analise a situação hipotética e elabore a peça prático-profissional conforme solicitado.

Tício, Secretário de Esportes do Município do Rio de Janeiro, usou verba pública, sem licitação, para fazer publicidade de eventos esportivos promovidos por essa mesma Secretaria. A publicidade consistia em balões coloridos, trazendo o seguinte mote: "Secretaria de Esportes do Município, o Povo em Primeiro Lugar".

Decorrido algum tempo, Tício resolveu se candidatar a vereador e, em sua campanha eleitoral, usou a mesma publicidade: balões coloridos exatamente da mesma forma, como seguinte mote: "Tício, o Povo em Primeiro Lugar". Procurado pela Associação de Proteção da Dignidade e Moralidade Pública do Rio de Janeiro (criada em 1988 e sem fins lucrativos), através de seu representante legal, Caio, redija a peça inicial da ação judicial cabível para que o erário municipal seja ressarcido.

ADVOGADO: EDMAR LOPES

Insc.: 1.100

GABARITO:

Trata-se de Ação Civil Pública, uma vez que o autor da ação é uma Associação com a finalidade de proteção à moralidade pública que entende que a atuação administrativa é lesiva à coletividade.

Peça Processual: Ação Civil Pública.

Autor: Associação de Proteção da Dignidade e Moralidade Pública do Rio de Janeiro

Réus: Tício / Publicitário / Município do Rio de Janeiro

Competência: Excelentíssimo Senhor Doutor Juiz de Direito da ____ Vara da Fazenda Pública da Comarca do Rio de Janeiro, no estado do Rio de Janeiro

Pedido: Indenização pelos prejuízos causados ao patrimônio público (não há como requerer anulação de qualquer ato, já que a propaganda já foi efetivada).

Por tudo exposto, requer:

a) citação dos Réus para, querendo, contestarem o feito;

b) a procedência dos pedidos, condenando os Réus ao ressarcimento pelos prejuízos causados ao erário;

c) a produção de todos os meios de prova admitidos em direito e necessários a solução de controvérsia, inclusive a juntada de todos os documentos anexos;

d) a intimação do Ilustríssimo representante do Ministério Público para atuar como fiscal da lei;

e) a condenação dos Réus nos ônus da sucumbência.

Em observância ao art. 319, VII do CPC, o autor manifesta a opção pela realização de audiência de conciliação ou mediação.

Fundamentação jurídica:

Primeiramente, o art. 37, XXI da Constituição Federal determina que as contratações do poder público devem ser efetivadas após a realização de prévio procedimento licitatório, ressalvadas as hipóteses de dispensa e inexigibilidade regulamentadas na legislação pertinente.

Ademais, a contratação visando à publicidade pessoal do agente viola frontalmente o princípio da impessoalidade, uma vez que os atos praticados no exercício da função devem ser imputados ao ente público e não ao agente. Neste sentido, o art. 37, § 1º da Constituição Federal proíbe a utilização de nomes e símbolos nas propagandas institucionais, com a finalidade de promoção do agente.

II. O Município Y, representado pelo Prefeito João da Silva, celebrou contrato administrativo com a empresa W – *cujo sócio majoritário vem a ser Antonio Precioso, filho da companheira do Prefeito* –, tendo por objeto o fornecimento de material escolar para toda a rede pública municipal de ensino, pelo prazo de sessenta meses. O contrato foi celebrado sem a realização de prévio procedimento licitatório e apresentou valor de cinco milhões de reais anuais.

José Rico, diretor da Associação J, constituída há mais de um ano com a finalidade de proteção à ordem econômica, inconformado com a contratação que favorece o filho da companheira do Prefeito, procura-o para, na qualidade de advogado(a), identificar e minutar a medida judicial que, em nome dele, pode ser proposta para questionar o contrato administrativo.

Proponha a ação cabível. A medida judicial deve conter a argumentação jurídica apropriada e o desenvolvimento dos fundamentos legais da matéria versada no problema.

GABARITO:

Trata-se de Ação Civil Pública, uma vez que o autor da ação é uma Associação com a finalidade de proteção à ordem econômica que entende que a atuação administrativa é lesiva à coletividade.

Peça Processual: Ação Civil Pública.

Autor: Associação J

Réus: João da Silva / Município Y / Empresa W

Competência: Excelentíssimo Senhor Doutor Juiz de Direito da ____ Vara da Fazenda Pública da Comarca Y, no estado ...

Pedido: Anulação do contrato celebrado sem a realização do procedimento licitatório e a indenização pelos prejuízos causados ao patrimônio público.

Por tudo exposto, requer:

a) citação dos Réus para, querendo, contestarem o feito;

b) a concessão da medida liminar, determinando a suspensão do contrato firmado até o julgamento final do processo;

c) a procedência dos pedidos, determinando a anulação do contrato ora impugnado e condenando os Réus ao ressarcimento pelos prejuízos causados ao erário;

d) a produção de todos os meios de prova admitidos em direito e necessários a solução de controvérsia, inclusive a juntada de todos os documentos anexos;

e) a intimação do Ilustríssimo representante do Ministério Público para atuar como fiscal da lei;

f) a condenação dos Réus nos ônus da sucumbência.

Em observância ao art. 319, VII do CPC, o autor manifesta a opção pela realização de audiência de conciliação ou mediação.

Fundamentação jurídica:

Primeiramente, o art. 37, XXI da Constituição Federal determina que as contratações do poder público devem ser efetivadas após a realização de prévio procedimento licitatório, ressalvadas as hipóteses de dispensa e inexigibilidade regulamentadas na legislação pertinente.

Ademais, a contratação foi feita para beneficiar o enteado do prefeito em clara violação aos princípios da moralidade e impessoalidade, estampados no *caput* do art. 37 da Constituição Federal.

Por fim, a contratação não pode ser firmada por prazo de 60 meses, uma vez que o art. 57 da lei 8.666/93 dispõe que os contratos administrativos devem durar o prazo de vigência do crédito orçamentário, qual seja, o prazo máximo de um ano.

Na petição inicial, também deverá ser reservado capítulo para desenvolvimento da **tutela de urgência** a ser pleiteada, com a suspensão do ato para que a empresa possa voltar a funcionar imediatamente, nos moldes do art. 12 da lei 7.347/85 e art. 300 do Código de Processo Civil.

Probabilidade do direito (*fumus boni iuris*): argumentos jurídicos legais apresentados

Perigo de dano ou o risco ao resultado útil do processo (*periculum in mora*): enquanto o contrato se mantiver o prejuízo ao erário se agravará.

CAPÍTULO 25

HABEAS CORPUS

25.1. CABIMENTO

Primeiramente, ressalte-se que o *Habeas corpus* é a ação judicial que tem por finalidade evitar ou fazer cessar a violência ou coação à liberdade de locomoção, decorrente de ilegalidade ou abuso de poder. A matéria é estranha ao direito administrativo e jamais foi cobrada em provas de OAB para os candidatos de direito administrativo, no entanto, se encontra no conteúdo programático dos editais do exame de ordem o que torna necessária a análise do instituto.

A Constituição Federal de 1988 prevê em seu art. 5°, inciso LXVIII que será concedido o *habeas corpus* toda vez que alguém sofrer ou se achar ameaçado de sofrer violência ou coação em sua liberdade de locomoção, por ilegalidade ou abuso de poder. Importante frisar que alguém, no *habeas corpus*, refere-se tão somente a pessoa física.

Qualquer outra punição, ainda que ilegal, que não enseje a privação da liberdade, não é passível de *habeas corpus*.

Por fim, é importante destacar a impossibilidade de se discutir, via *habeas corpus* o mérito de prisões militares. No entanto, é possível a propositura do *habeas corpus* com a finalidade de analisar a legalidade do ato que ensejou a prisão militar.

Isso é relevante porque talvez seja uma das poucas hipóteses de utilização desta ação em uma prova de direito administrativo.

25.2. PROCEDIMENTO

O *habeas corpus* é uma ação constitucional de procedimento especial, isenta de custas. Sendo assim, não cabe o pleito de condenação em custas processuais na referida ação.

É possível a impetração desta ação preventivamente ou repressivamente. O *habeas* corpus preventivo é cabível quando alguém se achar ameaçado de sofrer violência ou coação em sua liberdade de locomoção por ilegalidade ou abuso de poder. O *habeas corpus* repressivo ou liberatório é proposto quando alguém estiver sofrendo violência ou coação em sua liberdade de locomoção por ilegalidade ou abuso de poder. Neste caso, a ação visa a fazer cessar o desrespeito à liberdade de locomoção.

Primeiramente, é de se considerar a figura do impetrante, que é a pessoa legitimada a impetrar a ordem, uma vez que apropria natureza do *habeas corpus* indica que qualquer pessoa seja nacional ou estrangeiro, não importando sua profissão ou situação social, pode impetrá-lo a seu favor ou de outrem. Este sujeito pode atuar diretamente ou mediante representação por advogado.

O coator ou autoridade coatora é o agente que causa o dano discutido e que deve ser chamado a prestar informações no feito.

25.3. COMPETÊNCIA

Juiz de Direito - Compete aos Juízes de Direito estaduais sempre que a coação for exercida por particulares ou pelas autoridades policiais estaduais.

Tribunais de Justiça - Já os Tribunais de Justiça ou de Alçada serão competentes originariamente, sempre que a autoridade coatora for Juiz de Direito estadual ou secretário de estado (Código de Processo penal, art. 650, II).

Juiz Federal - Compete ao Juiz Federal, quando o crime atribuído ao paciente tiver sido praticado pela Polícia Federal. Caso seja o próprio Juiz Federal a autoridade coatora, competirá ao Tribunal Regional Federal a que estiver ele subordinado.

Superior Tribunal de Justiça - Competirá ao Superior Tribunal de Justiça, quando o coator ou o paciente for Governador de estado ou do Distrito federal; órgão monocrático dos Tribunais Estaduais ou dos Tribunais Regionais Federais, membros dos Tribunais de Contas dos Estados ou do Distrito Federal; dos Tribunais Regionais Eleitorais, dos Tribunais Regionais do Trabalho; dos Conselhos ou Tribunais de Contas dos Municípios e do Ministério Público da União que oficiem perante Tribunais ou quando o Coator for Ministro de Estado.

Supremo Tribunal Federal - Será competente se o paciente for o Presidente da República, o Vice-Presidente, os membros do Congresso Nacional, os seus próprios Ministros, o Procurador-Geral da República, os Ministros de Estado, os Membros dos Tribunais Superiores, os dos Tribunais de Contas da União e os Chefes de Missões Diplomáticas.

A Justiça Federal é competente para o conhecimento de *habeas corpus* em que sejam pacientes os militares das Forças Armadas. Neste sentido:

> **"RECURSO ORDINÁRIO EM HABEAS CORPUS. PROCESSUAL PENAL. INFRAÇÃO DISCIPLINAR. PUNIÇÃO IMPOSTA A MEMBRO DAS FORÇAS ARMADAS. CONSTRIÇÃO DA LIBERDADE. HABEAS CORPUS CONTRA O ATO. JULGAMENTO PELA JUSTIÇA MILITAR DA UNIÃO. IMPOSSIBILIDADE. INCOMPETÊNCIA. MATÉRIA AFETA À JURISDIÇÃO DA JUSTIÇA FEDERAL COMUM. INTERPRETAÇÃO DOS ARTS. 109, VII, e 124, § 2°. I - À Justiça Militar da União compete, apenas, processar e julgar os crimes militares definidos em lei, não se incluindo em sua jurisdição as ações contra punições relativas a infrações (art. 124, § 2°, da CF). II - A legalidade da imposição de punição constritiva da liberdade, em**

procedimento administrativo castrense, pode ser discutida por meio de habeas corpus. Precedentes. III - Não estando o ato sujeito a jurisdição militar, sobressai a competência da Justiça Federal para o julgamento de ação que busca desconstituí--lo (art. 109, VII, CF). IV - Reprimenda, todavia, já cumprida na integralidade. V - HC prejudicado." (STF; RHC 88543 / SP - SÃO PAULO; Rel. Min. RICARDO LEWANDOWSKI; Julgamento: 03/04/2007; Primeira Turma)"

25.4. MODELO DE *HABEAS CORPUS*

EXCELENTÍSSIMO SENHOR DOUTOR JUIZ PRESIDENTE DO TRIBUNAL REGIONAL FEDERAL DE ....

(10 linhas)

FULANO DE TAL, brasileiro, estado civil, profissão, residente e domiciliado à , vem à presença de Vossa Excelência, impetrar a presente ordem de HABEAS CORPUS LIBERATÓRIO com pedido de liminar em favor de SICRANO DE TAL, brasileiro, estado civil, profissão, portador da CI nº , residente e domiciliado à ....., na cidade de , pelas razões de fato e de direito a seguir delineadas.

DO CABIMENTO

É cabível o habeas corpus com apoio no art. 5º, LXVIII, da Constituição Federal e nos termos dos arts. 647 e 648, I do Código de Processo Penal, por se tratar de violação ao direito de locomoção do impetrante.

DOS FATOS

O paciente foi detido em , sob a acusação de ...

DOS PRESSUPOSTOS DA MEDIDA LIMINAR

A concessão da medida liminar depende da comprovação do periculum in mora e do fumus boni iuris.

A plausibilidade jurídica da concessão da liminar encontra-se devidamente caracterizada na presente. O fumus boni iuris foi devidamente demonstrado pelos elementos fáticos e jurídicos trazidos à colação ...

O periculum in mora repousa NO FATO DE QUE ...

Assim, deve ser suspenso o ato coator.

DO DIREITO

A Constituição Federal prescreve:

Argumentação jurídica.

DOS PEDIDOS

Diante desse fato e configurado, pois, o constrangimento ilegal a que se sujeita o paciente, requer o impetrante se digne Vossa Excelência conceder em favor de SICRANO DE TAL, o pretendido writ, para que cessa a coação, determinando, ainda, seja expedido o competente alvará de soltura, para que seja, de imediato, posto em liberdade.

Pede deferimento.

Local, data

Advogado/Impetrante

CAPÍTULO 26

RECLAMAÇÃO

26.1. CABIMENTO

Trata-se de medida prevista no art. 103-A, § 3°, da Constituição Federal e art. 988 do CPC, que prevê a possibilidade de apresentar reclamação sempre que um determinado ato contrariar súmula vinculante, violar a competência do tribunal ou suas decisões ou ainda deixar de observar acórdão proferido em julgamento de incidente de resolução de demandas repetitivas ou de incidente de assunção de competência.

É importante que o aluno atente para o fato de que a reclamação não impede e nem substitui as ações judiciais cabíveis, ou seja, mesmo sabendo que é cabível uma reclamação, também se pode estar diante de situação em que se admita mandado de segurança ou uma ação anulatória pelo rito ordinário.

Dessa forma, diante de um ato nulo que viola uma Súmula vinculante, por exemplo, é possível a propositura de uma reclamação, mas também é admissível a impetração de mandado de segurança, ou, até mesmo, pode ser proposta uma ação popular, caso se trate de um cidadão visando anular ato que viola o interesse público.

Desta forma, para fins de prova de OAB, o aluno só deve optar pela reclamação, se isso estiver muito claro na questão. Por que? Caso a questão estabeleça que "fulano procurou seu escritório de advocacia para anular o ato", mesmo que seja possível a reclamação, deve-se preferir o mandado de segurança, uma ação anulatória ou ação popular, dentro daquelas hipóteses de cabimento que já se tratou nos capítulos anteriores.

Ademais, a reclamação não é ação e não é recurso. Portanto, caso a prova determine que o candidato deve "propor a ação judicial cabível" ou "interpor o recurso para discutir a decisão", não cabe reclamação. Trata-se de uma medida judicial.

Outrossim, quando se tratar de reclamação perante do STF para anulação de ato que viola Súmula Vinculante, deve-se analisar na questão se já houve um pleito administrativo negado. Isso porque é indispensável este **esgotamento da via administrativa** antes de se partir para o judiciário por meio de uma reclamação constitucional.

Neste sentido, a Lei n° 11.417/06, trata da reclamação em seu art. 7°. Este dispositivo deve ser grifado pelo candidato. O § 1° do mesmo artigo - que também será grifado - define que deve haver o esgotamento das instancias na via administrativa previamente à reclamação e o § 2° - grifado da mesma forma - estabelece que o ato lesivo será anulado com o julgamento da medida. Vejamos.

Art. 7º Da decisão judicial ou do ato administrativo que contrariar enunciado de súmula vinculante, negar-lhe vigência ou aplicá-lo indevidamente caberá reclamação ao Supremo Tribunal Federal, sem prejuízo dos recursos ou outros meios admissíveis de impugnação.

§ 1º Contra omissão ou ato da administração pública, o uso da reclamação só será admitido após esgotamento das vias administrativas.

§ 2º Ao julgar procedente a reclamação, o Supremo Tribunal Federal anulará o ato administrativo ou cassará a decisão judicial impugnada, determinando que outra seja proferida com ou sem aplicação da súmula, conforme o caso.

26.2. ESTRUTURA

Os art. 988 e seguintes do CPC tratam do procedimento da reclamação que é muito similar ao procedimento que nós utilizamos para o *habeas data*. Na estrutura, a reclamação é muito simples, porque ela segue a mesma estrutura que foi analisada nesta obra para o habeas data, sendo que a competência é sempre do Tribunal cuja decisão se pretende preservar. Neste sentido, o art. 988, § 1º dispõe que *"A reclamação pode ser proposta perante qualquer tribunal, e seu julgamento compete ao órgão jurisdicional cuja competência se busca preservar ou cuja autoridade se pretenda garantir".*

Aqui não há autor e réu, porque não é uma ação. Serão utilizadas as nomenclaturas: reclamante e reclamado.

Ademais, o juízo, ao receber a peça introita, requisitará informações da autoridade a quem for imputada a prática do ato impugnado, que as prestará no prazo de dez dias e ordenará, se necessário, para evitar dano irreparável, a suspensão do processo ou do ato impugnado. Posteriormente, será determinada a citação do beneficiário da decisão impugnada para que possa apresentar defesa no prazo de 15 dias. Vejamos:

Art. 989. Ao despachar a reclamação, o relator:

I - requisitará informações da autoridade a quem for imputada a prática do ato impugnado, que as prestará no prazo de 10 (dez) dias;

II - se necessário, ordenará a suspensão do processo ou do ato impugnado para evitar dano irreparável;

III - determinará a citação do beneficiário da decisão impugnada, que terá prazo de 15 (quinze) dias para apresentar a sua contestação.

O Código de Processo Civil também prevê a participação do representante do Ministério Público como fiscal da lei. Com efeito, o art. 991 define que *"Na reclamação que não houver formulado, o Ministério Público terá vista do processo por 5 (cinco) dias, após o decurso do prazo para informações e para o oferecimento da contestação pelo beneficiário do ato impugnado".*

26.3. ENDEREÇAMENTO E TUTELA DE URGÊNCIA

A reclamação será sempre endereçada ao Tribunal cuja decisão se pretende preservar.

Ademais, poderá ser requerida a medida liminar em sede de reclamação desde que demonstrada a **Probabilidade do direito *(fumus boni iuris)*** e o **Perigo de dano ou o risco ao resultado útil do processo *(periculum in mora)***, nos moldes do art. 300 do CPC.

26.4. MODELO DE RECLAMAÇÃO

EXCELENTÍSSIMO SENHOR DOUTOR MINISTRO PRESIDENTE DO SUPREMO TRIBUNAL FEDERAL

(10 linhas)

João da Silva, nacionalidade, estado civil, profissão, RG nº ... e CPF nº ..., residente e domiciliado na rua ..., vem, por seu advogado infrafirmado com procuração em anexo, e endereço profissional na Rua..., onde serão encaminhadas as intimações do feito, apresentar RECLAMAÇÃO CONSTITUCIONAL contra ato de Petruncio Oswaldo, governador do Estado, com endereço profissional na rua ... e em face de Juvídio Oswaldo, nacionalidade, estado civil, profissão, RG..., CPF..., endereço eletrônico, residente e domiciliado na rua ... pelos fatos e fundamentos a seguir.

DO CABIMENTO

É cabível a presente reclamação, com fulcro no art. 103-A, § 2°, da CF e art. 988 do CPC, por se tratar de ato que afronta Súmula Vinculante

DOS FATOS

Relato da situação fática apresentada na questão.

(...)

DO DIREITO

Este Colendo Supremo Tribunal Federal, editou a Sumula Vinculante nº 13 que estabelece que:

DOS PEDIDOS

Pelo exposto, requer:

1 - a intimação/notificação da autoridade para que preste informações no prazo determinado;

2 - a citação do beneficiário para que apresente defesa no prazo legal;

3 - a procedência do pedido, determinando a anulação do ato impugnado;

4 - a intimação do Ilustríssimo representante do Ministério Público para atuar como fiscal da lei;

5 - a juntada de todos os documentos necessários à comprovação do direito alegado.

Dá-se à causa o valor de R$ ...

Nestes termos, pede deferimento.

Local, data

Advogado

OAB nº ...

26.5. CASOS CONCRETOS

I. Petrúncio Oswaldo, governador do Estado do Pará, nomeou seu irmão, Juvídio Oswaldo, Conselheiro do Tribunal de Contas do Estado, em 15/04/2012.

Com a situação, a população ficou indignada e, Maria João, moradora da cidade de Belém, procuradora do Tribunal de Contas do Estado, que estava cotada para ser nomeada para a função, apresentou reclamação administrativa a qual foi julgada improcedente pelo chefe do executivo estadual, sob a alegação de que a nomeação se tratava de ato político.

Assim, procurou seu escritório requisitando seus serviços para que sejam tomadas as medidas judiciais cabíveis ao desfazimento do ato violador da moralidade pública. Nesse diapasão, informou que gostaria que fosse proposta a medida mais célere diretamente no Supremo Tribunal Federal, pelo descumprimento de Súmula Vinculante.

Em face dessa situação hipotética, redija, na qualidade de advogado(a) contratado(a) por Maria, a peça judicial mais adequada.

Gabarito:

Peça Processual: Reclamação constitucional

Reclamante: Maria João

Autoridade coatora: Petrúncio Oswaldo

Competência: Excelentíssimo Senhor Doutor Ministro Presidente do Supremo Tribunal Federal

Pedido: Anulação do ato de nomeação.

Por tudo exposto, requer:

1 - a intimação/notificação da autoridade para que preste informações no prazo determinado;

2 - a citação do beneficiário para que apresente defesa no prazo legal;

3 - a procedência do pedido, determinando a anulação do ato impugnado;

4 - a intimação do Ilustríssimo representante do Ministério Público para atuar como fiscal da lei;

5 - a juntada de todos os documentos necessários à comprovação do direito alegado.

Dá-se à causa o valor de R$ ...

Fundamentação jurídica:

Primeiramente, o art. 37 da Constituição Federal determina que a atuação da Administração Pública deve se pautar nos princípios da moralidade e impessoalidade, entre outros.

Ademais, a Súmula Vinculante nº 13 veda o nepotismo no serviço público, determinando ser proibida a nomeação de parente até o terceiro grau civil da autoridade nomeante, bem como cônjuge ou companheiro para exercer atividade pública sob sua chefia imediata.

Ainda neste sentido, o STF já se manifestou definindo que o cargo de conselheiro do Tribunal de Contas é cargo de natureza administrativa e, portanto, a nomeação do candidato não configura ato político, devendo ser aplicada a súmula.

CAPÍTULO 27

PARECER

27.1. CONSIDERAÇÕES

No que tange ao cabimento, não há complexidade, somente sendo admitida a realização de um parecer, quando isso for expressamente requerido na questão da prova. Com efeito, a prova deverá pedir a elaboração de parecer ou de peça opinativa para que este seja o caminho a ser trilhado pelo candidato.

27.2. ESTRUTURA

O parecer tem uma estrutura muito simples. Na realidade, o parecer sequer tem uma estrutura obrigatória, estipulada por lei, como ocorre com as ações judiciais. Para facilitar o estudo, será passada uma estrutura nesta obra que atende perfeitamente as necessidades do candidato.

Como é que é feito um parecer? Sempre se deve iniciar a peça com o nome PARECER centralizado, posteriormente, será feita a EMENTA (que por ser um resumo do parecer é a última coisa a ser feita, por isso, deve ser reservado um espaço de 10 linhas para elaboração da ementa ao final). Posteriormente, os tópicos seguintes serão: DO RELATÓRIO, DA FUNDAMENTAÇÃO, DA CONCLUSÃO.

No parecer, o aluno sempre vai estar diante de alguma pergunta, de um questionamento de um cliente acerca de determinada situação. Então, serão elaborados os fatos, posteriormente, será organizada a fundamentação para que, ao final, seja concluído, opinando acerca da pergunta feita.

> **Importante!** Nas petições judiciais, o aluno deve ser parcial, estar do lado do seu cliente e, por isso, toda a pesquisa é feita buscando argumentos que concedam razão ao cliente. No parecer, deve-se dizer ao cliente que ele tem ou não razão. Isso faz com que a pesquisa de mérito seja feita de forma imparcial para entender se o cliente tem ou não razão em seu argumento. No parecer, o cliente busca uma opinião imparcial que defina se ele tem determinado direito ou não.

27.3. MODELO DE PARECER

PARECER

___

___

EMENTA: (PALAVRAS CHAVES EM LETRA MAIÚSCULA)

DO RELATÓRIO (Descrição da solicitação e objetivos)

Foi elaborada consulta acerca da seguinte situação, por....

(Fazer um breve resumo dos fatos)

É o relatório, passa a fundamentar.

DA FUNDAMENTAÇÃO

(Teses jurídicas benéficas que podem ser alegadas no caso concreto)

FAZER EXAME DO CASO

ARTIGOS DE LEI, JURISPRUDÊNCIAS, DOUTRINA....

COLOCAR CITAÇÃO DE DOUTRINA NO CORPO DO TEXTO OU RECUADA

É a fundamentação, passa a opinar.

DA CONCLUSÃO

Pelo expostos, entende-se ....

É o parecer.

Local, data

Advogado

OAB nº...

Obs.: O ideal é que a sua ementa fique com no mínimo 6 e no máximo 12 palavras ou expressões. Não pode ter verbo. Não é uma frase. A ementa é um resumo feito através de palavras ou expressões chaves, que expliquem todo o seu parecer. O resumo tem que conter: qual foi a consulta; qual é o seu fundamento e qual é a conclusão.

27.4. CASOS CONCRETOS

I. O diretor do departamento de recursos humanos de uma prefeitura municipal encaminhou ao departamento jurídico dessa entidade a seguinte consulta: "Senhor Diretor Jurídico, o servidor Raimundo Nonato da Silva, que trabalha no almoxarifado, na função de almoxarife, solicitou a este Departamento o pagamento de duas horas extraordinárias por dia, tendo em vista a sua jornada de trabalho ser das 9 h às 12 h e das 13 h às 19 h, de segunda a sexta-feira.

O servidor foi nomeado, após aprovação em concurso público, para jornada de trabalho de 8 horas/dia. Assim, solicito orientação desse Departamento Jurídico sobre a obrigatoriedade do pagamento das horas extraordinárias solicitadas.

Com base na situação hipotética apresentada e na condição de membro da equipe do departamento jurídico da mencionada prefeitura, redija um parecer jurídico dando a solução à consulta do diretor de recursos humanos.

Gabarito:

Peça: Parecer.

Fundamentação legal:

Conforme disposto no art. 19 da lei 8.112/90, é assegurado o direito ao servidor jornada de trabalho com duração máxima semanal de 40 horas, observados os limites mínimo e máximo de 6 e 8 horas, respectivamente. Na situação apresentada, o servidor foi nomeado para jornada de trabalho de 8 horas/dia, desta forma, faz jus à percepção de pagamento de adicional por 1 hora extraordinária por jornada diária.

Desta forma, deve receber adicional, nos moldes do art. 73 da lei 8.112/90, no percentual de 50% do valor da remuneração do serviço normal.

Ressalte-se que as horas extras por não terem caráter de vantagem permanente, não se incorporam à remuneração do servidor, consoante art. 41 da lei 8.112/90.

II. Pedro, servidor público municipal ocupante do cargo de assistente administrativo, solicitou ao serviço de recursos humanos da secretaria de administração do município licença paternidade, pois sua esposa está prestes a dar à luz. O chefe do departamento de recursos humanos, com dúvidas sobre o direito de Pedro à licença, solicitou à Procuradoria Jurídica do município sobre o direito à concessão da licença paternidade, os requisitos para a sua concessão e o seu período de duração.

Considerando essa situação hipotética, redija um parecer jurídico em resposta à consulta do chefe do departamento de recursos humanos da referida secretaria municipal.

Gabarito:

Peça Processual: Parecer

Fundamentação legal:

Primeiramente, o art. 7.º, XIX, combinado com o art. 39, § 3.º, ambos da CF/88 define o servidor tem direito à licença remunerada, considerando-se o período como de efetivo exercício do trabalho.

Neste mesmo sentido, a lei 8.112/90 (utilizada por analogia ao caso, diante da ausência de legislação municipal), em seu art. 208, determina que o período da licença seja de 05 (cinco) dias consecutivos contados da data do nascimento, salvo se houver legislação no referido município, tratando da matéria de forma especial.

A comprovação do fato deve se dar por meio da apresentação da certidão de nascimento do filho.

III. Vendedor autônomo, ambulante de doces, pretende ajuizar ação contra o Estado do Rio de Janeiro e do Município de Vai Vem com a pretensão de obter indenização por danos materiais e morais. Alega que, na praça principal do município onde reside, foi alvejado por projétil de arma de fogo disparada por sargento da Polícia Militar conhecido da comunidade, pois serve no posto da Polícia Militar local. O sargento deixava o seu local de trabalho ao término do expediente laboral e se dirigia para a residência. Estava sem farda, mas portava arma da corporação, autorizado por seu superior. Na Praça, alguns amigos conversavam sobre política, até que dois deles, exaltados, iniciaram calorosa discussão, que acabou por levá-los ao confronto físico. O sargento, que a tudo assistia, açodadamente, sacou da arma, e vozeirando sua qualidade de policial, determinou que parassem, mas não foi acatado. Transtornado, atirou aleatoriamente, mas o projétil ricocheteou e acabou por atingir o fêmur do autor, que se feriu, tendo sido levado para o Hospital Municipal onde permaneceu internado por dez dias.

No hospital, por precariedade de atendimento, foi acometido por infecção no ferimento, deixando-lhe uma cicatriz. Ficou totalmente incapacitado para o trabalho por 60 dias e deixou de auferir rendimentos para seu sustento, na média de dois salários mínimos mensais. A perícia constatou uma incapacidade permanente na ordem de 30%. Intenta pedir uma pensão mensal e vitalícia desde o evento, no valor de dois salários mínimos, com juros e correção monetária, além de indenização por dano moral arbitrada a critério do juiz.

Em resposta a requerimento administrativo, o Estado do Rio de Janeiro contesta e admite os fatos com as consequências relatadas, mas diz que não é legítimo para responder pelo dano, ao fundamento de que no momento do fato o militar não exercia o múnus para o qual estava investido. Ademais, diz não ter culpa pelo evento danoso e alega que o agravamento da lesão se deu em razão da infecção hospitalar. Questiona o pedido vitalício de pensão.

O Município também, em sede de processo administrativo, alega ilegitimidade passiva. Por fim, alega que não deu causa aos danos experimentados pelo autor.

Em face dessa situação hipotética, redija, na qualidade de advogado(a) contratado(a) pela vítima, o parecer requerido, informando se há ou não a possibilidade de propositura de ação de indenização.

Gabarito:

Peça Processual: Parecer

Fundamentação legal:

Primeiramente, em relação ao Estado, a responsabilidade objetiva decorre do art. 37, § 6º da CF, c/c art. 43 do Código Civil. Desta forma, a responsabilização do ente público se dá de forma objetiva, não sendo necessário aferir a existência de dolo ou culpa do agente.

Da mesma forma, não prospera a alegação de que o agente não se encontrava em horário de serviço. Na situação apresentada, o policial causou o dano, agindo na qualidade de agente público, uma vez que portava a arma da corporação e vozeirou a sua condição de policial. Sendo assim, o Estado responde por seus atos.

No que tange ao pagamento de pensão vitalícia, deve o consulente adequar o pleito ao valor do dano. Com efeito, o art. 944 do Código Civil define que a indenização se mede pela extensão do dano e, neste caso, a incapacidade para o serviço da qual a vítima passou a sofrer foi somente de 30% da sua capacidade normal.

Em relação ao município, a responsabilidade é subjetiva, em razão da má prestação do serviço no caso concreto. A responsabilização neste caso recai sobre o município uma vez que o hospital ostenta a qualidade de órgão público e, portanto, não possui personalidade jurídica própria.

IV. Pedro Martins, servidor estadual, requer aposentadoria estatutária por tempo de contribuição que vem a ser deferida em março de 2011. Em janeiro de 2012, o TCE impede o registro do ato de aposentadoria por entender que Pedro não possuía o tempo necessário para se aposentar. Em razão disso, o TCE determina, através de seu presidente, o desfazimento imediato da aposentadoria e devolução das quantias percebidas por Pedro a partir de março de 2006, haja vista se tratar de benefício concedido ilegalmente.

Pedro Martins pretende impetrar, inconformado, em abril de 2012, mandado de segurança contra o presidente do TCE pretendendo que, previamente à anulação do ato de aposentadoria, ele possa exercer o direito ao contraditório e à ampla defesa. Como pedido alternativo, Pedro requer que não seja obrigado a restituir o que recebeu até janeiro de 2012.

Como advogado contratado por, elabore um parecer informando se ele tem razão nas pretensões formuladas.

Gabarito:

Peça Processual: Parecer

Fundamentação legal:

Não assiste razão ao seu cliente uma vez que a aposentadoria do servidor público é considerada, pela jurisprudência do Supremo Tribunal Federal como ato administrativo complexo. Desta forma, o ato de aposentadoria somente está perfeito após a aprovação pelo tribunal de contas.

Por este motivo, a não aprovação do ato pelo tribunal de contas não configura a anulação de ato que lhe ensejou benefícios, mas sim o impedimento que este ato se aperfeiçoe. Sendo assim, dispensável a garantia de defesa prévia, nos moldes da Súmula Vinculante nº 3 do STF.

CAPÍTULO 28

DEFESAS DO RÉU

28.1. CITAÇÃO

Trata-se de ato de comunicação processual através do qual se dá conhecimento ao réu que foi instaurada ação judicial contra si, para que o mesmo possa apresentar a sua defesa. A partir da citação válida, se inicia a contagem do prazo processual para a apresentação das respostas do réu, sob pena de reconhecimento da revelia, conforme dispõe os art. 238 e seguintes do CPC.

A citação é pessoal e sendo o réu pessoa jurídica, o representante ou pessoa habilitada terá legitimação para recebê-la. Pode ser realizada em qualquer local que se encontre o réu, salvo nas situações expressamente previstas no art. 244 do Código de Processo Civil.

Neste sentido, pode-se definir que são espécies de citação: por edital, por carta ou correio, por oficial de justiça, eletrônica, por hora certa. A citação por carta ou correio é comunicação emitida para qualquer comarca, mediante aviso de recebimento, consoante art. 248 do CPC. A citação será realizada por oficial de justiça, conforme disposto no art. 249, em situações específicas previstas no código, como no caso de réu ser pessoa incapaz. Por fim, a citação realizar-se-á por edital, nas hipóteses do art. 256, de forma excepcional, quando for desconhecido ou incerto o réu, assim como em sendo ignorado, incerto ou inacessível o local que ele se encontrar.

A citação válida torna prevento o Juízo, torna litigiosa a coisa, induz litispendência, constitui em mora o devedor e interrompe a prescrição, nos termos do art. 240 do CPC.

Realizada a citação, o réu tem o prazo de até 15 dias para apresentar sua resposta. São respostas do Réu: contestação e reconvenção.

O referido prazo é contado em dobro quando a parte for Fazenda Pública, a defensoria pública ou Ministério Público ou quando se tratar de partes litisconsortes com procuradores diversos de escritórios de advocacia distintos.

28.2. ESPÉCIES DE DEFESA

Sendo citado, o réu deve se defender no prazo de lei. Caso se mantenha inerte, será decretada a sua revelia. Ela possui efeitos materiais (presunção relativa de veracidade dos fatos afirmados pelo autor) e processuais (o réu revel não é intimado dos atos processuais, salvo se tiver procurador constituído nos autos e julgamento antecipado da lide).

Todavia, os efeitos da revelia não são produzidos se, havendo pluralidade de réus, algum deles contestar a ação; se o litígio versar sobre direitos indisponíveis, se a petição inicial não estiver acompanhada do instrumento público, que a lei considere indispensável à prova do ato ou se as alegações de fato formuladas pelo autor forem inverossímeis ou estiverem em contradição com prova constante dos autos.

Ressalte-se, ainda, que o réu revel pode intervir no processo em qualquer fase do processo, recebendo-o no estado em que se encontra, inclusive podendo produzir provas, desde que compareça em tempo oportuno, consoante disposto na Súmula 231 do STF.

A regra, no entanto, é a apresentação de defesa pelo Réu. A **contestação** é um meio de defesa processual na qual o réu deduzir toda a matéria de fato e de direito com que pretende repelir as alegações do autor, em face do princípio da eventualidade. Esse é o momento do réu apresentar seus fundamentos, pois, caso não o faça, preclui para ele a possibilidade de fazer novas defesas. Trata-se da aplicaçao do princípio da eventualidade ou da concentração de defesa, o qual determina que o Réu deve alegar todos os seus argumentos de defesa na contestação.

Quanto à sua natureza, a doutrina costuma apontar que a defesa pode ser: a) defesa de mérito direta – quando há negativa dos fatos e de seus efeitos jurídicos; b) defesa de mérito indireta – quando apresentados fatos impeditivos, modificativos ou extintivos do direito do autor; c) defesa processual – apontando vícios do processo.

A **exceção** é apresentada quando verificado vício de suspeição, conforme disposição do art. 146 do CPC.

A **reconvenção** é apresentada quando o Réu pretende formular demanda contrária em face do autor no mesmo processo, na busca de economia processual. Somente será admitida quando tanto a ação e a reconvenção tiverem a mesma causa de pedir ou pedido. Outrossim, a reconvenção deverá ser apresentada simultaneamente com a contestação, sob pena de preclusão consumativa.

28.3. CONTESTAÇÃO

A contestação é a peça básica de defesa a ser analisada pelos candidatos de direito administrativo na prova de segunda fase de exame de ordem.

Isso porque a possibilidade de reconvenção tem base legal no artigo 343 do Código de Processo Civil e ocorre em situações que o réu deseja requerer em face do autor, no mesmo processo. Como a reconvenção deve ser apresentada juntamente com a contestação, na mesma peça, não deve preocupar o candidato da OAB.

Ademais, a possibilidade de reconvenção ocorre em situações que o réu deseja requerer em face do autor, no mesmo processo. Como a reconvenção deve ser apresentada juntamente com a contestação, mas em peças diversas, não poderá ser apresentada pelo candidato da OAB, que não poderá optar por deixar a ação sem defesa com a intenção de reconvir.

Assim, o que é relevante para o estudo da 2° fase da OAB são as defesas efetivadas por meio de contestação, sendo que esta contestação vai apresentar, em seu bojo, defesas de mérito e defesas processuais.

A princípio, o Código de Processo Civil trata acerca da contestação a partir do art. 335. Por isso, é necessário que sejam grifados o art. 335, 336 e o art. 337. O art. 336 define que, na contestação, o réu deve apresentar todas as matérias de defesa, apresentando as razões de fato e de direito e o pedido de produção de prova. O artigo 337 trata das matérias preliminares.

28.4. PRELIMINARES

As preliminares são situações que visam impedir o julgamento da lide. Podem ser processuais, por tratarem de vícios formais do processo ou de mérito quando tratam do legítimo exercício do direito de ação.

Sendo acatada a preliminar, não se passa a discutir o mérito, pois o processo será extinto sem o julgamento meritório.

O art. 337 traz as situações que serão discutidas em sede de preliminar. São aquelas situações que se forem acatadas o mérito, propriamente dito, não será analisado, havendo a extinção do processo sem a análise de mérito ou, até mesmo com análise do mérito, sem, contudo, ser necessária a análise da situação fática efetivamente considerada, como ocorre, por exemplo, nos casos de prescrição.

O CPC estipula como preliminares:

Art. 337. Incumbe ao réu, antes de discutir o mérito, alegar:

I - inexistência ou nulidade da citação;

Nestes casos, o acolhimento da preliminar enseja a reabertura do prazo para apresentação de defesa, por se tratar de nulidade sanável. No entanto, o Réu deve requerer a extinção do processo sem julgamento do mérito.

II - incompetência absoluta e relativa;

III – Incorreção do valor da causa;

Com edição do novo CPC, não há mais uma peça autônoma de impugnação do valor da causa, sendo matéria de contestação.

IV - inépcia da petição inicial;

Conforme art. 330, § 1° do CPC, considera-se inepta a petição inicial quando lhe faltar pedido ou causa de pedir; da narração dos fatos não decorrer logicamente a conclusão; os pedidos forem incompatíveis entre si ou quando o pedido for indeterminado, ressalvadas as hipóteses legais em que se permite o pedido genérico.

V - perempção;

Ocorre quando o autor deixa de promover atos e diligências que deveria ter exercido, abandonando a causa por mais de trinta dias, gera a extinção do processo sem julgamento do mérito em virtude da inércia do autor;

VI - litispendência;

A doutrina determina que ocorre a litispendência quando se reproduz ação idêntica a outra que já está em curso. As ações são idênticas quanto têm os mesmos elementos, ou seja, quando têm as mesmas partes, a mesma causa de pedir (próxima e remota) e o mesmo pedido (mediato e imediato).

VII- coisa julgada;

Sempre que a demanda já tiver sido analisada pelo judiciário, com a prolatação de decisão com julgamento do mérito.

VIII - conexão;

Sempre que estivermos diante de ações conexas, deve haver a reunião para julgamento por um único juízo.

IX - incapacidade da parte, defeito de representação ou falta de autorização;

X - convenção de arbitragem;

Havendo as partes firmado o compromisso arbitral, não podem lançar mão do judiciário.

XI – ausência de legitimidade ou interesse processual;

XII - falta de caução ou de outra prestação, que a lei exige como preliminar;

XIII – indevida concessão do benefício de gratuidade de justiça.

Além das preliminares do art. 337, é comum a existência de preliminar de decadência e prescrição, que seriam as designadas preliminares de mérito. Assim, deve-se alegar, argumentar e justificar a prescrição em tópico específico e requerer a extinção do processo com julgamento de mérito, nos moldes do art. 487, II do CPC.

O tópico que trata da preliminar e justifica seu cabimento ficará localizado entre os fatos e o mérito. Posteriormente, no tópico que trata dos pedidos, deverá ser requerido o pedido de reconhecimento da preliminar, antes do requerimento de improcedência.

28.5. CABIMENTO E PRAZO

No que tange ao cabimento, a contestação é muito simples. Sempre que o cliente do candidato for citado, para apresentar defesa, deve-se elaborar a peça básica de resposta do réu.

A contestação, em regra, tem prazo de 15 dias, salvo nos casos de contestação apresentada pela Fazenda Pública, defensoria pública, ministério público ou litisconsortes com advogados diversos de escritórios distintos, em que o prazo para contestar é em dobro.

28.6. MODELO DE CONTESTAÇÃO

EXCELENTÍSSIMO SENHOR DOUTOR JUIZ DE DIREITO DA ... VARA DA FAZENDA PÚBLICA DA COMARCA DE ...

(10 LINHAS)

CLODOALDO SILVA, nacionalidade, profissão, estado civil, RG n°... e CPF n°..., residente e domiciliado na Rua..., vem, nos autos do processo n°..., em que litiga com o Estado ..., já qualificado nos autos, por seu advogado infrafirmado, com procuração anexa e endereço profissional na Rua ..., onde serão encaminhadas as intimações do feito, com fulcro no art. 335 e seguintes, do CPC, apresentar CONTESTAÇÃO aos fatos alegados pelo autor, pelos fundamentos a seguir:

DOS FATOS

Alega o autor que, (exponha o que foi dito na questão)

DA PRELIMINAR DE (NULIDADE DE CITAÇÃO, POR EXEMPLO)

Aqui você pode apresentar mais de uma preliminar, sendo exposto aqui um vício processual, ou mais de um vício processual, que macula o processo e gera a sua extinção sem julgamento de mérito.

OBS: Ao final da preliminar use a expressão "Na hipótese de ser afastada a presente preliminar, em obediência ao princípio da eventualidade e concentração, segue-se a análise do mérito".

DO MÉRITO

Expor tudo que corrobora a tese de defesa. Leis, jurisprudência...

DOS PEDIDOS

Pelo exposto, requer:

1) que seja acatada a preliminar suscitada com a extinção do processo sem julgamento de mérito;

2) na hipótese de afastada a preliminar, sejam julgados improcedentes os pedidos do Autor;

3) a condenação do Autor ao pagamento das custas processuais e honorários advocatícios;

4) a produção de todos os meios de prova necessários à solução da controvérsia, inclusive a juntada dos documentos anexos;

Nestes termos, pede deferimento.

Local, data,

Advogado

OAB n°...

28.7. CASOS CONCRETOS

I. Em janeiro de 2006, o Ministério Público abre inquérito civil para checar atos de improbidade administrativa realizados pelo prefeito de Mar Azul, município situado no interior do Estado X.

Esses atos de improbidade consistiriam na auferição de vantagens patrimoniais indevidas em razão do exercício do cargo e envolveriam atuações do próprio prefeito e do chefe do gabinete civil. No curso das investigações procedidas, ficou confirmado que o chefe do gabinete civil recebeu vantagem econômica, em dinheiro, de vários empreiteiros que contratavam com o poder público. Ficou apurado, também, que algumas pessoas chegaram a informar ao prefeito essa conduta de seu chefe do gabinete civil. Entretanto, o prefeito não tomou providências, sempre dizendo às pessoas que realizavam as denúncias que confiava na atuação de seu secretário. Ainda na parte da apuração, para efeitos da justa causa voltada ao ajuizamento da ação civil pública de improbidade, ficou comprovado o aumento patrimonial do chefe do gabinete civil, desproporcional aos seus ganhos, mas não o do prefeito. Com isso, já agora em janeiro de 2011, o Ministério Público ajuíza ação de improbidade em face do prefeito e de seu chefe de gabinete, fazendo menção a todos os atos de improbidade – o último teria se dado em dezembro de 2004, ano em que expirava o mandato do Prefeito –, representativos da afronta ao art. 9°, inciso I, da Lei 8.429/92.

Em sua peça, bem instruída com o inquérito civil, o Ministério Público menciona conduta comissiva do chefe de gabinete do prefeito e omissiva deste último, caracterizadora de desídia, a se enquadrar na ideia de negligência com o interesse público. Recebendo a peça inicial, o juiz da vara fazendária de Mar Azul determina a citação dos réus no dia 02/02/2011. Os mandados são efetivados no dia 04/02/2011 e juntos no dia 08/02/2011.

Transtornado com a ação proposta e ciente do pedido de suspensão dos direitos políticos por 10 anos e pagamento de multa civil de até 100 vezes de seus subsídios, o prefeito – cujo nome é Caio da Silva Nunes – procura você para apresentar a sua defesa.

Tendo sido aceito o mandado, componha a peça adequada, trazendo todos os fundamentos possíveis para a defesa e datando com o último dia do prazo.

Gabarito:

Peça Processual: Contestação

Autor da ação: Ministério Público

Réus da ação: Caio da Silva Nunes e Chefe do Gabinete Civil – **Seu cliente** – Caio da Silva Nunes

Competência: Excelentíssimo Senhor Doutor Juiz de Direito da ___ Vara da Fazenda Pública da Comarca de Mar Azul, no Estado X

Pedido: Improcedência dos pedidos

Por tudo exposto, requer:

a) o reconhecimento da preliminar de nulidade de citação, para que seja extinto o processo sem julgamento de mérito;

b) em sendo superada a preliminar anterior, o reconhecimento da prescrição da pretensão punitiva, extinguindo o feito com julgamento de mérito, nos moldes do art. 487, II do CPC;

c) não sendo acatadas as teses anteriores, sejam julgados improcedentes os pedidos do autor;

d) a juntada de todos os documentos necessários à comprovação do direito alegado;

e) a condenação do autor ao pagamento de custas processuais e honorários advocatícios.

Fundamentação jurídica:

Preliminarmente, deve ser requerido o reconhecimento da nulidade da citação por não ter sido observada a prévia notificação determinada pelo art. 17, § 7º, da Lei 8.429/92, o que enseja a extinção do feito sem julgamento do mérito.

Ainda em sede preliminar, espera-se que o examinando sustente a prescrição da pretensão formulada pelo Ministério Público na forma do art. 23, inciso I, da Lei 8.429/92, requerendo, neste caso a extinção com análise do mérito.

Em sendo superadas as preliminares, deve o candidato argumentar a ausência de dolo na sua conduta, o qual se mostra indispensável à configuração do ato de improbidade administrativa, quando se trata de situação que viola princípio da Administração Pública. Este é o entendimento do STJ acerca do tema.

Ademais, o candidato deve alegar a desproporcionalidade da pena de suspensão dos direitos políticos que extrapola o limite admitido no art. 12, III da lei 8.429/92, haja vista o fato de que o Réu não foi beneficiado com recebimento de valores, configurando-se somente o ato de improbidade que atenta contra princípios da Administração.

Por fim, ressalte-se que o prazo para defesa é de 30 dias, uma vez que há dois litisconsortes com advogados diferentes.

II. Francisco, servidor público que exerce o cargo de motorista do Ministério Público Federal da 3ª Região, localizada em São Paulo, há tempo vinha alertando o setor competente de que alguns carros oficiais estavam apresentando constantes problemas na pane elétrica e no sistema de frenagens, razão pela qual deveriam ser retirados temporariamente da frota oficial até que tais problemas fossem solucionados.

Contudo, nesse ínterim, durante uma diligência oficial, em razão de tais problemas, Francisco perdeu o controle do veículo que dirigia e acabou destruindo completamente a moto de Mateus, estudante do 3º período de Direito, que estava estacionada da calçada.

Mateus, por essa razão, assim que obteve sua inscrição como advogado nos quadros da Ordem dos Advogados, ingressou, em causa própria, perante o Juízo da Vara Federal da Seção Judiciária de São Paulo, com ação de responsabilidade civil, com fulcro no Art. 37, § 6º, da CF/88 em face de Francisco e da União Federal, com o intuito de ser ressarcido pelos danos causados à sua moto.

Na referida ação, Mateus alega que (i) não há que se falar em prescrição da pretensão ressarcitória, tendo em vista não terem decorrido mais de cinco anos do evento danoso, nos termos do Dec. 20.910/32; (ii) que, nos termos do Art. 37, § 6º, da CF/88, as pessoas jurídicas de direito público responderão pelos danos que seus agentes, nessa qualidade, causarem a terceiros, com fulcro na teoria do risco administrativo; (ii) que estão presentes todos os elementos necessários para configuração da responsabilidade civil. Considerando as informações acima mencionadas e que, de fato, decorreram apenas quatro anos do evento danoso, apresente a peça pertinente para a defesa dos interesses de Francisco, sem criar dados ou fatos não informados.

Gabarito:

Peça Processual: Contestação

Autor da ação: Mateus

Réus da ação: União Federal – **Seu cliente** – Francisco.

Competência: Excelentíssimo Senhor Doutor Juiz Federal da ___ Vara da Seção Judiciária do Estado de São Paulo.

Pedido: Improcedência dos pedidos.

Por tudo exposto, requer:

a) a extinção do processo sem julgamento de mérito em virtude da carência de ação, decorrente da ilegitimidade da parte ré;

b) o reconhecimento da prescrição da pretensão punitiva, extinguindo o feito com julgamento de mérito, nos moldes do art. 206, § 3º, V do Código Civil;

c) não sendo acatadas as teses anteriores, sejam julgados improcedentes os pedidos do autor;

d) a juntada de todos os documentos necessários à comprovação do direito alegado;

e) a condenação do autor ao pagamento de custas processuais e honorários advocatícios.

Fundamentação jurídica:

Preliminarmente, deve ser requerido a extinção do processo sem julgamento do mérito, em preliminar de ilegitimidade de parte, nos moldes do art. 337, XI do CPC. Tal situação decorre do fato de que Francisco não é legítimo para figurar no polo passivo da ação.

Neste sentido, a ilegitimidade de parte se baseia no fato de que o agente público agiu em nome do ente público e não em seu nome e, uma vez que atuou na qualidade de agente, seus atos serão imputados à pessoa jurídica que ele integra. Trata-se de aplicação do princípio da impessoalidade. Ademais, o art. 37, § 6º da CF estabelece uma dupla garantia, definindo que a vítima tem a garantia de cobrar os prejuízos do Estado e que o agente somente pode ser cobrado pelo Estado mediante a propositura de ação de regresso.

Ainda em sede preliminar, espera-se que o examinando sustente a prescrição da pretensão formulada por Mateus, uma vez que o prazo prescricional de cinco anos se aplica ao ente público, mas não ao agente público que segue as disposições do art. 206, § 3º, V do Código Civil.

Em sendo superadas as preliminares, deve o candidato argumentar que a responsabilidade objetiva definida no art. 37, § 6º se aplica somente à responsabilização do Estado, não sendo cabível para fins de responsabilização do agente público. Desta forma, seria necessária a demonstração do elemento subjetivo, ou seja, o dolo ou a culpa de Francisco, para que pudesse se caracterizar sua responsabilização.

III. Maurício Carlos, morador da cidade de Vira-vira, interior do Estado Z, foi notificado pelo poder público municipal, após regular processo administrativo, com ampla defesa, que fora revogada, em março de 2006, autorização de uso de bem público que tinha sido concedida a ele para vender bolsas e sapatos em stand montado na calçada da rua principal, virtude da necessidade de retomada do referido bem para uso com base no interesse público. Como já gozava da autorização há 15 anos, Maurício propôs ação de indenização, em janeiro de 2013, em face do Município, no juízo competente, sob a alegação de, em virtude do ato, sofreu prejuízos de ordem material.

O Município de Vira-vira, por estar passando por reestruturação de seus órgãos, não possui corpo de advogados próprio e contratou os serviços do seu escritório para defendê-lo no feito. Na condição de advogado do Município, elabore a peça processual cabível.

Gabarito:

Peça Processual: Contestação

Autor da ação: Maurício Carlos

Réu da ação: Município de Vira-Vira

Competência: Excelentíssimo Senhor Doutor Juiz de Direito da ___ Vara da Fazenda Pública da Comarca de Vira-Vira, no Estado Z

Pedido: Improcedência dos pedidos

Por tudo exposto, requer:

a) o reconhecimento da prescrição da pretensão punitiva, extinguindo o feito com julgamento de mérito, nos moldes do art. 1º-C da lei 9.494/97;

b) não sendo acatada a tese anterior, sejam julgados improcedentes os pedidos do autor;

c) a juntada de todos os documentos necessários à comprovação do direito alegado;

d) a condenação do autor ao pagamento de custas processuais e honorários advocatícios.

Fundamentação jurídica:

Em sede preliminar, espera-se que o examinando sustente a prescrição da pretensão formulada por Maurício, uma vez que o prazo prescricional de cinco anos para as ações de reparação civil em face do Estado decorre do art. 1º-C da lei 9.494/97 e art. 1º do Decreto 20.910/32.

Em sendo superada a preliminar, deve o candidato argumentar que a autorização de uso de bem público é tratada pela doutrina como ato administrativo discricionário e precário, razão pela qual o seu desfazimento não enseja direito à indenização do beneficiário. Com efeito, nestes casos, a revogação decorreu de oportunidade e conveniência do administrador público, não devendo se cogitar em responsabilização do ente estatal.

CAPÍTULO 29

RECURSOS JUDICIAIS

29.1. DO CABIMENTO DOS RECURSOS – CONSIDERAÇÕES INICIAIS

Primeiramente, em se tratando de ações que tramitam perante juiz singular, se faz necessário entender a diferença entre decisões finais em processos judiciais e decisões interlocutórias. Vejamos.

Algumas decisões dão fim à relação processual. São decisões terminativas do feito. Deve-se atentar para o fato de que não é relevante o conteúdo dessas decisões, ou seja, não importa se estas decisões são com ou sem julgamento de mérito, pois são decisões que fazem com que o processo acabe. Essas são as chamadas decisões finais ou terminativas.

Por sua vez, outras decisões são tomadas no bojo do processo, para resolver questões incidentes a ele. Mesmo após a decisão, o processo segue para solução da controvérsia principal. São designadas, nestes casos, decisões interlocutórias.

Diante de uma decisão final, deve-se interpor recurso de decisão final, que pode ser ordinário ou extraordinário. Diante de uma decisão interlocutória, proferida por juiz singular, o recurso cabível será o agravo, que, a princípio, poderá ser retido nos autos ou por instrumento.

Com efeito, a apelação, o recurso ordinário constitucional ou os recursos serão, a princípio, cabíveis diante de uma decisão final. Por seu turno, o agravo é cabível para discutir e requerer a alteração de decisões interlocutórias.

Para fins de identificação, essa é a diferença entre agravo e apelação, ou seja, o candidato definirá qual dos dois recursos será utilizado, analisando a natureza da decisão que seu cliente pretende impugnar.

Tome-se como exemplo uma decisão que indefere a petição inicial: João e Maria resolveram propor uma ação contra alguém, o juiz indeferiu a petição inicial sob a alegação de ilegitimidade de partes. Neste caso, qual o recurso cabível? Apelação. Imagine-se uma segunda situação: João e Maria propuseram uma ação contra alguém, o juiz indeferiu a petição inicial em relação a João, por ilegitimidade de parte. Neste caso, qual o recurso cabível? Agravo. Por quê? Porque, no momento que indeferiu a petição em relação a João, o processo não terminou, seguindo o seu curso em relação à outra parte, em relação à qual a petição inicial não havia sido rejeitada.

29.1.1. Do cabimento dos recursos interpostos de decisão terminativa do feito

No que tange à competência já foi analisado, nessa obra, a possibilidade de propositura de ação perante a Justiça Estadual - juiz de direito - ou Justiça Federal - perante um juiz federal.

No caso de Mandado de Segurança, Habeas Data, Habeas Corpus e Mandado de Injunção, sabe-se que a ação pode ser proposta, na Justiça Estadual, Justiça Federal, mas também pode ser proposta no TJ, no TRF, no STJ, ou até mesmo no STF. Quando a gente está diante de ações constitucionais, de Mandado de Segurança, Habeas Corpus, Habeas Data ou Mandado de Injunção, portanto, dependendo da autoridade coatora, é possível a impetração originariamente em sede de tribunais.

As decisões terminativas do feito se dividem em duas espécies. A decisão do juiz singular, que termina o feito, recebe o nome de sentença. Já a decisão, que termina um processo, proferida por tribunal é designada de acórdão. Essas decisões finais podem ser objeto de dois recursos: recursos ordinários e recursos extraordinários. Recursos ordinários são aqueles recursos que devolvem toda a matéria fática a ser discutida. E os recursos extraordinários estabelecem somente discussões legais ou constitucionais, dependendo do caso e se dividem em Recurso Extraordinário *strictu sensu* (RE) e Recurso Especial (REsp).

Com efeito, os recursos ordinários de decisão final são de duas espécies: apelação e recurso ordinário constitucional. Já os recursos extraordinários pedem ser: recurso extraordinário e recurso especial.

Com exceção de decisões proferidas pelo Supremo Tribunal Federal, como regra, as decisões finais são passiveis de recurso ordinário. Ressalte-se que, ainda como regra, só é possível a interposição de um único recurso ordinário em cada ação, com a intenção de levar a cabo a rediscussão de toda a matéria fática. Então, por exemplo, é proferida uma sentença contra Tício que apela dessa decisão. A apelação devolve para o tribunal a discussão da matéria fática. O tribunal julga e, desta nova decisão proferida pelo tribunal, só irá caber um recurso extraordinário ou especial. Isso porque não se pode interpor mais de um recurso ordinário, no mesmo processo.

É dessa regra que vem a expressão - Duplo grau de jurisdição. Significa que determinado processo, normalmente, pode ser analisado duas vezes integralmente. Já o terceiro grau de análise não vai ser ordinário, trata-se de discussão acerca de matérias especificas.

29.2. DA APELAÇÃO E DO RECURSO ORDINÁRIO CONSTITUCIONAL (ROC)

29.2.1. Cabimento

Se a decisão a ser impugnada é uma sentença, ou seja, se o processo é originário do juiz singular, a impugnação desta decisão deverá ser feita mediante a interposição de apelação. DA SENTENÇA CABE **APELAÇÃO.**

No entanto, se o processo não for de competência originária do juiz singular, tendo sido proposto originariamente em tribunal, o que - para fins da prova de direito administrativo da OAB, só pode acontecer para Mandado de Segurança, habeas corpus, Habeas Data e Mandado de Injunção - a decisão que terminar o feito é designada acordão. Destas decisões também cabem recursos ordinários, que aqui levam o nome de recurso ordinário, ou de **Recurso Ordinário Constitucional.** Ressalte-se que a interposição deste recurso somente se admite em casos de acórdão que denegue a segurança nestes processos, ou seja, não se admite recurso ordinária das decisões que julgam pela procedência do feito.

Atenção: Existem situações em que o Recurso Ordinário Constitucional é cabível de sentença, que, entretanto, não são relevantes para a matéria de administrativo. Vejamos o texto da Constituição Federal:

Art. 102. Compete ao Supremo Tribunal Federal, precipuamente, a guarda da Constituição, cabendo-lhe:

(...)

II - julgar, em recurso ordinário:

a) o "habeas-corpus", o mandado de segurança, o "habeas-data" e o mandado de injunção decididos em única instância pelos Tribunais Superiores, se denegatória a decisão;

b) o crime político;

Art. 105. Compete ao Superior Tribunal de Justiça:

(...)

II - julgar, em recurso ordinário:

a) os "habeas-corpus" decididos em única ou última instância pelos Tribunais Regionais Federais ou pelos tribunais dos Estados, do Distrito Federal e Territórios, quando a decisão for denegatória;

b) os mandados de segurança decididos em única instância pelos Tribunais Regionais Federais ou pelos tribunais dos Estados, do Distrito Federal e Territórios, quando denegatória a decisão;

c) as causas em que forem parte Estado estrangeiro ou organismo internacional, de um lado, e, do outro, Município ou pessoa residente ou domiciliada no País;

Assim, como regra, o recurso ordinário constitucional é cabível quando o processo é de competência originária dos Tribunais de Justiça ou dos Tribunais Regionais Federais, ou mesmo do Superior Tribunal de Justiça. Caso o processo seja originário do STJ, da decisão cabe recurso ordinário constitucional para o STF, nos outros casos, o Recurso Ordinário será endereçado ao STJ.

O recurso ordinário constitucional somente é cabível quando a decisão é denegatória do Mandado de Segurança, *Habeas Data*, *Habeas corpus* ou Mandado de Injunção, pois o interesse que se defende é do particular.

29.2.2. Estrutura

A Apelação e o Recurso Ordinário seguirão estrutura similar, devendo ser interpostos perante o juízo de proferiu a decisão. Este juízo remeterá os autos ao juízo *ad quem*, a quem compete a realização do juízo de admissibilidade e análise do mérito do recurso.

Neste sentido, o juízo a quo não deverá analisar os pressupostos recursais. Com efeito, o CPC somente prevê o juízo de admissibilidade feito pelo juízo *ad quem*. A doutrina divide estes pressupostos em dois grupos, quais sejam:

- **Pressupostos subjetivos**: legitimidade e interesse na interposição do recurso. Neste caso, a parte recorrente deve ser sucumbente para que tenha interesse na interposição do recurso para discutir a decisão.
- **Pressupostos objetivos**: tempestividade, cabimento, preparo, regularidade formal e inexistência de fatos impeditivos ou modificativos do direito de recorrer.

O processo é remetido ao tribunal competente por intermédio do juízo a quo, que, após análise dos pressupostos recursais, conhece o recurso para analisar o seu mérito, sendo possível, nesses casos, conceder ou negar provimento aos seus termos.

Sendo assim, na estrutura de elaboração do recurso, deverá ser preparada uma folha de rosto, requerendo ao juízo a quo que remeta o recurso à autoridade superior. Posteriormente, será elaborado o corpo do recurso endereçado ao tribunal, no qual serão tratados os argumentos jurídicos para provimento da peça recursal.

O prazo para interposição de apelação e de Recurso ordinário é de 15 dias, conforme disposto no art. 1003, § 5° do Código de Processo Civil.

Por fim, é relevante que se grifem, no Código de Processo Civil, os dispositivos que tratam da apelação e do Recurso Ordinário Constitucional (ROC). Devem ser marcados os art. 1003, § 5°, 1009, 1010 e 1012, V que tratam da apelação. Também será marcado o art. 1027, que trata do ROC. Ademais, no artigo 1027 do CPC, devem ser feitas remissões aos art. 102, II da CF e art. 105, II da CF.

29.2.3. Modelo de apelação

EXCELENTÍSSIMO SENHOR DOUTOR JUIZ FEDERAL DA ___ VARA DA SEÇÃO JUDICIÁRIA DO ESTADO DA BAHIA

___

(10 LINHAS)

___

José Jorge, nacionalidade, estado civil, profissão, RG nº.... e CPF nº...., residente e domiciliado na Rua..., nos autos do processo nº...., em que litiga com a União Federal, já qualificada no feito, vem por seu advogado infrafirmado, com procuração anexa e endereço profissional na Rua ..., onde serão encaminhadas as intimações do feito, propor, interpor RECURSO DE APELAÇÃO, em face da decisão proferida nos autos, requerendo sua remessa ao Tribunal competente.

Requer, ainda, a juntada de comprovação do preparo.

Nestes Termos, pede deferimento.

Local, data

Advogado

OAB nº ...

_____________________(QUEBRA DE PÁGINA)_____________________

EGRÉGIO TRIBUNAL REGIONAL FEDERAL DO ESTADO DA BAHIA

___

___

RECORRENTE : JOSÉ JORGE

RECORRIDO : UNIÃO FEDERAL

PROCESSO Nº...

___

___

JOSÉ JORGE impetrou Mandado de Segurança, objetivando, em síntese, a inclusão de seu nome na relação do quadro de acesso para promoção na carreira de técnico administrativo do Ministério Público da União.

Restou comprovado na exordial o ato coator que impediu seu acesso à 2ª categoria da carreira sob o argumento de que o mesmo se encontra no estágio probatório. Ocorre que a lei que rege a carreira é omissa e, com base na lei 8112/90, não há exigência de estabilidade para promoção de servidores.

Foi indeferida a liminar pleiteada e, na sentença, foi denegada a segurança. Ocorre que a decisão do MM Juízo a quo merece reforma, uma vez que a denegação da segurança requerida se encontra em desconformidade com os preceitos legais que regem a matéria, consoante se demonstrará em seguida.

DO CABIMENTO

É cabível a apelação, com fulcro no art. 1009 e seguintes, do Código de Processo Civil, por se tratar a decisão impugnada de sentença terminativa do feito.

DO MÉRITO

Consoante explicitado, requer o impetrante sua inclusão na relação do quadro de acesso para promoção na carreira de técnico administrativo do Ministério Público da União.

A Lei 8112/90 prescreve a promoção como forma de provimento derivado e não restringe a mesma aos servidores que cumpriram o estágio probatório.

Ressalte-se que quando a lei quer restringir determinado instituto aos servidores que já cumpriram o referido estágio, ela o faz de forma expressa, consoante art....

Desta forma, imperativa a reforma da decisão guerreada pelos fatos e fundamentos apresentados.

DOS PEDIDOS

Pelo exposto, requer seja o presente recurso conhecido e provido, determinando a reforma da decisão para que seja proferida nova decisão com a condenação do apelado, por violar dispositivo expresso de lei, de acordo com as razões meritórias declinadas, uma vez que existe direito líquido e certo a amparar a pretensão deduzida pelo impetrante.

Requer, ainda, a juntada de comprovação do preparo.

Requer, por fim, a condenação do recorrido ao pagamento das custas processuais e honorários advocatício.

Nestes termos, pede deferimento.

Local, data

Advogado

OAB nº...

29.2.4. Modelo de recurso ordinário constitucional

EXCELENTÍSSIMO SENHOR DOUTOR DESEMBARGADOR PRESIDENTE DO TRIBUNAL DE JUSTIÇA DO ESTADO DA BAHIA

—

(10 LINHAS)

—

José Jorge, nacionalidade, estado civil, profissão, RG nº... e CPF nº..., residente e domiciliado na Rua..., nos autos do processo nº...., em que litiga com a União Federal, já qualificada no feito, vem, por seu advogado infrafirmado, com procuração anexa e endereço profissional na Rua ..., onde serão encaminhadas as intimações do feito, propor, interpor RECURSO ORDINÁRIO CONSTITUCIONAL, em face da decisão proferida nos autos, requerendo sua remessa ao Superior Tribunal de Justiça.

Requer, ainda, a juntada de comprovação do preparo.

Nestes Termos, pede deferimento.

Local, data

Advogado

OAB nº ...

____________________(QUEBRA DE PÁGINA)____________________

EGRÉGIO SUPERIOR TRIBUNAL DE JUSTIÇA

—

—

RECORRENTE : JOSÉ JORGE

RECORRIDO : UNIÃO FEDERAL

PROCESSO Nº...

—

—

DAS RAZÕES DOS RECURSOS

JOSÉ JORGE impetrou Mandado de Segurança, objetivando, em síntese, (...). A ação foi julgada improcedente pelo tribunal *a quo*.

DO CABIMENTO

É cabível a apelação, com fulcro no art. 1029, II do Código de Processo Civil e art. 105, II "b" da Constituição Federal, por se tratar a decisão impugnada de acórdão denegatório do presente Mandado de Segurança.

DO MÉRITO

Consoante explicitado, requer o impetrante sua inclusão na relação do quadro de acesso para promoção na carreira de técnico administrativo do Ministério Público Estadual.

(...)

Desta forma, imperativa a reforma da decisão guerreada pelos fatos e fundamentos apresentados.

DOS PEDIDOS

Pelo exposto, requer seja o presente recurso conhecido e provido, determinando a reforma da decisão para que seja proferida nova decisão com a condenação do recorrido, por violar dispositivo expresso de lei, de acordo com as razões meritórias declinadas, uma vez que existe direito líquido e certo a amparar a pretensão deduzida pelo impetrante.

Requer, ainda, a juntada de comprovação do preparo.

Requer, por fim, a condenação do recorrido ao pagamento das custas processuais e honorários advocatício.

Nestes termos, pede deferimento.

Local, data

Advogado

OAB nº...

29.2.5. Casos concretos

I. A administração pública local desencadeou procedimento licitatório, na modalidade de tomada de preços, tendo por objeto a construção de uma ponte de 28 metros. Na fase de habilitação, a comissão de licitação considerou a empresa X inabilitada, sob o fundamento de que a documentação apresentada seria insuficiente para comprovar sua capacidade técnico-operacional, dada a exigência de experiência anterior em construção de obras que, somadas, alcançassem 500 metros lineares de pontes ou viadutos. Inconformada com a incompatibilidade existente nas normas do edital entre o objeto da licitação e a exigência relativa à experiência, a empresa ajuizou ação cautelar, com pedido de liminar, com a finalidade de suspender a decisão que ensejou sua inabilitação e de participar das demais fases do certame. Mormente por ter apresentado certidão de acervo técnico e atestado de acervo técnico, emitidos por órgãos oficiais, comprovando a experiência na construção de ponte com extensão de 100 metros.

O juízo monocrático deferiu a liminar postulada, permitindo a participação da empresa nas demais fases, entendimento confirmado no julgamento de mérito da ação cautelar.

No prazo legal, a empresa ajuizou a ação principal sob o rito ordinário, visando à obtenção de provimento jurisdicional que declarasse a nulidade da decisão administrativa que a inabilitara para o certame. O poder público apresentou contestação, ressaltando a necessidade de observância do princípio da vinculação ao instrumento convocatório e a afronta ao princípio da igualdade de tratamento entre os licitantes, sob o argumento de que eventual provimento que declarasse a nulidade da decisão administrativa privilegiaria a empresa autora em detrimento das demais, por permitir sua participação, não obstante a ausência de comprovação de sua capacidade técnica.

A autoridade julgadora julgou improcedente o pedido, destacando, para tanto, que a empresa não comprovara sua capacidade técnica para a realização da obra licitada e que, não obstante a Lei nº 8.666/1993 tenha permitido a substituição dos certificados de registros cadastrais por documentos necessários à sua obtenção. A documentação apresentada pela autora não teria comprovado sua capacidade técnica para a obtenção do certificado relativo à experiência exigida no edital. Ao afastar a pretensão, aduziu, também, que eventual provimento jurisdicional em sentido contrário implicaria afronta ao princípio da isonomia e desrespeito ao edital. Segundo a autoridade, o acolhimento da pretensão significaria, desse modo, afronta ao princípio da vinculação ao instrumento convocatório, previsto nos arts. 3.º e 41 da Lei nº 8.666/1993, bem como ao disposto no art. 22, § 2.º, do mesmo diploma legal, já que a empresa licitante teria deixado de apresentar documentação expressamente prevista no edital que rege o certame.

Considerando a situação hipotética acima apresentada, na qualidade de advogado(a) constituído(a) pela empresa inabilitada, redija a peça processual cabível, apresentando as questões de direito processual e de direito material indispensáveis à defesa dos interesses de sua cliente.

Gabarito:

Ação originária: Ação anulatória

Autor da ação: Empresa X

Réu da ação: Município ...

Competência: Excelentíssimo Senhor Doutor Juiz de Direito da ___ Vara da Fazenda Pública da Comarca ..., no Estado ...

Pedido: Anulação do ato que inabilitou a empresa

Peça Processual: Apelação

Recorrente: Empresa X

Recorrido: Município ...

Competência: FOLHA DE ROSTO: Excelentíssimo Senhor Doutor Juiz de Direito da ___ Vara da Fazenda Pública da Comarca ..., no Estado ... CORPO DO RECURSO: Egrégio Tribunal de Justiça do Estado...

Pedido: reforma da decisão

Pelo exposto, requer seja o presente recurso conhecido e provido, determinando a reforma da decisão para que seja proferida nova decisão com a condenação do recorrido, por violar dispositivo expresso de lei, de acordo com as razões meritórias declinadas, uma vez que existe direito líquido e certo a amparar a pretensão deduzida pelo impetrante.

Requer, ainda, a juntada de comprovação do preparo.

Requer, por fim, a condenação do recorrido ao pagamento das custas processuais e honorários advocatício.

Fundamentação jurídica:

É cediço que o procedimento licitatório existe como forma de garantias da isonomia, devendo garantir a ampla competição em seu bojo de forma a buscar a proposta mais vantajosa ao poder público.

Na situação apresentada, as exigências de habilitação técnica das empresas foram mais severas do que o necessário para a execução do contrato a ser firmado. Com efeito, a empresa que tem experiência em pontes de 100 metros tem condições técnicas de executar objeto do contrato, qual seja a execução de obra de ponte com 28 metros lineares.

Neste sentido, o art. 37, XXI da CF define o dever de licitar e o art. 22, § 9º da lei 8.666/93 determina que devem ser exigidos requisitos de habilitação compatíveis com o objeto do certame. No mesmo sentido, o art. 3º, § 1º, I da lei 8.666/93 e art. 30, § 5º da mesma lei proíbem a exigência de documentos que não sejam indispensáveis à execução do contrato.

II. O Instituto Nacional de Colonização e Reforma Agrária – INCRA, entidade autárquica vinculada ao Ministério do Desenvolvimento Agrário, por meio da sua Superintendência Regional em Goiás, com a finalidade de expropriar imóvel rural localizado nesta Capital, mediante declaração de interesse social, para fins de reforma agrária, propôs ação de desapropriação em face do proprietário do bem de raiz, senhor José da Silva. O consequente processo judicial foi distribuído à Primeira Vara Federal da Seção Judiciária de Goiás.

O INCRA, necessitando urgentemente de utilizar-se do imóvel declarado de interesse social, para fins de reforma agrária, na inicial, pediu a pronta imissão provisória na posse do bem de raiz. Para tanto, a Autarquia ofereceu em depósito a quantia prévia de R$ 330.000,00. A Autarquia, unilateralmente, ressaltou, que esse montante seria resultante de rigorosa e pormenorizada avaliação, executada sob as diretrizes da ABNT NB – 613/1981 – avaliação de imóveis rurais – e NBR 8951 – avaliação de glebas urbanizáveis, com nível de precisão enquadrado normal, utilizando-se do método comparativo e de dados de mercado, considerando a região dos imóveis, as confrontações das glebas, a hidrografia, o relevo, a preservação do meio ambiente, a vegetação, a aptidão de uso de terras, a ocupação circunvizinha, a localização estratégica e as benfeitorias públicas.

A imissão provisória na posse do bem de raiz foi deferida pelo Juiz Federal depois do depósito da mencionada quantia ofertada, sendo parte do montante em dinheiro e outra parte em Títulos da Dívida Agrária, conforme permite a legislação pertinente. Após a imissão provisória na posse do bem, apesar de citado, o expropriado não ofereceu contestação.

O Juiz Federal, então, proferiu decisão judiciária monocrática julgando procedente o pedido inicial em decorrência da ausência da contestação do expropriado, reputando como verdadeiro o preço da indenização ofertado unilateralmente pelo INCRA; e determinou a expedição do mandado de imissão definitiva na posse do imóvel expropriado, valendo o decisum como transferência da propriedade no CRI da situação do referido imóvel rural.

Agora, inconformado com a decisão proferida, o Senhor José da Silva contratou seu escritório de advocacia, a fim de ser adotada a medida cabível. Diante da suposta situação fática, na qualidade de advogado do expropriado, apresente a peça profissional que o caso reclama.

Gabarito:

Ação originária: Ação de desapropriação

Autor da ação: INCRA

Réu da ação: José da Silva

Competência: Excelentíssimo Senhor Doutor Juiz Federal da ___ Vara da Seção Judiciária do Estado de Goiás

Pedido: Desapropriação

Peça Processual: Apelação

Recorrente: José da Silva

Recorrido: INCRA

Competência: FOLHA DE ROSTO: Excelentíssimo Senhor Doutor Juiz Federal da 1ª Seção Judiciária do Estado de Goiás. CORPO DO RECURSO: Egrégio Tribunal Regional da Primeira Região

Pedido: nova decisão

Pelo exposto, requer seja o presente recurso conhecido e provido, determinando a anulação da decisão para que seja proferida nova decisão determinando o retorno dos autos para a realização da prova pericial devida.

Requer, ainda, a juntada de comprovação do preparo.

Requer, por fim, a condenação do recorrido ao pagamento das custas processuais e honorários advocatício.

Fundamentação jurídica:

É cediço que a indenização da desapropriação deverá ser efetivada mediante o pagamento de indenização justa, sob pena de violação ao direito constitucional de propriedade, regulamentado no art. 5°, XXII da Constituição Federal. Neste sentido, não é possível que o juízo considere como justa indenização o valor alegado por uma das partes sem ao menos verificar se tal valor corresponde à realidade.

Tratando do tema, o art. 12, § 1° da Lei Complementar 76/93 determina ao juízo a realização de pesquisa de mercado e outros meios de análise de valor como laudos periciais.

No caso em apreço, verifica-se que o juiz não se valeu de qualquer meio de prova para formar o seu convencimento, aceitando de forma passiva o valor determinado pelo ente expropriante.

III. Em 20/1/2009, foi instaurado procedimento administrativo disciplinar, por portaria publicada no DOU, com descrição suficiente dos fatos, para apurar a conduta de Humberto, servidor público estável, residente em Brasília, no Distrito Federal, que teria, de forma ilegal, favorecido várias prefeituras que, embora em desacordo com as disposições da Lei de Responsabilidade Fiscal, teriam voltado à situação de aparente legalidade para receberem verbas públicas.

A comissão encarregada do processo disciplinar, designada pela autoridade competente, foi composta pelos seguintes servidores, todos de nível hierárquico superior ao do indiciado: Ana Maria, admitida, por concurso público, em 20/8/2003, Geraldo, admitido por concurso público em 14/2/2004, e Cássio, não concursado, que exerce, desde 20/6/2000, cargo em comissão declarado em lei de livre nomeação e exoneração.

O feito foi regularmente conduzido, tendo sido garantidos o contraditório e a ampla defesa. O julgamento foi realizado em tempo hábil, segundo a legislação que rege a matéria, sendo acolhidas as conclusões da comissão.

Ao final, em ato do ministro do Trabalho e Emprego, por meio da Portaria nº 123, de 9/3/2009, publicada no DOU de 10/3/2009, Humberto foi demitido do cargo público de administrador.

Em razão disso, impetrou, no prazo legal e no juízo competente, mandado de segurança, com pedido de liminar, aduzindo, com a devida fundamentação, que o ato de demissão seria inválido.

A autoridade impetrada sustentou, nas informações, a impossibilidade de alteração do mérito administrativo pelo Poder Judiciário, sob pena de violação ao princípio republicano da separação de poderes.

A liminar foi indeferida e a ordem foi denegada após regular processamento. A decisão foi publicada em 13/4/2009, uma segunda-feira.

Em face dessa situação hipotética, redija, na qualidade de advogado(a) contratado(a) por Humberto, a peça processual cabível à espécie, datando-a no último dia do prazo.

Gabarito:

Ação originária: Mandado de Segurança

Autor da ação: Humberto

Réu da ação: União Federal

Autoridade Coatora: Ministro do Trabalho e Emprego

Competência: Excelentíssimo Senhor Doutor Ministro Presidente do Superior Tribunal de Justiça

Pedido: Anulação do ato de demissão

Peça Processual: Recurso Ordinário Constitucional

Recorrente: Humberto

Recorrido: União Federal

Competência: FOLHA DE ROSTO: Excelentíssimo Senhor Doutor Ministro Presidente do Superior Tribunal de Justiça. CORPO DO RECURSO: Egrégio Supremo Tribunal Federal

Pedido: reforma da decisão para que seja proferida nova decisão

Pelo exposto, requer seja o presente recurso conhecido e provido, determinando a reforma da decisão para que seja proferida nova decisão anulando o ato administrativo de demissão do recorrente.

Requer, ainda, a juntada de comprovação do preparo.

Requer, por fim, a condenação do recorrido ao pagamento das custas processuais e honorários advocatício.

Fundamentação jurídica:

Inicialmente, cumpre ressaltar que a autoridade competente para aplicação de penalidade de demissão aos servidores do Poder Executivo Federal é o Presidente da República, conforma dispõe o art. 141, I da lei 8.112/90.

Na situação apresentada a penalidade foi aplicada pelo Ministro de Estado que não teria competência para a prática do ato, ensejando, portanto, sua nulidade.

Ademais, o art. 149 da lei 8.112/90 define que a comissão do processo administrativo disciplinar deve ser composta por 3 servidores estáveis.

No processo que ensejou a aplicação da pena de demissão ao recorrente um dos membros, qual seja, Cássio, não era concursado, exercendo somente cargo em comissão de livre nomeação e exoneração, não sendo, portanto, passível de aquisição de estabilidade nos moldes do art. 41 da Constituição Federal.

Sendo assim, nulo o ato de demissão ora impugnado.

IV. O Governador do Estado Y, premido da necessidade de reduzir a folha de pagamentos do funcionalismo público estadual, determinou que o teto remuneratório dos Defensores Públicos admitidos após a Emenda Constitucional n. 41/2003 fosse limitado ao valor correspondente ao subsídio mensal do Governador, ao entendimento de que aquele órgão integra a estrutura do Poder Executivo estadual.

Com a implementação da medida, os Defensores Públicos do Estado, irresignados com a redução do seu teto remuneratório, levam a questão à Associação Nacional dos Defensores Públicos Estaduais, legalmente constituída e em funcionamento há pouco mais de dois anos, e esta contrata os seus serviços advocatícios para impetrar mandado de segurança coletivo em face do ato do Governador.

A decisão proferida pelo Tribunal de Justiça local, observando a competência originária constante do seu código de organização e divisão judiciária, diante da autoridade coatora – governador do Estado – deu por extinto o processo, sem resolução do mérito, sob os argumentos de que a associação não preenche o requisito de três anos de constituição, não demonstrou a autorização dos associados em assembleia geral para a propositura da demanda e não poderia representar os associados em demanda que veicule interesse apenas de uma parte da categoria, uma vez que os Defensores atingidos pela medida, isto é, aqueles admitidos após a Emenda Constitucional n. 41/2003, os mais novos na carreira, ainda não foram promovidos e sequer recebem sua remuneração em valores próximos ao subsídio mensal do Governador.

Ciente de que este acórdão contendo a unanimidade de votos dos desembargadores que participaram do julgamento, já foi objeto de Embargos de Declaração, que foram conhecidos, mas não providos, e que a publicação dessa última decisão se deu na data de hoje, redija a peça processual adequada com seus fundamentos.

Gabarito:

Ação originária: Mandado de Segurança

Autor da ação: Associação Nacional dos Defensores Públicos Estaduais

Réu da ação: Estado Y

Autoridade Coatora: Governador

Competência: Excelentíssimo Senhor Doutor Desembargador Presidente do Tribunal de Justiça do Estado Y

Pedido: Anulação do ato que diminuiu o valor dos subsídios dos defensores

Peça Processual: Recurso Ordinário Constitucional

Recorrente: Humberto

Recorrido: União Federal

Competência: FOLHA DE ROSTO: Excelentíssimo Senhor Doutor Desembargador Presidente do Tribunal de Justiça do Estado Y. CORPO DO RECURSO: Egrégio Superior Tribunal de Justiça

Pedido: reforma da decisão para que seja proferida nova decisão

Pelo exposto, requer seja o presente recurso conhecido e provido, determinando a reforma da decisão para que seja proferida nova decisão anulando o ato administrativo impugnado.

Requer, ainda, a juntada de comprovação do preparo.

Requer, por fim, a condenação do recorrido ao pagamento das custas processuais e honorários advocatício.

Fundamentação jurídica:

Inicialmente, cumpre ressaltar que o art. 21 da lei 12.016/09 define como requisito de legitimidade para a impetração de Mandado de Segurança Coletivo por uma associação, sua constituição por mais de 1 ano e não por mais de três anos como alegado pelo juízo *a quo*.

Ademais, a súmula 629 do Supremo Tribunal Federal não exige a autorização de todos os associados para que se legitime a entidade à propositura da ação e a súmula 630 do STF permite que o *mandamus* seja impetrado ainda que somente para defender parte dos associados.

Outrossim, como o objeto da ação diz respeito somente a aspectos de direito, não havendo a necessidade de discussão de matéria fática, a causa já se encontra madura para julgamento pelo tribunal *ad quem*.

Sendo assim, o ato ora impugnado deve ser anulado, uma vez que a Constituição Federal, em seu art. 37, XI, determina que o subteto dos defensores públicos estaduais, regulamentado pela Constituição Estadual deve se limitar ao subsídio do Desembargador do Tribunal de Justiça e não do governador do estado.

29.3. DOS RECURSOS EXTRAORDINÁRIOS

Os recursos extraordinários, em sentido amplo, se dividem em: Recurso Especial (julgado pelo Superior Tribunal de Justiça) e Recurso Extraordinário (julgado pelo Supremo Tribunal Federal). Estes só são cabíveis quando o autor ou réu já esgotou as vias ordinárias.

Estes recursos, assim como a apelação, são interpostos perante um juízo *a quo*, que é responsável pelo o primeiro juízo de admissibilidade. Após o juízo inicial de admissibilidade e recebimento do recurso, deve ser encaminhado para julgamento perante o juízo ad quem, que, no caso do Recurso Especial, será o STJ e, no caso do Recurso Extraordinário, será o STF.

29.3.1. Cabimento e requisitos de admissibilidade

No entanto, vale ressaltar que os recursos extraordinários não são cabíveis em qualquer situação. Eles só cabem em situações especificas, não devolvendo toda a matéria fática para ser rediscutida pelo tribunal.

Nesse sentido, é importante que sejam marcados alguns dispositivos constitucionais. Deve-se grifar o art. 102, III, que traz o cabimento do recurso extraordinário, definindo que este é cabível em caso de decisão que contrarie a Constituição Federal, que declare a inconstitucionalidade de Lei Federal, que julgar válido ato local contra a Constituição Federal, ou que julgar válida Lei local em face da Lei Federal.

Também deve ser grifado o art. 105, III, que traz as hipóteses de cabimento do REsp, estabelecendo que este é cabível quando a decisão impugnada contraria Lei Federal ou Tratado, quando julga um ato loca em face de Lei Federal e quando dá interpretação diferente de Lei Federal.

Vejamos.

> *Art. 102. Compete ao Supremo Tribunal Federal, precipuamente, a guarda da Constituição, cabendo-lhe:*
>
> *(...)*
>
> *III - julgar, mediante recurso extraordinário, as causas decididas em única ou última instância, quando a decisão recorrida:*
>
> *a) contrariar dispositivo desta Constituição;*
>
> *b) declarar a inconstitucionalidade de tratado ou lei federal;*
>
> *c) julgar válida lei ou ato de governo local contestado em face desta Constituição.*
>
> *d) julgar válida lei local contestada em face de lei federal. (Incluída pela Emenda Constitucional nº 45, de 2004)*
>
> *Art. 105. Compete ao Superior Tribunal de Justiça:*
>
> *(...)*
>
> *III - julgar, em recurso especial, as causas decididas, em única ou última instância, pelos Tribunais Regionais Federais ou pelos tribunais dos Estados, do Distrito Federal e Territórios, quando a decisão recorrida:*
>
> *a) contrariar tratado ou lei federal, ou negar-lhes vigência;*
>
> *b) julgar válido ato de governo local contestado em face de lei federal; (Redação dada pela Emenda Constitucional nº 45, de 2004)*
>
> *c) der a lei federal interpretação divergente da que lhe haja atribuído outro tribunal.*

Ademais, além dos requisitos de admissibilidade analisados para os recursos ordinários, para que seja cabível a interposição de Recurso Especial (Resp) ou Recurso Extraordinário (RE), a matéria tem de ter sido prequestionada, ou seja, já discutida no processo.

Prequestionamento significa que esta matéria já foi discutida antes no bojo da relação processual em curso e que foi objeto de julgamento pelo juízo *a quo*.

Sendo, assim, se faz necessário abrir um tópico em que se informe que houve prequestionamento.

Por fim, nos casos de RE, deve ser grifado o art. 102, § 3º, da CF e art. 1035 do CPC. Nestes dispositivos, o texto constitucional e o código de processo civil estabelecem a necessidade de demonstração de repercussão geral, ou seja, explicar que existe uma repercussão geral naquela matéria que está sendo julgada, caso contrário o Supremo Tribunal Federal não analisará o feito.

No CPC, os recursos extraordinários estão regulamentados art. 1029 a 1035, sendo que este último dispõe acerca da repercussão geral, definindo que *"O Supremo Tribunal Federal, em decisão irrecorrível, não conhecerá do recurso extraordinário, quando a questão constitucional nele versada não oferecer repercussão geral, nos termos deste artigo"*. Dispõe ainda que *"Para efeito da repercussão geral, será considerada a existência, ou não, de questões relevantes do ponto de vista econômico, político, social ou jurídico, que ultrapassem os interesses subjetivos da causa"*.

29.3.2. Estrutura e prazo

Feitas essas observações, a estrutura é a mesma da apelação, assim como do Recurso Ordinário Constitucional, sendo necessária a elaboração de folha de rosto, requerendo a remessa ao tribunal competente. **A diferença é que, em virtude da lei 13.256/16, o juízo a quo deverá fazer o primeiro juízo de admissibilidade, antes de encaminhar o recurso ao tribunal *ad quem*.**

O Código de Processo Civil dispõe que o recurso extraordinário e o recurso especial, nos casos previstos na Constituição Federal, serão interpostos perante o presidente ou o vice-presidente do tribunal recorrido, em petições distintas, que conterão a exposição do fato e do direito; a demonstração do cabimento do recurso interposto e as razões do pedido de reforma da decisão recorrida.

Outrossim, quando o recurso se fundar em dissídio jurisprudencial, o recorrente fará a prova da divergência mediante certidão, cópia autenticada ou pela citação do repositório de jurisprudência, oficial ou credenciado, inclusive em mídia eletrônica, em que tiver sido publicada a decisão divergente, ou ainda pela reprodução de julgado disponível na Internet, com indicação da respectiva fonte, mencionando, em qualquer caso, as circunstâncias que identifiquem ou assemelhem os casos confrontados.

Recebida a petição pela secretaria do tribunal, será intimado o recorrido, abrindo-se-lhe vista, para apresentar contrarrazões.

§ 1º Findo esse prazo, serão os autos conclusos para admissão ou não do recurso, no prazo de 15 (quinze) dias, em decisão fundamentada.

Os recursos extraordinários têm prazo de interposição de 15 dias, conforme disposto no art. 1003, § 5º do CPC.

29.3.3. Modelo de recurso extraordinário

EXCELENTÍSSIMO SENHOR DOUTOR DESEMBARGADOR DO TRIBUNAL DE JUSTIÇA DO ESTADO DA BAHIA

___

(10 LINHAS)

___

José Jorge, nacionalidade, estado civil, profissão, RG n°... e CPF n°..., residente e domiciliado na Rua..., nos autos do processo n°...., em que litiga com a União Federal, vem por seu advogado infrafirmado, com procuração anexa e endereço profissional na Rua ..., onde serão encaminhadas as intimações do feito, propor, interpor RECURSO EXTRAORDINÁRIO, em face da decisão proferida nos autos, requerendo seu recebimento e remessa ao Tribunal competente.

Requer, ainda, a juntada de comprovação do preparo.

Nestes Termos, pede deferimento.

Local, data

Advogado

OAB n°...

____________________(QUEBRA DE PÁGINA)____________________

EGRÉGIO SUPREMO TRIBUNAL FEDERAL

___

___

RECORRENTE : JOSÉ JORGE

RECORRIDO : UNIÃO FEDERAL

PROCESSO N°...

___

___

DAS RAZÕES DOS RECURSOS

JOSÉ JORGE impetrou Mandado de Segurança, objetivando, em síntese, a inclusão de seu nome na relação do quadro de acesso para promoção na carreira de técnico administrativo do Ministério Público da União.

(...)

DO CABIMENTO

É cabível o Recurso Extraordinário, com fulcro no art. 102, III, "a" da CF, por se tratar a decisão impugnada de decisão que contraria o texto da Constituição Federal.

DA REPERCUSSÃO GERAL E DO PREQUESTIONAMENTO

Primeiramente, ressalte-se que a matéria já foi alvo de discussão no bojo da relação processual, conforme se pode observar pela decisão impugnada, sendo respeitado o requisito do prequestionamento.

No que tange a repercussão geral, a mesma resta demonstrada por se tratar de ato praticado no âmbito da administração pública, envolvendo o interesse de toda a coletividade, respeitando, assim, as disposições do art. 102, § 3º da Constituição Federal.

DO MÉRITO

(...)

DOS PEDIDOS

Pelo exposto, requer seja o presente recurso conhecido e provido, determinando a reforma da decisão para que seja proferida nova decisão com a condenação do recorrido, por violar dispositivo expresso da Constituição Federal, de acordo com as razões meritórias declinadas, uma vez que existe direito líquido e certo a amparar a pretensão deduzida pelo impetrante.

Requer ainda a condenação do recorrido ao pagamento das custas processuais e honorários advocatício.

Nestes termos, pede deferimento.

Local, data

Advogado

OAB nº...

29.3.4. Modelo de recurso especial

EXCELENTÍSSIMO SENHOR DOUTOR DESEMBARGADOR DO TRIBUNAL DE JUSTIÇA DO ESTADO DA BAHIA

—

(10 LINHAS)

—

José Jorge, nacionalidade, estado civil, profissão, RG nº... e CPF nº..., residente e domiciliado na Rua..., nos autos do processo nº...., em que litiga com a União Federal, vem por seu advogado infrafirmado, com procuração anexa e endereço profissional na Rua ..., onde serão encaminhadas as intimações do feito, propor, interpor RECURSO ESPECIAL, em face da decisão proferida nos autos, requerendo seu recebimento e remessa ao Tribunal competente.

Requer, ainda, a juntada de comprovação do preparo.

Nestes Termos, pede deferimento.

Local, data

Advogado

OAB nº...

______________________(QUEBRA DE PÁGINA)______________________

EGRÉGIO SUPERIOR TRIBUNAL DE JUSTIÇA

____

____

RECORRENTE : JOSÉ JORGE

RECORRIDO : UNIÃO FEDERAL

PROCESSO Nº...

___

___

DAS RAZÕES DOS RECURSOS

JOSÉ JORGE impetrou Mandado de Segurança, objetivando, em síntese, a inclusão de seu nome na relação do quadro de acesso para promoção na carreira de técnico administrativo do Ministério Público da União.

(...)

DO CABIMENTO

É cabível o Recurso Especial, com fulcro no art. 105, III, "a", §§2º e 3º da CF, por se tratar a decisão impugnada de decisão que contraria o texto de Lei Federal.

DO PREQUESTIONAMENTO

Primeiramente, ressalte-se que a matéria já foi alvo de discussão no bojo da relação processual, conforme se pode observar pela decisão impugnada, sendo respeitado o requisito do prequestionamento.

DO MÉRITO

(...)

DOS PEDIDOS

Pelo exposto, requer seja o presente recurso conhecido e provido, determinando a reforma da decisão para que seja proferida nova decisão com a condenação do recorrido, por violar dispositivo expresso de Lei Federal, de acordo com as razões meritórias declinadas, uma vez que existe direito líquido e certo a amparar a pretensão deduzida pelo impetrante.

Requer ainda a condenação do recorrido ao pagamento das custas processuais e honorários advocatício.

Nestes termos, pede deferimento.

Local, data

Advogado

OAB nº...

29.3.5. Casos concretos

I. Juliano Augusto, brasileiro, médico pediatra, ao atravessar a rua na faixa de pedestres, na cidade de Antures, foi atropelado por uma viatura da Polícia Militar do Estado de Conceição. Em virtude do acidente, Juliano fraturou a coluna e ficou paraplégico, não obstante tenha o motorista do veículo tomado todas as providências possíveis para impedir o fato.

No bojo da ação judicial proposta por ele, a fim de obter indenização pelos danos causados, foi julgado improcedente o pleito, uma vez que restou comprovada a ausência de culpa do motorista.

Inconformado, Juliano procurou seu escritório de advocacia e apresentou apelação, dentro do prazo legal. No julgamento da apelação, o Tribunal de Justiça alegou que a decisão deveria ser mantida por estar conforme a orientação estampada na Constituição Federal acerca da matéria. Tal decisão foi publicada em 15/07/2013, sexta-feira.

O seu cliente informa que pretende recorrer dessa decisão, haja vista o fato de que houve violação direta ao texto constitucional.

Em face dessa situação hipotética, redija, no último dia do prazo, na qualidade de advogado(a) contratado(a) por Juliano, a peça judicial cabível, contra o Estado, para pleitear a indenização pelos danos causados.

Gabarito:

Ação originária: Ação indenizatória

Autor da ação: Juliano Augusto

Réu da ação: Estado de Conceição

Competência: Excelentíssimo Senhor Doutor Juiz de Direito da ___ Vara da Fazenda Pública da Comarca de Antures, no Estado de Conceição

Pedido: Indenização

Peça Processual: Recurso Extraordinário

Recorrente: Juliano Augusto

Recorrido: Estado de Conceição

Competência: FOLHA DE ROSTO: Excelentíssimo Senhor Doutor Desembargador Presidente do Tribunal de Justiça do Estado de Conceição. CORPO DO RECURSO: Egrégio Supremo Tribunal Federal

Pedido: reforma da decisão para que seja proferida nova decisão

Pelo exposto, requer seja o presente recurso conhecido e provido, determinando a reforma da decisão para que seja proferida nova decisão, com a condenação do recorrido ao pagamento de indenização pelos danos materiais e morais causados ao recorrente.

Requer ainda a condenação do recorrido ao pagamento das custas processuais e honorários advocatício.

Fundamentação jurídica:

A decisão ora impugnada mantém os termos da sentença proferida pelo juízo de primeiro grau que considerou improcedente o pedido do autor, sob a alegação de que não houve culpa do agente público, o que seria indispensável para fins de responsabilização do Estado.

Ocorre que, nesta situação, é aplicável o disposto no art. 37, § 6° da Constituição Federal que regulamenta a responsabilidade objetiva do estado e das prestadoras de serviços públicos por danos causados por atos de seus agentes.

Sendo assim, diante da desnecessidade de aferição de culpa do agente estatal, deverá ser determinada a indenização pelos prejuízos causados.

29.4. AGRAVO DE INSTRUMENTO

Conforme já explicitado, o agravo de instrumento é recurso cabível para impugnar decisão judicial que não termina o feito. Com efeito, o recurso de agravo será a medida adequada para discutir uma decisão interlocutória, ou seja, uma decisão que se deu no bojo do processo, analisando questões incidentes.

Nestes casos, como o novo CPC não prevê o agravo retido nos autos, deverá sempre este recurso ser interposto por instrumento, consoante dispõe o art. 1015 do CPC, ao estabelecer que *"Cabe agravo de instrumento contra as decisões interlocutórias que versarem sobre: I - tutelas provisórias; II - mérito do processo; III - rejeição da alegação de convenção de arbitragem; IV - incidente de desconsideração da personalidade jurídica; V - rejeição do pedido de gratuidade da justiça ou acolhimento do pedido de sua revogação; VI - exibição ou posse de documento ou coisa; VII - exclusão de litisconsorte; VIII - rejeição do pedido de limitação do litisconsórcio; IX - admissão ou inadmissão de intervenção de terceiros; X - concessão, modificação ou revogação do efeito suspensivo aos embargos à execução; XI - redistribuição do ônus da prova nos termos do art. 373, § 1°; XIII - outros casos expressamente referidos em lei"*.

Com efeito, o agravo pode ser manejado para a impugnação de decisões interlocutórias, não sendo relevante saber se o conteúdo da decisão é processual ou de mérito.

29.4.1. Estrutura

O agravo, diferentemente da apelação, deverá ser interposto diretamente perante o juízo *ad quem*. O agravo, portanto, não tem folha de rosto, devendo ser endereçado diretamente ao tribunal competente para analisar os seus termos e reformar a decisão recorrida.

Ressalte-se que, na doutrina, se admite a folha de rosto endereçada ao presidente do tribunal que deverá encaminhar o recurso ao relator, mas, de fato, o agravo não depende dela.

Neste sentido, dispõe o art. 1016 do CPC que o agravo de instrumento será dirigido diretamente ao tribunal competente, através de petição com a exposição do fato e do direito; as razões do pedido de reforma da decisão e o nome e o endereço completo dos advogados, constantes do processo.

Não obstante a desnecessidade de elaboração da folha de rosto, o agravo tem duas peculiaridades, em sua estrutura. O primeiro é que é necessário que seja montado o instrumento a ser analisado pelo juízo ad quem. Isso porque o agravo sobe para ser julgado pelo tribunal, enquanto o processo continua seu trâmite regular no juízo a quo. A decisão foi interlocutória, então, o processo segue.

Uma vez que o processo segue seu curso, deve-se montar um instrumento com as peças mais importantes para acompanhar o agravo, ou seja, para dar subsídio ao tribunal que vai analisar o recurso, consoante art. 1017, I do CPC. Logo, é obrigatória a juntada de cópias da petição inicial, da contestação, da petição que ensejou a decisão agravada, da própria decisão agravada, da certidão da respectiva intimação ou outro documento oficial que comprove a tempestividade e das procurações outorgadas aos advogados do agravante e do agravado.

É ainda imprescindível que, em observância ao art. 1016, IV do CPC, se informe o endereço e nome dos advogados de ambas as partes para fins de intimação dos atos processuais subsequentes.

O prazo para interposição do agravo é de 15 dias.

29.4.2. Efeito suspensivo ou antecipação de tutela recursal

Outrossim, o agravo não tem efeito suspensivo por determinação legal. Então, na maioria das vezes, o candidato deverá pedir que seja atribuído pelo julgador o efeito suspensivo ao recurso, nos moldes do art. 1019, I do CPC. Este efeito suspensivo pode ser ativo ou passivo. Explique-se.

Imagine-se que Jorge é o autor da ação e pediu uma antecipação de tutela, requerendo a suspensão de determinado ato administrativo, que foi negada pelo juízo. Quando o juiz negou sua antecipação de tutela, Jorge agrava dessa decisão. Em sede de agravo, pode pedir o efeito suspensivo. Só que o efeito suspensivo do agravo, nesse caso, corresponde à antecipação de tutela negada pelo juiz. Então, chama-se isso de efeito suspensivo ativo ou antecipação de tutela recursal.

Sendo assim, o efeito suspensivo ativo ou antecipação de tutela recursal é quando se pede uma antecipação de tutela no processo, o juiz nega a antecipação de tutela e o autor recorre. O processo continua sendo analisado pelo juízo a quo para decisão final, no entanto o autor, em sede de recurso, requer que ele antecipe a tutela.

Em outra situação hipotética, Jorge não quer que antecipe a tutela porque ele é o réu da ação, de forma que o sujeito propôs a ação e o juiz antecipou os efeitos da tutela. Nesse caso, Jorge recorre. O que Jorge busca com esse agravo? Que esta decisão que antecipou a tutela fique suspensa. Então, neste caso, fala-se somente em efeito suspensivo do recurso, pois se quer que a antecipação da tutela que havia sido concedida deixe de produzir efeitos, suspendendo a decisão do juiz que antecipou os efeitos da tutela.

Por fim, devem ser feitas algumas marcações no Código de Processo Civil (CPC). Deve ser grifado o art. 1015, 1016, 1016, IV, que define a obrigatoriedade de informação do nome e endereço dos advogados das partes; o art. 1017, I, que estabelece as copias que devem ser juntadas para montar o instrumento e o art. 1019, I que trata do efeito suspensivo e antecipação de tutela recursal no agravo de instrumento.

29.4.3. Modelo de agravo de instrumento

EXCELENTÍSSIMO SENHOR DOUTOR DESEMBARGADOR PRESIDENTE DO TRIBUNAL DE JUSTIÇA DO ESTADO Y

(10 LINHAS)

Paulo Andrade, nacionalidade, estado civil, profissão, RG nº... e CPF nº..., residente e domiciliado na Rua..., nos autos do processo nº....., em que litiga com o Município de Josevá, vem por seu advogado infrafirmado, com procuração anexa e endereço profissional na Rua ..., onde serão encaminhadas as intimações do feito, interpor AGRAVO DE INSTRUMENTO, em face da decisão proferida nos autos.

Requer, em atenção ao art. 1017, I, do CPC a juntada de cópia da decisão agravada, da certidão da respectiva intimação e das procurações outorgadas aos advogados do agravante e do agravado.

Informa, na oportunidade, em respeito ao art. 1016, IV do CPC o nome e endereço dos advogados do agravante e do agravado.

DO CABIMENTO

É cabível o presente recurso com fulcro no art. 1015 e seguintes, do CPC, por se tratar de decisão interlocutória..

DOS FATOS

O agravante, proprietário de terreno no Município Réu, teve a sua propriedade declarada de utilidade pública, por meio do Decreto A expedido pelo Prefeito em março de 2011, o qual declarou desde já a urgência da Administração na aquisição do imóvel na aquisição do imóvel para a construção de um hospital público, cujo projeto já havia inclusive sido aprovado pela autoridade competente.

No processo judicial que se seguiu, o agravador requereu a imissão provisória na posse, efetivando o deposito do valor incontroverso em 15 de janeiro de 2012. O juízo "a quo" concedeu a medida liminar, determinando a imissão provisória na posse.

A decisão hora impugnada foi publicada em Diário Oficial no dia 20 de fevereiro de 2012, sexta-feira.

DO EFEITO SUSPENSIVO

Conforme art. 1019, I, do CPC, será concedido efeito suspensivo ao recurso quando houver periculum in mora e fumus boni iuris.

O "periculum in mora" está demonstrado pelo fato de que a decisão impugnada enseja a perda da posse do bem do agravante.

O "fumus in boni iuris" decorre da caducidade da declaração de urgência nos moldes do art. 15, § 2°, do Decreto-Lei n° 3365/41.

Logo, deve ser concedido efeito suspensivo ao agravo

DO MÉRITO

Primeiramente, (...)

Assim, deve ser reformada essa decisão.

DOS PEDIDOS

Pelo exposto, requer:

1 - seja concedido efeito suspensivo ao presente recurso;

2 - seja o recurso conhecido e provido, determinando a reforma da decisão para que seja proferida nova decisão negando a liminar de imissão na posse;

3 - a juntada de comprovação do preparo;

4 - a condenação do recorrido nos ônus da sucumbência

Nestes termos, pede deferimento.

Josevá, data

Advogado

OAB n°...

29.4.4. Casos concretos

I. Norberto, brasileiro, desempregado e passando por sérias dificuldades econômicas, domiciliado no Estado "X", resolve participar de concurso público para o cargo de médico de hospital estadual. Aprovado na fase inicial do concurso, Norberto foi submetido a exames médicos, através dos quais se constatou a existência de tatuagem em suas costas. Norberto, então, foi eliminado do concurso, com a justificativa de que o cargo de médico não era compatível com indivíduos portadores de tatuagem.

Inconformado, Norberto ajuizou ação de procedimento comum em face do Estado, de competência de vara comum, com pedido liminar, na qual requereu (i) a anulação do ato administrativo que o eliminou do concurso; e (ii) que lhe fosse deferida a possibilidade de realizar as demais etapas do certame, com vaga reservada.

O juízo de 1ª instância indeferiu o pedido liminar, em decisão publicada ontem, pelos seguintes motivos:

1. Os pedidos de anulação do ato de eliminação e de reserva de vaga não seriam possíveis, pois significariam atraso na conclusão do concurso;
2. A Administração Pública possui poder discricionário para decidir quais são as restrições aplicáveis àqueles que pretendem se tornar médicos no âmbito do Estado, de forma que o autor deverá provar que a decisão foi equivocada.

Diante do exposto, e supondo que você seja o advogado de Norberto, elabore a medida judicial cabível contra a decisão publicada ontem, para a defesa dos interesses de seu cliente, abordando as teses, os fundamentos legais e os princípios que poderiam ser usados em favor do autor.

Gabarito:

Ação originária: Ação de procedimento comum

Autor da ação: Norberto

Réu da ação: Estado X

Competência: Excelentíssimo Senhor Doutor Juiz de Direito da ___ Vara da fazenda Pública da Comarca ..., no Estado X

Pedido: Reserva de vagas para posterior anulação do ato

Peça Processual: Agravo de Instrumento

Recorrente: Norberto

Recorrido: Estado X

Competência: Excelentíssimo Senhor Doutor Desembargador Presidente do Tribunal de Justiça do Estado X

Pedidos: antecipação dos efeitos da tutela recursal e reforma da decisão para que seja proferida nova decisão

Pelo exposto, requer:

1- sejam antecipados os efeitos da tutela recursal, determinando a imediata reserva de vaga do autor para a participação das fases seguintes do certame;

2- seja o presente recurso conhecido e provido, determinando a reforma da decisão para que seja proferida nova decisão com a reserva de vaga do autor até a decisão final do feito;

3- a juntada de comprovação do preparo;

4- a condenação do recorrido ao pagamento das custas processuais e honorários advocatícios.

Fundamentação jurídica:

Inicialmente, cumpre ressaltar que o art. 37, I, da Constituição Federal, define que os cargos públicos são acessíveis a todos os brasileiros na forma da legislação pertinente. Trata-se do princípio constitucional do livre acesso aos cargos públicos, decorrente do princípio da impessoalidade, estampado no *caput*, do mesmo artigo, uma vez que a Administração não pode nomear os agentes em razão de sua pessoa, devendo atuar de forma impessoal.

Na situação apresentada a restrição de acesso aos cargos públicos foi efetivada sem qualquer disposição legal, violando estes princípios, além do princípio da legalidade, balizador da atuação estatal.

Ademais, não se adequa ao princípio da proporcionalidade/razoabilidade impedir o acesso ao cargo público de candidato que se mostrou apto para o exercício das funções em razão de tatuagem.

Tutela antecipada

O art. 1019, I do CPC admite a antecipação dos efeitos da tutela recursal, desde que presentes o *fumus boni iuris* e o *periculum in mora*.

A fumaça do bom direito decorre da violação direta aos princípios da impessoalidade e legalidade estampados no art. 37 da CF, além do impedimento indevido de acesso aos cargos público em total inobservância do art. 37, I da Carta Magna.

O perigo da demora se baseia no fato de que a não concessão da tutela antecipada impedirá a assunção do cargo uma vez que as novas etapas do concurso serão encaminhadas.

II. Paulo Andrade, proprietário de terreno no município de Josevá, no estado Y, teve sua propriedade declarada de Utilidade Pública por meio do Decreto A, expedido pelo prefeito municipal, em 15/03/2011, o qual declarou a urgência da administração na aquisição do imóvel para construção de um hospital público cujo projeto já havia sido aprovado pela autoridade competente.

No processo judicial que se seguiu, o referido município requereu a imissão provisória na posse, efetivando o depósito do valor incontroverso, em 15/01/2012. O juízo, concedeu a medida liminar, determinando a imissão provisória na posse.

A decisão foi publicada em Diário Oficial, no dia 20/10/2012, uma sexta feira. Paulo te procurou, na qualidade de advogado, para guerrear a decisão judicial.

Com base na situação hipotética acima descrita, elabore a peça judicial cabível para pleitear a reforma da decisão, datando-a do último dia do prazo.

Gabarito:

Ação originária: Ação de Desapropriação

Autor da ação: Município de Josevá

Réu da ação: Paulo Andrade

Competência: Excelentíssimo Senhor Doutor Juiz de Direito da ___ Vara da fazenda Pública da Comarca de Josevá, no Estado Y

Pedido: liminar de imissão provisória na posse

Peça Processual: Agravo de Instrumento

Recorrente: Paulo Andrade

Recorrido: Município de Josevá

Competência: Excelentíssimo Senhor Doutor Desembargador Presidente do Tribunal de Justiça do Estado Y

Pedidos: efeito suspensivo ao recurso e reforma da decisão para que seja proferida nova decisão

Pelo exposto, requer:

1 – seja concedido efeito suspensivo ao presente recurso;

2 – seja o recurso conhecido e provido, determinando a reforma da decisão para que seja proferida nova decisão negando a liminar de imissão na posse;

3 – a juntada de comprovação do preparo;

4 – a condenação do recorrido nos ônus da sucumbência

Fundamentação jurídica:

O art. 15, § 2º do Decreto Lei 3.365/41 define que a declaração de urgência para fins de imissão provisória na posse tem validade de 120 dias, dentro do qual a Administração deverá efetivar o depósito do valor incontroverso e requerer a imissão provisória na posse do bem expropriado.

No mesmo sentido, o art. 15, § 3º do Decreto Lei 3.365/41 estabelece que, passado este prazo, decai a declaração, a qual não pode ser renovada.

Na situação apresentada entre a declaração de urgência, efetivada no decreto expropriatório, e o depósito do valor incontroverso transcorreu mais de 120 dias tornando inviável a imissão na posse.

Efeito suspensivo

O art. 1019, I do CPC admite a concessão de efeito suspensivo ao recurso de agravo de instrumento, desde que presentes o *fumus boni iuris* e o *periculum in mora.*

A fumaça do bom direito decorre da violação direta ao artigo 15, § 2º e § 3º do Decreto Lei 3.365/41, uma vez que a declaração tem prazo de caducidade de 120 dias, o qual foi superado pelo autor.

O perigo da demora se baseia no fato de que o recorrente está privado de sua propriedade, sem poder usufruir de forma indevida de seu bem.

29.5. AGRAVO INTERNO

Trata-se de recurso que pode ser interposto de decisões monocráticas proferidas pelo relator de um determinado processo. Neste caso, o agravo vai requerer que a matéria seja julgada pelo colegiado do próprio tribunal e tem previsão no seu Regimento Interno, por isso, também é chamado de Agravo Regimental.

O art. 1021 do CPC prevê que *"Contra decisão proferida pelo relator caberá agravo interno para o respectivo órgão colegiado, observadas, quanto ao processamento, as regras do regimento interno do tribunal"*.

Os regimentos do STF e do STJ preveem que o agravo interno deve ser interposto no prazo de 5 dias, mas a disposição não deve ser aplicada frente ao art. 1003, § 5º do CPC que uniformizou os prazos de interposição de recursos para 15 dias. Ressalte-se que se trata de matéria controversa e não deverá ser cobrado na prova diretamente.

Logo, o prazo de interposição será de 15 dias.

> *"Ressalvadas as exceções previstas neste Regimento, caberá agravo regimental, no prazo de cinco dias de decisão do Presidente do Tribunal, de Presidente de Turma ou do Relator, que causar prejuízo ao direito da parte".*

Da mesma forma, o art. 258 do Regimento Interno do Superior Tribunal de Justiça define que

> *"A parte que se considerar agravada por decisão do Presidente da Corte Especial, de Seção, de Turma ou de relator, poderá requerer, dentro de cinco dias, a apresentação do feito em mesa, para que a Corte Especial, a Seção ou a Turma sobre ela se pronuncie, confirmando-a ou reformando-a".*

O agravo regimental não depende da formação do instrumento e nem de preparo o que o torna uma petição mais simples do que o agravo de instrumento, somente sendo admitida para impugnar decisões monocráticas proferidas em tribunal.

Inclusive, o art. 10, § 1º da lei 12.016/09 define que *"Do indeferimento da inicial pelo juiz de primeiro grau caberá apelação e, quando a competência para o julgamento do mandado de segurança couber originariamente a um dos tribunais, do ato do relator caberá agravo para o órgão competente do tribunal que integre"*.

29.5.1. Estrutura

Nestes casos, o recurso é endereçado diretamente ao prolator da decisão que deverá encaminhar para o colegiado do tribunal, caso não reconsidere sua decisão.

Ademais, não há qualquer peculiaridade na estrutura deste recurso, sendo veiculado por meio de uma petição simples.

29.5.2. Modelo de agravo regimental

EXCELENTÍSSIMO SENHOR DOUTOR DESEMBARGADOR PRESIDENTE DO TRIBUNAL DE JUSTIÇA DO ESTADO Y

—

(10 LINHAS)

—

Paulo Andrade, nacionalidade, estado civil, profissão, RG nº... e CPF nº..., residente e domiciliado na Rua..., nos autos do processo nº...., em que litiga com o Município de Josevá, vem por seu advogado infrafirmado, com procuração anexa e endereço profissional na Rua ..., onde serão encaminhadas as intimações do feito, interpor AGRAVO REGIMENTAL, em face da decisão monocrática proferida nos autos, requerendo seja a mesma analisada pelo colegiado deste tribunal.

DO CABIMENTO

É cabível o presente recurso com fulcro, no art. 1021 do CPC e no Regimento Interno deste tribunal, por se tratar de decisão monocrática proferida pelo presidente.

DOS FATOS

O agravante, (...)

DO MÉRITO

Primeiramente, (...)

Assim, deve ser reformada essa decisão e encaminhado o processo para análise do pleno do Tribunal.

DOS PEDIDOS

Pelo exposto, requer seja o recurso conhecido e provido, determinando a reforma da decisão para que seja proferida nova decisão encaminhando o processo ao julgamento do pleno.

Nestes termos, pede deferimento.

Josevá, data

Advogado

OAB nº...

29.5.3. Casos concretos

O departamento de trânsito, órgão integrante da Administração Direta, do Estado X, lavrou auto de infração contra Coriolano, morador da cidade de Barricadas. As multas de trânsito foram-lhe impostas, em 03 de janeiro de 2013, pelo Superintendente da entidade, sem que ele fosse notificado e pudesse apresentar defesa prévia. Inconformado, ele interpôs recurso administrativo ao qual foi negado provimento pelo Governador do Estado em 30 de maio de 2013. Com o propósito de desconstituir o referido auto de infração, Coriolano impetrou Mandado de Segurança no Tribunal de Justiça do Estado, em 05 de janeiro de 2013, contra o ato do governador.

O relator do *mandamus* extinguiu o feito sem julgamento de mérito sob a alegação de que haveria passado o prazo decadencial, uma vez que a multa foi imposta há mais de 120 dias. Coriolano, então, contratou seus serviços de profissional da advocacia, a fim de recorrer da decisão denegatória do Mandado de Segurança impetrado, publicada em 10 de junho de 2013.

Na qualidade de advogado(a), proponha a medida judicial cabível para a reforma da decisão, apresentando o fundamento para o referido pedido, no último dia do prazo.

Gabarito:

Ação originária: Mandado de Segurança

Autor da ação: Coriolano

Réu da ação: Estado X

Autoridade Coatora: Governador do Estado

Competência: Excelentíssimo Senhor Doutor Desembargador Presidente do Tribunal de Justiça do Estado X

Pedido: anulação dos autos de infração

Peça Processual: Agravo Regimental

Recorrente: Coriolano

Recorrido: Estado X

Competência: Excelentíssimo Senhor Doutor Desembargador do Tribunal de Justiça do Estado X

Pedidos: reforma da decisão para que seja proferida nova decisão

Pelo exposto, requer seja o recurso conhecido e provido, determinando a reforma da decisão para que seja proferida nova decisão encaminhando o processo ao julgamento do pleno.

Fundamentação jurídica:

O art. 23 da lei 12.016/09 define que o Mandado de Segurança deve ser impetrado em, no máximo, 120 dias contados da data da ciência do ato impugnado pelo particular.

Na situação apresentada, o ato impugnado, qual seja a decisão do governador do estado de manter as multas aplicadas foi praticado a menos de 120 dias, não sendo relevante a data originária de aplicação das referidas multas.

Ademais, os autos de infração mantidos pela autoridade coatora foram praticados em desrespeito aos princípios do contraditório e da ampla defesa estampados no art. 5º, LV da Carta Magna e em clara violação ao princípio do Devido Processo Legal, previsto no art. 5º, LIV da CF.

Da mesma forma, o dever de notificar acerca da existência de autos de infração está regulamentado no art. 282 da lei 9.503/97 (código de trânsito brasileiro).

29.6. CONTAGEM DE PRAZOS

Regulamenta o art. 219 do Código de Processo Civil, que *"Na contagem de prazo em dias, estabelecido por lei ou pelo juiz, computar-se-ão somente os **dias úteis**"*. Por seu turno, o art. 224 dispõe que *"Salvo disposição em contrário, os prazos serão contados excluindo o dia do começo e incluindo o dia do vencimento"*.

Sendo assim, caso a publicação se dê na sexta feira, exclui-se a sexta e somente poderá iniciar a contagem do prazo na segunda feira. Da mesma forma, caso o término do prazo se dê no domingo, prorroga-se o término para a segunda feira seguinte.

Ademais, verifique-se que, caso a publicação se dê no sábado, exclui-se a segunda-feira subsequente, iniciando-se a contagem na terça.

Desta forma, pode-se verificar que, na contagem dos prazos processuais será necessária a elaboração, pelo candidato, de um calendário. Isso porque além de fazer a contagem excluindo o dia de início e incluindo o dia do final, o aluno deve atentar para o dia da semana das datas de início e vencimento, haja vista o fato de que, somente serão contados os dias úteis.

O calendário será feito da seguinte forma.

Dom / Seg / Ter / Qua / Qui / Sex / Sab

Quando a questão informar qual foi a data da decisão a ser impugnada, o candidato então deverá colocá-la no calendário, no dia da semana informado pela questão e, posteriormente, excluir este dia de início e fazer a contagem, incluindo o dia do término.

CAPÍTULO 30

RECURSOS E DEFESAS ADMINISTRATIVAS

30.1. PROCESSO ADMINISTRATIVO E DEFESA ADMINISTRATIVA

A lei 9.784/99 regula os processos administrativos no âmbito federal, sendo lei de aplicação subsidiária. Neste sentido, sempre que não houver lei específica a tratar do processo administrativo, a lei será utilizada integralmente. Por sua vez, quando se tratar de processo administrativo regulado por lei específica, a lei 9.784/99 será aplicada subsidiariamente. A lei estipula, em seu artigo 2° que:

> *Art. 2º A Administração Pública obedecerá, dentre outros, aos princípios da legalidade, finalidade, motivação, razoabilidade, proporcionalidade, moralidade, ampla defesa, contraditório, segurança jurídica, interesse público e eficiência.*
>
> *Parágrafo único. Nos processos administrativos serão observados, entre outros, os critérios de:*
>
> *I - atuação conforme a lei e o Direito;*
>
> *II - atendimento a fins de interesse geral, vedada a renúncia total ou parcial de poderes ou competências, salvo autorização em lei;*
>
> *III - objetividade no atendimento do interesse público, vedada a promoção pessoal de agentes ou autoridades;*
>
> *IV - atuação segundo padrões éticos de probidade, decoro e boa-fé;*
>
> *V - divulgação oficial dos atos administrativos, ressalvadas as hipóteses de sigilo previstas na Constituição;*
>
> *VI - adequação entre meios e fins, vedada a imposição de obrigações, restrições e sanções em medida superior àquelas estritamente necessárias ao atendimento do interesse público;*
>
> *VII - indicação dos pressupostos de fato e de direito que determinarem a decisão;*
>
> *VIII – observância das formalidades essenciais à garantia dos direitos dos administrados;*
>
> *IX - adoção de formas simples, suficientes para propiciar adequado grau de certeza, segurança e respeito aos direitos dos administrados;*
>
> *X - garantia dos direitos à comunicação, à apresentação de alegações finais, à produção de provas e à interposição de recursos, nos processos de que possam resultar sanções e nas situações de litígio;*

XI - proibição de cobrança de despesas processuais, ressalvadas as previstas em lei;

XII - impulsão, de ofício, do processo administrativo, sem prejuízo da atuação dos interessados;

XIII - interpretação da norma administrativa da forma que melhor garanta o atendimento do fim público a que se dirige, vedada aplicação retroativa de nova interpretação.

Note que o caput do artigo estabelece os princípios regentes dos processos administrativos e da atuação administrativa como um todo e que os incisos previstos no parágrafo único do dispositivo definem a atuação do Estado no curso do procedimento.

O artigo 3º e seguintes da lei estabelecem os direitos e deveres dos administrados no bolo de um processo administrativo. Vale fazer algumas observações no que tange a estes direitos.

Primeiramente, pode-se notar pelo texto legal (inciso IV) que a defesa por advogado é facultativa e garantida, se houver interesse do particular. Desta forma, o entendimento estampado na Súmula Vinculante nº 5 do STF já encontrava a respectiva disposição legal, para os processos no âmbito da administração pública federal.

Os incisos II e III tratam do contraditório e ampla defesa ao garantir ciência ao particular dos atos do processo, bem como o direito de formular perguntas e produzir provas.

Por fim, o inciso I estampa o princípio da urbanidade, como garantia do cidadão interessado no procedimento.

Por sua vez, o rol exemplificativo de deveres do particular estabelece o dever de expor os fatos conforme a verdade; proceder com lealdade, urbanidade e boa-fé; não agir de modo temerário e prestar as informações que lhe forem solicitadas e colaborar para o esclarecimento dos fatos.

Desta forma, o processo administrativo pode se iniciar por provocação do interessado ou de ofício, por interesse da administração pública.

O poder conferido ao particular de dar início ao processo administrativo decorre do direito de petição, conferido ao cidadão pelo texto constitucional, como garantia fundamental, conforme disposição do artigo 5º, XXXIV da CF.

Iniciado o processo administrativo, a lei, em observância ao princípio do informalismo, define que os atos do processo administrativo não dependem de forma determinada, salvo disposição legal em contrário. Tal entendimento é reiterado ao definir que o reconhecimento de firma somente será exigido quando houver dúvida razoável de autenticidade, quando a autenticação pode ser feita pelo próprio órgão responsável pelo processo.

No que tange ao tempo e ao lugar de prática dos atos do processo administrativo, estabelece a lei 9784/99 que, a princípio, tais atos serão realizados em dias úteis, no horário normal de funcionamento da repartição na qual tramita o feito e, preferencialmente, na sede do órgão, não obstante possam ser realizados em outro local, mediante prévio aviso ao particular interessado e possam ser concluídos depois do horário normal os atos já iniciados, cujo adiamento cause prejuízo à administração pública ou ao particular.

Por fim, estipula o artigo 24, do diploma legal mencionado, que o prazo genérico para a prática, pela administração ou pelo particular, de atos processuais, salvo disposição expressa em contrário, é de 5 (cinco) dias, ressalvadas razões de força maior. Mediante comprovada necessidade, é possível a prorrogação deste prazo por igual período.

Ademais, como garantia dos princípios do contraditório e da ampla defesa, o interessado deve ser informado de todos os atos que sejam praticados no processo e intimado para realização de qualquer providência a ser adotada. Neste sentido, Marcelo Alexandrino e Vicente Paulo *in* Direito Administrativo Descomplicado estipulam que *"intimar é, simplesmente, dar ciência ao interessado de algum ato praticado no processo, ou de alguma providência que deva ser adotada, dependa, ou não, do comparecimento do interessado à repartição"*.

Nos moldes do artigo 26 da lei 9.784/99, a intimação, para garantia dos interesses do cidadão deverá conter necessariamente alguns requisitos, quais sejam:

> **REQUISITOS DA INTIMAÇÃO: 1 – identificação do interessado e nome do órgão ou entidade administrativa; 2 – finalidade da intimação; 3 – data, hora e local em que deve comparecer; 4 – se o intimado deve comparecer pessoalmente ou se pode fazer-se representar; 5 – informação da continuidade do processo independentemente de seu comparecimento; 6 – indicação dos fatos e fundamentos legais pertinentes.**

A intimação, que deve observar a antecedência mínima de 3 (três) dias úteis para o comparecimento, poderá ser efetivada mediante ciência no procedimento administrativo, por telegrama, por via postal com aviso de recebimento ou por qualquer outro meio que assegure a certeza da ciência do particular. É possível que a intimação seja feita por edital (publicação oficial) se os interessados forem indeterminados, desconhecidos ou com domicílio indefinido.

Importante: o desatendimento da intimação não importa o reconhecimento da verdade dos fatos, nem a renúncia a direito pelo administrado. Isso significa que, no processo administrativo, a revelia não produz os efeitos que costuma produzir nos processos judiciais. Tal dispositivo é decorrência do princípio da verdade real, ou seja, a administração vai buscar a verdade dos fatos, não se satisfazendo com presunções legais.

Outrossim, a fase instrutória é a fase de dilação probatória nos procedimentos administrativos, em busca da verdade dos fatos, com vistas a obter uma decisão justa e devidamente fundamentada. Em decorrência do princípio da oficialidade, a produção de provas em processo administrativo pode ser feita pelo interessado ou pela própria administração pública, de ofício, independentemente de provocação do particular.

É facultado ao interessado, na fase instrutória e antes de proferida a decisão do processo, juntar documentos e pareceres, requerer diligências e perícias, bem como aduzir alegações referentes à matéria objeto do processo. Frise-se que o texto legal determina que poderão ser recusadas, mediante decisão fundamentada, as provas propostas pelos interessados, somente, quando sejam ilícitas, impertinentes, desnecessárias ou protelatórias, sob pena de violação à garantia da ampla defesa, princípio basilar do nosso sistema processual bem como uma demonstração clara de busca da verdade material pelos procedimentos na esfera administrativa.

Encerrada a fase instrutória com a produção de todas as provas necessárias, os interessados terão o prazo máximo de 10 (dez) dias, para manifestações, salvo se outro prazo for fixado por disposição legal específica. Trata-se de prazo geral para defesa de qualquer interessado.

Quando se tratar de processo administrativo disciplinar, regulado pela lei 8.112/90, o prazo para defesa será também de 10 dias, no entanto, se houver mais de um acusado no feito, o prazo passa a ser de 20 dias e será de 15 dias o prazo de defesa no PAD, em casos de citação do acusado por edital.

Por fim, concluída a instrução, o poder público terá o prazo de 30 (trinta) dias, prorrogáveis, desde que justificadamente, por igual período, para proferir a decisão final no processo, que, nos moldes da lei, deve ser explícita.

30.1.1. Cabimento da peça de defesa administrativa

Inicialmente, cumpre ressaltar que a defesa administrativa é peça de fácil elaboração, sem qualquer exigência mais complexa, sendo desnecessária, inclusive, a presença de advogado, o que a torna uma peça com baixa incidência na prova do exame de ordem.

Ademais, sempre que o particular tiver que se defender na seara administrativa, ele pode optar pela propositura de uma ação judicial contra o feito. Desta forma, somente será escolhida a defesa administrativa pelo candidato, quando isso for pedido expressamente na questão.

30.1.2. Estrutura da defesa administrativa

Na prática a legislação não estabelece forma obrigatória para a elaboração da peça de defesa em processos administrativos. Em respeito ao princípio do informalismo, presente nos processos da Administração Pública, não há qualquer diploma legal que estabeleça regras específicas em relação a esta peça.

Sendo assim, o candidato deverá utilizar o mesmo modelo utilizado para a contestação quando estiver diante de situação em que haja a necessidade de apresentação de defesa administrativa.

Por óbvio, o endereçamento não será feito ao judiciário, mas sim a autoridade administrativa e não se deve fazer o requerimento de cobrança de custas, uma vez que o processo administrativo é gratuito.

30.1.3. Modelo de defesa administrativa

ILUSTRÍSSIMO SENHOR MINISTRO DA DEFESA

—

(10 LINHAS)

—

CLODOALDO SILVA, nacionalidade, profissão, estado civil, RG nº... e CPF nº..., residente e domiciliado na Rua..., vem, nos autos do processo administrativo disciplinar nº..., instaurado no âmbito deste ministério, por seu advogado infrafirmado, com procuração anexa e endereço profissional na Rua ..., onde serão encaminhadas as intimações do feito, apresentar DEFESA ADMINISTRATIVA aos fatos alegados pela Administração, pelos fundamentos a seguir:

DOS FATOS

Alega o ente público que, (exponha o que foi dito na questão)

DO MÉRITO

Expor tudo que corrobora a tese de defesa. Leis, jurisprudências...

DOS PEDIDOS

Pelo exposto, requer:

1) seja arquivado o presente processo administrativo disciplinar, em razão da ausência de infração;

2) a produção de todos os meios de prova necessários à solução da controvérsia, inclusive a juntada dos documentos anexos;

Nestes termos, pede deferimento.

Local, data,

Advogado

OAB nº...

30.1.4. Casos concretos

João, após o pagamento de seu IPVA (IMPOSTO SOBRE A PROPRIEDADE DE VEÍCULOS AUTOMOTORES) do ano de 2006, resolve consultar o sistema do DETRAN/RJ, e descobre a existência de uma multa em seu nome, que nunca recebeu em sua residência. A notificação foi expedida em 23 de setembro de 2005, a data da lavratura do auto de infração pela Polícia Militar do Estado do Rio de Janeiro, foi 01 de setembro de 2005, e sua fundamentação está no art. 162, inciso II, da Lei 9.503 de 23 de setembro de 1997. Na referida data, João estava no exterior, o que pode ser comprovado por seu passaporte, tampouco conhece o local onde supostamente foi flagrado descumprindo a legislação de trânsito. Diante dos acontecimentos, elabore uma defesa administrativa, a fim de anular a penalidade imposta pelo Poder Público.

ADVOGADO: PEDRO LIMA

OAB: 111

Gabarito:

Peça Processual: Defesa Administrativa

Requerente: João

Competência: Ilustríssimo Senhor Diretor do DETRAN do Estado do Rio de Janeiro

Pedido: anulação da penalidade

Por tudo exposto, requer:

a) a anulação da penalidade ora impugnada;

b) a produção de todos os meios de provas admitidos em direito e necessários à solução da controvérsia, inclusive a juntada de todos os documentos necessários à comprovação do direito alegado.

Fundamentação jurídica:

Preliminarmente, deve ser invocado o desrespeito aos princípios do contraditório e ampla defesa, estampados no art. 5°, LV da CF. Da mesma forma, a atuação estatal não respeitou o devido processo legal, conforme art. 5°, LIV da Constituição Federal.

Da mesma forma, a ausência de notificação na residência do acusado viola a disposição da súmula 312 do STJ.

Ademais, a penalidade de suspensão ou cassação da Carteira Nacional de Habilitação, regulamentada no art. 162, II do CTB, depende da presença do recorrente no local do fato, o que não se pode admitir, haja vista a comprovação de que o mesmo se encontrava fora do país.

30.2. RECURSO ADMINISTRATIVO

Inicialmente, é importante relembrar que o Supremo Tribunal Federal, entende ser inerente à garantia da ampla defesa (art. 5°, LV da CF/88), o direito ao duplo grau de julgamento na esfera administrativa. Tal entendimento decorre da leitura da Súmula Vinculante n° 21 da Suprema Corte, que considera inconstitucional qualquer lei que exija depósito prévio ou caução para interposição de recursos administrativos. Sendo assim, a garantia recursal, em processos administrativos, não pode ser submetida à exigência - ainda que regulamentada por lei - de depósito prévio ou de caução.

Por seu turno, o artigo 56 da lei 9.784/99 garante, no âmbito federal, o direito à interposição de recursos administrativos, seja para combater uma decisão por motivo de ilegalidade, seja por motivo de mérito.

Salvo disposição legal em contrário, os recursos administrativos não têm efeito suspensivo, ou seja, conservam intacta a eficácia da decisão farpeada. Não obstante a ausência de efeito suspensivo automático, a autoridade recorrida ou a superior poderá, havendo justo receio de prejuízo de difícil ou incerta reparação decorrente da execução, de ofício ou a pedido, dar efeito suspensivo ao recurso.

Ademais, o limite de tramitação de um processo na esfera administrativa, nos moldes da lei é de 3 (três) instâncias. Entende-se que é possível, desta forma, o julgamento inicial e mais 2 (dois) recurso, evidentemente, se houver estrutura hierárquica para tanto. Após a tramitação do processo administrativo, por, no máximo, 3 (três) instâncias, ocorre o que a doutrina denomina **coisa julgada administrativa**. Saliente-se que a expressão **coisa julgada administrativa** designa tão somente situação na qual a situação não poderá ser objeto de discussão na esfera administrativa.

A lei 11.417/2006, alterando a lei 9.784/99 definiu que se o recorrente alegar que a decisão administrativa contraria enunciado da súmula vinculante, caberá à autoridade prolatora da decisão impugnada, se não a reconsiderar, explicitar, antes de encaminhar o recurso à autoridade superior, as razões da aplicabilidade ou inaplicabilidade da súmula, conforme o caso. A mesma regra se aplica a autoridade julgadora do recurso.

Ressalte-se que, caso o Supremo Tribunal Federal acolha, em sede de Reclamação Constitucional, a alegação de violação à sumula, tal decisão vincula a autoridade administrativa que julgará casos semelhantes em favor dos recorrentes, sob pena de responsabilidade pessoal. Estas são as normas insculpidas no art. 64-A da lei 9.784/99.

Outrossim, a lei 9.784/99 define situações nas quais, a administração pública não admitirá o recurso administrativo. Não será conhecido o recurso sempre que for interposto fora do prazo; após exaurida a esfera administrativa ou por quem não seja legitimado. A lei prevê ainda o não recebimento de recursos interpostos perante órgão incompetente. Nestes casos, entretanto, será indicada ao recorrente a autoridade competente, sendo-lhe devolvido o prazo para recurso.

Não se pode esquecer que, em virtude do princípio da autotutela, estampado na Súmula 473 do Supremo Tribunal Federal, o não conhecimento do recurso não impede a Administração de rever, de ofício, o ato ilegal, desde que não ocorrida preclusão administrativa. Poderá ainda o órgão competente para decidir o recurso confirmar, modificar, anular ou revogar, total ou parcialmente, a decisão recorrida, se a matéria for de sua competência.

Por fim, na seara administrativa, não há vedação da *reformatio in pejus* e uma decisão de recurso administrativo poderá piorar a situação do recorrente, em respeito ao princípio da verdade material e da legalidade estrita da atuação administrativa. Nestes casos, se, do julgamento do recurso, puder decorrer gravame à situação do recorrente, este deverá ser cientificado para que formule suas alegações antes da decisão.

30.2.1. Espécies de recursos administrativos

Para fins de provas de exame de ordem, existem três possibilidades de interposição de recurso administrativo. Ou está-se diante de um processo disciplinar de servidores, que é regulamentado pela Lei n° 8.112/90, ou diante de um procedimento licitatório, regulado pela Lei 14.133/21, ou, não se tratando de nenhum dos dois casos, deve-se guiar pela Lei n° 9.784/99 que é subsidiária e se aplica a todos os processos administrativos que não tenham regulamentação por lei própria.

Na Lei n° 8.112/90, devem ser grifados os seguintes artigos: 105, 106, 107, 108. Os recursos administrativos, em processo disciplinar, não têm efeito suspensivo. Sendo assim, deve-se pedir que seja atribuído efeito suspensivo pelo julgador do recurso.

30.2.2. Estrutura do recurso

A princípio o recurso administrativo é uma peça simples pelo fato de que não há um procedimento obrigatório, como existe no CPC, para os recursos em sede judicial. Dessa forma, ele acaba sendo praticamente um recurso informal, inclusive, em respeito ao princípio do formalismo necessário – já estudado no capítulo referente aos processos administrativos dessa obra.

Para fins de orientação, nessa obra, a estrutura do recurso será similar à estrutura de uma apelação, sem, entretanto, ser necessária a folha de rosto ou folha de interposição. Isso é feito como forma de simplificar os estudos do aluno, afinal, ao invés de se aprender um novo modelo, segue-se um modelo muito próximo daquele já estudado.

Deve-se, em sede de recurso administrativo, ter bastante cuidado com o endereçamento das razões recursais. Vejamos.

Em caso de processo administrativo disciplinar, na Lei n° 8.112/90, o recurso vai ser sempre interposto para a entidade superior àquela que decidiu. Neta lei, quando a decisão é proferida, ela é passível de pedido de reconsideração, encaminhado para a própria autoridade e, caso esta autoridade não reconsidere, cabe recurso para a autoridade superior. Ambos devem ser interpostos no prazo de 30 dias.

Dessa forma, só será possível a interposição de recurso em processo administrativo disciplinar, se já houve pedido de reconsideração negado.

Em casos de licitação, o art. 165 da lei 14.133/21 é único que trata da matéria, devendo, inclusive, ser grifado. O parágrafo 2º, deste artigo, define que o recurso deve ser interposto perante a autoridade que decidiu que, caso não reconsidere a decisão, deve encaminhar para a autoridade superior. Ou seja, na licitação, não há pedido de reconsideração, pois o recurso deve ser interposto perante a autoridade que proferiu a decisão impugnada, de forma que, ou ela reconsidera, ou ela manda para a autoridade superior. Então, no recurso de licitação, deve-se pedir à autoridade julgadora que, caso não reconsidere a decisão proferida, mande para a autoridade superior.

O endereçamento do recurso, na 14.133/21 será interposto perante o agente de contratação que irá analisar em até 3 dias úteis, encaminhando, posteriormente, à autoridade responsável pelo certame. Ressalte-se que o recurso já tem efeito suspensivo.

Na Lei nº 14.133/21, o recurso sempre será interposto no prazo de 3 dias úteis.

Na Lei nº 9.784/99, devem ser grifados os artigos 56, 57, 59 e 61. Deve-se ainda fazer uma remissão, no art. 56, § 2º (vide Súmula Vinculante nº 21), porque o art. 56, § 2º define que, se houver lei autorizadora, pode-se cobrar caução ou garantia e a Súmula Vinculante nº 21 estabelece que não pode, nem por lei, cobrar caução ou garantia para interposição de recurso administrativo.

Na lei 9784/99, o recurso é interposto perante a autoridade que decidiu e, se esta autoridade que decidiu não reconsiderar, ela mesma encaminha para autoridade superior. O prazo para o recurso é de 10 dias corridos.

30.2.3. Cabimento

É importante ressaltar que sempre que for cabível a interposição de recurso administrativo, será possível ao particular optar pela propositura de uma ação judicial, haja vista o princípio da inafastabilidade de jurisdição.

Desta forma, para que o candidato opte pela elaboração de um recurso na via administrativa, isso deve ter sido expressamente requerido na questão. Caso contrário, o examinando deve optar pela via judicial para a solução do problema.

30.2.4. Modelo de recurso administrativo

ILUSTRÍSSIMO SENHOR DOUTOR PRESIDENTE DA COMISSÃO DE LICITAÇÃO

—

(10 LINHAS)

—

X VEÍCULOS, já qualificada nos autos do procedimento licitatório n°... realizado pelo Ministério da Educação, vem por seu advogado infrafirmado, com procuração anexa e endereço profissional na Rua ..., onde serão encaminhadas as intimações do feito, interpor RECURSO ADMINISTRATIVO, em face da decisão proferida nos autos, pelos fatos e fundamentos a seguir.

DO CABIMENTO

É cabível a interposição do presente recurso com fulcro no art. 109 da Lei n° 8.666/93, por se tratar de inabilitação do licitante.

DOS FATOS

Foi publicado um edital em 10 de março de 2009, iniciando um procedimento licitatório menor preço, na modalidade concorrência, pelo Ministério para a compra de veículos automotores e a comissão foi composta por três servidores estáveis.

No prazo estabelecido a recorrente, microempresa do ramo de vendas de carros, apresentou os documentos necessários à habilitação, não tendo, no entanto, regularidade fiscal, uma vez que se encontra inadimplente em relação a tributos federais.

Em virtude da situação exposta, a recorrente apresentou a comprovação de débitos com a Receita Federal, não cumprindo a exigência de regularidade fiscal.

Em virtude da situação apresentada com base na Lei n° 8666/93, a comissão licitante inabilitou a microempresa no dia 25 de abril de 2009.

DO MÉRITO

Primeiramente, o art. 42, da Lei Complementar n° 126/2006 estabelece que a regularidade fiscal somente será exigida para Microempresas, quando da celebração do contrato. Vejamos:

"Art. 42. Nas licitações públicas, a comprovação de regularidade fiscal das microempresas e empresas de pequeno porte somente será exigida para efeito de assinatura do contrato."

No mesmo sentido, o art. 43, § 1° da Lei Complementar n° 123/06 define que, não havendo regularidade fiscal, a microempresa participará do certamente.

Nesses casos, se sagrando vencedora, a empresa terá prazo definido em lei para regularização.

Na situação apresentada, não obstante ostentar a qualidade de microempresa, a recorrente foi inabilitada por não apresentar documentação de regularidade fiscal.

A decisão de inabilitação merece reforma, uma vez que não se deve exigir essa documentação da recorrente, na fase de habilitação.

DOS PEDIDOS

Pelo exposto, requer:

Pelo exposto, requer seja o presente recurso conhecido e provido, determinando a reforma da decisão para que seja proferida nova decisão habilitando o licitante às fases seguintes.

Caso não reconsidere, nos moldes do art. 109, § 4°, da Lei n° 8.666/93, requer que seja o recurso encaminhado a autoridade superior para análise.

Nesses termos, pede deferimento.

Local, data

Advogado

OAB n°...

30.2.5. Casos concretos

Em 10/03/2009, terça-feira, foi publicado edital, iniciando procedimento licitatório, do tipo menor preço, na modalidade concorrência, pelo Ministério da Educação, para compra veículos automotores. A comissão foi composta por 3 servidores estáveis.

No prazo estabelecido, a empresa X Veículos, microempresa do ramo de vendas de carros, apresentou todos os documentos necessários à habilitação, não conseguindo demonstrar, no entanto, regularidade fiscal, uma vez que se encontrava inadimplente em relação a tributos federais. Em virtude da situação exposta, a empresa apresentou a comprovação de débitos com a Receita Federal, não cumprindo a exigência de regularidade fiscal.

Em virtude da ausência da regularidade fiscal, com base na lei 8.666/93, a comissão licitante inabilitou referida empresa, no dia 25/04/2009.

Em face dessa situação hipotética, elabore, na qualidade de advogado(a) contratado(a) pela empresa X Veículos, recurso administrativo contra a decisão de inabilitação, no último dia do prazo.

Gabarito:

Peça Processual: Recurso Administrativo

Recorrente: X Veículos

Competência: Ilustríssimo Senhor Presidente da Comissão de Licitação

Pedido: reforma da decisão para a participação da fase seguinte do certame

Por tudo exposto, requer seja o presente recurso conhecido e provido, determinando a reforma da decisão para que seja proferida nova decisão habilitando o licitante às fases seguintes.

Caso não reconsidere, nos moldes do art. 109, § 4°, da Lei n° 8.666/93, requer que seja o recurso encaminhado a autoridade superior para análise.

Fundamentação jurídica:

Como a recorrente ostenta a qualidade de Microempresa, poderá participar da licitação mesmo sem a apresentação de regularidade fiscal. Com efeito, o art. 42 da Lei complementar 123/06 define que nas licitações públicas, a comprovação de regularidade fiscal das microempresas e empresas de pequeno porte somente poderá ser exigida no momento da celebração do contrato.

Neste mesmo sentido, o art. 43, § 1º da referida lei determina que a empresa poderá participar de todas as etapas da licitação e, em se sagrando vencedora, terá um prazo de 2 dias úteis, prorrogáveis por mais 2 dias úteis para que se regularize com o fisco.

Desta forma, a inabilitação é viciada por desrespeitar as disposições legais expostas.

30.3. DA CONTAGEM DE PRAZOS

Dispõe o art. 66 da lei 9.784/99 que:

> *Art. 66. Os prazos começam a correr a partir da data da cientificação oficial, excluindo-se da contagem o dia do começo e incluindo-se o do vencimento.*
>
> *§ 1º Considera-se prorrogado o prazo até o primeiro dia útil seguinte se o vencimento cair em dia em que não houver expediente ou este for encerrado antes da hora normal.*
>
> *§ 2º Os prazos expressos em dias contam-se de modo contínuo.*
>
> *§ 3º Os prazos fixados em meses ou anos contam-se de data a data. Se no mês do vencimento não houver o dia equivalente àquele do início do prazo, tem-se como termo o último dia do mês.*
>
> *Art. 67. Salvo motivo de força maior devidamente comprovado, os prazos processuais não se suspendem.*

Verifica-se que a contagem de prazos segue a mesma forma aprendida no capítulo anterior para a contagem dos prazos judiciais, capítulo ao qual se remete o leitor.

CAPÍTULO 31

QUESTÕES DISCURSIVAS

31.1. CONSIDERAÇÕES INICIAIS

Inicialmente, é importante ressaltar que uma boa elaboração das questões discursivas depende de uma boa preparação no que tange ao direito material. Com efeito, tratam-se de questionamentos específicos de matéria ou, até mesmo, de casos concretos nos quais se pretende que o candidato informa qual a melhor solução para aplicação do direito ao caso concreto.

No entanto, o candidato deve se preocupar com a apresentação de respostas completas, em que se responda os questionamentos feitos diretamente e também se faça uma abordagem acerca do tema discutido na questão. Com efeito, a prova traz algumas "perguntas implícitas" que estarão no espelho da questão, embora não tenham sido feitas diretamente ao candidato. Cite-se o exemplo da questão que foi cobrada na prova da segunda fase do exame de ordem de 2010.2.

> *"(Exame de Ordem – 2010.2) Abílio, vendedor ambulante e camelô, comercializava os seus produtos em uma calçada no centro da cidade do Rio de Janeiro, mediante autorização expedida pela Prefeitura do Município do Rio de Janeiro. Em razão de obras no local, todos os ambulantes foram reiterados e impedidos de comercializar seus produtos na calçada onde Abílio e seus companheiros vendiam seus produtos.*
>
> *Abílio, não conformado com a decisão da Administração Pública municipal, resolve ingressar com uma ação na Justiça, por meio da qual pretende uma indenização por danos morais e materiais, em virtude do período em que ficou sem seu trabalho, além do restabelecimento da autorização para que volte a vender seus produtos no mesmo local.*
>
> *Na qualidade de advogado de Abílio, identifique a natureza jurídica da autorização municipal e exponha, de forma fundamentada, se Abílio possui ou não direito às indenizações pelos danos morais e materiais, além do restabelecimento da autorização".*

Verifique que a questão somente questiona acerca da natureza jurídica do ato de autorização de uso, para que o candidato conclua acerca da possibilidade ou não de pleitear indenização do poder público. No entanto, no espelho da prova, para que o candidato fizesse jus à pontuação integral, deverá informar que a praça é bem público de natureza especial e que pode ser utilizada por particular mediante autorização de uso. Tratam-se de questionamentos "implícitos" na questão.

Vejamos:

Distribuição dos pontos

Item	Pontuação
Definição e classificação do bem público objeto da autorização	0 / 0,1 / 0,3
Possibilidade de uso mediante autorização	0 / 0,2
Características do ato de autorização (especialmente a sua natureza precária)	0 / 0,1 / 0,2 / 0,3
Ausência de direitos decorrentes do ato	0 / 0,2

Desta forma, o candidato deverá sempre elaborar texto dissertativo amplo, com respostas completas tratando acerca do tema referente à questão de forma a abarcar qualquer assunto implicitamente considerado importante pela banca.

31.2. QUESTÕES COM PERGUNTAS DIVIDIDAS EM TÓPICOS

Muitas vezes, as questões discursivas apresentam mais de uma pergunta, dividindo-as em tópicos (I, II, III... ou a, b e c).

Nestes casos, o candidato só terá uma opção, qual seja responder à questão, dividindo a sua resposta nos tópicos especificados. É possível elaborar a resposta, dividindo-a em tópicos, da mesma forma. Assim, a resposta ficaria a seguinte forma:

a) ....

b) ....

c) ....

Ressalte-se que, a partir do XVI exame, a OAB **proíbe** que o candidato escreva um texto dissertativo único, respondendo todos os questionamentos formulados, ao invés de dividi-los por tópicos. Isso porque, nestes casos, a resposta que for dada para um tópico poderá ser aproveitada pela banca se estiver no espelho de outro tópico, diferentemente da situação de divisão da resposta em tópicos, o que, repita-se, passou a ser **VEDADO** pelo exame.

Logo, quando o questionamento for dividido em tópicos, a respostas igualmente o será.

31.3. ESTRUTURA DA RESPOSTA

Por fim, é importante salientar que a estrutura da resposta de uma questão dissertativa se aproxima muito a uma fundamentação de parecer. Sendo assim, o candidato **não** deve resumir o questionamento feito, antes de elaborar a resposta (lembre-se que o número de linhas para resposta é bastante limitado).

Portanto, o examinando deve iniciar a dissertação com um artigo legal ou constitucional que conceitue o instituto que está sendo analisado, partindo, posteriormente, para a análise das peculiaridades questionadas. Nestes casos, não é interessante que se faça a transcrição de artigos relevantes, mas tão somente sua citação e explicação devida.

31.4. CASOS CONCRETOS

1 - O Estado XPTO realizou procedimento licitatório, na modalidade concorrência, visando à aquisição de 500 (quinhentas) motocicletas para equipar a estrutura da Polícia Militar. Logo após a abertura das propostas de preço, o Secretário de Segurança Pública do referido Estado, responsável pela licitação, resolve revogá-la, por ter tomado conhecimento de que uma grande empresa do ramo não teria tido tempo de reunir a documentação hábil para participar da concorrência e que, em futura licitação, assumiria o compromisso de participar e propor preços inferiores aos já apresentados no certame em andamento.

Considerando a narrativa fática acima, responda aos itens a seguir, empregando os argumentos jurídicos apropriados e a fundamentação legal pertinente ao caso.

a) À luz dos princípios que regem a atividade administrativa, é juridicamente correta a decisão do Secretário de Segurança de revogar a licitação? (Valor: 0,3)

b) Quais são os requisitos para revogação de uma licitação? (Valor: 0,6)

c) Em se materializando a revogação, caberia indenização aos licitantes que participaram do procedimento revogado? (Valor: 0,35)

Gabarito:

A - Inicialmente, cumpre ressaltar que a licitação é procedimento administrativo prévio aos contratos firmados pela Administração Pública, sendo indispensável para as contratações do Estado, nos moldes do art. 37, XXI da Carta Magna.

Neste sentido, o procedimento licitatório é realizado com a intenção de se garantir a impessoalidade nas contratações públicas, evitando que o ente estatal contrate aqueles que lhe interessarem de forma pessoal. Na situação apresentada, a decisão de revogação é juridicamente incorreta por violação aos princípios da impessoalidade e moralidade administrativa, previsto no caput do artigo 37 da CRFB.

B - Ademais, a revogação do procedimento licitatório encontra-se disciplinada no artigo 49 da Lei n. 8.666/93 se trata de ato de depende da demonstração de razões de interesse público decorrentes de fato superveniente devidamente comprovado, pertinente e suficiente para justificar a conduta.

C - Por fim, por se tratar de revogação ilícita de procedimento licitatório, os licitantes devem ser indenizados pelos prejuízos efetivamente comprovados, na forma do artigo 37, § 6º, da CRFB, ainda que não se demonstre ilicitude da conduta ou dolo e culpa do agente público responsável pelo dano.

2 - O Estado X lançou edital de concorrência para concessão, pelo prazo de 10 (dez) anos, do serviço de manutenção de importante rodovia estadual. O edital estabelece que o critério de julgamento das propostas seja o menor valor da tarifa e prevê, como forma de favorecer a modicidade tarifária, a possibilidade de o concessionário explorar os painéis publicitários localizados ao longo da rodovia. Além disso, o edital também estabelece que os envelopes contendo os documentos de habilitação dos licitantes apenas serão abertos após a fase de julgamento das propostas e com a observância da ordem de classificação, de forma que, habilitado o licitante mais bem classificado, será ele declarado vencedor.

Considerando as previsões editalícias acima referidas, responda aos questionamentos a seguir formulados, empregando os argumentos jurídicos apropriados e a fundamentação legal pertinente ao caso.

a) É juridicamente possível que o edital de concorrência estabeleça, em favor do concessionário, a exploração dos painéis publicitários localizados ao longo da rodovia? (Valor: 0,65).

b) É juridicamente possível que a fase de habilitação somente ocorra em momento posterior à fase de classificação das propostas? (Valor: 0,6).

Gabarito:

A - Primeiramente, o art. 175 da Constituição Federal determina que os serviços públicos poderão ser prestados diretamente pelo Estado ou mediante contratos de concessão e permissão de serviços públicos. Neste sentido, a lei 8.987/95 regulamenta os contratos de concessão definindo que a concessionária deve se adequar aos princípios inerentes à prestação de serviços públicos estampados em seu art. 6º, § 1º, quais sejam, a modicidade das tarifas e a continuidade dos serviços, entre outros.

Ademais, a legislação admite a previsão de fontes provenientes de receitas alternativas, complementares, acessórias ou de projetos associados, que podem ser estabelecidas no edital em favor da concessionária precisamente com o objetivo de favorecer a modicidade tarifária. Essa possibilidade encontra-se prevista no artigo 11 da Lei n. 8.987/95.

B - No que tange à possibilidade de inversão de fases no procedimento licitatório da concorrência para a celebração de contratos de concessão de serviços públicos, tal prerrogativa visa garantir uma maior agilidade na realização do certame e encontra-se prevista no artigo 18-A da Lei n. 8.987/95. Desta forma, é possível sim a inversão das fases definida no edital.

3 - Ao assumir a presidência de uma importante autarquia estadual, Tício determinou a realização de uma auditoria em todo o patrimônio da entidade. Ao final dos trabalhos da comissão de auditoria, chamou a atenção de Tício a enorme quantidade de bens móveis catalogados, no relatório final de auditoria, como inservíveis para a administração.

Considerando a situação hipotética narrada, responda aos seguintes questionamentos, empregando os argumentos apropriados e a fundamentação legal pertinente ao caso.

a) Qual a natureza jurídica dos bens pertencentes à autarquia? (Valor: 0,6)

b) Como deverá proceder Tício caso resolva alienar os bens móveis catalogados como inservíveis para a administração? (Valor: 0,65)

Gabarito:

A - Inicialmente, cumpre ressaltar que as autarquias são entidades da Administração Indireta criada por lei específica, conforme disposto no art. 37, XIX da Constituição Federal.

Sendo a autarquia uma pessoa jurídica de direito público, seus bens são considerados bens públicos e submetem-se ao regime jurídico juspublicista. Com efeito, tal conclusão extrai-se da norma do artigo 98 do Código Civil, que classifica os bens públicos de acordo com a sua titularidade, definindo que são bens públicos somente aqueles pertencentes às pessoas jurídicas de direito público.

B - Ademais, a alienação de bens móveis pertencentes à autarquia deve observar a disciplina prevista no artigo 17, inciso II, da Lei n. 8.666/93, que exige: interesse público devidamente justificado, avaliação prévia e licitação. Outrossim, insta registrar que a licitação, *in casu*, deve seguir a modalidade leilão, nos termos do artigo 22, § 5º, da Lei n. 8.666/93.

4 - O presidente de uma sociedade de economia mista estadual prestadora de serviço público, preocupado com o significativo aumento de demandas judiciais trabalhistas ajuizadas em face da entidade (duas mil), todas envolvendo idêntica tese jurídica e com argumentação de defesa já elaborada, decide contratar, por inexigibilidade de licitação, renomado escritório de advocacia para realizar o patrocínio judicial das causas.

Nesse cenário, responda aos itens a seguir, empregando os argumentos jurídicos apropriados e a fundamentação legal pertinente ao caso.

a) Na qualidade de assessor jurídico da presidência da estatal, analise a viabilidade jurídica da contratação direta. (Valor: 0,5)

b) Nas hipóteses de contratação direta, em sendo comprovado superfaturamento durante a execução contratual, é juridicamente possível responsabilizar solidariamente o agente público e o prestador do serviço pelo dano causado ao erário? (Valor: 0,5)

Gabarito:

A - Inicialmente, deve-se ressaltar que o art. 1º, parágrafo único da lei de licitações (lei 8.666/93) prevê sua aplicação a todos os entes da administração indireta, inclusive as sociedades de economia mista. Sendo assim, como regra, as entidades privadas da administração indireta devem realizar procedimento licitatório para a celebração de seus contratos.

Ademais, a inexigibilidade de licitação, em tal hipótese, encontraria fundamento na norma do artigo 25, inciso II, que prevê a inviabilidade de competição para a contratação de serviços técnicos enumerados no artigo 13, dentre os quais o patrocínio de causas judiciais (artigo 13, inciso V) da Lei n. 8.666/93. Entretanto, para configurar tal hipótese de inexigibilidade de licitação, exige-se a natureza singular dos serviços, o que não ocorre na situação proposta, em que se pretende a contratação direta de escritório de advocacia para o patrocínio de causas de massa (contencioso trabalhista de massa).

B - Quanto à responsabilidade solidária do agente público e do prestador do serviço nos casos de superfaturamento em contratos decorrentes de inexigibilidade ou dispensa de licitação, tal possibilidade encontra previsão expressa na norma do artigo 25, § 2º, da Lei n. 8.666/93. Desta forma, é possível a responsabilização solidária do agente conforme disposição legal expressa.

5 - Os vencimentos da servidora pública, Joana não foram adequadamente reajustados em 5/5/2001, entretanto, na ocasião, ela não impugnou administrativamente o ato ilegal cometido. Agora, pretende propor ação judicial

visando à condenação do ente federativo ao pagamento retroativo do reajuste bem como à determinação de que esse reajuste seja aplicado aos vencimentos futuros. Qual a ação cabível e qual a fundamentação?

Gabarito:

Inicialmente, cumpre ressaltar que a remuneração do servidor público deve ser reajustada anualmente como forma de manutenção do valor real do pagamento efetivado pela prestação dos serviços. Neste sentido, o art. 37, X garante que, mediante lei, será realizada esta revisão geral anual.

Na situação apresentada, não obstante a edição da lei, o ente público foi omisso em seu dever de reajustar os vencimentos da servidora. Neste caso, para garantir o reajuste aos vencimentos futuros e efetivar a cobrança dos valores anteriores, deverá ser proposta uma ação de procedimento comum, haja vista a impossibilidade de impetração do mandado de segurança com esta finalidade.

Ademais, em virtude do prazo de mais de 5 anos transcorrido entre a omissão inicial do ente público e a propositura da ação, deve-se informar que estão prescritas as parcelas vencidas há mais de 5 anos. Com efeito, não há a prescrição do fundo do direito, mas não é possível o recebimento dos valores já vencidos anteriormente a este prazo. Esta é a leitura do art. 3º do Decreto 20.910/32.

6 - Maria, servidora pública federal, é casada com Antônio, portador de obesidade mórbida, reconhecida por junta médica oficial. Com vistas a proporcionar o tratamento de que o marido necessita, inexistente no seu atual domicílio, Maria requereu a sua remoção para a capital do estado. A administração pública, ao fundamento de que a remoção só pode ser concedida no interesse da administração, negou o seu pedido, alegando não poder prescindir do trabalho de Maria. Além disso, arguiu que não há vagas na capital. Com base nessa situação hipotética, redija um texto em que responda, de forma fundamentada, ao seguinte questionamento. Agiu com acerto a administração?

Gabarito:

Primeiramente, saliente-se que a remoção é o deslocamento do servidor público, dentro do mesmo quadro de pessoal, com ou sem mudança de sede, conforma disposto no art. 36 da lei 8.112/90.

Ademais, como regra geral, a remoção é ato discricionário, podendo ser concedida de ofício, no interesse da Administração Pública ou, até mesmo, a pedido, quando então deverá ser efetivada a critério do ente estatal.

Ocorre que, em algumas situações a remoção se configura ato vinculado. Com efeito, a legislação define algumas situações nas quais, se o servidor comprovar o requisito legal, terá direito à remoção que não poderá ser negada, independentemente do critério da Administração.

Neste sentido, o art. 36, Parágrafo único, III, "b" da lei 8.112/90 garante ao servidor a remoção em caso de doença devidamente comprovada por laudo médico oficial, seja do próprio servidor ou de seu cônjuge ou dependente. Nestes casos, a remoção será concedida, ainda que não haja interesse público ou vagas na nova localidade.

Na situação apresentada, o cônjuge da servidora possuía doença que justificava sua remoção e, portanto, não agiu com acerto a Administração.

7 - O Estado X ajuizou ação de reintegração de posse em face de Caio, servidor público que, na qualidade de vigia de uma escola pública estadual, reside em uma pequena casa nos fundos do referido imóvel público e, embora devidamente notificado para desocupar o bem, recusou-se a fazê-lo. Em sua defesa, Caio alega (i) que reside no imóvel com a anuência verbal do Poder Público e (ii) que a sua boa-fé, associada ao decurso de mais de quinze anos de ocupação do bem sem qualquer oposição, lhe asseguram a usucapião do imóvel. Considerando a situação hipotética apresentada, analise os dois fundamentos deduzidos por Caio em sua defesa, empregando os argumentos jurídicos apropriados e a fundamentação legal pertinente ao caso. (Valor: 1,25)

Gabarito:

Inicialmente, cumpre ressaltar que os contratos celebrados com a Administração Pública são formais, devendo respeitar todas as cláusulas necessárias regulamentadas no art. 55 da lei 8.666/93 para que tenham validade. Desta forma, a anuência verbal do Poder Público em relação à ocupação do imóvel não repercute sobre a esfera jurídica do Poder Público, uma vez que os contratos verbais com a Administração Pública são nulos e sem nenhum efeito, nos termos do artigo 6º, parágrafo único, da Lei n. 8.666/93.

Ademais, no que tange ao segundo argumento, um dos atributos dos bens públicos, qual seja, a sua imprescritibilidade, de modo que os bens públicos não se sujeitam à prescrição aquisitiva de direitos. Desta forma, a pretensão de usucapião de um bem público deve ser rejeitada, conforme previsto nos artigos 183, § 3º (propriedade urbana) e 191, parágrafo único (propriedade rural), ambos da CRFB.

8 - A Secretaria estadual de Esportes do Estado ABC realizou certame licitatório para a seleção de prestadora de serviço de limpeza predial na sua

sede. A vencedora do processo licitatório foi a empresa XYZ. Decorridos 10 (dez) meses, constatou-se a inexecução parcial do contrato, diante do que a Secretaria reputou como infrações por parte da empresa. Foi instaurada comissão de instrução e julgamento composta por três servidores de carreira e, após processo administrativo, em que foram garantidos o contraditório e a ampla defesa, a empresa XYZ foi punida pela Comissão com a declaração de inidoneidade para contratar com a Administração Pública. A empresa, então, ajuizou ação anulatória por meio da qual pretende anular o ato administrativo que aplicou aquela sanção, arguindo a ausência de tipificação da conduta como ato infracional, a não observância da aplicação de uma penalidade mais leve antes de uma mais grave e a não observância de todas as formalidades legais para a incidência da punição. Considerando o fato apresentado, responda, de forma justificada, aos itens a seguir.

A) É possível a anulação do ato administrativo que aplicou a penalidade, tendo em vista a não observância da aplicação de uma penalidade mais leve antes de uma mais grave? (Valor: 0,60)

B) É possível ao Judiciário anular o ato administrativo por algum dos fundamentos apontados pela empresa? Em caso afirmativo, indique-o. (Valor: 0,65)

Gabarito:

A - Inicialmente, cumpre ressaltar que o art. 58, IV da lei 8.666/93 define a aplicação de penalidades como uma cláusula exorbitante dos contratos administrativos, inserida na esfera de atuação do poder público. Neste sentido, o art. 87 da mesma lei define as penalidades aplicáveis, inclusive, a possibilidade de declaração de inidoneidade da empresa contratada.

É relevante que se entenda não haver uma gradação ou ordem legal de penalidades, devendo ser aplicadas discricionariamente pela Administração Pública, sem a necessidade de aplicação de uma penalidade mais leve antes da mais grave. Para garantir a regularidade da pena aplicada, o ente público deve, no entanto, respeitar o princípio da proporcionalidade entre a infração cometida e a sanção imposta.

B - No que tange à possibilidade de anulação judicial da pena aplicada, verifica-se a sua possibilidade. Com efeito, não foram observadas, no caso concreto, todas as formalidades legais para a incidência da punição, uma vez que a penalidade aplicada (declaração de inidoneidade) é de competência exclusiva do secretário estadual de esportes, conforme dispõe o art. 87, § 3º, da Lei n. 8.666/93.

9 - Recentemente, 3 (três) entidades privadas sem fins lucrativos do Município ABCD, que atuam na defesa, preservação e conservação do meio-ambiente foram qualificadas pelo Ministério da Justiça como Organização da Sociedade Civil de Interesse Público. Buscando obter ajuda financeira do Poder Público para financiar parte de seus projetos, as 3 (três) entidades apresentaram requerimento à autoridade competente, expressando seu desejo de firmar um termo de parceria.

Com base na narrativa fática, responda às indagações abaixo, empregando os argumentos jurídicos apropriados e a fundamentação legal pertinente ao caso.

A) O poder público deverá realizar procedimento licitatório (Lei n. 8666/93) para definir com qual entidade privada irá formalizar termo de parceria? (Valor: 0,90)

B) Após a celebração do termo de parceria, caso a entidade privada necessite contratar pessoal para a execução de seus projetos, faz-se necessária a realização de concurso público? (Valor: 0,35)

Gabarito:

A - Inicialmente, cumpre ressaltar que Organização da Sociedade Civil de Interesse Público (OSCIP) é a qualificação jurídica conferida pelo Poder Público, por ato administrativo, às pessoas privadas sem fins lucrativos e que desempenham determinadas atividades de caráter social, atividades estas que, por serem de relevante interesse social, são fomentadas pelo Estado, nos moldes do art. 1º da lei 9.790/99. A partir de tal qualificação, tais entidades ficam aptas a formalizar "termos de parceria" com o Poder Público, que permitirá o repasse de recursos orçamentários para auxiliá-las na consecução de suas atividades sociais.

As OSCIP's integram o que a doutrina chama de "Terceiro Setor", isto é, uma nova forma de organização da Administração Pública por meio da formalização de parcerias com a iniciativa privada para o exercício de atividades de relevância social. Sendo assim, como as ideias de "mútua colaboração" e a ausência de "contraposição de interesses" são inerentes a tais ajustes, o "termo de parceria" tem sido considerado pela doutrina e pela jurisprudência como espécies de convênios e não como contratos, tendo em vista a comunhão de interesses do Poder Público e das entidades privadas na consecução de tais atividades. Neste sentido, a celebração de convênios não depende de prévio procedimento licitatório.

Contudo, apesar de desnecessária a licitação formal nos termos da Lei n. 8666/93, não se pode olvidar que deverá a administração observar os princípios do art. 37 da CRFB/88 na escolha da entidade além de, atualmente, vir prevalecendo o entendimento da doutrina, da jurisprudência e dos Tribunais de Contas no sentido de que, ainda que não se deva realizar licitação nos moldes da Lei n. 8.666/93, deverá ser realizado procedimento licitatório simplificado a fim de garantir a observância dos princípios da Administração Pública, como forma de restringir a subjetividade na escolha da OSCIP a formalizar o "termo de parceria".

B - No que tange à realização de concurso para contratação de seus empregados, trata-se de requisito dispensável. Com efeito, por não integrarem a Administração Pública, as OSCIP's não se submetem às regras de concurso público, nos termos do art. 37, II, da CRFB.

10 - O prefeito do município "P", conhecido como João do "P", determinou que, em todas as placas de inauguração das novas vias municipais pavimentadas em seu mandato na localidade denominada "E", fosse colocada a seguinte homenagem: "À minha querida e amada comunidade "E", um presente especial e exclusivo do João do "P", o único que sempre agiu em favor de nosso povo!" O Ministério Público estadual intimou o Prefeito a fim de esclarecer a questão.

Na qualidade de procurador do município, você é consultado pelo Prefeito, que insiste em manter a situação. Indique o princípio da Administração Pública que foi violado e por que motivo. (valor: 1,25)

Gabarito:

Ressalte-se, a princípio que, consoante art. 37 da Constituição Federal, a atuação do estado deve se pautar pelos princípios da legalidade, impessoalidade, publicidade, moralidade e eficiência. Na situação apresentada, é clara a violação ao princípio da impessoalidade. Por esse princípio traduz-se a ideia de que a Administração Pública tem que tratar a todos os administrados sem discriminações, benéficas ou negativas. Dessa forma, não se admite, por força de regra constitucional, nem favoritismos, nem perseguições, sejam políticas, ideológicas ou eleitorais. Ademais, a publicidade é analisada sob a ótica dos agentes públicos, restando indiscutível que a conduta do agente, nesta qualidade, não deve ser imputada a sua pessoa, mas sim à entidade pública que ele representa.

Ademais, a violação ao princípio da impessoalidade decorre do fato de que a publicidade dos atos, programas, obras ou serviços devem ter caráter educativo, informativo ou de orientação social, dela não podendo constar nomes ou quaisquer elementos que caracterizem promoção pessoal de autoridade ou servidor público, consoante disposição do art. 37, § 1º da Carta Magna.

CAPÍTULO 32

CONSIDERAÇÕES FINAIS: ESTUDO E ELABORAÇÃO DA PROVA

32.1. ORIENTAÇÃO DE ESTUDO

Inicialmente, em relação aos estudos, é importante que o candidato se dedique à análise do direito material, que é fundamental para uma boa elaboração das peças. Em virtude desta necessidade, esta obra é dividida em duas partes, dedicando toda a primeira parte à análise completa do direito administrativo.

Ressalte-se que é muito comum que o candidato esteja ansioso para o treinamento de peças, haja vista, muitas vezes, ter saído da faculdade sem elaborar uma peça sequer. No entanto, o direito material corresponde a cerca de 75% da prova, pelo menos. De fato, ele será o caminho para a resolução das questões discursivas que, somadas, tem valor de 50% da prova e também o direito material será necessário para o preenchimento do tópico "Do MÉRITO", que costuma corresponder à metade da pontuação atribuída à peça prático-profissional.

Os temas devem ser analisados, ponto a ponto, dando mais ênfase àqueles que tratam de matéria doutrinária, sem regulamentação legal, como ocorre com atos administrativos, poderes administrativos, responsabilidade civil do estado, por exemplo. Se possível, ao final de cada tema, o aluno poderá tentar responder a questões discursivas que trata da matéria, como forma de treinar e revisar o assunto estudado.

Logo, após a análise do direito material, passa-se à análise das peças, exatamente na ordem em que foi posto neste livro, no entanto, antes de aprender a estrutura das peças processuais, o candidato deverá fazer a marcação do código, colocando marcadores em todas as leis para facilitar a forma de encontra-las na hora da prova.

Para isso o candidato deverá ter em mãos uma legislação específica de direito administrativo que seja completo, contendo, inclusive a legislação processual aplicável à matéria. Já se encontram no mercado, legislações designadas como *vade mecum* administrativo, que possui toda a legislação administrativa e a parte processual.

Após a marcação dos códigos, o candidato deverá iniciar a preparação das peças.

Primeiramente, é necessário analisar o cabimento das peças processuais. Este é o ponto que garante que o examinando não vai zerar a pontuação referente à peça prático-profissional, uma vez que saberá selecionar a peça cabível para cada caso concreto a ser apresentado.

Posteriormente, comece a estudar os modelos, na ordem trazida pelo livro, treinando com a confecção dos casos concretos postos ao final de cada capítulo. Desta forma, o aluno deve ler o capítulo referente à peça e analisar os casos concretos trazidos ao final do capítulo e fazer a peça, verificando o gabarito somente após ter concluído a elaboração da peça, sozinho.

Essa ordem deve ser seguida em cada uma das peças e também nas questões discursivas. Sempre que um determinado caso concreto for mais difícil aos olhos do examinando, ele deve dar uma reestudada no direito material referente àquele caso.

Por fim, havendo tempo, o candidato deve tentar fazer as provas anteriores do exame de ordem, verificando, posteriormente, o gabarito. Essas provas e os respectivos gabaritos também se encontram, nesta obra, em capítulo específico.

32.2. ORIENTAÇÕES PARA ELABORAÇÃO DA PROVA

No que tange à prova, deve-se iniciar com a leitura das instruções gerais apresentadas no caderno principal. Essas instruções informarão se a peça deve ser datada, se deve ser incluído algum nome na assinatura ou até mesmo se deve ser colocado algum número de OAB.

Após a leitura das instruções iniciais, se dedique à elaboração da peça prático-profissional. Atenção: não deve ser feita a leitura de toda a prova antes, porque isso pode desviar a atenção do candidato que deve, neste momento, estar totalmente concentrado na análise do caso concreto trazido na peça.

Após a primeira leitura do caso trazido, deve fazer a identificação da peça processual a ser elaborada. Posteriormente, será feita uma segunda leitura, na qual o candidato começará a analisar quais os aspectos de mérito que podem ser utilizados em favor do seu cliente.

Após a terceira leitura, será elaborado o "esquema" de peça no qual consta:

Autor: ...

Réu: ...

Autoridade coatora: (em caso de mandado de segurança mandado de injunção ou *habeas data*).

Competência: ...

Pedido: ...

Causa de pedir: ...

Este esquema somente poderá ser escrito no **RASCUNHO**, não podendo ser colocado no texto definitivo. Elaborado o esquema de peça, o candidato deve iniciar a elaboração da peça, devendo-se salientar que não será feito rascunho integral da peça processual, uma vez que não há tempo hábil para a elaboração do rascunho e da peça antes das questões.

O examinando não deve esquecer ainda de estar com a lei processual aberta para auxiliar na elaboração da peça. Por exemplo, em se tratando de uma ação de procedimento comum, todos os pedidos estão previstos no art. 319 do CPC, inclusive o dever de atribuir valor à causa, o pedido de produção de provas etc.

O ideal é que o candidato consiga finalizar a peça após 2 horas e 30 minutos do início da prova.

Concluída a peça processual, o candidato deve passar à análise das questões discursivas. O ideal é que não faça uma leitura geral das questões para evitar que na elaboração da primeira, esteja pensando na resposta que poderá ser dada à segunda questão.

Desta forma, lida a primeira questão, o candidato deve respondê-la. Por óbvio, se não souber responder a primeira questão, deve passar para a segunda e assim, sucessivamente. Não deve o examinando demorar muito tempo pesquisando a questão para a qual não está apto a responder.

Somente depois de respondidas as demais questões, o aluno deverá retornar àquela que não soube responder inicialmente para que possa iniciar a pesquisa na legislação de forma a encontrar a resposta do questionamento feito. Neste momento, a marcação do código em cores será muito relevante, porque o examinando irá pesquisar na cor referente ao assunto abordado pela questão.

Na resposta das questões, não é interessante se fazer a transcrição de artigos relevantes dado o pequeno espaço para elaboração da mesma (30 linhas).

Sendo assim, o candidato deverá apontar todos os argumentos que considerar relevantes, citando todos os artigos, súmulas ou entendimentos jurisprudenciais que disser respeito à matéria, inclusive, explicando sua pertinência no caso discutido.

Por fim, deve-se tomar cuidado com a letra na hora de fazer a prova porque isso pode influenciar na sua correção e ter muita tranquilidade para colocar no papel tudo aquilo que se aprendeu em meses de dedicação.

CAPÍTULO 33

QUESTÕES DE EXAME DE ORDEM – 2ª FASE COM GABARITO – FGV

• 2010.2

01. (Exame de Ordem – 2010.2) É realizado, junto a determinado Ofício de Notas, procuração falsa para a venda de certo imóvel. Participa do ato fraudulento o "escrevente" do referido Ofício de Notas, que era e é amigo de um dos fraudadores. Realizada a venda com a utilização da procuração falsa, e após dois anos, desta, o verdadeiro titular do imóvel regressa ao país, e descobre a venda fraudulenta.

Assim, tenso com a situação, toma várias medidas, sendo uma delas o ajuizamento de ação indenizatória.

Diante do enunciado, responda: contra quem será proposta essa ação e qual a natureza da responsabilidade?

GABARITO COMENTADO

O examinando deverá identificar a responsabilidade do titular da serventia extrajudicial, sua caracterização como agente público e sentido amplo e a responsabilidade objetiva do Estado pelos seus atos.

DISTRIBUIÇÃO DOS PONTOS

Item	Pontuação
Natureza da delegação e ausência de responsabilidade do Ofício de Notas	0 / 0,3
Identificação da responsabilidade do notário em face dos atos próprios da serventia (art. 22 da Lei 8935/94)	0 / 0,3
Caracterização dessa responsabilidade como objetiva (CF, art. 37 §6º)	0 / 0,2 / 0,4

02. (Exame de Ordem – 2010.2) Um determinado fiscal de vigilância sanitária do Estado, ao executar uma operação de fiscalização em alguns restaurantes situados no centro da cidade do Rio de Janeiro, acabou por destruir todo o estoque de gêneros alimentícios perecíveis que se encontravam na câmara frigorífica de um dos estabelecimentos fiscalizados. A destruição do estoque, alegou o fiscal posteriormente,

deveu-se à impossibilidade de separar os produtos que já estavam com o prazo de validade vencido, daqueles que, ainda, se encontravam dentro da validade.

O dono do estabelecimento fiscalizado, um restaurante, procura um advogado com o objetivo de se consultar acerca de possíveis medidas judiciais em face do Estado, em virtude dos prejuízos de ordem material sofrido.

Na qualidade de advogado do dono do estabelecimento comercial, indique qual seria a medida judicial adequada e se ele possui o direito a receber uma indenização em face do Estado, em razão da destruição dos produtos que se encontravam dentro do prazo de validade.

GABARITO COMENTADO

A questão trabalha com o conceito de poder de polícia da atribuído à Administração Pública. O candidato deve explicitar, inicialmente, o conceito de poder de polícia a fim de enquadrar juridicamente a hipótese de fato trazida na questão.

Deve o candidato expor que se trata de um poder discricionário, porém, não arbitrário. E deve indicar todas as características do poder de polícia, tais como: autoexecutoriedade, legitimidade e presunção de legalidade.

Logo, como não se trata de um poder arbitrário, deve o candidato expor que a conduta do fiscal em destruir os produtos que, ainda, estavam dentro do prazo de validade, extrapolou os limites da razoabilidade e da proporcionalidade que devem informar a Administração Pública e seus agentes ao praticar atos que constituam poder de polícia.

E desta forma, deve indicar que o dono do estabelecimento comercial deverá ajuizar uma ação judicial com o objetivo de postular o pagamento pelos prejuízos materiais, consistente no valor de todos os produtos destruídos e que se encontravam dentro do prazo de validade.

DISTRIBUIÇÃO DOS PONTOS

Item	Pontuação
Poder atribuído à Administração Pública – características do poder de polícia	0 / 0,2 / 0,4
Avaliação da conduta do fiscal	0 / 0,3
Procedimento a ser seguido pelo dono do estabelecimento	0 / 0,3

03. (Exame de Ordem – 2010.2) A Administração de certo estado da federação abre concurso para preenchimento de 100 (cem) cargos de professores, conforme constante do Edital. Após as provas e as impugnações, vindo todos os incidentes a ser resolvidos, dá-se a classificação final, com sua homologação. Trinta dias após a referida homologação, a Administração nomeia os 10 (dez) primeiros aprovados, e contrata, temporariamente, 90 (noventa) candidatos aprovados.

Teriam os noventa candidatos aprovados, em observância à ordem classificatória, direito subjetivo à nomeação?

GABARITO COMENTADO

Espera-se que o examinando identifique o direito subjetivo à nomeação, que decorre da vinculação da Administração à necessidade de preenchimento das vagas que fundamentou a abertura do concurso, exceto se houver fato posterior que elimine essa necessidade.

DISTRIBUIÇÃO DOS PONTOS

Item	Pontuação
Os pressupostos da abertura do concurso (necessidade de preenchimento das vagas e disponibilidade financeira para remuneração desses cargos)	0 / 0,1 / 0,2 / 0,3
Vinculação da Administração a tais pressupostos	0 / 0,2 / 0,4
Necessidade de ato motivado para explicar os fatos que eliminaram o interesse público para a nomeação	0 / 0,3

04. (Exame de Ordem – 2010.2) A empresa W.Z.Z. Construções Ltda. vem a se sagrar vencedora de licitação, na modalidade tomada de preço. Passado um mês, a referida empresa vem a celebrar o contrato de obra, a que visava a licitação. Iniciada a execução, que se faria em quatro etapas, e quando já se estava na terceira etapa da obra, a Administração constata erro na escolha da modalidade licitatória, pois, diante do valor, esta deveria seguir o tipo concorrência.

Assim, com base no art. 49, da Lei nº 8666/93, e no art. 53, da Lei nº 9.784/98, declara a nulidade da licitação e do contrato, notificando a empresa contratada para restituir os valores recebidos, ciente de que a decisão invalidatória produz efeitos *ex tunc*.

Agiu corretamente a Administração? Teria a empresa algum direito?

GABARITO COMENTADO

O examinando deve identificar o poder de anular os contratos administrativos e o dever da Administração de pagar pelo o que a empresa executou até a anulação, bem como o dever de indenizar também outros eventuais prejuízos regularmente comprovados (art. 59, parágrafo único, da Lei 8.666/93).

A questão envolve a aplicação do parágrafo único do artigo 59, da Lei 8.666/93, pois inegável a boa-fé da empresa e ter a mesma prestado a sua obrigação. Não caberia a restituição dos valores pagos, que seriam integrados, como indenização, ao patrimônio da contratada, que, inclusive, poderia postular perdas e danos.

DISTRIBUIÇÃO DOS PONTOS

Item	Pontuação
Poder (dever de anular os contratos administrativos – Lei 8.666/93, art. 59, caput)	0 / 0,3 / 0,5
Dever de indenizar pelo o que houver sido executado do contrato bem como pelos demais prejuízos comprovados (Lei 8.666/93, art. 59, parágrafo único)	0 / 0,3 / 0,5

05. (Exame de Ordem – 2010.2) Abílio, vendedor ambulante e camelô, comercializava os seus produtos em uma calçada no centro da cidade do Rio de Janeiro, mediante autorização expedida pela Prefeitura do Município do Rio de Janeiro. Em razão de obras no local, todos os ambulantes foram retirados e impedidos de comercializar seus produtos na calçada onde Abílio e seus companheiros vendiam seus produtos.

Abílio, não conformado com a decisão da Administração Pública municipal, resolve ingressar com uma ação na Justiça, por meio da qual pretende uma indenização por danos morais e materiais, em virtude do período em que ficou sem seu trabalho, além do restabelecimento da autorização para que volte a vender seus produtos no mesmo local.

Na qualidade de advogado de Abílio, identifique a natureza jurídica da autorização municipal e exponha, de forma fundamentada, se Abílio possui ou não direito às indenizações pelos danos morais e materiais, além do restabelecimento da autorização.

GABARITO COMENTADO

Espera-se que o examinando conheça os bens públicos e a possibilidade de uso mediante autorização, a natureza precária do ato e a consequente ausência de direitos dele decorrentes.

O Código Civil estabelece, no seu art. 65, que são públicos os bens do domínio nacional pertencentes à União, aos Estados ou aos Municípios, restando, para o domínio privado, todos os demais.

Pelo disposto no art. 65 do mesmo Código, os bens públicos estão classificados em: a) os de uso comum do povo, tais como mares, rios, estradas, ruas e praças; b) os de uso especial, tais como os edifícios ocupados por serviços públicos específicos, como escolas, quartéis, hospitais; e c) os dominicais, também chamados de bens do patrimônio disponível, que são aqueles que o Poder Público utiliza como deles utilizariam os particulares, e que podem, por exemplo, ser alugados ou cedidos, neste caso, obedecendo-se às regras de licitação e contratação administrativa.

Através do processo de desafetação, os bens públicos podem ser alterados na sua respectiva classificação.

Pelo sistema constitucional em vigor, os bens públicos podem ser da União (art. 20), dos Estados (art.26), e dos Municípios (os restantes, inclusive as ruas e praças).

Cabe ao Município, no seu poder de organização da comunidade local instituído pelo art. 30 da Constituição, legislar sobre os assuntos de interesse local e promover, no que couber, adequado ordenamento territorial, mediante planejamento e controle do uso, do parcelamento e da ocupação do solo urbano, o que abrange, através do respectivo ordenamento jurídico (leis, decretos e regulamentos), dispor, no Código de Postura e no Código Tributário (e respectivas leis extravagantes) sobre os ambulantes ou camelôs.

Plácido e Silva, no seu clássico Vocabulário Jurídico, diz:

> "AMBULANTE. Termo usado na linguagem comercial e de Direito Fiscal, para designar o comerciante que, não possuindo estabelecimento fixo, vende as suas mercadorias, transportadas por si mesmo ou por veículos, de porta em porta, ou seja, de um a outro lugar. Vendedor ambulante. Mascate, bufarinheiro. Não tendo um ponto certo ou comercial para sede de seus negócios, o ambulante terá o seu domicílio comercial, ou sede de seu negócio, no lugar em que for encontrado. Segundo as regras das leis fiscais, o ambulante está sujeito a registro, devendo estar munido de sua patente, para que possa efetuar suas vendas. O ambulante, ou vendedor ambulante, pode negociar ou vender por conta própria ou por conta de outrem. Seu comércio, que se diz comércio ambulante, é compreendido como comércio a varejo."

Ambulante, assim, é o comerciante que não possui estabelecimento fixo, transportando suas mercadorias consigo. É o sucessor do antigo mascate, que tantos serviços prestou à formação da nacionalidade, pois levava suas mercadorias nas casas das cidades, aldeias e fazendas.

Alguns ordenamentos jurídicos municipais admitem a ocupação de trechos específicos das vias públicas por camelôs, que, assim, deixam de ser "ambulantes", no sentido de que devem deambular, sem ter ponto fixo. Assim, para estes Municípios, compreende-se como ambulante aquele que não tem ponto fixo e, como camelô, o que ocupa espaço predeterminado.

Também as leis municipais exigem, por necessidade de organizar a atividade comercial por razões sanitárias e de defesa do consumidor, que ambulantes e camelôs dependam de autorização para o exercício de suas atividades.

Tais autorizações possuem o caráter de PRECARIEDADE e, desta forma, podem ser, a qualquer tempo, cassadas pela autoridade pública, sem que possam os respectivos titulares arguir eventual direito adquirido, nos termos dos atos normativos regedores da espécie, que geralmente estipulam: A autorização do ambulante ou camelô é pessoal e intransferível e concedida a título precário.

Sobre a autorização leciona Hely Lopes Meirelles:

"Autorização de uso é o ato unilateral, discricionário e precário pelo qual a Administração consente na prática de determinada atividade individual incidente sobre um bem público. Não tem forma nem requisitos especiais para a sua efetivação, pois visa apenas a atividades transitórias e irrelevantes para o Poder Público, bastando que se consubstancie em ato escrito, revogável sumariamente a qualquer tempo e sem ônus para a Administração. Essas autorizações são comuns para ocupação de terrenos baldios para a retirada de água em fontes não abertas ao uso comum do povo e para outras utilizações de interesse de certos particulares, desde que não prejudiquem a comunidade nem embaracem o serviço público. Tais autorizações não geram privilégios contra a Administração ainda que remuneradas e fruídas por muito tempo, e, por isso mesmo, dispensam lei autorizativa e licitação para o seu deferimento (ob.cit., p. 429)."

A precariedade rege a autorização que o Município concede ao ambulante e ao camelô.

A Administração Municipal desnecessita de lei formal para conceder a autorização, porque dela não decorrem direitos, salvo o de exercitar, enquanto válida, a atividade autorizada. Aliás, por razões de Política da Administração, sequer interessa ao Poder Municipal a existência de tal norma que, se existente, poderá restringir a discricionariedade administrativa.

A autorização somente está submetida aos próprios termos da norma que a prevê ou do despacho que a concedeu. Se houver norma, a ela ficará vinculado o despacho.

Pode a autorização ser suspensa ou revogada a qualquer tempo, sem que se exija, para sua eficácia, qualquer procedimento administrativo, da mesma forma que pode ser concedida a autorização sem que necessite passar sob o procedimento licitatório. Sobre o disposto no art. 21, XII, da Constituição Federal, que se refere a "autorização, concessão ou permissão", ensina Jessé Torres em matéria por tudo aplicável ao presente tema: As autorizações aventadas no art. 21, XII, da Constituição Federal estariam sujeitas à licitação? Parece que não, dada sua índole (unilateralidade e discricionariedade do Poder Público na outorga, e interesse privado na exploração do objeto da autorização (Comentários à lei das licitações e das contratações da Administração Pública, Rio, Ed. Renovar, 1994, p. 20).

Pode a lei municipal estabelecer a cobrança de tributo (por exemplo, de imposto sobre serviços), sobre a atividade do ambulante, atividade que pode ser exercitada por empresas legalmente constituídas.

Também poderão ser cobradas taxas (inclusive de expediente) para a expedição da autorização, que, nem por isto, perderá o seu caráter precário.

A questão envolve a aplicação do parágrafo único do artigo 59, da Lei 8666/93, pois inegável a boa-fé da empresa e ter a mesma prestado a sua obrigação. Não caberia a restituição dos valores pagos, que seriam integrados, como indenização, ao patrimônio da contratada, que, inclusive, poderia postular perdas e danos.

DISTRIBUIÇÃO DOS PONTOS

Item	Pontuação
Definição e classificação do bem público objeto da autorização	0 / 0,1 / 0,3
Possibilidade de uso mediante autorização	0 / 0,2
Características do ato de autorização (especialmente a sua natureza precária)	0 / 0,1 / 0,2 / 0,3
Ausência de direitos decorrentes do ato	0 / 0,2

06. (Exame de Ordem – 2010.2) Peça Prático-Profissional

JOANA, moradora de um Município da Baixada Fluminense, Rio de Janeiro, ao sair de casa para o trabalho às 7:00 horas da manhã do dia 10/10/2009, caminhando pela rua em direção ao ponto de ônibus, distraiu-se e acabou por cair em um bueiro que estava aberto, sem qualquer sinalização específica de aviso de cuidado pelo Poder Público. Em razão da queda, a sua perna direita ficou presa dentro do bueiro e moradores do local correram para socorrer JOANA. Logo em seguida, bombeiros militares chegaram com uma ambulância e acabaram por prestar os primeiros socorros à JOANA e por levá-la ao hospital municipal mais próximo. JOANA fraturou o seu joelho direito e sofreu outras lesões externas leves.

Em razão da fratura, JOANA permaneceu em casa pelo período de 2 (dois) meses, com sua perna direita imobilizada e sem trabalhar, em gozo de auxílio-doença. Entretanto, além de seu emprego formal, JOANA prepara bolos e doces para vender em casa, a fi m de complementar sua renda mensal, uma vez que é mãe solteira de um filho de 10 (dez) anos e mora sozinha com ele. Com a venda dos bolos e doces, JOANA aufere uma renda complementar de aproximadamente R$ 100,00 (cem reais) por semana.

Em razão de sua situação, JOANA também não pôde preparar suas encomendas de bolos e doces durante o referido período de 2 (dois) meses em que esteve com sua perna imobilizada.

Diante dos fatos acima descritos, e na qualidade de advogado procurado por JOANA, elabore a peça processual cabível para defesa do direito de sua cliente.

GABARITO COMENTADO

O examinando deve elaborar uma petição inicial de Ação Ordinária de indenização contra o município.

A ação deve ser proposta contra o município e deve conter:

- A responsabilidade do município pela manutenção dos bueiros;
- A demonstração da omissão do município decorrente da falta de tampa e de sinalização no bueiro (nexo causal);
- A caracterização dos danos materiais (tratamento e lucros cessantes) e morais sofridos por JOANA.

O pedido deve ser INDENIZAÇÃO (em valores atualizados) pelos danos sofridos por JOANA (além da condenação nas verbas decorrentes da sucumbência).

DISTRIBUIÇÃO DOS PONTOS

Item	Pontuação	
Estrutura inicial da petição	**Parcial**	**Total**
Endereçamento da petição	0 / 0,25	0,8
Qualificação das partes	0 / 0,25	
Exposição dos fatos	0 / 0,1 / 0,2 / 0,3	
Fundamentação	**Parcial**	**Total**
Fundamento da responsabilidade (art. 37 §6º CF c/c art. 43 CC.)	0 / 0,5 / 1,0	3,0
Caracterização da omissão do município e nexo causal entre a omissão e o dano	0 / 0,5 / 1,0	
Caracterização dos danos (materiais e morais)	0 / 0,5 / 1,0	
Pedidos e atribuição do valor da causa Parcial Total	**Parcial**	**Total**
Procedência da ação c/ a condenação da indenização pretendida	0 / 0,2 / 0,4	1,2
Condenação nas verbas de sucumbência	0 / 0,2	
Citação do réu	0 / 0,2	
Protesto por provas	0 / 0,2	
Atribuição do valor da causa (art. 259, II, CPC)	0 / 0,1 / 0,2	

• 2010.3

01. (Exame de Ordem – 2010.3) O Poder Executivo municipal da cidade X resolve, após longos debates públicos com representantes de associações de moradores, editar um decreto de desapropriação de uma determinada área urbana, a fim de atender às exigências antigas da comunidade local dos Pontinhos, que ansiava pela construção de um hospital público na região. Entretanto, outra comunidade de moradores do mesmo município X, localizada a 10 km da primeira comunidade acima citada e denominada Matinhos, resolve ajuizar mandado de segurança coletivo contra o ato (decreto expropriatório) praticado pelo Prefeito. A comunidade de Matinhos é devidamente representada pela respectiva associação de moradores, constituída há pelo menos cinco anos e em funcionamento. A ação judicial coletiva objetiva, em sede liminar e de forma definitiva, sob pena de multa, a decretação de nulidade do decreto de desapropriação e a determinação de que o hospital seja imediatamente construído na localidade de Matinhos. Argumenta a associação, ora autora da ação coletiva, que em sua campanha política o Prefeito prometeu a construção de um hospital na localidade de Matinhos e que, por razões de conveniência e oportunidade, o Poder Executivo municipal não deveria construir o hospital na localidade de Pontinhos, pois lá já existe um hospital público federal em funcionamento, enquanto na localidade de Matinhos não há qualquer hospital.

Diante da situação acima narrada e ao considerar que o decreto de desapropriação foi editado de forma válida e legal, sem qualquer vício de legalidade, explicite a possibilidade ou não de:

a) anulação do ato administrativo de desapropriação pelo Poder Judiciário; (Valor: 0,6)

b) determinação judicial de que o Prefeito deva construir o hospital na região de Matinhos. (Valor: 0,4)

GABARITO COMENTADO

O princípio da autotutela administrativa que se encontra consagrado por força de reiterada jurisprudência, pela Súmula nº 473 do Supremo Tribunal Federal, impõe à Administração Pública o poder/dever de anular os atos ilegais ou revogá-los, por motivo de oportunidade e conveniência, em ambos os casos, respeitados os direitos adquiridos. Esse enunciado, entretanto, não afasta a apreciação do Poder Judiciário, ou seja, o controle judicial dos atos praticados pela Administração Pública que, hoje, ante ao avanço das decisões judiciais e da doutrina do direito público permite que seja realizado à luz não só da adequação do ato aos ditames legais e jurídicos (princípios) – controle de legalidade ou de juridicidade –, como também permite ao Juiz apreciar o denominado "mérito" administrativo, ou seja, permite a análise e o controle dos atos discricionários.

Os atos discricionários, segundo a melhor e atual doutrina do direito administrativo, devem pautar a sua edição em determinados critérios eleitos que serão analisados pelo Poder Judiciário, quais sejam: 1) se o ato praticado atendeu ao princípio da razoabilidade (se foi necessário e se os meios foram proporcionais aos fins pretendidos e executados); 2) se o ato atendeu aos motivos que determinaram a sua edição ou se apenas atendeu a interesses privados e secundários (teoria dos motivos determinantes); 3) e se o ato atendeu às finalidades da lei, em última análise, se o ato atendeu aos interesses públicos reais, sem qualquer desvio de poder.

Por fim, importa ressaltar que o Poder Judiciário não pode substituir o administrador. Dessa forma, quando da anulação do ato discricionário, não cabe ao Juiz determinar a prática do ato, mas sim devolver ao administrador público essa decisão que deverá ser fundamentada e exposta, segundo novos critérios de oportunidade e conveniência, respeitados os motivos determinantes, a razoabilidade e a finalidade (interesse público).

Em relação à correção, levou-se em conta o seguinte critério de pontuação:

Item	Pontuação
Identificação do ato administrativo (decreto de desapropriação) como ato discricionário.	0 / 0,3
Possibilidade do controle judicial dos atos por meio de uma ponderação de razoabilidade – dimensão da legalidade – de atingimento dos motivos determinantes, bem como a sua finalidade pública real.	0 / 0,3
Impossibilidade de o Poder Judiciário determinar a prática do ato (construção do hospital).	0,4

02. (Exame de Ordem – 2010.3) Ana Amélia, professora dos quadros da Secretaria de Educação de determinado Estado, ao completar sessenta e dois anos de idade e vinte e cinco anos de tempo de contribuição, formulou requerimento de aposentadoria especial. O pleito foi deferido, tendo sido o ato de aposentadoria publicado no Diário Oficial em abril de 2008. Em agosto de 2010, Ana Amélia recebeu notificação do órgão de recursos humanos da Secretaria de Estado de Educação, dando-lhe ciência de questionamento formulado pelo Tribunal de Contas do Estado em relação à sua aposentadoria especial. Ficou constatado que a ex-servidora exerceu, por quinze anos, o cargo em comissão de Assessora Executiva da Secretaria de Estado de Administração, tendo sido tal período computado para fins de aposentadoria especial.

Considerando a situação hipotética apresentada, responda aos itens a seguir, empregando os argumentos jurídicos apropriados e a fundamentação legal pertinente ao caso.

a) Indique o fundamento para a atuação do Tribunal de Contas do Estado, informando se o ato de aposentadoria já se encontra aperfeiçoado. (Valor: 0,5)

b) Analise se o questionamento formulado pelo órgão de controle se encontra correto. (Valor: 0,5)

GABARITO COMENTADO

Nos termos do artigo 71, inciso III, da CRFB, compete ao TCU – e, por simetria, aos Tribunais de Contas dos Estados – apreciar, para fins de registro, a legalidade dos atos de concessão de aposentadoria. De acordo com os precedentes do STF, os atos de aposentadoria são considerados atos complexos, que somente se aperfeiçoam com o registro na Corte de Contas respectiva.

O questionamento formulado pelo órgão de controle encontra-se correto, pois o exercício de função administrativa, estranha ao magistério – como é o caso de cargo em comissão de assessora executiva na Secretaria de Administração –, não pode ser considerado para fins de aposentadoria especial de professores. A norma do artigo 40, § 5º, CRFB, ao disciplinar a matéria, exige efetivo exercício das funções de magistério e o tema veio a ser objeto de súmula do STF (En 726).

> **Obs.:** É importante registrar que o art. 1º da Lei federal 11.301/2006, que acrescentou o § 2º ao art. 67 da Lei 9.394/1996 e que veio a ser declarado constitucional pelo STF, não repercute sobre a questão, pois a situação-problema envolve cômputo, para fins de aposentadoria especial de professor, de função eminentemente administrativa, e não relacionada ao magistério.

Em relação à correção, levou-se em conta o seguinte critério de pontuação:

Item a	Pontuação
Os atos de aposentadoria submetem-se ao registro perante os Tribunais de Contas, que apreciam sua legalidade, nos termos do artigo 71, inciso III, da CRFB	0 / 0,25
O ato de aposentadoria é complexo e somente se aperfeiçoa com o registro no Tribunal de Contas respectivo.	0 / 0,25
Item b	**Pontuação**
O exercício de função administrativa, estranha ao magistério, não pode ser considerado para fins de aposentadoria especial de professores (artigo 40, §5º, CRFB, que exige efetivo exercício das funções de magistério)	0 / 0,3
Referência ao Enunciado 726 do STF	0 / 0,2

03. (Exame de Ordem – 2010.3) O presidente de uma sociedade de economia mista estadual prestadora de serviço público, preocupado com o significativo aumento de demandas judiciais trabalhistas ajuizadas em face da entidade (duas mil), todas envolvendo idêntica tese jurídica e com argumentação de defesa já elaborada, decide contratar, por inexigibilidade de licitação, renomado escritório de advocacia para realizar o patrocínio judicial das causas.

Nesse cenário, responda aos itens a seguir, empregando os argumentos jurídicos apropriados e a fundamentação legal pertinente ao caso.

a) Na qualidade de assessor jurídico da presidência da estatal, analise a viabilidade jurídica da contratação direta. (Valor: 0,5)

b) Nas hipóteses de contratação direta, em sendo comprovado superfaturamento durante a execução contratual, é juridicamente possível responsabilizar solidariamente o agente público e o prestador do serviço pelo dano causado ao erário? (Valor: 0,5)

GABARITO COMENTADO

A inexigibilidade de licitação, em tal hipótese, encontraria fundamento na norma do artigo 25, inciso II, que prevê a inviabilidade de competição para a contratação de serviços técnicos enumerados no artigo 13, dentre os quais o patrocínio de causas judiciais (artigo 13, inciso V) da Lei n. 8.666/93. Entretanto, para configurar tal hipótese de inexigibilidade de licitação, exige-se a natureza singular dos serviços, o que não ocorre na situação proposta, em que se pretende a contratação direta de escritório de advocacia para o patrocínio de causas de massa (contencioso trabalhista de massa).

Quanto ao item b, a responsabilidade solidária do agente público e do prestador do serviço nos casos de superfaturamento em contratos decorrentes de inexigibilidade ou dispensa de licitação encontra previsão expressa na norma do artigo 25, § 2º, da Lei n. 8.666/93.

Em relação à correção, levou-se em conta o seguinte critério de pontuação:

Item a	Pontuação
Menção à norma do artigo 25, inciso II, da Lei n. 8.666/93 (contratação de serviços técnicos)	0 / 0,1
Identificação do patrocínio de causas judiciais como um dos serviços técnicos, em tese, passíveis de contratação por inexigibilidade (artigo 13, inciso V, Lei n. 8.666/93).	0 / 0,2
Inviabilidade da contratação direta por ausência de singularidade do serviço (contencioso de massa)	0 / 0,2
Item b	**Pontuação**
Sim; responsabilidade solidária fundamentada na norma do artigo 25, §2°, da Lei 8.666/93.	0 / 0,5

04. (Exame de Ordem – 2010.3) O prefeito de um determinado município está interessado em descentralizar o serviço de limpeza urbana e pretende, para tanto, criar uma empresa pública. Diante disso, formula consulta jurídica a respeito do regime a ser observado pela estatal em relação aos aspectos abaixo transcritos.

Com base no relatado acima, responda aos itens a seguir, empregando os argumentos jurídicos apropriados e a fundamentação legal pertinente ao caso.

a) Qual é o instrumento jurídico necessário para a instituição de uma empresa pública? (Valor: 0,25)

b) Qual é o regime de pessoal a ser observado e a respectiva forma de recrutamento e seleção? (Valor: 0,5)

c) A empresa pública em questão deve observar limite máximo de remuneração previsto no artigo 37, inciso XI, da Constituição da República? (Valor: 0,25)

GABARITO COMENTADO

O examinando deve, em primeiro lugar, mencionar a necessidade de lei específica para a instituição de empresa pública, conforme norma do artigo 37, inciso XIX, da CRFB. Quanto ao regime de pessoal, às empresas públicas submetem-se ao regime jurídico da iniciativa privada no que tange às obrigações trabalhistas, donde se depreende a submissão ao regime de emprego público (celetista), conforme artigo 173, § 1°, inciso II, da CRFB. No entanto, embora o regime de pessoal seja o celetista, o examinando deve registrar que o acesso ao emprego público depende de aprovação em concurso público, aplicando-se o princípio da meritocracia (artigo 37, inciso II, CRFB). Por fim, quanto ao limite máximo de remuneração, a empresa pública deverá observá-lo caso receba recurso do Município de pagamento de despesas de pessoal ou de custeio em geral, conforme norma do artigo 37, § 9°, da CRFB.

Em relação à correção, levou-se em conta o seguinte critério de pontuação:

Item a	Pontuação
Necessidade de lei específica (artigo 37, inciso XIX, CRFB)	0 / 0,25
Item b	**Pontuação**
Regime celetista (artigo 173, §1°, inciso II, CRFB)	0 / 0,25
Acesso por meio de concurso público – meritocracia (artigo 37, inciso II, CRFB)	0 / 0,25
Item c	**Pontuação**
Sim, caso receba recurso do Município para pagamento de despesas de pessoal ou de custeio em geral (artigo 37, §9°, da CRFB).	0 / 0,25

05. (Exame de Ordem – 2010.3) Suponha que chegue ao conhecimento de um Ministro de Estado que Mévio, proprietário de uma fazenda na região central do país, vem utilizando sua propriedade para o cultivo ilegal de plantas psicotrópicas. Diante dessa notícia, a União Federal decide desapropriar as terras de Mévio.

Com base no relatado acima, responda aos itens a seguir, empregando os argumentos jurídicos apropriados e a fundamentação legal pertinente ao caso.

a) É juridicamente possível que a União Federal promova a desapropriação sem pagar a Mévio qualquer indenização? (Valor: 0,3)

b) Qual seria a destinação do bem desapropriado? (Valor: 0,4)

c) Poderia o Estado da Federação em que estivessem situadas as glebas desapropriá-las para fins de reforma agrária? (Valor: 0,3)

GABARITO COMENTADO

A questão deve ser analisada à luz das normas dos artigos 243 e 184 da CRFB. Em relação ao item a, é possível a desapropriação sem pagamento de indenização, eis que essa é a hipótese de expropriação constitucional estabelecida no artigo 243 da CRFB, em que não haverá o pagamento de indenização. Entretanto, o próprio dispositivo constitucional estabelece que as glebas desapropriadas devem ser destinadas ao assentamento de colonos, para o cultivo de produtos alimentícios e medicamentosos.

Por sua vez, quanto ao item b, a competência para a desapropriação para fins de reforma agrária, com pagamento de indenização em títulos da dívida agrária, é da União Federal (artigo 184 CRFB) e, portanto, não poderia ser exercida pelo Estado-membro. Não há impedimento, porém, para o Estado declarar de interesse social e desapropriar o bem, desde que mediante prévia e justa indenização em dinheiro (observância da regra geral prevista no artigo 5º, inciso XXIV, CRFB).

Em relação à correção, levou-se em conta o seguinte critério de pontuação:

Item a	Pontuação
Desapropriação-sanção prevista no artigo 243 CRFB – semindenização	0 / 0,3
Item b	**Pontuação**
Necessidade de observância da destinação constitucional (assentamento de colonos, para o cultivo de produtos alimentícios e medicamentosos)	0 / 0,4
Item c	**Pontuação**
Não poderia desapropriar mediante indenização em títulos da dívida agrária – competência da União Federal (artigo 184, CRFB)	0 / 0,15
Poderia desapropriar para fins de interesse social, observando a regra geral da prévia e justa indenização em dinheiro (artigo 5º, inciso XXIV, CRFB).	0 / 0,15

06. (Exame de Ordem – 2010.3) Em janeiro de 2006, o Ministério Público abre inquérito civil para checar atos de improbidade administrativa realizados pelo prefeito de Mar Azul, município situado no interior do Estado X. Esses atos de improbidade consistiriam na auferição de vantagens patrimoniais indevidas em razão do exercício do cargo e envolveriam atuações do próprio prefeito e do chefe do gabinete civil. No curso das investigações procedidas, ficou confirmado que o chefe do gabinete civil recebeu vantagem econômica, em dinheiro, de vários empreiteiros que contratavam com o poder público. Ficou apurado, também, que algumas pessoas chegaram a informar ao prefeito essa conduta de seu chefe do gabinete civil. Entretanto, o prefeito não tomou providências, sempre dizendo às pessoas que realizavam as denúncias que confiava na atuação de seu secretário. Ainda na parte da apuração, para efeitos da justa causa voltada ao ajuizamento da ação civil pública de improbidade, ficou comprovado o aumento patrimonial do chefe do gabinete civil, desproporcional aos seus ganhos, mas não o do prefeito. Com isso, já agora em janeiro de 2011, o Ministério Público ajuíza ação de improbidade em face do prefeito e de seu chefe de gabinete, fazendo menção a todos os atos de improbidade – o último teria se dado em dezembro de 2004, ano

em que expirava o mandato do Prefeito –, representativos da afronta ao art. 9º, inciso I, da Lei 8.429/92.

Em sua peça, bem instruída com o inquérito civil, o Ministério Público menciona conduta comissiva do chefe de gabinete do prefeito e omissiva deste último, caracterizadora de desídia, a se enquadrar na ideia de negligência com o interesse público. Recebendo a peça inicial, o juiz da vara fazendária de Mar Azul determina a citação dos réus no dia 02/02/2011. Os mandados são efetivados no dia 04/02/2011 e juntos no dia 08/02/2011.

Transtornado com a ação proposta e ciente do pedido de suspensão dos direitos políticos por 10 anos e pagamento de multa civil de até 100 vezes de seus subsídios, o prefeito – cujo nome é Caio da Silva Nunes – procura você para apresentar a sua defesa.

Tendo sido aceito o mandado, componha a peça adequada, trazendo todos os fundamentos possíveis para a defesa e datando com o último dia do prazo.

GABARITO COMENTADO

O examinando deverá elaborar uma peça contestatória (artigo 17, § 9º, da Lei 8.429/92), abordando os seguintes temas:

(i) Preliminarmente, deve ser deduzida a nulidade da citação por não ter sido observada a prévia notificação a que aduz o art. 17, § 7º, da Lei 8.429/92.

(ii) Ainda preliminarmente – ou como prejudicial de mérito –, espera-se que o examinando sustente a prescrição da pretensão formulada pelo Ministério Público (prescrição quinquenal), nos termos do art. 23, inciso I, da Lei 8.429/92, destacando-se que não foi formulada pretensão de ressarcimento por dano ao erário, em relação a qual se poderia sustentar a imprescritibilidade, na forma do artigo 37, § 5º, da CRFB.

(iii) No mérito, deve o examinando argumentar no sentido da impossibilidade de ser o réu responsabilizado, haja vista que a sua conduta não foi maliciosa ou de má-fé, inexistindo, portanto, conduta dolosa, elemento subjetivo imprescindível para a incidência do art. 9º da Lei de Improbidade.

(iv) Em reverência ao princípio da eventualidade, o examinando deverá mencionar a desproporcionalidade da multa postulada, a qual se submete aos limites impostos no artigo 12, inciso I, da Lei de Improbidade.

(v) Em conclusão, o examinando deve postular o acolhimento das preliminares suscitadas ou, caso assim não se entenda, no mérito, a improcedência dos pedidos formulados pelo Ministério Público. Em atenção ao princípio da eventualidade, caso se entenda pela procedência do pedido, o examinando deve requerer a observância do disposto no artigo 12, inciso I, da Lei n. 8.429/92.

São esses os temas jurídicos que deverão ser levantados na peça, exigindo-se que o examinando desenvolva a tese fática da ausência do dolo, demonstrando que o Prefeito, em sua omissão, nunca aderiu à ideia de que seu Chefe de Gabinete fosse venal, bem como não ter tido aumento patrimonial que pudesse caracterizar um conluio com este último.

Segue abaixo modelo sintético da peça.

Excelentíssimo Senhor Juiz de Direito da Vara da Fazenda Pública da Comarca de Mar Azul – Estado X

Caio da Silva Nunes, brasileiro, casado, portador da CI nº   e do CPF nº   , residente na rua   nº   do município   , vem perante Vossa Excelência apresentar CONTESTAÇÃO à ação de improbidade administrativa que lhe é movida pelo Ministério Público, de acordo com os fatos e fundamentos que passa a expor:

I – DOS FATOS – SÍNTESE DA DEMANDA:

O examinando deverá expor os detalhes trazidos pelo enunciado da questão, principalmente aqueles que evidenciam a prescrição. Deve salientar, outrossim, que o réu não aderiu à ideia de que seu Chefe de Gabinete estaria se valendo do cargo para obter recurso indevido, bem como a ausência de crescimento patrimonial, desproporcional aos seus ganhos, a denotar que não teria atuado de má-fé, descaracterizando, pois, a atuação dolosa.

II – DO DIREITO:

O examinando deverá fazer alusão aos argumentos descritos nos itens (i) a (iv) supra – ausência de notificação, prescrição da ação e a ausência de dolo, a retirar a ideia de ato de improbidade, e, na eventualidade, a impossibilidade de ser condenado na multa, diante de sua total desproporcionalidade.

III – DOS PEDIDOS – CONCLUSÃO:

Em desfecho da peça contestatória, espera-se que o examinando formule os seguintes pedidos:

(i) reconhecimento da nulidade do feito, face à ausência de notificação;

(ii) acolhimento da preliminar (ou prejudicial – ambas são aceitas) de prescrição da pretensão, com a extinção do processo com resolução do mérito, na forma do artigo 269 do Estatuto Processual Civil;

(iii) caso sejam superadas as preliminares – o que se admite apenas em atenção ao princípio da eventualidade –, deve o examinando postular a improcedência do pedido;

(iv) em assim não se entendendo, deve, ainda em reverência à eventualidade, deve o examinando postular a não imposição da multa administrativa.

(v) por fim, deve o examinando requerer a produção de provas;

N. Termos

P. Deferimento

Data (a indicação da data deve observar a existência de litisconsórcio passivo com procuradores diferentes, a importar no prazo de 30 dias para a contestação, na forma do artigo 191 do CPC, aplicável ao rito da ação de improbidade por força do artigo 17 da Lei n. 8.429/92).

Advogado

OAB nº

Em relação aos itens da correção, ficaram assim divididos:

Item	Pontuação
1) Endereçamento da petição inicial	0 / 0,45
2) Qualificação das partes	0 / 0,25
3) Preliminares (0,25 cada um): Nulidade das citações Citar norma (Art. 17, §7º, Lei 8.429/92) Anular recebimento da ação Determinar a notificação nos termos do art. 17, §7º, Lei 8.429/92)	0 / 0,25 / 0,5 / 0,75 / 1,0
4) Prescrição (0,25) com fundamentação (Art. 23, I, da Lei 8.429/92) (0,25)	0 / 0,25 / 0,5
5) Dolo - ausência de benefício (0,6) - ausência de vinculação entre as condutas do Prefeito e do Secretário (0,5) - redução da multa (0,5)	0 / 0,5 / 0,6 / 1,0 / 1,1 / 1,6
6) Pedidos (0,2 cada um) - protestar pela nulidade da citação - reconhecimento da prescrição - improcedência do pedido de ausência de dolo - na eventualidade, reduzir multa - protestar por provas	0 / 0,2 / 0,4 / 0,6 / 0,8 / 1,0
7) Data da contestação	0 / 0,2

Também foi aceita, como peça processual adequada para a situação exposta no enunciado, a interposição de agravo de instrumento contra a decisão que recebeu a petição inicial (recurso contra o juízo de admissibilidade positivo da petição inicial, na forma do artigo 17, § 10, da Lei 8.429/92).

Aqueles examinandos que optaram pela interposição de agravo de instrumento devem desenvolver os seguintes temas:

(i) Inicialmente, deve o examinando observar os requisitos de índole processual para a interposição do agravo de instrumento, cabendo registrar o endereçamento do agravo de instrumento ao Presidente do Tribunal de Justiça (artigo 524 do CPC), a qualificação das partes, com a indicação do nome e endereço completo dos advogados constantes do processo (artigo 524, inciso III, do CPC), bem como a indicação de que a petição de agravo de instrumento encontra-se instruída com as peças obrigatórias, na forma no artigo 525, inciso I, do CPC.

(ii) Ao desenvolver as razões do pedido de reforma da decisão agravada, deve o examinando sustentar, em primeiro lugar, a nulidade da citação, por inobservância do rito estabelecido na norma do artigo 17, § 7°, da Lei 8.429/92 (não foi oportunizada ao agravante a apresentação de defesa prévia). Além disso, também para fundamentar a necessidade de anulação da decisão agravada, deve o examinando desenvolver a ausência de justa causa para a ação de improbidade.

(iii) O examinando deve, outrossim, formular pedido de concessão de efeito suspensivo ao recurso de agravo de instrumento, na forma do artigo 527, inciso III, a fim de suspender os efeitos da decisão que recebeu a petição inicial e determinou a citação do agravante.

(iv) Em conclusão, no capítulo da petição de agravo destinado à formulação dos pedidos, deve o examinando requerer a concessão de efeito suspensivo ao recurso, na forma do artigo 527, inciso III, do Estatuto Processual Civil e, após ultimadas as providências previstas naquela norma, o conhecimento do recurso e seu provimento, para o fim de reformar a decisão agravada e, com isso, anular a decisão que determinou a citação do agravante para responder aos termos da ação de improbidade.

Segue abaixo modelo sintético da peça:

Excelentíssimo Senhor Desembargador Presidente do Egrégio Tribunal de Justiça

Caio da Silva Nunes, brasileiro, casado, portador da CI nº e do CPF nº , residente na rua nº do município ,inconformado, data venia, com a decisão proferida pelo MM. Juízo Fazendário da Comarca de Mar Azul, que recebeu a petição inicial da ação de improbidade que lhe move o Ministério Público e determinou sua citação, vem, tempestivamente, com fundamento na norma do artigo 17, § 10, da Lei n. 8.429/92, interpor o presente

AGRAVO DE INSTRUMENTO, COM PEDIDO DE CONCESSÃO DE EFEITO SUSPENSIVO

Pelos fundamentos de fato e de direito que passa a expor, requerendo, ao final, o conhecimento e o provimento do recurso, a fim de que seja reconhecida a nulidade da r. decisão agravada.

Em cumprimento ao que dispõe a norma do artigo 524, o agravante informa o nome e o endereço completo dos advogados constantes do processo e registra que a presente petição encontra-se instruída com as peças obrigatórias referidas no artigo 525, inciso I, do CPC.

Pede deferimento.

Data (a indicação da data deve observar a existência de litisconsórcio passivo com procuradores diferentes, a importar no prazo de 20 dias para o oferecimento do agravo de instrumento, na forma do artigo 191 do CPC, aplicável ao rito da ação de improbidade por força do artigo 17 da Lei n. 8.429/92).

****

EGRÉGIO TRIBUNAL:

RAZÕES DE RECURSO

I – DA DECISÃO AGRAVADA:

O examinando deverá expor os detalhes trazidos pelo enunciado da questão, principalmente aqueles que evidenciam a nulidade da citação e a inconformidade da decisão que recebeu a petição inicial com o rito estabelecido pela Lei de Improbidade no que tange à defesa prévia.

II – RAZÕES DO PEDIDO RECURSAL: NULIDADE DA CITAÇÃO E AUSÊNCIA DE JUSTA CAUSA

O examinando deverá fazer alusão aos argumentos descritos no item (ii) supra – ausência de notificação e de justa causa para o recebimento da petição inicial, impondo-se o reconhecimento da nulidade da citação.

III – PEDIDO DE CONCESSÃO DE EFEITO SUSPENSIVO

O examinando deve demonstrar a presença dos requisitos previstos no artigo 558 do CPC (relevância da fundamentação e a lesão grave e de difícil reparação que pode resultar da inobservância do devido processo legal), que justificam a concessão de efeito suspensivo ao recurso.

IV – CONCLUSÃO :

Em desfecho da petição de agravo de instrumento, espera-se que o examinando formule os seguintes pedidos:

(i) a concessão de efeito suspensivo ao recurso, na forma do artigo 527, III, c/c 558, ambos do CPC;

(ii) o conhecimento do recurso, eis que presentes os pressupostos de admissibilidade;

(iii) o provimento do recurso, com o reconhecimento da nulidade da decisão agravada, que recebeu a petição inicial e determinou a citação do agravante, tendo em vista a inobservância da norma do artigo 17, § 7º, da Lei n. 8.429/92.

N. Termos

P. Deferimento

Data (a indicação da data deve observar a existência de litisconsórcio passivo com procuradores diferentes, a importar no prazo de 20 dias para a interposição do agravo, na forma do artigo 191 do CPC, aplicável ao rito da ação de improbidade por força do artigo 17 da Lei n. 8.429/92).

Advogado

OAB nº

Em relação aos itens da correção, ficaram assim divididos:

Item	Pontuação
1) Endereçamento do agravo	0 / 0, 5
2) Qualificação das partes	0 / 0,25
3) Peças obrigatórias	0 / 0,5
4) Endereço dos advogados	0 / 0,25
5) Nulidade das citações – fundamentação	0 / 1,0 / 1,5
6) Justa causa ausente	0 / 0,75
7) Pedidos: - efeito suspensivo - nulidade	0 / 0,5 0 / 0,5
8) Data do agravo	0,25

• 2011.1

01. (Exame de Ordem – 2011.1) No curso de uma inundação e do aumento elevado das águas dos rios em determinada cidade no interior do Brasil, em razão do expressivo aumento do índice pluviométrico em apenas dois dias de chuvas torrenciais, o Poder Público municipal ocupou durante o período de 10 (dez) dias a propriedade de uma fazenda particular com o objetivo de instalar, de forma provisória, a sede da Prefeitura, do Fórum e da Delegacia de Polícia, que foram completamente inundadas pelas chuvas.

Diante da hipótese acima narrada, identifique e explicite o instituto de direito administrativo de que se utilizou o Poder Público municipal, indicando a respectiva base legal. (Valor: 1,25)

GABARITO COMENTADO

O examinando deve indicar que se trata do instituto da ocupação temporária de bens privados ou da requisição, tal como prevê o artigo 5°, XXV, da CRFB. A ocupação temporária de bens privados consiste no apossamento, mediante ato administrativo unilateral, de bem privado para uso temporário, em caso de iminente perigo público, com o dever de restituição no mais breve espaço de tempo e eventual pagamento de indenização pelos danos produzidos.

Deve o examinando explicitar que se trata de instrumento de exceção e que exige a configuração de uma situação emergencial. E, mais, que a ocupação independe da concordância do particular e que se configura instituto temporário, a ser exercido por meio de ato administrativo.

Em relação à correção, levou-se em conta o seguinte critério de pontuação:

Item	Pontuação
Identificação do instituto de direito público – ocupação temporária OU requisição	0 / 0,6
Explicitação do instituto (0,35) e do fundamento constitucional – art. 5°, XXV, da CRFB OU art. 1228, §3°, do CC (0,3)	0 / 0,3 / 0,35 / 0,65

02. (Exame de Ordem – 2011.1) José, enquanto caminhava pela rua, sofre graves sequelas físicas ao ser atingido por um choque elétrico oriundo de uma rede de transmissão de uma empresa privada que presta serviço de distribuição de energia elétrica. Na ação judicial movida por José, não ficou constatada nenhuma falha no sistema que teria causado o choque, tampouco se verificou a culpa por parte do funcionário responsável pela manutenção dessa rede elétrica local. No entanto, restou comprovado que o choque, realmente, foi produzido pela rede elétrica da empresa de distribuição de energia, conforme relatado no processo.

Diante do caso em questão, discorra sobre a possível responsabilização da empresa privada que presta serviço de distribuição de energia elétrica, bem como um possível direito de regresso contra o funcionário responsável pela manutenção da rede elétrica. (Valor: 1,25)

GABARITO COMENTADO

O examinando deve identificar o enquadramento da empresa de distribuição de energia elétrica como uma empresa privada prestadora de serviço público, sujeita, portanto, a responsabilização objetiva (independente de dolo ou culpa) pelos danos advindos de suas atividades, conforme artigo 37, § 6º, da Constituição da República. Em razão de tal fato, deve a empresa responder pelos danos causados pelo choque oriundo de sua rede de distribuição, uma vez que restou constatado o nexo causal.

Em relação ao possível direito de regresso, deve o examinando negar essa possibilidade, já que tal recurso somente se torna viável em casos de dolo ou culpa do agente causador do dano.

Em relação à correção, levou-se em conta o seguinte critério de pontuação:

Item	Pontuação
Incide responsabilidade civil objetiva da pessoa jurídica de direito privado prestadora de serviço público (0,4) nos termos do art. 37, 6º, da CRFB (0,3)	0 / 0,3 / 0,4 /0,7
Não há possibilidade de regresso em relação ao agente por não comprovação de dolo ou culpa (0,55).	0 / 0,55

03. (Exame de Ordem – 2011.1) Transvia, empresa de grande porte concessionária da exploração de uma das mais importantes rodovias federais, foi surpreendida com a edição de decreto do Presidente da República excluindo as motocicletas da relação de veículos sujeitos ao pagamento de pedágio nas rodovias federais, medida que reduz substancialmente as vantagens legitimamente esperadas pela concessionária.

Considerando a situação hipotética narrada, responda aos itens a seguir, empregando os argumentos jurídicos apropriados e a fundamentação legal pertinente ao caso.

a) É juridicamente possível que o Poder Concedente estabeleça unilateralmente benefícios tarifários não contemplados originariamente no contrato de concessão? (Valor: 0,7).

b) A empresa concessionária tem direito a alguma forma de compensação em decorrência do impacto que o decreto produz na remuneração contratual? (Valor: 0,55).

GABARITO COMENTADO

Em relação ao item 1, a possibilidade de o Poder Concedente estabelecer benefícios tarifários não contemplados no contrato de concessão decorre da própria titularidade do serviço público. Com o contrato de concessão, é tão somente a execução do serviço público que se transfere para o concessionário, cabendo ao Poder Concedente regulamentar o serviço concedido (artigo 2º, inciso II, e artigo 29, inciso I, ambos da Lei 8.987/95). Para fundamentar tal resposta, o examinando poderia mencionar o artigo 175 da CRFB, os artigos 2º, inciso II, e 29, inciso I, da Lei n. 8.987/95 e o artigo 58, inciso I, da Lei 8.666/93. Além disso, também foram consideradas as referências feitas pelos examinandos aos fenômenos do fato do príncipe ou do fato da administração pública. Por fim, foram igualmente consideradas apropriadas as respostas que invocaram a norma do artigo 35 da Lei 9.074/95.

Sempre que o estabelecimento de benefícios tarifários não contemplados originariamente no contrato de concessão causarem impacto na equação econômico-financeira do contrato, haverá a necessidade de serem revistas as cláusulas econômicas, de modo a que o equilíbrio seja recomposto. Nesse sentido, ao estabelecer benefícios tarifários que afetem o equilíbrio econômico-financeiro do contrato, o Poder Concedente deverá, concomitantemente, recompor a equação financeira.

Como resultado, em atenção ao item 2, a resposta é positiva, fazendo jus a concessionária a uma compensação para que o equilíbrio econômico-financeiro do contrato de concessão seja mantido, nos termos do artigo 9º, § 4º, da Lei n. 8.987/95 ou do artigo 35 da Lei n. 9.074/95.

Em relação à correção, levou-se em conta o seguinte critério de pontuação:

Item a	Pontuação
Possibilidade de estabelecimento de benefícios tarifários, pois compete ao Poder Concedente regulamentar a prestação do serviço público (0,4) / Referência ao artigo 175 da CRFB OU artigo 2º, II, da Lei n. 8.987/95 OU artigo 29, I, da Lei n. 8.987/95 OU fato do príncipe OU artigo 58, I, da Lei 8.666/93 OU artigo 35 da Lei 9.074/95. (0,3).	0 / 0,3 / 0,4 /0,7
Item b	**Pontuação**
A concessionária fará jus à compensação para recompor o equilíbrio econômico-financeiro do contrato (0,35) / Referência à norma do artigo 9º, § 4º, da Lei 8.987/95 OU artigo 35 da Lei 9.074/95 (0,2).	0 / 0,2 / 0,35 / 0,55

04. (Exame de Ordem – 2011.1) O Sr. Joaquim Nabuco, dono de um prédio antigo, decide consultá-lo como advogado. Joaquim relata que o seu prédio está sob ameaça de ruir e que o poder público já iniciou os trabalhos para realizar sua demolição. Joaquim está inconformado com a ação do poder público, justamente por saber que não existe ordem judicial determinando tal demolição.

Diante do caso em tela, discorra fundamentadamente sobre a correção ou ilegalidade da medida. (Valor: 1,25)

GABARITO COMENTADO

O examinando deve sustentar a correção da medida tomada pelo poder público com base no poder de polícia da administração pública, uma vez que, por meio desse poder, a administração está concretizando um de seus deveres: garantir a segurança da coletividade.

Também deve ser abordada a viabilidade da execução da medida diretamente pela administração pública, sem necessidade de ordem judicial, em função do atributo da autoexecutoriedade do poder de polícia, que é aplicável em casos urgentes, conforme relatado no caso em análise.

Em relação à correção, levou-se em conta o seguinte critério de pontuação:

Item	Pontuação
Abordar duas entre as seguintes (indicar 1 = 0,6; indicar 2 = 1,25): Garantia da segurança coletiva por meio do poder de polícia. Autoexecutoriedade como atributo do poder de polícia aplicável a casos urgentes. Respeito ao contraditório e ao devido processo legal no âmbito administrativo.	0 / 0,6 / 1,25

05. (Exame de Ordem – 2011.1) João Augusto estava participando de uma partida de futebol quando fraturou uma costela, vindo a necessitar de intervenção cirúrgica, realizada em hospital público federal localizado no Estado X. Dois anos e meio após a realização da cirurgia, João Augusto ainda sofria com muitas dores no local, o que o impossibilitava de exercer sua profissão como taxista. Descobre, então, que a equipe médica havia esquecido um pequeno bisturi dentro do seu corpo. Realizada nova cirurgia no mesmo hospital público, o problema foi resolvido.

No dia seguinte, ao sair do hospital, João Augusto procura você, na qualidade de advogado(a), para identificar e minutar a medida judicial que pode ser adotada para tutelar seus direitos.

Redija a peça judicial cabível, que deve conter argumentação jurídica apropriada e desenvolvimento dos fundamentos legais da matéria versada no problema,

abordando, necessariamente: (i) competência do órgão julgador; (ii) a natureza da pretensão deduzida por João Augusto; e (iii) os fundamentos jurídicos aplicáveis ao caso. (Valor: 5,0)

GABARITO COMENTADO

A medida judicial a ser proposta é uma ação de responsabilidade civil / ação indenizatória pelo rito ordinário em face da União Federal, tendo em vista o dano sofrido por João Augusto em decorrência de atuação negligente e imperita da equipe médica do hospital público na primeira intervenção cirúrgica a que se submeteu.

O examinando deve, em primeiro lugar, identificar que o juízo competente para processar e julgar a demanda indenizatória será a primeira instância da justiça comum federal, tendo em vista ser a pretensão deduzida em face da União Federal (artigo 109, inciso I, da CRFB).

Além disso, espera-se que o examinando, após qualificar as partes e narrar os fatos, fundamente o direito de seu cliente à luz da norma do artigo 37, § 6°, da CRFB, que estabelece a responsabilidade objetiva do Estado por danos que seus agentes, nessa qualidade, causarem a terceiros. É importante destacar a desnecessidade de se comprovar a atuação culposa ou dolosa da equipe médica, uma vez que a responsabilidade sub examine é objetiva, prescindindo do elemento subjetivo.

Em relação aos itens da correção, ficaram assim divididos:

Item	Pontuação
Endereçamento da petição inicial: Juízo da Vara Federal da Seção Judiciária do Estado X	0 / 0,5
Qualificação das partes (0,25 para cada item): João Augusto / União Federal / pessoa jurídica de direito público interno.	0 / 0,25 / 0,5 /0,75
Identificação da ação: ação indenizatória pelo rito ordinário.	0 / 0,25
Narrativa dos fatos / exposição de forma coerente e lógica	0 / 0,25
Fundamentação para a pretensão indenizatória (0,5 para cada item): 1. Responsabilidade civil do Estado fundada na teoria do risco administrativo (artigo 37, §6°, da CRFB). 2. Responsabilidade objetiva do Estado, que prescinde de qualquer investigação quanto ao elemento subjetivo. 3. Danos materiais sofridos: impossibilidade de exercer a atividade laborativa. 4. Danos morais.	0 / 0,5 / 1,0 / 1,5 /2,0

Pedidos / Conclusão (0,2 para cada item): 1. citação da União Federal; 2. procedência do pedido para condenar a União Federal ao pagamento de indenização por danos materiais 3. pedido de indenização por danos morais; 4. produção genérica de provas; 5. condenação em honorários sucumbenciais.	0 / 0,2 / 0,4 / 0,6 /0,8 / 1,0
Atribuição de valor à causa	0 / 0,25

• 2011.2

01. (Exame de Ordem – 2011.2) **Liviana, moradora do Município de Trás dos Montes, andava com sua bicicleta em uma via que não possui acostamento, próxima ao centro da cidade, quando, de forma repentina, foi atingida por um ônibus de uma empresa concessionária de serviços públicos de transportes municipais. Após o acidente, Liviana teve as duas pernas quebradas e ficou em casa, sem trabalhar, em gozo de auxílio-doença, por cerca de dois meses. Então, resolveu procurar um advogado para ajuizar ação de responsabilidade civil em face da empresa concessionária de serviços públicos.**

Qual é o fundamento jurídico e o embasamento legal da responsabilidade civil da empresa concessionária, considerando o fato de que Liviana se enquadrava na qualidade de terceiro em relação ao contrato de transporte municipal, no momento do acidente? (Valor: 1,25)

GABARITO COMENTADO

A questão trata acerca da responsabilidade civil objetiva de terceiro não usuário dos serviços públicos de transportes municipais.

Na hipótese, tem-se que a responsabilidade civil será objetiva, comprovado o nexo de causalidade entre o ato administrativo e o dano causado ao terceiro não usuário do serviço público, sendo tal condição suficiente para estabelecer a responsabilidade objetiva da pessoa jurídica de direito privado, nos termos do art. 37, § 6º, da CRFB. De acordo com a jurisprudência atual e consolidada do STF, não se pode interpretar restritivamente o alcance do art. 37, § 6º, da CRFB, sobretudo porque a Constituição, interpretada à luz do princípio da isonomia, não permite que se faça qualquer distinção entre os chamados "terceiros", ou seja, entre usuários e não usuários do serviço público, haja vista que todos eles, de igual modo, podem sofrer dano em razão da ação administrativa do Estado, seja ela realizada diretamente, seja por meio de pessoa jurídica de direito privado. Observa-se, ainda, que o entendimento de que apenas os terceiros usuários do serviço gozariam de proteção constitucional decorrente da responsabilidade objetiva do Estado, por terem o direito subjetivo de receber um serviço adequado, contrapor-se-ia à própria natureza do serviço público, que, por definição, tem caráter geral, estendendo-se, indistintamente, a todos os cidadãos, beneficiários diretos ou indiretos da ação estatal.

Em relação à correção, levou-se em conta o seguinte critério de pontuação:

Item	Pontuação
Identificação da responsabilidade da empresa concessionária como objetiva (0,35) na forma do artigo 37, §6º, da CRFB/88 (0,3)	0 / 0,3 / 0,35 / 0,65
Identificação de que a vítima não era usuária direta dos serviços de transportes públicos (0,3). Indicação da evolução jurisprudencial (0,3)	0 / 0,3 / 0,6

02. (Exame de Ordem – 2011.2) O governador de determinado Estado da Federação, comprometido com a recuperação do sistema penitenciário estadual, decide lançar edital de licitação para a contratação de uma parceria público-privada tendo por objeto a construção e a gestão de complexo penal, abrangendo a execução de serviços assistenciais (recreação, educação e assistência social e religiosa), de hospedaria e de fornecimento de bens aos presos (alimentação e produtos de higiene). O edital de licitação estima o valor do contrato em R$ 28.000.000,00 (vinte e oito milhões de reais) e estabelece o prazo de quinze anos para a concessão.

Com base nesse cenário, responda aos itens a seguir, empregando os argumentos jurídicos apropriados e a fundamentação legal pertinente ao caso.

a) Analise a juridicidade do projeto à luz do valor estimado do contrato e do prazo de concessão. (Valor: 0,60)

b) É juridicamente possível que o contrato de parceria público-privada contemple, além dos serviços descritos no enunciado, a delegação das funções de direção e coerção na esfera prisional? (Valor: 0,65)

GABARITO COMENTADO

À luz do valor estimado do contrato e do prazo de concessão, o projeto é juridicamente correto, atendendo aos requisitos estabelecidos no artigo 2º, § 4º, incisos I e II, ou art. 5º, I, da Lei 11.079/2004.

Quanto ao item b, não seria possível a delegação das funções de direção e coerção na esfera prisional ao parceiro privado, uma vez que essas são atividades típicas de Estado e, nesse sentido, indelegáveis. A esse respeito, a própria legislação de regência das PPP's prevê expressamente a indelegabilidade do exercício do poder de polícia e de outras atividades exclusivas de Estado (conforme artigo 4°, inciso III, da Lei 11.079/04).

Em relação à correção, levou-se em conta o seguinte critério de pontuação:

Item a	Pontuação
Projeto juridicamente correto quanto ao valor – artigo 2°, §4°, inciso I, da Lei 11.079/2004 (0,3). Projeto juridicamente correto quanto ao prazo – artigo 2°, §4°, inciso II, OU art. 5°, I, da Lei 11.079/2004 (0,3)	0 / 0,3 / 0,35 / 0,65
Item b	**Pontuação**
As funções de direção e coerção na esfera prisional são atividades exclusivas de Estado, porque inerentes ao poder de polícia. (0,35) Indelegabilidade de tais atividades, conforme artigo 4°, inciso III, da Lei 11.079/04 (0,3).	0 / 0,3 / 0,35 / 0,65

03. (Exame de Ordem – 2011.2) Um órgão da Administração Pública Federal lançou edital de concorrência para execução de obra pública.

Logo após sua publicação, uma empresa interessada em participar do certame formulou representação ao Tribunal de Contas da União (TCU) noticiando a existência de cláusulas editalícias restritivas da competitividade. O TCU, então, solicitou para exame cópia do edital de licitação já publicado e, ao apreciá-lo, determinou a retificação do instrumento convocatório.

Cumprida a determinação e regularizado o edital, realizou-se a licitação, e o contrato foi celebrado com o licitante vencedor.

Entretanto, durante a execução da obra, o TCU recebeu denúncia de superfaturamento e deliberou pela sustação do contrato, comunicando o fato ao Congresso Nacional.

Considerando a situação hipotética narrada, responda aos itens a seguir, empregando os argumentos jurídicos apropriados e a fundamentação legal pertinente ao caso.

a) Foi juridicamente correta a atuação do TCU ao solicitar para exame o edital de licitação publicado? (Valor: 0,60)

b) O TCU tem competência para sustar a execução do contrato superfaturado? (Valor: 0,65)

GABARITO COMENTADO

Em relação ao item a, foi juridicamente acertada a atuação do TCU ao solicitar o edital já publicado para exame, conforme previsto no artigo 113, § 2º, da Lei 8.666/93. A solicitação foi motivada e casuística, conforme exige o Supremo Tribunal Federal.

Por sua vez, em relação ao item b, o TCU não tem competência para sustar contratos administrativos. De acordo com a norma do artigo 71, § 1º, da CRFB, a sustação da execução do contrato deve ser solicitada ao Congresso Nacional, que deverá deliberar em noventa dias. Somente após o prazo, sem manifestação do Congresso Nacional, é que o TCU poderá decidir a respeito.

Em relação à correção, levou-se em conta o seguinte critério de pontuação:

Item 1	Pontuação
O TCU atuou corretamente (0,3), com base no artigo 113, §2º, da Lei 8.666/93 (0,3).	0 / 0,3 / 0,6
Item 2	**Pontuação**
O TCU não tem competência para sustar o contrato pela necessidade de oficiar ao Congresso Nacional, conforme art. 71,§1º, da CRFB.	0 / 0,3
Se o Congresso Nacional não deliberar a respeito no prazo de noventa dias, o TCU decide, conforme art. 71, §2º, da CRFB.	0 / 0,35

04. (Exame de Ordem – 2011.2) O Município de Cachoeira Azul pretende implementar, com base em seu plano diretor, um importante projeto de criação de espaços públicos de lazer e áreas verdes ao longo dos próximos quatro anos e, para tanto, necessitará de áreas urbanas que atualmente constituem propriedade privada. O prefeito, então, encaminhou projeto de lei à Câmara de Vereadores estabelecendo direito de preferência em favor do Município caso os imóveis localizados na área venham a ser objeto de alienação onerosa entre particulares durante aquele prazo.

Considerando a situação hipotética narrada, responda aos seguintes quesitos, empregando os argumentos jurídicos apropriados e a fundamentação legal pertinente ao caso.

a) É juridicamente possível o estabelecimento do direito de preferência por lei municipal e pelo prazo mencionado? (Valor: 0,60)

b) Supondo afirmativa a resposta ao quesito anterior, ultrapassado o prazo de quatro anos estabelecido na lei, poderia o prefeito encaminhar novo projeto de lei para renová-lo por igual período? (Valor: 0,65)

GABARITO COMENTADO

Em relação ao item 1, espera-se que o examinando responda afirmativamente, demonstrando conhecimento a respeito do denominado direito de preempção, instituto previsto no artigo 25 da Lei 10.257/2001.

Em relação ao item 2, a resposta deve levar em consideração o prazo estabelecido no Estatuto da Cidade para a renovação do prazo de vigência do direito de preempção, que apenas pode ocorrer a partir de um ano após o decurso do prazo inicial de vigência, conforme norma do artigo 25, § 1°, parte final.

Em relação à correção, levou-se em conta o seguinte critério de pontuação:

Item 1	Pontuação
Sim, trata-se do direito de preferência (preempção), a ser estabelecido por lei municipal e por prazo não superior a cinco anos (0,3). Artigo 25 da Lei 10.257/2001 – Estatuto da Cidade (0,3).	0 / 0,3 / 0,6
Item 2	**Pontuação**
Necessidade de se aguardar um ano para a renovação do direito de preempção após o decurso do prazo inicial de vigência. (0,35) Artigo 25, §1°, da Lei 10.257/2001 – Estatuto da Cidade. (0,3)	0 / 0,3 / 0,35 / 0,65

05. (Exame de Ordem – 2011.1) A empresa Aquatrans é concessionária de transporte público aquaviário no Estado X há sete anos e foi surpreendida com a edição do Decreto 1.234, da Chefia do Poder Executivo Estadual, que, na qualidade de Poder Concedente, declarou a caducidade da concessão e fixou o prazo de trinta dias para assumir o serviço, ocupando as instalações e os bens reversíveis.

A concessionária, inconformada com a medida, especialmente porque jamais fora cientificada de qualquer inadequação na prestação do serviço, procura-o, na qualidade de advogado(a), e o contrata para ajuizar a medida judicial pertinente para discutir a juridicidade do decreto, bem como para assegurar à concessionária o direito de continuar prestando o serviço até que, se for o caso, a extinção do contrato se opere de maneira regular.

Elabore a peça processual adequada, levando em consideração que a matéria não demanda qualquer dilação probatória e que se deve optar pela medida judicial cujo rito, em tese, seja o mais célere. (Valor: 5,0)

GABARITO COMENTADO

A medida judicial adequada, diante dos parâmetros indicados no enunciado, é o mandado de segurança contra ato do Senhor Governador do Estado X, consubstanciado no Decreto 1.234, por meio do qual declarou a caducidade do contrato de concessão de serviço público de transporte aquaviário celebrado com a empresa Aquatrans.

No que diz respeito à fundamentação jurídica, o examinando deve, em primeiro lugar, abordar brevemente em que consiste a caducidade de uma concessão e, logo após, identificar que existe uma série de requisitos prévios à opção pela caducidade que, absolutamente, não foram observados no caso proposto. Isso porque, nos termos do artigo 38, §§ 2º e 3ª, da Lei 8.987/95, a declaração de caducidade deve precedida da verificação de inadimplência da concessionária em processo administrativo que lhe assegure ampla defesa, sendo certo que o processo administrativo não pode ser instaurado antes de cientificada a concessionária dos descumprimentos contratuais, com a fixação de prazo para que promova as correções necessárias. A inobservância do "devido processo legal" impõe, portanto, a anulação do decreto.

Com a demonstração da plausibilidade do direito alegado, a impetrante deve pleitear, liminarmente, provimento jurisdicional que determine ao impetrado que se abstenha de tomar qualquer medida para assumir o serviço com base no ato impugnado.

Em relação aos itens da correção, ficaram assim divididos:

Item	Pontuação
Endereçamento da petição inicial: Tribunal de Justiça do Estado X	0 / 0,25
Qualificação das partes (0,25 para cada item): Aquatrans (0,25) / contra ato (0,25) do Governador do Estado X (0,25) / e Estado X (0,25)	0 / 0,25 / 0,5 / 0,75 / 1,0
Identificação da ação: Mandado de Segurança	0 / 0,5
Narrativa dos fatos / exposição de forma coerente e lógica	0 / 0,25
Fundamentação (0,5 para cada item) – NÃO BASTA A MERA INDICAÇÃO DO ARTIGO: 1. Nulidade do Decreto 1.234 – inobservância do devido processo legal (0,25) (artigo 5º, LIV, da CRFB) (0,25)	0 / 0,25 / 0,5
2. Ausência de cientificação das irregularidades e fixação de prazo para correção (0,25) (artigo 38, §3º, da Lei 8.987/95) (0,25)	0 / 0,25 / 0,5
3. Não foi instaurado processo de verificação de inadimplência (0,25) (artigo 38, §2º, da Lei 8.987/95) (0,25)	0 / 0,25 / 0,5

4. Fundamento do pedido de liminar – abstenção de medidas para assunção do serviço OU suspensão dos efeitos do decreto.	0 / 0,5
Pedidos / Conclusão (0,2 para cada item): 1. Deferimento da liminar; 2. Notificação da autoridade impetrada para prestar informações; 3. Ciência do feito ao órgão de representação judicial do Estado X; 4. Confirmação da liminar e anulação / declaração de nulidade do decreto impugnado.	0 / 0,2 / 0,4 / 0,6 / 0,8
Atribuição de valor à causa	0 / 0,2

• 2011.3

01. (Exame de Ordem – 2011.3) O Estado XPTO realizou procedimento licitatório, na modalidade concorrência, visando à aquisição de 500 (quinhentas) motocicletas para equipar a estrutura da Polícia Militar. Logo após a abertura das propostas de preço, o Secretário de Segurança Pública do referido Estado, responsável pela licitação, resolve revogá-la, por ter tomado conhecimento de que uma grande empresa do ramo não teria tido tempo de reunir a documentação hábil para participar da concorrência e que, em futura licitação, assumiria o compromisso de participar e propor preços inferiores aos já apresentados no certame em andamento.

Considerando a narrativa fática acima, responda aos itens a seguir, empregando os argumentos jurídicos apropriados e a fundamentação legal pertinente ao caso.

a) À luz dos princípios que regem a atividade administrativa, é juridicamente correta a decisão do Secretário de Segurança de revogar a licitação? (Valor: 0,3)

b) Quais são os requisitos para revogação de uma licitação? (Valor: 0,6)

c) Em se materializando a revogação, caberia indenização aos licitantes que participaram do procedimento revogado? (Valor: 0,35)

GABARITO COMENTADO

Em relação ao item a, o examinando deve expor que a decisão de revogação é juridicamente incorreta por violação aos princípios da impessoalidade e moralidade administrativa, previsto no caput do artigo 37 da CRFB. Quanto ao item b, o examinando deve indicar, de início, que a revogação do procedimento licitatório encontra-se disciplinada no artigo 49 da Lei n. 8.666/93 e que se trata de revogação condicionada. Os requisitos são: razões de interesse público de correntes de fato superveniente devidamente comprovado, pertinente e suficiente para justificar a conduta. Por fim, quanto ao item c, o examinando deve expor que, por se tratar de revogação ilícita de procedimento licitatório, os licitantes devem ser indenizados pelos prejuízos efetivamente comprovados, na forma do artigo 37, § 6º, da CRFB.

Em relação à correção, levou-se em conta o seguinte critério de pontuação:

Item a	Pontuação
Incorreta a decisão de revogação por violação aos princípios da impessoalidade e/ou moralidade administrativa (0,2), nos termos do art. 37, caput, da CRFB e/ou art. 3º da Lei 8.666/93 (0,1). Obs.: A mera menção ao artigo não é pontuada.	0 / 0,2 / 0,3
Item b	**Pontuação**
Razões de interesse público decorrente de fato superveniente devidamente comprovado, pertinente e suficiente para justificar a conduta (0,4), nos termos do art. 49 da Lei 8.666/93 (0,2). Obs.: A mera menção ao artigo não é pontuada.	0 / 0,4 / 0,6
Item c	**Pontuação**
Por se tratar de revogação ilícita de procedimento licitatório, desde que comprovados os prejuízos, os licitantes devem ser indenizados (0,25), na forma do artigo 37, §6º, da CRFB(0,1). Obs.: A mera menção ao artigo não é pontuada.	0 / 0,25 / 0,35

02. (Exame de Ordem – 2011.3) O Estado X lançou edital de concorrência para concessão, pelo prazo de 10 (dez) anos, do serviço de manutenção de importante rodovia estadual. O edital estabelece que o critério de julgamento das propostas será o menor valor da tarifa e prevê, como forma de favorecer a modicidade tarifária, a possibilidade de o concessionário explorar os painéis publicitários localizados ao longo da rodovia. Além disso, o edital também estabelece que os envelopes contendo os documentos de habilitação dos licitantes apenas serão abertos após a fase de julgamento das propostas e com a observância da ordem de classificação, de forma que, habilitado o licitante mais bem classificado, será ele declarado vencedor.

Considerando as previsões editalícias acima referidas, responda aos questionamentos a seguir formulados, empregando os argumentos jurídicos apropriados e a fundamentação legal pertinente ao caso.

a) É juridicamente possível que o edital de concorrência estabeleça, em favor do concessionário, a exploração dos painéis publicitários localizados ao longo da rodovia? (Valor: 0,65).

b) É juridicamente possível que a fase de habilitação somente ocorra em momento posterior à fase de classificação das propostas? (Valor: 0,6).

GABARITO COMENTADO

Em relação ao item 1, a resposta deve ser afirmativa. Trata-se da previsão de fontes provenientes de receitas alternativas, complementares, acessórias ou de projetos associados, que podem ser estabelecidas no edital em favor da concessionária precisamente com o objetivo de favorecer a modicidade tarifária. Essa possibilidade encontra-se prevista no artigo 11 da Lei n. 8.987/95.

A resposta ao item 2 deve ser igualmente afirmativa. A possibilidade da inversão da ordem das fases de habilitação e julgamento nas concorrências para concessão de serviços públicos encontra-se prevista no artigo 18-A da Lei n. 8.987/95.

Em relação à correção, levou-se em conta o seguinte critério de pontuação:

Item a	Pontuação
Sim, trata-se da possibilidade de previsão de fontes provenientes de receitas alternativas, complementares, acessórias ou de projetos associados (0,45), nos termos do art. 11 OU 18, VI, da Lei 8.987/95 (0,2).Obs.: A mera resposta "sim" ou a mera indicação do artigo não são pontuadas	0 / 0,45 / 0,65
Item b	**Pontuação**
Sim, a inversão das fases é possível nas concorrências para concessão de serviços públicos (0,4), nos termos do art. 18-A da Lei 8.987/95 (0,2).Obs.: A mera resposta "sim" ou a mera indicação do artigo não são pontuadas.	0 / 0,4/ 0,6

03. (Exame de Ordem – 2011.3) Ao assumir a presidência de uma importante autarquia estadual, Tício determinou a realização de uma auditoria em todo o patrimônio da entidade. Ao final dos trabalhos da comissão de auditoria, chamou a atenção de Tício a enorme quantidade de bens móveis catalogados, no relatório final de auditoria, como inservíveis para a administração.

Considerando a situação hipotética narrada, responda aos seguintes questionamentos, empregando os argumentos apropriados e a fundamentação legal pertinente ao caso.

a) Qual a natureza jurídica dos bens pertencentes à autarquia? (Valor: 0,6)

b) Como deverá proceder Tício caso resolva alienar os bens móveis catalogados como inservíveis para a administração? (Valor: 0,65)

GABARITO COMENTADO

Sendo a autarquia uma pessoa jurídica de direito público, seus bens são considerados bens públicos e submetem-se ao regime jurídico juspublicista. Tal conclusão extrai-se da norma do artigo 98 do Código Civil, que classifica os bens públicos de acordo com a sua titularidade. A alienação de bens móveis pertencentes à autarquia deve observar a disciplina prevista no artigo 17, inciso II, da Lei n. 8.666/93, que exige: interesse público devidamente justificado, avaliação prévia e licitação. É importante que o examinando registre que a licitação, in casu, deve seguir a modalidade leilão, nos termos do artigo 22, § 5º, da Lei n. 8.666/93.

Em relação à correção, levou-se em conta o seguinte critério de pontuação:

Item a	Pontuação
Por se tratar de pessoa jurídica de direito público, os bens pertencentes às autarquias são considerados bens públicos (0,4), nos termos do art. 98 do Código Civil (0,2).Obs.: A mera menção ao artigo não é pontuada.	0 / 0,4 / 0,6
Item b	**Pontuação**
A alienação de bens móveis pertencentes à autarquia deve observar a disciplina prevista no artigo 17, II, da Lei 8.666/93, que exige interesse público devidamente justificado, avaliação prévia e licitação. Obs.: A mera menção ao artigo não é pontuada.	0 / 0,35
A modalidade de licitação a ser observada será o leilão, conforme artigo 22, §5º, da Lei 8.666/93. Obs.: A mera menção ao artigo não é pontuada.	0 / 0,3

04. (Exame de Ordem – 2011.3) Tício, motorista de uma empresa concessionária de serviço público de transporte de passageiros, comete uma infração de trânsito e causa danos a passageiros que estavam no coletivo e também a um pedestre que atravessava a rua.

Considerando a situação hipotética narrada, responda aos itens a seguir, empregando os argumentos jurídicos apropriados e a fundamentação legal pertinente ao caso.

a) Qual(is) a(s) teoria(s) que rege(m) a responsabilidade civil da empresa frente aos passageiros usuários do serviço e frente ao pedestre, à luz da atual jurisprudência do Supremo Tribunal Federal? (Valor: 0,6)

b) Poderiam as vítimas responsabilizar direta e exclusivamente o Estado (Poder Concedente) pelos danos sofridos? (Valor: 0,65)

GABARITO COMENTADO

O examinando deve afirmar que a responsabilidade civil das empresas concessionárias de serviços públicos é regulada pela norma do artigo 37, § 6º, da CRFB, que adota a teoria do risco administrativo. Não pode o examinando fundamentar o dever de indenizar da concessionária exclusivamente no Código de Defesa do Consumidor.

Posteriormente, deve o examinando mencionar que a orientação recente do STF, ao interpretar o artigo 37, § 6º, CRFB não faz distinção entre usuários e não usuários do serviço público para fins de aplicação da teoria da responsabilidade civil objetiva (teoria do risco administrativo) nessa hipótese (RE 591.874).

Quanto ao item b, não pode o Estado (Poder Concedente) ser direta e primariamente responsabilizado por ato de concessionários de serviços públicos, tendo em vista: (i) a interpretação da norma do artigo 37, § 6º, da CRFB, que nitidamente separa e individualiza a responsabilidade civil das pessoas jurídicas de direito público e das pessoas jurídicas de direito privado prestadoras de serviços públicos; e (ii) a norma do artigo 25 da Lei 8.987/95, que expressamente atribui a responsabilidade à concessionária.

Em relação à correção, levou-se em conta o seguinte critério de pontuação:

Item a	Pontuação
Incidência da norma do artigo 37, §6º, da CRFB – teoria do risco administrativo / responsabilidade civil objetiva.	0 / 0,3
Ausência de distinção entre usuários e não usuários do serviço para fins de aplicação do artigo 37, §6º, da CRFB.	0 / 0,3
Item b	**Pontuação**
Não pode o Estado (Poder Concedente) ser direta e primariamente responsabilizado por ato de concessionários de serviços públicos – interpretação do artigo 37, §6º, CRFB –, (0,45) nos termos do art. 25 da Lei 8.987/95, que expressamente atribui a responsabilidade à concessionária(0,2). Obs.: A mera menção ao artigo não é pontuada.	0 / 0,45 / 0,65

05. (Exame de Ordem – 2011.3) Francisco de Tal é proprietário de uma área de 2.000m² situada bem ao lado da sede da Prefeitura do Município de Bugalhadas. Ao se aposentar, no ano de 2003, cansado da agitada vida da cidade de São Paulo, onde reside, Francisco resolveu viajar pelo mundo por ininterruptos três anos.

Ao retornar, Francisco descobre que o Município de Bugalhadas iniciou em 2004, sem sua autorização, obra em seu terreno para a construção de um prédio que servirá de apoio às atividades da Prefeitura. A obra já se encontra em fase bem adiantada, com inauguração prevista para o início do próximo mês.

Francisco procura-o, na qualidade de advogado(a), para identificar e minutar a medida judicial que pode ser adotada para tutelar seus direitos. A medida judicial deve conter argumentação jurídica apropriada e desenvolvimento dos fundamentos legais do instituto jurídico contido no problema, abordando necessariamente: (i) competência do órgão julgador; (ii) a natureza da pretensão a ser deduzida por Francisco; (iii) a observância do prazo prescricional; e (iv) incidência de juros. (Valor: 5,0)

GABARITO COMENTADO

A peça a ser elaborada consiste em uma ação de desapropriação indireta ou em uma ação ordinária de indenização por apossamento administrativo em face do Município de Bugalhadas, em decorrência da afetação fática do bem à utilização pública, sem a observância do devido processo legal. O enunciado deixa claro que o terreno já se encontra incorporado ao patrimônio público, de forma a afastar o manejo de ações possessórias ou de ação reivindicatória, na forma do artigo 35 do Decreto-Lei 3.365/41. Daí porque a pretensão a ser deduzida em juízo é indenizatória.

Em relação ao juízo competente para processar e julgar a demanda, em que pese tratar-se de pretensão de direito pessoal (indenizatória), o entendimento consolidado da jurisprudência é no sentido de que se trata de ação real para fins de fixação de competência, donde resulta a necessidade de observância da regra de competência do foro da situação do bem imóvel (logo: juízo fazendário ou cível da Comarca de Bugalhadas).

É importante que o examinando deixe claro que não se aplica à ação de desapropriação indireta o prazo prescricional de cinco anos previsto no artigo 10, parágrafo único, do Decreto Lei n. 3.365/41, afastando a ocorrência de prescrição no caso concreto.

Por fim, quanto à incidência de juros moratórios e compensatórios, o examinando deve requerer a aplicação do artigo 15-A, § 3º, do Decreto-Lei n. 3.365/41.

Em relação aos itens da correção, ficaram assim divididos:

Item	Pontuação
Endereçamento da petição inicial: Juízo Cível ou Fazendário da Comarca de Bugalhadas	0 / 0,25
Qualificação das partes (0,25 para cada item): Francisco de Tal / Município de Bugalhadas / pessoa jurídica de direito público interno.	0 / 0,25 / 0,5 / 0,75
Fundamento da não ocorrência de prescrição: Súmula 119 do STJ interpretada à luz do art. 1.238 do Código Civil.	0 / 0,25
Fundamentação para a pretensão indenizatória (0,5 para cada item): 1. Apossamento sem a observância do devido processo legal previsto no Decreto-Lei 3.365/41. 2. Caracterização da desapropriação indireta, com base em seus conceitos fundamentais. 3. Violação ao princípio da prévia e justa indenização em dinheiro, nos termos do art. 5º, inciso XXIV, CRFB. 4. Direito à indenização pela perda da propriedade, em razão do disposto no artigo 35 do Decreto-Lei 3.365/41. 5. Incidência de juros compensatórios e moratórios, nos termos do artigo 15-A, §3º, do Decreto-Lei 3.365/41.	0 / 0,5 / 1,0 / 1,5 / 2,0 / 2,5
Pedidos (0,25 para cada item): 1. Requerimento para citação do Município, na pessoa do Procurador-Geral, para responder aos termos da demanda. 2. Procedência do pedido para condenar o Município a indenizar o autor pela perda da propriedade, de acordo com os parâmetros do artigo 27 do Decreto-Lei 3.365/41. 3. Requerimento para produção de provas. 4. Condenação em honorários sucumbenciais.	0 / 0,25 / 0,5 / 0,75 / 1,0
Atribuição de valor à causa	0 / 0,25

• 2012.1

01. (Exame de Ordem – 2012.1) O Estado X ajuizou ação de reintegração de posse em face de Caio, servidor público que, na qualidade de vigia de uma escola pública estadual, reside em uma pequena casa nos fundos do referido imóvel público e, embora devidamente notificado para desocupar o bem, recusou-se a fazê-lo.

Em sua defesa, Caio alega (i) que reside no imóvel com a anuência verbal do Poder Público e (ii) que a sua boa-fé, associada ao decurso de mais de quinze anos de ocupação do bem sem qualquer oposição, lhe asseguram a usucapião do imóvel.

Considerando a situação hipotética apresentada, analise os dois fundamentos deduzidos por Caio em sua defesa, empregando os argumentos jurídicos apropriados e a fundamentação legal pertinente ao caso. (Valor: 1,25)

GABARITO COMENTADO

A anuência verbal do Poder Público em relação à ocupação do imóvel não repercute sobre a esfera jurídica do Poder Público, uma vez que os contratos verbais com a Administração Pública são nulos e sem nenhum efeito, nos termos do artigo 60, parágrafo único, da Lei n. 8.666/93.

Em relação ao segundo argumento, um dos atributos dos bens públicos, qual seja, a sua imprescritibilidade, de modo que os bens públicos não se sujeitam à prescrição aquisitiva de direitos. Assim, a pretensão de usucapião de um bem público deve ser rejeitada, conforme previsto nos artigos 183, § 3º (propriedade urbana) e 191, parágrafo único (propriedade rural), ambos da CRFB.

É importante ressaltar que, por se tratar de prova discursiva, será exigido do examinando o desenvolvimento do tema apresentado. Desse modo, além de resposta conclusiva acerca do arguido, a mera menção a artigo não é pontuada, nem a mera resposta negativa desacompanhada do fundamento correto.

Em relação à correção, levou-se em conta o seguinte critério de pontuação (Não será aceita mera menção ao artigo):

Fundamento 1	Pontuação
Improcedência do primeiro argumento, uma vez que é nulo e sem nenhum efeito o contrato verbal com a Administração Pública (0,35), nos termos do artigo 60, parágrafo único, da Lei n. 8.666/93 (0,30). Obs.: Não será aceita mera menção ao artigo	0,00/0,35 / 0,65
Fundamento 2	**Pontuação**
Improcedência do segundo argumento, uma vez que uma das características dos bens públicos é a imprescritibilidade (0,3), o que impede sua aquisição por usucapião, nos termos dos artigos 183, §3º (propriedade urbana) e/ou 191, parágrafo único (propriedade rural), da CRFB (0,3). Obs.: Não será aceita mera menção ao artigo	0,00 / 0,30/0,60

02. (Exame de Ordem – 2012.1) A Secretaria estadual de Esportes do Estado ABC realizou certame licitatório para a seleção de prestadora de serviço de limpeza predial na sua sede. A vencedora do processo licitatório foi a empresa XYZ. Decorridos 10 (dez) meses, constatou-se a inexecução parcial do contrato, diante do que a Secretaria reputou como infrações por parte da empresa. Foi instaurada comissão de instrução e julgamento composta por três servidores de carreira e, após processo administrativo, em que foram garantidos o contraditório e a ampla defesa, a empresa XYZ foi punida pela Comissão com a declaração de inidoneidade para contratar com a Administração Pública.

A empresa, então, ajuizou ação ordinária por meio da qual pretende anular o ato administrativo que aplicou aquela sanção, arguindo a ausência de tipificação da conduta como ato infracional, a não observância da aplicação de uma penalidade mais leve antes de uma mais grave e a não observância de todas as formalidades legais para a incidência da punição.

Considerando o fato apresentado, responda, de forma justificada, aos itens a seguir.

A) É possível a anulação do ato administrativo que aplicou a penalidade, tendo em vista a não observância da aplicação de uma penalidade mais leve antes de uma mais grave? (Valor: 0,60)

B) É possível ao Judiciário anular o ato administrativo por algum dos fundamentos apontados pela empresa? Em caso afirmativo, indique-o. (Valor: 0,65)

GABARITO COMENTADO

A) Não, tendo em vista que, como não há uma gradação/ordem legal de penalidades, elas podem ser aplicadas discricionariamente pela Administração Pública, sem a necessidade de aplicação de uma penalidade mais leve antes da mais grave, porém a sanção administrativa deve ser sempre correlacionada/adequada à gravidade da infração cometida no caso concreto.

B) Sim, em razão da não observância no caso concreto de todas as formalidades legais para a incidência da punição, uma vez que a penalidade aplicada (declaração de inidoneidade) é de competência exclusiva do secretário estadual de esportes (art. 87, § 3º, da Lei n. 8.666/93). É importante ressaltar que, por se tratar de prova discursiva, será exigido do examinando o desenvolvimento do tema apresentado. Desse modo, além de resposta conclusiva acerca do arguido, a mera menção a artigo não é pontuada, nem a mera resposta negativa desacompanhada do fundamento correto.

Em relação à correção, levou-se em conta o seguinte critério de pontuação (não será aceita mera menção ao artigo):

Item a	Pontuação
Não, tendo em vista que, como a lei não estabelece uma gradação/ordem legal na aplicação das penalidades, estas podem ser aplicadas discricionariamente pela Administração Pública, sem a necessidade de aplicação de uma penalidade mais leve antes da mais grave (0,30). Contudo, a aplicação da sanção administrativa deve ser sempre correlacionada/adequada à gravidade da infração cometida no caso concreto (0,30)	0,00/0.30/0,60
Item b	**Pontuação**
Sim, em razão da não observância de todas as formalidades legais para a incidência da punição (0,30), uma vez que a penalidade aplicada (declaração de inidoneidade) é de competência exclusiva do Ministro de Estado, do Secretário estadual ou municipal (art. 87, § 3º, da Lei n. 8.666/93) (0,35).	0,00/0,30/ 0,35/0.65

03. (Exame de Ordem – 2012.1) O Governador do Estado X, após a aprovação da Assembleia Legislativa, nomeou o renomado cardiologista João das Neves, ex-presidente do Conselho Federal de Medicina e seu amigo de longa data, para uma das diretorias da Agência Reguladora de Transportes Públicos Concedidos de seu Estado. Ocorre que, alguns meses depois da nomeação, João das Neves e o Governador tiveram um grave desentendimento acerca da conveniência e oportunidade da edição de determinada norma expedida pela agência. Alegando a total perda de confiança no dirigente João das Neves, e após o aval da Assembleia Legislativa, o governador exonerou-o do referido cargo.

Considerando a narrativa fática e empregando os argumentos jurídicos apropriados, com a fundamentação legal pertinente ao caso, responda:

A) À luz do Poder Discricionário e do regime jurídico aplicável às Agências Reguladoras, foi juridicamente correta a nomeação de João das Neves para ocupar o referido cargo? (Valor: 0,65)

B) Foi correta a decisão do governador em exonerar João das Neves, com aval da Assembleia Legislativa, em razão da quebra de confiança? (Valor: 0,60)

GABARITO COMENTADO

A) Como sabido, discricionariedade é a margem de liberdade que a lei confere ao administrador para integrar a vontade da lei nos casos concretos conforme parâmetros/critérios de conveniência e oportunidade.

Assim, desde que observados alguns parâmetros, a escolha do dirigente é ato discricionário do chefe do Poder Executivo. Isto porque, como sabido, discricionariedade não se confunde com arbitrariedade.

Desse modo, ainda que discricionária a escolha deve atentar para o caráter técnico do cargo a ser ocupado, vez que as Agências reguladoras se caracterizam por um alto grau de especialização técnica no setor regulado, que, obviamente, para o seu correto exercício, exige uma formação especial dos ocupantes de seus cargos.

Por essas razões, afigura-se bastante claro que, no caso proposto, a escolha do governador vai de encontro aos critérios previstos para a escolha dos dirigentes, visto que a nomeação de um cardiologista, ainda que renomado, para exercer o cargo de diretor de uma agência reguladora de transportes públicos concedidos, não obedece à exigência de que o nomeado tenha alto grau de especialização técnica no setor regulado, inerente ao regime jurídico especial das agências.

Inclusive, nesse sentido, dispõe o art. 5º da Lei n. 9.986/2000:

O Presidente ou o Diretor Geral ou Diretor-Presidente (CD I) e os demais membros do Conselho Diretor ou da Diretoria (CD II) serão brasileiros, de reputação ilibada, formação universitária e elevado conceito no campo de especialidade dos cargos para os quais serão nomeados, devendo ser escolhidos pelo Presidente da República e por ele nomeados, após aprovação pelo Senado Federal, nos termos da alínea f do inciso III do art. 52 da Constituição Federal.

Sendo assim, não foi correta a nomeação de João das Neves.

B) Como sabido, é uma característica das agências reguladoras, a estabilidade reforçada dos dirigentes. Trata-se de estabilidade diferenciada, caracterizada pelo exercício de mandato a termo, na qual se afigura impossível a exoneração ad nutum que, em regra, costuma ser inerente aos cargos em comissão. Desse modo, os diretores, na forma da legislação em vigor, só perderão os seus cargos por meio de renúncia, sentença transitada em julgado por meio de processo administrativo, observados a ampla defesa e o contraditório.

No mesmo sentido, dispõe expressamente o art. 9º, da Lei n. 9.986/2000:

Art. 9º Os Conselheiros e os Diretores somente perderão o mandato em caso de renúncia, de condenação judicial transitada em julgado ou de processo administrativo disciplinar.

Por essas razões, João das Neves não poderia ter sido exonerado pelo governador.

Em relação à correção, levou-se em conta o seguinte critério de pontuação (não será aceita mera menção ao artigo):

Item a	Pontuação
Não. Isto porque, ainda que discricionária a escolha do chefe do Poder Executivo (0,25), tal escolha deve atentar para o caráter técnico do cargo a ser ocupado, vez que as agências reguladoras se caracterizam pela especialização no setor regulado, conforme explicitado no art. 5º da Lei n. 9986/2000 (0,40). Obs.: Não será aceita mera menção ao artigo	0,00/0,25/ 0,40/0,65
Item b	**Pontuação**
Não. Como sabido, é uma características das agências reguladoras, a estabilidade reforçada dos dirigentes. Trata-se de estabilidade diferenciada, caracterizada pelo exercício de mandato a termo, na qual se afigura impossível a exoneração *ad nutum* (0,40), conforme inclusive explicitado no art. 9º da Lei n. 9986/2000 (0,20). Obs.: Não será aceita mera menção ao artigo	0,00/0,40 /0,60

04. (Exame de Ordem – 2012.1) Recentemente, 3 (três) entidades privadas sem fins lucrativos do Município ABCD, que atuam na defesa, preservação e conservação do meio-ambiente foram qualificadas pelo Ministério da Justiça como Organização da Sociedade Civil de Interesse Público. Buscando obter ajuda financeira do Poder Público para financiar parte de seus projetos, as 3 (três) entidades apresentaram requerimento à autoridade competente, expressando seu desejo de firmar um termo de parceria.

Com base na narrativa fática, responda às indagações abaixo, empregando os argumentos jurídicos apropriados e a fundamentação legal pertinente ao caso.

A) O poder público deverá realizar procedimento licitatório (Lei n. 8666/93) para definir com qual entidade privada irá formalizar termo de parceria? (Valor: 0,90)

B) Após a celebração do termo de parceria, caso a entidade privada necessite contratar pessoal para a execução de seus projetos, faz-se necessária a realização de concurso público? (Valor: 0,35)

GABARITO COMENTADO

A) Organização da Sociedade Civil de Interesse Público (OSCIP) é a qualificação jurídica conferida pelo Poder Público, por ato administrativo, às pessoas privadas sem fins lucrativos e que desempenham determinadas atividades de caráter social, atividades estas que, por serem de relevante interesse social, são fomentadas pelo Estado. A partir de tal qualificação, tais entidades ficam aptas a formalizar "termos de parceria" com o Poder Público, que permitirá o repasse de recursos orçamentários para auxiliá-las na consecução de suas atividades sociais.

As OSCIP's integram o que a doutrina chama de "Terceiro Setor", isto é, uma nova forma de organização da Administração Pública por meio da formalização de parcerias com a iniciativa privada para o exercício de atividades de relevância social. Sendo assim, como as ideias de "mútua colaboração" e a ausência de "contraposição de interesses" são inerentes a tais ajustes, o "termo de parceria" tem sido considerado pela doutrina e pela jurisprudência como espécies de convênios e não como contratos, tendo em vista a comunhão de interesses do Poder Público e das entidades privadas na consecução de tais atividades.

Contudo, apesar de desnecessária a licitação formal nos termos da Lei n. 8666/93, não se pode olvidar que deverá a administração observar os princípios do art. 37 da CRFB/88 na escolha da entidade além de, atualmente, vir prevalecendo o entendimento da doutrina, da jurisprudência e dos Tribunais de Contas no sentido de que, ainda que não se deva realizar licitação nos moldes da Lei n. 8.666/93, deverá ser realizado procedimento licitatório simplificado a fim de garantir a observância dos princípios da Administração Pública, como forma de restringir a subjetividade na escolha da OSCIP a formalizar o "termo de parceria".

B) Não. Por não integrarem a Administração Pública, as OSCIP's não se submetem às regras de concurso público, nos termos do art. 37, II, da CRFB.

É importante ressaltar que, por se tratar de prova discursiva, será exigido do examinando o desenvolvimento do tema apresentado. Desse modo, além de resposta conclusiva acerca do arguido, a mera menção a artigo não é pontuada, nem a mera resposta negativa desacompanhada do fundamento correto.

Em relação à correção, levou-se em conta o seguinte critério de pontuação:

Item a	Pontuação
Não é necessária a realização de procedimento formal licitatório, tendo em vista que o termo de parceria não possui a natureza jurídica de contrato, por não haver oposição entre as vontades das partes / inexistirem obrigações recíprocas, mas, sim, a conjunção de esforços para realização de objetivos comuns (art. 2°, § único, da Lei n. 8.666) (0,60). Contudo, deverá ser realizado procedimento seletivo simplificado a fim de garantir a observância dos princípios da Administração Pública, como forma de restringir a subjetividade na escolha da OSCIP a formalizar o "termo de parceria" (0.30).	0.00/0.30 /0.60/0,90
Item b	**Pontuação**
Não. Por não integrarem a Administração Pública, as OSCIP's não se submetem às regras de concurso público, nos termos do art. 37, II, da CRFB (0,35).	0,00/0,35

05. (Exame de Ordem – 2012.1) O Município Y, representado pelo Prefeito João da Silva, celebrou contrato administrativo com a empresa W – cujo sócio majoritário é Antonio Precioso, filho da companheira do Prefeito –, tendo por objeto o fornecimento de material escolar para toda a rede pública municipal de ensino, pelo prazo de sessenta meses. O contrato foi celebrado sem a realização de prévio procedimento licitatório e apresentou valor de cinco milhões de reais anuais.

José Rico, cidadão consciente e eleitor no Município Y, inconformado com a contratação que favorece o filho da companheira do Prefeito, procura-o para, na qualidade de advogado(a), identificar e minutar a medida judicial que, em nome dele, pode ser proposta para questionar o contrato administrativo.

A medida judicial deve conter a argumentação jurídica apropriada e o desenvolvimento dos fundamentos legais da matéria versada no problema, abordando, necessariamente:

(i) competência do órgão julgador;

(ii) a natureza da pretensão deduzida por José Rico; e

(iii) os fundamentos jurídicos aplicáveis ao caso. (Valor: 5,0)

GABARITO COMENTADO

A medida judicial a ser proposta em nome de José Rico é a ação popular, com fundamento no artigo 5°, inciso LXXIII, da CRFB e regulamentação infraconstitucional na Lei n. 4.717/65. A pretensão do autor popular será a obtenção de provimento jurisdicional que anule o contrato administrativo em questão, devendo ser deduzidos, pelo menos, quatro fundamentos jurídicos para tanto:

(i) Ausência de processo licitatório para aquisição do material escolar, caracterizando ofensa ao art. 37, XXI da CRFB/88 e ao art. 2 da Lei n. 8666/93;

(ii) violação ao princípio da impessoalidade, visto que a Administração não pode atuar com vistas beneficiar pessoas determinadas, uma vez que é sempre o interesse público que tem que nortear o seu comportamento;

(iii) violação ao princípio da moralidade ou probidade administrativa visto que a contratação direta, fora das hipóteses de dispensa, de empresa do enteado do prefeito implica violação aos padrões éticos que devem pautar a atuação do administrador;

(iv) violação à norma do artigo 57 da Lei n. 8.666/93, que estabelece que a vigência dos contratos administrativos é adstrita à vigência dos respectivos créditos orçamentários.

Além da pretensão anulatória, também deverá o autor popular deduzir pretensão condenatória, visando ao ressarcimento dos danos causados ao erário em razão da contratação direta (artigo 11 da Lei n. 4.717/65).

O autor popular deverá, em sua petição inicial, demonstrar a lesividade da contratação à moralidade administrativa e ao patrimônio público.

É importante ressaltar que, por se tratar de prova discursiva, se exigirá do examinando o desenvolvimento do tema apresentado. Desse modo, além de resposta conclusiva acerca do arguido, a mera menção a artigo não é pontuada, nem a mera resposta negativa desacompanhada do fundamento correto.

Em relação aos itens da correção, ficaram assim divididos (não será aceita mera menção ao artigo):

Item	Pontuação
Endereçamento da petição inicial: Juízo Cível ou Fazendário da Comarca de Y.	0,00/ 0,25
Qualificação das partes (0,25 para cada item): [José Rico – eleitor] – [em face do Município] [da empresa W] [do Prefeito João da Silva]	0,00/0,25/0,50/ 0,75/1,00
Cabimento da Ação Popular: Nos termos do art. 5, LXXIII, da CF/88 e/ou art. 1 da Lei 4717/65, qualquer cidadão é parte legítima para propor ação popular que vise a anular ato lesivo ao patrimônio público e à moralidade administrativa.	0,00 / 0,50
Fundamentação (0,50 para cada item): 1. Identificação fundamentada da ausência de processo licitatório para aquisição do material escolar, caracterizando ofensa ao art. 37, XXI da CRFB/88 e/ou ao art. 2 da Lei n. 8666/93; 2. Identificação fundamentada da violação ao princípio da impessoalidade, visto que a Administração não pode atuar com vistas a beneficiar pessoas determinadas, uma vez que é sempre o interesse público que tem que nortear o seu comportamento; 3. Identificação fundamentada da violação ao princípio da moralidade ou probidade administrativa visto que a contratação direta de empresa do enteado do prefeito implica violação aos padrões éticos que devem pautar a atuação do administrador; 4. Identificação fundamentada da violação à norma do artigo 57 da Lei n. 8.666/93 (prazo do contrato).	0,00/0,50/1,00/ 1,50/2,00
Pedidos / Conclusão: 0,20 para cada item 1. Citação de todos os réus para apresentação de defesa; 2. Procedência do pedido para anular o contrato administrativo; 3. Procedência do pedido para condenar os réus a ressarcir os danos causados ao erário; 4. Produção genérica de provas; 5. Condenação em honorários sucumbenciais.	0,00/0,20/0,40/ 0,60/0,80/1,00
Atribuição de valor à causa	0,00 / 0,25

• 2012.2

01. (Exame de Ordem – 2012.2) Uma determinada microempresa de gêneros alimentícios explora seu estabelecimento comercial, por meio de contrato de locação não residencial, fixado pelo prazo de 10 (dez) anos, com término em abril de 2011. Entretanto, em maio do ano de 2009, a referida empresa recebe uma notificação do Poder Público municipal com a ordem de que deveria desocupar o imóvel no prazo de 3 (três) meses a partir do recebimento da citada notificação, sob pena de imissão na posse a ser realizada pelo Poder Público do município. Após o término do prazo concedido, agentes públicos municipais compareceram ao imóvel e avisaram que a imissão na posse pelo Poder Público iria ocorrer em uma semana. Desesperado com a situação, o presidente da sociedade empresária resolve entrar em contato imediato com o proprietário do imóvel, um fazendeiro da região, que lhe informa que já recebeu o valor da indenização por parte do Município, por meio de acordo administrativo, celebrado um mês após o decreto expropriatório editado pelo Senhor Prefeito. Indignado, o presidente da sociedade resolve ajuizar uma ação judicial em face do Município, com o objetivo de manter a vigência do contrato até o prazo de seu término, estipulado no respectivo contrato de locação comercial, ou seja, abril de 2011; e, de forma subsidiária, uma indenização pelos danos que lhe foram causados.

A partir da narrativa fática descrita acima, responda aos itens a seguir, utilizando os argumentos jurídicos apropriados e a fundamentação legal pertinente ao caso.

A) É juridicamente correta a pretensão do locatário (microempresa) de impor ao Poder Público a manutenção da vigência do contrato de locação até o seu termo final? (Valor:0,60)

B) Levando-se em consideração o acordo administrativo realizado com o proprietário do imóvel, é juridicamente correta a pretensão do locatário (microempresa) em requerer ao Poder Público municipal indenização pelos danos causados? (Valor:0,65)

GABARITO COMENTADO

In casu, é incontroversa a desapropriação do imóvel, cingindo-se a questão à possibilidade do pagamento de indenização ao locatário e à possibilidade de manutenção do contrato até o seu prazo final.

Para que fosse atribuída a pontuação referente à letra "A", era necessário que o examinando detivesse o conhecimento de que a desapropriação consiste em modo originário de aquisição de propriedade. Assim, não se afigura possível a manutenção da vigência do contrato de locação até o seu termo final, haja vista que o Poder Público adquire o bem livre de qualquer ônus real ou pessoal que incidia sobre a propriedade anteriormente.

A responsabilização civil do ente público no caso concreto decorre do dano causado pelo fato administrativo, independentemente de culpa e pela prática de uma conduta/ato lícito.

B) Assim como os proprietários, os locatários também possuem, na forma estabelecida pela Constituição Federal, o direito à justa indenização por todos os prejuízos que as desapropriações lhes causarem, visto que a sociedade locatária experimenta prejuízos distintos dos suportados pelo locador (proprietário). O proprietário é indenizado pela perda da propriedade (art. 5, XXIV, CF/88) enquanto que a sociedade locatária pela interrupção do negócio e, além da perda do estabelecimento empresarial (fundo de comércio).

Assim, o STJ, com base em precedentes, firmou jurisprudência no sentido de que o inquilino comercial tem amplo direito de ser ressarcido, independentemente das relações jurídicas entre ele e o proprietário, inclusive por perdas e danos causados pelo Poder Público.

Nesse sentido, a jurisprudência do E. Superior Tribunal de Justiça:

PROCESSUAL CIVIL E ADMINISTRATIVO. RECURSO ESPECIAL. AUSÊNCIA DE PRE-QUESTIONAMENTO. SÚMULA 211/STJ. DESAPROPRIAÇÃO. IMÓVEL COMERCIAL. FUNDO DE COMÉRCIO. INDENIZABILIDADE. MATÉRIA PACIFICADA.

(...)

2. O entendimento firmado pelo Tribunal estadual encontra amparo na jurisprudência consolidada no âmbito da Primeira Seção desta Corte Superior no sentido de que é devida indenização ao expropriado correspondente aos danos ocasionados aos elementos que compõem o fundo de comércio pela desapropriação do imóvel.

Precedentes: REsp 1076124 / RJ, rel. Ministra Eliana Calmon, DJe 03/09/2009; AgRg no REsp 647660 / P, rel. Ministra Denise Arruda, DJ 05/10/2006; REsp 696929 / SP, rel. Ministro Castro Meira, DJ 03/10/2005.

3. Cumpre destacar que, na hipótese em análise, o detentor do fundo do comércio é o próprio proprietário do imóvel expropriado. Assim, a identidade de titularidade torna possível a indenização simultânea a desapropriação. Ademais, o processo ainda se encontra na fase inicial, o que permite seja apurado o valor de bens intangíveis, representados pelo fundo de comércio, na própria perícia a ser realizada para fixação do valor do imóvel, dispensando posterior liquidação de sentença.

4. Agravo regimental não provido (AgRg no REsp 1199990, Ministro MAURO CAMPBELL MARQUES, DJe 25/04/2012)

Em relação à correção, levou-se em conta o seguinte critério de pontuação:

Quesito Avaliado	Pontuação
NÃO, porque a desapropriação extingue o contrato de locação, liberando o bem de qualquer ônus real ou pessoal que incidia sobre a propriedade anteriormente, haja vista que a desapropriação consiste em modo originário de aquisição de propriedade (0,60).	0,00/0,60
SIM. Assim como os proprietários, os locatários também podem sofrer danos com a desapropriação pelo poder público, visto que a sociedade locatária experimenta prejuízos distintos dos suportados pelo proprietário (0,40). O proprietário é indenizado pela perda da propriedade (art. 5, XXIV, CF/88) enquanto que a sociedade locatária pela interrupção. Do negócio e pela perda do estabelecimento empresarial (fundo de comércio) (0,25).	0,00/0,25/ 0,40/0,65

02. (Exame de Ordem – 2012.2) O prefeito do município "P", conhecido como João do "P", determinou que, em todas as placas de inauguração das novas vias municipais pavimentadas em seu mandato na localidade denominada "E", fosse colocada a seguinte homenagem: "À minha querida e amada comunidade "E", um presente especial e exclusivo do João do "P", o único que sempre agiu em favor de nosso povo!"

O Ministério Público estadual intimou o Prefeito a fim de esclarecer a questão.

Na qualidade de procurador do município, você é consultado pelo Prefeito, que insiste em manter a situação.

Indique o princípio da Administração Pública que foi violado e por que motivo. (valor: 1,25)

GABARITO COMENTADO

Evidente, na hipótese, a violação ao princípio da impessoalidade. Por esse princípio traduz-se a ideia de que a Administração Pública tem que tratar a todos os administrados sem discriminações, benéficas ou negativas. Dessa forma, não se admite, por força de regra constitucional, nem favoritismos, nem perseguições, sejam políticas, ideológicas ou eleitorais.

A resposta deve considerar que, no caso concreto, a violação ao princípio da impessoalidade decorre do fato de que a publicidade dos atos, programas, obras ou serviços devem ter caráter educativo, informativo ou de orientação social, dela não podendo constar nomes ou quaisquer elementos que caracterizem promoção pessoal de autoridade ou servidor público.

Em relação à correção, levou-se em conta o seguinte critério de pontuação (Não será aceita mera menção ao artigo):

Quesito Avaliado	Pontuação
O principio violado é o da impessoalidade (0,25), uma vez que, no caso concreto, a publicidade presente nas placas de inauguração da localidade NÃO teve caráter educativo, informativo ou de orientação social, mas sim ato característico de promoção pessoal do prefeito, vedado pelo art. 37 § 1º da CF (1,00).	0,00/0,25 /1,00/1,25

03. (Exame de Ordem – 2012.2) O prefeito do município "X", ao tomar posse, descobriu que diversos servidores públicos vinham recebendo de boa-fé, há mais de dez anos, verbas remuneratórias ilegais e indevidas. Diante de tal situação, o prefeito, após oportunizar o contraditório e a ampla defesa aos servidores, pretende anular o ato concessivo do referido benefício.

Antes, porém, resolve consultar seu assessor jurídico, formulando algumas indagações.

Responda aos itens a seguir, utilizando os argumentos jurídicos apropriados e a fundamentação legal pertinente ao caso.

A) É juridicamente correta a pretensão do prefeito, considerando, hipoteticamente, não existir no município legislação disciplinadora do processo administrativo? (Valor: 0,60)

B) Diante da ausência de legislação local, poder-se-ia aplicar à hipótese a Lei Federal n. 9.784/99, que regula o processo administrativo no âmbito federal? (Valor: 0,65)

GABARITO COMENTADO

A) O examinando deve mencionar o princípio da legalidade administrativa e o poder-dever de autotutela, segundo o qual o administrador público não pode e não deve compactuar com a manutenção de ilegalidades na Administração Pública e, por isso, tem o poder-dever de anular o ato (Súmulas 346 e 473 do STF). Todavia, considerando o tempo decorrido e a ausência de marco temporal previsto em lei local, o examinando deve sugerir a aplicação, in casu, do princípio da segurança das relações jurídicas, que, tendo em conta a boa-fé dos servidores e o recebimento do benefício financeiro há mais de dez anos, sugere manutenção das verbas em favor dos beneficiários, porquanto já incorporadas ao seu patrimônio.

B) O examinando deve demonstrar conhecimento a respeito do artigo 54 (prazo decadencial de cinco anos para exercício da autotutela) da Lei n. 9.784/99, que, em regra, é de aplicação restrita ao âmbito federal. Todavia, é possível extrair seus conceitos e princípios básicos para aplicação extensiva em entes federativos diversos que ainda não possuem legislação própria para o processo administrativo. No caso específico, é possível extrair da Lei Federal n. 9.784/99 a regra do artigo 54, que estabelece o prazo de cinco anos para a Administração Pública anular seus próprios atos, quando deles derivar direito a terceiros, desde que estes estejam de boa-fé.

O STJ tem entendimento de que, em nome do princípio da segurança jurídica, na ausência de lei local sobre processo administrativo, Estados e Municípios devem aplicar a Lei n. 9.784/99. Isto porque, sob pena de violação ao referido princípio, a ausência de regra expressa na legislação local para o exercício da autotutela não pode autorizar o entendimento da inexistência de prazo decadencial para anulação de ato administrativo que produza efeitos patrimoniais favoráveis a beneficiários de boa-fé.

Em relação à correção, levou-se em conta o seguinte critério de pontuação (não será aceita mera menção ao artigo):

Item a	Pontuação
NÃO, porque embora o princípio da legalidade administrativa e o poder-dever de autotutela sugiram à revisão do ato (Súmula 473 do STF) (0,25), não se pode olvidar da incidência, no caso concreto, do princípio constitucional da segurança jurídica, tendo em vista que, a existência de boa-fé dos servidores no recebimento de verbas de natureza alimentar por longo espaço de tempo (mais de 10 anos), determina a manutenção dos atos concessivos. (0,35)	0,00/0,25/ 0,35/0,60
Item b	**Pontuação**
SIM, em nome do principio da segurança jurídica, a jurisprudência dos Tribunais Superiores se consolidou no sentido de que a ausência de regra expressa na legislação local para o exercício da autotutela não autoriza o entendimento da inexistência de prazo decadencial para anulação de ato administrativo que produza efeitos patrimoniais favoráveis a beneficiários de boa-fé, aplicando-se, assim, o prazo decadencial de 5 anos previsto no art. 54, Lei n. 9.784/99 (0,65).	0,00/0,65

04. (Exame de Ordem – 2012.2) A União pretende delegar à iniciativa privada, mediante licitação, poderes de polícia administrativa na fiscalização de portos e aeroportos nacionais, compreendendo a edição de normas básicas, a fiscalização de passageiros e de mercadorias e a aplicação de sanções.

Para tanto, formatou um modelo a partir do qual o vencedor do certame será definido pelo menor valor cobrado da Administração Pública para a prestação do serviço de fiscalização.

A respeito da situação apresentada, responda, fundamentadamente, aos itens a seguir.

A) É possível a delegação, nesse caso? (Valor: 0,75)

B) É possível a delegação a uma autarquia criada para essa finalidade? (Valor: 0,5)

GABARITO COMENTADO

A) O examinando deve indicar que não é possível a delegação, no caso proposto, pois é entendimento corrente que o poder de polícia só pode ser delegado a pessoas jurídicas de direito público, e não a pessoas jurídicas de direito privado. Nesse sentido já decidiu o STF (ADIn 1.717-6).

Admite-se a delegação de atos meramente preparatórios ao exercício do poder de polícia, mas não as funções de legislação e aplicação de sanção.

B) O examinando deve identificar que, por se tratar de pessoa jurídica de direito público, dotada do *ius imperii* estatal, é possível a outorga do poder de polícia a autarquia.

Em relação à correção, levou-se em conta o seguinte critério de pontuação:

Item a	Pontuação
Não. Por se tratar de atividade típica de Estado, o poder de polícia não pode ser delegado a pessoas jurídicas de direito privado. (0,75)	0,00/0,75
Item b	**Pontuação**
Por se tratar de pessoa jurídica de direito público, dotada do *ius imperii* estatal, é possível a outorga do poder de polícia a uma autarquia criada para esta finalidade. (0,50)	0,00/0,50

05. (Exame de Ordem – 2012.2) Norberto, brasileiro, desempregado e passando por sérias dificuldades econômicas, domiciliado no Estado "X", resolve participar de concurso público para o cargo de médico de hospital estadual. Aprovado na fase inicial do concurso, Norberto foi submetido a exames médicos, através dos quais se constatou a existência de tatuagem em suas costas. Norberto, então, foi eliminado

do concurso, com a justificativa de que o cargo de médico não era compatível com indivíduos portadores de tatuagem.

Inconformado, Norberto ajuizou ação ordinária em face do Estado, de competência de vara comum, com pedido liminar, na qual requereu (i) a anulação do ato administrativo que o eliminou do concurso; e (ii) que lhe fosse deferida a possibilidade de realizar as demais etapas do certame, com vaga reservada.

O juízo de 1ª instância indeferiu o pedido liminar, em decisão publicada ontem, pelos seguintes motivos:

1. **Os pedidos de anulação do ato de eliminação e de reserva de vaga não seriam possíveis, pois significariam atraso na conclusão do concurso;**
2. **A Administração Pública possui poder discricionário para decidir quais são as restrições aplicáveis àqueles que pretendem se tornar médicos no âmbito do Estado, de forma que o autor deverá provar que a decisão foi equivocada.**

Diante do exposto, e supondo que você seja o advogado de Norberto, elabore a medida judicial cabível contra a decisão publicada ontem, para a defesa dos interesses de seu cliente, abordando as teses, os fundamentos legais e os princípios que poderiam ser usados em favor do autor. (Valor: 5,0)

GABARITO COMENTADO

A peça a ser elaborada consiste em um recurso de agravo de instrumento.

O endereçamento da peça deverá ser feito ao Presidente do Tribunal de Justiça do Estado B"X", a um dos vice-presidentes ou a uma das Câmaras que compõem o citado Tribunal.

No polo passivo, deverá figurar o Estado "X", eis que foi este ente federativo que organizou o concurso no qual o autor foi reprovado.

Tendo em vista que, atualmente, a regra vigente é de que o agravo interposto contra decisões interlocutórias deve ficar retido nos autos (art. 522 c/c 527, II, CPC), deve o examinando apresentar justificativa do motivo pelo qual o agravo não deve ser convertido em retido, in casu, ressaltar que a decisão agravada é suscetível de causar à parte lesão grave e de difícil reparação.

Em primeiro lugar, é necessário que o examinando identifique, no caso concreto, a violação do princípio da legalidade tendo em vista que as restrições de acesso aos cargos e empregos públicos devem estar previstas em lei. Em segundo lugar, o examinando deve alegar a violação ao princípio do livre acesso aos cargos públicos que determina que só podem ser exigidos requisitos diferenciados de acesso quando a natureza ou complexidade do cargo a ser ocupado o exigirem (Art. 37, I e II, da CF/88).

Também se atribuirá pontuação para o examinando que identifique o fundamento 2 da decisão agravada como equivocado tendo em vista a aplicação, in casu, dos princípios da proporcionalidade/razoabilidade, que delimitam o exercício do poder discricionário, tendo em vista que a referida restrição (tatuagem) não tem qualquer relação com o desempenho do cargo de médico, eis que não é medida adequada, necessária nem proporcional em sentido estrito, para que a Administração atinja os fins que pretende com a restrição ilegítima.

Por último, há que se refutar os argumentos de que "Os pedidos de anulação do ato de eliminação e de reserva de vaga não seriam possíveis, pois significariam atraso na conclusão do concurso", haja vista que não foi formulado qualquer pedido de suspensão ou interrupção do mesmo, mas tão somente que fosse garantido ao agravante o direito de prestar as fases seguintes do concurso.

Também é necessário que o examinando elabore pedido de efeito suspensivo ativo ao recurso (CPC, art. 527, III c/c art. 558), a fim de assegurar maior celeridade na obtenção da tutela jurisdicional buscada pelo autor, além de demonstrar, de forma correta, a presença dos requisitos para sua concessão, em sede recursal.

Em relação aos itens da correção, ficaram assim divididos (não será aceita mera menção ao artigo):

Item	Pontuação
Endereçamento da petição inicial (0,25): Tribunal de Justiça do Estado "X";	0,00/ 0,25
Qualificação das partes (0,25 para cada item) Norberto/ Estado "X"	0,00/0,25 /0,50
Indicação de cumprimento dos artigos 524 e 525 do CPC (0,25 para cada item) Menção à juntada de todas as cópias obrigatórias ao conhecimento do agravo de instrumento.(0,25) Indicação dos advogados das partes (0,25)	0,00/0,25 /0,50
Justificativa do cabimento do agravo de instrumento (0,50): justificativa do motivo pelo qual o agravo não deve ser convertido em retido (CPC, art. 527, II)	0,00/0,50
Fundamentação 1. Violação ao princípio do livre acesso aos cargos públicos que determina que só podem ser exigidos requisitos diferenciados de acesso quando a natureza ou complexidade do cargo a ser ocupado o exigirem.	0,00/0,50

Fundamentação **2. Violação do principio da legalidade tendo em vista que as restrições de acesso aos cargos e empregos públicos devem estar previstas em lei.**	0,00/0,50
Fundamentação **3. Violação aos princípios da proporcionalidade/razoabilidade, que delimitam o exercício do poder discricionário, tendo em vista que a referida restrição/exigência não tem qualquer relação com o desempenho do cargo pretendido.**	0,00/0,50
Fundamentação **4. Não há que se falar em prejuízo com o atraso na conclusão do concurso, pois não foi formulado qualquer pedido de suspensão ou interrupção do mesmo, mas tão somente que fosse garantido ao agravante o direito de prestar as fases seguintes do concurso.**	0,00/0,50
Pedido de concessão de antecipação de tutela recursal (efeito suspensivo ativo), nos termos do art. 527,III do CPC (0,25) **Demonstração concreta da presença dos requisitos para a concessão de tutela antecipada em sede recursal.** ***Periculum in mora*: a demora na prestação jurisdicional irá acarretar lesão grave e de difícil reparação ao agravante, visto que o agravante não participará das demais fases do concurso. (0,25)** ***Fumus boni iuris:* A restrição de acesso ao cargo de médico devido à existência de tatuagem nas costas é violadora dos princípios da legalidade, do livre acesso aos cargos públicos e/ou dos princípios da proporcionalidade/razoabilidade, tendo em vista que a exigência não tem qualquer relação com o desempenho do cargo pretendido. (0,25)**	0,00/0,25/ 0,50/0,75
Pedido (0,50): **Seja dado provimento ao agravo, reformando-se a decisão gravada, para que o autor possa participar das demais fases do certame, com vaga garantida em caso de aprovação.**	0,00/0,50

• 2012.3 (IX EXAME)

01. João, analista de sistemas dos quadros do Ministério da Educação, foi demitido de seu cargo público, por meio de Portaria do Ministro da Educação publicada em 19 de maio de 2010, após responder a processo administrativo em que restou apurada infração funcional relativa ao recebimento indevido de vantagem econômica. Exatamente pelo mesmo fato, João também foi processado criminalmente, vindo a ser absolvido por negativa de autoria, em decisão que transitou em julgado em 18 de janeiro de 2011.

Na data de hoje, João o procura e após narrar os fatos acima, informa que se encontra, desde a sua demissão, em profunda depressão, sem qualquer atividade laborativa, sobrevivendo por conta de ajuda financeira que tem recebido de parentes e amigos.

Na qualidade de advogado(a), identifique e minute a medida judicial que pode ser adotada para tutelar os direitos de João. (Valor: 5,0)

GABARITO COMENTADO

Inicialmente, o examinando deve identificar que a medida judicial cabível é uma ação pelo rito ordinário, com pedido de antecipação de tutela, em face da União Federal. Afasta-se, desde logo, a impetração de mandado de segurança, uma vez que ultrapassado o prazo decadencial de cento e vinte dias.

A Ação Ordinária a ser ajuizada por João deverá pleitear a nulidade da portaria demissional, por ter sido adotada por autoridade incompetente, na forma do Art. 141, inciso I, da Lei n. 8.112/90 – usurpação de competência do Presidente da República. Além disso, também deverá ser pleiteada a invalidação da pena de demissão em razão da absolvição penal por negativa de autoria, decisão esta que vincula a esfera administrativa, na forma do Art. 126, da Lei n. 8.112/90. Como resultado, deverá ser João reintegrado no cargo de Analista de Sistemas, com ressarcimento de todas as vantagens (Art. 28, da Lei n. 8.112/90).

Na petição inicial, também deverá ser reservado capítulo para desenvolvimento da tutela de urgência a ser pleiteada, com vistas à imediata reintegração de João no cargo de Analista de Sistema.

Por fim, deve ser formulada também pretensão indenizatória pelos danos morais suportados por João ao longo do período em que ficou ilegalmente afastado de seu cargo.

Quesito Avaliado	Valores
Endereçamento da petição inicial: Juízo da Vara Federal da Seção Judiciária	0,00 / 0,30
Qualificação das partes (0,25 para cada item): João / em face da União Federal	0,00 / 0,25 / 0,50
Fundamentação 1 1. Nulidade da portaria demissional – incompetência do Ministro da Educação (Art. 141, I, da Lei n. 8.112/90);	0,00 / 0,60
Fundamentação 2 2. Repercussão, na esfera administrativa, da decisão absolutória por negativa de autoria (Art. 126, da Lei n. 8.112/90);	0,00 / 0,60
Fundamentação 3 3. Em decorrência da invalidação da pena de demissão, o autor faz jus ao ressarcimento de todas as vantagens inerentes ao exercício do cargo (Art. 28, da Lei n. 8.112/90 ou Art. 41, § 2 da CRFB);	0,00 / 0,60
Fundamentação da tutela de urgência 4.a) Verossimilhança da alegação (justificada)(0,30) 4.b) Fundado receio de dano irreparável (justificado)(0,30)	0,00 / 0,30/0,60
Pedido 1. Citação da União Federal;	0,00 / 0,20
Pedido 2. Deferimento da antecipação de tutela para reintegrar o autor no cargo público;	0,00 / 0,30
Pedido 3. Procedência do pedido para invalidar a demissão/ reintegração ao cargo;	0,00 / 0,30
Pedido 4. Condenação da ré a ressarcir o autor de todas as vantagens inerentes ao exercício do cargo;	0,00 / 0,30
Pedido 5. Produção genérica de provas;	0,00 / 0,20
Pedido 6. Condenação em honorários sucumbenciais.	0,00 / 0,20
Atribuição de valor à causa	0,00 / 0,30

02. O Presidente da República, inconformado com o número de servidores públicos na área da saúde que responde a processo administrativo disciplinar, resolve colocar tais servidores em disponibilidade e, para tanto, edita decreto extinguindo os respectivos cargos.

Considerando a hipótese apresentada, empregando os argumentos jurídicos apropriados e a fundamentação legal pertinente ao caso, responda aos itens a seguir.

A) A extinção de cargos públicos, por meio de decreto, está juridicamente correta? Justifique. (Valor: 0,60)

B) É juridicamente correta a decisão do Presidente da República de colocar os servidores em disponibilidade? (Valor: 0,35)

C) Durante a disponibilidade, os servidores públicos percebem remuneração? (Valor: 0,30)

GABARITO COMENTADO

A) A resposta é negativa. Trata-se de matéria a ser disciplinada por lei, na forma do Art. 48, inciso X, da CRFB. Espera-se que o examinando desenvolva o tema registrando que seria possível a extinção de cargos públicos por decreto apenas se estivessem vagos. (Art. 84, inciso VI, "b", CRFB).

B) A opção é inconstitucional, pois o Chefe do Executivo utiliza o instituto da disponibilidade com desvio de finalidade. O examinando deve deixar claro que a disponibilidade não tem por finalidade sancionar disciplinarmente servidores públicos.

C) A remuneração será proporcional ao tempo de serviço (Art. 41, § 3º, da CRFB).

Quesito Avaliado	Valores
A1. Não. A extinção de cargos públicos depende de lei (0,20), na forma do Art. 48, inciso X, da CRFB (0,30)	0,00/0,20/0,30/0,50
A2. A extinção de cargos públicos por decreto somente seria possível caso os cargos estivessem vagos (Art. 84, inciso VI, "b", CRFB), o que não ocorre na hipótese apresentada (0,10).	0,00/0,10
B. Não, porque a extinção dos cargos se deu com desvio de finalidade, haja vista que a disponibilidade não é ato de natureza sancionatória. (0,35)	0,00/0,35
C. Sim, remuneração proporcional ao tempo de serviço. Art. 41, § 3º, da CRFB (0,30).	0,00/0,30

03. João inscreveu-se em concurso público para o provimento de cargo cujo exercício pressupõe a titulação de nível superior completo. Após aprovação na prova de conhecimentos gerais (1ª fase), João foi impedido de realizar as provas de conhecimentos específicos e a prova oral por não ter apresentado o diploma de nível superior logo após a aprovação na 1ª fase do certame, tal como exigido no instrumento convocatório e, em razão disso, eliminado do concurso. Sabendo-se que o edital do concurso foi publicado em 13 de janeiro de 2011 e que a eliminação de João foi divulgada em 17 de maio do mesmo ano, responda, empregando os argumentos jurídicos apropriados e a fundamentação legal pertinente ao caso, aos seguintes quesitos.

A) A impetração de Mandado de Segurança seria via processual adequada para impugnar a eliminação de João do certame? (Valor: 0,55)

B) Qual fundamento poderia ser invocado por João para obter judicialmente o direito de prosseguir no concurso e participar das fases subsequentes? (Valor: 0,70)

GABARITO COMENTADO

A) O examinando deve responder afirmativamente, registrando que o prazo para impetração do mandado de segurança é de 120 dias na forma do Art. 23 da Lei n. 12016/09.

B) O examinando deve demonstrar conhecimento da jurisprudência consolidada do STJ no sentido de apenas ser legítima a exigência de comprovação de diploma ou habilitação legal para exercício de cargo público no momento da posse (Enunciado n. 266 do STJ).

Quesito Avaliado	Valores
A. O examinando deve demonstrar que o prazo para impetração do mandado de segurança é de 120 dias na forma do Art. 23 da lei n.12016/09. (0,55).	0,00/0,55
B. A jurisprudência é pacífica no sentido de que o diploma ou a habilitação legal para exercício de cargo público somente podem ser exigidos na época da posse (0,40). Referência ao Enunciado n. 266 do STJ (0,30).	0,00/0,30/0,40/0,70

04. Luiz foi secretário de assistência social do Estado "X" durante cinco anos e acaba de ser cientificado de que o Ministério Público Estadual ajuizou, contra ele, uma ação de improbidade administrativa por ter celebrado contrato, indevidamente rotulado de convênio, sem a observância do devido procedimento licitatório. Luiz argumenta que não houve, de sua parte, má-fé ou intenção de fraudar o procedimento licitatório. Além disso, comprova que adotou todas as medidas de

cautela que poderiam ser razoavelmente exigidas de um administrador público antes de celebrar o ajuste. Por fim, informa que o Tribunal de Contas do Estado (TCE) competente teria aprovado as contas que prestou na qualidade de ordenador de despesas, não identificando qualquer dano ao erário.

Considerando a hipótese apresentada, responda, empregando os argumentos jurídicos apropriados e a fundamentação legal pertinente ao caso, aos itens a seguir.

(A) O argumento de Luiz, ao pretender afastar a improbidade administrativa sob o fundamento de que não teria agido com a intenção de fraudar o procedimento licitatório, deve prevalecer? (Valor: 0,65)

(B) O argumento de Luiz, ao pretender descaracterizar o ato de improbidade administrativa invocando a aprovação de suas contas pelo TCE, deve prevalecer? (Valor: 0,60)

GABARITO COMENTADO

A) A resposta deve ser afirmativa. De acordo com a jurisprudência consolidada dos Tribunais Superiores, a improbidade é a ilegalidade tipificada e qualificada pelo elemento subjetivo da conduta. Assim, para caracterizá-la, é indispensável que a conduta do agente seja dolosa, para a tipificação das hipóteses previstas no Art. 9º e no Art. 11, ou ao menos culposa, para a tipificação das condutas previstas no Art. 10, todos da Lei n. 8.429/92 (RESPs: 734.984/SP; 842.428/ES; 658.415/MA, entre outros). No caso, afasta-se também a culpa de Luiz, pois ele demonstrou que tomou todas as cautelas exigíveis antes da celebração do ajuste.

B) O argumento de Luiz não deve prevalecer, tendo em vista a independência das instâncias. Nesse sentido, confirma-se a norma do Art. 21, inciso II, da Lei n. 8.429/92.

Quesito Avaliado	Valores
A. Sim. Inexistindo enriquecimento sem causa e dano ao erário, a conduta do agente enquadra-se na hipótese do Art. 11 da Lei 8429/92. Tal dispositivo exige presença do elemento subjetivo dolo para a caracterização da improbidade. (0,65)	0,00/0,65
B. Não deve prevalecer o argumento, tendo em vista a independência das instâncias. (0,35) Referência à norma do Art. 21, inciso II, da Lei n. 8.429/92.(0,25)	0,00/0,25/0,35/0,60

05. O proprietário de um terreno passou dois anos sem ir até sua propriedade. Após esse período, ao visitar o local, constata que, em seu terreno, foi construída uma escola municipal que, àquela altura, já se encontra em pleno funcionamento.

Com base no relatado acima, com o emprego dos argumentos jurídicos apropriados e a fundamentação legal pertinente ao caso, responda aos itens a seguir.

A) Indique e conceitue o fato administrativo tratado no caso apresentado. (Valor: 0,60)

B) Diante do ocorrido, que medida o proprietário do terreno pode tomar? (Valor: 0,65)

GABARITO COMENTADO

A) O examinando deve identificar a desapropriação indireta como o fato administrativo ocorrido no caso em questão, descrevendo-o como ato da administração pública apropriar-se de um bem privado sem o devido processo legal.

B) Deve também reconhecer a impossibilidade de o proprietário reaver o bem, uma vez que o mesmo já se encontra afetado para a prestação de um serviço público, restando ao proprietário tão somente o ajuizamento de ação pleiteando indenização pelas perdas sofridas, conforme Art. 35, do Decreto Lei n. 3.365/41.

Quesito Avaliado	Valores
A. Trata-se de desapropriação indireta (0,25). Apossamento administrativo de bem particular sem o devido processo legal. (0,35).	0,00/0,25/ 0,35/0,60
B. Propositura de ação indenizatória, tendo em vista a impossibilidade de reivindicação do bem (0,45), conforme Art. 35, do Decreto Lei n. 3.365/41 (0,20).	0,00/0,45/0,65

• 2013.1 (X EXAME)

01. Francisco, servidor público que exerce o cargo de motorista do Ministério Público Federal da 3ª Região, localizada em São Paulo, há tempo vinha alertando o setor competente de que alguns carros oficiais estavam apresentando constantes problemas na pane elétrica e no sistema de frenagens, razão pela qual deveriam ser retirados temporariamente da frota oficial até que tais problemas fossem solucionados.

Contudo, nesse ínterim, durante uma diligência oficial, em razão de tais problemas, Francisco perdeu o controle do veículo que dirigia e acabou destruindo

completamente a moto de Mateus, estudante do 3º período de Direito, que estava estacionada da calçada.

Mateus, por essa razão, assim que obteve sua inscrição como advogado nos quadros da Ordem dos Advogados, ingressou, em causa própria, perante o Juízo da Vara Federal da Seção Judiciária de São Paulo, com ação de responsabilidade civil, com fulcro no Art. 37, § 6º, da CF/88 em face de Francisco e da União Federal, com o intuito de ser ressarcido pelos danos causados à sua moto.

Na referida ação, Mateus alega que (i) não há que se falar em prescrição da pretensão ressarcitória, tendo em vista não terem decorridos mais de cinco anos do evento danoso, nos termos do Dec. 20.910/32; (ii) que, nos termos do Art. 37, § 6º, da CF/88, as pessoas jurídicas de direito público responderão pelos danos que seus agentes, nessa qualidade, causarem a terceiros, com fulcro na teoria do risco administrativo.; (ii) que estão presentes todos os elementos necessários para configuração da responsabilidade civil. Considerando as informações acima mencionadas e que, de fato, decorreram apenas quatro anos do evento danoso, apresente a peça pertinente para a defesa dos interesses de Francisco, sem criar dados ou fatos não informados.

GABARITO COMENTADO

Elaboração de uma contestação, espécie de Resposta do Réu, nos termos do art. 297 e segs do CPC, com endereçamento e qualificação das partes, nos mesmos termos da ação proposta por Mateus. PRELIMINAR DE ILEGITIMIDADE PASSIVA (art. 301, CPC): O art. 37, § 6º, CF/88 só permite o direcionamento da ação em face das pessoas jurídicas nele mencionadas haja vista que o referido dispositivo encerra dupla garantia: uma, em favor do particular, possibilitando-lhe ação indenizatória contra a pessoa jurídica de direito público, ou de direito privado que preste serviço público. Outra garantia, no entanto, em prol do servidor estatal, que somente responde administrativa e civilmente perante a pessoa jurídica a que se vincula.

PRESCRIÇÃO DA PRETENSÃO RESSARCITÓRIA - Na defesa dos interesses do seu cliente, o examinando deve arguir a inaplicabilidade do Dec. 20910/32 a Francisco e, portanto, a prescrição trienal da pretensão ressarcitória, tendo em vista decorridos mais de 3 anos do evento danoso, nos termos do Art. 206, § 3º, V do CC.

RESPONSABILIDADE SUBJETIVA DE FRANCISCO: A responsabilidade do Estado (no caso, a União) é objetiva, que se caracteriza pela necessidade de serem comprovados, apenas, a ação do agente, o dano e o nexo causal entre ambos. No entanto, Francisco não responde de forma objetiva pelos danos causados, tendo em vista que a teoria do risco administrativo somente é aplicada às pessoas jurídicas de direito público e as de direito privado prestadoras de serviços públicos. Desse modo, a responsabilidade de Francisco é subjetiva, que é aquela segundo a qual deve ser comprovada, além da ação, dano e nexo causal, a culpa em sentido amplo, devendo ser comprovado que este agiu com negligência, imprudência, imperícia (culpa em sentido estrito) ou com intenção de causar o dano (dolo).

INEXISTÊNCIA DO ELEMENTO SUBJETIVO NO CASO CONCRETO: O acidente foi causado em razão dos problemas mecânicos que, inclusive, já tinha sido informado previamente por Francisco ao setor competente, razão pela qual não há que se falar em culpa ou dolo do mesmo.

PEDIDOS:

1. Extinção do processo sem resolução de mérito, em relação a Francisco, tendo em vista a sua ilegitimidade passiva (Art. 267, VI, CPC);
2. Improcedência dos pedidos autorais, em razão do acolhimento da preliminar de mérito da prescrição da pretensão ressarcitória em face de Francisco (Art. 269, IV, CPC);
3. Improcedência dos pedidos autorais, em razão da manifesta ausência do elemento subjetivo, necessário para configuração do dever de indenizar de Francisco;
4. Produção genérica de provas;
5. Condenação em honorários sucumbenciais.

Quesito Avaliado	Valores
Endereçamento da peça: Juízo da Vara Federal da Seção Judiciária de São Paulo	0,00/0,15
Qualificação das partes Francisco, nos autos da ação em epígrafe movida por Mateus.	0,00/0,15
Fundamentos: Arguição de ilegitimidade passiva de Francisco tendo em vista que o Art. 37, § 6°, CF/88 só permite o direcionamento da ação em face das pessoas jurídicas nele mencionadas (0,60). O dispositivo encerra dupla garantia: uma, em favor do particular, possibilitando-lhe ação indenizatória contra a pessoa jurídica de direito público, ou de direito privado que preste serviço público. Outra garantia, no entanto, em prol do servidor estatal, que somente responde administrativa e civilmente perante a pessoa jurídica a que se vincula (0,40).	0,00/0,40/ 0,60/1,00

Prescrição: Inaplicabilidade a Francisco do prazo quinquenal previsto no Dec. 20910/32 (0,40) Arguição de prescrição da pretensão ressarcitória, tendo em vista decorridos mais de 3 anos do evento danoso, nos termos do Art. 206, § 3º, V do CC (0,60). **Obs: Caso o examinando argua apenas a prescrição trienal receberá a pontuação integral.**	**0,00/0,40/1,00**

Quesito Avaliado	Valores
A responsabilidade do Estado (no caso, a União) é objetiva, que se caracteriza pela necessidade de serem comprovados, apenas, a ação do agente, o dano e o nexo causal entre ambos. No entanto, Francisco não responde de forma objetiva pelos danos causados, tendo em vista que a teoria do risco administrativo somente é aplicada às pessoas jurídicas de direito público e as de direito privado prestadoras de serviços públicos (0,40). Desse modo, a responsabilidade de Francisco é subjetiva, que é aquela segundo a qual deve ser comprovada, além da ação, dano e nexo causal, a culpa em sentido amplo, devendo ser comprovado que este agiu com negligência, imprudência, imperícia (culpa em sentido estrito) ou com intenção de causar o dano (dolo). (0,60) **Obs: Caso o examinando afirme, de forma fundamentada, que a responsabilidade de Francisco é subjetiva, explicitando os seus requisitos, receberá a pontuação integral.**	**0,00/0,40/ 1,00**
Inexistência do elemento subjetivo no caso concreto, tendo em visa que no caso concreto, Francisco causou o acidente em razão dos problemas mecânicos que, inclusive, já tinha sido alertado ao setor competente.	**0,00/0,50**
Pedido 1. Requer seja extinto o processo sem resolução de mérito, em relação a Francisco, tendo em vista a sua manifesta ilegitimidade passiva (Art. 267, VI, CPC);	**0,00/0,30**
Pedido 2. Requer sejam julgados improcedentes os pedidos autorais, em razão do acolhimento da preliminar de mérito da prescrição da pretensão ressarcitória em face de Francisco (Art. 269, IV, CPC);	**0,00/0,30**

Pedido 3. Sejam julgados improcedentes os pedidos autorais, em razão da manifesta ausência do elemento culpa, necessário para configuração do dever de indenizar de Francisco	0,00/0,30
Pedido 4. Produção genérica de provas	0,00/0,15
Pedido 5. Condenação em honorários sucumbenciais	0,00/0,15

02. Durante o ano de 2010, o Município "T" concedeu subvenção social à Associação "S" para a instalação de projetos de assistência social para crianças com até seis anos de idade, totalizando o valor de R$ 300.000,00 (trezentos mil reais).

Ao final do exercício, foi encaminhada ao competente Tribunal de Contas do Estado (TCE) a prestação de contas dos recursos subvencionados. Em sua análise, o TCE detectou algumas irregularidades e, após o devido processo legal, oportunizando o contraditório e a ampla defesa aos interessados, imputou débito de R$ 150.000,00 (cento e cinquenta mil reais) ao Prefeito responsável pela concessão da subvenção e, solidariamente, à entidade subvencionada.

Considerando a situação hipotética apresentada, responda aos questionamentos a seguir, empregando os argumentos jurídicos apropriados e a fundamentação legal pertinente ao caso.

A) É juridicamente possível ao TCE, na análise da referida prestação de contas, imputar o débito à entidade privada? (valor: 0,65)

B) Qual a natureza jurídica da decisão do TCE que resultou em imputação de débito por dano causado ao erário? (valor: 0,60)

A simples menção ou transcrição do dispositivo legal não pontua.

GABARITO COMENTADO

Em relação ao item A, a resposta é afirmativa, devendo o examinando registrar a possibilidade de os Tribunais de Contas imputarem débito a pessoas jurídicas de direito privado que utilizem, gerenciem ou administrem bens, valores ou dinheiros públicos, na forma do Art. 70, § único, da CRFB.

Em relação ao item B, o objetivo é avaliar o conhecimento quanto à natureza jurídica da decisão dos Tribunais de Contas e respectiva eficácia (Art. 71, § 3º, da CRFB).

Quesito Avaliado	Valores
Item a	
Sim, o TCE pode imputar débito a pessoas jurídicas de direito privado que utilizem, gerenciem ou administrem bens, valores ou dinheiros públicos (0,50), nos termos do Art. 70, § único, da CRFB (0,15)	0,00 /0,50/ 0,65
Item b	
Natureza administrativa com eficácia de título executivo (0,45), nos termos do Art. 71, § 3º, da CRFB.(0,15)	0,00 /0,45/ 0,60

03. Maria, jovem integrante da alta sociedade paulistana, apesar de não trabalhar, reside há dois anos em um dos bairros nobres da capital paulista, visto que recebe do Estado de São Paulo pensionamento mensal decorrente da morte de seu pai, ex-servidor público. Ocorre que, após voltar de viagem ao exterior, foi surpreendida com a suspensão do pagamento da referida pensão, em razão de determinação judicial. Em razão disso, deixou de pagar a conta de luz de sua casa por dois meses consecutivos o que acarretou, após a prévia notificação pela concessionária prestadora do serviço público, o corte do fornecimento de luz em sua residência. Considerando a narrativa fática acima, responda aos itens a seguir, empregando os argumentos jurídicos apropriados e a fundamentação legal pertinente ao caso.

A) À luz dos princípios da continuidade e do equilíbrio econômico-financeiro do contrato de concessão de serviço público, é lícito o corte de luz realizado pela concessionária? (Valor: 0,75)

B) O Código de Defesa do Consumidor pode ser aplicado irrestritamente à relação entre usuários e prestadores de serviços públicos? (Valor: 0,50)

A simples menção ou transcrição do dispositivo legal não pontua.

GABARITO COMENTADO

A) O princípio da continuidade do serviço público (Art. 6º, § 1º, da Lei n. 8.987/95) consiste na exigência de que o serviço seja prestado de forma permanente, sem qualquer interrupção, visando assegurar estabilidade para os usuários por meio de sua manutenção de forma ininterrupta.

O Art. 22 do CDC também exige que o serviço seja prestado de forma contínua.

Contudo, não se pode esquecer que a remuneração do serviço público, prestado pela concessionária, advém como regra geral, da tarifa paga pelo usuário, tarifa esta que é parte essencial da manutenção do equilíbrio econômico-financeiro, garantido constitucionalmente pelo Art. 37, XXI da CRFB/88.

Nesse sentido, o Art. 6º, § 3º, II, da Lei n. 8.987/95 expressamente previu que a interrupção do serviço, após prévio aviso, quando houver inadimplemento do usuário, não caracteriza descontinuidade do serviço. Isto porque, a continuidade da prestação do serviço facultativo pressupõe o cumprimento de deveres por parte do usuário, notadamente o pagamento da tarifa.

Ora, a falta de remuneração adequada, ante a aceitação do inadimplemento pelo usuário, poderia levar ao próprio colapso do serviço, o que afetaria a própria sociedade como um todo. Do mesmo modo, o equilíbrio econômico-financeiro do contrato restaria abalado caso a concessionária fosse obrigada a prestar o serviço ao consumidor inadimplente.

B) Neste caso, estamos diante de um conflito aparente entre o CDC e a Lei n. 8.987/95. Contudo, tal conflito já se encontra pacificado na doutrina e jurisprudência, pela aplicação do critério da especialidade, haja vista que a Lei 8987/95 busca disciplinar relação especial de consumo (usuário de serviço público). Sendo assim, o CDC não se aplica irrestritamente aos serviços públicos, mas apenas de forma subsidiária.

Quesito Avaliado	Valores
A. Sim, o corte é possível visto que, nos termos do art. 6º, § 3º, II, da Lei n. 8.987/95 não se caracteriza como descontinuidade do serviço a sua interrupção, após prévio aviso, quando houver inadimplemento do usuário (0,50). Isto porque não se pode olvidar que a remuneração do serviço público, prestado pela concessionária, advém como regra geral, da tarifa paga pelo usuário, tarifa esta que é parte essencial da manutenção do equilíbrio econômico-financeiro, garantido constitucionalmente pelo Art. 37, XXI da CF/88 (0,25).	**0,00/0,25/ 0,50/0,75**
B. Não. A Lei n. 8.987/95 (Art. 6º) deve ser considerada norma especial em relação ao CDC, visto que disciplina relação especial de consumo (usuário de serviço público), razão pela qual o CDC (Art. 22) deverá ser aplicado apenas subsidiariamente.	**0,00/0,50**

04. O município "X", tendo desapropriado um imóvel para a instalação da sede da prefeitura e, necessitando realizar obras de reparo no prédio, instala em terreno contíguo, de propriedade de Mário, o canteiro de obra necessário a realização dos reparos.

Considerando apenas os fatos descritos acima, responda aos itens a seguir.

A) Qual é a figura de intervenção utilizada pelo Município e quais são suas características? (valor: 0,65)

B) Nesse caso, é devida alguma indenização? Indique o fundamento legal. (valor: 0,60)

A simples menção ou transcrição do dispositivo legal não pontua.

GABARITO COMENTADO

A) Trata-se de ocupação temporária, que se caracteriza pelo uso transitório por parte do Poder Público de imóvel privado, como meio de apoio à execução de obras públicas.

B) Nessa modalidade de ocupação temporária, por expressa disposição de lei (Art. 36 do Decreto Lei n. 3365/41), é devida indenização.

Quesito Avaliado	Valores
A. Trata-se de ocupação temporária (0,30). Caracteriza-se pelo uso transitório por parte do Poder Público de imóvel privado, como meio de apoio à execução de obra pública (0,35).	0.00/0,30/0,35/0,65
B. Nessa modalidade de ocupação temporária, por expressa disposição de lei (Art. 36 do Decreto Lei n. 3365/41), é devida indenização.	0,00/0,60

05. Determinado Estado da Federação celebra contrato de parceria público-privada (PPP) patrocinada para a reforma e administração de área portuária. Estipulou-se no contrato que o parceiro privado será responsável pela construção de galpões de armazenamento de bens, com conclusão prevista para cinco anos após a celebração do contrato, e posterior prestação do serviço público. Também se estabeleceu que a sua remuneração dar-se-á de forma imediata pelo Poder Público e após o término das obras pelos usuários do serviço público, previsão admitida pela lei estadual sobre as PPP`s.

Sobre a hipótese, responda aos itens a seguir.

A) Tendo em vista que a Lei n. 11.079/2004 é aplicável a todos os entes da Federação (Art. 1°, § único), é válida a lei estadual que trate de parcerias público-privadas? (Valor: 0,65)

B) É possível a remuneração do parceiro privado nos moldes acima descritos? (Valor: 0,60)

A simples menção ou transcrição do dispositivo legal não pontua.

GABARITO COMENTADO

Em relação ao item A, o candidato deve destacar que, conforme determina o Art. 22, XXVII, da Constituição Federal, compete privativamente à União legislar sobre normas gerais de licitação e contratação, em todas as modalidades, para as administrações públicas diretas, autárquicas e fundacionais da União, Estados, Distrito Federal e Municípios. Sendo assim, a lei estadual pode disciplinar sobre PPP's de forma supletiva, no que não colidir com as normas gerais editadas pela União.

Já em relação ao item B, era necessário ressaltar que, na forma do Art. 7°, da Lei n. 11.079/2004, a remuneração pela Administração Pública, nos contratos de parceria público-privada, deve ser precedida da disponibilização do serviço objeto, disposição esta que tem caráter de norma geral. Portanto, a previsão de contraprestação imediata, sem a disponibilização do serviço, não será possível, pois fere a norma citada.

Quesito Avaliado	Valores
Item A **Sim, pois é competência privativa da União editar normas gerais sobre licitação e contratos (Art. 22, XXVII da Constituição OU Art. 1° da Lei 11079/04) (0,40), de modo que os Estados podem legislar de forma suplementar (0,25)**	**0,00/0,25/** **0,40/0,65**
Item B **Não é possível. A forma de remuneração do particular está incorreta, já que a contraprestação dar-se-á após a disponibilização do serviço, na forma do Art. 7°, Lei n. 11.079/2004 (0,40), norma geral que deve ser respeitada pelos Estados (0,20)**	**0,00/0,40/0,60**

• 2013.2 (XI EXAME)

01. Caio, Tício e Mévio são servidores públicos federais exemplares, concursados do Ministério dos Transportes há quase dez anos. Certo dia, eles pediram a três colegas de repartição que cobrissem suas ausências, uma vez que sairiam mais cedo do expediente para assistir a uma apresentação de balé.

No dia seguinte, eles foram severamente repreendidos pelo superior imediato, o chefe da seção em que trabalhavam. Nada obstante, nenhuma consequência adveio a Caio e Tício, ao passo que Mévio, que não mantinha boa relação com seu chefe, foi demitido do serviço público, por meio de ato administrativo que apresentou, como fundamentos, reiterada ausência injustificada do servidor, incapacidade para o regular exercício de suas funções e o episódio da ida ao balé.

Seis meses após a decisão punitiva, Mévio o procura para, como advogado, ingressar com medida judicial capaz de demonstrar que, em verdade, nunca faltou ao serviço e que o ato de demissão foi injusto. Seu cliente lhe informou, ainda, que testemunhas podem comprovar que o seu chefe o perseguia há tempos, que a obtenção da folha de frequência demonstrará que nunca faltou ao serviço e que sua avaliação funcional sempre foi excelente.

Como advogado, considerando o uso de todas as provas mencionadas pelo cliente, elabore a peça processual adequada para amparar a pretensão de seu cliente.

A simples menção ou transcrição do dispositivo legal não pontua. (Valor: 5,0)

GABARITO COMENTADO

A peça a ser elaborada consiste em uma petição inicial de ação de rito ordinário. Não se admite a impetração de Mandado de Segurança, uma vez que Mévio pretende produzir provas, inclusive a testemunhal, para demonstrar o seu direito, sendo a dilação probatória vedada no Mandado de Segurança.

O endereçamento da peça deverá ser feito a um Juiz Federal da seção judiciária de algum Estado.

O polo ativo da demanda é ocupado por Mévio, e o polo passivo, pela União.

No mérito, deve ser demonstrada a possibilidade de análise do ato administrativo pelo Judiciário, para controle de legalidade, e que o motivo alegado no ato de demissão é falso, em violação à teoria dos motivos determinantes.

Ainda no mérito, o examinando deve indicar a violação do Art. 41, § 1°, da Constituição Federal, uma vez que Mévio foi demitido do Serviço Público sem a abertura de regular processo administrativo. O examinando, por fim, deve indicar que não foi assegurado a Mévio o contraditório e a ampla defesa, violando o devido processo legal. Além disso, o ato representa violação aos princípios da isonomia, uma vez que Mévio foi o único dos três servidores penalizados pela ida ao balé, e da impessoalidade, pois Mévio foi alvo de perseguição por seu chefe. Nesta parte da causa de pedir, deverá ser mencionada a lesão patrimonial, pelo não recebimento dos vencimentos no período em que se coloca arbitrariamente fora dos quadros da Administração por demissão ilegal.

O examinando deve formular pedidos de anulação do ato que aplicou a penalidade, de reintegração aos quadros da Administração, de reparação material com o pagamento retroativo de seus vencimentos, como se não tivesse sido demitido. A postulação à reparação moral não é obrigatória. Deverá haver, por fim, postulação de citação e de produção de provas testemunhal e documental, bem como indicação do valor da causa.

02. João, comerciante experimentado, fundado na livre iniciativa, resolve pedir à administração do município "Y" que lhe outorgue o competente ato para instalação de uma banca de jornal na calçada de uma rua.

Considerando a situação narrada, indaga-se:

A) Pode o Município "Y" se negar a outorgar o ato, alegando que considera desnecessária a referida instalação? Fundamente. (Valor: 0,40)

B) Pode o município "Y", após a outorga, rever o ato e o revogar? Neste caso é devida indenização a João? Fundamente. (Valor: 0,40)

C) Caso o ato de outorga previsse prazo para a duração da utilização do espaço público, seria devida indenização se o Poder Público resolvesse cancelar o ato de outorga antes do prazo? Fundamente. (Valor: 0,45)

A simples menção ou transcrição do dispositivo legal não pontua.

GABARITO COMENTADO

A. O município "Y" tem o direito de negar, porque, tratando-se ato discricionário, sua aprovação é baseada na conveniência e oportunidade do Administrador.

B. Do mesmo modo, o município "Y" pode revogar tal ato autorizativo a qualquer tempo, tendo em vista a precariedade do ato, não sendo devida qualquer indenização em vista dessa característica.

C. Por outro lado, a fixação de prazo certo implica em desnaturação do caráter precário do vínculo, ensejando no particular a legítima expectativa de que sua exploração irá vigorar pelo prazo pré-determinado pela própria Administração. Sendo assim, a revogação do ato antes do esgotamento do prazo caracteriza conduta descrita como *venire* contra *factum proprium*, ensejando a devida indenização pelos prejuízos efetivamente comprovados.

03. O prefeito do município "A", buscando aumentar o turismo na festa de Ano Novo de sua cidade, decidiu contratar músicos renomados e uma agência de publicidade para realizar a propaganda do evento, procedendo de referidas contratações diretamente, sem proceder à realização de licitação.

Com base no caso acima, responda fundamentadamente, aos itens a seguir.

A) Pode o prefeito realizar as referidas contratações sem licitação? Sob qual fundamento legal? (Valor: 0,65)

B) Pode o administrador realizar contratação direta em casos que não estejam taxativamente arrolados na lei de licitações? (Valor: 0,60)

A simples menção ou transcrição do dispositivo legal não pontua.

GABARITO COMENTADO

A. O examinando deverá responder que o prefeito poderia realizar a contratação direta de músicos, uma vez que se trata de uma das hipóteses de inexigibilidade de licitação, à luz do Art. 25, inciso III, da Lei n. 8.666/93. Todavia, em relação à contratação de agência de publicidade, deveria o examinando indicar não ser possível a contratação, diante da vedação legal constante do Art. 25, inciso II, da referida Lei n. 8.666/93.

B. O examinando deverá analisar cada meio de contratação. No caso da licitação dispensada e da licitação dispensável, as hipóteses legais são taxativas, ou seja, não pode o administrador extrapolar o legalmente previsto.

Por sua vez no caso de licitação inexigível, é possível ao administrador aventar outras hipóteses, uma vez que o rol é meramente exemplificativo.

04. O Governador do Estado "N", verificando que muitos dos Secretários de seu Estado pediram exoneração por conta da baixa remuneração, expede decreto, criando gratificação por tempo de serviço para os Secretários, de modo que, a cada ano no cargo, o Secretário receberia mais 2%.

Dois anos depois, o Ministério Público, por meio de ação própria, aponta a nulidade do Decreto e postula a redução da remuneração aos patamares anteriores.

Diante deste caso, responda aos itens a seguir.

A) É juridicamente válida a criação da gratificação? (Valor: 0,85)

B) À luz do princípio da irredutibilidade dos vencimentos, é juridicamente possível a redução do total pago aos Secretários de Estado, como requerido pelo Ministério Público? (Valor: 0,40)

A simples menção ou transcrição do dispositivo legal não pontua.

GABARITO COMENTADO

O candidato deverá, na essência, observar quanto às perguntas, o seguinte:

A. Não, uma vez que a Constituição Federal estabelece, no Art. 37, X, que a remuneração dos servidores públicos e o subsídio de que trata o § 4º do Art. 39 somente poderão ser fixados ou alterados por lei específica. Além disso, o § 4º do Art. 39 prevê que os Secretários Estaduais serão remunerados exclusivamente por subsídio fixado em parcela única, vedado o acréscimo de qualquer gratificação, adicional, abono, prêmio, verba de representação ou outra espécie remuneratória.

B. Sim, uma vez que a irredutibilidade não garante a percepção de remuneração concedida em desacordo com as normas constitucionais. Não há direito adquirido contra regra constitucional ou legal.

05. Para a concessão da prestação de um determinado serviço público através de parceria público-privada na modalidade patrocinada, o Estado X, após realizar tomada de preços, celebrou contrato com um particular no valor de R$ 25.000.000,00 (vinte e cinco milhões de reais), com prazo de vigência de 40 (quarenta) anos, a fim de permitir que o particular amortizasse os investimentos realizados.

Diante das circunstâncias apresentadas, é válida a contratação realizada? (Valor: 1,25)

Responda justificadamente, empregando os argumentos jurídicos apropriados e a fundamentação legal pertinente ao caso.

A simples menção ou transcrição do dispositivo legal não pontua.

GABARITO COMENTADO

A resposta deve ser negativa.

Em primeiro lugar, nos termos do Art. 10 da Lei n. 11.079/2004, a contratação de parceria público-privada deve ser precedida de licitação na modalidade de concorrência, cuja realização é sujeita a diversos condicionamentos previstos no citado dispositivo. A tomada de preços, portanto, não é a modalidade de licitação adequada à contratação de parceria público-privada.

Em segundo lugar, conforme o inciso I do Art. 5º da Lei n. 11.079/2004, o prazo de vigência do contrato de parceria público-privada não pode ser inferior a 5 (cinco), nem superior a 35 (trinta e cinco) anos, incluindo eventual prorrogação.

• 2013.3

01. O Governador do Estado Y, premido da necessidade de reduzir a folha de pagamentos do funcionalismo público estadual, determinou que o teto remuneratório dos Defensores Públicos admitidos após a Emenda Constitucional n. 41/2003 fosse limitado ao valor correspondente ao subsídio mensal do Governador, ao entendimento de que aquele órgão integra a estrutura do Poder Executivo estadual.

Com a implementação da medida, os Defensores Públicos do Estado, irresignados com a redução do seu teto remuneratório, levam a questão à Associação Nacional dos Defensores Públicos Estaduais, legalmente constituída e em funcionamento há pouco mais de dois anos, e esta contrata os seus serviços advocatícios para impetrar mandado de segurança coletivo em face do ato do Governador.

A decisão proferida pelo Tribunal de Justiça local, observando a competência originária constante do seu código de organização e divisão judiciária, diante da autoridade coatora-governador do Estado- deu por extinto o processo, sem resolução do mérito, sob os argumentos de que a associação não preenche o requisito de três anos de constituição, não demonstrou a autorização dos associados em assembleia geral para a propositura da demanda e não poderia representar os associados em demanda que veicule interesse apenas de uma parte da categoria, uma vez que os Defensores atingidos pela medida, isto é, aqueles admitidos após a Emenda Constitucional n. 41/2003, os mais novos na carreira, ainda não foram promovidos e sequer recebem sua remuneração em valores próximos ao subsídio mensal do Governador.

Ciente de que este acórdão contendo a unanimidade de votos dos desembargadores que participaram do julgamento, já foi objeto de Embargos de Declaração, que foram conhecidos, mas não providos, e que a publicação dessa última decisão se deu na data de hoje, redija a peça processual adequada com seus fundamentos. (Valor: 5,0)

GABARITO COMENTADO

A BANCA AVALIADORA LEVARÁ EM CONSIDERAÇÃO QUAISQUER DIFICULDADES PORVENTURA ENCONTRADAS PELOS EXAMINANDOS DE DIREITO ADMINISTRATIVO EM VIRTUDE DA DIVULGAÇÃO DA ERRATA DURANTE A REALIZAÇÃO DO EXAME.

A peça a ser elaborada é o recurso ordinário em mandado de segurança, nos termos do art. 105, II, "b", da CRFB/88.

O recurso deve ser endereçado ao Desembargador Presidente do Tribunal de Justiça do Estado Y.

Na qualificação das partes, deve ser indicado como recorrente a Associação Nacional dos Defensores Públicos Estaduais e, como recorrido, o Estado Y, pessoa jurídica de direito público interno.

No intuito de demonstrar conhecimento acerca do Tribunal competente para apreciar e julgar o recurso, o examinando deve requerer após abertura de vistas ao recorrido para contrarrazões, que os autos sejam encaminhados ao colendo Superior Tribunal de Justiça.

O examinando deve demonstrar a presença de três requisitos que o Tribunal, equivocadamente, entendeu que não estariam preenchidos (razão pela qual, aliás, julgou extinto o processo sem resolução do mérito), isto é:

1) Demonstrar que o requisito constitucional para a impetração de mandado de segurança coletivo é a constituição e funcionamento há mais de um ano (e não três, como consta no acórdão recorrido);
2) indicar que não se exige, para impetração de mandado de segurança coletivo, a autorização de todos os associados da entidade, conforme entendimento cristalizado na Súmula nº 629 do Supremo Tribunal Federal;
3) afirmar que a entidade de classe tem legitimação para o mandado de segurança ainda quando a pretensão veiculada interesse apenas a uma parte da respectiva categoria, nos termos da Súmula 630 do Supremo Tribunal Federal.

Em seguida, na eventualidade do Superior Tribunal de Justiça conhecer do mérito do recurso, nada obstante a existência de entendimento acerca da inaplicabilidade do art. 515, § 3º, do Código de Processo Civil (teoria da causa madura) aos recursos ordinários em mandado de segurança, na melhor defesa dos interesses do seu cliente, o examinando deve indicar a violação ao art. 37, XI da Constituição, que estabelece como teto remuneratório dos Defensores Públicos, o subsídio dos Desembargadores do Tribunal de Justiça e, ainda, a violação ao princípio da isonomia, uma vez que, sem qualquer critério legítimo, foi operada uma discriminação no tratamento jurídico conferido aos Defensores, aplicando-se, aos mais novos na carreira, um tratamento diferente, no aspecto remuneratório, daquele conferido aos demais Membros, demonstrando, assim, conhecimento acerca da matéria.

Nos pedidos, o examinando deve requerer a reforma do acórdão, para julgar procedente o pedido de aplicação do teto remuneratório correspondente ao subsídio mensal dos Desembargadores e, caso assim não se entenda, pela anulação do acórdão hostilizado, com o retorno dos autos à origem para processamento do *writ*.

*Comunicado OAB em 14/02/14

A Fundação Getúlio Vargas e a Coordenação Nacional do Exame de Ordem Unificado, no intuito de dissipar eventuais dúvidas e de preservar a segurança e lisura do XII Exame de Ordem Unificado, comunicam aos examinandos que realizaram a prova prático-profissional no último dia 9 de fevereiro, na área de Direito Administrativo:

- a aceitação de mais de um tipo de peça processual como resposta ao problema proposto, sendo eles Recurso Ordinário Constitucional e Apelação, cujos fundamentos serão divulgados por ocasião do resultado preliminar da 2ª fase, dia 7 de março, conforme cronograma já publicado.

Brasília, 14 de fevereiro de 2014.

02. José está inscrito em concurso público para o cargo de assistente administrativo da Administração Pública direta do Estado de Roraima. Após a realização das provas, ele foi aprovado para a fase final do certame, que previa, além da apresentação de documentos, exames médicos e psicológicos. A lista dos candidatos aprovados e o prazo para a apresentação dos documentos pessoais e para a realização dos exames médicos e psicológicos foram publicados no Diário Oficial do Poder Executivo do Estado de Roraima após 1 (um) ano da realização das provas; assim como foram veiculados através do site da Internet da Administração Pública direta do Estado, tal como previsto no respectivo edital do concurso.

Entretanto, José reside em município localizado no interior do Estado de Roraima, onde não circula o Diário Oficial e que, por questões geográficas, não é provido de Internet. Por tais razões, José perde os prazos para o cumprimento da apresentação de documentos e dos exames médicos e psicológicos e só toma conhecimento da situação quando resolve entrar em contato telefônico com a secretaria do concurso.

Insatisfeito, José procura um advogado para ingressar com um Mandado de Segurança contra a ausência de intimação específica e pessoal quando de sua aprovação e dos prazos pertinentes à fase final do concurso.

Na qualidade de advogado de José, indique os argumentos jurídicos a serem utilizados nessa ação judicial. (Valor: 1,25)

GABARITO COMENTADO

A despeito da ausência de norma editalícia prevendo a intimação pessoal e específica do candidato José, a Administração Pública tem o dever de intimar o candidato, pessoalmente, quando há o decurso de tempo razoável entre a homologação do resultado e a data da nomeação, em atendimento aos princípios constitucionais da publicidade e da razoabilidade.

É desarrazoada a exigência de que o impetrante efetue a leitura diária do Diário Oficial do Estado, por prazo superior a 1 (um) ano, ainda mais quando reside em município em que não há circulação do DOE e que não dispõe de acesso à Internet.

03. Determinada Sociedade de Economia Mista federal, exploradora de atividade econômica, é objeto de controle pelo Tribunal de Contas da União, o qual verifica, em tomada de contas especial, que há editais de licitação da estatal que contêm critérios de julgamento inadequados.

Sobre o caso, empregando os argumentos jurídicos apropriados e a fundamentação legal pertinente, responda aos itens a seguir.

A) Uma sociedade de economia mista que explora atividade econômica pode ser submetida ao controle do Tribunal de Contas? (Valor: 0,60)

B) O Tribunal de Contas pode determinar a aplicação de critérios que entenda mais adequados, para o julgamento de licitações? (Valor: 0,65)

Obs.: a simples menção ou transcrição do dispositivo legal não pontua.

GABARITO COMENTADO

A questão busca verificar o conhecimento do examinando sobre a disciplina jurídica das sociedades de economia mista, bem como sobre as competências constitucionais do Tribunal de Contas.

A) É possível o controle das sociedades de economia mista pelo Tribunal de Contas, nos termos do Art. 71, II, da Constituição, já que se trata de uma sociedade instituída pelo Poder Público.

O Supremo Tribunal Federal firmou entendimento no sentido de que as sociedades de economia mista sujeitam-se à fiscalização pelos Tribunais de Contas. (STF, MS 25092/DF, RE 356209 AgR /GO, MS 26117/DF, dentre outros).

B) A resposta deve ser pela impossibilidade de o Tribunal de Contas, em controle prévio de editais de licitação, determinar a modificação de critérios, o qual estaria substituindo a vontade do administrador em seu campo discricionário, em violação ao princípio da separação dos Poderes (Art. 2º, da CR). Tal situação é excepcionada, nos termos da jurisprudência do STF (RE 547063), quando há fundado receio de irregularidade na licitação, como ocorre, por exemplo, quando há critério de julgamento manifestamente irrazoável, com suspeita de direcionamento do resultado do certame.

04. Determinado estado da Federação celebra contrato de concessão de serviço metroviário pelo prazo de 20 anos com a empresa Vá de Trem S.A. Nos termos do referido contrato, a empresa tem a obrigação de adquirir 2 (dois) novos vagões, além de modernizar os já existentes, e que tais bens serão, imediatamente, transferidos para o Poder Público ao fim do termo contratual.

Sobre o caso acima narrado, responda, fundamentadamente, os itens a seguir.

A) Qual o princípio setorial que fundamenta a reversão de tais bens? Justifique? (Valor: 0,65)

B) O concessionário pode exigir do Poder Concedente indenização pela transferência de tais bens ao Poder Público ao final do contrato? Justifique. (Valor: 0,60)

"A simples menção ou transcrição do dispositivo legal não pontua."

GABARITO COMENTADO

A reversão é a transferência ao poder concedente dos bens do concessionário, afetados ao serviço público e necessários à sua continuidade, quando do término do contrato de concessão e que se encontra prevista nos artigos 35 e 36, da Lei n. 8.987/95.

A) O examinando deve destacar que o fundamento da reversão é o princípio da continuidade dos serviços públicos, já que os bens, necessários à prestação do serviço, deverão ser utilizados pelo Poder Concedente, após o fim do término do prazo de concessão, sob pena de interrupção da prestação do serviço.

B) É necessário ressaltar que, caso a fixação da tarifa não tenha sido suficiente para ressarcir o concessionário pelos recursos que empregou na aquisição e modernização de tais bens, é devida indenização, nos termos do Art. 36, da Lei n. 8987/95.

05. O Prefeito do Município XYZ desapropriou um sítio particular para instalação de um novo centro de atendimento médico de emergência. Entretanto, antes do início das obras, o Estado ABC anunciou que o Município XYZ receberá um novo Hospital Estadual de Atendimento Médico Emergencial.

Responda, fundamentadamente, aos itens a seguir.

A) O Município pode desistir da construção do centro de atendimento médico e destinar a área desapropriada à construção de uma escola? (Valor: 0,65)

B) Com o anúncio feito pelo Estado, o antigo proprietário do sítio desapropriado pode requerer o retorno da área à sua propriedade, mediante devolução do valor da indenização? (Valor: 0,60)

"A simples menção ou transcrição do dispositivo legal não pontua."

GABARITO COMENTADO

A) A resposta é positiva. Após a efetivação de uma desapropriação, o ente expropriante deve empregar o bem à finalidade pública que desencadeou o processo de desapropriação. Em não o fazendo, estar-se-á diante da tredestinação, que nada mais é do que a destinação do bem em desconformidade com o plano inicialmente previsto. A tredestinação, entretanto, distingue-se em lícita (na qual o bem é empregado em finalidade diversa da inicialmente pretendida, mas ainda afetada ao interesse público) e ilícita (na qual não se emprega o bem em uma utilização de interesse público). A tredestinação lícita, isto é, a alteração na destinação do bem, por conveniência da administração pública, resguardando, de modo integral, o interesse público, não é vedada pelo ordenamento.

B) A resposta é negativa. A tredestinação lícita, por manter o bem afetado a uma finalidade de interesse público não configura direito de retrocessão, isto é, o direito do particular expropriado de reaver o bem, em virtude da sua não utilização. E a própria legislação de regência, o Decreto-lei n. 3.365/1941, dispõe, em seu Art. 35, que os bens expropriados, uma vez incorporados à Fazenda Pública, não podem ser objeto de reivindicação.

• XV EXAME

PEÇA PRÁTICO-PROFISSIONAL

Fulano de Tal, Presidente da República, concedeu a qualificação de Organização Social ao "Centro Universitário NF", pessoa jurídica de direito privado que explora comercialmente atividades de ensino e pesquisa em graduação e pós-graduação em diversas áreas. Diante da referida qualificação, celebrou contrato de gestão para descentralização das atividades de ensino, autorizando, gratuitamente, o uso de um prédio para receber as novas instalações da universidade e destinando-lhe recursos orçamentários. Além disso, celebrou contrato com a instituição, com dispensa de licitação, para a prestação de serviços de pesquisa de opinião. Diversos veículos de comunicação demonstraram que Sicrano e Beltrano, filhos do Presidente, são sócios do Centro Universitário. Indignado, Mévio, cidadão residente no Município X, procura você para, na qualidade de advogado, ajuizar medida adequada a impedir a consumação da transferência de recursos e o uso não remunerado do imóvel público pela instituição da qual os filhos do Presidente são sócios. (Valor: 5,00) A peça deve abranger todos os fundamentos de Direito que possam ser utilizados para dar respaldo à pretensão.

GABARITO

PEÇA PROCESSUAL

A medida adequada, a ser ajuizada pelo examinando, é a Ação Popular, remédio vocacionado, nos termos do Art. 5°, LXXIII, da Constituição, à anulação de ato lesivo ao patrimônio público ou de entidade de que o Estado participe, à moralidade administrativa, ao meio ambiente e ao patrimônio histórico e cultural. Não é cabível a utilização de Mandado de Segurança, que não pode ser considerado substitutivo da Ação Popular (Súmula 101, do STF), nem a Ação Ordinária. A competência para julgamento da Ação Popular é do Juízo da Vara Federal do Município de X – devendo-se afastar a competência do Supremo Tribunal Federal, definida em elenco fechado no Art. 102 da Constituição Federal. O autor popular é Mévio, cidadão, e o réu da ação é Fulano de Tal, Presidente da República, União Federal, e o "Centro Universitário Nova Fronteira", beneficiário direto do ato (art. 6°, da Lei 4717/65). Deve ser formulado pedido de antecipação dos efeitos da tutela, demonstrando-se os requisitos autorizadores de sua concessão, quais sejam: a verossimilhança das alegações e o fundado receio de dano irreparável ou de difícil reparação. No mérito, o examinando deve indicar a violação aos princípios da moralidade e da impessoalidade, uma vez que o ato praticado pelo Presidente da República beneficia seus filhos, empresários do ramo da educação, além de configurar benefício injusto. Além disso, o examinando deve indicar que a instituição beneficiada não preenche o requisito básico à qualificação como Organização Social, que é a ausência de finalidade lucrativa (Art. 1° da Lei n° 9.637), bem como a violação ao Art. 24, XXIV, da Lei n° 8.666/1993, uma vez que a dispensa de licitação somente alcança as atividades contempladas no contrato de gestão, o que não é o caso da pesquisa de opinião. Devem ser formulados pedidos de citação do réu, de concessão da medida liminar para suspender os atos de repasse de recursos e de utilização de bens públicos, e de anulação dos atos lesivos ao patrimônio e à moralidade administrativa. Deve-se, ainda, requerer a produção de provas e a condenação do réu em honorários advocatícios. Por fim, deve ser feita a prova da cidadania, com a juntada do título de eleitor.

QUESTÃO 1

A empresa ABC Engenharia de Pontes foi contratada pelo Município X, após licitação, para a construção de uma ponte de transposição de um rio, ligando dois diferentes bairros da cidade. O contrato tinha a duração de doze meses. A empresa, entretanto, atrasou o cronograma de execução da obra em virtude de uma longa greve dos caminhoneiros, que impediu o abastecimento dos insumos necessários à construção. A partir do caso apresentado, responda aos itens a seguir. A) É possível a prorrogação do prazo de entrega da obra, nesse caso? Justifique. (Valor: 0,65) B)

Considerando que tenha havido, por conta de um fato superveniente e extraordinário, um aumento excepcional no preço dos insumos mais relevantes, será possível a revisão contratual? Justifique. (Valor: 0,60) O examinando deve fundamentar suas respostas. A mera citação do dispositivo legal não confere pontuação.

GABARITO COMENTADO

A) A resposta é positiva. O Art. 57, § 1º, II, da Lei nº 8.666/1993 autoriza a prorrogação dos prazos de início das etapas de execução, de conclusão e de entrega, mantidas as demais cláusulas do contrato e assegurada a manutenção de seu equilíbrio econômico-financeiro, diante da ocorrência de fato excepcional ou imprevisível, estranho à vontade das partes, que altere fundamentalmente as condições de execução do contrato. É o caso descrito no enunciado (greve que impede o fornecimento dos insumos necessários à realização da obra).

B) A resposta também é positiva. A questão diz respeito ao tema do equilíbrio econômico-financeiro do contrato administrativo. O tema traduz a relação entre os encargos do contratado e o preço pago pela Administração Pública como contraprestação à execução do contrato. A manutenção do equilíbrio econômico-financeiro do contrato é a garantia de que a relação entre encargos e remuneração deve ser necessariamente mantida ao longo de toda a relação contratual. Assim, diante de fatos que ensejem desequilíbrio no ajuste, devem as partes buscar o seu restabelecimento nos moldes originalmente pactuados. Na questão proposta, um fato extraordinário e superveniente desequilibra excessivamente a relação de equivalência entre os encargos do contratado e a remuneração, impondo o restabelecimento da equação econômica inicial, conforme o Art. 65, II, "d", da Lei nº 8.666/93.

QUESTÃO 2

Maria é filha da servidora pública federal Josefina, aposentada por invalidez em janeiro de 2013. Depois de uma briga com sua genitora, formula denúncia ao órgão federal competente, afirmando que sua mãe, na verdade, está apta para o exercício das funções inerentes ao seu cargo, o que se comprova mediante a verificação de que ela exerce semelhantes funções em um escritório privado desde fevereiro de 2013, quando se recuperou plenamente da doença. Depois de aberto o processo administrativo para fins de verificação de eventual erro na perícia médica e apuração da possibilidade de reversão ao serviço público ativo, o feito é encaminhado novamente ao mesmo médico, que retifica o laudo anterior, opinando pela possibilidade de a servidora ser mantida no serviço ativo, e remete o feito à autoridade superior para decisão. Antes da decisão final,

Maria, já reconciliada com Josefina, formula pleito de desistência do processo administrativo, informando que, na verdade, contara inverdades sobre sua mãe e que esta é incapaz para o trabalho, tanto no serviço público quanto na iniciativa privada, juntando laudos médicos diversos, inclusive dos hospitais públicos em que sua mãe foi atendida. Diante de decisão fundamentada que determina o prosseguimento do processo, mesmo com a desistência da requerente, Maria interpõe recurso, argumentando que o processo não pode prosseguir diante da contrariedade da requerente e apontando a nulidade do processo pela participação do mesmo médico responsável pela primeira perícia. Com base no caso apresentado, responda, justificadamente, aos itens a seguir. A) Foi regular o prosseguimento do processo após a desistência formulada por Maria? (Valor: 0,65) B) Uma vez que a decisão se baseou no laudo do citado profissional, é procedente o argumento da nulidade do processo pela participação do médico em questão? (Valor: 0,60) O examinando deve fundamentar suas respostas. A mera citação do dispositivo legal não confere pontuação.

GABARITO COMENTADO

A. Sim, porque a Lei nº 9.784/1999 estabelece que a desistência ou renúncia do interessado, conforme o caso, não prejudica o prosseguimento do processo, se a Administração considerar que o interesse público assim o exige (Art. 51, § 2º).

B. Sim, pois a Lei de processo administrativo (Lei nº 9.784/99), ao prever as hipóteses de impedimento do servidor, estabelece ser impedido de atuar em processo administrativo o servidor ou autoridade que tenha participado ou venha a participar como perito (Art. 18, II).

QUESTÃO 3

Todas as Secretarias do Município XYZ têm sede no prédio do Centro de Administração Pública Municipal, na zona norte da cidade. Entretanto, tal edifício, além de muito antigo e em precário estado de conservação, já não comporta toda a estrutura da Administração Direta do Município. Por essa razão, diversas Secretarias já alocaram parte operacional de suas estruturas em outros endereços. Com base no exposto, responda, empregando os argumentos jurídicos apropriados e a fundamentação legal pertinente, aos itens a seguir. A) Pode o Prefeito do Município XYZ, após licitação e sem nenhuma outra providência, alienar o prédio do Centro de Administração Pública Municipal? (Valor: 0,65) B) Supondo que o prédio do Centro de Administração Pública Municipal seja guarnecido com obras de arte não relacionadas à atividade administrativa, podem esses bens públicos ser objeto de penhora? (Valor: 0,60) O examinando deve fundamentar suas respostas. A mera citação do dispositivo legal não confere pontuação.

GABARITO COMENTADO

A. A resposta é negativa. O prédio do Centro de Administração Pública é um bem público de uso especial, e tais bens, no direito brasileiro, caracterizam-se pela inalienabilidade, conforme previsão constante do Art. 100 do Código Civil. Assim, para a alienação dos bens públicos de uso especial, faz-se necessário, primeiramente, a sua desafetação, uma vez que os bens dominicais podem ser alienados, conforme previsão constante do Art. 101 do Código Civil.

B. A resposta também é negativa. Os bens titularizados pelo Município são classificados como bens públicos, independentemente de sua utilização. E os bens públicos (de uso comum, de uso especial ou dominicais) são impenhoráveis, mesmo que não afetados a uma utilidade de interesse público.

QUESTÃO 4

João, servidor público federal, ocupante do cargo de agente administrativo, foi aprovado em concurso público para emprego de técnico de informática, em sociedade de economia mista do Estado X. Além disso, João recebeu um convite de emprego para prestar serviços de manutenção de computadores na empresa de Alfredo. Com base no exposto, responda, fundamentadamente, aos itens a seguir. A) É possível a cumulação do cargo técnico na Administração Federal com o emprego em sociedade de economia mista estadual? E com o emprego na iniciativa privada? (Valor: 0,75) B) Caso João se aposente do cargo que ocupa na Administração Pública federal, poderá cumular a remuneração do emprego na empresa de Alfredo com os proventos de aposentadoria decorrentes do cargo de agente administrativo? (Valor: 0,50) O examinando deve fundamentar suas respostas. A mera citação do dispositivo legal não confere pontuação.

GABARITO COMENTADO

A) O examinando deve identificar que não é possível a cumulação do cargo público com o emprego na sociedade de economia mista estadual, na forma do Art. 37, XVII, da Constituição da República, bem como do Art. 118, § 1º, da Lei nº 8.112/1990. De outro lado, não há qualquer vedação, constitucional ou legal, ao exercício de atividade remunerada (não comercial) junto à iniciativa privada (no caso, como prestador de serviços de manutenção de computadores), desde que não haja incompatibilidade de horários prejudicial ao serviço público.

B) O examinando deve identificar que é possível a cumulação, pois, conforme o Art. 37, § 10, da Constituição, só é vedada a percepção simultânea de proventos de aposentadoria decorrentes do Art. 40 ou dos artigos 42 e 142 com a remuneração de cargo, emprego ou função pública.

• XVI EXAME

PEÇA PROFISSIONAL

Edir, pessoa idosa que vive com a ajuda de parentes e amigos, é portadora de grave doença degenerativa, cujo tratamento consta de protocolo clínico e da diretriz terapêutica estabelecida pelo Sistema Único de Saúde (SUS). Seu tratamento é acompanhado por profissionais do SUS em hospital público federal especializado nessa doença, contando com o fornecimento regular dos medicamentos 1, 2 e 3.

Enquanto realizava consulta de acompanhamento, Edir foi informada pelo médico Domênico, profissional do SUS, de que existia um novo medicamento disponível no mercado (o "medicamento A"), que seria muito mais eficaz, conforme relatório de estudos clínicos oficiais, no tratamento de sua doença do que aqueles já prescritos. Contudo, a paciente foi informada de que o "medicamento A" não seria fornecido gratuitamente pelo SUS, haja vista que o referido medicamento não consta ainda do protocolo clínico e da diretriz terapêutica interna do SUS para o tratamento da doença, além de não ter sido incorporado às listas de medicamentos.

Inconformada com a negativa de fornecimento do "medicamento A", Edir procura você para que, na qualidade de advogado(a), ajuíze a medida cabível para garantir a continuidade e qualidade de seu tratamento.

Elabore a peça adequada, considerando que:

A) Edir corre sério risco de vida com o agravamento da doença em razão do não fornecimento do "medicamento A";

B) a condição clínica de Edir foi atestada em laudo médico assinado pelo profissional do SUS Domênico, que também recomendou o uso do "medicamento A";

C) eventualmente poderá ser necessária a elaboração de prova pericial para dirimir as controvérsias de natureza técnica da causa.

(Valor: 5,00)

Responda justificadamente, empregando os argumentos jurídicos apropriados e a fundamentação legal pertinente ao caso.

GABARITO COMENTADO

A medida adequada, a ser ajuizada pelo examinando, é uma petição inicial de ação de conhecimento com pedido de antecipação dos efeitos da tutela jurisdicional. Não é cabível a impetração de mandado de segurança, em virtude da necessidade de instrução probatória.

A petição poderá ser endereçada tanto à Justiça Federal da Seção Judiciária local quanto à Justiça Estadual, tendo em vista o entendimento prevalente na jurisprudência no sentido de que os entes públicos são solidariamente responsáveis pela prestação dos serviços de saúde. Ver, por exemplo, o Agravo Regimental no Recurso Extraordinário nº 744.191 / RN, Relator Min. Luiz Fux, julgamento em 18/03/2014 pela 1a Turma do STF.

Edir deve ser indicada como autora. Quanto ao(s) réu(s), é admissível que a resposta indique dois ou três entes federativos como litisconsortes ou apenas um deles, isoladamente, conforme exposto acima. No entanto, é necessário que sejam obedecidas as regras de competência da Constituição: caso o examinando indique a União Federal como ré na demanda, deverá direcionar a petição ao Juízo Federal da Seção Judiciária respectiva (Art. 109, inciso I, da Constituição da República). Caso apenas indique o Estado X e/ou o Município Y, a demanda deverá ser direcionada ao Juízo de Direito da Comarca respectiva.

Deve ser formulado pedido de antecipação dos efeitos da tutela, indicando-se os dois fundamentos constantes do Art. 273 do CPC: o fundado receio de dano irreparável ou de difícil reparação (progressão da doença e agravamento do estado de saúde de Edir) e a verossimilhança das alegações (primeiro, a existência de informação prestada pelas autoridades administrativas, no sentido de que "o medicamento A" é mais eficaz, conforme relatórios oficiais; segundo, a condição clínica de Edir foi atestada em laudo médico assinado pelo profissional do SUS Domênico, que também recomendou o uso do "medicamento A").

No mérito devem ser indicados como fundamentos à pretensão autoral:

(i) a violação aos artigos 5º e 196 da Constituição da República, tendo em vista que o direito à vida e à saúde de Edir gera, aos entes públicos, o dever de fornecer os medicamentos necessários para preservar sua vida;

(ii) os direitos assegurados pela Constituição não podem ser limitados por listas, protocolos clínicos ou por razões orçamentárias;

(iii) o próprio profissional do SUS emitiu laudo médico atestando a condição clínica da paciente Edir e prescreveu o uso do "medicamento A".

Devem ser formulados pedidos de citação do(s) réu(s), de concessão da tutela antecipada para determinar o fornecimento dos medicamentos a Edir, e de sua confirmação, ao final, na tutela principal, garantindo a Edir o direito ao recebimento contínuo e ininterrupto do "medicamento A" pleiteado.

Por fim, deve-se requerer a produção de provas e a condenação do réu em honorários advocatícios e custas processuais.

QUESTÃO 1

O Estado X e os Municípios A, B, C e D constituíram consórcio público, com personalidade jurídica de direito público, para a prestação de serviços conjuntos de abastecimento de água e esgotamento sanitário. Com base na situação apresentada, responda aos itens a seguir.

A) É possível a fixação de prazo de duração para o consórcio ou, ao contrário, a constituição de um consórcio público para prestação de serviços conjuntos pressupõe prazo indeterminado? (Valor: 0,40)

B) É possível ao Município C retirar-se do consórcio público? Nesse caso, os bens que transferiu ao consórcio retornam ao seu patrimônio? (Valor: 0,85)

O examinando deve fundamentar suas respostas. A mera citação do dispositivo legal não será pontuada.

GABARITO COMENTADO

Em relação ao item A, a resposta é dada pelo Art. 4º, inciso I, da Lei nº 11.107/2005: são cláusulas essenciais do protocolo de intenções, dentre outras, as que estabeleçam o prazo de duração do consórcio. Dessa forma, a resposta à indagação formulada é no sentido de que é necessária a fixação de prazo.

Em relação ao item B, é possível a qualquer dos entes consorciados se retirar do consórcio, na forma do Art. 11 da Lei nº 11.107/2005. Nesse caso, os bens transferidos ao consórcio somente retornam ao patrimônio do Município caso haja expressa previsão no contrato de consórcio público ou no instrumento de transferência ou de alienação, conforme consta do Art. 11, § 1º, da Lei nº 11.107/2005. Do contrário, os bens permanecem com o consórcio.

QUESTÃO 2

O Estado ABCD contratou a sociedade empresária X para os serviços de limpeza e manutenção predial do Centro Administrativo Integrado, sede do Governo e de todas as Secretarias do Estado. Pelo contrato, a empresa fornece não apenas a mão de obra, mas também todo o material necessário, como, por exemplo, os produtos químicos de limpeza.

O Estado deixou, nos últimos 4 (quatro) meses, de efetuar o pagamento, o que, inclusive, levou a empresa a inadimplir parte de suas obrigações comerciais.

Com base no caso apresentado, responda aos itens a seguir.

A) A empresa é obrigada a manter a prestação dos serviços enquanto a Administração restar inadimplente? (Valor: 0,65)

B) Caso, em razão da situação acima descrita, a empresa tenha deixado de efetuar o pagamento aos seus fornecedores pelos produtos químicos adquiridos para a limpeza do Centro Administrativo, poderão esses fornecedores responsabilizar o Estado ABCD, subsidiariamente, pelas dívidas da empresa contratada? (Valor: 0,60)

O examinando deve fundamentar suas respostas. A mera citação do dispositivo legal não será pontuada.

GABARITO COMENTADO

A) A resposta é negativa. Nos termos do Art. 78, XV, da Lei nº 8.666/1993, "o atraso superior a 90 (noventa) dias dos pagamentos devidos pela Administração decorrentes de obras, serviços ou fornecimento, ou parcelas destes, já recebidos ou executados, salvo em caso de calamidade pública, grave perturbação da ordem interna ou guerra, assegurado ao contratado o direito de optar pela suspensão do cumprimento de suas obrigações até que seja normalizada a situação". Desse modo, pode a empresa suspender o cumprimento de suas obrigações até que a Administração regularize os pagamentos.

B) A resposta é negativa. Nos termos do Art. 71, § 1º, da Lei nº 8.666/1993, "A inadimplência do contratado, com referência aos encargos trabalhistas, fiscais e comerciais não transfere à Administração Pública a responsabilidade por seu pagamento". Portanto, os fornecedores da sociedade empresária X não poderão responsabilizar o Estado pelo descumprimento das obrigações comerciais.

QUESTÃO 3

O Município M, em sérias dificuldades financeiras, pretende alienar alguns dos bens integrantes do seu patrimônio. Em recente avaliação, foi identificado que o Centro Administrativo do Município, que concentra todas as secretarias da Administração Municipal em uma área valorizada da cidade, seria o imóvel com maior potencial financeiro para venda.

Com base no caso apresentado, responda aos itens a seguir.

A) É necessária licitação para a alienação do Centro Administrativo, caso se pretenda fazê-lo para o Estado X, que tem interesse no imóvel? (Valor: 0,65)

B) Caso o Município pretenda alugar um novo edifício, em uma área menos valorizada, é necessária prévia licitação? (Valor: 0,60)

Responda justificadamente, empregando os argumentos jurídicos apropriados e a fundamentação legal pertinente ao caso.

GABARITO COMENTADO

A) O examinando deve indicar que, conforme previsão constante do Art. 17, I, "e", da Lei nº 8.666/1993, é dispensada a licitação para a venda de um bem imóvel a outro órgão ou entidade da administração pública, de qualquer esfera de governo. Portanto, não é necessária a licitação.

B) O examinando deve indicar que é possível a locação com dispensa de licitação de imóvel destinado ao atendimento das finalidades precípuas da administração, cujas necessidades de instalação e localização condicionem a sua escolha, desde que o preço seja compatível com o valor de mercado, segundo avaliação prévia, conforme previsão expressa do Art. 24, X, da Lei nº 8.666/1993.

QUESTÃO 4

A Lei nº XX, de março de 2004, instituiu, para os servidores da autarquia federal ABCD, o adicional de conhecimento e qualificação, um acréscimo remuneratório a ser pago ao servidor que, comprovadamente, realizar curso de aperfeiçoamento profissional. Com esse incentivo, diversos servidores passaram a se inscrever em cursos e seminários e a ter deferido o pagamento do referido adicional, mediante apresentação dos respectivos certificados.

Sobre a hipótese, responda aos itens a seguir.

A) A Administração efetuou, desde janeiro de 2006, enquadramento equivocado dos diplomas e certificados apresentados por seus servidores, pagando-lhes, por essa razão, um valor superior ao que lhes seria efetivamente devido. Poderá a Administração, em 2015, rever aqueles atos, reduzindo o valor do adicional pago aos servidores? (Valor: 0,60)

B) Francisco da Silva, servidor da autarquia, vem percebendo, há 6 (seis) anos o referido adicional, com base em um curso que, deliberadamente, não concluiu (fato que passou despercebido pela comissão de avaliação responsável, levada a erro por uma declaração falsa assinada pelo servidor). A Administração, percebendo o erro, poderá cobrar do servidor a devolução de todas as parcelas pagas de forma errada? (Valor: 0,65)

Responda justificadamente, empregando os argumentos jurídicos apropriados e a fundamentação legal pertinente ao caso.

GABARITO COMENTADO

A) A resposta é negativa. Nos termos expressos do Art. 54 da Lei nº 9.784/1999, "O direito da Administração de anular os atos administrativos de que decorram efeitos favoráveis para os destinatários decai em cinco anos, contados da data em que foram praticados". E, em se tratando de efeitos patrimoniais contínuos, como no exemplo descrito, o prazo de decadência contar-se-á da percepção do primeiro pagamento.

B) A resposta é positiva, uma vez que se demonstre a má-fé do servidor. Nos termos do Art. 54 da Lei nº 9.784/1999, "O direito da Administração de anular os atos administrativos de que decorram efeitos favoráveis para os destinatários decai em cinco anos, contados da data em que foram praticados, salvo comprovada má-fé". Francisco da Silva, que não concluiu o curso e, mesmo assim, apresentou declaração a fim de receber o referido adicional, agiu de má-fé e não está protegido pela fluência do prazo decadencial.

• XVII EXAME

PEÇA PROCESSUAL

Após regular certame licitatório, vencido pelo consórcio "Mundo Melhor", o Estado X celebrou contrato de obra pública, tendo por objeto a construção de uma rodovia estadual com 75 km de extensão. Dois anos depois, com mais de 70% da obra já executada, o relatório da comissão de fiscalização do contrato apontou suposto atraso no cronograma da obra. Diante disso, o Governador do Estado X enviou correspondência aos representantes do consórcio, concedendo prazo de cinco dias úteis para apresentar defesa quanto aos fatos imputados, sob pena de aplicação de penalidade, conforme previsão constante da Lei nº 8.666/1993. Antes da fluência do prazo, entretanto, o Governador enviou nova correspondência aos representantes do consórcio, informando que há lei estadual que autoriza a aplicação das penalidades de advertência e de multa previamente à notificação do contratado, e que, por essa razão, naquele momento, o Governador aplicava as duas penalidades. Além disso, o Governador determinou a suspensão de todos os pagamentos devidos ao consórcio (pelos serviços já realizados e pelos a realizar) até a regularização do cronograma. Nos 60 (sessenta) dias seguintes, o consórcio tentou resolver a questão na via administrativa, mas não teve sucesso. Diante disso, os representantes procuram você para, na condição de advogado, ajuizar a medida cabível à proteção dos direitos do consórcio, informando: 1. que nunca houve atraso, o que se demonstra pelo cronograma e pelo diário de obras, que registram a normal evolução do contrato; 2. que o consórcio depende da regularização dos pagamentos, até o término das obras, pelos serviços que vierem a ser executados; e 3. que não podem abrir mão do recebimento das parcelas pretéritas devidas pelo trabalho executado nos últimos 60 (sessenta) dias e nem dos pagamentos pelos serviços a realizar, pois essenciais à manutenção das empresas consorciadas. Na qualidade de advogado(a), ajuíze a medida cabível à proteção integral dos interesses do consórcio.

GABARITOS ACEITOS PELA BANCA

A medida judicial a ser ajuizada é uma Ação Ordinária com pedido de Antecipação dos Efeitos da Tutela. Considera-se a impetração de Mandado de Segurança como resposta inadequada, tendo em vista a necessidade de dilação probatória e que foi expressamente ressaltado que o consórcio não poderia prescindir do recebimento das parcelas pretéritas, vedado pela Súmula 269 do STF. Igualmente, o ajuizamento de uma medida cautelar não se mostra adequado aos interesses da empresa. A ação deve ser direcionada para o Juízo de Fazenda Pública ou Vara Cível, ou única de alguma das comarcas do Estado X, com a seguinte qualificação das partes: Consórcio "Mundo Melhor" e Estado X. Não será admitida como correta a menção a órgão sem personalidade jurídica, haja vista não terem capacidade processual para figurar no polo passivo da demanda.

No que concerne à fundamentação para a pretensão do consórcio, devem ser expressamente alegadas as seguintes questões de fato e de direito: (i) a regra prevista na lei estadual de regência é inválida, por violar norma geral prevista na Lei nº 8.666/1993 (Art. 87, caput da Lei nº 8.666/1993); (ii) violação ao contraditório e à ampla defesa, essenciais à aplicação de penalidade (Art.

5º, LIV, da CRFB ou Art. 87, § 2º. da Lei nº 8.666/1993); (iii) nunca houve atraso na obra, razão pela qual o fundamento que levou à aplicação da penalidade é falso; (iv) o consórcio faz jus ao pagamento das parcelas em atraso, devidas pelo serviço já executado, sob pena de enriquecimento sem causa da Administração. Deve ser requerida a antecipação dos efeitos da tutela, tendo em vista estarem presentes seus fundamentos: (i) verossimilhança da alegação: a regra prevista na lei estadual de regência é inválida, por violar norma geral prevista na Lei nº 8.666/1993 (Art. 87 da Lei nº 8.666/1993), além da clara violação ao contraditório e à ampla defesa, essenciais à aplicação de penalidade (Art. 5º, LIV, da CRFB ou Art. 87, § 2º, da Lei nº 8.666/1993); e (ii) a existência de fundado receio de dano irreparável consubstanciado no fato de que o consórcio não vem recebendo pelos serviços já executados, o que pode levar ao esgotamento da capacidade financeira das empresas consorciadas. Devem ser expressamente requeridas a (i) citação do réu; (ii) concessão da tutela antecipada para garantir a regularidade dos pagamentos ao consórcio; (iii) procedência dos pedidos formulados na inicial para anular as sanções administrativas aplicadas e determinar o pagamento dos atrasados; (iv) produção de provas; (v) condenação em honorários de sucumbência; (vi) a condenação nas custas processuais; finalmente, o fechamento da peça e atribuição de valor à causa.

* POSTERIORMENTE, A BANCA ADMITIU O MANDADO DE SEGURANÇA COMO ESPELHO ADMITIDO TAMBÉM.

QUESTÃO 1

O Estado W resolve criar um hospital de referência no tratamento de doenças de pele. Sem dispor dos recursos necessários para a construção e a manutenção do "Hospital da Pele", pretende adotar o modelo de parceria público-privada. O edital de licitação prevê que haverá a seleção dos particulares mediante licitação na modalidade de pregão presencial, em que será vencedor aquele que oferecer o menor valor da contraprestação a ser paga pela Administração estadual. Está previsto também, no instrumento convocatório, que a Administração deverá, obrigatoriamente, deter 51% das ações ordinárias da sociedade de propósito específico a ser criada para implantar e gerir o objeto da parceria. Esta cláusula do edital foi impugnada pela sociedade empresária XYZ, que pretende participar do certame. Diante disso, responda, justificadamente, aos itens a seguir.

A) A modalidade e o tipo de licitação escolhidos pelo Estado W são juridicamente adequados? (Valor: 0,75)

B) A impugnação ao edital feita pela sociedade empresária XYZ procede? (Valor: 0,50)

GABARITO COMENTADO

A) A modalidade de licitação não é adequada, uma vez que a Lei nº 11.079/2004 prevê, obrigatoriamente, que a licitação ocorra na modalidade de concorrência (Art. 10). Já o tipo (critério de julgamento) está correto, uma vez que a Lei faculta a adoção desse critério de julgamento (Art. 12, II, a, da Lei nº 11.079/2004).

B) Sim, considerando que a Lei nº 11.079/2004 veda expressamente à Administração Pública ser titular da maioria do capital votante das sociedades de propósito específico criadas para implantar e gerir o objeto da parceria (Art. 9º, § 4º).

QUESTÃO 2

O Ministério X efetua a doação de um imóvel em área urbana extremamente valorizada, para que determinada agência de turismo da Europa construa a sua sede no Brasil. Meses depois, o Ministro revoga o ato de doação, ao fundamento de que ela era nula por não se enquadrar nas hipóteses legais de doação de bens públicos. A empresa pede a reconsideração da decisão, argumentando que não existe qualquer ilegalidade no ato. Considerando a situação hipotética descrita acima, responda, justificadamente, aos itens a seguir.

A) Há, de fato, alguma ilegalidade na doação constante do enunciado? (Valor: 0,60)

B) É juridicamente correta a revogação da doação fundamentada na ilegalidade vislumbrada pelo Ministro? (Valor: 0,65)

GABARITO COMENTADO

A questão versa o conteúdo de dois pontos do programa: os atos administrativos e o seu desfazimento (esperando-se do examinando que consiga distinguir a anulação e a revogação) e os bens públicos e a forma de sua transferência a terceiros. A) A resposta é afirmativa. A alienação de bens imóveis pertencentes à União dependerá de autorização legislativa para órgãos da administração direta e entidades autárquicas e fundacionais, e, para todos, inclusive as entidades paraestatais, dependerá de avaliação prévia e de licitação na modalidade de concorrência, dispensada esta no caso de doação, permitida exclusivamente para outro órgão ou entidade da administração pública, de qualquer esfera de governo (Art. 17, I, da Lei de Licitações). B) Não é correta a revogação da doação com fundamento na sua ilegalidade, uma vez que a revogação é fundamentada em motivos de conveniência e oportunidade. Diante de vícios de legalidade, a Administração pode anular os seus atos, conforme entendimento doutrinário tradicional, expressado jurisprudencialmente na Súmula nº 473 do STF.

QUESTÃO 3

José, cidadão brasileiro que exercia o cargo de deputado estadual, foi condenado, em caráter definitivo, por improbidade administrativa, em julho de 2013. Com a condenação, os direitos políticos de José foram suspensos por cinco anos, embora ele tenha sempre afirmado ser inocente. Em outubro de 2013, ele ajuíza ação popular pleiteando a anulação da venda de uma série de imóveis públicos promovida pelo Governador, seu principal desafeto político, a quem culpa pelas denúncias que levaram à sua condenação. Segundo o relato da inicial, a venda ocorreu abaixo do preço de mercado. Diante de tal situação, responda fundamentadamente:

A) José é parte legítima para a propositura da ação? (Valor: 0,75)

B) Eventuais compradores dos imóveis, na condição de particulares, podem ser afetados pela decisão da ação popular e, por isto, também devem figurar no polo passivo? (Valor: 0,50)

GABARITO COMENTADO

A) Não. A Constituição prevê a suspensão dos direitos políticos no caso de condenação por improbidade administrativa (Art. 15, V, c/c o Art. 37, § 4°, ambos da CRFB), sendo certo que o gozo dos direitos políticos é requisito de legitimidade ativa.

B) Sim, uma vez que os beneficiários do ato lesivo ao patrimônio público devem ser parte na ação popular (Art. 6° da Lei n° 4.717/1965).

QUESTÃO 4

A Assembleia Legislativa do Estado X aprovou projeto de lei que estabeleceu um aumento de 9,23% (nove vírgula vinte e três por cento) para os servidores de nível superior do Poder Judiciário. Após alguns dias de paralisação e ameaça de greve por parte dos servidores públicos estaduais, o Governador do Estado X editou o Decreto n° 1.234, por meio do qual concedeu, aos servidores de nível superior do Poder Executivo, o mesmo aumento e garantiu que, para os próximos anos, eles receberiam o mesmo percentual de reajuste anual concedido aos servidores do Poder Judiciário. Com base na hipótese sugerida, responda, fundamentadamente, aos itens a seguir.

A) É possível a extensão, aos servidores do Poder Executivo, do mesmo aumento e dos mesmos percentuais de reajuste concedidos aos servidores do Poder Judiciário, por meio de Decreto Estadual? (Valor: 0,75)

B) É possível a extensão, mediante decisão judicial, do mesmo percentual de aumento aos servidores de nível médio do Poder Judiciário excluídos do alcance da lei recentemente aprovada? (Valor: 0,50)

GABARITO COMENTADO

Em relação ao item A, a resposta é negativa. Dois fundamentos inquinam a validade do Decreto do Chefe do Poder Executivo estadual. Em primeiro lugar, a Constituição da República, em seu Art. 37, inciso X, estabeleceu que a remuneração dos servidores públicos deve ser fixada ou alterada por lei específica. Fica vedada, portanto, a edição de Decreto para a concessão de aumentos ou reajustes aos servidores públicos. Além disso, a Constituição da República, no inciso XIII do mesmo dispositivo, veda a vinculação ou equiparação de quaisquer espécies remuneratórias para o efeito de remuneração de pessoal do serviço público. Não pode o Decreto, portanto, vincular a remuneração e os reajustes dos servidores do Poder Executivo estadual àqueles do Poder Judiciário. Em relação ao item B, a resposta também é negativa. A Constituição da República exige a edição de lei, em sentido formal, para a concessão de aumento ou reajuste de servidores (Art. 37, X), tornando impossível o aumento de vencimentos de servidores públicos pelo Poder Judiciário. Esse é o fundamento, aliás, da Súmula nº 339 do Supremo Tribunal Federal: "Não cabe ao Poder Judiciário, que não tem função legislativa, aumentar vencimentos de servidores públicos sob o fundamento de isonomia" e da recente Súmula vinculante nº 37, com idêntica redação.

• XVIII EXAME

PEÇA PRÁTICO-PROFISSIONAL

O Ministério da Cultura publicou, na imprensa oficial, edital de licitação que veio assinado pelo próprio Ministro da Cultura, na modalidade de tomada de preços, para a elaboração do projeto básico, do projeto executivo e da execução de obras de reforma de uma biblioteca localizada em Brasília. O custo da obra está estimado em R$ 2.950.000,00 (dois milhões novecentos e cinquenta mil reais). O prazo de execução é de 16 (dezesseis) meses, e, de acordo com o cronograma divulgado, a abertura dos envelopes se dará em 45 (quarenta e cinco) dias e a assinatura do contrato está prevista para 90 (noventa) dias. Do edital constam duas cláusulas que, em tese, afastariam do certame a empresa ABCD Engenharia. A primeira diz respeito a um dos requisitos de habilitação, pois se exige dos licitantes, para demonstração de qualificação técnica, experiência anterior em contratos de obra pública com a União (requisito não atendido pela empresa, que já realizou obras públicas do mesmo porte que a apontada no edital para diversos entes da Federação, mas não para a União). A segunda diz respeito à exigência de os licitantes estarem sediados em Brasília, sede do Ministério da Cultura, local onde se dará a execução das obras (requisito não atendido pela empresa, sediada no Município de Bugalhadas). Na mesma semana em que foi publicado o edital, a empresa o procura para que, na qualidade de advogado, ajuíze a medida cabível para evitar o prosseguimento da licitação, reconhecendo os vícios do edital e os retirando, tudo a permitir que possa concorrer sem ser considerada não habilitada, e sem que haja vício que comprometa o contrato. Pede, ainda, que se opte pela via, em tese, mais célere. Elabore a peça adequada, considerando não ser necessária a dilação probatória, haja vista ser preciso apenas a juntada dos documentos próprios (edital, cópia dos contratos com outros entes federativos etc.) para se comprovar os vícios alegados. Observe o examinando que o interessado quer o procedimento que, em tese, seja o mais célere. (Valor: 5,00) Obs.: o examinando deve apresentar os argumentos jurídicos apropriados e a fundamentação legal pertinente ao caso.

GABARITO COMENTADO

A peça a ser apresentada é um Mandado de Segurança, impugnando o edital de licitação publicado pelo Ministério da Cultura. O Mandado de Segurança há de ser dirigido ao Superior Tribunal de Justiça, competente para o julgamento de Mandado de Segurança contra ato de Ministro de Estado, na forma do artigo 105, I, b, da CRFB/88. O examinando deve indicar, como impetrante, a empresa ABCD Engenharia, bem como indicar a autoridade coatora (o Ministro da Cultura) e a pessoa jurídica a que se vincula (a União). Deve ser formulado pedido de concessão de medida liminar, demonstrando-se o fundamento relevante (violação às disposições constantes da Lei federal nº 8.666/1993) e o fundado receio de ineficácia da medida, caso concedida a segurança apenas ao final do processo (uma vez que o contrato poderá já ter sido assinado e iniciada a sua execução). No mérito, devem ser apontado: (1) a impossibilidade de licitar a obra sem a prévia existência de projeto básico, na forma do Art. 7º, § 2º, I da Lei nº 8.666/1993; (2) a impossibilidade de elaboração de projeto básico e de execução da obra pela mesma pessoa, na forma do Art. 9º, I, da Lei nº 8.666/1993; (3) violação ao limite de valor para a tomada de preços, conforme previsão do Art. 23, I, b, da Lei nº 8.666/1993; (4) a exigência de experiência de contratação anterior com a União é inválida, conforme previsão do Art. 30, II, da Lei nº 8.666/1993; (5) vedação da cláusula que estabelece preferência ou distinção em razão da sede da empresa, na forma do Art. 3º, § 1º, I, da Lei nº 8.666/1993 e violação ao Art. 20, parágrafo único, da Lei nº 8.666/1993, que veda que seja utilizada a sede como impedimento à participação em licitação. Ao final, devem ser formulados pedidos de notificação da autoridade coatora e ciência ao órgão de representação judicial da pessoa jurídica de direito público a que se vincula aquela autoridade, bem como pedido de concessão da liminar para suspender a licitação até decisão final, de mérito, e de procedência do pedido, ao final, para determinar a anulação daquele procedimento, viciado pelo edital contrário à legislação.

QUESTÃO 1

A União celebrou contrato de concessão de serviços públicos de transporte interestadual de passageiros, por ônibus do tipo leito, entre os Estados X e Y, na Região Nordeste do país, com a empresa Linha Verde. Ocorre que já existe concessão de serviço de transporte interestadual entre os Estados X e Y, por ônibus do tipo executivo (com ar condicionado e assentos individuais estofados, mas não do tipo leito), executada pela empresa Viagem Rápida. Em virtude do novo contrato celebrado pela União, a empresa Viagem Rápida, concessionária do serviço por ônibus, do tipo executivo, entre os Estados X e Y, ingressou com demanda em Juízo, alegando que a celebração do novo contrato (com o estabelecimento de concorrência anteriormente inexistente) rompe seu equilíbrio econômico-financeiro, razão pela qual se impõe a exclusividade na exploração comercial daquela linha. Com base no caso apresentado, responda, fundamentadamente, aos itens a seguir. A) Procede a alegação da empresa Viagem Rápida de que se impõe a exclusividade na exploração comercial daquela linha? (Valor: 0,60) B) Pode a União determinar alteração na linha que liga os Estados X e Y, impondo ao concessionário (empresa Viagem Rápida) um novo trajeto, mais longo e mais dispendioso? (Valor: 0,65) Obs.: o examinando deve fundamentar suas respostas. A mera citação do dispositivo legal não confere pontuação.

GABARITO COMENTADO

A) A resposta é negativa. De acordo com o Art. 16 da Lei nº 8.987/1995, "a outorga de concessão ou permissão não terá caráter de exclusividade, salvo no caso de inviabilidade técnica ou econômica justificada no ato a que se refere o Art. 5º desta Lei". Portanto, a empresa Viagem Rápida não pode exigir a exclusividade na exploração comercial da linha de ônibus, seja em relação ao mesmo tipo de ônibus, seja em relação a outro. B) A resposta é positiva. Trata-se da chamada alteração unilateral do contrato, prerrogativa da Administração, em favor do interesse da coletividade. Entretanto, qualquer alteração que imponha gravame ou ônus ao concessionário deve ser acompanhada de medidas capazes de recompor o inicial equilíbrio econômico e financeiro do contrato, garantia assegurada pelo Art. 37, XXI, da CRFB/88 e pelo Art. 9º, § 4º, da Lei nº 8.987/1995. É lícita, portanto, a modificação pelo poder concedente do funcionamento do serviço, desde que assegurado o equilíbrio contratual, e observando-se o limite estabelecido no Art. 65, § 1º, da Lei nº 8.666/1993.

QUESTÃO 2

O Estado X está realizando obras de duplicação de uma estrada. Para tanto, foi necessária a interdição de uma das faixas da pista, deixando apenas uma faixa livre para o trânsito de veículos. Apesar das placas sinalizando a interdição e dos letreiros luminosos instalados, Fulano de Tal, dirigindo em velocidade superior à permitida, distraiu-se em uma curva e colidiu com algumas máquinas instaladas na faixa interditada, causando danos ao seu veículo. A partir do caso proposto, responda, fundamentadamente, aos itens a seguir. A) Em nosso ordenamento, é admissível a responsabilidade civil do Estado por ato lícito? (Valor: 0,60) B) Considerando o caso acima descrito, está configurada a responsabilidade objetiva do Estado X? (Valor: 0,65) Obs.: o examinando deve fundamentar suas respostas. A mera citação do dispositivo legal não confere pontuação.

GABARITO COMENTADO

A) A resposta é positiva. A responsabilidade do Estado pela prática de ato lícito assenta no princípio da isonomia, ou seja, na igualdade entre os cidadãos na repartição de encargos impostos em razão do interesse público. Assim, quando for necessário o sacrifício de um direito em prol do interesse da coletividade, tal sacrifício não pode ser suportado por um único sujeito, devendo ser repartido entre toda a coletividade. B) A resposta é negativa. A configuração da responsabilidade objetiva requer a presença de um ato (lícito ou ilícito), do dano e do nexo de causalidade entre o ato e o dano. A culpa exclusiva da vítima é causa de exclusão da responsabilidade objetiva, uma vez que rompe o nexo de causalidade: o dano é ocasionado por conduta da própria vítima. No caso proposto, Fulano de Tal conduzia seu veículo em velocidade superior à permitida, distraiu-se em uma curva e deixou de observar as placas e o letreiro luminoso que indicavam a interdição da pista.

QUESTÃO 3

Tício é servidor público federal há 6 (seis) anos, e, durante todo esse tempo, sempre teve comportamento exemplar. Um dia, ao ser comunicado, pelo seu chefe imediato, que não poderia gozar férias no mês de dezembro, uma vez que dois colegas já estariam de férias no mesmo período, Tício exigiu que fosse aberta uma exceção, por ele ser o servidor mais antigo. Como a resposta foi negativa, Tício tornou-se agressivo, e, gritando palavrões, passou a ofender seu chefe até, finalmente, agredir com um soco um dos colegas servidores que presenciava a cena. Com base no caso narrado, responda, fundamentadamente, aos itens a seguir. A) Considerando que Tício não apresentou anteriormente qualquer problema, é possível a aplicação da penalidade de demissão pelo caso relatado? (Valor: 0,65) B) Considerando que o ato foi presenciado por diversas testemunhas e pelo próprio chefe imediato de Tício, é possível dispensar a instauração de processo administrativo disciplinar, instaurando-se apenas a sindicância? (Valor: 0,60) Obs.: o examinando deve fundamentar suas respostas. A mera citação do dispositivo legal não confere pontuação.

GABARITO COMENTADO

A) A resposta é positiva. Nos termos do Art. 132, incisos VI e VII, da Lei nº 8.112/1990, será aplicada a penalidade de demissão ao servidor, nos casos de insubordinação grave e de ofensa física em serviço. Não há necessidade de aplicação de outras penalidades antes da aplicação da demissão. Os artigos 129 e 130 da Lei nº 8.112/1990, determinam, respectivamente, os casos de aplicação das penalidades de advertência e de suspensão, excluindo, expressamente, os casos que tipifiquem infração sujeita à penalidade de demissão. B) A resposta é negativa. Nos termos do Art. 146 da Lei nº 8.112/1990, "sempre que o ilícito praticado pelo servidor ensejar a imposição de penalidade de suspensão por mais de 30 (trinta) dias, de demissão, de cassação de aposentadoria ou disponibilidade, ou destituição de cargo em comissão, será obrigatória a instauração de processo disciplinar".

QUESTÃO 4

José da Silva, presidente de autarquia federal, admitiu servidores públicos sem o devido concurso público. O Ministério Público Federal ajuizou ação de improbidade em face de José da Silva, sob o fundamento de prática de ato de improbidade administrativa que atenta contra princípios da Administração Pública. Devidamente citado, José da Silva, por meio de seu advogado, apresentou contestação em que sustentou, em primeiro lugar, que houve mera irregularidade administrativa, sem configuração de ato de improbidade administrativa, ante a inexistência de dano ao erário ou de enriquecimento ilícito. Alegou, ainda, que os atos de improbidade estariam taxativamente discriminados na lei e não há nenhum dispositivo que expressamente afirme que a não realização de concurso público é ato de improbidade administrativa. Levando em consideração a hipótese apresentada, responda, de forma justificada, aos itens a seguir. A) É procedente a alegação de que houve mera irregularidade administrativa e não ato de improbidade administrativa? (Valor: 0,65) B) É procedente a alegação de que a Lei de Improbidade Administrativa elenca taxativamente os atos de improbidade administrativa? (Valor: 0,60) Obs.: o examinando deve fundamentar suas respostas. A mera citação do dispositivo legal não confere pontuação.

GABARITO COMENTADO

O objetivo da questão é avaliar o conhecimento do examinando quanto aos atos de improbidade administrativa. A) A resposta deve ser negativa. O enquadramento dos atos de improbidade como violadores dos princípios da Administração Pública prescinde da ocorrência de lesão ao erário e/ou enriquecimento ilícito do agente, nos termos das hipóteses previstas pelo Art. 11 da Lei nº 8.429/1992. B) A resposta deve ser negativa. O examinando deve identificar que as condutas específicas elencadas nos incisos dos artigos 9º a 11 da Lei nº 8.429/1992, são situações meramente exemplificativas, podendo existir outras condutas que, inserindo-se no caput dos mencionados dispositivos, importem ato de improbidade administrativa por causarem lesão ao erário, enriquecimento ilícito ou violação a princípio da Administração Pública. Tanto é assim que os artigos 9º, 10 e 11 utilizam-se da palavra "notadamente", a indicar que há outras hipóteses que configuram atos de improbidade além daquelas elencadas nos seus incisos.

• XIX EXAME

PEÇA PRÁTICO-PROFISSIONAL

Marcos Silva, aluno de uma Universidade Federal, autarquia federal, inconformado com a nota que lhe fora atribuída em uma disciplina do curso de graduação, abordou a professora Maria Souza, servidora pública federal, com um canivete em punho e, em meio a ameaças, exigiu que ela modificasse sua nota. Nesse instante, a professora, com o propósito de repelir a iminente agressão, conseguiu desarmar e derrubar o aluno, que, na queda, quebrou um braço. Diante do ocorrido, foi instaurado Processo Administrativo Disciplinar (PAD), para apurar eventual responsabilidade da professora. Ao mesmo tempo, a professora foi denunciada pelo crime de lesão corporal. Na esfera criminal, a professora foi absolvida, vez que restou provado ter agido em legítima defesa, em decisão que transitou em julgado. O processo administrativo, entretanto, prosseguiu, sem a citação da servidora, pois a Comissão nomeada entendeu que a professora já tomara ciência da instauração do procedimento por meio da imprensa e de outros servidores. Ao final, a Comissão apresentou relatório pugnando pela condenação da servidora à pena de demissão. O PAD foi encaminhado à autoridade competente para a decisão final, que, sob o fundamento de vinculação ao parecer emitido pela Comissão, aplicou a pena de demissão à servidora, afirmando, ainda, que a esfera administrativa é autônoma em relação à criminal. Em 10/04/2015, a servidora foi cientificada de sua demissão, por meio de publicação em Diário Oficial, ocasião em que foi afastada de suas funções, e, em 10/09/2015, procurou seu escritório para tomar as medidas judiciais cabíveis, informando, ainda, que, desde o afastamento, está com sérias dificuldades financeiras, que a impedem, inclusive, de suportar os custos do ajuizamento de uma demanda. Como advogado(a), elabore a peça processual adequada para amparar a pretensão de sua cliente, analisando todos os aspectos jurídicos apresentados. (Valor: 5,00) *Obs.: o examinando deve fundamentar suas respostas. A mera citação do dispositivo legal não confere pontuação.*

GABARITO COMENTADO

A peça a ser elaborada consiste em uma Petição Inicial de Ação de Rito Ordinário. Não se admite a impetração do Mandado de Segurança, vez que decorridos mais de 120 dias da ciência, pelo interessado, do ato impugnado. (Art. 23 da Lei 12.016/09). A competência para apreciar aludida demanda é da Justiça Federal, nos termos do Art. 109, I, da CRFB. Assim, a petição inicial deverá ser endereçada ao Juiz Federal da Seção Judiciária competente. O polo ativo da demanda é ocupado por Maria e o passivo, pela Universidade Federal, autarquia federal. Deve ser indicado que, em razão das dificuldades financeiras enfrentadas pela autora desde sua demissão, não pode suportar as custas judiciais, razão pela qual lhe deve ser deferida a gratuidade de justiça, na forma da Lei 1.050/1960. No mérito, deve ser demonstrado: (1) violação ao contraditório e à ampla defesa da servidora, e a consequente nulidade do processo administrativo disciplinar – Art. 143, parte final, da Lei 8.112/90 e Art. 5º, LV, da CRFB; (2) que, na hipótese de absolvição penal com fundamento em excludente de ilicitude, como a legítima defesa, não há espaço para aplicação do resíduo administrativo (falta residual), vez que constitui uma das hipóteses de mitigação ao princípio da independência entre as instâncias, ou seja, a decisão proferida na esfera penal necessariamente vinculará o conteúdo da decisão administrativa –

Art. 125 c/c o Art. 126, ambos da Lei 8.112/90 c/c o Art. 65 do CPP. Deverá, ainda, ser mencionada a lesão patrimonial sofrida pelo não recebimento dos vencimentos no período em que esteve arbitrariamente afastada do quadro funcional. O examinando deve pleitear, em sede de tutela antecipada, a reintegração da servidora aos quadros funcionais, demonstrando o preenchimento dos seus requisitos. – Art. 273, I do CPC, quais sejam: (1) A prova inequívoca do direito (fumus boni iuris) consubstanciada na nulidade do PAD por violação ao contraditório (ausência de citação) e na sentença penal absolutória transitada em julgado, que reconheceu que a servidora agiu em legítima defesa; e (2) o fundado receio de dano irreparável (periculum in mora), demonstrado pelas dificuldades financeiras enfrentadas pela autora. No pedido, deve requerer a confirmação da tutela antecipada deferida e a procedência dos pedidos: de anulação do ato demissional, de reintegração da servidora aos quadros funcionais da autarquia federal, bem como a condenação do réu ao pagamento retroativo de todas as verbas a que faria jus a servidora, se em exercício estivesse. O examinando deve requerer, ainda, a concessão da gratuidade de justiça e, por fim, a citação do réu, o protesto pela produção de provas, a condenação em custas e honorários sucumbenciais, além de indicar o valor da causa.

QUESTÃO 1

A sociedade empresária Sigma sagrou-se vencedora da licitação para a concessão de serviço público, precedida da execução de obra pública, a saber, a construção de linha férrea unindo quatro municípios da Região Metropolitana do Estado do Pará e posterior exploração comercial da linha. No segundo ano da entrada em operação do serviço ferroviário, a empresa não pôde efetuar o reajuste da tarifa, com base no índice previsto no contrato, sob o argumento de que se tratava de um ano eleitoral. Com base no caso apresentado, responda, fundamentadamente, aos itens a seguir.

A) A sociedade empresária Sigma pode, mediante notificação prévia, declarar a rescisão unilateral do contrato? Alternativamente, pode a empresa determinar a interrupção na prestação do serviço até a aprovação do reajuste pelo Estado? (Valor: 0,75) B) Poderia ter sido previsto no referido contrato de concessão que eventuais conflitos decorrentes de sua execução seriam resolvidos por meio de arbitragem? (Valor: 0,50) Obs.: o examinando deve fundamentar suas respostas. A mera citação do dispositivo legal não confere pontuação.

GABARITO COMENTADO

A) A resposta é dada pelo Artigo 39, da Lei 8.987/1995: o contrato de concessão poderá ser rescindido por iniciativa da concessionária. No caso de descumprimento das normas contratuais pelo poder concedente, mediante ação judicial especialmente intentada para esse fim. A sociedade empresária não pode, portanto, declarar a rescisão unilateral do contrato, devendo ajuizar demanda para esse fim. De igual modo, não pode determinar a interrupção na prestação do serviço, mesmo diante do descumprimento de cláusula contratual pelo poder concedente, na forma do Art. 39, parágrafo único, que determina a impossibilidade de interrupção ou paralisação do serviço até decisão judicial transitada em julgado. B) A resposta é positiva. O Art. 23-A, da Lei 8.987/1995, dispõe que "o contrato de concessão poderá prever o emprego de mecanismos privados, para resolução de disputas decorrentes ou relacionadas ao contrato, inclusive a arbitragem, a ser realizada no Brasil e em língua portuguesa". Nesse sentido, a Lei 13.129/2015 passou a disciplinar a utilização da arbitragem para dirimir conflitos relativos a direitos patrimoniais disponíveis envolvendo a Administração Pública.

QUESTÃO 2

A Secretaria de Saúde do Município de Muriaé-MG realizou procedimento licitatório na modalidade de concorrência, do tipo menor preço, para aquisição de insumos. Ao final do julgamento das propostas, observou-se que a microempresa Alfa havia apresentado preço 8% (oito por cento) superior em relação à proposta mais bem classificada, apresentada pela empresa Gama. Diante desse cenário, a Pasta da Saúde concedeu à microempresa Alfa a oportunidade de oferecer proposta de preço inferior àquela trazida pela empresa Gama. Valendo-se disso, assim o fez a microempresa Alfa, sendo em favor desta adjudicado o objeto do certame. Inconformada, a empresa Gama interpôs recurso, alegando, em síntese, a violação do princípio da isonomia, previsto no Art. 37, XXI, da Constituição da República e no Art. 3º, da Lei nº 8.666/1993. Na qualidade de Assessor Jurídico da Secretaria de Saúde do Município de Muriaé-MG, utilizando-se de fundamentação e argumentos jurídicos, responda aos itens a seguir. A) É juridicamente correto oferecer tal benefício para a microempresa Alfa? (Valor: 0,50) B) Houve violação ao princípio da isonomia? (Valor: 0,75) Obs.: o examinando deve fundamentar suas respostas. A mera citação do dispositivo legal não confere pontuação.

GABARITO COMENTADO

A) A resposta deve ser positiva. O Art. 44, § 1º, da Lei Complementar 123/2006 presume como empate as hipóteses em que as propostas apresentadas pelas microempresas e empresas de pequeno porte forem iguais ou 10% (dez por cento) superiores a melhor proposta. É o denominado "empate ficto ou presumido". B) A resposta deve ser negativa. O examinando deve abordar o princípio da isonomia, previsto de forma genérica no Art. 5º da Constituição da República, sob seu aspecto material, no qual se pressupõe tratamento desigual entre aqueles que não se enquadram na mesma situação fático-jurídica. No caso em questão, a própria Constituição estabelece a necessidade de tratamento diferenciado às microempresas e às empresas de pequeno porte (Art. 146, III, "d", Art. 170, IX, e Art. 179, todos da CRFB/88).

QUESTÃO 3

Na estrutura administrativa do Estado do Maranhão, a autarquia Ômega é responsável pelo desempenho das funções estatais na proteção e defesa dos consumidores. Em operação de fiscalização realizada pela autarquia, constatou-se que uma fornecedora de bebidas realizou "maquiagem" em seus produtos, ou seja, alterou o tamanho e a forma das garrafas das bebidas que comercializava, para que os consumidores não percebessem que passaria a haver 5% menos bebida em cada garrafa. Após processo administrativo em que foi conferida ampla defesa à empresa, a autarquia lhe aplicou multa, por violação ao dever de informar os consumidores acerca da alteração de quantidade dos produtos. Na semana seguinte, a infração praticada pela empresa foi noticiada pelos meios de comunicação tradicionais, o que acarretou considerável diminuição nas suas vendas, levando-a a ajuizar ação indenizatória em face da autarquia. A empresa alega que a repercussão social dos fatos acabou gerando danos excessivos à sua imagem. Diante das circunstâncias narradas, responda aos itens a seguir. A) A autarquia Ômega, no exercício de suas atividades de proteção e defesa dos consumidores, possui o poder de aplicar multa à empresa de bebidas? (Valor: 0,60) B) A autarquia deve reparar os danos sofridos pela redução de vendas dos produtos da empresa fiscalizada? (Valor: 0,65) Obs.: o examinando deve fundamentar suas respostas. A mera citação do dispositivo legal não confere pontuação.

GABARITO COMENTADO

A) A resposta deve ser positiva. A autarquia possui natureza jurídica de direito público, de modo que, no exercício de seu poder de polícia, pode exercer fiscalização e, caso encontre irregularidades, pode aplicar sanções (Art. 78 do CTN e artigos 55 e 56, inciso I, do CDC). B) A resposta deve ser negativa. A responsabilidade civil pressupõe uma conduta do agente, um resultado danoso, e um nexo de causalidade entre a conduta e o resultado. Ainda que, em casos excepcionais, seja possível a responsabilização do Estado por condutas lícitas, a autarquia agiu, no caso narrado, em estrito cumprimento de seu dever legal, rompendo o nexo de causalidade que é pressuposto da responsabilidade civil. Além disso, a notícia acerca da infração ganhou notoriedade em virtude de haver sido publicada pelos meios de comunicação tradicionais, sem nenhum fato que pudesse indicar uma atuação específica, deliberada e desproporcional da autarquia em prejudicar a imagem da empresa. Por fim, deve-se ressaltar que seria um contrassenso não divulgar a notícia acerca da infração, a qual consistia exatamente no não cumprimento do dever de informar a alteração irregular dos produtos aos consumidores.

QUESTÃO 4

A lei federal 1.234 estabeleceu novas diretrizes para o ensino médio no país, determinando a inclusão de Direito Constitucional como disciplina obrigatória. Para regulamentar a aplicação da lei, o Presidente da República editou o Decreto nº 101 que, a fim de atender à nova exigência legal, impõe às escolas públicas e particulares, a instituição de aulas de Direito Constitucional, de Direito Administrativo e de Noções de Defesa do Consumidor, no mínimo, de uma hora semanal por disciplina, com professores diferentes para cada uma. Com base na hipótese apresentada, responda, fundamentadamente, aos itens a seguir. A) Considerando o poder regulamentar, conferido à Administração Pública, de editar atos normativos gerais para complementar os comandos legislativos e permitir sua aplicação, é válido o Decreto nº 101, expedido pelo Chefe do Poder Executivo? (Valor: 0,75) B) O ato expedido pelo Chefe do Poder Executivo está sujeito a controle pelo Poder Legislativo? (Valor: 0,50) Obs.: o examinando deve fundamentar suas respostas. A mera citação do dispositivo legal não confere pontuação.

GABARITO COMENTADO

A) A resposta é negativa. O poder regulamentar conferido à Administração tem caráter complementar à lei, a fim de permitir sua aplicação. O poder regulamentar destina-se, portanto, a explicitar o teor das leis, preparando sua execução, não podendo criar obrigação nova, não prevista na lei. O Art. 84, IV, da CRFB/88, dá a exata dimensão dessa prerrogativa: "expedir decretos e regulamentos para sua fiel execução". B) A resposta é positiva. O Congresso Nacional tem competência constitucional para sustar os atos normativos do Poder Executivo que exorbitem do poder regulamentar, conforme previsão do Art. 49, V, da CRFB/88.

• XX EXAME

PEÇA PRÁTICO-PROFISSIONAL

João, ao retornar de um doutorado no exterior, é surpreendido com a presença de equipamentos e maquinário do Estado X em imóvel urbano de sua propriedade, e que, segundo informação do engenheiro responsável pela obra, o referido imóvel estaria sem uso há três anos e meio, e, por essa razão, teria sido escolhido para a construção de uma estação de metrô no local. Inconformado com a situação, João ingressa com "ação de desapropriação indireta" perante o Juízo Fazendário do Estado X, tendo obtido sentença de total improcedência em primeiro grau de jurisdição, sob os seguintes fundamentos: i) impossibilidade de reivindicação do bem, assim como da pretensão à reparação financeira, em decorrência da supremacia do interesse público sobre o privado; ii) o transcurso de mais de três anos entre a ocupação do imóvel e a propositura da ação, ensejando a prescrição de eventual pleito indenizatório; e iii) a subutilização do imóvel por parte de João, justificando a referida medida de política urbana estadual estabelecida. Como advogado(a) de João, considerando que a sentença não padece de qualquer omissão, contradição ou obscuridade, elabore a peça adequada à defesa dos interesses de seu cliente, apresentando os fundamentos jurídicos aplicáveis ao caso. (Valor: 5,00) Obs.: o examinando deve fundamentar suas respostas. A mera citação do dispositivo legal não confere pontuação.

GABARITO COMENTADO

O examinando deve elaborar o recurso de apelação em face da sentença de improcedência da pretensão, dirigido ao Juízo Fazendário do Estado X, com as razões recursais dirigidas ao Tribunal de Justiça do Estado X, que as apreciará. O apelante é João e, o apelado, o Estado X. No mérito, o examinando deverá afastar o argumento utilizado pelo Juízo a quo, no sentido da impossibilidade de indenização em decorrência da desapropriação indireta, nos termos do Art. 35 do Decreto 3.365/41, pois a perda da propriedade por meio da desapropriação pressupõe a prévia e justa indenização em dinheiro, nos termos do Art. 5º, inciso XXIV, da CRFB/88, o que não foi observado no caso concreto. A supremacia do interesse público sobre o privado não autoriza que João perca sua propriedade como uma modalidade de sanção, de modo que ele deve ser reparado financeiramente. Ademais, o examinando deverá apontar que prazo prescricional para a propositura da ação para a reparação dos danos decorrentes da desapropriação indireta é de 10 (dez) anos, nos termos da Súmula 119 do STJ interpretada à luz do disposto do art. 1.238 do CC/02, afastando a incidência do Art. 206, § 3º, inciso V, do Código Civil, por sua especificidade. Desse modo, não há de se falar em prescrição sobre o direito de João. O examinando deverá, ainda no mérito, argumentar que o Estado não detém competência constitucional para desapropriar como medida de política urbana, a qual é do Município (Art. 182 da CRFB/88). Por fim, o examinando deverá formular pedido de reforma da sentença para que seja reconhecido o direito de indenização pelos prejuízos causados.

QUESTÃO 1

O Município de Bugalhadas foi escolhido para sediar a Feira Mundial do Agronegócio, a ser realizada em 2016. São esperados mais de 10.000 (dez mil) turistas e visitantes nos 5 (cinco) dias de evento. O Município, entretanto, não está preparado, e, por isso, anunciou um grande pacote de obras de urbanização, com recursos repassados pela União e pelo Estado. Estão previstas obras de ampliação de ruas, asfaltamento, ampliação da rede coletora de esgotos, construção de praças e ciclovias, além da reforma do centro de convenções, que somadas, alcançam o montante de R$ 90.000.000,00 (noventa milhões de reais). Sobre a hipótese apresentada, responda aos itens a seguir. A) É possível ao Município licitar a realização de todas as obras em conjunto? (Valor: 0,65) B) Considerando a necessidade de conclusão das obras até a realização do evento, pode o Município estabelecer, como tipo de licitação, o menor prazo de execução da obra (considerando o orçamento estimado como limite de valor das propostas)? (Valor: 0,60)

GABARITO COMENTADO

A) Não. O examinando deve indicar que, conforme previsão expressa do Art. 23, § 1º, da Lei 8.666/1993, "As obras, serviços e compras efetuadas pela Administração serão divididas em tantas parcelas quantas se comprovarem técnica e economicamente viáveis, procedendo-se à licitação com vistas ao melhor aproveitamento dos recursos disponíveis no mercado e à ampliação da competitividade sem perda da economia de escala". Assim, obras que não apresentem qualquer relação de interdependência devem ser licitadas separadamente, com vistas à ampliação da competitividade. B) A resposta também é negativa. O Art. 45, § 1º, da Lei 8.666/1993 dispõe que constituem tipos de licitação a de menor preço, a de melhor técnica e a de técnica e preço. O § 5º do mesmo dispositivo veda a utilização de outros tipos de licitação, como no exemplo, o de menor prazo de execução das obras.

QUESTÃO 2

A sociedade empresária "Mais Veloz", concessionária do serviço público de transporte ferroviário de passageiros no Estado X, está encontrando uma série de dificuldades na operação de um dos ramais do sistema ferroviário. Os consultores da sociedade empresária recomendaram aos seus administradores a manutenção da concessão, que é lucrativa, e a subconcessão do ramal que está gerando problemas. Os consultores, inclusive, indicaram o interesse de duas empresas em assumir a operação do ramal – e ambas atendem a todos os requisitos de qualificação que haviam sido inicialmente exigidos no edital de concessão do serviço. Com base no caso apresentado, responda fundamentadamente. A) Caso seja silente o contrato de concessão celebrado, pode haver a subconcessão do ramal que está gerando problemas operacionais? (Valor: 0,65) B) Caso autorizada a subconcessão, a sociedade empresária "Mais Veloz" pode escolher livremente uma das duas empresas para celebrar o contrato de subconcessão? (Valor: 0,60) Obs.: o examinando deve fundamentar suas respostas. A mera citação do dispositivo legal não confere pontuação.

GABARITO COMENTADO

A) A resposta é negativa. A subconcessão é admitida em nosso ordenamento, mas, nos termos do Art. 26 da Lei nº 8.987/1995 deve haver expressa previsão no contrato de concessão. B) A resposta é negativa. A outorga de subconcessão, nos termos do Art. 26, § 1º, da Lei nº 8.987/1995, será sempre precedida de concorrência, não podendo, portanto, haver uma escolha por parte da sociedade empresária "Mais Veloz".

QUESTÃO 3

José Maria, aprovado em concurso público para o cargo de Auditor Fiscal do Ministério da Fazenda, foi convocado a apresentar toda a sua documentação e os exames médicos necessários até o dia 13 de julho. Após a entrega dos documentos, José Maria foi colocado em treinamento, e, passadas duas semanas, iniciou o exercício de suas atividades funcionais, que consistiam no processamento de pedidos de parcelamento de débitos tributários. Ocorre que, meses depois, a Administração percebeu que José Maria não havia, formalmente, sido nomeado e nem assinado o termo de posse. Responda, fundamentadamente, aos itens a seguir. A) Os atos praticados por José Maria podem gerar efeitos em relação a terceiros? (Valor: 0,75) B) A Administração pode exigir de José Maria a devolução dos valores por ele percebidos ao longo do tempo em que não esteve regularmente investido? (Valor: 0,50) Obs.: o examinando deve fundamentar suas respostas. A mera citação do dispositivo legal não confere pontuação.

GABARITO COMENTADO

A) A resposta é positiva. A situação descrita configura exemplo de atuação de um agente de fato, isto é, aquele que desempenha atividade pública com base na presunção de legitimidade de sua situação funcional. Os atos praticados por agentes de fato podem ser convalidados, a fim de se evitarem prejuízos para a Administração ou a terceiros de boa-fé. B) A resposta é negativa. Ainda que ilegítima a investidura, o agente de fato tem direito à percepção de sua remuneração porque agiu de boa-fé e as verbas recebidas tinham caráter alimentar, sob pena de enriquecimento sem causa da Administração Pública.

QUESTÃO 4

Certo estado da Federação fez editar lei que determina a divulgação, por meio de sítios eletrônicos, da remuneração de seu quadro de pessoal, incluindo informações sobre nome, matrícula e montante bruto do total da remuneração de cada servidor. Cumprido o comando normativo, observou-se que o montante total bruto percebido por alguns servidores era superior ao teto remuneratório estipulado na Constituição. Como assessor jurídico da Secretaria de Estado de Administração, responda aos seguintes itens. A) A lei em questão viola o direito à privacidade e à intimidade dos servidores? Fundamente sua resposta. (Valor: 0,75) B) Existe verba que não esteja submetida ao teto remuneratório e possa validamente justificar a percepção de remuneração em valor acima do limite determinado pela Constituição? (Valor: 0,50) Obs.: o examinando deve fundamentar suas respostas. A mera citação do dispositivo legal não confere pontuação.

GABARITO COMENTADO

A) Não há violação ao direito à privacidade e à intimidade porque os dados a serem divulgados dizem respeito a agentes públicos atuando nessa qualidade; remuneração bruta, cargo e lotação são informações de interesse coletivo e geral, em consonância com o princípio republicano que se extrai do Art. 1° da CRFB/88. A lei enquadrasse na parte inicial do disposto no Art. 5°, inciso XXXIII, da CRFB/88, ausente qualquer das circunstâncias impositivas de sigilo com base na parte final do dispositivo. A atividade administrativa e os respectivos gastos se submetem ao princípio da publicidade, enunciado no Art. 37, caput, da Constituição da República. B) A resposta é afirmativa. As verbas de caráter indenizatório, previstas em lei, não se submetem ao teto remuneratório, na forma do Art. 37, § 11, da CRFB/88.

• XXI EXAME

PEÇA PRÁTICO-PROFISSIONAL

Diante de fortes chuvas que assolaram o Município Alfa, fez-se editar na localidade legislação que criou o benefício denominado "aluguel social" para pessoas que tiveram suas moradias destruídas por tais eventos climáticos, mediante o preenchimento dos requisitos objetivos estabelecidos na mencionada norma, dentre os quais, a situação de hipossuficiência e a comprovação de comprometimento das residências familiares pelos mencionados fatos da natureza. Maria preenche todos os requisitos determinados na lei e, ao contrário de outras pessoas que se encontravam na mesma situação, teve indeferido o seu pedido pela autoridade competente na via administrativa. Em razão disso, impetrou Mandado de Segurança perante o Juízo de 1° grau competente, sob o fundamento de violação ao seu direito líquido e certo de obter o benefício em questão e diante da existência de prova pré-constituída acerca de suas alegações. A sentença denegou a segurança sob o fundamento de que a concessão de "aluguel social" está no âmbito da discricionariedade da Administração e que o mérito não pode ser invadido pelo Poder Judiciário, sob pena de violação do princípio da separação dos Poderes. Considerando que já foram apresentados embargos de declaração, sem qualquer efeito modificativo, por não ter sido reconhecida nenhuma obscuridade, contradição, omissão ou erro material na sentença, e que existe prazo para a respectiva impugnação, redija a peça cabível para a defesa dos interesses de Maria. (Valor: 5,00) Obs.: a peça deve abranger todos os fundamentos de Direito que possam ser utilizados para dar respaldo à pretensão. A simples menção ou transcrição do dispositivo legal não confere pontuação.

GABARITO COMENTADO

A medida cabível é a Apelação em Mandado de Segurança, na forma do Art. 14 da Lei nº 12.016/2009. A apelação deve ser apresentada ao Juízo que prolatou a sentença (pode ser Vara de Fazenda Pública, Vara Cível ou Vara Única da Comarca do Município Alfa), com as razões recursais dirigidas ao Tribunal que as apreciará. Na qualificação das partes, deve constar Maria como recorrente e o Município Alfa como recorrido. Na fundamentação, a peça recursal deve: (i) impugnar o fundamento constante da sentença, no sentido de que a concessão do "aluguel social" se submete à discricionariedade da Administração, pois, se a lei elenca os requisitos que impõem a concessão do benefício, sem qualquer margem de escolha para o Administrador, trata-se de ato vinculado, que confere direito subjetivo a quem atenda aos requisitos constantes da norma; (ii) destacar a inexistência de violação ao princípio da separação de Poderes, em decorrência do controle de legalidade ou juridicidade a ser realizado sobre tal ato, notadamente porque o Art. 5º, inciso XXXV, da CRFB/88 consagra o princípio da inafastabilidade de jurisdição; (iii) apontar a existência de violação de direito líquido e certo da apelante à concessão do benefício, diante do preenchimento de todos os requisitos estabelecidos na lei de regência; (iv) indicar, ainda, a violação ao princípio da isonomia, diante do deferimento do benefício a outras pessoas que estão na mesma situação de Maria, bem como a proteção constitucional ao direito de moradia, constante do Art. 6º da CRFB/88. Ao final, a peça deve formular pedido de reforma da sentença, para que seja concedida a segurança, com o fim de determinar à Administração que defira o "aluguel social" para Maria, diante do preenchimento por esta dos requisitos estabelecidos em lei Arremata a peça a indicação de local, data, espaço para assinatura do(a) advogado(a) e o número de sua inscrição na OAB.

QUESTÃO 1

O Município Sigma contratou o arquiteto João da Silva, por inexigibilidade de licitação, para elaborar projeto básico de serviço de restauração em prédios tombados naquela localidade, cuja execução seria objeto de futura licitação. O mencionado projeto básico foi realizado por João da Silva e, ao final do certame para a seleção da proposta mais vantajosa para sua execução, sagrou-se vencedora a sociedade Bela Construção Ltda., da qual João da Silva é sócio. A partir da hipótese apresentada, responda aos itens a seguir. A) João poderia ter sido contratado sem a realização de procedimento licitatório para a elaboração de projeto básico? (Valor: 0,60)

B) A sociedade Bela Construção Ltda. poderia ter participado da licitação destinada à execução do projeto? (Valor: 0,65) Obs.: o(a) examinando(a) deve fundamentar as respostas. A mera citação do dispositivo legal não confere pontuação.

GABARITO COMENTADO

A) A resposta é afirmativa. É possível a contratação direta de arquiteto com base em inexigibilidade de licitação, desde que o serviço técnico (elaboração do projeto básico) seja de natureza singular e o profissional seja de notória especialização, conforme o Art. 25, inciso II, c/c o Art. 13, inciso I, ambos da Lei 8.666/93. B) A resposta é negativa. A ligação entre o autor do projeto básico e a sociedade licitante é suficiente para direcionar a licitação ou conceder vantagens indevidas. O fundamento normativo é a violação aos princípios da isonomia e da impessoalidade, essenciais aos procedimentos licitatórios, nos termos do Art. 3º da Lei 8.666/93 OU a vedação explícita contida no Art. 9º, inciso I, da Lei 8.666/93.

QUESTÃO 2

Após a edição do pertinente decreto declaratório da utilidade pública pela União, sociedade de economia mista federal, enquanto prestadora de serviço público, foi incumbida de promover a desapropriação de imóvel de Antônio. Para tanto, pretende promover tratativas com vistas a lograr a chamada desapropriação amigável ou tomar as medidas judicias cabíveis para levar a efeito a intervenção do Estado na propriedade em foco. Diante dessa situação hipotética, responda aos itens a seguir. A) A sociedade de economia mista em questão pode ajuizar a ação de desapropriação? (Valor: 0,65) B) Considerando que o mencionado decreto expropriatório foi publicado em 05/05/2016, analise se existe prazo para o eventual ajuizamento da ação de desapropriação. (Valor: 0,60) Obs.: o(a) examinando(a) deve fundamentar as respostas. A mera citação do dispositivo legal não confere pontuação.

GABARITO COMENTADO

A) A resposta é afirmativa. É possível que a entidade administrativa promova a desapropriação e, consequentemente, ajuíze a respectiva ação, na forma do Art. 3º do Decreto-lei nº 3.365/41, desde que haja autorização expressa em lei ou no contrato. B) A resposta é afirmativa. Os legitimados para promover a desapropriação por utilidade pública possuem o prazo de 5 (cinco) anos, a contar da expedição do decreto, para o ajuizamento da respectiva ação, sob pena de caducidade, consoante o Art. 10 do Decreto-lei nº 3.365/41.

QUESTÃO 3

Mário, servidor público não estável, foi designado, sem auferir remuneração específica, para integrar comissão de licitação destinada a escolher a melhor proposta dentre as que as empresas especializadas viessem a apresentar para a execução de serviço de engenharia, consistente em assentar uma ciclovia. Encerrada a licitação, um terceiro representou à autoridade administrativa competente, denunciando que a comissão praticara ato de improbidade administrativa porque seus membros teriam induzido a contratação por preço superior ao de mercado, o que causa lesão ao erário. Como assessor(a) jurídico(a) da autoridade, responda aos itens a seguir. A) Mário pode ser considerado sujeito ativo de ato de improbidade administrativa? (Valor: 0,45) B) Pela prática de ato de improbidade administrativa que causa prejuízo ao erário, ao juiz da ação de improbidade é dado, segundo a lei de regência, cumular as sanções de multa e de perda da função pública, afastando as demais aplicáveis à espécie? (Valor: 0,80)

Obs.: o(a) examinando(a) deve fundamentar as respostas. A mera citação do dispositivo legal não confere pontuação.

GABARITO COMENTADO

A) A resposta é afirmativa. Mário é servidor público que pode ser considerado sujeito ativo por ato de improbidade, independentemente de ainda não gozar de estabilidade ou de não auferir remuneração específica para a realização da atribuição em comento, considerando que a lei de improbidade adotou conceito amplo de agente público, tal como se depreende do Art. 2º da Lei 8.429/92. B) O magistrado não está obrigado a aplicar cumulativamente todas as sanções previstas no Art. 12, inciso II, da Lei 8.429/92, podendo, mediante adequada fundamentação, fixá-las e dosá-las segundo a natureza, a gravidade e as consequências da infração (princípios da razoabilidade e da proporcionalidade). Mas, uma vez comprovado o prejuízo ao erário, o ressarcimento, em correspondência aos danos efetivamente causados ao poder público, constitui consequência necessária do ato de improbidade, por aplicação do disposto no Art. 5º da Lei 8.429/92.

QUESTÃO 4

Maria construiu, de forma clandestina, um imóvel residencial em local de risco e, em razão disso, a vida de sua família e outros imóveis situados na região estão ameaçados. A autoridade municipal competente, por meio do devido processo administrativo, tomou as providências cabíveis para determinar e promover a demolição de tal construção, nos exatos termos da legislação local. Diante dessa situação hipotética, responda aos itens a seguir. A) Pode o Município determinar unilateralmente a obrigação demolitória? (Valor: 0,60) B) Caso Maria não cumpra a obrigação imposta, o Município está obrigado a postular a demolição em Juízo? (Valor: 0,65) Obs.: o(a) examinando(a) deve fundamentar as respostas. A mera citação do dispositivo legal não confere pontuação.

GABARITO COMENTADO

A) Os atos administrativos gozam do atributo da imperatividade ou coercibilidade, por meio do qual a Administração pode impor unilateralmente obrigações válidas. Não pode o administrado recusar-se a cumprir ordem veiculada por ato administrativo, quando emanada em conformidade com a lei. B) A resposta é negativa. O ato administrativo em questão goza do atributo da autoexecutoriedade, que autoriza a Administração a executar diretamente seus atos e a fazer cumprir suas determinações, sem recorrer ao Judiciário.

• XXII EXAME

PADRÃO DE RESPOSTA - PEÇA PROFISSIONAL

Em 25/11/2016, o Ministério Público ajuizou ação civil pública de improbidade administrativa exclusivamente em face da sociedade empresária Veloz Ltda. e de seu antigo administrador, Marcelo, por infração ao disposto no art. 10 da Lei nº 8.429/92, em decorrência de se haver beneficiado, por dispensa indevida de licitação, do contrato de compra de veículos oficiais para a Assembleia Legislativa, firmado em 03/04/2010 pela autoridade competente, deputado estadual cujo mandato terminou em 31/01/2011.

No curso da fase probatória, restou demonstrado que a dispensa de licitação foi efetivamente indevida, bem como caracterizada a culpa dos demandados na formalização do contrato. Igualmente, verificou-se que os veículos foram entregues em momento oportuno e que foi cobrado preço compatível com o mercado, além de comprovada a boa reputação da sociedade empresária Veloz Ltda.

Na sentença, o Juízo da 2ª Vara de Fazenda Pública da Comarca da Capital do Estado Alfa julgou procedente o pedido, condenando tanto a sociedade Veloz Ltda. quanto o antigo administrador Marcelo às seguintes penas previstas no art. 12, inciso II, da Lei nº 8.429/92:

i) ressarcimento ao erário consistente na devolução de todos os valores recebidos com base na contratação indevida;

ii) multa civil de três vezes o valor do dano; e

iii) proibição, pelo prazo de cinco anos, de contratar com o Poder Público ou de receber benefícios ou incentivos fiscais ou creditícios, direta ou indiretamente, ainda que por intermédio de pessoa jurídica da qual fossem sócios majoritários.

Inconformados com a condenação, mantida mesmo após a oposição de embargos de declaração, cuja decisão foi publicada na última sexta-feira, os novos administradores da sociedade empresária Veloz Ltda. procuram um(a) advogado(a) para apresentar a medida judicial cabível em defesa dos interesses da pessoa jurídica.

Redija a peça pertinente, alinhando todos os fundamentos jurídicos adequados. **(Valor: 5,00)**

Obs.: a peça deve abranger todos os fundamentos de Direito que possam ser utilizados para dar respaldo à pretensão. A simples menção ou transcrição do dispositivo legal não confere pontuação.

GABARITO COMENTADO

A peça a ser apresentada é um Recurso de Apelação.

O recurso deve ser endereçado ao Juízo da causa (2ª Vara de Fazenda Pública da Comarca da Capital do Estado Alfa), com as razões recursais dirigidas ao Tribunal, que as apreciará.

Recorrente é a sociedade empresária Veloz Ltda. e recorrido é o Ministério Público. A fundamentação do recurso deve conter os seguintes argumentos:

A) Preliminarmente:

1) ausência de legitimidade passiva, diante da impossibilidade de a ação civil pública de improbidade ser ajuizada exclusivamente em face de particulares, sendo indispensável a presença concomitante de agente público no polo passivo da demanda;

2) prescrição da pretensão punitiva para a ação de improbidade, diante da aplicação do disposto no art. 23, inciso I, da Lei nº 8.429/92, considerando que o termo inicial para a contagem do prazo para particulares é o mesmo aplicável ao agente público que praticou a ilicitude, ou seja, o término do mandato do deputado estadual.

B) Em caso de não acolhimento das preliminares e pela necessidade de devolução de toda a matéria ao segundo grau, deve ser alegado, ainda:

1) inexistência de lesão ao erário, considerando que foram cobrados preços compatíveis com os de mercado, de modo a não se configurar o ato de improbidade previsto no art. 10 da Lei nº 8.429/92;

2) ilegalidade da multa civil fixada, cujo valor extrapolou os limites do art. 12, inciso II, da Lei nº 8.429/92, que estabelece que a sanção deve ser de até duas vezes o valor do dano, que, por sua vez, não existe;

3) ilegalidade de ressarcimento da integralidade dos valores recebidos pelo contrato, considerando que os veículos foram entregues ao Poder Público, sob pena de enriquecimento indevido da Administração **OU** violação do art. 884 do Código Civil;

4) violação dos princípios da proporcionalidade **OU** da razoabilidade, sobretudo com relação à necessidade de que as sanções atendam à na-

tureza, gravidade e consequências da ilicitude praticada, sendo desproporcional a aplicação de penalidades em seu limite máximo.

Ao final, deve ser formulado pedido de reforma da sentença, a fim de que seja dado provimento ao apelo e a sociedade empresária Veloz Ltda. seja isentada de qualquer responsabilidade ou condenação, ou, caso assim não se entenda, que sejam reduzidas as penalidades para que atendam ao princípio da proporcionalidade.

Arremata a peça a indicação de local, data, espaço para assinatura do advogado e número de sua inscrição na OAB.

PADRÃO DE RESPOSTA – QUESTÃO 1

Enunciado

O fiscal da execução de um contrato administrativo constatou a existência de vício insanável no edital da licitação que lhe deu origem, mas o referido vício não foi objeto de impugnação pelos concorrentes. Em razão disso, encaminhou informação à autoridade superior competente, com indicação dos motivos da ilegalidade, e solicitou a adoção das medidas cabíveis.

Sobre a hipótese, responda aos itens a seguir.

A) A Administração contratante pode anular o procedimento licitatório em razão de vício insanável e, por conseguinte, o contrato administrativo cuja execução se encontra em curso? **(Valor: 0,70)**

B) Ao particular contratado, deve ser assegurado o direito de manifestar-se previamente sobre a anulação?

(Valor: 0,55)

Obs.: o examinando deve fundamentar suas respostas. A mera citação do dispositivo legal não confere pontuação.

GABARITO COMENTADO

A) A resposta é afirmativa. No exercício da autotutela, a Administração deve anular o ato portador de vício insanável, mediante parecer escrito e devidamente fundamentado, conforme o art. 49, *caput*, da Lei nº 8.666/93, certo de que a nulidade do procedimento licitatório induz à do contrato, na forma do art. 49, § 2º, da Lei nº 8.666/93.

B) A resposta é afirmativa. Por surtir efeitos na esfera jurídica do contratante, deve ser assegurada ampla defesa e o contraditório na anulação do contrato decorrente de vício no procedimento licitatório, como decorrência da garantia constitucional prevista no art. 5º, inciso LV, da CRFB/88 **OU** na forma do art. 49, § 3º, da Lei nº 8.666/93.

PADRÃO DE RESPOSTA – QUESTÃO 2

Enunciado

José prestou concurso público federal mediante a realização de provas e de exame psicotécnico, etapa integrante do certame e previsto na legislação. Ele logrou aprovação e foi regularmente investido na vaga existente no Estado Alfa. Sua esposa, Maria, já é servidora federal estável lotada no mesmo Estado. Logo após a nomeação de José, ela foi removida para o Estado Beta, no extremo oposto do país, onde terá que passar a residir, no interesse da Administração.

Diante dessa situação hipotética, responda aos itens a seguir.

A) José poderia ser submetido à realização de exame psicotécnico como etapa de concurso público, ciente de que o cargo exige equilíbrio emocional? **(Valor: 0,50)**

B) José tem direito de ser removido para outro cargo, no âmbito do mesmo quadro funcional, para o Estado Beta, com o fim de se juntar a Maria? **(Valor: 0,75)**

Obs.: o examinando deve fundamentar suas respostas. A mera citação do dispositivo legal não confere pontuação.

GABARITO COMENTADO

A) Sim. O exame psicotécnico pode constituir etapa de concurso público, desde que exista previsão em lei e no respectivo edital, na forma do art. 37, inciso I, da CRFB/88 **OU** da Súmula Vinculante nº 44 do STF.

B) Sim, porque é cabível a remoção, a pedido, para outra localidade, independentemente do interesse da Administração para acompanhamento, de cônjuge que tenha sido deslocado no interesse da Administração, como se extrai do art. 36, parágrafo único, inciso III, alínea a, da Lei nº 8.112/90.

PADRÃO DE RESPOSTA – QUESTÃO 3

Enunciado

Em fevereiro de 2017, o Estado Alfa fez editar a Lei nº XYZ, que inovou no ordenamento local ao proibir a nomeação de cônjuge, companheiro ou parente em linha reta, colateral ou por afinidade, até o terceiro grau inclusive, da autoridade nomeante ou de servidor da mesma pessoa jurídica investido em cargo de direção, chefia ou assessoramento, para o exercício de cargo em comissão ou de confiança, ou, ainda, de função gratificada na respectiva Administração Pública Direta e na Indireta de todos os Poderes locais, também abrangendo ajustes mediante designações recíprocas. Com isso, a dita lei vedou a prática do chamado nepotismo.

Em razão de tal norma, o governador do Estado Alfa se recusou a nomear João para o cargo de médico, para o qual este havia sido aprovado em concurso público regularmente realizado, sob o fundamento de o candidato ser filho de deputado estadual.

Diante dessa situação hipotética, responda, fundamentadamente, aos itens a seguir.

A) Considerando que a Lei nº XYZ inovou no ordenamento local, analise se a prática de nepotismo era possível antes de seu advento, à luz do ordenamento vigente. **(Valor: 0,70)**

B) É válida a conduta do governador de recusar a nomeação de João? **(Valor: 0,55)**

Obs.: o examinando deve fundamentar suas respostas. A mera citação do dispositivo legal não confere pontuação.

GABARITO COMENTADO

A) A resposta é negativa. A vedação ao nepotismo não depende de lei ordinária para a sua aplicação, que decorre diretamente dos princípios consagrados na CRFB/88, conforme o art. 37, *caput*, da CRFB/88 **OU** a Súmula Vinculante nº 13, do STF, notadamente os princípios da isonomia, moralidade e eficiência.

B) A resposta é negativa. A vedação ao nepotismo não se aplica à investidura de servidores por efeito de aprovação em regular concurso público, sob pena de violar o disposto no art. 37, inciso II, da CRFB/88.

PADRÃO DE RESPOSTA – QUESTÃO 4

Enunciado

O Município Beta, que possui cerca de quinze mil habitantes, pretende fazer uso de instrumentos previstos na ordem jurídica pátria para promover a ordenação urbana local, tais como os de parcelamento e edificação compulsórios.

Para tanto, fez editar o Plano Diretor da cidade, aprovado pela Câmara Municipal, cujo projeto foi de iniciativa do Prefeito, após a efetivação de estudos técnicos por especialistas multidisciplinares contratados, que não realizaram a oitiva popular acerca das mudanças sugeridas.

Diante dessa situação hipotética, responda aos questionamentos a seguir.

A) Para o Município Beta, a elaboração de Plano Diretor para se utilizar dos instrumentos de parcelamento e edificação compulsórios é obrigatória? **(Valor: 0,60)**

B) Considerando as diretrizes estabelecidas na legislação de regência, o Município Beta deveria ter promovido a participação popular no processo de elaboração do Plano Diretor? **(Valor: 0,65)**

Obs.: o examinando deve fundamentar suas respostas. A mera citação do dispositivo legal não confere pontuação.

GABARITO COMENTADO

A) Sim. A utilização dos instrumentos de parcelamento e edificação compulsórios depende de previsão no Plano Diretor, tal como se depreende do art. 182, § 4º, inciso I, da CRFB/88 **OU** do art. 5º da Lei nº 10.257/01 (Estatuto da Cidade) **OU** do art. 41, inciso III, da Lei nº 10.257/01 (Estatuto da Cidade).

B) Sim. A gestão democrática das cidades constitui importante diretriz elencada no art. 2º, inciso II, da Lei nº 10.257/01 (Estatuto da Cidade), a ser implementada por meio da participação popular, que é obrigatória no processo de elaboração do Plano Diretor, na forma do art. 40, § 4º, da Lei nº 10.257/01 (Estatuto da Cidade).

• XXIII EXAME

PADRÃO DE RESPOSTA - PEÇA PROFISSIONAL

Maria ajuizou ação indenizatória em face do Estado Alfa, em decorrência de seu filho Marcos ter sido morto durante uma aula em uma escola estadual (da qual era aluno do sétimo ano) alvejado pelos tiros disparados por Antônio, um ex-aluno que, armado com duas pistolas, ingressou na escola atirando aleatoriamente. Antônio deu causa ao óbito de Marcos, de sua professora e de outros cinco colegas de classe, além de grave ferimento em mais seis alunos. Depois disso, suicidou-se. O Estado promoveu sua defesa no prazo e admitiu a existência dos fatos, amplamente divulgados na mídia e incontroversos nos autos. Na contestação, requereu a denunciação da lide a Agenor, servidor público estadual estável, inspetor da escola, que, na qualidade de responsável por controlar a entrada e a saída de pessoas no estabelecimento de ensino, teria viabilizado o acesso do ex-aluno. Nenhuma das partes requereu a produção de prova que importasse em dilação probatória, e o Juízo de 1º grau admitiu a denunciação da lide. Inconformada com a intervenção de terceiro determinada pelo Juízo, Maria procura você para, na qualidade de advogado(a), impugnar tal determinação jurisdicional. Redija a peça apropriada, expondo todos os argumentos fáticos e jurídicos pertinentes. (Valor: 5,00) Obs.: a peça deve abranger todos os fundamentos de Direito que possam ser utilizados para dar respaldo à pretensão. A simples menção ou transcrição do dispositivo legal não confere pontuação.

GABARITO COMENTADO

A peça pertinente é o Agravo de Instrumento, na forma do Art. 1.015, inciso IX, do CPC/15, com formulação de pedido de eficácia suspensiva da decisão agravada. O recurso deve ser endereçado ao Exmo. Sr. Dr. Desembargador Relator do Tribunal de Justiça do Estado Alfa. A agravante é Maria e o agravado é o Estado Alfa. A fundamentação do recurso deve destacar: A) inicialmente, a viabilidade do recurso, diante da previsão expressa no Art. 1.015, inciso IX, do CPC/15, bem como a necessidade de concessão de efeito suspensivo, na forma do Art. 1019, inciso I, do CPC/15, diante do relevante fundamento fático e jurídico e pela possibilidade de causar gravame de difícil reparação ao andamento do processo. B) O descabimento da intervenção de terceiro no caso, pois viola os princípios da efetividade e da celeridade processuais, postos no Art. 5°, inciso LXXVIII, da CRFB/88, na medida em que: C1. O Art. 37, § 6°, da CRFB/88 atribui responsabilidade civil objetiva ao Estado, no caso caracterizada pelo dever de guarda que o Poder Público tem sobre os alunos nos respectivos estabelecimentos de ensino e responsabilidade subjetiva aos servidores que, nessa qualidade, tenham dado causa ao dano mediante culpa ou dolo; C2. Introduzirá na demanda fundamento novo, qual seja a apuração do elemento subjetivo da conduta do servidor (Agenor), desnecessária à solução da lide principal, entre Maria e o Estado, certo que o processo está pronto para julgamento, considerando que os fatos são incontroversos e não há pedido de produção de prova que importe em dilação probatória por qualquer das partes; C3. Impõe-se ação de regresso (ação autônoma) do Estado Alfa em face do servidor causador do dano para a discussão de fundamento que não consta da pretensão veiculada na lide principal; C4. Inexiste prejuízo para eventual ajuizamento futuro de ação de regresso pelo Estado, dirigida a Agenor, considerando que a denunciação da lide não é obrigatória no caso ou, de acordo com a teoria da dupla garantia, até mesmo vedada. Quanto aos pedidos, deve ser formulado pedido de efeito suspensivo, na forma do Art. 1.019, inciso I, do CPC/15, diante do relevante fundamento fático e jurídico e pela possibilidade de causar gravame de difícil reparação ao andamento do processo. Ao final, deve ser formulado pedido de reforma da decisão que admitiu a denunciação da lide, a fim de que o denunciado seja excluído da demanda, bem como a condenação em custas e honorários advocatícios. A peça deve ser finalizada com a indicação do local, data, assinatura do advogado e número de inscrição na OAB.

PADRÃO DE RESPOSTA – QUESTÃO 1

Determinado município precisou adquirir produtos de informática no valor de R$ 60.000,00 (sessenta mil reais), razão pela qual fez publicar edital de licitação, na modalidade pregão, destinado exclusivamente à participação de microempresas e empresas de pequeno porte. Observou-se, no entanto, que, na região em que está sediado tal ente federativo, existiam apenas duas sociedades capazes de preencher os requisitos constantes do instrumento convocatório e que apresentaram preços competitivos, a saber, Gama ME e Delta ME. Por ter apresentado a melhor proposta, a sociedade Gama ME foi declarada vencedora do certame e apresentou todos os documentos necessários para a habilitação. Considerando a situação narrada, responda aos itens a seguir. A) O tratamento diferenciado conferido pelo Município às microempresas e empresas de pequeno porte é constitucional? (Valor: 0,55) B)

O pregão deveria ser homologado? (Valor: 0,70) Obs.: o(a) examinando(a) deve fundamentar as respostas. A mera citação do dispositivo legal não confere pontuação.

GABARITO COMENTADO

A) Sim. O tratamento favorecido dado às microempresas e empresas de pequeno porte tem respaldo constitucional, na forma do Art. 170, inciso IX, da CRFB/88 OU no Art. 179 da CRFB/88.

B) Não. A licitação destinada exclusivamente às microempresas e às empresas de pequeno porte não pode ser aplicada quando não houver um mínimo de 3 (três) fornecedores competitivos sediados no local ou regionalmente, e que sejam capazes de cumprir as exigências estabelecidas no instrumento convocatório, consoante o disposto no Art. 49, inciso II, da Lei Complementar nº 123/06.

PADRÃO DE RESPOSTA – QUESTÃO 2

Odorico foi prefeito do Município Beta entre 01/01/2009 e 31/12/2012, tendo sido apurada pelo Ministério Público a prática de atos de improbidade que causaram lesão ao erário pelo então chefe do Poder Executivo, no período entre janeiro e julho de 2010. Em razão disso, em 10/11/2016, foi ajuizada a respectiva ação civil pública, com fulcro no Art. 10 da Lei nº 8.429/92, sendo certo que Odorico veio a falecer em 10/01/2017. Diante dessa situação hipotética, responda, fundamentadamente, aos questionamentos a seguir. A) Operou-se a prescrição de pretensão punitiva para a ação de improbidade? (Valor: 0,65) B) O Juízo deve extinguir o feito em decorrência do falecimento de Odorico? (Valor: 0,60) Obs.: o(a) examinando(a) deve fundamentar as respostas. A mera citação do dispositivo legal não confere pontuação.

GABARITO COMENTADO

A) A resposta é negativa. Na mencionada ação de improbidade, o marco inicial para a contagem do prazo de prescrição da pretensão punitiva é o término do mandato do prefeito, segundo o Art. 23, inciso I, da Lei nº 8.429/92.

B) A resposta é negativa. Os sucessores de Odorico respondem pela prática de atos que tenham causado prejuízos ao erário, até o limite do valor da herança, na forma do Art. 8º da Lei nº 8.429/92.

PADRÃO DE RESPOSTA – QUESTÃO 3

No regular exercício do poder de polícia e após o devido processo administrativo, certo órgão competente da Administração Pública Federal aplicou à sociedade empresária Beleza Ltda. multa de R$ 10.000,00 (dez mil reais) pelo descumprimento de normas administrativas que lhe são aplicáveis. Inconformada, a apenada apresentou o recurso administrativo cabível, no qual foi verificado que o valor da multa aplicada estava muito aquém dos limites estabelecidos pela lei. Após ciência e manifestação da pessoa jurídica em questão, a multa foi majorada para R$ 50.000,00 (cinquenta mil reais), sendo certo que tal valor foi mantido na terceira instância administrativa após novo recurso da sociedade. Diante dessa situação hipotética, considerando que existe autoridade superior à que manteve a majoração da multa aplicada à sociedade empresária Beleza Ltda. e que não há legislação específica acerca de recursos no mencionado processo administrativo, responda aos itens a seguir. A) Analise a viabilidade de a pessoa jurídica prejudicada recorrer administrativamente dessa última decisão. (Valor: 0,50) B) É cabível a majoração da multa efetuada pela autoridade administrativa? (Valor: 0,75) Obs.: o(a) examinando(a) deve fundamentar as respostas. A mera citação do dispositivo legal não confere pontuação.

GABARITO COMENTADO

A) Não é viável recorrer administrativamente, na hipótese. A norma geral do processo administrativo determina o cabimento de recurso por até três esferas administrativas, que já se consumaram na hipótese, tal como se depreende do Art. 57 da Lei nº 9.784/99.

B) Sim. A Administração está autorizada a majorar a penalidade aplicada ao particular que se mostre contrária à lei, em decorrência do princípio da autotutela OU do poder-dever de zelar pela legalidade dos atos administrativos, na forma do Art. 64 da Lei nº 9.784/99.

PADRÃO DE RESPOSTA – QUESTÃO 4

O Congresso Nacional aprovou recentemente a Lei nº 20.100/17, que reestruturou diversas carreiras do funcionalismo público federal e concedeu a elas reajuste remuneratório. Especificamente em relação aos analistas administrativos de determinada agência reguladora, foi instituída gratificação de desempenho. Ao proceder aos cálculos, a Administração interpreta equivocadamente a lei e calcula a maior o acréscimo salarial, erro que só é percebido alguns anos depois de iniciado o pagamento. Sobre a hipótese apresentada, responda aos itens a seguir. A) Não havendo má-fé dos servidores, a Administração pode rever a qualquer tempo os cálculos e exigir a devolução da quantia paga indevidamente? (Valor: 0,75) B) O ato da Administração que resultar na revisão do cálculo da gratificação precisa, obrigatoriamente, ser motivado? (Valor: 0,50) Obs.: o(a) examinando(a) deve fundamentar as respostas. A mera citação do dispositivo legal não confere pontuação.

GABARITO COMENTADO

A) A Administração possui o prazo de cinco anos para anular os atos administrativos de que decorram efeitos favoráveis para os destinatários, conforme disposto no Art. 54 da Lei nº 9.784/99. Quanto à restituição da quantia paga a maior, por não terem os servidores dado causa ao equívoco e estarem de boa-fé, bem como diante do caráter alimentar e do princípio da confiança legítima, não será cabível.

B) Sim, a Administração deve obrigatoriamente motivar o ato, conforme disposto no Art. 50, inciso I, da Lei nº 9.784/99 OU no Art. 50, incisos VI ou VIII, da Lei nº 9.784/99.

• XXIV EXAME

PEÇA

(FGV – Exame de Ordem 2017.3) No dia 05/06/2015, o estado Alfa fez publicar edital de concurso público para o preenchimento de cinco vagas para o cargo de médico do quadro da Secretaria de Saúde, com previsão de remuneração inicial de R$ 5.000,00 (cinco mil reais), para uma jornada de trabalho de 20 horas semanais. O concurso teria prazo de validade de um ano, prorrogável por igual período.

Felipe foi aprovado em quinto lugar, conforme resultado devidamente homologado em 23/08/2015. No interregno inicial de validade do concurso, foram convocados apenas os quatro primeiros classificados, e prorrogou-se o prazo de validade do certame.

Em 10/03/2017, o estado Alfa fez publicar novo edital, com previsão de preenchimento de dez vagas, para o cargo de médico, para jornada de 40 horas semanais e remuneração inicial de R$ 6.000,00 (seis mil reais), com prazo de validade de um ano prorrogável por igual período, cujo resultado foi homologado em 18/05/2017, certo que os três primeiros colocados deste último certame foram convocados, em 02/06/2017, pelo Secretário de Saúde, que possui atribuição legal para convocação e nomeação, sem que Felipe houvesse sido chamado. Em 11/09/2017, o advogado constituído por Felipe impetrou mandado de segurança, cuja inicial sustentou a violação de seu direito líquido e certo de ser investido no cargo para o qual havia sido aprovado em concurso, nos exatos termos previstos no respectivo instrumento convocatório, com a carga horária de 20 horas semanais e remuneração de R$ 5.000,00 (cinco mil reais), mediante fundamentação nos argumentos jurídicos pertinentes, sendo certo que as normas de organização judiciária estadual apontavam para a competência do Tribunal de Justiça local.

Sobreveio acórdão, unânime, que denegou a segurança, sob o fundamento de que o Judiciário não deve se imiscuir em matéria de concurso público, por se tratar de atividade sujeita à discricionariedade administrativa, sob pena de violação do princípio da separação de Poderes.

Foram opostos embargos de declaração, rejeitados por não haver omissão, contradição ou obscuridade a ser sanada.

Redija a petição da medida pertinente à defesa dos interesses de Felipe contra a decisão prolatada em única instância pelo Tribunal de Justiça estadual, publicada na última sexta-feira, desenvolvendo todos os argumentos jurídicos adequados à análise do mérito da demanda. (Valor: 5,00)

Obs.: a peça deve abranger todos os fundamentos de Direito que possam ser utilizados para dar respaldo à pretensão. A simples menção ou transcrição do dispositivo legal não confere pontuação.

GABARITO COMENTADO

A medida cabível é o Recurso Ordinário em Mandado de Segurança, na forma do Art. 105, inciso II, alínea b, da CRFB/88.

O recurso deve ser dirigido ao Desembargador Presidente do Tribunal de Justiça do Estado, ou ao Vice-Presidente, de acordo com a respectiva organização judiciária, formulando pedido de remessa ao Superior Tribunal de Justiça, que é o competente para a apreciação do recurso.

"O gabarito preliminar da prova prático-profissional corresponde apenas a uma expectativa de resposta, podendo ser alterado até a divulgação do padrão de respostas definitivo."

Qualquer semelhança nominal e/ou situacional presente nos enunciados das questões é mera coincidência."

Na qualificação das partes deve constar Felipe como recorrente e o estado Alfa como recorrido. Também será admitido, como recorrido, a autoridade coautora ou ambos: o Estado e a autoridade coautora.

Na fundamentação, a peça recursal deve:

a) impugnar as razões de decidir do acórdão, na medida em que o mandado de segurança não versa sobre as regras do concurso ou matéria submetida à discricionariedade da Banca Examinadora, mas sobre violação ao direito líquido e certo do impetrante de ser investido no cargo para o qual fora aprovado em concurso público, dentro do número de vagas previsto no respectivo edital.

b) suscitar a inconstitucionalidade/ilegalidade resultante da preterição de Felipe, pela convocação dos aprovados em concurso posterior, dentro do prazo de validade do certame anterior, a violar o disposto no Art. 37, inciso IV, da CRFB/88.

c) indicar que a aprovação do candidato dentro do número de vagas previsto no edital confere-lhe direito subjetivo à nomeação dentro do prazo de validade do certame, conforme entendimento consolidado pelo STF em sede de repercussão geral (tema 161).

d) arguir a obrigatoriedade de a administração fazer cumprir os exatos termos do edital para o qual Felipe foi aprovado, em decorrência da vinculação ao instrumento convocatório.

Ao final, deve ser formulado pedido de conhecimento e provimento do recurso, com a reforma da decisão do Tribunal Estadual, a fim de que seja concedida a segurança e determinada a investidura ou nomeação de Felipe no cargo público em questão.

Deve ser pleiteada, ainda, a condenação em custas e demonstrada a tempestividade do recurso.

Arrematar a peça com indicação de local, data, espaço para assinatura do advogado e número de sua inscrição na OAB.

QUESTÕES

(FGV – Exame de Ordem 2017.3) João, servidor público federal estável, teve instaurado contra si processo administrativo disciplinar, acusado de cobrar valores para deixar de praticar ato de sua competência, em violação de dever passível de demissão.

A respectiva Comissão Processante elaborou relatório, no qual entendeu que a prova dos autos não era muito robusta, mas que o testemunho de Ana, por si só, revelava-se suficiente para a aplicação da pena de demissão, o que foi acatado pela autoridade julgadora competente, a qual se utilizou do próprio relatório como motivação para o ato demissional.

Diante da gravidade da conduta imputada a João, foi igualmente instaurado processo criminal, que resultou na sua absolvição por ausência de provas, sendo certo que o Magistrado, diante dos desencontros do testemunho de Ana na ação penal, determinou a extração de cópias e remessa para o Ministério Público, a fim de que tomasse as providências que entendesse cabíveis.

O *Parquet*, por sua vez, denunciou Ana pelo crime de falso testemunho pelos exatos fatos que levaram à demissão de João no mencionado processo administrativo disciplinar, e, após o devido processo legal, ela foi condenada pelo delito, por meio de decisão transitada em julgado.

Na qualidade de advogado(a) consultado(a), responda aos itens a seguir.

A) Em sede de processo administrativo federal, poderia a autoridade competente para o julgamento ter se utilizado do relatório da comissão processante para motivar o ato demissório de João?

B) A condenação penal de Ana poderia ensejar a revisão do processo administrativo disciplinar que levou à demissão de João?

Obs.: o(a) examinando(a) deve fundamentar as respostas. A mera citação do dispositivo legal não confere pontuação.

GABARITO COMENTADO

A) A resposta é positiva. Em sede de processo administrativo federal, o relatório pode ser utilizado como motivação, na forma do Art. 50, § 1º, da Lei nº 9784/99 **OU** do Art. 168 da Lei nº 8.112/90.

B) A resposta é positiva. O testemunho de Ana foi determinante, por si só, para a demissão de João e a posterior condenação dela pelo crime de falso testemunho, em razão das mesmas circunstâncias, se apresenta como fato novo suscetível de justificar a inocência do servidor e promover a revisão do processo administrativo disciplinar, com fulcro no Art. 174, da Lei nº 8112/90.

(FGV – Exame de Ordem 2017.3) A União, com vistas a amenizar a caótica situação no sistema carcerário no território nacional, pretende construir duas novas penitenciárias de segurança máxima, com o objetivo de abrigar os presos de alta periculosidade que possam comprometer a ordem e a segurança nos seus estados de origem.

Para tanto, fez publicar edital, no qual determinou a aplicação das regras do Regime Diferenciado de Contratações e definiu, de forma clara e precisa, a obra pública a ser contratada.

Diante da possibilidade de utilização de diferentes metodologias e inovações tecnológicas, o Poder Público, mediante a justificativa técnica e econômica adequada, estabeleceu que o projeto básico e o projeto executivo deveriam ser desenvolvidos pela futura contratada, nos termos contidos no anteprojeto constante do instrumento convocatório.

Na qualidade de advogado(a) consultado(a), responda, fundamentadamente, aos itens a seguir.

A) A União poderia ter optado por utilizar o Regime Diferenciado de Contratações?

B) É cabível a elaboração dos projetos básico e executivo pela futura contratada?

Obs.: o(a) examinando(a) deve fundamentar as respostas. A mera citação do dispositivo legal não confere pontuação.

GABARITO COMENTADO

A) A resposta é afirmativa. O Regime Diferenciado de Contratações é aplicável às licitações e contratações de obras e aos serviços de engenharia para construção de estabelecimentos penais, na forma do Art. 1°, inciso VI, da Lei n° 12.462/11.

B) A resposta é afirmativa. Para a obra pública em questão, a Administração pode optar pelo regime da contratação integrada, certo que este regime determina o desenvolvimento dos projetos básico e executivo pelo futuro contratado, consoante o disposto no Art. 9° da Lei n° 12.462/11.

(FGV – Exame de Ordem 2017.3) Maria da Silva, médica, inscreveu-se no concurso de perito do Instituto Nacional do Seguro Social (INSS) e foi aprovada. Após ser nomeada, tomou posse e, logo em seguida, entrou em exercício. Quatro anos depois, Maria foi diagnosticada com glaucoma e, em decorrência disso, infelizmente, perdeu a visão de um dos olhos.

Passados alguns anos, o Tribunal Regional do Trabalho (TRT) abriu concurso para o cargo de médico. Maria solicitou inscrição para as vagas reservadas a candidatos com deficiência. Para comprovar sua condição, enviou à comissão do concurso laudo médico. A solicitação foi indeferida, sob a justificativa de que o portador de visão monocular não tem direito de concorrer às vagas reservadas aos deficientes.

Na qualidade de advogado(a) consultado(a), responda aos itens a seguir.

A) Maria pode acumular o cargo de perito do INSS com o de médico do TRT?

B) A decisão que indeferiu o pedido de Maria para concorrer às vagas reservadas a candidatos com deficiência é lícita?

Obs.: o(a) examinando(a) deve fundamentar as respostas. A mera citação do dispositivo legal não confere pontuação.

GABARITO COMENTADO

A) Sim. Por se tratar de profissionais da área da saúde, a acumulação de cargos é lícita, desde que haja compatibilidade de horários, conforme previsão constante do Art. 37, inciso XVI, alínea c, da CRFB/88.

B) Não. O portador de visão monocular tem direito de concorrer, em concurso público, às vagas reservadas aos deficientes, conforme Súmula 377 do Superior Tribunal de Justiça.

(FGV – Exame de Ordem 2017.3) João e Roberto foram condenados a dezesseis anos de prisão, em regime fechado, pela morte de Flávio. Em razão disso, foram recolhidos a uma penitenciária conhecida por suas instalações precárias. As celas estão superlotadas: atualmente, o estabelecimento possui quatro vezes mais detentos que a capacidade recomendada. As condições de vida são insalubres. A alimentação, além de ter baixo valor nutricional, é servida em vasilhas sujas. Recentemente, houve uma rebelião que, em razão da demora na intervenção por parte do poder público, resultou na morte de João.

Na qualidade de advogado(a) consultado(a), responda aos itens a seguir:

A) O Estado pode ser responsabilizado objetivamente pela morte de João?

B) Roberto faz jus a uma indenização por danos morais em razão das péssimas condições em que é mantido?

Obs.: o(a) examinando(a) deve fundamentar as respostas. A mera citação do dispositivo legal não confere pontuação.

GABARITO COMENTADO

A) Sim. Cabe a responsabilização objetiva porque caracterizada a inobservância do dever de proteção ou custódia pelo Estado e o nexo de causalidade com a morte de João, em conformidade com o disposto no Art. 37, § 6º, da CRFB/88 OU com a tese de repercussão geral reconhecida pelo STF.

B) Sim. A situação descrita (falta de condições mínimas de habitação nos estabelecimentos penais) revela grave violação à integridade física e moral de Roberto, do que resulta o dever de indenização por danos, inclusive morais, conforme o Art. 5º, XLIX, da CRFB/88 OU tese de repercussão geral reconhecida pelo STF OU Art. 186 do Código Civil.

• XXV EXAME

PEÇA

Enunciado

Lúcia, servidora pública federal estável, foi demitida do cargo que ocupava, após processo administrativo disciplinar pelo rito sumário, sob o fundamento de abandono de cargo, em razão de haver se ausentado do serviço por mais de trinta dias consecutivos, no período entre 15/02/2017 e 05/04/2017, sendo certo que a penalidade foi aplicada em 10/05/2017, pelo Ministro de Estado competente para tanto. Inconformada, Lúcia buscou assessoria jurídica, na data de hoje, à qual informou que jamais teve a intenção de abandonar o cargo, tanto que, em 20/08/2016, formalizou pedido de licença por motivo de afastamento de seu cônjuge, Antônio, professor concursado de uma universidade pública federal, que, no interesse da Administração, foi deslocado para cursar pós-doutorado na Alemanha, a ser iniciado em 20/01/2017. Esclareceu que, apesar de insistentes tentativas de obter um pronunciamento por parte do órgão competente para a apreciação de seu pedido de licença, não obteve qualquer resposta. A servidora narrou que, com o início do ano letivo na Alemanha, em 15/02/2017, viu-se compelida a se ausentar fisicamente do país, com vistas a proteger a unidade familiar, considerando que possui dois filhos pequenos com Antônio, que já estavam matriculados em uma escola na cidade em que o cônjuge cursaria o pós-doutorado. Lúcia acrescenta que comunicou formalmente aos seus superiores o novo endereço e telefones de contato, mas que foi surpreendida quando uma antiga colega de trabalho lhe informou a portaria contendo a sua demissão, sem que qualquer notificação acerca da existência de processo administrativo disciplinar lhe tivesse sido anteriormente remetida. Ao buscar os respectivos autos, Lúcia verificou que o processo consistia apenas de portaria inaugural, constituindo a comissão processante, composta por dois servidores ocupantes de cargo efetivo, certo que um deles ainda estava em estágio probatório. A comissão atestou o não comparecimento da servidora no mencionado período e, ato contínuo, elaborou um relatório concluindo pela aplicação da pena de demissão, sem que tivesse sido promovida sua notificação ou a nomeação de qualquer pessoa que pudesse realizar sua defesa. Considerando que Lúcia já retornou definitivamente com sua família ao Brasil e que não pretende obter indenização pelo período em que não trabalhou, bem como que você é o(a) advogado(a) por ela consultado, na data de hoje, redija a peça para a defesa dos interesses de sua cliente, com indicação de todos os fundamentos jurídicos pertinentes. (Valor: 5,00) Obs.: a peça deve abranger todos os fundamentos de Direito que possam ser utilizados para dar respaldo à pretensão. A simples menção ou transcrição do dispositivo legal não confere pontuação.

GABARITO COMENTADO

PETIÇÃO ANULATÓRIA A medida cabível é a petição inicial de ação anulatória do ato demissional E/OU de reintegração em cargo no serviço público federal. A peça deve ser endereçada a um dos Juízos da Justiça Federal da Seção Judiciária do Estado X. Na qualificação das partes: Lúcia é a autora e a União é a ré. Na fundamentação, deve ser sustentado que a ilegalidade do ato praticado importa na violação do direito líquido e certo de Lúcia, com base nas seguintes razões: A. Violação ao princípio do devido processo legal OU dos princípios da ampla defesa e do contraditório, previstos respectivamente no Art. 5°, incisos LIV OU LV, CRFB/88. B. Deveria ter sido realizada a devida indiciação de Lúcia, com a sua citação para apresentação de defesa, na forma do Art. 133, § 2° da Lei n° 8.112/90. C. A Comissão processante deveria ser composta por dois servidores estáveis, como se depreende do Art. 133, inciso I, da Lei n° 8112/90, aplicável ao abandono de cargo, por força do Art. 140, da Lei n° 8.112/90. D. Impossibilidade de caracterização do *animus abandonandi* OU do elemento subjetivo OU da intenção de Lúcia de abandonar o cargo, na forma do Art. 140, inciso II, da Lei nº 8.112/90, em decorrência da prova pré-constituída consistente no pedido de licença por motivo de afastamento do cônjuge, que não foi apreciado pela Administração, a caracterizar, inclusive, abuso de direito, em decorrência da omissão administrativa. Ao final, deve ser formulado pedido de procedência, para que seja anulada a demissão de Lúcia, com a sua reintegração no cargo. Ademais, devem ser expressamente requeridas a citação do réu, a produção de provas, especificamente a juntada dos documentos acostados à inicial; a opção do autor pela realização ou não da audiência de conciliação, a condenação em custas e honorários; e o valor da causa. Arremata a peça a indicação de local, data, assinatura do advogado e o número de sua inscrição na OAB.

GABARITO COMENTADO

MANDADO DE SEGURANÇA Em se tratando de Mandado de Segurança, este deverá ser impetrado contra ato de Ministro de Estado que determinou a demissão de Lúcia. A peça deve ser endereçada ao Superior Tribunal de Justiça, na forma do art. 105, I, b da CRFB/88. O examinando deve indicar, como impetrante, Lúcia, bem como apontar a autoridade coatora (o Ministro de Estado) e a pessoa jurídica a que se vincula (a União). A peça deverá conter exposição específica quanto ao seu cabimento, notadamente com a demonstração inequívoca das razões que justifiquem a inocorrência do óbice decadencial (art. 23 da Lei nº 12.016/09) e do embasamento da pretensão em provas pré-constituídas. Na fundamentação, deve ser sustentado que a ilegalidade do ato praticado importa na violação do direito líquido e certo de Lúcia, com base nas seguintes razões: A. Violação ao princípio do devido processo legal OU dos princípios da ampla defesa e do contraditório, previstos respectivamente no Art. 5º, incisos LIV OU LV, CRFB/88. B. Deveria ter sido realizada a devida indiciação de Lúcia, com a sua citação para apresentação de defesa, na forma do Art. 133, § 2º da Lei nº 8.112/90. C. A Comissão processante deveria ser composta por dois servidores estáveis, como se depreende do Art. 133, inciso I, da Lei nº 8112/90, aplicável ao abandono de cargo, por força do Art. 140, da Lei nº 8.112/90. D. Impossibilidade de caracterização do *animus abandonandi* OU da intenção de Lúcia de abandonar o cargo, na forma do Art. 140, inciso II, da Lei nº 8.112/90, em decorrência da prova pré-constituída consistente no pedido de licença por motivo de afastamento do cônjuge, que não foi apreciado pela Administração, a caracterizar, inclusive, abuso de direito, em decorrência da omissão administrativa. Ao final, deve ser formulado pedido concessão da ordem OU procedência do pedido, para que seja anulada a demissão de Lúcia, com a sua consequente reintegração ao cargo. Devem ser expressamente requeridas a notificação da autoridade coatora e a ciência ao órgão de representação judicial da pessoa jurídica a que se vincula, assim como pleiteada a juntada da prova pré-constituída, a condenação em custas e indicado o valor da causa. A peça deve ser arrematada com a indicação de local, data, assinatura do advogado e o número de sua inscrição na OAB.

QUESTÃO 1

A sociedade empresária Alfa, percebendo a necessidade de duplicação das faixas de rolamento em uma determinada rodovia federal, apresentou, autorizada pelo poder público, um estudo detalhado para mostrar que a demanda atual era maior do que a capacidade da pista. No entender da empresa, haveria uma demanda reprimida pela utilização da via, prejudicando e encarecendo o escoamento de grãos para os principais portos brasileiros. O Governo Federal, ciente das suas limitações orçamentárias, decidiu fazer uma concessão de serviço público precedida da execução de obra pública. Os estudos feitos pela sociedade empresária Alfa foram utilizados na estimativa do fluxo de caixa feita pela Administração e estavam disponíveis para consulta pelos interessados. Após o procedimento licitatório, sagrou-se vencedor o consórcio Sigma, formado pelas empresas Beta e Gama. Na qualidade de advogado(a) consultado(a), responda aos itens a seguir. A) O consórcio vencedor do certame pode ser obrigado a pagar pelos estudos desenvolvidos pela sociedade empresária Alfa? (Valor: 0,70) B) O consórcio Sigma está obrigado, por lei, a se constituir em sociedade empresária antes da celebração do contrato com o poder concedente? (Valor: 0,55) Obs.: o(a) examinando(a) deve fundamentar as respostas. A mera citação do dispositivo legal não confere pontuação.

GABARITO COMENTADO

A) Sim, o consórcio pode ser obrigado a pagar os estudos, pois tais estudos são de utilidade para a licitação, foram realizados com a autorização do poder concedente e estavam à disposição dos interessados no certame, conforme disposto no Art. 21 da Lei nº 8.987/95.

B) Não. O consórcio não está obrigado por lei a se constituir em sociedade empresária. No entanto, o edital pode exigir do consórcio a constituição de sociedade empresária, mas desde que tal exigência esteja alinhada com o interesse do serviço a ser concedido, conforme disposto no Art. 20 da Lei nº 8.987/95.

QUESTÃO 2

O Estado Alfa realizou licitação para a aquisição de equipamentos de escritório, a fim de guarnecer a nova sede da Assembleia Legislativa, mediante a utilização da modalidade pregão. A melhor proposta foi apresentada pela sociedade empresária Escritorando Ltda., mas verificou-se que ainda estavam vigentes as penalidades, que a ela foram aplicadas, de declaração de inidoneidade e de proibição de contratar com a Administração Pública pelo prazo de cinco anos, em decorrência da prática de atos de corrupção para a formalização de contratos com o ente federativo em questão, na forma da Lei nº 8.666/93. Apurou-se, ainda, que a mencionada conduta de corrupção também deu ensejo à instauração de procedimento administrativo de responsabilização por ato lesivo à Administração Pública nacional, que culminou na aplicação da pena de multa de 5% sobre o faturamento bruto da empresa no ano anterior ao processo administrativo, que correspondia à vantagem indevida por ela auferida. Na qualidade de advogado(a) consultado(a), responda aos questionamentos a seguir. A) Caso Escritorando Ltda. venha a ser utilizada com o objetivo de dissimular a lei, seus administradores e sócios poderão ser pessoalmente responsabilizados pela multa aplicada em sede de responsabilização administrativa? (Valor: 0,55) B) Na hipótese de inabilitação de Escritorando Ltda. na licitação em apreço, como deve proceder a Administração para prosseguir com o certame? (Valor: 0,70) Obs.: o(a) examinando(a) deve fundamentar as respostas. A mera citação do dispositivo legal não confere pontuação.

GABARITO COMENTADO

A) A resposta é positiva. É possível a desconsideração da personalidade jurídica para as hipóteses de sanções atinentes aos atos lesivos contra a Administração, na forma do Art. 14 da Lei nº 12.846/13.

B) O pregoeiro deverá examinar a oferta subsequente e a qualificação do licitante, na ordem de classificação e, assim sucessivamente, na forma do Art. 4º, inciso XVI, da Lei nº 10.520/02. Deverá negociar com o proponente para que seja obtido preço menor, na forma do Art. 4º, inciso XVII, da Lei nº 10.520/02. Distribuição dos Pontos.

QUESTÃO 3

Luiz encontrou um ônibus pertencente a uma autarquia federal abandonado em um terreno baldio e passou a utilizá-lo para promover festas itinerantes patrocinadas por sua empresa. O uso e a posse desse ônibus, com *animus domini*, vêm perdurando por longo período, de modo que já estariam presentes os requisitos para a usucapião do mencionado bem móvel. Em razão disso, Luiz procura você para, na qualidade de advogado(a), orientá-lo na regularização e integração do ônibus ao patrimônio da empresa promotora de festas, formulando as indagações a seguir. A) O ônibus em questão é um bem público? (Valor: 0,65) B) É possível a usucapião de tal ônibus? (Valor: 0,60) Obs.: o(a) examinando(a) deve fundamentar as respostas. A mera citação do dispositivo legal não confere pontuação.

GABARITO COMENTADO

A) A resposta é afirmativa. O bem em questão pertence a uma pessoa jurídica de direito público, e a situação fática de abandono não desnatura sua natureza jurídica. O citado veículo é um bem público, consoante define o Art. 98 do CC.

B) A resposta é negativa. Os bens públicos gozam da característica da imprescritibilidade, ou seja, não poderão ser usucapidos, segundo estabelece o Art. 102 do CC.

QUESTÃO 4

O Município Campo Feliz publicou licitação, na modalidade concorrência, para a realização das obras de construção de uma creche municipal. Participaram do certame quatro sociedades empresárias, tendo sido três delas habilitadas. A sociedade empresária inabilitada interpôs recurso administrativo, que teve provimento negado. Abertas as propostas comerciais, sagrou-se vencedora, com o menor preço, a sociedade empresária Gama Ltda. Após homologação e adjudicação do objeto à construtora, o prefeito decidiu revogar o certame por razões de interesse público, oriundas de fato superveniente. Tal decisão surpreendeu todos os interessados, incluindo a sociedade empresária Gama, que não teve oportunidade de se manifestar previamente. Na qualidade de advogado(a) consultado(a), responda aos itens a seguir. A) O recurso administrativo contra a decisão que inabilitou uma licitante tem efeito suspensivo? (Valor: 0,65) B) A revogação do certame foi válida? (Valor: 0,60) Obs.: o(a) examinando(a) deve fundamentar as respostas. A mera citação do dispositivo legal não confere pontuação.

GABARITO COMENTADO

A) Sim. Contra decisão da comissão de licitação que inabilita licitante, é cabível recurso administrativo com efeito suspensivo, nos termos do Art. 109, § 2°, da Lei n° 8.666/93.

B) Não. A revogação da licitação deveria ter sido precedida da prévia disponibilização à empresa Gama Ltda. do contraditório e da ampla defesa, nos termos do Art. 5°, inciso LV, da CRFB/88 ou do Art. 49, § 3°, da Lei n° 8.666/93.

• XXVI EXAME

Enunciado da Peça

A sociedade empresária Leva e Traz explora, via concessão, o serviço público de transporte de passageiros no município Sigma, conhecido pelos altos índices de criminalidade; por isso, a referida concessionária encontra grande dificuldade em contratar motoristas para seus veículos. A solução, para não interromper a prestação dos serviços, foi contratar profissionais sem habilitação para a direção de ônibus. Em paralelo, a empresa, que utiliza ônibus antigos (mais poluentes) e em péssimo estado de conservação, acertou informalmente com todos os funcionários que os veículos não deveriam circular após as 18 horas, dado que, estatisticamente, a partir desse horário, os índices de criminalidade são maiores. Antes, por exigência do poder concedente, os ônibus circulavam até meia-noite. Os jornais da cidade noticiaram amplamente a precária condição dos ônibus, a redução do horário de circulação e a utilização de motoristas não habilitados para a condução dos veículos. Seis meses após a concretização da mencionada situação e da divulgação das respectivas notícias, a associação municipal de moradores, entidade constituída e em funcionamento há dois anos e que tem por finalidade institucional, dentre outras, a proteção dos usuários de transporte público, contrata você, jovem advogado(a), para adotar as providências cabíveis perante o Poder Judiciário para compelir o poder concedente e a concessionária a regularizarem a atividade em questão. Há certa urgência, pois no último semestre a qualidade do serviço público caiu drasticamente e será necessária a produção de provas no curso do processo. Considerando essas informações, redija a peça cabível para a defesa dos interesses dos usuários do referido serviço público. (Valor: 5,00)

Obs.: a peça deve abranger todos os fundamentos de Direito que possam ser utilizados para dar respaldo à pretensão. A simples menção ou transcrição do dispositivo legal não confere pontuação.

GABARITO COMENTADO

Considerando tratar-se de direitos coletivos, a medida judicial adequada é o ajuizamento de Ação Civil Pública (ACP). A ACP deve ser dirigida ao Juízo de Fazenda Pública ou à Vara Cível competente. O examinando deve indicar, como autora, a associação municipal de moradores e, como réus, o município Sigma e a sociedade empresária Leva e Traz. O examinando deve demonstrar, em preliminar, a legitimidade ativa da associação. Assim, cabe citar que a entidade está constituída há mais de um ano (Art. 5°, inciso V, alínea a, da Lei n° 7.347/85) e sua finalidade institucional está alinhada com o tema da ação (pertinência temática – Art. 5°, inciso V, alínea b, da Lei n° 7.347/85). No mérito, o examinando deve apontar a violação do Art. 6°, § 1°, da Lei n° 8.987/95 OU do Art. 22 da Lei n° 8.078/90 (Código de Defesa do Consumidor – CDC) OU do Art. 4°, da Lei n° 13.460/17, com base nos seguintes fundamentos:

I. a concessão pressupõe a prestação de serviço público em condição segura para os usuários, o que não está sendo feito, pois os motoristas dos ônibus não têm habilitação para direção e os veículos apresentam péssimo estado de conservação;

II. a concessão pressupõe a prestação de serviço público regular e contínuo, requisitos que não estão sendo observados, dada a interrupção da circulação dos ônibus a partir das dezoito horas, deixando a população desprovida do serviço; e

III. a utilização de veículos antigos e mais poluentes viola o princípio da atualidade do serviço, que pressupõe a modernidade dos equipamentos postos à disposição dos usuários. Deve ser requerida medida liminar para impedir a designação de motoristas sem habilitação (obrigação de não fazer) e para obrigar os réus à renovação da frota e à circulação dos ônibus até meia-noite (obrigações de fazer).

A probabilidade do direito está caracterizada pelos fundamentos já expostos nos itens I, II e III do parágrafo anterior. O perigo de dano também está caracterizado, pois cidadãos deixam de ser atendidos pelo transporte público. Em relação àqueles que utilizam os ônibus, eles estão expostos a riscos de acidentes, tendo em vista a inabilitação dos condutores e a precária condição dos veículos.

Quanto aos pedidos, o examinando deve requerer: a) a concessão da liminar para impedir a designação de motoristas sem habilitação (obrigação de não fazer) e para obrigar à renovação da frota e à circulação dos ônibus novos até meia-noite (obrigações de fazer); b) a intimação do Ministério Público para intervir no processo (Art. 5º, § 1º, da Lei nº 7.347/81); c) a citação do réu para integrar a relação processual; d) a procedência do pedido, obrigando-se o réu ao cumprimento das obrigações de fazer e de não fazer indicadas na alínea "a"; e) a condenação do réu ao pagamento de custas e honorários; f) a produção de provas. Por fim, o fechamento.

QUESTÃO 1

Os Municípios Alfa, Beta e Gama decidiram criar um consórcio público para a execução de serviços de saneamento básico. Como não iriam outorgar o exercício de potestades públicas à entidade administrativa, os entes federativos em questão formalizaram o respectivo protocolo de intenções, no qual previram a criação de uma pessoa jurídica de direito privado, a ser denominada "Saneare", pelo prazo de vinte anos, constituída na forma da lei. Contudo, logo no início das atividades da "Saneare", o Município Alfa descumpriu com as obrigações regularmente assumidas no contrato de rateio. Na qualidade de advogado(a) consultado(a), esclareça os questionamentos a seguir. A) "Saneare" é uma associação pública? (Valor: 0,60)

B) O Município Gama tem legitimidade para, isoladamente, exigir do Município Alfa o cumprimento das obrigações constantes do contrato de rateio? (Valor: 0,65) Obs.: o(a) examinando(a) deve fundamentar as respostas. A mera citação do dispositivo legal não confere pontuação.

GABARITO COMENTADO

A) A resposta é negativa. "Saneare" é pessoa jurídica de direito privado, razão pela qual não pode ser considerada uma associação pública, que é pessoa jurídica de direito público, na forma do Art. 6º da Lei nº 11.107/05.

B) A resposta é positiva. O Município Gama é legitimado para exigir o cumprimento das obrigações constantes do contrato de rateio, isoladamente ou em conjunto com os demais entes consorciados, nos termos do Art. 8º, § 3º, da Lei nº 11.107/05.

QUESTÃO 2

Ricardo, prefeito do município Delta, decide reformar a sede da prefeitura. Para tanto, pretende, dentre outras coisas, pintar a fachada do prédio com as cores do partido ao qual é filiado. Questionado, Ricardo confirma que a intenção é homenagear seu partido, que neste ano completa 40 anos de existência. A Secretaria municipal de Obras elaborou o projeto básico e orçou as despesas em R$ 500.000,00 (quinhentos mil reais). O prefeito, então, publica edital de licitação, na modalidade concorrência, para a contratação de empresa responsável pelas reformas na sede da prefeitura. Sobre a hipótese apresentada, responda aos itens a seguir. A) É lícita a decisão de pintar a fachada do prédio da prefeitura com as cores do partido do prefeito? (Valor: 0,65) B) A licitação pode ser realizada na modalidade concorrência? (Valor: 0,60) Obs.: o(a) examinando(a) deve fundamentar as respostas. A mera citação do dispositivo legal não confere pontuação.

GABARITO COMENTADO

A) A resposta é negativa. Não é lícita a decisão de pintar a fachada do prédio da prefeitura com as cores do partido do prefeito. A utilização das cores de partido político nos prédios públicos faz com que a reforma esteja associada à gestão do prefeito, ferindo assim o princípio da impessoalidade previsto no Art. 37 da CRFB/88. Obs.: também será aceita a fundamentação no princípio da moralidade.

B) A resposta é positiva. Nos casos em que couber tomada de preços (o orçamento da licitação é inferior ao limite previsto no Art. 23, inciso I, alínea *b*, da Lei nº 8.666/93), a Administração poderá utilizar a modalidade concorrência, por se tratar de uma modalidade de maior complexidade, nos termos do Art. 23, § 4º, da Lei nº 8.666/93.

QUESTÃO 3

José possuía uma grande propriedade rural, utilizada para o cultivo de milho e soja. Após seu falecimento, ocorrido em 2001, suas duas filhas, as únicas herdeiras, decidiram interromper o plantio dos grãos, tornando a propriedade improdutiva. Em 2017, a União declarou a área como de interesse social para fins de reforma agrária. Após um processo judicial de rito sumário, o juiz fixou o valor da indenização devido às filhas de José. Na ocasião, identificou-se a ausência de benfeitorias no terreno desapropriado. Após o pagamento pela União do valor fixado na sentença, Ronaldo foi beneficiado pela desapropriação, passando a ser proprietário de uma pequena fração do terreno. Sobre a hipótese apresentada, responda aos itens a seguir. A) O valor da indenização devido às filhas de José foi pago em dinheiro? (Valor: 0,65) B) Ronaldo, dois anos após ser beneficiado pela desapropriação, pode vender o terreno recebido a terceiros? (Valor: 0,60) Obs.: o(a) examinando(a) deve fundamentar as respostas. A mera citação do dispositivo legal não confere pontuação.

GABARITO COMENTADO

A) Não, o valor da indenização devido às filhas de José não foi pago em dinheiro, mas em títulos da dívida agrária, nos termos do Art. 184 da CRFB/88.

B) Não, Ronaldo não pode vender o terreno dois anos depois de ser beneficiado pela desapropriação. Os imóveis recebidos na reforma agrária são inegociáveis por dez anos, nos termos do Art. 189 da CRFB/88.

QUESTÃO 4

O Governador do estado Ômega decidiu nomear Alberto, engenheiro civil formado há dois anos, para o cargo de diretor da companhia estadual de água e esgoto, empresa pública que presta serviços em todo o estado e que tem um faturamento médio mensal em torno de R$ 1 bilhão. Assim que assumiu o cargo, seu primeiro emprego, Alberto ordenou a realização de licitação para ser construída uma nova estação de tratamento de esgoto. Publicado o edital, seis empresas apresentaram propostas comerciais, sendo que o menor preço foi ofertado pela sociedade empresária Faz de Tudo. Ao analisar a documentação entregue pela referida empresa para fins de habilitação, a comissão de licitação apontou que o sócio-administrador da Faz de Tudo também é sócio administrador de uma segunda empresa (Construtora Mercadão Ltda.), esta última declarada inidônea para participar de licitação na Administração Pública estadual. Sobre a hipótese apresentada, responda aos itens a seguir. A) É válida a nomeação de Alberto? (Valor: 0,65) B) A sociedade empresária Faz de Tudo pode ser habilitada no certame? (Valor: 0,60) Obs.: o(a) examinando(a) deve fundamentar as respostas. A mera citação do dispositivo legal não confere pontuação.

GABARITO COMENTADO

A) A resposta é negativa. Como Alberto se formou há apenas dois anos e esse era seu primeiro emprego, ele não possui experiência profissional para ocupar o cargo de diretor da companhia estadual de água e esgoto. O examinando deve indicar as alíneas constantes no Art. 17, inciso I, da Lei nº 13.303/16.

B) A resposta é negativa. A Lei de Responsabilidade das Estatais não permite a contratação de sociedades empresárias constituídas por sócio de outra empresa declarada inidônea. O examinando deve indicar o Art. 38, inciso IV, da Lei nº 13.303/16.

• XXVII EXAME

PEÇA

ENUNCIADO

Mateus, nascido no México, veio morar no Brasil juntamente com seus pais, também nascidos no México. Aos dezoito anos, foi aprovado no vestibular e matriculou-se no curso de engenharia civil. Faltando um semestre para concluir a faculdade, decidiu inscrever-se em um concurso público promovido por determinada Universidade Federal brasileira, que segue a forma de autarquia federal, para provimento do cargo efetivo de professor. Um mês depois da colação de grau, foi publicado o resultado do certame: Mateus tinha sido o primeiro colocado. Mateus soube que seria nomeado em novembro de 2018, previsão essa que se confirmou. Como já tinha uma viagem marcada para o México, outorgou procuração específica para seu pai, Roberto, para que este assinasse o termo de posse. No último dia previsto para a posse, Roberto comparece à repartição pública. Ocorre que, orientado pela assessoria jurídica, o Reitor não permitiu a posse de Mateus, sob a justificativa de não ser possível a investidura de estrangeiro em cargo público. A autoridade também salientou que outros dois fatos impediriam a posse: a impossibilidade de o provimento ocorrer por meio de procuração e o não cumprimento, por parte de Mateus, de um dos requisitos do cargo (diploma de nível superior em engenharia) na data da inscrição no concurso público. Ciente disso, Mateus, que não se naturalizara brasileiro, interrompe sua viagem e retorna imediatamente ao Brasil. Quinze dias depois da negativa de posse pelo Reitor, Mateus contrata você, como advogado(a), para adotar as providências cabíveis perante o Poder Judiciário. Há certa urgência na obtenção do provimento jurisdicional, ante o receio de que, com o agravamento da crise, não haja dotação orçamentária para a nomeação futura. Considere que todas as provas necessárias já estão pré-constituídas, não sendo necessária dilação probatória. Considerando essas informações, redija a peça cabível que traga o procedimento mais célere para a defesa dos interesses de Mateus. A ação deve ser proposta imediatamente. Explicite as teses favoráveis ao seu cliente. (Valor: 5,00) Obs.: a peça deve abranger todos os fundamentos de Direito que possam ser utilizados para dar respaldo à pretensão. A simples menção ou transcrição do dispositivo legal não confere pontuação.

GABARITO COMENTADO

MANDADO DE SEGURANÇA. O examinando deve apresentar Mandado de Segurança, impugnando a validade da decisão que impediu Mateus de tomar posse no cargo público. O Mandado de Segurança há de ser dirigido a Juízo Federal, competente para o julgamento de Mandado de Segurança contra ato do Reitor, na forma do Art. 109 da CRFB/88. O examinando deve indicar, como impetrante, Mateus, bem como indicar a autoridade coatora (o Reitor) e a pessoa jurídica a que se vincula (autarquia federal – Universidade Federal). No mérito, deve ser alegado:

i) o candidato deve cumprir os requisitos do cargo no momento da posse, não no da inscrição no concurso; público, em consonância com a Súmula 266 do STJ;

ii) a legislação permite a posse por procuração específica, nos termos do Art. 13, § 3°, da Lei n° 8.112/1990; e

iii) as universidades podem prover seus cargos de professor com estrangeiros, nos termos do Art. 5°, § 3°, da Lei n° 8.112/1990.

Deve ser formulado pedido de concessão de medida liminar, demonstrando-se o fundamento relevante (violação ao Art. 5°, § 3°, e ao Art. 13, § 3°, ambos da Lei n° 8.112/1990, e à Súmula 266 do STJ) e o fundado receio de ineficácia da medida, caso concedida a segurança apenas ao final do processo, dado o risco real de não haver dotação orçamentária para a nomeação futura. Ao final, devem ser formulados pedidos de notificação da autoridade coatora e de ciência ao órgão de representação judicial da pessoa jurídica de direito público a que se vincula aquela autoridade. Também deve ser requerida a concessão da liminar para suspender os efeitos da decisão do Reitor, determinando a posse imediata de Mateus. No mérito, o examinando deve requerer a concessão da segurança, confirmando a liminar concedida, para anular a decisão do Reitor e, por consequência, garantir o direito de Mateus à posse no cargo público.

QUESTÃO 1

Para diminuir o índice de acidentes em uma rodovia movimentada, o poder público decidiu alterar o traçado de alguns trechos críticos. Para tanto, será necessário desapropriar certas áreas, dentre as quais parte da fazenda que pertence a Roberval, que explora economicamente o bem por meio da plantação de milho.

Em razão das constantes mortes que ocorrem na rodovia, o decreto expropriatório, que reconheceu a utilidade pública do bem, declarou a urgência da desapropriação. Em acréscimo, o poder público depositou a quantia arbitrada e, assim, requereu a imissão provisória na posse. Ao fim do processo de desapropriação, o valor do bem fixado na sentença corresponde ao dobro daquele ofertado em juízo para fins de imissão provisória na posse. Na qualidade de advogado(a) consultado(a), responda aos itens a seguir. A) No processo de desapropriação, Roberval pode alegar toda e qualquer matéria de defesa na contestação? (Valor: 0,65) B) Os juros compensatórios são devidos a partir de que momento? (Valor: 0,60) Obs.: o(a) examinando(a) deve fundamentar as respostas. A mera citação do dispositivo legal não confere pontuação.

GABARITO COMENTADO

A) A resposta é negativa. A defesa de Roberval só poderá versar sobre vício do processo judicial ou sobre impugnação do preço; qualquer outra questão deverá ser decidida por ação direta, em conformidade com o Art. 20 do Decreto Lei nº 3.365/41.

B) Os juros compensatórios são devidos desde a imissão na posse, pois é neste momento que o proprietário é privado da exploração econômica de seu bem, em conformidade com a Súmula 69 do STJ OU com a Súmula 164 do STF OU com o Art. 15-A do Decreto Lei nº 3.365/41.

QUESTÃO 2

Em razão de fortes chuvas que caíram no município Alfa, muitas famílias que habitavam regiões de risco foram retiradas de suas residências e levadas para abrigos públicos. Para prover condições mínimas de subsistência aos desamparados, Manuel Bandeira, prefeito, expediu decreto reconhecendo a situação de calamidade pública e contratou, por dispensa de licitação, a sociedade empresária Culinária Social para preparar e fornecer alimentação às vítimas. Passados noventa dias da contratação, as condições climáticas melhoraram e as famílias retornaram às suas respectivas moradias, não havendo mais necessidade da ajuda estatal. A despeito disso, o Município manteve o contrato com a sociedade empresária. Na qualidade de advogado(a) consultado(a), responda aos itens a seguir. A) Superada a situação de calamidade, é lícita a decisão de manter o contrato com a sociedade empresária Culinária Social? (Valor: 0,65) B) Qualquer pessoa física pode representar ao Tribunal de Contas para que a Corte examine eventual ilegalidade da manutenção do contrato? (Valor: 0,60) Obs.: o(a) examinando(a) deve fundamentar as respostas. A mera citação do dispositivo legal não confere pontuação.

GABARITO COMENTADO

A) A resposta é negativa. Superada a situação de calamidade, a decisão de manter o contrato com a sociedade empresária Culinária Social é ilícita, pois a contratação emergencial deve se limitar aos serviços necessários ao atendimento da população afetada pela chuva. Com o retorno das famílias às suas residências, cessa, por consequência, a situação emergencial. O examinando deve fundamentar sua resposta no Art. 24, inciso IV, da Lei nº 8.666/93.

B) A resposta é positiva. Como parte do controle social, o legislador previu a possibilidade de qualquer pessoa física representar ao Tribunal de Contas. O examinando deve indicar o Art. 113, § 1º, da Lei nº 8.666/93.

QUESTÃO 3

Determinada organização não governamental, destinada à fiscalização das contas públicas, solicitou informações de certa empresa pública federal, que desenvolve atividades bancárias e de operações financeiras, no sentido de obter cópias de todos os processos administrativos envolvendo os investimentos internacionais a serem realizados no ano corrente. A entidade administrativa em questão deferiu parcialmente o pedido. Por meio de documento escrito, a empresa pública esclareceu o lugar e a forma pelos quais as cópias das informações disponíveis poderiam ser obtidas, mediante pagamento dos custos para a reprodução dos documentos. Registrou, ainda, que não poderia autorizar o acesso a certos dados, sob o fundamento de que estão submetidos a sigilo, na medida em que colocam em risco a condução de negociações ou as relações internacionais do Brasil. Indicou, enfim, a possibilidade de recurso administrativo, bem como prazo e condições para a sua interposição. Diante dessa situação hipotética, na qualidade de advogado(a), responda, fundamentadamente, aos questionamentos a seguir. A) Existe amparo legal para a cobrança pela reprodução dos documentos solicitados? (Valor: 0,55) B) É juridicamente cabível o argumento invocado pela empresa pública federal para qualificar parte das informações como sigilosa? Exemplifique. (Valor: 0,70) Obs.: o(a) examinando(a) deve fundamentar as respostas. A mera citação do dispositivo legal não confere pontuação.

GABARITO COMENTADO

A) A resposta é afirmativa. O ordenamento jurídico faculta a cobrança pela reprodução de documentos pela entidade consultada, para o ressarcimento dos custos e materiais utilizados, na forma do Art. 12 da Lei nº 12527/11.

B) A resposta é afirmativa. São passíveis de sigilo algumas informações imprescindíveis para a segurança da sociedade e do Estado, na forma do Art. 5º, inciso XXXIII, da CRFB/88, dentre as quais, aquelas que põem em risco a condução de negociações ou as relações internacionais do país, consoante o Art. 23, inciso II, da Lei nº 12.527/11.

QUESTÃO 4

Uma notícia divulgada pela mídia afirmava que cinco sociedades de grupos econômicos diferentes, dentre as quais Alfa S/A e Beta S/A, atuavam em conluio, com o objetivo de fraudar licitações promovidas por determinado ente federativo. Em razão disso, foram instaurados processos administrativos com o fim de apurar responsabilidades administrativas de cada uma das envolvidas, tanto com vistas à aplicação da penalidade definida no Art. 87, inciso IV, da Lei nº 8.666/93 (declaração de inidoneidade para licitar ou contratar com a Administração Pública) quanto a atos lesivos à Administração Pública. Diante dessas circunstâncias, a sociedade empresária Alfa S/A celebrou acordo de leniência com a autoridade competente, almejando mitigar as penalidades administrativas. O acordo resultou na identificação das outras quatro sociedades envolvidas e na obtenção de informações e documentos que comprovavam o esquema de prévia combinação de propostas, com a predefinição de quem venceria a licitação pública, alternadamente, de modo a beneficiar cada uma das sociedades empresárias participantes do conluio. Com o avanço das apurações, a sociedade empresária Beta S/A também se interessou em celebrar um acordo de leniência, sob o fundamento de que dispunha de outros documentos que ratificariam os ilícitos cometidos. Diante dessa situação hipotética, responda, fundamentadamente, aos itens a seguir. A) O acordo de leniência firmado pela sociedade empresária Alfa S/A poderia alcançar a sanção de declaração de inidoneidade para licitar ou contratar com a Administração Pública? (Valor: 0,60) B) A sociedade empresária Beta S/A poderia celebrar o acordo de leniência pretendido? (Valor: 0,65) Obs.: o(a) examinando(a) deve fundamentar as respostas. A mera citação do dispositivo legal não confere pontuação.

GABARITO COMENTADO

A) Sim. A Administração Pública pode celebrar acordo de leniência com a pessoa jurídica que se admite responsável pela prática de ilícitos previstos na Lei nº 8.666/93, com vistas à isenção ou à atenuação das respectivas sanções administrativas, dentre as quais a prevista no Art. 87, inciso IV, da Lei nº 8.666/93, tal como se depreende do Art. 17 da Lei nº 12.846/2013.

B) Não. A sociedade empresária Beta S/A não foi a primeira a se manifestar sobre o seu interesse em cooperar para a apuração do ilícito, de modo que não preenche os requisitos cumulativos elencados no Art. 16, § 1º, da Lei nº 12.846/2013.

• XXVIII EXAME

PEÇA

ENUNCIADO

Apolônio Silva foi encarcerado há três anos, pela prática do crime de lesão corporal seguida de morte (Art. 129, § 3º, do CP), em razão de decisão penal transitada em julgado proferida pelo Tribunal de Justiça do Estado Alfa, que o condenou à pena de doze anos de reclusão. Apesar das tentativas da Defensoria Pública de obter a ordem de soltura, Apolônio permaneceu preso, até que, no ano corrente, foi morto durante a rebelião que ocorreu no presídio em que estava acautelado. Durante a mesma rebelião, numerosos condenados foram assassinados a tiros, sendo certo que as armas ingressaram no local mediante pagamento de propina aos agentes penitenciários. Inconformada, Maria da Silva, mãe de Apolônio, procurou você para, na qualidade de advogado(a), tomar as medidas cabíveis, com vistas a obter a responsabilização civil do Estado. Ela demonstrou que, ao tempo da prisão, ele era filho único, solteiro, sem filhos, trabalhador, e provia o seu sustento. Como Maria tem idade avançada e problemas de saúde, ela não tem condições de arcar com os custos do processo, notadamente porque gastou as últimas economias para proporcionar um funeral digno para o filho. Redija a peça cabível, mediante apontamento de todos os argumentos jurídicos pertinentes. (Valor: 5,00) Obs.: a peça deve abranger todos os fundamentos de Direito que possam ser utilizados para dar respaldo à pretensão. A simples menção ou transcrição do dispositivo legal não confere pontuação.

GABARITO COMENTADO

A medida cabível é a petição inicial de Ação De Responsabilidade Civil OU Ação Indenizatória.

A peça deve ser endereçada a um dos Juízos da Vara de Fazenda Pública OU Vara Cível da Comarca X do Estado Alfa.

Na qualificação das partes: Maria da Silva é a autora e o Estado Alfa é o réu.

Inicialmente, deve ser requerida a gratuidade de justiça, diante da impossibilidade de a autora arcar com as custas do processo, sem prejuízo do próprio sustento, na forma do Art. 98 do CPC.

Na fundamentação, deve ser alegada a caracterização do dever de indenizar pelo Estado, com base nos seguintes fundamentos:

a. Presença dos elementos configuradores da responsabilidade objetiva do Estado OU independentemente da demonstração do elemento subjetivo (dolo ou culpa), destacando-se ainda:

a1. Violação do dever de preservação da integridade física e moral do preso na forma do Art. 5º, inciso XLIX, da CRFB/88;

a2. Incidência do Art. 37, § 6º, da CRFB/88, que adota a teoria do risco administrativo.

b. Com relação ao dano, o examinando deve apontar também:

b1. Caracterização do dano moral (in re ipsa), decorrente do falecimento do filho da demandante;

b2. Dependência financeira da autora, que contava com o falecido para o seu sustento, para fins de pensionamento, na forma do Art. 948, inciso II, do Código Civil;

b3. Necessidade de ressarcimento das despesas de funeral, na forma do Art. 948, inciso I, do Código Civil.

Ao final, deve ser formulado pedido de procedência, para que o Estado seja condenado no pagamento de indenização por danos morais, ressarcimento pelas despesas de funeral, bem como no pensionamento da autora.

Ademais, devem ser expressamente requeridas a produção de provas para a demonstração da verdade dos fatos alegados; a condenação em custas e honorários; o valor da causa e a opção do autor pela realização, ou não, de audiência de conciliação ou mediação.

Arremata a peça a indicação de local, data, espaço para assinatura do advogado e número de sua inscrição na OAB

QUESTÃO 1

Márcio, estudante de engenharia civil, em razão dos elevados índices de desemprego e da dificuldade de conseguir um estágio, resolveu iniciar os estudos para ingressar no serviço público. Faltando exatamente seis meses para concluir a faculdade, o Tribunal Regional Federal da 1ª Região publica edital de concurso para provimento do cargo efetivo de engenheiro civil. O estudante inscreve-se no certame e é aprovado. Dois meses depois da colação de grau, Márcio é surpreendido com sua nomeação. Na qualidade de advogado(a) consultado(a), responda aos itens a seguir. A) O fato de Márcio ter feito a inscrição no concurso quando ainda não preenchia os requisitos do cargo torna sem efeito sua posterior nomeação? (Valor: 0,65) B) Márcio, seis meses depois da posse, recebe uma proposta para trabalhar em uma grande construtora brasileira. Para não se desvincular do serviço público, ele pode obter licença para tratar de interesses particulares pelo prazo de dois anos? (Valor: 0,60) Obs.: o(a) examinando(a) deve fundamentar as respostas. A mera citação do dispositivo legal não confere pontuação.

GABARITO COMENTADO

A) A resposta é negativa. O diploma necessário para o exercício do cargo deve ser exigido na posse e não na inscrição para o concurso público, conforme dispõe a Súmula 266 do STJ. Logo, o fato de Márcio ter feito a inscrição no concurso quando ainda não preenchia os requisitos do cargo não torna sem efeito sua posterior nomeação. Observe-se, ainda, que não é dito que o Edital previa o preenchimento dos requisitos em momento à nomeação.

B) A resposta é negativa. Não é juridicamente possível a obtenção da referida licença, pois tal licença só pode ser concedida ao servidor que não esteja em estágio probatório, conforme disposto no Art. 91 da Lei nº 8.112/90.

QUESTÃO 2

O Município Beta, situado no litoral, após a realização de projeto básico e do projeto executivo pelo próprio ente federativo, promoveu licitação, na modalidade de concorrência, para a construção de uma ciclovia na área costeira. Da licitação, sagrou-se vencedora a sociedade empresária Pedalada S.A. Em seguida, a mesma sociedade empresária foi contratada, seguindo os trâmites legais, e executou o respectivo objeto, sem qualquer falha. Pouco depois da inauguração, parte da obra desmoronou, na medida em que os estudos realizados para o projeto básico e para o projeto executivo não levaram em consideração o impacto das marés na ciclovia. O incidente levou a óbito José, que trafegava na localidade, no exato momento do ocorrido. Em razão disso, os filhos de José, procuram você para, na qualidade de advogado(a), responder, fundamentadamente, aos questionamentos a seguir. A) Em lugar de realizar o projeto básico, o Município Beta poderia ter incluído sua elaboração, juntamente com a execução das obras, no objeto da licitação em questão? (Valor: 0,55) B) É necessária a demonstração de dolo ou culpa para responsabilizar a sociedade empresária Pedalada S.A. pelo óbito de José? (Valor: 0,70) Obs.: o(a) examinando(a) deve fundamentar as respostas. A mera citação do dispositivo legal não confere pontuação.

GABARITO COMENTADO

A) Não. Considerando que a modalidade de licitação é a concorrência, é vedada a execução de obras antes da conclusão e da aprovação do projeto básico pela autoridade competente, consoante se depreende do Art. 7º, § 1º, da Lei nº 8.666/93.

B) Sim. Trata-se de hipótese de responsabilidade subjetiva, de modo que a ela não pode ser atribuída a responsabilidade pelo evento, sem a demonstração de dolo ou culpa, consoante o Art. 70 da Lei nº 8.666/93.

QUESTÃO 3

O Município Beta realizou um estudo para efetuar a compra de materiais necessários para aparelhar as salas de aula das escolas municipais, com o fim de substituir ou repor aqueles existentes, que se encontram em estado precário. Concluiu pela necessidade de aquisição de dez mil novas carteiras, o que fez constar do respectivo edital de licitação, na modalidade pregão, no qual se sagrou vencedora a sociedade empresária Feliz Ltda., com quem contratou o respectivo fornecimento. A auditoria, efetuada depois de formalizado tal contrato, verificou que o estudo que instruiu a especificação do objeto contratado não levou em conta a existência, em perfeito estado, de cerca de mil carteiras recém-adquiridas, equivocadamente enviadas ao depósito municipal. A autoridade competente, alegando a existência de carteiras novas em depósito, promoveu a alteração unilateral do contrato para suprimir o quantitativo de mil carteiras; em consequência, reduziu o valor global do contrato em dez por cento, em correspondência à supressão de mil carteiras do total de dez mil. É certo que a contratada já havia adquirido do fabricante todos os bens necessários para o cumprimento da avença originária. Diante dessa supressão, os representantes da sociedade empresária Feliz Ltda. procuram você para, na qualidade de advogado(a), responder, fundamentadamente, aos questionamentos a seguir. A) A sociedade empresária Feliz Ltda. é obrigada a suportar a alteração promovida unilateralmente pelo Município Beta? (Valor: 0,60) B) Caso a sociedade empresária Feliz Ltda. não entregue as mil carteiras suprimidas pelo Município Beta, ela estará obrigada a arcar com o prejuízo decorrente de já haver adquirido do fabricante as dez mil carteiras inicialmente contratadas? (Valor: 0,65) Obs.: o(a) examinando(a) deve fundamentar as respostas. A mera citação do dispositivo legal não confere pontuação.

GABARITO COMENTADO

A) Sim. A contratada (sociedade empresária Feliz Ltda.) é obrigada a suportar a supressão quantitativa introduzida unilateralmente pelo Município contratante, porque a supressão se conteve no limite de 25% do valor inicial do contrato, na forma do Art. 65, § 1º, da Lei nº 8.666/93. B) Não. Em se tratando de caso de supressão quantitativa do objeto, a contratada (sociedade empresária Feliz Ltda.) poderá ser ressarcida pelos danos regularmente comprovados, consoante o disposto no Art. 65, § 4º, da Lei nº 8.666/93.

OU

B) Sim. Em se tratando de caso de supressão quantitativa do objeto e não tendo ocorrido a entrega das mil carteiras, a contratada (sociedade empresária Feliz Ltda.), caso não comprove a ocorrência de outros danos decorrentes da supressão, não terá direito ao ressarcimento do custo da aquisição, consoante o disposto no Art. 65, § 4º, da Lei nº 8.666/93.

QUESTÃO 4

Maria dos Santos, médica de um hospital federal, é plantonista na emergência da unidade de saúde. Determinado dia, ao chegar ao local de trabalho, é notificada pela ouvidoria do referido órgão acerca de uma reclamação feita por uma paciente da médica, na qual é narrado o péssimo atendimento prestado pela profissional de saúde. Na mesma notificação, a ouvidoria pediu esclarecimentos a Maria, que deveriam ser prestados em cinco dias. Por um lapso, Maria não deu sua versão sobre o ocorrido. A ouvidoria entendeu, assim, que os fatos narrados pela paciente eram verdadeiros, razão pela qual a médica foi advertida - apontamento este incluído nos assentamentos funcionais da servidora. Insatisfeita, Maria recorreu. Para que o apelo fosse admitido, teve que fazer um depósito de R$ 500,00 (quinhentos reais) para cobrir custos administrativos decorrentes do pleito de reexame do processo. Sobre a hipótese apresentada, responda aos itens a seguir. A) O silêncio de Maria implica sua concordância quanto aos fatos narrados pela paciente? (Valor: 0,65) B) É lícita a exigência de caução como requisito de admissibilidade do recurso? (Valor: 0,60) Obs.: o(a) examinando(a) deve fundamentar as respostas. A mera citação do dispositivo legal não confere pontuação.

GABARITO COMENTADO

A) A resposta é negativa. O não atendimento da notificação não implica o reconhecimento da verdade dos fatos narrados pela paciente OU A Administração deveria apurar os fatos antes de aplicar qualquer sanção administrativa, nos termos do Art. 27 da Lei nº 9.784/99 OU Art. 5º, inciso LV, da CRFB/88.

B) A resposta é negativa. A Administração Pública não pode exigir depósito ou caução como condicionante à análise de recursos administrativos, conforme a Súmula Vinculante 21 do STF OU Súmula 373 do STJ.

• XXIX EXAME

PEÇA

ENUNCIADO

Em concurso realizado na vigência da Emenda Constitucional nº 20/98, Joel foi aprovado para desempenhar serviços notariais e de registro, vindo a ser nomeado tabelião de notas de serventia extrajudicial, no Estado Alfa. Ao completar setenta e cinco anos de idade, em maio de 2018, Joel foi aposentado compulsoriamente pelo regime próprio de previdência do ente federativo em questão, contra a sua vontade, sob o motivo de que havia atingido a idade limite para atuar junto à Administração Pública, nos termos da CRFB/88. Joel, em razão da aposentação compulsória, sentindo-se violado nos seus direitos de personalidade, entrou em depressão profunda em menos de dois meses. O quadro tornou-se ainda mais grave devido à grande perda patrimonial, considerando que os proventos de inativo são bem inferiores ao valor do faturamento mensal do cartório. Seis meses após a decisão que declarou "vacante" a sua delegação junto a específico cartório de notas, e o deu por aposentado, Joel procura você, como advogado(a), para tomar as providências pertinentes à defesa de seus interesses. Menciona que sua pretensão seria voltar à atividade e ser reparado por todos os danos sofridos. Redija a peça processual adequada para a plena defesa dos interesses de Joel, mediante o apontamento de todos os argumentos pertinentes. (Valor: 5,00) Obs.: a peça deve abranger todos os fundamentos de Direito que possam ser utilizados para dar respaldo à pretensão. A simples menção ou transcrição do dispositivo legal não confere pontuação.

GABARITO COMENTADO

A medida cabível é a petição inicial de ação anulatória do ato de aposentadoria de Joel, com a reintegração na função delegada, bem como indenização pelo período do afastamento ilegal e por danos morais, com pedido de liminar.

A peça deve ser endereçada a um dos Juízos da Vara de Fazenda Pública do Estado Alfa ou para a Vara Cível competente.

Na qualificação das partes: Joel é o autor e o Estado Alfa é o réu.

Na fundamentação, deve ser alegada a nulidade da aposentadoria compulsória de Joel, pelos fundamentos a seguir.

I. Apesar de realizarem concurso público, os tabeliães, notários e oficiais dos serviços notariais e de registro não são servidores públicos, mas agentes que exercem função delegada, na forma do Art. 236 da CRFB/88 OU Art. 3º da Lei nº 8.935/94.

II. Consequentemente, os tabeliães, notários e oficiais de serviços notariais estão vinculados ao regime geral de previdência social e/ou não se submetem ao regime de aposentadoria próprio dos servidores públicos ocupantes de cargos efetivos, notadamente à aposentadoria compulsória, prevista no Art. 40, inciso II, da CRFB/88.

QUESTÃO 1

Diante de rebelião instaurada em unidade prisional federal, que contou com a conivência de servidores públicos, a autoridade competente, ao final de apuração em processo administrativo disciplinar, aplicou a disponibilidade como sanção aos agentes penitenciários envolvidos no evento, dentre os quais estava André. Em razão disso, André procura você para, na qualidade de advogado(a), esclarecer, fundamentadamente, os questionamentos a seguir. A) A autoridade competente poderia ter aplicado a disponibilidade como sanção a André? (Valor: 0,60) B) Existe desvio de finalidade na aplicação da sanção descrita? (Valor: 0,65) Obs.: o(a) examinando(a) deve fundamentar suas respostas. A mera citação do dispositivo legal não confere pontuação.

GABARITO COMENTADO

A) Não. A disponibilidade não tem a natureza de sanção, somente se aplicando nas hipóteses de extinção do cargo ou declaração da sua desnecessidade, na forma do Art. 41, § 3º, da CRFB/88, OU a disponibilidade não consta dentre as penalidades disciplinares previstas no Art. 127 da Lei nº 8.112/90.

B) Sim. Há desvio de finalidade na situação descrita, dado que a disponibilidade foi utilizada para alcançar fim diverso daquele previsto na lei, consoante define o Art. 2º da Lei nº 4.717/65.

QUESTÃO 2

Determinado município brasileiro publicou, em agosto de 2011, edital de concurso público destinado ao preenchimento de sete vagas do cargo efetivo de analista de controle interno. Márcia, filha do prefeito Emanuel, foi aprovada, ficando classificada em sétimo lugar. Ela tomou posse no dia 02 de agosto de 2012. Após o encerramento do mandato de Emanuel, que ocorreu em dezembro de 2012, a Polícia Civil descobriu, em maio de 2013, que, dias antes da aplicação das provas, o ex-prefeito teve acesso ao conteúdo das questões e o repassou à sua filha. O Ministério Público teve conhecimento dos fatos em setembro de 2017. Ato contínuo, ajuizou ação de improbidade administrativa em desfavor de Emanuel, em novembro de 2017, por ofensa aos princípios da Administração Pública, requerendo, na oportunidade, dentre outras coisas, a suspensão dos seus direitos políticos pelo prazo de oito anos. Na resposta preliminar, Emanuel alega, basicamente, a prescrição da ação de improbidade. Sobre a hipótese apresentada, responda aos itens a seguir. A) É possível o acolhimento do pleito de suspensão dos direitos políticos pelo prazo de oito anos? (Valor: 0,65) B) A ação de improbidade administrativa está prescrita? (Valor: 0,60) Obs.: o(a) examinando(a) deve fundamentar suas respostas. A mera citação do dispositivo legal não confere pontuação.

GABARITO COMENTADO

A) Não. Por se tratar de ato de improbidade que atenta contra os princípios da Administração Pública, sobretudo (frustração da licitude do concurso público e desrespeito ao princípio da moralidade), não é possível o acolhimento do pleito de suspensão dos direitos políticos pelo prazo de oito anos, pois a Lei de Improbidade limita o prazo em até cinco anos, nos termos do Art. 12, inciso III, da Lei nº 8.429/92.

B) Não. Emanuel era detentor de cargo eletivo. Assim, nos termos do Art. 23, inciso I, da Lei nº 8.429/92, o prazo prescricional de cinco anos tem como termo inicial o término do mandato de prefeito, que ocorreu em dezembro de 2012. Como a ação de improbidade foi proposta em novembro de 2017, não houve a prescrição.

QUESTÃO 3

Determinada repartição pública federal divulgou edital de licitação para aquisição de material para escritório (caneta, papel, lápis, borracha, dentre outros), na modalidade pregão, para registro de preços. Uma única licitante apresentou a menor proposta para todos os itens: a Papelaria Ltda., classificada legalmente como microempresa. Ocorre que, em razão da crise econômica, a referida sociedade empresária deixou de pagar os tributos federais, apresentando, na fase de habilitação, certidões fiscais positivas que demonstravam sua inadimplência. Sobre a hipótese apresentada, responda aos itens a seguir. A) A sociedade empresária Papelaria Ltda. deve ser prontamente inabilitada, em razão de não ter demonstrado sua regularidade fiscal? (Valor: 0,65) B) Ainda na validade da ata de registro de preços, pode a Administração lançar nova licitação para a compra dos mesmos insumos? (Valor: 0,60) Obs.: o(a) examinando(a) deve fundamentar suas respostas. A mera citação do dispositivo legal não confere pontuação.

GABARITO COMENTADO

A) A resposta é negativa. Por se tratar de microempresa, a comprovação da regularidade fiscal somente será exigida para efeito de assinatura do contrato, devendo ser aberto prazo para regularização da situação fiscal da empresa. Ou seja, mesmo que a entidade apresente certidões fiscais positivas na habilitação, isso não a inabilitará automaticamente. O examinando deve apontar, como fundamento, o Art. 42, caput, OU o Art. 43, § 1º, da Lei Complementar nº 123/06.

B) A resposta é positiva. A existência de preços registrados não impede que a Administração promova novo certame licitatório. Entretanto, em igualdade de condições/preços, deve-se dar preferência àquele que figura na ata de registro de preços. O examinando deve mencionar, em sua resposta, o Art. 15, § 4º, da Lei nº 8.666/93.

QUESTÃO 4

O Estado Alfa, para prestar os serviços de captação e tratamento de água, uniu-se aos municípios localizados em seu território, formando um consórcio público de direito público. Devido ao aumento da população, foi necessário buscar novos mananciais, o que acarretou a necessidade de construção de novas adutoras. Por consequência, a nova tubulação precisará passar por áreas particulares, prevendo-se, com isso, a instituição de novas servidões. Na qualidade de advogado(a) consultado(a), esclareça os itens a seguir. A) Os entes da federação consorciados podem ceder servidores para o consórcio público? (Valor: 0,65) B) O consórcio público em questão pode instituir servidão? (Valor: 0,60) Obs.: o(a) examinando(a) deve fundamentar suas respostas. A mera citação do dispositivo legal não confere pontuação.

GABARITO COMENTADO

A) Sim. Os entes consorciados podem ceder servidores para o consórcio público na forma e condições de cada ente consorciado, nos termos do Art. 4º, § 4º, da Lei nº 11.107/05 OU do Art. 241 da CRFB/88.

B) Sim. Por ser pessoa jurídica de direito público, o consórcio pode instituir servidão, nos termos do contrato de consórcio, conforme o Art. 2º, § 1º, inciso II, da Lei nº 11.107/05.

• XXX EXAME

PEÇA

ENUNCIADO

Márcio foi prefeito do Município Alfa, entre janeiro de 2009 e dezembro de 2012. Na campanha eleitoral em 2008, Márcio prometeu que, se eleito, construiria um hospital no Município. A proposta visava facilitar o atendimento médico da população, que até então precisava se deslocar para a capital do Estado, distante 300 km. Após assumir o mandato, Márcio identificou um rombo nas contas públicas, em muito provocado pelos altos salários do funcionalismo. A situação perdurou por todo o mandato, tendo em vista a ausência de crescimento das receitas municipais. Nesse cenário, restou inviabilizada a construção do hospital. Ao término do mandato, o Ministério Público estadual, ciente de que Márcio não fora reeleito, instaurou inquérito civil público para investigar a promessa não cumprida. Em janeiro de 2018, o parquet ingressou com ação civil pública por ato de improbidade administrativa em desfavor do ex-prefeito Márcio. Na inicial, sustenta-se que a omissão atentou contra os princípios da Administração Pública, sobretudo porque, supostamente, teria violado o dever de honestidade e deixado de praticar, injustificadamente, ato de ofício que se põe vinculado por promessa eleitoral. Por essa razão, foi requerida a suspensão dos direitos políticos de Márcio, por três anos, bem como a imposição de multa no valor de R$ 500.000,00 (quinhentos mil reais). Também foi requerida a medida cautelar de indisponibilidade dos bens do ex-prefeito. Antes de oferecer qualquer oportunidade de manifestação a Márcio, o magistrado da Vara da Fazenda Pública recebeu a inicial, afirmando a presença de justa causa, e determinou a citação do ex-prefeito. Quanto à medida cautelar de indisponibilidade de bens, a autoridade judicial consignou que o pedido seria examinado após a apresentação da defesa. Regularmente citado, Márcio contrata você, como advogado(a), para assumir sua defesa. O ex-gestor público alega ter sido surpreendido pela aludida citação, sem ter direito à manifestação prévia, e faz questão de expor suas razões para o Juízo de primeiro grau, na medida em que considera que o ajuizamento da ação é perseguição política. Considerando essas informações e ciente que Márcio procurou você no mesmo dia da citação, sem que ainda tivesse iniciado a contagem dos prazos processuais, redija a peça cabível, junto ao juízo onde tem curso a ação, para a defesa dos interesses de Márcio, invocando todos os argumentos pertinentes à luz do caso concreto. (Valor: 5,00) Obs.: a peça deve abranger todos os fundamentos de Direito que possam ser utilizados para dar respaldo à pretensão. A simples menção ou transcrição do dispositivo legal não confere pontuação.

GABARITO COMENTADO

O examinando deve elaborar uma contestação, nos termos do Art. 17, § 9º, da Lei nº 8.429/92. A peça deve ser dirigida ao Juízo competente e indicar Márcio como requerido e o Ministério Público como requerente.

O examinando deve abordar as seguintes questões:

Como preliminar:

I - Ocorrência de prescrição da ação de improbidade, tendo em vista que o mandato do ex-prefeito encerrou-se em dezembro de 2012 e a ação só foi ajuizada em janeiro de 2018. Transcorreram, no caso concreto, mais de cinco anos até a propositura da ação. Como fundamento legal, o Art. 23, inciso I, da Lei nº 8.429/92;

II - A nulidade da decisão que recebeu a ação de improbidade, ante a violação ao princípio constitucional do contraditório. Antes do recebimento, deveria o Juízo ter dado oportunidade para o requerido se manifestar acerca da acusação que lhe foi feita, em conformidade com o Art. 17, § 7º, da Lei nº 8.429/92;

III - Ausência dos pressupostos para a decretação da indisponibilidade de bens, tendo em vista que a referida cautelar só pode ser decretada quando o ato de improbidade causar lesão ao patrimônio público ou ensejar enriquecimento ilícito. Na hipótese do enunciado, Márcio está sendo acusado da prática de ato de improbidade que atenta contra os princípios da Administração Pública. O examinando deve apontar, como fundamento, o Art. 7º da Lei nº 8.429/92;

No mérito:

I - Falta do elemento subjetivo (dolo e/ou culpa) na conduta de Márcio e, por consequência, a inexistência do ato de improbidade.

II - A não construção do hospital decorreu de situação alheia à vontade do ex-Prefeito, uma vez que o município não dispunha de recursos suficientes para arcar com as obras (cláusula da reserva do possível). A promessa de campanha é fato atípico, incabível de ser penalizado.

Devem ser formulados os seguintes pedidos:

i) improcedência liminar da ação, tendo em vista a ocorrência de prescrição;

ii) nulidade da decisão de recebimento da ação de improbidade por ofensa ao contraditório;

iii) indeferimento da decretação de indisponibilidade de bens ante a ausência dos pressupostos autorizadores;

iv) improcedência da ação, dada a a inexistência do ato de improbidade; e

v) produção genérica de provas.

Por fim, o fechamento da peça.

QUESTÃO 1

Em sede de controle realizado pelo Tribunal de Contas da União sobre contrato de obra de grande vulto, celebrado entre a União e a sociedade empresária Engenhoca S/A, foi apurada a existência de fraudes na respectiva licitação, além de graves vícios insanáveis na formalização da avença. No procedimento administrativo de apuração, apenas a União foi instada a se manifestar e, após a consideração dos argumentos apresentados por esta, a Corte de Contas prolatou decisão no sentido de sustar, diretamente, a execução do contrato e notificou o poder executivo para tomar, de imediato, as providências cabíveis. Os representantes da sociedade empresária Engenhoca S/A procuram você, na qualidade de advogado(a), para responder, fundamentadamente, aos questionamentos a seguir. A) A sociedade empresária Engenhoca S/A deveria ter sido chamada pelo Tribunal de Contas a participar do processo administrativo de apuração? (Valor: 0,65) B) A Corte de Contas é competente para realizar, diretamente, o ato de sustação do aludido contrato? (Valor: 0,60) Obs.: o(a) examinando(a) deve fundamentar suas respostas. A mera citação do dispositivo legal não confere pontuação.

GABARITO COMENTADO

A) Sim. A Corte de Contas, considerando o objeto específico do controle externo e que os atos decorrentes dele podem repercutir na esfera jurídica de Engenhoca S/A, deveria ter intimado a contratada para participar do processo administrativo que resultou na sustação do contrato. Essa iniciativa respeitaria o princípio do devido processo legal ou da ampla defesa e do contraditório, na forma do Art. 5º, inciso LIV OU inciso LV, da CRFB/88, ou da Súmula Vinculante 3 do STF.

B) Não. A decisão da Corte de Contas, de sustar, diretamente, o contrato administrativo, é inconstitucional porque tal ato é de competência do Congresso Nacional, nos termos do Art. 71, § 1º, da CRFB/88.

QUESTÃO 2

O Município Beta, após o devido procedimento licitatório, contratou a sociedade empresária Sobe e Desce Ltda. para a manutenção de elevadores, pelo montante de R$ 80.000,00 (oitenta mil reais) mensais. Após as prorrogações necessárias, sucessivas e por igual período, a avença já perdura por quase sessenta meses, de forma satisfatória e com a manutenção dos valores compatíveis segundo as práticas do mercado, após os reajustes cabíveis. O mencionado ente federativo, à vista de aproximar-se o limite máximo de duração do contrato, fez publicar edital de novo certame competitivo, com vistas a obter proposta mais vantajosa para a prestação do aludido serviço, edital esse que veio a ser objeto de impugnações, daí a administração haver prorrogado o contrato firmado com a sociedade empresária Sobe e Desce Ltda. por mais doze meses, mediante autorização da autoridade competente. Diante dessa situação hipotética, na qualidade de advogado(a) consultado(a), responda aos itens a seguir. A) O Município Beta poderia ter realizado a contratação verbal do serviço em questão? (Valor: 0,65) B) É válida a prorrogação do contrato por mais doze meses? (Valor: 0,60) Obs.: o(a) examinando(a) deve fundamentar suas respostas. A mera citação do dispositivo legal não confere pontuação.

GABARITO COMENTADO

A) Não. A contratação verbal somente é admitida nas situações em que o valor do ajuste não ultrapasse 5% do limite estabelecido para modalidade convite, segundo o Art. 23, inciso II, alínea a, da Lei nº 8.666/93, cujo objeto seja pequena compra de pronto pagamento ou serviço que não se enquadre como de engenharia, tal como se depreende do Art. 60, parágrafo único, da Lei nº 8.666/93.

B) Sim. Em caráter excepcional, devidamente justificado e mediante autorização da autoridade superior, é possível prorrogar, por doze meses, o prazo dos contratos de serviços de prestação contínua, para além das prorrogações por períodos iguais e sucessivos, limitada a sessenta meses, na forma do Art. 57, § 4º, da Lei nº 8.666/93.

QUESTÃO 3

Maurício Silva, prefeito do Município Alfa, que conta com cerca de cem mil habitantes, determinou a elaboração de projeto destinado a promover a urbanização da localidade, cuja operacionalização se deu por equipe qualificada, mediante a realização de audiências públicas. Após aprofundada e debatida análise, um grupo multidisciplinar de pesquisa sugeriu que o prefeito promovesse a desapropriação urbanística sancionatória, com pagamento em títulos da dívida pública, dos solos urbanos não edificados ou subutilizados, na forma da lei específica para área incluída no plano diretor, devidamente discriminados nos estudos, dentre os quais, uma área de propriedade de João dos Santos, sob o fundamento de estar violando a função social da propriedade urbana. João, que há anos não consegue colocar em prática seu projeto de utilização do imóvel em questão, procura você para, na qualidade de advogado(a), responder aos seguintes questionamentos. A) Existem sanções a serem aplicadas pelo Poder Público do Município Alfa antes de promover a desapropriação sugerida? (Valor: 0,70) B) Caso levada a efeito a desapropriação sugerida, o valor da indenização a ser paga a João dos Santos deveria incluir expectativas de lucros cessantes? (Valor: 0,55) Obs.: o(a) examinando(a) deve fundamentar suas respostas. A mera citação do dispositivo legal não confere pontuação.

GABARITO COMENTADO

A) Sim. A desapropriação com pagamento em títulos da dívida pública é a terceira das sanções aplicáveis pelo descumprimento da função social da propriedade urbana, mediante a não edificação ou subutilização do solo urbano, na forma da lei específica para área incluída no plano diretor. Ela deve ser necessariamente precedida do parcelamento e de edificação compulsórios e pela instituição do Imposto sobre s Propriedade Predial e Territorial Urbana (IPTU) progressivo no tempo, na forma do Art. 182, § 4°, da CRFB/88.

B) Não. O valor real da indenização na desapropriação com pagamento em títulos da dívida pública não pode incluir expectativas de lucros cessantes, na forma do Art. 8°, § 2°, inciso II, da Lei n° 10.257/01.

QUESTÃO 4

O governo de certo estado da Federação está realizando, no ano corrente, estudos para criar uma agência reguladora para os serviços de transporte intermunicipal, a ser denominada Transportare. Concluiu-se pela necessidade de lei para criar a mencionada entidade autárquica, com a delimitação das respectivas competências relacionadas à atividade regulatória, a abranger a edição de atos normativos técnicos para os serviços públicos em questão, segundo os parâmetros estabelecidos pela lei (as funções de fiscalização, incentivo e planejamento). Apontou-se, ainda, que o quadro de pessoal de tal entidade deveria adotar o regime de emprego público, submetido à Consolidação das Leis do Trabalho, sob o fundamento de ser mais condizente com o princípio da eficiência. Diante dessa situação hipotética, responda, fundamentadamente, aos questionamentos a seguir. A) Existe respaldo constitucional para a competência regulatória a ser atribuída à agência Transportare? (Valor: 0,60) B) É possível adotar o regime de pessoal sugerido? (Valor: 0,65) Obs.: o(a) examinando(a) deve fundamentar suas respostas. A mera citação do dispositivo legal não confere pontuação.

GABARITO COMENTADO

A) Sim. A competência regulatória, que seja abrangente das funções de normatização técnica, segundo os parâmetros estabelecidos pela lei (as funções de fiscalização, incentivo e planejamento), tem respaldo constitucional, nos termos do Art. 174 da CRFB/88.

B) Não. A lei pretende criar uma agência reguladora, entidade autárquica em regime especial, que se submete ao Regime Jurídico Único ou ao Regime Jurídico Administrativo dos Servidores Públicos, na forma do Art. 39, caput, da CRFB/88.

• XXXI EXAME

PEÇA

ENUNCIADO

Para incentivar a prática de diversos esportes olímpicos, a Secretaria de Esportes de determinado estado da Federação publicou edital de licitação (parceria público-privada na modalidade concessão patrocinada), que tinha por objeto a construção, gestão e operação de uma arena poliesportiva. No estudo técnico, anexo ao edital, consta que as receitas da concessionária advirão dos valores pagos pelas equipes esportivas para a utilização do espaço, complementadas pela contrapartida do parceiro público. O aporte de dinheiro público corresponde a 80% do total da remuneração do parceiro privado. Na época da publicação do instrumento convocatório, dois deputados estaduais criticaram o excessivo aporte de recursos públicos, bem como a ausência de participação da Assembleia Legislativa nesse importante projeto. Diversas empresas participaram do certame, sagrando-se vencedor o consórcio Todos Juntos, que apresentou proposta de exatos R$ 30 milhões. O prazo de duração do futuro contrato, conforme estabelecido em edital, é de cinquenta anos. Dias antes da celebração do contrato, após o certame ter sido homologado e adjudicado, foi constituída uma Sociedade de Propósito Específico (SPE), que seria responsável por implantar e gerir o objeto da parceria. O representante da SPE, não satisfeito com a minuta contratual que lhe fora apresentada, resolveu procurar o Secretário de Esportes para propor que toda a contraprestação do parceiro público fosse antecipada para o dia da celebração do contrato, o que foi aceito pela autoridade estadual, após demorada reunião. Diversos veículos de comunicação divulgaram que o acolhimento do pleito da SPE ocorreu em troca de apoio financeiro para a campanha do Secretário de Esportes ao cargo de Governador. A autoridade policial obteve, por meio lícito, áudio da conversa travada entre o Secretário e o representante da SPE, que confirma a versão divulgada na imprensa. Dias depois, a mulher do Secretário de Esportes procura a polícia e apresenta material (vários documentos) que demonstram que a licitação foi "dirigida" e que o preço está bem acima do custo. Ricardo, cidadão brasileiro residente na capital do referido estado, com os direitos políticos em dia, procura você para, na qualidade de advogado(a), redigir a peça adequada para anular a licitação. Há certa urgência na obtenção do provimento jurisdicional, tendo em vista a iminente celebração do contrato. Considere que, de acordo com a lei de organização judiciária local, o foro competente é a Vara da Fazenda Pública. A peça deve abranger todos os fundamentos de Direito que possam ser utilizados para dar respaldo à pretensão, inclusive quanto à legitimidade do demandante. (Valor: 5,00) Obs.: a simples menção ou transcrição do dispositivo legal não confere pontuação.

GABARITO COMENTADO

A peça adequada é a Ação Popular, destinada, nos termos do Art. 5º, inciso LXXIII, da CRFB/88, à anulação de ato lesivo ao patrimônio público e à moralidade administrativa.

Não é cabível a utilização de Mandado de Segurança, que não é substitutivo da Ação Popular (Súmula 101 do STF), nem Ação Ordinária.

A Ação Popular deve ser proposta no Juízo da Vara da Fazenda Pública da capital do Estado. O autor é Ricardo. Os réus da ação são o Secretário de Esportes, o Estado e a SPE, beneficiária direta dos atos (Art. 6º da Lei nº 4.717/65).

O examinando deve demonstrar, em preliminar, a legitimidade ativa de Ricardo. Assim, deve citar que o autor é cidadão com direitos políticos vigentes, conforme demonstrado por juntada de cópia de título de eleitor, tal como exige o Art. 1º, § 3º, da Lei nº 4.717/65.

No mérito, o examinando deve abordar os seguintes pontos:

i) O prazo de vigência do contrato de parceria público-privada não pode ser superior a 35 (trinta e cinco) anos, nos termos do Art. 5º, inciso I, da Lei nº 11.079/04;

ii) A contraprestação da Administração Pública deve obrigatoriamente ser precedida da disponibilização do serviço objeto do contrato de parceria público-privada, não podendo ser antecipada para a data da celebração do contrato, nos termos do Art. 7º da Lei nº 11.079/04;

iii) Como o aporte de dinheiro público corresponde a 80% do total da remuneração do parceiro privado, seria necessária a autorização legislativa específica, o que não ocorreu no caso concreto, violando, assim, o Art. 10, § 3º, da Lei nº 11.079/04;

iv) O favorecimento da SPE em troca de apoio financeiro para campanha eleitoral fere o princípio da moralidade ou da impessoalidade, nos termos do Art. 37 da CRFB/88.

Deve ser formulado pedido de concessão de medida liminar, consistente na suspensão do certame com a consequente não celebração do contrato, demonstrando-se o fundamento relevante (itens i, ii, iii e iv do parágrafo anterior) e o perigo da demora (materialização do dano consubstanciado pela celebração do contrato).

Quanto aos pedidos, o examinando deve requerer:

i) a concessão de liminar para a suspensão do certame, com a consequente não celebração do contrato;

ii) a citação dos réus;

iii) a intimação do representante do Ministério Público (Art. 7º, inciso I, alínea a, da Lei nº 4.717/65);

iv) procedência do pedido para a confirmação da liminar e para a anulação da licitação; e

v) a condenação dos réus ao pagamento das verbas de sucumbência. Deve, ainda, requerer a produção de provas.

Por fim, o fechamento.

QUESTÃO 1

A Associação Verdinha dedica-se à proteção do meio ambiente e, recentemente, foi qualificada como Organização da Sociedade Civil de Interesse Público, mas não recebeu qualquer dinheiro do erário, pois não chegou a formalizar termo de parceria ou qualquer outro convênio para o desenvolvimento de suas atividades. Certas condutas de José dos Santos, como dirigente da mencionada associação, beneficiaram os negócios de seus parentes e foram objeto de fiscalização pelo Ministério Público. A fiscalização do MP culminou no ajuizamento de ação civil pública por improbidade administrativa em desfavor de José, sob o fundamento de violação dos princípios da Administração Pública. Diante dessa situação hipotética, responda, como advogado(a), fundamentadamente, aos questionamentos a seguir. A) José dos Santos pode ser sujeito ativo da conduta ímproba a ele imputada? (Valor: 0,65) B) O ato de improbidade apontado pelo Ministério Público – violação dos princípios da Administração Pública - admite a modalidade culposa? (Valor: 0,60) Obs.: o(a) examinando(a) deve fundamentar suas respostas. A mera citação do dispositivo legal não confere pontuação.

GABARITO COMENTADO

A) Não. A Associação Verdinha, apesar de qualificada como Organização da Sociedade Civil de Interesse Público, não recebeu qualquer verba do erário, de modo que José dos Santos não poderia ser sujeito ativo da conduta ímproba a ele imputada, tal como se depreende do Art. 10 da Lei nº 8.429/92 ou os agentes particulares não podem estar no polo passivo de ação civil pública de improbidade sem a presença de agente público induzido, concorrente ou beneficiado pelo ato de improbidade, nos termos do Art. 3º da Lei nº 8.429/92.

B) Não. O ato de improbidade imputado a José dos Santos foi o de violar os princípios da Administração Pública, que conhece apenas a modalidade dolosa ou não admite a modalidade culposa, na forma do Art. 11 da Lei nº 8.429/92.

QUESTÃO 2

Eustáquio, prefeito eleito do Município Alfa, pretende implementar, ao longo de sua administração, projetos que atendam ao interesse público. A gestão desses projetos seria realizada em associação a outros entes da Administração e em parceria com a sociedade civil. Após a posse, Eustáquio realizou numerosas consultas e audiências públicas, e, com base nos estudos elaborados, concluiu que seria pertinente a formalização de um convênio com os Municípios Beta e Gama para promover o turismo na região, bem como estabelecer um acordo de cooperação com entidades da sociedade civil voltadas para a área de saúde. Diante dessa situação hipotética, responda, fundamentadamente, aos questionamentos a seguir. A) A formalização de convênio entre os mencionados Municípios deve ser precedida de chamamento público, na forma exigida para os regimes de parceria? (Valor: 0,60) B) O Município Alfa, para formalizar a parceria por meio do acordo de cooperação, pode transferir recursos financeiros do erário para uma organização da sociedade civil que venha a ser selecionada mediante a realização de chamamento público? (Valor: 0,65) Obs.: o(a) examinando(a) deve fundamentar suas respostas. A mera citação do dispositivo legal não confere pontuação.

GABARITO COMENTADO

A) Não. Os convênios entre entes federados não se submetem ao regime da Lei nº 13.019/14 ou estão submetidos ao Art. 116 da Lei nº 8.666/93, consoante se depreende do Art. 84, parágrafo único, inciso I, da Lei nº 13.019/14.

B) Não. Os acordos de cooperação não admitem a transferência de recursos financeiros, na forma do Art. 2º, inciso VIII-A, da Lei nº 13.019/14.

QUESTÃO 3

Por meio de carta apócrifa, a autoridade competente tomou conhecimento de que Lucíola, servidora pública federal estável, praticou conduta gravíssima no exercício da função pública. Ato contínuo, procedeu-se à sindicância que efetivamente apurou indícios da prática de tais atos e conduziu à instauração motivada do respectivo processo administrativo disciplinar, cujo curso respeitou a ampla defesa e o contraditório, culminando na demissão de Lucíola. Ocorre que o julgamento do processo administrativo disciplinar se deu fora do prazo legal, pois alcançou o total de duzentos dias, considerando que o inquérito administrativo foi concluído em cento e setenta dias e a decisão pela autoridade competente levou trinta dias, sem prejuízo para a defesa. Na qualidade de advogado(a) de Lucíola, responda, fundamentadamente, aos itens a seguir. A) A instauração do processo administrativo disciplinar contra Lucíola poderia decorrer de carta apócrifa? (Valor: 0,65) B) É cabível a anulação da penalidade aplicada a Lucíola em decorrência do excesso de prazo? (Valor: 0,60) Obs.: o(a) examinando(a) deve fundamentar suas respostas. A mera citação do dispositivo legal não confere pontuação.

GABARITO COMENTADO

A) Sim. É possível a instauração de processo administrativo disciplinar com base em denúncia anônima, devidamente motivada e com amparo em investigação ou sindicância, diante do poder-dever de autotutela imposto à Administração, consoante Súmula 611 do STJ.

B) Não. O descumprimento dos prazos legais para julgamento no processo administrativo disciplinar não importa nulidade do processo, se não houver prejuízo para a defesa, consoante disposto no Art. 169, § 1º, da Lei nº 8.112/92 OU na Súmula 592 do STJ.

QUESTÃO 4

O Município Sigma pretende construir um túnel, obra de grande vulto, alta complexidade técnica e operacional, com vistas a melhorar a caótica mobilidade urbana que aflige sua população. Para tanto, fez publicar um edital de licitação, na modalidade concorrência, que continha a exigência de demonstração, pelos licitantes, da qualificação técnica para a execução do objeto, mediante a apresentação de documentos que demonstrassem experiência anterior em obra de similar magnitude. Designada a sessão de julgamento, a sociedade empresária Belezura foi inabilitada por não ter apresentado os documentos que comprovassem a experiência exigida, razão pela qual interpôs o respectivo recurso administrativo, sob o fundamento de que conta com a estrutura e o aparelhamento necessários à execução do objeto. Após o julgamento do recurso, na sequência do certame, a sociedade empresária Lindeza, devidamente habilitada, teve sua proposta desclassificada porque considerada inexequível, na medida em que, com o intuito de ganhar a licitação, especificou valor zero para diversos insumos indispensáveis à consecução do objeto, de maneira incoerente com os custosos valores de mercado, de forma que os valores por ela apresentados foram muito inferiores aos das demais licitantes. Diante dessa situação hipotética, responda, na condição de advogado(a), aos questionamentos a seguir. A) É válida a cláusula do edital que levou à inabilitação da sociedade Belezura? (Valor: 0,60) B) Em razão da inexequibilidade da proposta, é cabível a desclassificação da sociedade Lindeza? (Valor: 0,65) Obs.: o(a) examinando(a) deve fundamentar suas respostas. A mera citação do dispositivo legal não confere pontuação.

GABARITO COMENTADO

A) Sim. É válida a cláusula de edital relativa à qualificação técnica para obra de alta complexidade técnica e operacional, que exija a demonstração de experiência anterior em projeto de similar magnitude, na forma do Art. 30, § 3º, da Lei nº 8.666/93.

B) Sim. Devem ser desclassificadas as propostas com preços manifestamente inexequíveis, assim considerados aqueles que não tenham demonstrado sua viabilidade por meio de documentação que comprove que os custos dos insumos são coerentes com os de mercado, consoante Art. 48, inciso II, da Lei nº 8.666/93.

• XXXII EXAME

PEÇA

ENUNCIADO

No início de 2016, Amália se inscreveu no concurso para Delegado de Polícia do Estado Ômega, cujo edital previa a realização de prova escrita e de aptidão física para os candidatos que tivessem sido aprovados na fase anterior. O instrumento convocatório continha cláusula expressa no sentido de que tais exames seriam agendados na mesma data para todos os candidatos, sem a possibilidade de remarcação por circunstâncias pessoais do candidato. Após inúmeros percalços no certame, que teve anulação da primeira prova escrita, em razão de fraude, além da remarcação da segunda oportunidade de realização, foi finalmente divulgada a lista de aprovados na fase preliminar e agendado o teste de aptidão física. Amália obteve excelente classificação na prova escrita, mas estava grávida de trinta e duas semanas no momento em que seria realizado o teste físico e precisava ficar em repouso, por ordem médica, em decorrência de complicações na gestação, de modo que não poderia realizá-lo. Imediatamente após ter sido indeferido o pedido de remarcação do exame de aptidão física pelo Presidente da Comissão do Concurso, Amália impetrou Mandado de Segurança, com o objetivo de remarcar a prova de aptidão física, mediante a apresentação dos argumentos jurídicos pertinentes. Devidamente processado o Mandado de Segurança, com manifestação de todas as partes e interessados, o Juízo de 1º grau, qual seja, a 1ª Vara da Fazenda Pública da Comarca da Capital, denegou a ordem, sob o fundamento de que se operou a decadência, na medida em que há questionamento de cláusula do edital, divulgado em momento que antecedeu, em muito, os seis meses previstos em lei para a impetração. Opostos embargos de declaração da sentença, houve o desprovimento do recurso por decisão publicada na última sexta-feira. Em razão disso, Amália procura você, no dia em que publicada a decisão dos Embargos de Declaração, para, na qualidade de advogado(a), tomar as providências cabíveis para reformar a decisão do Juízo de primeiro grau e obter o pronto exame do mérito.

GABARITO COMENTADO

A peça adequada é a apelação em mandado de segurança, na forma do art. 14 da Lei nº 12.016/09.

A apelação deve ser apresentada ao juízo que prolatou a sentença (1ª Vara de Fazenda Pública da Comarca da Capital), com as razões recursais dirigidas ao tribunal que as apreciará.

Na qualificação das partes, deve constar Amália como recorrente e, o estado ômega, como recorrido.

Na fundamentação, a peça recursal deve:

A. impugnar o fundamento constante da sentença que reconheceu a decadência para a impetração do mandado de segurança, na medida em que não há a impugnação de cláusula do edital, mas pleito para o reconhecimento de sua inaplicabilidade decorrente de circunstâncias posteriores, que só se concretizaram quando da definição do exame de aptidão física;

B. apontar a viabilidade de pronto julgamento do feito de acordo com a legislação processual (art. 1.013, § 4º, do CPC) e da procedência do pedido, diante da violação do direito líquido e certo de obter o adiamento do teste físico em razão da gravidez, pelos seguintes fundamentos:

B1. A proteção à gestação exorbita o âmbito individual da candidata, pois ampara, sobretudo, a maternidade e/ou a família e/ou o planejamento familiar, na forma do art. 226 da CRFB/88 ou é dever do estado proteger a criança, ainda que no ventre da mãe, com prioridade, consoante o art. 227 da CRFB/88;

B2. A violação ao princípio da acessibilidade ao serviço público, por culminar na impossibilidade de ingresso das grávidas, previsto no art. 37, inciso I, da CRFB/88;

B3. A violação ao princípio da isonomia, no sentido material, considerando a necessidade de tratamento diferenciado daqueles que se apresentam em circunstâncias diversas dos demais, consagrado no art. 37, caput, DA CRFB/88.

Ao final, devem ser pleiteados o conhecimento e o provimento do recurso com a reforma da sentença e o pronto julgamento do mérito, para que seja concedida a segurança, com o fim de determinar a remarcação da prova de aptidão física, para que a impetrante possa prosseguir no concurso público em questão.

Arremata a peça a indicação de local, data, assinatura do(a) advogado(a) e o número de sua inscrição na OAB.

QUESTÃO 1

Roberto é servidor do Poder Executivo Federal há dezessete anos. Infelizmente envolveu-se em um acidente automobilístico que o deixou com severas limitações cognitivas e motoras. Em razão disso, foi aposentado por invalidez. Dois anos depois, após um intenso trabalho de reabilitação, Roberto recuperou seus movimentos e também a consciência. Na qualidade de advogado(a) consultado(a), responda aos itens a seguir. A) Supondo que Roberto tivesse direito ao auxílio-alimentação enquanto estava na ativa, ao ingressar na inatividade, ele mantém esse direito? (Valor: 0,65) B) Ao recuperar os movimentos e a capacidade cognitiva, é cabível, segundo a legislação federal, o retorno de Roberto à atividade antes desempenhada? (Valor: 0,60)

GABARITO COMENTADO

A) Não. O direito ao auxílio alimentação é exclusivo dos servidores ativos, de forma que, ao passar para a inatividade, ele perde tal direito, em conformidade com a súmula vinculante 55 do STF.

B) Sim. Trata-se do instituto da reversão. Se uma junta médica oficial declarar insubsistentes os motivos da aposentadoria, roberto retornará à atividade no mesmo cargo, segundo o art. 25, inciso I, da Lei nº 8.112/90.

QUESTÃO 2

O Ministério Público tomou conhecimento de que uma sociedade empresária, com atuação no Brasil, auferiu vultosos lucros em decorrência da prática de atos lesivos à administração pública estrangeira, na forma descrita em lei. Nas diligências realizadas pelo Ministério Público, verificou-se a omissão das autoridades brasileiras competentes para a apuração da respectiva responsabilização administrativa, considerando que, ao longo dos anos, o único ato voltado para tal fim foi o que delegou competência a determinado órgão, no intuito de instaurar e julgar o respectivo processo administrativo. Em razão disso, o *parquet* ajuizou ação com vistas a obter, na via judicial, a responsabilização civil e administrativa da sociedade empresária, cuja defesa afirma não ser possível a aplicação de sanção administrativa na esfera jurisdicional. Considerando a situação narrada, responda, na condição de advogado(a), aos itens a seguir. A) Para o processamento e julgamento na esfera administrativa, é possível a delegação de competência? (Valor: 0,60) B) O Judiciário pode aplicar penalidades relativas à responsabilização administrativa almejada pelo Ministério Público? (Valor: 0,65)

GABARITO COMENTADO

A) Sim. A instauração e o desenvolvimento de processos administrativos para a apuração de responsabilidade de pessoa jurídica por atos lesivos à administração pública estrangeira podem ser delegados, consoante o disposto no art. 8º, § 1º, da Lei nº 12.846/13.

B) Sim. Nas ações ajuizadas pelo ministério público, poderão ser aplicadas as penalidades previstas no âmbito da responsabilização administrativa, desde que comprovada a omissão das autoridades competentes para promover a responsabilização na respectiva esfera, na forma do art. 20 da Lei nº 12.846/13.

QUESTÃO 3

A sociedade empresária Viagem Certa S/A, concessionária de serviços de transporte ferroviário, vem descumprindo, reiteradamente, uma série de obrigações constantes no contrato, relativas à manutenção dos trilhos. Em razão disso, ocorreu um trágico acidente, no qual um de seus trens descarrilhou e atingiu o automóvel dirigido por Dulcineia, que trafegava na rodovia próxima, ocasionando o óbito da referida motorista. Diante dessa situação hipotética, na qualidade de advogado(a), responda, fundamentadamente, aos questionamentos a seguir. A) A sociedade Viagem Certa S/A, no âmbito civil, responde objetivamente pelos danos causados à Dulcineia? (Valor: 0,65) B) Qual seria a modalidade de extinção do contrato de concessão cabível, em razão do descumprimento das obrigações pela sociedade Viagem Certa S/A? (Valor: 0,60)

GABARITO COMENTADO

A) Sim. Apesar de Dulcineia não ser usuária do serviço em questão, a concessionária é pessoa jurídica de direito privado que presta serviços públicos, de modo que responde objetivamente pelos danos que seus agentes causarem a terceiros, na forma do art. 37, § 6º, da CRFB/88.

B) O descumprimento das obrigações de manter os trilhos corresponde à inexecução do contrato, de modo que a modalidade de extinção do contrato de concessão cabível na hipótese é a caducidade, consoante o art. 38 da Lei nº 8.987/95.

QUESTÃO 4

A sociedade empresária Alfa, concessionária estadual de serviço público de administração e conservação da rodovia estadual XXX, com escopo de melhorar a qualidade do serviço prestado aos usuários, pretende realizar abertura, conservação e melhoramento em determinado trecho da via pública. Para viabilizar seu intento, estudos técnicos preliminares concluíram ser imprescindível a desapropriação de um imóvel. Nesse contexto, responda aos questionamentos a seguir. A) Quais são os pressupostos legais para a desapropriação pretendida pela concessionária? Justifique. (Valor: 0,70) B) Quais são as fases do procedimento expropriatório para a hipótese narrada? A sociedade empresária Alfa tem competência para atuar nessas fases? Justifique.

GABARITO COMENTADO

A) Os pressupostos que a autorizariam são: interesse público (na modalidade utilidade pública, conforme previsto no art. 5º, alínea I, do Decreto-lei nº 3.365/41) e pagamento de indenização prévia, justa e em dinheiro (art. 5º, inciso XXIV, da CRFB/88).

B) As fases do procedimento expropriatório na desapropriação comum são: (i) fase declaratória: os entes federativos (art. 6º do Decreto-Lei nº 3.365/41) declaram o interesse público na desapropriação. a concessionária não tem competência para declarar a utilidade pública da desapropriação; (ii) fase executória: declarado o interesse na desapropriação (conforme fase anterior), na fase executória o estado deverá adotar as providências necessárias à sua efetivação, com a transferência do bem após pagamento do valor justo (indenização mais imissão da posse). A concessionária não tem competência para declarar o interesse público (fase declaratória), mas o ordenamento jurídico lhe confere competência para promover a fase executória, mediante autorização expressa, constante de lei ou contrato, conforme se vê do art. 3º do Decreto-lei nº 3.365/41).

• XXXIII Exame

PEÇA

ENUNCIADO

Aproveitando-se da pandemia do novo coronavírus como uma janela de oportunidade para, a qualquer custo, aumentar seus lucros, a sociedade empresária Gama, do ramo farmacêutico, passou a produzir o medicamento XXX, sem as prévias autorizações legais exigidas pelos órgãos competentes. À revelia de qualquer embasamento científico, o intuito da farmacêutica seria anunciar e vender o medicamento, como se eficaz fosse, para a prevenção e tratamento da Covid-19. Antes que qualquer unidade do medicamento fosse colocada à venda, a indústria farmacêutica foi fiscalizada pela Agência Nacional de Vigilância Sanitária que, agindo com base na legislação de regência e no regular uso de seu poder de polícia, lavrou auto de infração e, após processo administrativo sanitário, aplicou a sanção administrativa cabível à sociedade empresária Gama, diversa da interdição do estabelecimento. Logo após a vistoria, e antes mesmo de concluído o mencionado processo administrativo, levado a cabo pela Anvisa, os sócios administradores da sociedade empresária Gama desistiram de produzir o medicamento XXX, incineraram os produtos irregulares já produzidos e os insumos destinados à produção de novos. O Ministério Público Federal recebeu representação de farmacêutica concorrente que noticiou estar ocorrendo a produção ilegal de medicamentos para prevenção e tratamento do Covid-19 pela sociedade empresária Gama e informou que a Anvisa não adotou qualquer medida para a fiscalização dos fatos. Mesmo sabedora de que a Anvisa já havia atuado no caso e que a sociedade empresária Gama já havia desistido de produzir e vender o medicamento XXX, a noticiante, dolosamente, omitiu tais informações na notícia de fato que apresentou ao MPF. Diante da gravidade da situação que lhe foi apresentada, o Ministério Público Federal ajuizou de imediato ação civil pública em face da Anvisa e da sociedade empresária Gama requerendo, em relação a esta última, *inaudita altera pars*, a concessão de tutela provisória de urgência para a interdição de todas as suas atividades, inclusive a produção de outros medicamentos devidamente licenciados, o que foi integralmente deferido pelo juízo da 1ª Vara Federal da Comarca da Capital do Estado Delta. Imediatamente após receber a citação para responder à ação civil pública e à intimação para cumprimento da tutela provisória deferida, a sociedade empresária Gama procurou você, como advogado(a), para a defender. Redija o recurso cabível, que possa levar o tema ao segundo grau de jurisdição, com intuito de reformar o mais rápido possível a decisão judicial que decretou a interdição narrada.

Obs.: a peça deve abranger todos os fundamentos de Direito que possam ser utilizados para dar respaldo à pretensão. A simples menção ou transcrição do dispositivo legal não confere pontuação.

GABARITO COMENTADO

O(A) examinando(a) deve apresentar recurso de Agravo de Instrumento, com fulcro no Art. 1.015, inciso I, do Código de Processo Civil e no Art. 12 da Lei nº 7.347/85, no prazo de 15 dias (Art. 1.003, § 5º, do CPC).

O agravo de instrumento deve ser endereçado ao Exmo. Sr. Presidente do Tribunal Regional Federal da Região que engloba o Estado Delta (Art. 1.016, caput, do CPC).

No recurso, deve constar os nomes das partes, sendo recorrente (agravante) a sociedade empresária Gama e recorrido (agravado) o Ministério Público Federal (Art. 1.016, inciso I, do CPC).

Deve constar, ainda, o nome e o endereço do advogado da recorrente e do órgão de execução do Ministério Público que atua no processo (Art. 1.016, inciso IV, do CPC).

No mérito recursal, deve ser alegada a ausência dos dois requisitos legais necessários ao deferimento e manutenção da tutela de urgência, previstos no Art. 300, caput, do CPC, quais sejam:

1) A probabilidade do direito, haja vista que a recorrente não está fabricando nem vendendo ilegalmente o medicamento XXX e já foi fiscalizada administrativamente pela Anvisa. O réu já sofreu fiscalização da Anvisa, que detém poder de polícia, o qual já possui o atributo de autoexecutoriedade, via de regra, sendo certo que a Agência instaurou e concluiu processo administrativo sanitário, aplicando-lhe a sanção cabível, diversa da interdição. Ressalta-se que o próprio agravante, voluntariamente (antes mesmo da conclusão do processo administrativo da Anvisa), desistiu de produzir o medicamento XXX e, inclusive, já incinerou aqueles já produzidos e os insumos destinados à produção de novos, sendo certo que nenhuma unidade do medicamento chegou a ser colocada à venda.

2) O perigo de dano ou o risco ao resultado útil do processo, eis que a empresária agravante desistiu de fabricar o medicamento XXX, inclusive já destruiu todo o estoque e a matéria prima necessária para tal. Deverá o advogado juntar os documentos probatórios da incineração e da atuação da Anvisa, na forma do Art. 1.017, inciso III e § 5º, parte final, do CPC.

Com intuito de reverter o mais rápido possível a decisão judicial que decretou a interdição narrada, o(a) examinando(a) deve requerer ao Desembargador Relator que seja atribuído efeito suspensivo ao Agravo de Instrumento, com base no Art. 1.019, inciso I, do CPC, em antecipação da tutela recursal.

Para tanto, deve o(a) examinando(a) alegar, conforme dispõe o Art. 995, parágrafo único, do CPC, que:

(i) da imediata produção dos efeitos da decisão recorrida de interdição de todas as atividades da sociedade empresária Gama há risco de dano grave, de difícil ou impossível reparação, eis que causará prejuízos econômicos e trabalhistas para a agravante (e seus empregados) e prejuízos sociais decorrentes da proibição de produção e venda de outros medicamentos devidamente licenciados;

(ii) está demonstrada a probabilidade de provimento do recurso, haja vista que a sociedade empresária Gama não mais produz o medicamento XXX e já foi fiscalizada administrativamente pela Anvisa.

Na conclusão da peça processual, a defesa técnica deve requerer ao Tribunal Regional Federal o conhecimento e o provimento do recurso de Agravo de Instrumento, para fins de, confirmando a antecipação de tutela recursal, reformar a decisão recorrida, de maneira a levantar a interdição e autorizar o retorno de todas as atividades da sociedade empresária Gama, inclusive a produção de outros medicamentos devidamente licenciados.

Ao fim, deve ser feito o fechamento da peça.

QUESTÃO 1

A Universidade Federal Beta, entidade autárquica, com o objetivo de custear programas de ensino, editou um ato que condicionou a inscrição dos alunos dos cursos de graduação, mestrado e doutorado, ao pagamento de valor pré-estabelecido, a que chamou de "condicionante de inscrição", no montante de R$ 500,00 (quinhentos reais).

Eliseu dos Santos que estava cursando o segundo ano do curso de graduação em Direito na mencionada universidade, inconformado com a determinação, apresentou, antes da matrícula, recurso administrativo com vistas a impugnar a cobrança efetuada para todos os alunos.

Após protocolizar o recurso, Eliseu comunicou o fato ao Diretório Central dos Estudantes, que há dez anos constituiu regularmente uma associação para a defesa dos interesses do corpo discente, designada de ADICDI.

Antes da decisão no respectivo processo administrativo, Eliseu decidiu mudar de carreira e aceitou uma bolsa, oferecida por uma universidade particular, para cursar Medicina, de modo que optou por deixar o curso de Direito da instituição federal, fato que comunicou tanto à Universidade, quanto à ADICDI.

Diante dessa situação hipotética, certo de que não há legislação especial para o processo administrativo em questão, responda, fundamentadamente, aos questionamentos a seguir.

A) A Universidade Federal pode deixar de decidir o pleito instaurado por Eliseu?

B) Acaso discorde da decisão que venha a ser prolatada pela autoridade de primeiro grau no âmbito administrativo, a ADICDI tem legitimidade para apresentar recurso hierárquico?

Obs.: o examinando deve fundamentar suas respostas. A mera citação do dispositivo legal não confere pontuação.

GABARITO COMENTADO

A) Não. A Administração tem o dever de prover o impulsionamento de ofício dos processos administrativos instaurados (princípio da oficialidade), sem prejuízo da atuação dos interessados, na forma do Art. 2º, parágrafo único, inciso XII, da Lei nº 9.784/99.

B) Sim. Eliseu pediu a liberação do pagamento para todos os estudantes da Universidade Federal ou trata-se de decisão que interessa a todo o corpo discente, de modo que a ADICDItem legitimidade para apresentar recurso administrativo para a defesa dos interesses coletivos, segundo o Art. 58, inciso III, da Lei nº 9.784/99.

QUESTÃO 2

Determinada sociedade de economia mista estadual, com vistas a adquirir bens necessários ao adequado funcionamento de seus serviços de informática, divulgou, após a devida fase preparatória, o instrumento convocatório, no qual indicou certa marca, que é comercializada por diversos fornecedores, por considerá-la a única capaz de atender ao objeto do contrato, tal como tecnicamente justificado nos autos do respectivo processo administrativo, certo que o edital adotou a sequência de fases prevista em lei.

No curso do procedimento licitatório, a proposta apresentada pela sociedade Beta foi considerada a vencedora, mas os representantes de outra licitante, a sociedade Alfa, consideraram o julgamento equivocado e pretendem interpor recurso administrativo para impugná-lo antes da habilitação. Diante dessa situação hipotética, responda, fundamentadamente, aos questionamentos a seguir.

A) É válida a indicação de marca pela sociedade de economia mista em questão? Justifique.

B) É cabível a interposição do recurso administrativo pretendido pela sociedade Alfa? Justifique.

Obs.: o(a) examinando(a) deve fundamentar suas respostas. A mera citação do dispositivo legal não confere pontuação.

GABARITO COMENTADO

A) Sim. A indicação de marca é válida nas circunstâncias do caso proposto na medida em que, mesmo sendo comercializada por diversos fornecedores, é a única capaz de atender ao objeto do contrato, como tecnicamente demonstrado no processo administrativo pertinente, a enquadrar-se na regra do Art. 47, inciso I, alínea b, da Lei nº 13.303/16.

B) Não. Considerando que foi adotada a sequência de fases estabelecida na Lei nº 13.303/16, observa-se que a fase recursal é única e posterior à habilitação, na forma do Art. 59 da Lei nº 13.303/16 (pode ser aceita menção ao Art. 51, inciso VIII, da Lei nº 13.303/16).

QUESTÃO 3

Ana foi aprovada em concurso público para o provimento do cargo administrativo de técnico de ensino médio, em âmbito federal, no qual veio a adquirir estabilidade em 2012.

Ocorre que Ana decidiu investir em outra área de formação e, após obter o diploma de economia, prestou concurso público para o cargo de analista em outra carreira federal, que tinha o grau de instrução de ensino superior, como requisito. Foi aprovada e convocada no ano corrente (2021), sendo certo que este segundo cargo não é acumulável com aquele que a servidora ocupava anteriormente.

Ana, como é recém-formada em economia, receia vir a ser inabilitada no estágio probatório para o novo cargo, razão pela qual consulta você para, na qualidade de advogado, responder, fundamentadamente, aos questionamentos a seguir.

A) Caso o receio de Ana venha a concretizar-se, qual é a providência que deve ser adotada, com o fim de resguardar a possibilidade de eventual retorno ao cargo anterior? Sendo tal possível, qual será o provimento adequado para tanto? Justifique.

B) A investidura por concurso e o efetivo exercício do estágio probatório por três anos bastam para que Ana adquira estabilidade no cargo de analista? Justifique.

Obs.: o(a) examinando(a) deve fundamentar suas respostas. A mera citação do dispositivo legal não confere pontuação.

GABARITO COMENTADO

A) Ana deveria pleitear a declaração de vacância no cargo federal de nível médio em que é estável, para resguardar eventual possibilidade de retorno, na forma do Art. 33, inciso VIII, da Lei nº 8.112/90, sendo certo que a forma de provimento do cargo público adequada é a recondução, consoante disposto no Art. 29, inciso I, da Lei nº 8.112/90.

B) Não. A investidura por concurso e o efetivo exercício, pelo prazo de três anos, do estágio probatório não são suficientes, porque a avaliação especial de desempenho, por comissão instituída para essa finalidade, é condição para a aquisição da estabilidade, nos termos do Art. 41, § 4º, da CRFB/88.

QUESTÃO 4

A autoridade competente, em âmbito federal, tem fundadas dúvidas acerca da possibilidade de expedição de uma licença pleiteada pela sociedade empresária Alegre, que envolve assunto de interesse geral. Isso porque, apesar de todos os elementos do ato administrativo vinculado estarem especificados em lei, a respectiva norma se utiliza de conceitos jurídicos indeterminados, que demandam nova interpretação a ser implementada pela Administração, a implicar novo dever para os requerentes daquela licença.

Considerando que a adoção da nova interpretação acarretará o indeferimento da licença requerida pela sociedade empresária Alegre, que preenchia os requisitos que prevaleciam à luz da orientação vigente no momento da efetivação do requerimento, responda, fundamentadamente, aos questionamentos a seguir, na qualidade de advogado(a) desta pessoa jurídica.

A) É possível a aplicação retroativa da nova interpretação para indeferir a licença pleiteada pela sociedade empresária Alegre? Justifique.

B) A realização de consulta pública, para dirimir a incerteza jurídica suscitada pela autoridade para o exercício de sua competência, é cabível? Justifique.

Obs.: o(a) examinando(a) deve fundamentar suas respostas. A mera citação do dispositivo legal não confere pontuação.

GABARITO COMENTADO

A) Não. É vedada a aplicação retroativa de nova orientação firmada em sede administrativa, consoante o disposto no Art. 23 do Decreto-lei nº 4.657/42 (LINDB), ou do Art. 2º, inciso XIII, da Lei nº 9.784/99.

B) Sim. Nas hipóteses de dúvida ou de incerteza jurídica acerca de assuntos de interesse geral, inclusive para a expedição de licença, a Administração Pública poderá realizar consulta pública, na forma do Art. 26 do Decreto-lei nº 4.657/42 (LINDB), ou do Art. 31 da Lei nº 9.784/99.

• XXXIV EXAME

PEÇA

ENUNCIADO

O Estado Beta realizou licitação e formalizou contrato administrativo, com base na Lei nº 14.133/21, para a realização de uma obra de grande relevância para a coletividade, da qual se sagrou vencedora a sociedade Alfa S/A, a qual iniciou a execução do contrato após a mobilização do equipamento necessário para tanto. Posteriormente, durante o período de validade da avença, verificou-se a existência de irregularidade na respectiva licitação, à qual a sociedade Alfa não concorreu ou deu causa. Em razão disso, a Administração iniciou procedimento administrativo para promover a invalidação do contrato. No trâmite de tal procedimento, em que respeitado o princípio da ampla defesa e contraditório, questões relevantes foram ponderadas, tais como a impossibilidade de sanar o vício em questão e as consequências de se promover a anulação do contrato, aspecto em que foi especialmente debatido o fato de que eventual invalidação seria contrária ao interesse público, notadamente em razão dos impactos financeiros, econômicos e sociais decorrentes do atraso na fruição do objeto em questão, assim como os custos para a desmobilização e o posterior retorno às atividades. Não obstante, o Poder Público, por meio de decisão assinada pela autoridade competente, decidiu anular o contrato, com efeitos pretéritos, mediante indenização do contratado pelo que já tinha executado até então e pelos prejuízos comprovados. A única justificativa invocada para o aludido ato de invalidação foi a violação ao princípio da legalidade, na medida em que, dos atos nulos, não se originam direitos. Não houve menção a qualquer alternativa possível no caso concreto, ou à caracterização de interesse público que justificasse a medida, ou mesmo às consequências práticas, jurídicas e administrativas que decorreriam de tal decisão. O advogado constituído pelos representantes da sociedade Alfa, tempestivamente, impetrou mandado de segurança, mediante apresentação da prova pré-constituída e dos argumentos jurídicos pertinentes, sendo certo que as normas de organização judiciária estadual apontavam para a competência do Tribunal de Justiça Local, o que ocasionou a regular tramitação do feito perante a câmara competente. Inicialmente, foi deferida a liminar para suspender os efeitos da decisão de invalidação do contrato, mas sobreveio acórdão, unânime, que revogou a liminar e denegou a segurança, sob o fundamento de que não cabe ao Judiciário verificar a existência de interesse púbico na situação, na medida em que a matéria se submete à discricionariedade administrativa. Foram opostos embargos de declaração, rejeitados por não haver omissão, contradição ou obscuridade a ser sanada, cuja decisão foi publicada na última sexta-feira. Observando o Art. 105, inciso II, da CRFB/88, redija a petição da medida pertinente à defesa dos interesses da sociedade Alfa contra a decisão prolatada em única instância pelo Tribunal de Justiça estadual, desenvolvendo todos os argumentos jurídicos adequados à admissibilidade do recurso e ao mérito da demanda, considerando a urgência da manifestação jurisdicional. (Valor: 5,00)

Obs.: a peça deve abranger todos os fundamentos de Direito que possam ser utilizados para dar respaldo à pretensão. A simples menção ou transcrição do dispositivo legal não confere pontuação.

GABARITO COMENTADO

PEÇA

A medida cabível é o recurso ordinário em mandado de segurança, na forma do Art. 105, inciso II, alínea b, da CRFB/88, ou do Art. 1027, inciso II, alínea a, do CPC, com pedido de tutela antecipada recursal (efeito suspensivo ativo). O recurso deve ser dirigido ao Desembargador Presidente do Tribunal de Justiça do Estado, ou ao Vice-Presidente, de acordo com a respectiva organização judiciária, formulando pedido de remessa ao Superior Tribunal de Justiça, que é o competente para a apreciação do recurso. Na qualificação das partes, deve constar a sociedade Alfa como recorrente e o Estado Beta como recorrido. Devem ser apontados os requisitos de admissibilidade recursal: tempestividade (15 dias, consoante art. 33, da Lei nº 8.038/90) e preparo. Deve ser formulado pedido de concessão de tutela antecipada recursal ou de efeito suspensivo ativo, na forma do Art. 294, parágrafo único, ou do Art. 297 ou do Art. 300, todos do CPC, demonstrando-se o fundamento relevante de direito (violação às disposições constantes da Lei nº 14.133/21 e da LINDB) e o fundado receio de ineficácia da medida, caso concedida a segurança apenas ao final do processo (diante da paralização das obras e iminente necessidade de desmobilização). Na fundamentação, deve ser impugnado o fundamento da decisão, ao argumento de que a violação do direito líquido e certo da recorrente não se submete à discricionariedade administrativa ou que o ato impugnado está sujeito ao controle de legalidade/juridicidade. Quanto à reiteração dos fundamentos que deveriam ter constado da inicial, deve ser apontada a violação de direito líquido e certo da impetrante (Art. 5º, inciso LXIX, da CRFB/88 ou Art. 1º da Lei nº 12.016/09), pelos seguintes fundamentos: a. Impossibilidade de invalidar contrato administrativo sem que fique caracterizado tratar-se de medida de interesse público, para a qual, devem ser ponderados, dentre outros fatores, os impactos financeiros, econômicos e sociais e as despesas inerentes à desmobilização e ao posterior retorno às atividades, na forma do Art. 147 ou do Art. 148, ambos da Lei nº 14.133/21. b. Violação ao postulado da proporcionalidade e/ou ao princípio da segurança jurídica e/ou eficiência, notadamente diante das disposições do Decreto-Lei nº 4.657/42 – Lei de Introdução às Normas do Direito Brasileiro (LINDB), cuja observância é necessária, inclusive, como expressamente mencionado no Art. 5º, da Lei nº 14.133/21: b1. Nulidade da motivação, que não considerou as alternativas possíveis no momento da invalidação, consoante Art. 20, parágrafo único, da LINDB. B2. Violação ao Art. 21, da LINDB, na medida em que não foram consideradas as consequências jurídicas e administrativas para decretar a invalidação do contrato. Ao final, deve ser formulado pedido de concessão da tutela antecipada recursal (OU efeito suspensivo ativo), bem como de conhecimento e provimento do recurso, com a reforma da decisão do Tribunal Estadual, a fim de que seja concedida a segurança para a anulação/invalidação do ato administrativo impugnado. Deve ser pleiteada, ainda, a condenação em custas. Arrematam a peça a indicação de local, a data, o espaço para assinatura do advogado e o número de sua inscrição na OAB.

QUESTÃO 1

As sociedades empresárias Alfa, Beta e Gama, em comunhão de ações e desígnios, fraudaram licitação para reforma e manutenção de estádio esportivo, mediante ajuste e combinação que frustraram o caráter competitivo do certame, que culminou com a contratação da sociedade empresária Gama por determinado Estado da Federação. Após regular processo administrativo deflagrado pela Administração

Pública Estadual contratante, restaram comprovadas a autoria e a materialidade do ato ilícito, bem como um prejuízo ao erário na ordem de 50 milhões de reais. A sociedade empresária Alfa, em janeiro de 2021, procurou voluntariamente o Estado com intuito de celebrar acordo de leniência. Por sua vez, a sociedade empresária Beta, em abril de 2021, também procurou o Estado com o mesmo escopo. Observados os fatos narrados à luz da Lei Anticorrupção, responda aos questionamentos a seguir.

A) Poderão as sociedades empresárias Alfa e Beta celebrar, ao mesmo tempo e acerca dos mesmos fatos, acordo de leniência com o Estado? Justifique. (Valor: 0,60)

B) Pelo poder público, de quem é a competência para celebrar o acordo de leniência? Há necessidade de participação do Ministério Público e/ou de homologação judicial para a validade do acordo de leniência? Justifique. (Valor: 0,65)

Obs.: o(a) examinando(a) deve fundamentar suas respostas. A mera citação do dispositivo legal não confere pontuação.

GABARITO COMENTADO

A) Não. As sociedades empresárias não poderão, ao mesmo tempo e acerca dos mesmos fatos, celebrar acordo de leniência, eis que a legislação estabelece que tal acordo apenas pode ser firmado com a primeira sociedade empresária que se manifestar nesse sentido, no caso em tela, a Alfa (Art. 16, § 1º, inciso I, da Lei nº 12.846/13), que praticou ato lesivo à Administração Pública (fraude à licitação), tipificado no Art. 5º, inciso IV, alínea a, da Lei nº 12.846/13.
B) A autoridade máxima de cada órgão ou entidade pública poderá celebrar acordo de leniência com as pessoas jurídicas responsáveis pela prática dos atos ilícitos previstos na Lei Anticorrupção, conforme prevê o Art. 16, caput, da Lei nº 12.846/13. Não é necessária a participação do Ministério Público e/ou a homologação judicial para a validade do acordo de leniência, pois a Lei nº 12.846/13, que dispõe sobre a matéria, não o exige, bastando que os requisitos legais, trazidos no citado diploma legal, sejam observados.

QUESTÃO 2

Gabriel é servidor de determinado órgão consultivo federal, ao qual compete a emissão de pareceres que são considerados, por lei, obrigatórios e vinculantes. Por estar assoberbado de trabalho, Gabriel não conseguiu elaborar, em tempo, o parecer que afeta os interesses da sociedade empresária Alfa. Decorrido o respectivo prazo, a Administração deu prosseguimento ao processo administrativo, para que fossem adiantadas outras providências. Após longo período, mas antes da conclusão do processo, Gabriel finalmente apresentou sua opinião técnica, fundamentada em entendimento controvertido, mas que foi determinante para o posicionamento da autoridade competente. A orientação adotada mostrou-se contrária aos interesses da mencionada sociedade, causando-lhe prejuízos, à vista dos quais tal pessoa jurídica dispõe-se a buscar as vias pertinentes para a responsabilização administrativa pessoal do parecerista. Considerando que o processo administrativo em questão não conta com legislação acerca de rito específico, responda, fundamentadamente, aos questionamentos a seguir.

A) O processo administrativo poderia ter prosseguido sem a apresentação do parecer de Gabriel? (Valor: 0,60)

B) A existência de controvérsia é suficiente para a responsabilização administrativa pessoal de Gabriel por sua opinião técnica? (Valor: 0,65)

GABARITO COMENTADO

A) Não. O parecer é obrigatório e vinculante, de modo que o processo não poderia ter prosseguimento até a sua apresentação, consoante o Art. 42, § 1º, da Lei nº 9.784/99.

B) Não. A responsabilização pessoal do agente público (parecerista) por sua opinião técnica depende da caracterização de dolo ou erro grosseiro, na forma do Art. 28, do Decreto-Lei nº 4.657/42 (LINDB).

QUESTÃO 3

A lei orgânica do Município Delta estabelece a competência não exclusiva do prefeito municipal para nomear servidores ocupantes de cargo em comissão. João, prefeito recém empossado, vem promovendo diversas mudanças na administração municipal e editou decreto municipal delegando ao secretário municipal da Casa Civil competência para nomear e exonerar os titulares de cargos em comissão, exceto os cargos de secretários municipais, procurador-geral e presidentes das entidades integrantes da Administração Indireta municipal. Registra-se que a legislação municipal, no que tange à delegação de competência, repete os mesmos termos da lei federal que regula o processo administrativo no âmbito da Administração Pública Federal. Jorge, secretário municipal da Casa Civil, praticou ato administrativo exonerando Maria de cargo em comissão, com formal, extensa e circunstanciada motivação no sentido de que a exoneração era imprescindível para cortes de despesas, diante da crise financeira por que passa o Município que agravou o déficit orçamentário. No dia seguinte à sua exoneração, Maria verificou que foi publicada no Diário Oficial a nomeação de outra pessoa (sem qualquer relacionamento com agentes públicos) para o mesmo cargo em comissão que ocupara, inclusive sendo lotada no mesmo setor, com igual remuneração e para exercício de idênticas funções de assessoramento que outrora exercia. Mesmo sabedora de que era ocupante de cargo exclusivamente em comissão, de livre nomeação e exoneração, Maria não se conformou com o ocorrido e procurou você como advogado(a). Em pesquisa ao site da transparência do Município, você verificou a plena saúde financeira do Município, já que o orçamento municipal do exercício em vigor é o maior de sua história e superou a arrecadação esperada, em razão do recebimento de recursos oriundos dos royalties do petróleo. Diante dos fatos narrados, responda, de forma fundamentada, às questões a seguir.

A) A delegação de competência feita pelo prefeito João ao secretário municipal da Casa Civil é lícita? (Valor: 0,60)

B) Qual argumento deve ser utilizado judicialmente pelo advogado(a) visando à declaração de nulidade do ato de exoneração de Maria? (Valor: 0,65)

GABARITO COMENTADO

A) A delegação de competência para a prática de atos de nomeação e exoneração de ocupantes de cargos em comissão feita pelo prefeito João ao secretário municipal da Casa Civil é lícita, porque não se trata de competência exclusiva, conforme dispõe o Art. 13, inciso III, da Lei nº 9.784/99.

B) Apesar de o ato de exoneração de Maria ser um ato administrativo discricionário, na medida em que o agente público Jorge resolve motivá-lo, fica vinculado à realidade fática exposta. Ocorre que, no caso concreto, a nomeação de outra pessoa, no dia seguinte à exoneração de Maria, para ocupar o mesmo cargo e auferir a mesma remuneração, aliado ao fato de que o orçamento municipal recebeu incremento pelos royalties do petróleo, revelam que não foi a crise financeira que motivou a exoneração de Maria. Dessa forma, aplicando-se a teoria dos motivos determinantes, verifica-se que o elemento do ato administrativo motivo está viciado, razão pela qual o ato de exoneração de Maria é nulo.

QUESTÃO 4

João e Maria são servidores públicos federais estáveis, ocupantes de cargo efetivo, e estão lotados no mesmo órgão, sediado em Município do interior do Estado Alfa. Ambos os servidores requereram à Administração Pública federal suas remoções a pedido, para outra localidade, independentemente do interesse da Administração, pelos fundamentos a seguir.

I. João pretende se remover no âmbito do mesmo quadro, com mudança de sede para a capital do Estado Alfa, para acompanhar sua cônjuge Joana, que é servidora pública civil do Estado Alfa, que acabou de ser removida, a pedido, para órgão sediado na capital do citado Estado.

II. Maria pretende se remover no âmbito do mesmo quadro, com mudança de sede para a capital do Estado Alfa, por motivo de saúde, haja vista que acabou de ser diagnosticada com câncer e o tratamento de quimioterapia indicado pelos seus médicos assistentes somente está disponível em unidade de saúde situada na capital do citado Estado. A Administração Pública federal indeferiu ambos os requerimentos de remoção, para não desfalcar os recursos humanos do órgão de origem. Os servidores João e Maria procuraram você, como advogado(a), para defender seus interesses.

Levando em consideração os fatos narrados, de acordo com a legislação de regência, responda aos itens a seguir.

A) João possui direito subjetivo à remoção pretendida? (Valor: 0,60)

B) Maria tem direito subjetivo à remoção pleiteada? A decisão da Administração Pública federal acerca do requerimento de Maria constitui ato administrativo discricionário? (Valor: 0,65)

Obs.: o(a) examinando(a) deve fundamentar suas respostas. A mera citação do dispositivo legal não confere pontuação.

GABARITO COMENTADO

A) João não possui direito subjetivo à remoção a pedido pretendida, pois tal tipo de remoção para acompanhar o cônjuge exige que este tenha sido deslocado no interesse da Administração Pública, e não a seu pedido, como o fez Joana (vide Art. 36, parágrafo único, inciso III, alínea b, da Lei nº 8.112/90).

B) Maria tem direito subjetivo à remoção pleiteada, condicionada à comprovação de sua situação de saúde por junta médica oficial, conforme dispõe o Art. 36, parágrafo único, inciso III, alínea a, da Lei nº 8.112/90. O indeferimento do pleito de Maria é ilegal, sob o argumento de que a Administração não deve desfalcar seus recursos humanos lotados no órgão de origem, pois não se trata de ato administrativo discricionário e sim vinculado, já que, preenchidos os requisitos legais, a Administração Pública federal não pode decidir com critérios de oportunidade e conveniência, devendo deferir o pleito.

• XXXV EXAME

PEÇA PRÁTICO-PROFISSIONAL

Brian, cidadão americano não naturalizado, que não é eleitor no Brasil, mas reside regularmente no país há mais de dez anos, ajuizou ação popular em face da concessionária Vadeboa S/A. e do Município Alfa, poder concedente, perante a Vara da Fazenda Pública no próprio Município, com vistas a anular o ato de aumento do valor da tarifa de transporte de ônibus intramunicipal.

O demandante assevera que as tarifas foram majoradas de forma desproporcional, no montante de vinte por cento, de modo que se tornaram mais onerosas do que as cobradas nos municípios vizinhos, situação violadora da razoabilidade, considerando que o Município Alfa é o mais pobre da respectiva região. Alega, ainda, afronta ao princípio da isonomia, na medida em que Vadeboa S/A. também é a concessionária responsável pelo serviço de transporte junto ao Município Beta e lá pratica preços muito menores.

Devidamente citada, os representantes da concessionária, na última sexta-feira, procuram você, para, na qualidade de advogado(a), apresentar a medida judicial de defesa dos interesses da sociedade empresária Vadeboa S/A, tendo fornecido documentação demonstrativa de que o novo valor decorre do fato de que as tarifas estavam sem aumento havia mais de três anos e foi feito com o fim de amortizar os efeitos da inflação, apesar da previsão contratual de reajuste anual, e que a majoração foi efetuada nos exatos parâmetros estabelecidos no contrato de concessão, consoante estudo técnico fundamentado. Os representantes afirmam, ainda, estarem convictos de que a lide é temerária e de que o demandante agiu de má-fé, na medida em que já tentou causar prejuízos à demandada anteriormente.

Redija a peça adequada, mediante exposição de todos os argumentos jurídicos pertinentes. (Valor: 5,00)

Obs.: a peça deve abranger todos os fundamentos de Direito que possam ser utilizados para dar respaldo à pretensão. A simples menção ou transcrição do dispositivo legal não confere pontuação.

GABARITO

A peça pertinente é a contestação, a ser endereçada ao Juízo da Vara da Fazenda Pública da Comarca do Município Alfa.

Devem ser identificados a empresa Vadeboa S/A no polo passivo (contestante) e Brian no polo ativo (autor popular).

O examinando deve indicar a tempestividade da defesa, consoante o Art. 7º, inciso IV, da Lei nº 4.717/65; Preliminarmente, a peça deve destacar a ilegitimidade ativa de Brian, que não é eleitor, de modo que não é cidadão brasileiro e não poderia se utilizar da ação popular, nos termos do Art. 5º, inciso LXXIII, da CRFB/88 ou do Art. 1º da Lei nº 4.717/65;

Na fundamentação, a contestação deve destacar a legalidade/ legitimidade do aumento efetuado nos termos do contrato de concessão ou a inexistência do binômio lesividade/ilegalidade ou a razoabilidade/proporcionalidade do reajuste, considerando:

I – o direito da concessionária ao reajuste das tarifas, que constitui cláusula necessária do contrato de concessão, consoante Art. 23, inciso IV, da Lei nº 8.987/95;

II – a aplicação do princípio da manutenção do equilíbrio econômico e financeiro do contrato, consoante o Art. 37, inciso XXI, da CRFB/88, ou o Art. 10 da Lei nº 8.987/95 (pode ser aceita também menção ao Art. 9º da Lei nº 8.987/95);

III – quanto ao específico argumento da isonomia, deve ser destacada a impossibilidade de sua aplicação para situações diferentes (Município Alfa e Beta), considerando que cada município corresponde a um poder concedente distinto, que estipula os termos de seus próprios contratos de concessão no âmbito de suas outorgas.

A peça deve conter, ainda, requerimento de juntada de documentos e produção das provas que forem pertinentes, inclusive a pericial, para que, ao final, sejam acolhidas as preliminares ou julgados improcedentes os pedidos constantes da inicial, bem como a condenação do autor ao pagamento das custas e honorários advocatícios, diante de sua má-fé, sendo certo que as custas devem ser fixadas no décuplo em razão de a lide ser temerária.

Arremata a peça a indicação de local, data, assinatura do advogado e inscrição na OAB.

QUESTÃO 1

A sociedade empresária Águas Claras é concessionária prestadora do serviço público de abastecimento de água no Município Beta e, no último ano, teve recorde em seus lucros. Alberto, empregado da sociedade empresária Águas Claras, após reclamação de Maria, usuária do serviço, realizava reparo na rede de abastecimento de água potável em via pública em frente à casa da usuária, quando manuseou com muita força seu instrumento de trabalho, causando a ruptura total da tubulação.

A conduta de Alberto fez com que, imediatamente, jorrasse água com muita pressão no veículo do turista João (não usuário do serviço público), que passava pelo local naquele momento, causando-lhe danos materiais pela quebra dos vidros de seu carro. Ademais, os jatos de água também quebraram o portão elétrico de entrada da casa de Maria.

Na qualidade de advogado(a) contratado(a) por João e Maria para ajuizar ação indenizatória pelos danos materiais sofridos, responda às perguntas a seguir levando em conta a estratégia jurídica que demande menor ônus probatório para seus clientes.

A) Em face de quem deverão ser manejadas as ações judiciais a serem propostas? Justifique. (Valor: 0,65)

B) Qual tipo de responsabilidade civil deve embasar as ações indenizatórias a serem ajuizadas por Maria (usuária do serviço público) e por João (terceiro, não usuário do serviço público)? Justifique. (Valor: 0,60)

Obs.: o(a) examinando(a) deve fundamentar suas respostas. A mera citação do dispositivo legal não confere pontuação.

GABARITO

A) As ações indenizatórias a serem ajuizadas por João e Maria devem ser propostas em face da sociedade empresária Águas Claras, eis que se trata de prestadora de serviço público que deve responder pelos danos causados por seu funcionário Alberto, conforme dispõe o Art. 37, § 6º, da CRFB/88.

B) Com base no mesmo Art. 37, § 6º, da CRFB/88, incide a responsabilidade civil objetiva (na qual não há necessidade de comprovação do elemento subjetivo - dolo ou culpa - do agente Alberto) tanto para Maria (usuária do serviço público) quanto para João (não usuário do serviço público), eis que a citada norma constitucional que rege a matéria não fez qualquer distinção entre o usuário e o não usuário do serviço.

QUESTÃO 2

José é servidor público federal estável e, no exercício de suas atribuições, retirou documentos da repartição sem prévia anuência da autoridade competente, motivo pelo qual, após sindicância, garantidos o contraditório e a ampla defesa, foi advertido por escrito. Posteriormente, José reincidiu na aludida conduta, de modo que, após nova sindicância, foi a ele aplicada a pena de suspensão pelo prazo de 30 dias.

Inconformado, José ajuizou ação para anular as referidas penalidades ou, eventualmente, substituir a pena de suspensão por multa.

Diante da situação descrita, na qualidade de advogado de José, responda aos questionamentos a seguir.

A) A sindicância é cabível para as penalidades aplicadas a José? Justifique. (Valor: 0,60)

B) José tem direito subjetivo de substituir a penalidade de suspensão pela de multa? Justifique. (Valor: 0,65)

Obs.: o(a) examinando(a) deve fundamentar suas respostas. A mera citação do dispositivo legal não confere pontuação.

GABARITO

A) Sim. A sindicância é cabível para a aplicação das penalidades de advertência e suspensão de até trinta dias, nos termos do Art. 145, inciso II, da Lei nº 8.112/90.

B) Não. A substituição da penalidade de suspensão por multa submete-se à conveniência do serviço, caracterizando, assim, ato discricionário, em relação ao qual não há direito subjetivo de José, consoante o Art. 130, § 2º, da Lei nº 8.112/90.

QUESTÃO 3

No ano corrente, a sociedade empresária Correcta praticou conduta que caracteriza, a um só tempo, violação à nova lei de licitações e contratos (Lei nº 14.133/21) e ato lesivo à Administração Pública federal (Lei nº 12.846/13 – Lei Anticorrupção).

Ciente de que tanto a Administração Pública quanto o Ministério Público estão tomando as medidas pertinentes para a responsabilização com fulcro em cada uma das mencionadas normas, os dirigentes da sociedade empresária Correcta procuram você, como advogado(a), para prestar assessoria jurídica.

Diante dessa situação hipotética, responda aos questionamentos a seguir.

A) É possível a apuração e o julgamento em conjunto pelas infrações administrativas caracterizadas em decorrência da conduta da sociedade empresária Correcta nos mesmos autos do processo administrativo de responsabilização? Justifique. (Valor: 0,60)

B) Eventual sancionamento na esfera administrativa afasta a possibilidade de o Ministério Público ajuizar ação com vistas a obter a responsabilização civil/judicial da sociedade empresária Correcta por ato lesivo à administração em decorrência da conduta em questão? Justifique. (Valor: 0,65) Obs.: o(a) examinando(a) deve fundamentar suas respostas. A mera citação do dispositivo legal não confere pontuação.

GABARITO

A) Sim. As condutas que caracterizem infração à lei de licitações que também sejam tipificadas como ato lesivo à Administração Pública (Lei nº 12.846/13) serão apuradas e julgadas conjuntamente, nos mesmos autos, observado o rito do processo administrativo de responsabilização e a autoridade definidos na Lei Anticorrupção, na forma do Art. 159 da Lei nº 14.133/21.

B) Não. Eventual sancionamento da sociedade empresária Correcta na esfera administrativa não afasta a possibilidade de responsabilização na esfera judicial (ou independência entre as esferas administrativa e civil/judicial), consoante o Art. 18 da Lei nº 12.846/13.

QUESTÃO 4

Renato e Jorge são servidores públicos federais estáveis e ambos se recusaram a apresentar a declaração anual de imposto sobre a renda solicitada pela autoridade administrativa competente, a que estão submetidos, no prazo determinado, no ano corrente.

A conduta de Renato decorreu de receio concernente a vultoso incremento patrimonial em virtude do recebimento de uma inesperada herança de um parente distante. Já a recusa de Jorge decorreu de seu patrimônio ter triplicado a descoberto de um ano para o outro, de modo que ele não conseguiria demonstrar a origem lícita de tal acréscimo desproporcional em seus bens.

Diante dessa situação hipotética, responda aos itens a seguir.

A) Renato e Jorge podem ser demitidos administrativamente em razão da recusa em prestar a declaração anual de imposto sobre a renda no prazo determinado pela autoridade competente? Justifique. (Valor: 0,65)

B) O incremento do patrimônio de Jorge pode caracterizar ato de improbidade administrativa? A quem compete demonstrar a licitude da origem da evolução patrimonial? Justifique. (Valor: 0,60)

Obs.: o(a) examinando(a) deve fundamentar suas respostas. A mera citação do dispositivo legal não confere pontuação.

GABARITO

A) Sim. A recusa a apresentar a declaração de imposto sobre a renda no prazo determinado pela autoridade competente está sujeita à penalidade de demissão, na forma do Art. 13, § 3º, da Lei nº 8.429/92.

B) Sim. A evolução desproporcional do patrimônio a descoberto pode caracterizar ato de improbidade administrativa que importa em enriquecimento ilícito, competindo ao agente a demonstração da origem da evolução patrimonial, consoante o Art. 9º, inciso VII, da Lei nº 8.429/92 (com a redação conferida pela Lei nº 14.230/21).

• XXXVI EXAME

PEÇA PRÁTICO-PROFISSIONAL

No centro da cidade turística brasileira Sigma, foi criado um polo gastronômico composto por diversos restaurantes e bares tradicionais da iniciativa privada, todos devidamente legalizados. Com o passar do tempo, não obstante o visível aumento de turistas e consumidores no local, os comerciantes experimentaram diminuição em suas vendas, em razão do surgimento de quiosques motorizados, do tipo food truck, que se instalaram no entorno da praça onde se situa o polo gastronômico, à revelia do poder público local.

A Associação de bares e restaurantes XYZ, cujas finalidades institucionais incluem a proteção ao consumidor, à ordem urbanística e econômica e à livre concorrência, apresentou representação em face dos quiosques ilegais junto ao Município. A Associação XYZ, que está regularmente instituída há cinco anos nos termos da lei, alegou e comprovou com farta documentação, a ocupação irregular do solo urbano pelos quiosques, haja vista que seus proprietários não possuem permissão de uso do bem público (calçadas do entorno da praça), nem os demais documentos públicos legalmente exigidos para se instalarem no local e exercerem atividades de comércio de bebidas e alimentos.

Ocorre que, apesar da identificação dos infratores e da comprovação de todas as irregularidades noticiadas, o Município Sigma está inerte há mais de um ano e os quiosques ilegais continuam em atividade, em prejuízo dos comerciantes que integram a citada associação e dos próprios consumidores, que frequentam locais não regularizados nem fiscalizados.

Como advogado(a) da Associação XYZ, redija a petição inicial da medida judicial a ser ajuizada em face do Município Sigma e em favor dos interesses coletivos lato sensu, levando em consideração que haverá necessidade de ampla dilação probatória no curso do processo. (Valor: 5,00)

Obs.: a peça deve abranger todos os fundamentos de Direito que possam ser utilizados para dar respaldo à pretensão. A simples menção ou transcrição do dispositivo legal não confere pontuação

GABARITO

O examinando deve elaborar petição inicial de ação civil pública, com base no Art. 1º, incisos II, IV, V e VI, da Lei nº 7.347/85.

A Vara competente é a Cível (ou Fazendária, se houver na comarca) da Justiça Estadual.

O examinando deve indicar, como autor, a Associação XYZ, bem como alegar e comprovar que a associação concomitantemente está constituída há pelo menos 1 (um) ano nos termos da lei e que tem, entre suas finalidades institucionais, a proteção ao consumidor, à ordem urbanística e econômica e à livre concorrência (conforme determina o Art. 5º, inciso V, alíneas a e b, da Lei nº 7.347/85).

O examinando deve indicar como réu o Município Sigma por conduta omissiva, eis que, apesar de provocado, não está fiscalizando a ocupação do solo urbano municipal.

No mérito, deve ser alegado pelo examinando que o Município Sigma praticou atos ilícitos por omissão, pois violou o ordenamento jurídico por não estar fiscalizando o uso e ocupação do solo urbano, mediante o exercício de seu poder de polícia. O Município ofendeu a Constituição da República ao quedar-se inerte em sua obrigação legal de promover a fiscalização do adequado ordenamento territorial, mediante controle do uso e ocupação do solo urbano (Art. 30, inciso VIII, e Art. 182, ambos da Constituição da República). Assim, verifica-se que o Município, mesmo após ser provocado, tolerou ilegalmente a utilização de bem público (calçada do entorno da praça) sem prévia permissão de uso (ato precário que requer, inclusive, licitação) por parte de particulares que também não possuem documentos públicos legalmente exigidos para exercerem atividades de comércio de bebidas e comidas.

Deve ser formulado pedido de concessão de medida liminar com base no Art. 12 da Lei nº 7.347/85 (ou Art. 300 e seguintes, do CPC), demonstrando-se o fundamento relevante de probabilidade do direito alegado (com base nas provas apresentadas pela Associação ao Município quando foi feita a representação comprovando as ilegalidades) e o fundado receio de ineficácia da medida, caso concedida apenas ao final do processo, dado o risco iminente à livre iniciativa e concorrência, em prejuízo aos proprietários dos bares e restaurantes legalizados do polo gastronômico (que perderam clientela em razão da instalação e funcionamento ilegais dos quiosques). Assim, deve ser requerida a concessão da liminar para que o Município exerça imediatamente seu poder de polícia e realize fiscalização, com objetivo de promover a paralisação das atividades ilegais dos quiosques e interdição dos mesmos, sob pena de multa diária, com base no Art. 12, § 2º, da Lei nº 7.347/85.

Ao final, o examinando deve requerer a procedência do pedido de obrigação de fazer para que o Município fiscalize a ocupação do solo urbano, consistente nas calçadas no entorno da praça do polo gastronômico, para impedir a manutenção dos atuais quiosques irregulares e coibir o seu retorno ou a instalação de novos quiosques, com regular uso de seu poder de polícia.

Devem ser formulados, ainda, pedidos de: (i) isenção de custas judiciais e eventuais ônus da sucumbência, diante da evidente não ocorrência de má-fé do autor, conforme previsto no Art. 18 da Lei nº 7.347/85; (ii) produção de provas, em especial para comprovar a ilegalidade na instalação dos quiosques e omissão do Município; (iii) intimação do representante do Ministério Público Estadual (Art. 5º, § 1º, da Lei nº 7.347/85).

Por fim, o fechamento da peça, com a indicação do local, data, nome e inscrição OAB.

QUESTÃO 1

Com vistas a otimizar os serviços de limpeza urbana, destinação final e tratamento do lixo, o Município Ômega objetiva formalizar uma parceria público privada, na modalidade concessão administrativa.

Para tanto, o ente federativo fez publicar instrumento convocatório com a minuta do contrato, que, dentre as cláusulas necessárias e pertinentes, estabeleceu como critério de julgamento para o certame a combinação dos critérios de melhor técnica, de acordo com pesos estabelecidos pelo edital, com o menor valor da contraprestação a ser paga pela Administração.

Além disso, o instrumento convocatório previu que, para a formalização do contrato, será necessária a criação de uma sociedade de propósito específico pela vencedora da licitação, a qual ficará incumbida de implantar e gerir o objeto da parceria.

A sociedade empresária Alfa está interessada em participar da licitação, de modo que procura você, como advogado(a), a fim de esclarecer, fundamentadamente, as dúvidas a seguir.

A) A combinação de critérios de julgamento estabelecida no instrumento convocatório é válida? (Valor: 0,60)

B) É lícita a exigência editalícia no sentido de impor a criação de uma sociedade de propósito específico para a formalização do contrato em questão? (Valor: 0,65)

Obs.: o(a) examinando(a) deve fundamentar suas respostas. A mera citação do dispositivo legal não confere pontuação.

GABARITO

A) Sim. É válida a combinação do critério de melhor técnica, de acordo com os pesos estabelecidos no edital, com o de menor valor da contraprestação a ser paga pela Administração, nos termos do Art. 12, inciso II, alínea b, da Lei nº 11.079/04.

B) Sim. A exigência é válida, na medida em que o contrato de parceria público privada deve ser formalizado com a sociedade de propósito específico, que será incumbida de implantar e gerir o objeto da parceria, nos termos do Art. 9º da Lei nº 11.079/04.

QUESTÃO 2

Asdrubal, de boa-fé, obteve a concessão de determinado auxílio, que é ato administrativo simples, perante a Administração Pública federal. Passados sete anos, foi verificada a existência de vício insanável no aludido ato, razão pela qual a autoridade competente decidiu instaurar, de ofício, o processo administrativo para fins de promover a sua anulação.

No curso do aludido processo administrativo, que não se submete à legislação diferenciada, foi determinada a intimação de Asdrubal para a realização de diligências, sendo certo que do respectivo documento constavam apenas o número do processo e o respectivo órgão, sem a indicação de qualquer fato ou fundamento jurídico pertinente.

Inconformado, Asdrubal procura você, como advogado, para prestar assessoria jurídica e esclarecer os questionamentos a seguir.

A) Existe prazo para a Administração Pública anular o ato que concedeu o auxílio a Asdrubal? Justifique. (Valor: 0,60)

B) É válida a intimação na forma em que foi determinada pelo órgão em questão? Justifique. (Valor: 0,65) Obs.: o(a) examinando(a) deve fundamentar suas respostas. A mera citação do dispositivo legal não confere pontuação.

GABARITO

A) Sim. A anulação dos atos administrativos que beneficiem terceiros de boa-fé, em decorrência de vícios insanáveis, submete-se ao prazo decadencial de cinco anos, na forma do Art. 54 da Lei nº 9.784/99 ou da Súmula 473 do STF.

B) Não. A intimação promovida pelo órgão no qual está tramitando o processo administrativo deve atender aos requisitos previstos em lei, dentre os quais, está a indicação dos fatos e dos fundamentos jurídicos pertinentes, na forma do Art. 26 da Lei nº 9.784/99.

QUESTÃO 3

Helena, que não era servidora de carreira, foi validamente nomeada para cargo em comissão, relativo à assessoria de determinada Secretaria do Estado Beta. Considerando que Helena vinha executando muito bem sua atividade, ela foi cedida para ocupar emprego público, junto a uma sociedade de economia mista do mesmo ente federativo.

Demais disso, tal ente federativo fez editar a Lei XYZ que conferiu a garantia da estabilidade dos servidores públicos também para todos os empregados de suas sociedades de economia mista e empresas públicas.

Diante dessa situação hipotética, responda aos itens a seguir.

A) É válida a cessão de Helena? Justifique. (Valor: 0,60)

B) A Lei XYZ é constitucional? Justifique. (Valor: 0,65)

Obs.: o(a) examinando(a) deve fundamentar suas respostas. A mera citação do dispositivo legal não confere pontuação.

GABARITO

A) Não. A cessão de Helena (ocupante de cargo em comissão) para emprego público caracteriza burla ao concurso público, de modo a violar o disposto no Art. 37, inciso II, da CRFB/88.

B) Não. O regime de emprego público é incompatível com a garantia da estabilidade dos servidores ocupantes de cargo efetivo, na forma do Art. 41 da CRFB/88. ou aos empregados públicos aplica-se o regime trabalhista, que não é compatível com a estabilidade, consoante Art. 173, §1º, inciso II, da CRFB/88.

QUESTÃO 4

Marcos foi aprovado para o cargo de técnico de nível médio em determinada autarquia federal, no qual adquiriu estabilidade. Contudo, em decorrência de conduta dolosa por ele praticada que violava princípios da Administração Pública e, após o devido processo administrativo disciplinar, Marcos foi demitido administrativamente, em razão da caracterização de ato de improbidade.

Depois de tal evento, Marcos concluiu curso universitário e, vinte anos após a aludida demissão, decidiu fazer novo concurso, de nível superior. No entanto, ao analisar o respectivo edital, amparado em lei, deparou-se com item que vedava a nomeação de quem já tivesse sido demitido do serviço público a qualquer tempo.

Diante desta situação hipotética, responda aos itens a seguir.

A) Há necessidade de condenação em ação judicial por improbidade, para que Marcos possa ser demitido por tal conduta em sede de processo administrativo? Justifique. (Valor: 0,65)

B) É válida a vedação que atingiria Marcos, no sentido de inviabilizar a nomeação em novo cargo de candidato que tenha sido demitido do serviço público a qualquer tempo? Justifique. (Valor: 0,60)

Obs.: o(a) examinando(a) deve fundamentar suas respostas. A mera citação do dispositivo legal não confere pontuação.

GABARITO

A) Não. É possível a aplicação da pena de demissão a servidor público federal pela prática de ato de improbidade administrativa, em sede de processo administrativo disciplinar, independentemente da existência de condenação em ação judicial de improbidade, com base no Art. 132, inciso IV, da Lei nº 8.112/90 ou na Súmula 651 do STJ.

B) Não. A vedação em nomear candidato que tenha sido demitido a qualquer tempo do serviço público não é válida, pois corresponderia a uma penalidade de caráter perpétuo, a violar o disposto o no Art. 5º, inciso XLVII, alínea b, da CRFB/88.

• 2023

• XXXVII EXAME

PEÇA PRÁTICO-PROFISSIONAL

A sociedade empresária Alfa, após sagrar-se vencedora em regular procedimento licitatório na modalidade concorrência, firmou contrato de concessão para prestação do serviço público de transporte coletivo de passageiros intramunicipal, pelo prazo de quinze anos, com o Município Beta.

Durante o terceiro ano de prestação do serviço, a concessionária Alfa foi surpreendida com a publicação no Diário Oficial municipal de decisão do Prefeito Municipal, que acabara de assumir o mandato eletivo, decretando a extinção do contrato de concessão pela caducidade, por motivo de inexecução contratual e descumprimento das obrigações legais pela concessionária.

No citado ato administrativo de extinção da concessão, o Prefeito alegou que o serviço não estava sendo prestado de forma adequada, tendo por base as normas, critérios, indicadores e parâmetros definidores da qualidade do serviço, em especial porque a frota de ônibus era formada por veículos antigos, com bancos rasgados e pneus carecas; e que a concessionária estava descumprindo cláusulas contratuais e disposições legais ou regulamentares concernentes à concessão, tais como aquelas relacionadas a gratuidades legais de idosos, além de não ter instalado ar condicionado nos ônibus. Até o momento, o Município não apresentou qualquer prova de tais alegações.

A concessionária tomou conhecimento das supostas irregularidades que configurariam inexecução contratual alegada pelo Município apenas no dia de ontem, quando houve a publicação da extinção da concessão no Diário Oficial, não havendo prévia instauração de processo administrativo. A decisão publicada também estabeleceu que o Município Beta, no prazo de 30 (trinta) dias da publicação, retomará a prestação direta do serviço de transporte coletivo de passageiros no Município, não obstante o poder público não disponha de estrutura material e de pessoal para a prestação do serviço público. Ademais, o término indevido e antecipado do contrato de concessão causaria o desemprego de centenas de empregados da sociedade empresária Alfa, a desafiar imediata providência. A concessionária possui elementos de provas hábeis a comprovar a adequação dos serviços prestados, pois regularmente realiza auditorias e vistorias internas, subscritas por profissionais que elaboram laudos instruídos com fotos.

Ao tomar ciência de tal decisão do poder concedente de extinção do contrato de concessão, a sociedade empresária Alfa procurou você, na qualidade de advogado(a), para tomar as providências judiciais cabíveis com o objetivo de invalidar o ato que entende ilegal, bem como demais postulações pertinentes.

Redija a peça adequada, mediante a exposição de todos os argumentos jurídicos pertinentes, levando em consideração que será necessária dilação probatória na fase processual pertinente. (Valor: 5,00)

Obs.: a peça deve abranger todos os fundamentos de Direito que possam ser utilizados para dar respaldo à pretensão. A simples menção ou transcrição do dispositivo legal não confere pontuação.

GABARITO

A medida cabível é a petição inicial de ação anulatória do ato que decretou a extinção do contrato de concessão, com pedido de liminar.

A peça deve ser endereçada ao Juízo Estadual com competência na matéria, Fazenda Pública na Comarca que abrange o Município Beta.

Na qualificação das partes, o examinando deve indicar a sociedade empresária Alfa como autora e, o Município Beta, como réu.

Na fundamentação, deve ser alegada a nulidade do ato administrativo que decretou a extinção do contrato de concessão, pelos seguintes motivos:

I – As razões invocadas pelo Município Beta para decretar a extinção da concessão pela inexecução parcial do contrato e descumprimento das obrigações legais pela concessionária, caso existentes e verdadeiras, poderiam dar causa à extinção pela caducidade, conforme previsto no Art. 38, caput e §1º, incisos I e II, da Lei nº 8.987/95. Ocorre que tais alegações não correspondem à realidade.

II – Para declaração de caducidade, é imprescindível prévia verificação da inadimplência da concessionária em processo administrativo, assegurado o direito de ampla defesa, conforme Art. 38, §2º, da Lei nº 8.987/95 ou Art. 5º, incisos LIV e LV, da CRFB/88. No caso em tela, não foi instaurado processo administrativo, nem oportunizado à concessionária o direito ao contraditório e ampla defesa.

III – Antes mesmo da instauração do processo administrativo para apurar a inadimplência da concessionária, a sociedade empresária deveria ter sido comunicada, detalhadamente, sobre os descumprimentos contratuais alegados pelo poder concedente, que deveria também lhe dar um prazo para corrigir as eventuais falhas e transgressões apontadas e para o enquadramento, nos termos contratuais, conforme Art. 38, § 3º, da Lei nº 8.987/95. Tal fase prévia ao processo administrativo também não foi oportunizada à concessionária, que apenas tomou conhecimento das ilegalidades que lhe foram imputadas pelo poder concedente quando da publicação da extinção da concessão no diário oficial. O examinando deve indicar pedido de concessão de tutela de urgência antecipada, liminarmente, para suspender os efeitos do ato de extinção do contrato de concessão e manter a concessionária prestando o serviço, na forma do Art. 300 do CPC.

Para configuração da tutela de urgência, deve o examinando indicar que estão presentes os dois requisitos legais:

I – a probabilidade do direito: pela ausência dos pressupostos fáticos e procedimentais para configuração da caducidade, como forma de extinção da concessão, sendo certo que a concessionária possui laudos atestando a regular prestação dos serviços; e

II – perigo de dano, pois a manutenção do ato administrativo ilegal de extinção da concessão, no prazo de 30 dias após a publicação de tal decisão no diário oficial municipal, causará a retomada do serviço pelo poder concedente, que não dispõe de estrutura material e de pessoal para tal, violando o princípio da continuidade prestação do serviço público essencial em tela, ou O risco decorre do fato de que o término indevido e antecipado do contrato de concessão causaria o desemprego de centenas de empregados da sociedade empresária Alfa.

Ao final, deve ser requerida a procedência do pedido de declaração de nulidade do ato administrativo do Município Beta que decretou a extinção do contrato de concessão do serviço público de transporte coletivo de passageiros intramunicipal.

Ademais, devem ser expressamente requeridas a citação do réu; a juntada de provas para a demonstração da verdade dos fatos alegados e a realização de prova pericial; a condenação do réu em custas e honorários advocatícios. Deve, ainda, ser indicado o valor da causa e a opção do autor pela realização, ou não, de audiência de conciliação ou mediação.

Arremata a peça a indicação de local, data, espaço para assinatura do advogado e o número de sua inscrição na OAB.

QUESTÃO 1

A Associação Vivaoverde, constituída há cinco anos, destina-se a promover boas práticas para a proteção do meio ambiente e visa a qualificar-se como Organização da Sociedade Civil de Interesse Público (OSCIP), para fins de formalizar a respectiva parceria com o governo federal, mas está com fundadas dúvidas acerca do tema, em razão do que consulta sua assessoria jurídica.

Diante desta situação hipotética, responda aos itens a seguir.

A) A qualificação pretendida por Associação Vivaoverde é ato discricionário? Justifique. (Valor: 0,60)

B) Qual é o instrumento adequado para a formação do vínculo de cooperação entre as partes no âmbito da parceria pretendida? Justifique. (Valor: 0,65)

Obs.: o(a) examinando(a) deve fundamentar suas respostas. A mera citação do dispositivo legal não confere pontuação.

GABARITO

A) Não. A qualificação como Organização da Sociedade Civil de Interesse Público (OSCIP) é ato vinculado, consoante o Art. 1º, § 2º, da Lei nº 9.790/99.

B) O instrumento adequado para a formação do vínculo de cooperação entre uma entidade qualificada como Organização da Sociedade Civil de Interesse Público (OSCIP) e o Poder Público é o termo de parceria, na forma do Art. 9º e seguintes da Lei nº 9.790/99 (podem ser mencionados do Art. 9º ao 15-B, da aludida Lei)

QUESTÃO 2

Determinada sociedade de economia mista estadual fez publicar edital de licitação para a realização de um serviço de engenharia em sua sede, no qual foi admitida a remuneração variável vinculada ao desempenho do contratado, com base em metas, padrões de qualidade, critérios de sustentabilidade ambiental e prazos de entrega, devidamente especificados no respectivo instrumento convocatório, respeitado o limite orçamentário fixado pela futura contratante.

A sociedade empresária Tudopronto S/A tem, dentre suas sócias, Fabiana, que não é administradora mas possui 10% (dez por cento) do capital social. Como Fabiana é empregada concursada da sociedade de economia mista em questão, e a sociedade empresária deseja participar da mencionada licitação, seus representantes consultam você, como advogado, acerca do tema.

Considerando estritamente os fatos narrados, responda aos itens a seguir.

A) É possível a remuneração admitida pelo edital em questão? Justifique. (Valor: 0,60)

B) A sociedade empresária Tudopronto poderia participar de tal licitação? Justifique. (Valor: 0,65)

Obs.: o(a) examinando(a) deve fundamentar suas respostas. A mera citação do dispositivo legal não confere pontuação.

GABARITO

A) Sim. Para a contratação de obras e serviços, inclusive de engenharia, é possível a adoção de remuneração variável vinculada ao desempenho do contratado, com base nos critérios mencionados, especificados no respectivo instrumento convocatório, nos termos do Art. 45 da Lei nº 13.303/16.

B) Não. A sociedade empresária Tudopronto está impedida de participar da licitação em questão, na medida em que possui em seu quadro societário empregada da sociedade de economia mista (Fabiana) que detém mais de 5% (cinco por cento) de seu capital social, consoante o Art. 38, inciso I, da Lei nº 13.303/16.

QUESTÃO 3

A União está promovendo estudos para criar uma Agência Reguladora, a ser designada de Ômega, cuja atividade será relacionada com a atuação do Ministério da Agricultura, com vistas a promover a regulação de determinado setor, à qual deseja conferir atribuição normativa, notadamente com relação às questões técnicas de interesse geral para os respectivos agentes econômicos, a fim de conferir maior segurança jurídica e promover maior bem-estar social na área em questão.

Ao longo de tais estudos surgiram questionamentos acerca do enquadramento de tal entidade no âmbito da organização administrativa, bem como quanto à operacionalização de seus atos normativos.

Em razão disso, responda aos itens a seguir.

A) Existirá subordinação hierárquica entre a Agência Ômega e o Ministério da Agricultura? Justifique. (Valor: 0,65)

B) No caso da edição de um ato normativo de interesse geral dos agentes econômicos, a Agência Ômega deverá submeter a respectiva minuta à consulta pública? Justifique. (Valor: 0,60)

Obs.: o(a) examinando(a) deve fundamentar suas respostas. A mera citação do dispositivo legal não confere pontuação.

GABARITO

A) Não. A criação de entidades da Administração Indireta confere a elas personalidade jurídica e patrimônio próprios, não existindo subordinação hierárquica entre a Administração Indireta e a Administração Direta ou a Agência Reguladora é uma entidade autárquica em regime especial, com personalidade jurídica e patrimônio próprios, com autonomia funcional, decisória, administrativa e financeira, que não se submete à subordinação hierárquica, consoante se observa do Art. 3º da Lei nº 13.848/19.

B) Sim. As minutas de atos normativos de interesse geral dos agentes econômicos será objeto de consulta pública, nos termos do Art. 9º da Lei nº 13.848/19.

QUESTÃO 4

Júlia e Mariana lograram ser aprovadas, no mesmo ano, para cargos efetivos de carreiras federais distintas, no âmbito do Poder Executivo da União.

Depois de ambas terem adquirido estabilidade nos respectivos cargos, Júlia sofreu um acidente que importou no comprometimento de sua capacidade mental, de modo que visa a ser reabilitada em outro cargo, enquanto permanecer nesta condição, pois preenche os requisitos legais para tanto, sendo certo que o novo cargo possui remuneração inferior ao anterior; já o cargo regularmente ocupado por Mariana foi extinto por Decreto do Poder Executivo.

Em razão disso, as amigas consultaram você, como advogado(a), para dirimir as dúvidas a seguir, que devem ser respondidas à luz das disposições constitucionais pertinentes.

A) No caso de readaptação de Júlia, teria ela direito a continuar recebendo a remuneração maior do cargo anterior? Justifique. (Valor: 0,60)

B) O cargo de Mariana poderia ser extinto por Decreto? Justifique. (Valor: 0,65)

Obs.: o(a) examinando(a) deve fundamentar suas respostas. A mera citação do dispositivo legal não confere pontuação.

GABARITO

A) Sim. No caso de readaptação de servidor ocupante de cargo efetivo, deve ser mantida a remuneração do cargo de origem, nos termos do Art. 37, § 13, da CRFB/88 ou Art. 24, § 2º, da Lei nº 8.112/90.

B) Não. A extinção do cargo ocupado por Mariana submete-se à reserva de lei, na forma do Art. 48, inciso X, da CRFB/88 ou o cargo regularmente ocupado por Mariana não está vago, não se enquadrando, portanto, na situação excepcional que viabiliza a extinção por Decreto, prevista no Art. 84, inciso VI, alínea b, da CRFB/88.

• XXXVIII EXAME

PEÇA PRÁTICO-PROFISSIONAL

Em agosto de 2016, o Município Alfa esbulhou imóvel rural de propriedade de Fabiana, para fins de construção de via de ligação entre as áreas urbana e rural do município, de grande importância para a população local. O referido Município iniciou a obra em janeiro de 2017, concluindo-a, com sucesso, um ano depois.

Logo após o esbulho, Fabiana faleceu e, na partilha, o bem em questão ficou no quinhão de seu filho Fabrício, que, na época, morava fora do Brasil e só veio a tomar conhecimento da invasão e da consequente afetação em janeiro de 2018, quando transferiu o bem para o seu nome, momento em que não tinha condições financeiras nem psicológicas de tomar qualquer providência.

No presente ano (2023), mais precisamente na semana passada, Fabrício procurou você para, na qualidade de advogado(a), adotar a medida judicial cabível em razão da perda de sua propriedade, salientando a sua preocupação com o longo prazo transcorrido desde a invasão do imóvel, bem como destacando o seu especial interesse nos consectários da indenização a que acredita ter direito.

Fabrício frisou que não reúne condições de arcar com os custos do processo, pois além de inúmeras dívidas pessoais, o imóvel em questão é o único bem de sua titularidade.

Redija a peça pertinente para a defesa dos interesses de Fabrício, mediante a alegação de todos os fundamentos jurídicos relevantes. (Valor: 5,00)

Obs.: a peça deve abranger todos os fundamentos de Direito que possam ser utilizados para dar respaldo à pretensão. A simples menção ou transcrição do dispositivo legal não confere pontuação.

GABARITO

A medida cabível é a petição inicial com fundamento na desapropriação indireta.

A peça deve ser endereçada ao Juízo da Vara Cível ou da Fazenda Pública da Comarca do Município Alfa, do Tribunal de Justiça do Estado X.

Na qualificação das partes: Fabrício é a autor e o Município Alfa é o réu.

Inicialmente, a peça deve:

I – conter o requerimento da concessão do benefício da gratuidade de justiça, diante da impossibilidade de o autor arcar com as custas do processo, sem prejuízo do próprio sustento, na forma do Art. 98 do CPC.

II – destacar o fato de que a pretensão não está prescrita, considerando que o fundamento da demanda é a desapropriação indireta, que se submete ao prazo de dez anos para a usucapião extraordinária, previsto no Art. 1.238, parágrafo único, do CC.

Obs.: para fins de argumentação pode ser alegado o prazo de quinze anos do Art. 1.238, caput, do CC.

Na fundamentação, deve ser alegada a caracterização da desapropriação indireta, porque:

a) a construção da via ou a destinação pública conferida ao bem ou a sua afetação importou incorporação à Fazenda Pública (fato consumado), tal como se depreende do Art. 35 do Decreto-Lei nº 3.365/41.

b) Ocorreu o sacrifício do direito de propriedade de Fabrício sem a observância do devido processo legal, a violar a necessidade de prévia e justa indenização em dinheiro para fins de desapropriação, na forma do Art. 5º, inciso XXIV, da CRFB/88.

Com relação aos pedidos, deve ser requerida a concessão da gratuidade de justiça e a produção de provas, notadamente a pericial (avaliação judicial), para apurar-se o valor da justa indenização.

Deve ser pleiteada a procedência do pedido para que o Município Alfa seja condenado ao pagamento da justa indenização pela perda da propriedade, com correção monetária desde a data da avaliação judicial, consoante o Art. 26 do Decreto-Lei nº 3.365/41, acrescida de juros compensatórios, na forma do Art. 15-A do Decreto-Lei nº 3.365/41, desde a invasão, consoante a Súmula 69 ou a Súmula 114, ambas do STJ, e de juros moratórios, nos termos do Art. 15-B do Decreto-Lei nº 3.365/41 ou da Súmula Vinculante 17.

Devem ser, ainda, requeridas a citação do réu, a condenação em custas e honorários, bem como apontados o valor da causa e a opção do autor pela realização, ou não, de audiência de conciliação ou mediação.

Arremata a peça a indicação de local, data, espaço para assinatura do advogado e número de sua inscrição na OAB.

QUESTÃO 1

O Ministério Público do Estado Alfa ajuizou ação imputando ao servidor público Bruno a prática de ato de improbidade administrativa, ocorrido em dezembro de 2022, que resultou em enriquecimento ilícito. Também é réu na mencionada demanda o particular Carlos.

Bruno, no exercício da função, recebeu, de forma dolosa, para si, dez mil reais em espécie, a título de presente de Carlos, que tinha interesse direto que podia ser amparado por ação decorrente das atribuições do agente público.

De acordo com a inicial, Carlos dolosamente pagou propina a Bruno para agilizar a expedição de uma certidão em seu nome, o que foi feito, inclusive com preterimento de outros requerimentos mais antigos que aguardavam andamento no setor em que Bruno está lotado, tudo em desacordo com as normas de regência. No curso do processo judicial, após a fase de instrução probatória, em que foram produzidas fartas provas do ilícito imputado aos réus, o Ministério Público peticionou nos autos, requerendo a intimação de ambos os réus para se manifestarem sobre proposta de acordo de não persecução cível, que naquele momento lhes oferecia.

Na qualidade de advogado(a) dos réus, responda aos itens a seguir.

A) O particular Carlos pode ser responsabilizado por ato de improbidade administrativa? Justifique. (Valor: 0,65)

B) É possível, em tese, a celebração de acordo de não persecução cível no bojo de ação civil pública por ato de improbidade administrativa em tela? Justifique. (Valor: 0,60)

Obs.: o(a) examinando(a) deve fundamentar suas respostas. A mera citação do dispositivo legal não confere pontuação.

GABARITO

A) Sim. Carlos, apesar de não ser servidor público, pode ser responsabilizado por ato de improbidade administrativa porque concorreu dolosamente para a prática do ato de improbidade (pagando a propina), consoante dispõe o Art. 3º da Lei nº 8.429/92, que importou enriquecimento ilícito (Art. 9º, inciso I, da Lei nº 8.429/92).

B) Sim. Em tese, é possível a celebração de acordo de não persecução cível no bojo de ação de improbidade administrativa na hipótese narrada, pois o Art. 17-B da Lei nº 8.429/92 prevê a possibilidade desse tipo de solução negocial.

QUESTÃO 2

O Estado Alfa, por meio da Secretaria Estadual de Saúde, após processo licitatório, celebrou contrato administrativo com a sociedade empresária Ar Puro, que tinha por objeto o fornecimento de bens, consistentes em aparelhos respiradores pulmonares. Durante a execução do contrato, o contratado prestou declaração falsa no que tange às especificações técnicas e à quantidade dos equipamentos que efetivamente entregou ao Estado contratante, de maneira que forneceu um número menor de respiradores e de qualidade bem inferior à contratada.

O órgão de controle interno do Estado Alfa identificou a conduta ilícita da sociedade empresária contratada, razão pela qual está em curso processo administrativo que visa à responsabilização administrativa da contratada, com base na Nova Lei de Licitações e Contratos Administrativos. No contrato administrativo, há previsão expressa de que a fiscalização de sua execução, inclusive no que tange à aplicação de penalidades administrativas, segue o regime jurídico previsto em tal lei.

Sobre as possíveis consequências administrativas sancionadoras previstas na citada lei que podem advir do processo administrativo em curso, na qualidade de advogado(a) da sociedade empresária Ar Puro, responda aos itens a seguir.

A) No bojo do processo administrativo mencionado, além da multa, há a possibilidade de ser aplicada outra sanção administrativa à sociedade empresária Ar Puro contratada? Justifique. (Valor: 0,65)

B) Quem é a autoridade competente para aplicar a multa ou outra eventual sanção administrativa à citada sociedade empresária? Justifique. (Valor: 0,60)

Obs.: o(a) examinando(a) deve fundamentar suas respostas. A mera citação do dispositivo legal não confere pontuação.

GABARITO

A) Sim. A sociedade empresária Ar Puro praticou infração administrativa prevista no Art. 155, incisos VIII, IX, X e XI, da Lei nº 14.133/21, razão pela qual, além da multa como penalidade pecuniária, a contratada deve sofrer a sanção legal de declaração de inidoneidade para licitar ou contratar no âmbito da Administração Pública direta e indireta de todos os entes federativos, conforme previsto no Art. 156, inciso IV, c/c. o § 5º da Lei nº 14.133/21.

B) A aplicação da sanção administrativa de declaração de inidoneidade para licitar ou contratar no âmbito da Administração Pública é de competência exclusiva do Secretário Estadual de Saúde do Estado Alfa, consoante dispõe o Art. 156, § 6º, inciso I, da Nova Lei de Licitações e Contratos.

QUESTÃO 3

A sociedade empresária Feliz S/A, de capital integralmente privado, sagrou-se vencedora em licitação e formalizou, regularmente, contrato de concessão do serviço público de metrô, remunerado exclusivamente por tarifa.

No transcurso do aludido contrato verificou-se a necessidade da contratação de terceiro, ou seja, outra sociedade, para realizar a manutenção dos trilhos, que é atividade inerente à da concessionária.

Além disso, vem sendo conjecturado um rearranjo societário, por meio do qual o controle acionário da sociedade Feliz passará para outra controladora, diversa daquela que detinha tal controle quando foi vencida a licitação.

Diante dessa situação hipotética, responda, fundamentadamente, os questionamentos a seguir.

A) A sociedade empresária Feliz precisa fazer licitação para a contratação de terceiro para a manutenção de trilhos? Justifique. (Valor: 0,65)

B) A transferência do controle acionário da sociedade empresária Feliz precisa da anuência do poder concedente? Justifique. (Valor: 0,60)

Obs.: o(a) examinando(a) deve fundamentar suas respostas. A mera citação do dispositivo legal não confere pontuação.

GABARITO

A) Não. A sociedade empresária Feliz não integra a Administração Pública, de modo que não precisa fazer licitação para suas próprias contratações, pois não está submetida aos ditames do Art.37, inciso XXI, da CRFB/88 ou pode realizar contratações por meio de regime privado nos termos do Art. 25, §§ 1º e 2º, ou do Art. 31, parágrafo único, ambos da Lei nº 8.987/95.

B) Sim. A anuência do poder concedente é necessária para a transferência de controle acionário da concessionária, sob pena de caducidade do contrato, nos termos do Art. 27 da Lei nº 8.987/95.

QUESTÃO 4

O Estado Ômega decidiu alienar determinado imóvel nos termos da Lei nº 14.133/21, haja vista que há muito tempo não está sendo utilizado e o valor arrecadado poderá ser destinado à implementação de políticas públicas prioritárias.

Assim sendo, o Estado Ômega instaurou processo administrativo, no bojo do qual se demonstrou a existência de interesse público devidamente justificado para a alienação, sendo certo que já foi realizada a avaliação do bem.

Ao tomar conhecimento de que o Estado Ômega pretendia vender o imóvel, a autarquia municipal Beta manifestou interesse em comprar o bem imóvel. Por outro lado, um empresário local também pretende comprar o imóvel, para nele construir um shopping center.

Sobre o caso em tela, responda aos itens a seguir.

A) É lícita a venda do imóvel, sem licitação, para a autarquia municipal Beta? Justifique. (Valor: 0,65)

B) É lícita a pretensão do empresário local de comprar o imóvel, sem licitação, para construir um shopping center? Justifique. (Valor: 0,60)

Obs.: o(a) examinando(a) deve fundamentar suas respostas. A mera citação do dispositivo legal não confere pontuação.

GABARITO

A) Sim. A venda do imóvel do Estado Ômega para a autarquia municipal Beta é lícita, mediante dispensa de licitação, desde que haja prévia autorização legislativa, na forma do Art. 76, caput e inciso I, alínea e, da Lei nº 14.133/21.

B) Não. O empresário local não poderá comprar o imóvel sem prévia licitação para construir um shopping center, pois não estão presentes as hipóteses legais de dispensa e inexigibilidade de licitação previstas no Art. 74 e no Art.75, ambos da Lei nº 14.133/21 ou conforme o Art. 76, caput e inciso I, da Lei nº 14.133/21.

• 2024

• XXXIX EXAME

PEÇA PRÁTICO-PROFISSIONAL

Em fevereiro de 2022, o Ministério Público ajuizou ação por improbidade administrativa em face de Rômulo, agente público municipal, e da sociedade empresária Boazinha Ltda., na forma do Art. 10, inciso VIII, da Lei nº 8.429/92, em decorrência de fraude em procedimento licitatório.

O processo transcorreu sem vícios perante o Juízo da 1ª Vara de Fazenda Pública da Comarca da Capital do estado Alfa, sendo certo que o juiz entendeu pela caracterização do ato de improbidade doloso imputado aos demandados pelo parquet.

Em razão disso, o magistrado condenou ambos os réus e determinou que a sociedade empresária Boazinha Ltda. promovesse o ressarcimento ao erário, bem como aplicou a penalidade de multa correspondente a dez vezes o valor do dano e proibição de contratar com a Administração Pública Direta e Indireta ou de receber benefícios fiscais, por tempo indeterminado. Os embargos de declaração opostos à sentença foram rejeitados por decisão publicada na última sexta-feira.

Em decorrência de tais fatos, os representantes da sociedade empresária Boazinha procuram a sua assessoria jurídica para adotar as providências necessárias para impugnar as penalidades determinadas pelo Juízo de primeiro grau, informando, ainda, o seguinte:

– Antes da prolação da sentença, pelos mesmos fatos da ação em comento, a sociedade empresária Boazinha Ltda. formalizou e cumpriu acordo de leniência, com as autoridades competentes, com fulcro na Lei nº 12.846/13, que estabeleceu o ressarcimento ao erário, resultou na isenção das penalidades previstas na Lei nº 12.846/13 e reduziu a multa em 2/3 (dois terços). O aludido acordo foi comunicado ao Juízo no bojo da ação de improbidade administrativa, que intimou as partes interessadas e o Ministério Público, sendo certo que todos se reportaram às suas falas.

– A sociedade sobrevive dos contratos formalizados com a Administração Pública, de modo que as penas impostas importariam em efeitos econômicos e sociais gravíssimos.

Diante das circunstâncias narradas, redija a peça cabível, mediante a apresentação de todos os fundamentos jurídicos pertinentes, à luz do que foi informado pela sociedade. (Valor: 5,00)

Obs.: a peça deve abranger todos os fundamentos de Direito que possam ser utilizados para dar respaldo à pretensão. A simples menção ou transcrição do dispositivo legal não confere pontuação.

GABARITO

A peça a ser apresentada é um recurso de apelação.

O recurso deve ser endereçado ao Juízo da causa (1ª Vara de Fazenda Pública da Comarca da Capital do Estado Alfa), com as razões recursais dirigidas ao Tribunal, que as apreciará.

Recorrente é a sociedade empresária Boazinha Ltda. e recorrido é o Ministério Público.

Preliminarmente devem ser apontados os requisitos para a admissibilidade recursal: o cabimento, a tempestividade e o preparo do recurso/requerimento de gratuidade.

A fundamentação deve conter os seguintes argumentos:

- Impossibilidade de aplicar as sanções da lei de improbidade à pessoa jurídica também sancionada com fulcro na Lei nº 12. 846/13, na forma do Art. 3º, § 2º, da Lei nº 8.429/92;

- Inconstitucionalidade da aplicação de sanção de proibição de contratar com a Administração Pública Direta e Indireta ou de receber benefícios fiscais por tempo indeterminado, diante da vedação às penalidades de caráter perpétuo, consoante Art. 5º, inciso XLVII, da CRFB/88 (OU ilegalidade de tal sanção por prazo indeterminado por extrapolar os limites estabelecidos no Art. 12, inciso II, da Lei nº 8.429/92;

- Descabimento de novo ressarcimento ao erário, em razão de já ter sido objeto de cumprimento no acordo de leniência, nos termos do Art. 12, § 6º, da Lei 8.429/92;

- Por eventualidade, acaso não sejam afastadas as penalidades impugnadas, é imperiosa a sua redução, na medida em que devem ser consideradas outras sanções já aplicadas pelos mesmos fatos, na forma do Art. 17-C da Lei nº 8.429/92 OU do Art. 22, § 2º, da LINDB;

- Devem ser considerados os efeitos sociais e econômicos das penalidades, para fins de manutenção/preservação da sociedade empresária, com base no Art. 12, § 3º, da Lei nº 8.429/92;

Ao final, deve ser formulado pedido de conhecimento e provimento do recurso para a reforma da sentença, para que sejam julgados improcedentes os pedidos, afastando a aplicação de todas as sanções ou, caso assim não se entenda, que sejam reduzidas as penalidades aplicadas.

Arremata a peça a indicação de local, data, espaço para assinatura do advogado e número de sua inscrição na OAB.

QUESTÃO 1

A União fez publicar um edital de licitação, na modalidade concorrência, para uma grande obra de infraestrutura, inicialmente orçada em R$300.000.000,00 (trezentos milhões de reais), a caracterizar, portanto, um contrato de grande vulto nos termos da nova Lei de Licitações, aplicável à hipótese.

A sociedade empresária Construodetudo S.A. visa a participar do certame, mas, após a leitura do edital, ficou com fundadas dúvidas acerca de alguns pontos, razão pela qual buscou sua assessoria jurídica, a fim de esclarecê-las.

Diante dessa situação hipotética, responda, fundamentadamente, aos questionamentos a seguir.

A) O edital em questão deveria contemplar a matriz de alocação de riscos entre contratante e contratado? Justifique. (Valor: 0,65)

B) É possível exigir do licitante vencedor a implementação de programa de integridade? Justifique. (Valor: 0,60)

Obs.: o(a) examinando(a) deve fundamentar suas respostas. A mera citação do dispositivo legal não confere pontuação.

GABARITO

A) Sim. Nos contratos de grande vulto, assim caracterizados nos termos do Art. 6º, inciso XXII, da Lei nº 14.133/21, é obrigatório que o edital contemple a matriz de alocação de riscos entre contratante e contratado, na forma do Art. 22, § 3º, da Lei nº 14.133/21.

B) Sim. Nos contratos de grande vulto, assim caracterizados nos termos do Art. 6º, inciso XXII, da Lei nº 14.133/21, o edital deverá prever a obrigatoriedade de implementação de programa de integridade, consoante o Art. 25, § 4º, da Lei nº 14.133/21.

QUESTÃO 2

A sociedade empresária Alfa foi contratada pelo Estado Beta para prestar determinados serviços na área de tecnologia da informação pelo prazo de um ano, sob o regime jurídico da nova Lei de Licitações e Contratos. Atualmente, no curso da execução do contrato administrativo, o estado Beta já está com atraso de 80 (oitenta) dias, contados da emissão da nota fiscal de parcelas de pagamentos devidos pela Administração por despesas de serviços já prestados pela sociedade empresária Alfa.

Sabe-se que o contrato em tela não contém cláusula compromissória ou compromisso arbitral. Cansado de tentar receber os valores devidos, o sócio administrador da sociedade empresária Alfa contrata você como advogado(a), pois pretende extinguir o contrato.

Sobre o caso narrado, responda aos itens a seguir.

A) A contratada tem direito à extinção do contrato? Justifique. (Valor: 0,65)

B) Caso haja a extinção do contrato em decorrência de culpa exclusiva do estado Beta, quais os direitos do contratado? Justifique. (Valor: 0,60)

Obs.: o(a) examinando(a) deve fundamentar suas respostas. A mera citação do dispositivo legal não confere pontuação.

GABARITO

A) Sim, a sociedade empresária Alfa tem direito à extinção do contrato, pois o atraso já acontece há mais de dois meses (Art. 137, § 2º, inciso IV, da Lei nº 14133/21).

B) Caso haja a extinção do contrato em decorrência de culpa exclusiva da Administração, o contratado será ressarcido pelos prejuízos regularmente comprovados que houver sofrido e terá direito à devolução da garantia, aos pagamentos devidos pela execução do contrato até a data de extinção e ao pagamento do custo da desmobilização, conforme dispõe o Art. 138, § 2º, incisos I, II e III, da Lei nº 14.133/21.

QUESTÃO 3

Jaqueline é servidora pública ocupante de cargo efetivo em determinado Tribunal Regional Federal e atualmente é a responsável pelo controle interno do Tribunal.

No exercício de suas funções, Jaqueline tomou conhecimento de ilegalidade, consistente em fraude em contrato administrativo celebrado pelo Tribunal com determinada sociedade empresária, que causou dano ao erário no valor de R$ 600.000,00 (seiscentos mil reais). No entanto, mesmo não tendo qualquer participação no ilícito, Jaqueline preferiu quedar-se omissa e sequer deu ciência da ilegalidade ao Tribunal de Contas da União.

No caso em tela, em matéria de controle da Administração Pública, com base no texto da Constituição Federal, responda às perguntas a seguir.

A) Jaqueline, como agente público responsável pelo controle interno, pode ser responsabilizada por sua omissão? Justifique. (Valor: 0,65)

B) Quem possui legitimidade para denunciar, perante o Tribunal de Contas da União, ilegalidade como a narrada acima? Justifique. (Valor: 0,60)

Obs.: o(a) examinando(a) deve fundamentar suas respostas. A mera citação do dispositivo legal não confere pontuação.

GABARITO

A) Sim, Jaqueline, como agente público responsável pelo controle interno, ao tomar conhecimento da ilegalidade por fraude contratual, deveria ter dado ciência ao Tribunal de Contas da União e, diante de sua omissão, está sujeita à responsabilidade solidária, conforme dispõe o Art. 74 § 1º, da CRFB/88.

B) Qualquer cidadão, partido político, associação ou sindicato é parte legítima para, na forma da lei, denunciar a ilegalidade narrada perante o Tribunal de Contas da União, consoante estabelece o Art. 74 § 2º, da CRFB/88.

QUESTÃO 4

Após realizar pedido administrativo para a concessão de determinado benefício, a sociedade empresária Incrível teve o seu pedido parcialmente deferido pelo órgão com atribuição da Administração Pública Federal. Em razão disso, apresentou o recurso administrativo X para a obtenção do deferimento integral do pleiteado. O recurso X não foi conhecido pela autoridade competente, porque foi apresentado fora do prazo legal.

Ocorre que, ao analisar a situação impugnada, a referida autoridade competente, de ofício, entendeu que a parcela que havia sido deferida continha vício insanável, de modo que, na mesma decisão que não conheceu do recurso – sem que tenha havido preclusão, portanto – realizou a notificação da sociedade empresária Incrível para se manifestar sobre a ilegalidade verificada, que pode ensejar a anulação daquilo que havia sido concedido, fato que importaria em gravame para a sociedade Incrível.

Considerando os dados apresentados e que não há legislação acerca do aludido procedimento administrativo específico, responda, fundamentadamente, aos questionamentos abaixo.

A) Qual o prazo para a interposição do recurso administrativo X em questão? Justifique. (Valor: 0,60)

B) O não conhecimento do recurso X impede que a Administração reveja, de ofício, eventual ilegalidade constatada na parte em que o pedido da sociedade empresária Incrível foi deferido? (Valor: 0,65)

Obs.: o(a) examinando(a) deve fundamentar as respostas. A mera citação do dispositivo legal não confere pontuação.

GABARITO

A) Considerando que não há legislação específica sobre a matéria, o prazo para apresentar o recurso administrativo é de dez dias a contar da ciência ou divulgação oficial da decisão recorrida, nos termos do Art. 59 da Lei nº 9.784/99.

B) Não. O não conhecimento do recurso não impede a Administração de rever, de ofício, o ato ilegal, desde que não tenha ocorrido a preclusão administrativa, conforme Art. 63, §2º, da Lei nº 9.784/99. (Obs.: Pode ser aceito o fundamento de que, à luz do princípio da autotutela, a Administração tem o poder-dever de rever os atos eivados de vícios insanáveis, tal como se observa do Art. 53, da Lei nº 9.784/99 OU da Súmula nº 473 do STF).

• XL EXAME

PEÇA PRÁTICO-PROFISSIONAL

O Ministério Público ingressou, em fevereiro de 2024, com Ação de Improbidade Administrativa em face de Bernardo, agente público do Município Alfa, sustentando que o referido servidor público, entre os meses de agosto e setembro de 2023, utilizou dolosamente, em uma obra realizada em seu rancho particular, maquinário e pessoal contratado pela municipalidade para implementação de melhorias na rede local de ensino público.

O Juízo da Vara Única da comarca no Município Alfa, integrante do Tribunal de Justiça do Estado X, recebeu a petição inicial, após verificar que esta encontrava-se em devida forma, ordenando a citação do demandado para, caso quisesse, apresentar contestação. Sendo assim, Bernardo contratou um advogado para tutelar os seus interesses, o qual juntou, aos autos, a contestação, em observância às formalidades legais.

Antes da instrução processual, o Ministério Público peticionou nos autos, requerendo a decretação da indisponibilidade dos bens de Bernardo. Nesse contexto, o Juízo, ouvindo previamente o réu, acolheu o pedido ministerial, afirmando que estava convencido da probabilidade da ocorrência dos atos descritos na petição inicial, sendo dispensada, portanto, a comprovação em concreto da urgência, que seria presumida, pela natureza da imputação. Consignou-se no provimento jurisdicional, ainda, que a indisponibilidade deveria recair, preferencialmente, sobre valores pecuniários, de natureza líquida, e, subsidiariamente, sobre bens imóveis.

Depois da implementação da medida, Bernardo, extremamente preocupado, procurou o seu advogado, aduzindo que a sua única conta corrente, com um valor aproximado de R$ 15.000,00 (quinze mil reais), equivalente a cerca dez salários mínimos, foi atingida pela decisão judicial, além do seu único imóvel, onde vive com a sua família, adquirido e pago integralmente em momento anterior à posse no cargo público ocupado no Município Alfa. Já o seu automóvel não foi tornado indisponível.

Os embargos de declaração opostos em face do provimento jurisdicional foram conhecidos e, no mérito, desprovidos, em decisão publicada na última sexta-feira.

Dessa forma, Bernardo pediu que o seu advogado adotasse as medidas jurídicas ao seu alcance, impugnando a decisão proferida para tutelar os seus interesses.

Diante das circunstâncias narradas, redija a peça cabível, mediante a apresentação de todos os fundamentos jurídicos pertinentes para a defesa dos interesses de Bernardo. (Valor: 5,00)

Obs.: A peça deve abranger todos os fundamentos de Direito que possam ser utilizados para dar respaldo à pretensão. A simples menção ou transcrição do dispositivo legal não confere pontuação.

GABARITO

O(a) examinando(a) deve apresentar recurso de Agravo de Instrumento, com fulcro no Art. 16, §9º e no Art. 17, §21, ambos da Lei nº 8.429/1992.

A peça deve ser endereçada ao Excelentíssimo Sr. Presidente do Tribunal de Justiça do Estado X, na forma do Art. 1.016, caput, do CPC.

No recurso, devem constar os nomes das partes: Bernardo é o agravante (recorrente) e o Ministério Público é o agravado (recorrido).

Preliminarmente, devem ser apontados os requisitos para a admissibilidade recursal: o cabimento, a tempestividade e o preparo do recurso ou o pedido de gratuidade de justiça.

A fundamentação deve conter os seguintes argumentos:

- Impossibilidade expressa de se presumir a urgência para a decretação da medida de indisponibilidade, conforme preceitua o Art. 16, §4º, da Lei nº 8.429/1992;

- A ordem de indisponibilidade de bens deve priorizar veículos, bens imóveis e bens móveis em geral e, apenas na inexistência desses, o bloqueio de contas bancárias, de forma a garantir a subsistência do acusado, nos termos do Art. 16, §11, da Lei nº 8.429/1992. No caso concreto, a medida recaiu sobre a conta corrente de Bernardo, mas o seu automóvel não foi previamente alcançado pela decisão judicial;

- Impossibilidade de decretação de indisponibilidade da quantia de até quarenta salários mínimos depositados em caderneta de poupança, em outras aplicações financeiras ou em conta corrente, conforme prevê o Art. 16, §13, da Lei nº 8.429/1992;

- Impossibilidade de decretação de indisponibilidade do bem de família do réu, que não tinha qualquer relação com o ato de improbidade administrativa perpetrado, no esteio do Art. 16, §14, da Lei nº 8.429 /1992.

Ao final, deve ser formulado pedido de conhecimento e provimento do recurso, visando à reforma da decisão judicial, para que seja levantada a medida de indisponibilidade em relação à conta corrente e ao bem de família do agravante.

Fechamento da peça, com a indicação de local, data, advogado e inscrição OAB.

QUESTÃO 1

A sociedade empresária Sagaz S.A. envolveu-se em um esquema de corrupção que importou em ato lesivo à Administração Pública Federal, de modo que o órgão competente está em via de adotar as medidas pertinentes para a sua responsabilização administrativa na respectiva esfera.

O mencionado esquema veio à tona por conta de informações prestadas pela sociedade empresária Arguta S.A., que formalizou acordo de leniência com a autoridade que detém tal atribuição.

Ao tomar conhecimento de tais fatos, os representantes da sociedade empresária Sagaz procuram você, na condição de advogado(a), a fim de esclarecer os questionamentos a seguir.

A) Há necessidade de demonstração do elemento subjetivo, ou seja, dolo ou culpa, para a caracterização da responsabilização administrativa da sociedade empresária Sagaz na esfera em questão? Justifique. (Valor: 0,65)

B) A sociedade empresária Sagaz poderia também formalizar acordo de leniência com a autoridade competente, para cooperar na elucidação dos mesmos fatos, a fim de isentar ou reduzir as penalidades administrativas a ela aplicáveis? Justifique. (Valor: 0,60)

Obs.: O(A) examinando(a) deve fundamentar suas respostas. A mera citação do dispositivo legal não confere pontuação.

GABARITO

A. Não. A responsabilização administrativa por ato lesivo contra a Administração Pública (ou previsto na Lei Anticorrupção) é objetiva, de modo que independe da demonstração do elemento subjetivo, nos termos do Art. 2º da Lei nº 12.846/2016.

B. Não. Diante da existência de acordo de leniência já formalizado com a sociedade Arguta sobre os mesmos fatos, observa-se que a sociedade Sagaz não foi a primeira a manifestar o interesse em cooperar para a apuração do ilícito, não preenchendo assim requisito constante do Art. 16, § 1º, inciso I, da Lei nº 12.846/2016.

QUESTÃO 2

Determinada informação de interesse público não consta das vias de transparência digitais utilizadas pelo Município Alfa, a despeito de não ter sido submetida a sigilo, razão pela qual a Associação Querosaber, que tem, como uma de suas finalidades institucionais acompanhar as contas públicas, efetuou pedido de acesso a tais dados.

Para tanto, o órgão responsável cobrou montante determinado para submeter e processar o requerimento. Mesmo discordando, a Associação pagou o aludido valor, mas seu pedido foi indeferido pela autoridade competente, sob o fundamento de que não foram indicados os motivos determinantes para o acesso aos dados em questão.

Diante dessa situação hipotética, responda, fundamentadamente, aos questionamentos a seguir.

A) É lícita a cobrança efetuada pelo órgão responsável para fins de acesso à informação? Justifique. (Valor: 0,65)

B) O fundamento utilizado pela autoridade competente para indeferir o acesso à informação tem respaldo legal? Justifique. (Valor: 0,60)

Obs.: O(A) examinando(a) deve fundamentar as respostas. A mera citação do dispositivo legal não confere pontuação.

GABARITO

A) Não. A submissão e o processamento de pedido de acesso à informação não podem ser cobrados, na medida em que o serviço de busca e fornecimento da informação é gratuito, nos termos do Art. 12, caput, da Lei nº 12.527/2011. (Obs.: Pode ser alegado que apenas poderia ser realizada a cobrança dos custos dos serviços e materiais necessários atinentes à exigência de reprodução de documentos (mas não a submissão do requerimento), na forma do Art. 12, § 1º, da Lei nº 12.527/2011).

B) Não. É vedado ao poder público exigir os motivos determinantes da solicitação de informações de interesse público, consoante Art. 10, § 3º, da Lei nº 12.527/2011.

QUESTÃO 3

Certa Secretaria do Estado Alfa fez publicar dois editais de registro de preços, na qualidade de gerenciadora, à luz da Lei nº 14.133/2021 (Nova Lei de Licitações). Um deles está voltado para a viabilização de contratações futuras e sucessivas de pequenos serviços padronizados de engenharia, de pequena complexidade, que são permanentes e frequentes. O outro, para a aquisição de produtos que são continuamente necessários para as atividades do órgão. Ambos os procedimentos foram adequadamente processados e concluídos sem a adesão de outros participantes.

Ocorre que a autarquia federal Ômega precisou dos produtos que constavam de um dos mencionados procedimentos de registro de preços, de modo que visa aderir à respectiva ata, na qualidade de não participante.

Diante desta situação hipotética, responda, como advogado(a), aos questionamentos a seguir.

A) É possível a utilização do sistema de registro de preços para a contratação de serviços de engenharia em questão? Justifique. (Valor: 0,65)

B) A autarquia Ômega poderia aderir à ata de registro de preços tal como pretendido? Justifique. (Valor: 0,60)

Obs.: O(A) examinando(a) deve fundamentar as respostas. A mera citação do dispositivo legal não confere pontuação.

GABARITO

A) Sim. A Administração poderá contratar a execução de obras e serviços de engenharia pelo sistema de registro de preços, desde que preenchidos os seguintes requisitos: a) existência de projeto padronizado, sem complexidade técnica e operacional; b) necessidade permanente e frequente do serviço em questão, como na situação descrita, nos termos do Art. 85 da Lei nº 14.133/2021.

B) Não. É vedado à autarquia federal aderir à ata de registro de preços gerenciada por órgão ou entidade estadual, nos termos do Art. 86, § 8º, da Lei nº 14.133/2021.

QUESTÃO 4

Recentemente, Iná foi aprovada em concurso público para certa sociedade de economia mista federal que desempenha atividade econômica e distribui lucro entre os seus acionistas, a qual não recebe verbas da União para o pagamento de despesas de pessoal ou para o custeio em geral, sendo certo que ela está em vias de ser chamada.

Para melhor compreender as peculiaridades do regime jurídico dos agentes públicos na situação em que foi aprovada, Iná consultou você, como advogado(a), a fim de esclarecer as dúvidas a seguir.

A) A aprovação de Iná no mencionado concurso importará na sua investidura em cargo efetivo para fins de adquirir a estabilidade? Justifique. (Valor: 0,65)

B) A remuneração dos agentes que atuam na entidade administrativa para a qual Iná foi aprovada deve ser submetida ao teto constitucional? Justifique. (Valor: 0,60)

Obs.: O(A) examinando(a) deve fundamentar suas respostas. A mera citação do dispositivo legal não confere pontuação.

GABARITO

A) Não. Iná foi aprovada para emprego público, ao qual é aplicável o regime celetista (ou que se revela incompatível com a garantia da estabilidade prevista no Art. 41 da CRFB/88 prevista para os cargos efetivos), nos termos do Art. 173, §1º, inciso II, da CRFB/88.

B) Não. O teto constitucional aplica-se apenas às sociedades de economia mista que recebam recursos do ente federativo responsável por sua criação (no caso, a União) para pagamento de despesas de pessoal ou de custeio em geral, na forma do Art. 37, §9º, da CRFB/88.

ANOTAÇÕES

ANOTAÇÕES

ANOTAÇÕES

EDITORA
JusPODIVM
www.editorajuspodivm.com.br

Impressão e Acabamento
Plena Print
Indústria Gráfica

JUS3823